ALFRED G. DEBUS

Verweisungen in deutschen Rechtsnormen

Schriften zum Öffentlichen Recht

Band 1103

Verweisungen in deutschen Rechtsnormen

Von

Alfred G. Debus

Duncker & Humblot · Berlin

Der Fachbereich Rechtswissenschaft
der Justus-Liebig-Universität Gießen
hat diese Arbeit im Jahre 2007
als Dissertation angenommen.

Bibliografische Information der Deutschen Nationalbibliothek

Die Deutsche Nationalbibliothek verzeichnet diese Publikation in
der Deutschen Nationalbibliografie; detaillierte bibliografische Daten
sind im Internet über http://dnb.d-nb.de abrufbar.

Fremddatenübernahme: Werksatz, Berlin
Druck: Berliner Buchdruckerei Union GmbH, Berlin
Printed in Germany

ISSN 0582-0200
ISBN 978-3-428-12614-9

Gedruckt auf alterungsbeständigem (säurefreiem) Papier
entsprechend ISO 9706 ⊗

Internet: http://www.duncker-humblot.de

In Erinnerung
meinen Eltern gewidmet

Vorwort

Die vorliegende Arbeit wurde im Sommersemester 2007 vom Fachbereich Rechtswissenschaft der Justus-Liebig-Universität Gießen als Dissertation angenommen. Möglichst umfassend habe ich für die Druckfassung der Arbeit die Literatur und Rechtsprechung bis Ende 2007 berücksichtigt, vereinzelt auch darüber hinaus.

Meinem Doktorvater, Herrn Prof. Dr. *Klaus Lange*, gilt mein größter Dank. Seit meinen ersten verwaltungsrechtlichen Vorlesungen bei ihm hat er mich immer wieder gefördert und äußerst geduldig hat er auch meine Dissertation betreut. Besonderen Dank schulde ich auch Herrn Prof. Dr. *Martin Eifert*, LL.M. für die zügige Erstellung des Zweitgutachtens und seine fördernden Hinweise. Außerdem möchte ich noch Herrn Dr. *Florian R. Simon*, LL.M. für die Aufnahme in die Schriftenreihe zum Öffentlichen Recht danken.

Leider konnten mein Vater die Einreichung meiner Dissertation und meine Mutter die Drucklegung nicht mehr miterleben. Ihnen ist diese Arbeit gewidmet. Mein herzlichster Dank gilt meiner Familie und meinen Freunden, Bekannten sowie Kollegen, die mich in sehr unterschiedlicher Weise unterstützt haben. Stellvertretend sei hier nur die Wissenschaftliche Mitarbeiterin *Anja Hentschel* genannt, die einen Entwurf kritisch durchgesehen hat.

Speyer/Biedenkopf, im März 2008   *Alfred G. Debus*

Inhaltsverzeichnis

3. Teil

Folgen mangelhafter Bezugnahme 290

Abkürzungsverzeichnis

A. A.	anderer Ansicht
a. F.	alte Fassung
a. M.	am Main
ABl. EG	Amtsblatt der Europäischen Gemeinschaften
ABl. EU	Amtsblatt der Europäischen Union (ab 1. 2. 2003)
Abs.	Absatz
AcP	Archiv für die civilistische Praxis (Zeitschrift)
A-Drucks.	Ausschuss-Drucksache
AGB-Gesetz	G. zur Regelung d. Rechtes der Allgemeinen Geschäftsbedingungen (AGB-Gesetz), idF. d. Bek. v. 29. 6. 2000 (BGBl. I S. 946), aufgehoben durch Art. 6 Nr. 4 G. v. 26. 11. 2001 (BGBl. I S. 3138)
AK-GG	Kommentar zum Grundgesetz für die Bundesrepublik Deutschland (Reihe Alternativkommentare), hrsg. v. Denninger, Erhard/Hoffmann-Riem, Wolfgang/Schneider, Hans-Peter/Stein, Ekkehart, Loseblatt, 3. Aufl., Neuwied, Kriftel, 2001, Stand d. Gesamtwerks: 3. Aktualisierungslieferung August 2002
Anm.	Anmerkung(en)
AO	Abgabenordnung idF. d. Art. 3 G. v. 21. 12. 2008 (BGBl. I S. 3198)
AöR	Archiv des öffentlichen Rechts (Zeitschrift)
AP	Arbeitsrechtliche Praxis; Nachschlagewerk des Bundesarbeitsgerichts (Hueck – Nipperdey – Dietz), Loseblatt, München
AR-Blattei SD	Arbeitsrecht-Blattei, Systematische Darstellung, hrsg. v. Dietrich, Thomas / Neff, Klaus / Schwab, Bernt, Heidelberg, Loseblatt, Stand d. Gesamtwerks: 125. Erg.-Lfg. März 2004
ArbuR	Arbeit und Recht (Zeitschrift)
Art.	Artikel
AuA	Arbeit und Arbeitsrecht (Zeitschrift)
Aufl.	Auflage
AWD	Außenwirtschaftsdienst des Betriebs-Beraters (später RIW; Zeitschrift)
AW-Prax	Außenwirtschaftliche Praxis. Zeitschrift für Außenwirtschaft in Recht und Praxis
BAG	Bundesarbeitsgericht
BAGE	Entscheidungen des Bundesarbeitsgerichts
BAnz.	Bundesanzeiger (Zeitschrift)
BauGB	Baugesetzbuch idF. d. Art. 1 G. v. 21. 12. 2006 (BGBl. I S. 3316)
BauR	Baurecht (Zeitschrift)

BayObLG	Bayerisches Oberstes Landesgericht
BayObLGSt	Entscheidungen des Bayerischen Obersten Landesgerichts in Strafsachen
BayObLGZ	Entscheidungen des Bayerischen Obersten Landesgerichts in Zivilsachen
BayVBl.	Bayerische Verwaltungsblätter (Zeitschrift)
BayVerfGH	Bayerischer Verfassungsgerichtshof
BayVerfGHE	Sammlung von Entscheidungen des Bayerischen Verwaltungsgerichtshofs mit Entscheidungen des Bayerischen Verfassungsgerichtshofs
BayVGH	Bayerischer Verwaltungsgerichtshof
BB	Der Betriebs-Berater (Zeitschrift)
BBauBl.	Bundesbaublatt (Zeitschrift)
Bearb.	Bearbeiter(in) / bearbeitet / Bearbeitung
Begr.	Begründer(in) / begründet / Begründung
Bek.	Bekanntmachung
ber.	berichtigt
Beschl.	Beschluss / Beschlüsse
BetrVG	Betriebsverfassungsgesetz idF. d. Art. 221 Verordnung v. 31. 10. 2006 (BGBl. I S. 2407)
BFH	Bundesfinanzhof
BFHE	Sammlung der Entscheidungen des Bundesfinanzhofs
BG	Die Berufsgenossenschaft (Zeitschrift)
BGB	Bürgerliches Gesetzbuch, idF. d. Art. 1 G. v. 21. 12. 2007 (BGBl. I S. 3189)
BGBl. I	Bundesgesetzblatt, Teil I
BGBl. II	Bundesgesetzblatt, Teil II
BGHSt	Entscheidungen des Bundesgerichtshofes in Strafsachen, hrsg. v. Mitgliedern des Bundesgerichtshofes und der Bundesanwaltschaft
BGHZ	Entscheidungen des Bundesgerichtshofes in Zivilsachen, hrsg. v. Mitgliedern des Bundesgerichtshofes und der Bundesanwaltschaft
BImSchG	G. zum Schutz vor schädlichen Umwelteinwirkungen durch Luftverunreinigungen, Geräusche, Erschütterungen und ähnliche Vorgänge (Bundes-Immissionsschutzgesetz – BImSchG) idF. d. Art. 1 G. v. 23. 10. 2007 (BGBl. I S. 2470)
Bl.	Blatt (Blätter)
BMI	Bundesministerium des Innern
BMJ	Bundesministerium der Justiz
BMU	Bundesministerium für Umwelt, Naturschutz und Reaktorsicherheit
BNatSchG	G. über Naturschutz und Landschaftspflege (Bundesnaturschutzgesetz – BNatSchG) idF. d. Art. 1 G. v. 12. 12. 2007 (BGBl. I S. 2873, ber. BGBl. I 2008, S. 47)
BRS	Baurechtssammlung

BSG	Bundessozialgericht
BSGE	Entscheidungen des Bundessozialgerichts
Bsp.	Beispiel(e)
bspw.	beispielsweise
BT-Drucks.	Drucksachen des Deutschen Bundestages
Buchst.	Buchstabe(n)
BVerfG	Bundesverfassungsgericht(s)
BVerfGE	Entscheidungen des Bundesverfassungsgerichts, hrsg. v. den Mitgliedern des Bundesverfas-sungsgerichts
BVerwG	Bundesverwaltungsgericht(s)
BVerwGE	Entscheidungen des Bundesverwaltungsgerichts, hrsg. v. den Mitgliedern des Gerichts
BW	Baden-Württemberg
BY	Bayern / Bayerische
bzgl.	bezüglich
bzw.	beziehungsweise
ChemG	G. zum Schutz vor gefährlichen Stoffen (Chemikaliengesetz – ChemG), idF. d. Art. 3 § 2 G. v. 13. 12. 2007 (BGBl. I S. 2930)
CMR	Convention relative au Contrat de transport international de marchandises par route (Übereinkommen über den Beförderungsvertrag im internationalen Straßengüterverkehr), amtliche deutsche Übersetzung (BGBl. II 1961, S. 1119)
d.	das / der / des / die
d. h.	das heißt
dass.	dasselbe
DB	Der Betrieb (Zeitschrift)
dems.	demselben
dens.	denselben
ders.	derselbe
DGVZ	Deutsche Gerichtsvollzieher-Zeitung
dies.	dieselbe(n)
DIN	Deutsches Institut für Normung e. V. / Deutsche Industrie Norm
DIN-Mitt.	Mitteilungen des DIN (Zeitschrift)
DIN-Normungskunde 14	Normungskunde Heft 14: Technische Normung und Recht, hrsg. v. DIN, Berlin, Köln, 1979
DIN-Normungskunde 17	Normungskunde Band 17: Verweisung auf technische Normen in Rechtsvorschriften, hrsg. v. DIN, Berlin, Köln, 1982
Diss.	Dissertation
DJZ	Deutsche Juristen-Zeitung
DOK	Die Ortskrankenkasse (Zeitschrift)
DÖV	Die Öffentliche Verwaltung (Zeitschrift)
DRiZ	Deutsche Richterzeitung
DVBl.	Deutsches Verwaltungsblatt (Zeitschrift)
EG	Europäische Gemeinschaft(en)
EGBGB	Einführungsgesetz zum Bürgerlichen Gesetzbuch idF. d. Art. 3 Abs. 6 G. v. 21. 12. 2007 (BGBl. I S. 3189)

EGMR	Europäischer Gerichtshof für Menschenrechte
EGV	Vertrag zur Gründung der Europäischen Gemeinschaft idF. d. Vertrags von Amsterdam v. 2. 10. 1997 (BGBl. II 1998, S. 386, ber. BGBl. II 1999, S. 416) zuletzt geändert durch EU-Beitrittsakte 2003 v. 16. 4. 2003 (ABl. EU Nr. L 236, S. 33)
EHP	Euroheat & Power (Zeitschrift)
Einl.	Einleitung
Erg.-Lfg.	Ergänzungslieferung
ESVGH	Entscheidungssammlung des Hessischen Verwaltungsgerichtshofs und des Verwaltungsgerichtshofs Baden-Württemberg
EUDUR 1	Handbuch zum europäischen und deutschen Umweltrecht, hrsg. v. Rengeling, Hans-Werner, Band 1. Allgemeines Umweltrecht, 2. Aufl., Köln, Berlin, Bonn, München, 2003
EuGH	Gerichtshof der Europäischen Gemeinschaften
EuGH, Slg. I	Gerichtshof der Europäischen Gemeinschaften. Sammlung der Rechtsprechung des Gerichtshofes und des Gerichts erster Instanz. Teil I: Gerichtshof
EuGRZ	Europäische Grundrechte-Zeitschrift
EuR	Europarecht (Zeitschrift)
EUV	Vertrag über die Europäische Union i. d. konsolidierten F. v. 24. 12. 2002 (ABl. EG Nr. C 325/5)
EuZW	Europäische Zeitschrift für Wirtschaftsrecht
e. V.	eingetragener Verein
EWG	Europäische Wirtschaftsgemeinschaft
EWiR	Entscheidungen zum Wirtschaftsrecht (Zeitschrift)
EWR	Schriftenreihe zum europäischen Weinrecht
f.	folgende(r) (Seite, Paragraf oder Ähnliches)
ff.	folgende(n) (Seiten, Paragrafen oder Ähnliche)
FGO	Finanzgerichtsordnung idF. d. Art. 14 G. v. 12. 12. 2007 (BGBl. I S. 2840)
FlHG	Fleischhygienegesetz idF. d. Art. 1 G. 13. 5. 2004 (BGBl. I S. 934), aufgehoben durch Art. 7 Nr. 7 G. v. 1. 9. 2005 (BGBl. I S. 2618)
FR	Finanz-Rundschau für Einkommensteuer und Körperschaftssteuer (Zeitschrift)
FS	Festschrift
G.	Gesetz
GABl.	Gemeinsames Amtsblatt des Innenministeriums, des Finanzministeriums, des Ministeriums für Wirtschaft, Mittelstand und Technologie, des Ministeriums für Ländlichen Raum, Ernährung, Landwirtschaft und Forsten, des Ministeriums für Arbeit, Gesundheit, hrsg. v. Innenministerium Baden-Württemberg
GE	Das Grundeigentum (Zeitschrift)
GemHH	Der Gemeindehaushalt (Zeitschrift)
GenTG	G. zur Regelung der Gentechnik (Gentechnikgesetz – GenTG) idF. d. Art. 3 Abschn. 1 § 1 G. v. 13. 12. 2007 (BGBl. I S. 2930)

GesR	GesundheitsRecht, Zeitschrift für Arztrecht, Krankenhausrecht, Apotheken- und Arzneimittelrecht
GG	Grundgesetz für die Bundesrepublik Deutschland v. 23. 5. 1949 (BGBl. S. 1), idF. d. Art. 1 G. v. 28. 8. 2006 (BGBl. I S. 2034)
GG 1949	Grundgesetz für die Bundesrepublik Deutschland v. 23. 5. 1949 (BGBl. S. 1)
GG 1994	Grundgesetz für die Bundesrepublik Deutschland v. 23. 5. 1949 (BGBl. S. 1), idF. d. Art. I, Nr. 5 G. v. 27. 10. 1994 (BGBl. I S. 3146)
ggf.	gegebenenfalls
GGO II	Gemeinsame Geschäftsordnung der Bundesministerien, Besonderer Teil, idF. d. Bek. v. 25. 3. 1996 (GMBl. S. 449), aufgehoben durch Beschl. d. Bundeskabinetts v. 26. 7. 2000 (Bek. v. 9. 8. 2000, GMBl. S. 526)
GGO II 1924	Gemeinsame Geschäftsordnung der Reichsministerien, Besonderer Teil, hrsg. v. Reichsministerium des Innern, Berlin, 1924
GGO NW 1962	Gemeinsame Geschäftsordnung für die Ministerien des Landes Nordrhein-Westfalen (GGO) – Vereinfachung und Neuordnung – Bericht der Kommission der Landesregierung Nordrhein-Westfalen für Verwaltungsvereinfachung, Düsseldorf, 1962
GK-BImSchG	Gemeinschaftskommentar zum Bundes-Immissionsschutzgesetz hrsg. v. Koch, Hans-Joachim / Scheuing, Dieter H., Düsseldorf, Loseblatt, Stand des Gesamtwerks: Aktualisierungslieferung Nr. 24 Dezember 2007
GmbH	Gesellschaft mit beschränkter Haftung
GmbHR	GmbH-Rundschau (Zeitschrift)
GMBl.	Gemeinsames Ministerialblatt hrsg. v. BMI
GmSOGB	Gemeinsamer Senat der Obersten Gerichtshöfe des Bundes
GO BY	Gemeindeordnung für den Freistaat Bayern idF. d. § 5 G. v. 20. 12. 2007 (GVBl. S. 958)
GO NW	Gemeindeordnung für das Land Nordrhein-Westfalen (GO) idF. d. Art. I d. G. v. 9. 10. 2007 (GVBl. NW S. 380)
GRUR	Gewerblicher Rechtsschutz und Urheberrecht (Zeitschrift)
GS	Gedächtnisschrift
GVBl.	Gesetz- und Verordnungsblatt
GWF	Das Gas- und Wasserfach (Zeitschrift). Fachblatt für Gastechnik und Gaswirtschaft sowie für Wasser und Abwasser
h. M.	herrschende Meinung
Habil.	Habilitationsschrift
HBO	Hessische Bauordnung (HBO) idF. d. Art. 12 G. v. 6. 9. 2007 (GVBl. I S. 548)
HdUR	Handwörterbuch des Umweltrechts
HE	Hessen / Hessische(s)

HENatG	Hessisches Gesetz über Naturschutz und Landschaftspflege (Hessisches Naturschutzgesetz – HENatG) idF. d. Art. 4 G. v. 12. 12. 2007 (GVBl. I S. 851)
HessStGH	Hessischer Staatsgerichtshof
HessVGRspr.	Rechtsprechung der Hessischen Verwaltungsgerichte (= Beilage zum Staats-Anzeiger für das Land HE)
HGB	Handelsgesetzbuch idF. d. Art. 19a G. v. 21. 12. 2007 (BGBl. I S. 3089)
HGO	Hessische Gemeindeordnung idF. d. Art. 2 G. v. 15. 11. 2007 (GVBl. I S. 757)
HOAI	Verordnung über die Honorare für Leistungen der Architekten und der Ingenieure. Honorarordnung für Architekten und Ingenieure idF. d. Art. 5 G. v. 10. 11. 2001 (BGBl. I S. 2992)
Hrsg.	Herausgeber
hrsg. v.	herausgegeben von
HSGZ	Hessische Städte- und Gemeinde-Zeitung
HSOG	Hessisches Gesetz über die öffentliche Sicherheit und Ordnung (HSOG) idF. d. G. v. 28. 9. 2007 (GVBl. I S. 634)
HStR II	Handbuch des Staatsrechts der Bundesrepublik Deutschland, hrsg. v. Isensee, Josef/Kirchhof, Paul, Band II, Verfassungsstaat, 3. Auflage, Heidelberg, 2004
HStR III	Handbuch des Staatsrechts der Bundesrepublik Deutschland, hrsg. v. Isensee, Josef/Kirchhof, Paul, Band III, 2. Aufl. Heidelberg, 1996
HStR VII	Handbuch des Staatsrechts der Bundesrepublik Deutschland, hrsg. v. Isensee, Josef/Kirchhof, Paul, Band VII, Heidelberg, 1992
i. Br.	im Breisgau
i. V. m.	in Verbindung mit
i. w. S.	im weiteren Sinne
IBR	Immobilien- und Baurecht (Zeitschrift)
idF.	in der Fassung
insbes.	insbesondere
IPR	Internationales Privatrecht
JA	Juristische Arbeitsblätter (Zeitschrift)
JahrbEntschKG	Jahrbuch für Entscheidungen des Kammergerichts in Sachen der freiwilligen Gerichtsbarkeit, in Kosten-, Stempel- und Strafsachen
JBl.	Juristische Blätter (Zeitschrift)
JbUTR	Jahrbuch des Umwelt- und Technikrechts
Jg.	Jahrgang
JöR	Jahrbuch des öffentlichen Rechts der Gegenwart n. F. (Zeitschrift)
JR	Juristische Rundschau (Zeitschrift)
Jura	Juristische Ausbildung (Zeitschrift)
JurBüro	Das juristische Büro (Zeitschrift)

juris	Juristisches Informationssystem für die Bundesrepublik Deutschland
JuS	Juristische Schulung (Zeitschrift)
JZ	Juristenzeitung
KAG HE	Hessisches Gesetz über kommunale Abgaben idF. d. Art. 7b G. v. 31. 1. 2005 (GVBl. I S. 54)
KAG NW	Kommunalabgabengesetz für das Land Nordrhein-Westfalen (KAG) idF. d. Art. II G. v. 11. 12. 2007 (GVBl. 2008, S. 8)
KG	Kammergericht
KirchE	Entscheidungen in Kirchensachen seit 1946
KJ	Kritische Justiz (Zeitschrift)
KrW-/AbfG	Gesetz zur Förderung der Kreislaufwirtschaft und Sicherung der umweltverträglichen Beseitigung von Abfällen (Kreislauf-wirtschafts- und Abfallgesetz – KrW-/AbfG) idF. d. Art. 2 G. v. 19. 7. 2007 (BGBl. I S. 1462)
KStZ	Kommunale Steuer-Zeitschrift. Zeitschrift für das gesamte Gemeindeabgabenwesen
KWKG 2002	Gesetz für die Erhaltung, die Modernisierung und den Aus-bau der Kraft-Wärme-Kopplung (Kraft-Wärme-Kopplungs-gesetz) idF. d. Art. 170 Verordnung v. 31. 10. 2006 (BGBl. I S. 2407)
LeGes	Gesetzgebung heute – Législation d'aujourd'hui – Legislazio-ne d'aggi – Legislazium dad oz (Zeitschrift)
Lfg.	Lieferung
LK-StGB	Jähnke, Burkhard/Laufhütte, Heinrich Wilhelm/Odersky, Walter (Hrsg.): Strafgesetzbuch, Leipziger Kommentar, Ers-ter Band (Einleitung; §§ 1 bis 32), 11. Aufl., Berlin, 2003
LKV	Landes- und Kommunalverwaltung (Zeitschrift)
LRE	Sammlung lebensmittelrechtlicher Entscheidungen
Ls.	Leitsatz
LT-Drucks.	Landtagsdrucksache
m. w. N.	mit weiteren Nachweisen
Markenartikel	Markenartikel. Zeitschrift der Markenartikelindustrie
MDR	Monatsschrift für Deutsches Recht (Zeitschrift)
MitbestG	G. über die Mitbestimmung der Arbeitnehmer (Mitbestim-mungsgesetz – MitbestG) idF. d. Art. 18 G. v. 14. 8. 2006 (BGBl. I S. 1911)
MMR	MultiMedia und Recht (Zeitschrift)
MOG	Gesetz zur Durchführung der gemeinsamen Marktorganisatio-nen und der Direktzahlungen idF. d. Art. 11 G. v. 13. 12. 2007 (BGBl. I S. 2897)
MünchKommStGB	Joecks, Wolfgang/Miebach, Klaus (Hrsg.): Münchner Kom-mentar zum Strafgesetzbuch, Band 1, §§ 1–51 StGB, Mün-chen 2003
m. W. v.	mit Wirkung vom
n. F.	neue Fassung/neue Folge

NdsVBl.	Niedersächsische Verwaltungsblätter. Zeitschrift für öffentliches Recht und öffentliche Verwaltung
NJW	Neue Juristische Wochenschrift (Zeitschrift)
Nr.	Nummer(n)
NStZ	Neue Zeitschrift für Strafrecht
NuR	Natur und Recht. Zeitschrift für das gesamte Recht zum Schutz der natürlichen Lebensgrundlagen und der Umwelt
NVwZ	Neue Zeitschrift für Verwaltungsrecht
NVwZ-RR	Neue Zeitschrift für Verwaltungsrecht, Rechtsprechungs-Report
NW	Nordrhein-Westfalen
NZA	Neue Zeitschrift für Arbeitsrecht
NZA-RR	Neue Zeitschrift für Arbeitsrecht, Rechtsprechungs-Report
NZG	Neue Zeitschrift für Gesellschaftsrecht
NZS	Neue Zeitschrift für Sozialrecht
ÖJZ	Österreichische Juristen-Zeitung
OVG	Oberverwaltungsgericht
OVGE MüLü	Entscheidungen der Oberverwaltungsgerichte Münster und Lüneburg
ÖZW	Österreichische Zeitschrift für Wirtschaftsrecht
RabelsZ	Zeitschrift für ausländisches und internationales Privatrecht begr. v. Rabel
RdA	Recht der Arbeit (Zeitschrift)
RdL	Recht der Landwirtschaft. Zeitschrift für Landwirtschaftsrecht
RedaktionelleRL HE	Redaktionelle Richtlinie für die Gestaltung von Rechtsvorschriften, Anlage 3 zu §§ 57 und 66 Gemeinsame Geschäftsordnung der Ministerien des Landes Hessen (Staatsanzeiger für das Land Hessen 1998, S. 2508–2513)
RGBl.	Reichsgesetzblatt (1871–1921; dann aufgeteilt in Teil I und II)
RGSt	Entscheidungen d. Reichsgerichts in Strafsachen
RGZ	Entscheidungen d. Reichsgerichts in Zivilsachen
RIW	Recht der internationalen Wirtschaft (Zeitschrift)
Rn.	Randnummer(n)
RP	Rheinland-Pfalz
RTkom	Zeitschrift für das Recht der Telekommunikation und das Recht der elektronischen Medien
RzU	Rechtsprechung zum Urheberrecht, hrsg. v. Schulze, Erich / Schulze, Marcel, Loseblatt, München, Stand d. Gesamtwerks: 51. Erg.-Lfg. April 2006
RzW	Rechtsprechung zum Wiedergutmachungsrecht (Zeitschrift)
S.	Seite(n)
SächsVBl.	Sächsische Verwaltungsblätter. Zeitschrift für öffentliches Recht und öffentliche Verwaltung.
SAE	Sammlung arbeitsgerichtlicher Entscheidungen
SGb	Die Sozialgerichtsbarkeit (Zeitschrift)
SJZ	Schweizer Juristen-Zeitung

SN	Sachsen / Sächsisch(es)
sog.	so genannt(en)
SozR	Sozialrecht. Bearb. v. d. Richtern d. BSG
Sp.	Spalte(n)
SpuRt	Sport und Recht (Zeitschrift)
st. Rspr.	ständige Rechtsprechung
StGB	Strafgesetzbuch (StGB) idF. d. Art. 4 G. v. 21. 12. 2007 (BGBl. I S. 3198)
StraFo	Strafverteidiger Forum (Zeitschrift)
StVO	Straßenverkehrs-Ordnung idF. d. Verordnung v. 28. 11. 2007 (BGBl. I S. 2774)
StVZO	Verordnung über die Zulassung von Personen und Fahrzeugen zum Straßenverkehr (Straßenverkehrs-Zulassungs-Ordnung – StVZO) idF. d. Art. 2 Verordnung v. 22. 1. 2008 (BGBl. I S. 54)
TAB	Büro für Technikfolgenabschätzung beim Deutschen Bundestag
TH	Thüringen
ThürVBl.	Thüringer Verwaltungsblätter
TVG	Tarifvertragsgesetz idF. d. Art. 223 Verordnung v. 31. 10. 2006 (BGBl. I S. 2407)
Tz.	Textziffer(n)
UGB-AT-ProfE	Kloepfer, Michael / Rehbinder, Eckard / Schmidt-Aßmann, Eberhard / Kunig, Philip: Umweltgesetzbuch, Allgemeiner Teil, Forschungsbericht, Berlin, 1990
UGB-KomE	Umweltgesetzbuch, Entwurf einer unabhängigen Sachverständigenkommission zum Umweltgesetzbuch, hrsg. v. BMU, Berlin, 1998
Univ.	Universität
UPR	Umwelt- und Planungsrecht (Zeitschrift)
UrhG	G. über Urheberrecht und verwandte Schutzrechte (Urheberrechtsgesetz) idF. d. Art. 12 Abs. 4 G. v. 13. 12. 2007 (BGBl. I S. 2897)
Urt.	Urteil(e)
usw.	und so weiter
UTR	Schriftenreihe des Instituts für Umwelt- und Technikrecht der Universität Trier
v.	von / vom
VBlBW	Verwaltungsblätter für Baden-Württemberg
VDE	Verband Deutscher Elektrotechniker e. V.
Verf. BY	Verfassung des Freistaates Bayern idF. d. G. v. 10. 11. 2003 (GVBl. S. 817)
Verf. HE	Verfassung des Landes Hessen idF. d. G. v. 18. 10. 2002 (GVBl. I S. 629)
Verf. MV	Verfassung des Landes Mecklenburg-Vorpommern idF. G. v. 3. 12. 2007 (GVBl. S. 371)
VerfGH	Verfassungsgerichtshof

VersR	Versicherungsrecht (Zeitschrift)
Verw.	Die Verwaltung (Zeitschrift)
VerwArch.	Verwaltungsarchiv (Zeitschrift)
VerwRspr.	Verwaltungsrechtsprechung in Deutschland
VfGH	Verfassungsgerichtshof Wien
VfSlg.	Erkenntnisse und Beschlüsse des Verfassungsgerichtshofes Wien
VG	Verwaltungsgericht
VGH	Verwaltungsgerichtshof
vgl.	vergleiche
VorschriftenRL BW 1997	Richtlinien der Landesregierung (Baden-Württemberg) zum Erlass von Vorschriften (Vorschriftenrichtlinie) v. 12. 5. 1997 (GABl. S. 365)
VRS	Verkehrsrechts-Sammlung
VSSR	Vierteljahresschrift für Sozialrecht (Zeitschrift)
VVDStRL	Veröffentlichungen der Vereinigung der Deutschen Staatsrechtslehrer
VwGO	Verwaltungsgerichtsordnung (VwGO), idF. d. Art. 13 G. v. 12. 12. 2007 (BGBl. I S. 2840)
VwVfG	Verwaltungsverfahrensgesetz (VwVfG) idF. d. Art. 4 Abs. 8 G. v. 5. 5. 2004 (BGBl. I S. 718)
VwVfG RP	Landesverwaltungsverfahrensgesetz Rheinland-Pfalz idF. d. Art. 1 G. v. 21. 7. 2003 (GVBl. S. 155)
WBl.	Wirtschaftsrechtliche Blätter (Zeitschrift)
WHG	G. zur Ordnung d. Wasserhaushalts (Wasserhaushaltsgesetz – WHG) idF. d. Art. 2 G. v. 10. 5. 2007 (BGBl. I S. 666)
wistra	Zeitschrift für Wirtschafts- und Steuerstrafrecht
WiVerw.	Wirtschaft und Verwaltung (Beilage zum Gewerbearchiv; Zeitschrift)
WRV	Die Verfassung des Deutschen Reichs v. 11. 8. 1919 (RGBl. S. 1383) (sog. „Weimarer Reichsverfassung")
z. B.	zum Beispiel
ZaöRV	Zeitschrift für ausländisches öffentliches Recht und Völkerrecht
ZfA	Zeitschrift für Arbeitsrecht
ZfS	Zentralblatt für Sozialversicherung, Sozialhilfe und Versorgung. Zeitschrift für das Recht der Sozialen Sicherheit
ZfU	Zeitschrift für Umweltpolitik und Umweltrecht
ZfW	Zeitschrift für Wasserrecht
ZG	Zeitschrift für Gesetzgebung
ZGR	Zeitschrift für Unternehmens- und Gesellschaftsrecht
ZHR	Zeitschrift für das gesamte Handelsrecht und Wirtschaftsrecht
ZIP	Zeitschrift für Wirtschaftsrecht
zit.	zitiert (als)
ZKF	Zeitschrift für Kommunalfinanzen
ZLR	Zeitschrift für das gesamte Lebensmittelrecht

ZMR	Zeitschrift für Miet- und Raumrecht
ZNER	Zeitschrift für neues Energierecht
ZPO	Zivilprozessordnung idF. d. Art. 3 Abs. 3 G. v. 21. 12. 2007 (BGBl. I S. 3189)
ZRP	Zeitschrift für Rechtspolitik (= Beilage zur NJW)
ZTR	Zeitschrift für Tarifrecht (ab 10. 1996: Tarif-, Arbeits- und Sozialrecht des öffentlichen Dienstes)
zugl.	zugleich
ZUR	Zeitschrift für Umweltrecht
zust.	zustimmend(er)
ZVglRWiss	Zeitschrift für vergleichende Rechtswissenschaft

Einleitung

A. Die Verweisung
als Mittel der Gesetzgebungstechnik[1]

Der menschliche Geist hat die Eigenart, schon Bekanntes zur Gewinnung neuer Erkenntnisse zu verwerten und auf verwandte Erkenntnisse zurückzugreifen. Darauf beruhen die Analogie, die Zitate in wissenschaftlichen Arbeiten und die Verweisungen als Mittel der Gesetzgebungstechnik[2]. So spielte die Verweisung bereits im 16. Jahrhundert eine große Rolle[3], und in neuerer Zeit enthält das Bürgerliche Gesetzbuch über 1.700 Verweisungen[4]. Auch Verweisungen von Rechtsnormen auf private Normen sind nicht selten. Wohl die erste Verweisung dieser Art findet sich in der „Allgemeinen polizeilichen Bestimmungen über die Anlegung von Landdampfkesseln" vom 17. 12. 1908[5]. Mittlerweile wird auf weit über 1.000 DIN-Normen in Rechts- und Verwaltungsvorschriften verwiesen[6]. Die Vor- und Nachteile der Verweisung fasst Winfried Brugger[7] prägnant zusammen:

„Für den Gesetzgeber wird es durch die Verweisung einfacher, für den Bürger schwieriger und für den Juristen interessanter".

---

[1] Zu den Zusammenhängen zum philosophischen(-methodologischen) Verweisungsbegriff siehe *Strangas*, I 4 (S. 171 f.).

[2] Ähnlich auch *Munzer*, S. 5.

[3] Vgl. die Beispiele bei *Brauneder*, in: Dölemeyer / Klippel, S. 108 (113 ff.).

[4] Nach der Auflistung in *BMJ*, Verweisungsregister BGB, wird in ca. 1.600 Normen auf Vorschriften im BGB und in ca. 125 Vorschriften auf Normen außerhalb des BGB verwiesen.

[5] RGBl. 1909, S. 3: „§ 2. Kesselwandungen.

1. Jeder Dampfkessel muß in Bezug auf Baustoff, Ausführung und Ausrüstung den anerkannten Regeln der Wissenschaft und Technik entsprechen. Als solche Regeln gelten bis auf weiteres die in den Anlagen I und III zusammengestellten Grundsätze, welche entsprechend den Bedürfnissen der Praxis und den Ergebnissen der Wissenschaft auf Antrag oder nach Anhörung einer durch Vereinbarung der verbündeten Regierungen anerkannten Sachverständigenkommission fortgebildet werden."

[6] Angaben nach *Katzenberger*, DIN-Mitt. 64 (1985), S. 281 (282).

[7] *Brugger*, VerwArch. 78 (1987), S. 1 (7); auch wörtlich wiedergegeben bei: *Rönck*, S. 169; *Veit*, S. 36 (Fn. 81).

B. Eingrenzung der Themenstellung

Hinter dem breiten Spektrum von Verweisungen verbergen sich unterschiedliche Motive, vielgestaltige Rechtsformen und demgemäß auch heterogene Rechtsprobleme[8], so dass eine umfassende Behandlung den zur Verfügung stehenden Rahmen überschreiten würde. Hier werden nur Verweisungen auf abstrakt-generelle Regelungen behandelt. Beispiele dafür sind Normen von der Struktur wie § 276 Abs. 1 Satz 2 BGB („Die Vorschriften der §§ 827 und 828 finden entsprechende Anwendung."). Diese Verweisungen lassen sich durch Wiederholung der abstrakt-generellen Regelungen ersetzen. Dagegen werden Bezugnahmen auf Einzelakte wie beispielsweise in § 327 Abs. 1 StGB („entgegen einer vollziehbaren Untersagung") nicht behandelt[9], weil bei diesen Verknüpfungen die empirisch feststellbaren Tatsachen im Vordergrund stehen.

Ein europäischer Vergleich[10] war wegen der zu verschiedenen Rechtstraditionen nicht möglich. So finden sich im italienischen Recht praktisch keine Verweisungen auf Vorschriften privater Normungsverbände[11]; dagegen wird in Schweden relativ häufig pragmatisch auch mit globalen Verweisungen auf private Normen in der jeweiligen Fassung umgegangen[12]. Auch in Frankreich und Spanien – anders als in Großbritannien – werden solche Verweisungen offenbar für rechtlich unbedenklich erachtet[13]. Demgegenüber sind in Österreich nach einhelliger Ansicht nicht nur Verweisungen auf die jeweilige Fassung von Normen Privater, sondern auch von anderen staatlichen Normsetzern unzulässig[14]. Umstritten ist dort die Situation nur bei Verweisungen auf EG-Recht[15]. Etwas weniger kritisch wird die Verweisung in Deutschland und in der Schweiz[16] betrachtet. Die Erkenntnisse und Besonderheiten

---

[8] *Brugger*, VerwArch. 78 (1987), S. 1 (2).

[9] In diesem Sinne auch *Staats*, in: Rödig, S. 244 (245), der die Bezugnahmen auf Einzelakte als der „echten" Verweisung nicht vergleichbar bewertet.

[10] Auf europäischer Ebene gibt es im Bereich der technischen Normung zwei neuere Arbeiten (*Zubke-von Thünen* und *Schepel/Falke*, Vol. 1 und 2), die auch Aspekte der Verweisung behandeln.

[11] Vgl. *Lukes*, EWG- und EFTA-Staaten, S. 176 ff.

[12] Vgl. *Lukes*, EWG- und EFTA-Staaten, S. 284 ff.

[13] *Marburger/Enders*, JbUTR 1994, S. 333 (362).

[14] So auch die Einschätzung von *Kindermann*, in: Öhlinger, S. 211 (231).
In diesem Sinne: VfGH, VfSlg. 12947/1991, S. 834 (866): „Der VfGH hat in ständiger Rechtsprechung (s. etwa VfSlg 3149/1957, 6290/1970, 7085/1973, 7241/1973, 10311/ 1984) zwar dynamische Verweisungen auf Normen eines anderen Rechtsetzungsorganes als verfassungswidrig erachtet, dynamische Verweisungen auf Normen desselben Rechtsetzungsorganes jedoch als (grundsätzlich) verfassungsrechtlich zulässig angesehen (zB VfSlg. 10514/1985)"; *Koja*, ÖJZ 1979, S. 29 (33 ff.); *Thienel*, Verweisungen, S. 69 ff.

[15] Vgl. VfGH, VfSlg. 17479/2005, S. 225 (227 ff.) (Zulässigkeit einer Verweisung zur Sanktionierung von Verstößen gegen Gemeinschaftsrecht); *Eisenberger/Urbantschitsch*, ÖZW 1999, S. 74 ff.; *Irresberger*, in: Bußjäger/Kleiser, S. 115 (123 ff.); *Kert*, JBl. 1999, S. 87 (98 ff.); *Öhlinger/Potacs*, S. 105.

aus anderen (Bundes-)[17]Ländern wurden dementsprechend nur als Denkanstöße berücksichtigt.

Innerstaatlich werden Verweisungen in Verwaltungsvorschriften – ungeachtet der normativen Qualität – nicht behandelt[18]. Das Gewicht wird auf Verweisungen in Gesetzen gelegt. Besonderheiten aus dem Arbeits-[19] und Strafrecht[20] werden nur angedeutet; ganz ausgeklammert wird ein „tripolares Beziehungsgeflecht"[21] im Sozialrecht[22].

C. Überblick über Problemstand
und Gang der Untersuchung

Zunächst werden im 1. Teil einige grundlegende Fragen – vor allem im Hinblick auf eine einheitliche Terminologie – erörtert.

Im 2. Teil werden die Grenzen der Verweisung untersucht. Solche sind im Grundgesetz nicht ausdrücklich genannt. Dementsprechend wurde – von wenigen Ausnahmen[23] abgesehen – der Verweisung ursprünglich als „bloß formaler Gesetzgebungstechnik" keine verfassungsrechtliche Bedeutung[24] zugemessen[25].

---

[16] Für eine weitgehende Übereinstimmung der Situation in den beiden Ländern: *Brunner*, S. 87 (terminologisch), S. 99 (verfassungsrechtliche Bedenken). Nach *Brunner*, S. 107, bestehen allerdings Unterschiede bei der Verweisung auf Normen Privater, weil die Normungsorganisationen anders strukturiert sind.

[17] Dies gilt auch für die zum Teil sehr erheblichen Unterschiede in den Bundesländern. Wendet man die landesverfassungsrechtlichen Ermächtigungsvorschriften (z. B. Art. 107 Verf. HE) auf die Verweisung (analog) an, dann wären Verweisungen in weiten Umfang zulässig.

[18] Dazu: *Lübbe-Wolff*, in: Hoffmann-Riem/Schmidt-Aßmann, S. 87 (97–99); *Marburger*, Habil., S. 414–426; *ders.*, in: Müller-Graf, S. 27 (46–53); *ders./M. Klein*, JbUTR 2001, S. 161 (170–172); *Mohr*, S. 59–67; *Schwierz*, S. 95 ff., dessen Ergebnis aber nicht voll überzeugt.

[19] Siehe dazu insbes. *Moritz* und *Reinermann*, sowie: *Clemens*, AöR 111 (1986), S. 63 (114–118); *Scholz*, in: FS Gerhard Müller, S. 509 (528–536).

[20] Die umfangreiche strafrechtliche Literatur zur Irrtumsdogmatik und zu Art. 103 Abs. 2, 104 Abs. 1 Satz 1 GG wurde nur teilweise ausgewertet. Vgl. zu diesem Problemkomplex vor allem die Arbeiten von *Enderle, v. d. Heide, Krey, Lauer, Moll, Müller-Magdeburg, Schnell, Veit* und *Warda*.

[21] Begriff nach *Schnapp*, in: FS Krasney, S. 437 (445), von *Axer*, S. 381, übernommen. Beschreiben lässt sich das Phänomen damit, dass der Gesetzgeber Selbstverwaltungskörperschaften verpflichtet, Regelungen eines Ausschusses in die Satzung zu übernehmen.

[22] Wie eine Verweisung behandelnd: *Brugger*, VerwArch. 78 (1987), S. 1 (36 f.); *v. Zezschwitz*, in: Freundesgabe Söllner, S. 645 (654 f.).
Die Besonderheiten betonend: *Axer*, S. 381 f.; *Ossenbühl*, NZS 1997, S. 497 (498).

Seit den Untersuchungen von Fritz Ossenbühl (1967)[26] und Hans-Ulrich Karpen (1970)[27] wird häufig Kritik geäußert.

Gegen die Verweisungstechnik werden die Prinzipien der Demokratie, des Rechts- und des Bundesstaates sowie deren spezielle Ausprägungen angeführt. Besonders problematisch sei die Verweisung auf eine Norm in der jeweiligen Fassung bei fehlender Identität der Normgeber. In diesen Fällen läge eine unzulässige „apokryphe Legislativ-Delegation"[28] von Machtbefugnissen vor. Trotzdem finden sich Beispiele[29] für solche Verweisungen auf allen Ebenen und seit mehr als hundert Jahren[30]. Denkt man diesen Ansatz zu Ende, so wären Hun-

---

[23] Unter der Geltung des Grundgesetzes betrachtet wohl zuerst im Jahr 1955 *Bullinger*, Unterermächtigung, S. 19 ff., die verfassungsrechtliche Zulässigkeit der Verweisung kritisch.

Bereits vor Geltung des Grundgesetzes finden sich die wichtigsten Ansätze zu den Grenzen von Verweisungen (allerdings nicht deutlich, ob nur für das Strafrecht geltend): KG Berlin, JahrbEntschKG 28 (1905), C 33 (C 34 f.) (Verkündungserfordernis für Verweisungsobjekt); BayObLGSt 31 (1932), S. 160 (161 f.) = DJZ 1932, Sp. 364: Mangelnde Bestimmtheit, fehlende Verkündung und keine Zuständigkeit des Verbandes, auf dessen Vorschriften verwiesen wurde.

[24] Vgl. BayVerfGHE 17 (1964), S. 61 (66); 27 (1974), S. 93 (96); 29 (1976), S. 173 (176): „nur ein technischer Behelf"; *Nickusch*, NJW 1967, S. 811: „Verweist eine staatliche Norm auf eine ebensolche im selben oder in einem anderen Gesetz, so ist dazu nicht viel zu sagen. Diese Art der Verweisung ist ein gesetzestechnisches Mittel, um umständliche Wiederholungen zu vermeiden. Verweist der Gesetzgeber aber auf Normen nichtstaatlicher Gremien, so begegnet dies verfassungsrechtlichen Bedenken".

[25] In diesem Sinne auch die Einschätzung bei: *Karpen*, S. 2; *Krieger*, S. 221; *Schenke*, NJW 1980, S. 743 (744 f.); *ders.*, in: FS Fröhler, S. 87 (90 ff.).

[26] Die verfassungsrechtliche Zulässigkeit der Verweisung als Mittel der Gesetzgebungstechnik, DVBl. 1967, S. 401–408.

[27] Die Verweisung als Mittel der Gesetzgebung.

[28] So: *Karpen*, S. 114; *ders.*, in: Rödig, S. 221 (233); *Ossenbühl*, DVBl. 1967, S. 401 (403 f.).

[29] Bei manchen der folgenden Beispiele ist jedoch streitig, ob die Verweisung sich auf die jeweilige Fassung bezieht:
– Art. 29 CMR, Art. 7 Abs. 1 Konvention zum Schutz der Menschenrechte und Grundfreiheiten v. 4. 11. 1950 (Neubekanntmachung der Konvention idF. d. Protokolls Nr. 11 in BGBl. II 2002, S. 1054) (jeweils völkerrechtlicher Vertrag auf Recht der Vertragsstaaten)
– Art. 256 Abs. 2; 282 EGV (auf Recht der Vertragsstaaten)
– Art. 11 Abs. 1 Spiegelstrich 3 EUV (auf Charta der Vereinten Nationen, Schlussakte von Helsinki und Charta von Paris)
– Art. 2 Buchst. a, 3 Buchst. a, 6 Nr. 1 Spiegelstrich 4 Verordnung (EG) Nr. 761/2001 d. Europäischen Parlaments und d. Rates v. 19. März 2001 über die freiwillige Beteiligung von Organisationen an einem Gemeinschaftssystem für das Umweltmanagement und die Umweltbetriebsprüfung (EMAS), ABl.EG 2001, Nr. L 114/1 (auf „einschlägige Umweltvorschriften")
– Art. 25 GG (auf „allgemeine Regeln des Völkerrechtes")
– Art. 44 Abs. 2 Satz 1 GG (auf Bundesgesetz)

derte, ja wahrscheinlich Tausende von Rechtsnormen verfassungswidrig[31]. Mit einem generellen Verweisungsverbot wären Doppelspurigkeiten verbunden, die rechtsstaatliche Bedenken hervorrufen, wenn man eine effektive Regelungstechnik ebenfalls als rechtsstaatliches Anliegen anerkennt[32]. Dementsprechend hat sich die Gesetzgebungslehre „mit dem Phänomen der dynamischen Verweisung abgefunden"[33].

- Art. 80 GG („Landesregierung" ist laut BVerfGE 11, S. 77 [86] eine Verweisung auf Landesverfassungsrecht)
- § 1 MünzG 2002 idF. d. Art. 14 G. v. 5. 1. 2007 (BGBl. I S. 10) (auf EG-Verordnung)
- § 651h Abs. 2 BGB (auf „internationale Übereinkommen oder auf solchen beruhende gesetzliche Vorschriften")
- § 34 Abs. 2 BauGB (auf Verordnung des Bundes)
- § 906 Abs. 1 Satz 3 BGB (auf Verwaltungsvorschriften)
- § 4 Abs. 3 Satz 1 Bundespersonalvertretungsgesetz idF. d. Art. 3 Abs. 4 G. v. 14. 8. 2006 (BGBl. I S. 1897) (auf Tarifvertrag und Dienstordnung); weitere Bsp. für dynamische Verweisungen im Gesetz auf Tarifverträge bei *Moritz*, S. 14
- §§ 308 Nr. 5 Buchst. b), 309 Nr. 8 Buchst. b) Buchst. ff) BGB (auf private Norm)
- § 823 Abs. 2 BGB (auf jede Rechtsnorm, vgl. Art. 2 EGBGB)
- § 26 Abs. 1 Nr. 1 Verordnung über den Betrieb von Kraftfahrunternehmen im Personenverkehr v. 21. 6. 1975 (BOKraft 1975) idF. d. Art. 2 Verordnung v. 8. 11. 2007 (BGBl. I S. 2569) (auf private Regelung)
- § 35 Abs. 1a StVO (auf völkerrechtliche Vereinbarungen)
- Art. 5 Abs. 3 Verf. MV (auf Bundesverfassung)
- § 64 Abs. 1 HBO (auf alle öffentlich-rechtlichen Vorschriften)
- § 50 Abs. 2 HENatG (auf Gesetz und Rechtsverordnung des Bundes, Rechtsakte des Rates oder der Kommission der Europäischen Gemeinschaften sowie internationale Verträge)
- § 4 KAG HE (auf Bundesgesetz)
- § 16 HE Wohnungsaufsichtsgesetz idF. d. Art. 19 G. v. 31. 10. 2001 (GVBl. I S. 434) (auf Rechtsverordnung des Bundes)
- § 77 HSOG (auf Verordnung desselben Landes und Bundesgesetz)
- I.1.6 der Anlage 2 zur HBO (auf „Lauben im Sinne des Bundeskleingartengesetzes in der jeweils geltenden Fassung in durch Bebauungsplan festgesetzten Kleingartenanlagen …")

Daneben finden sich dynamisch-heteronome Verweisungen auch in Satzungen der Sportverbände (z. B. § 3.2 der Satzung des Deutschen Fußball-Bundes idF. d. Beschl. v. 25. 10. 2007; weitere Beispiele aus dem Bereich des Sports bei *Blum / Ebeling*, in: Bepler, S. 85 [86 in Fn. 2]).

[30] In diesem Sinne auch *Schneider*, Rn. 398.

[31] *Schneider*, Rn. 398, in diesem Sinne auch: *Baden*, NJW 1979, S. 623; *Danco*, ZRP 1975, S. 294 (296); *Göbel*, in: Schäffer / Triffterer, S. 64 (67).

A. A. *Ossenbühl*, DVBl. 1967, S. 401 (408), der nur einen kleinen Teil von Verweisungen für betroffen hält und durch eine verfassungskonforme Auslegung ein rechtliches Vakuum verhindern will.

[32] *Brunner*, S. 111. In diesem Sinne auch: *Baden*, NJW 1979, S. 623 (625); *Schröcker*, NJW 1967, S. 2285.

[33] *Salzwedel*, in: FS Isensee, S. 205 (206).

Das Bundesverfassungsgericht hat noch keine eindeutige Position bezogen. Die wichtigste Entscheidung aus dem Jahr 1978 warf mehr Fragen auf, als sie beantwortete: Im Bereich der Grundrechte sei eine Verweisung auf eine Norm in der jeweiligen Fassung bei fehlender Identität der Normgeber verfassungsrechtlich problematisch, jedoch nicht schlechthin unzulässig[34]. Die danach einsetzende, intensive Diskussion in der Literatur verebbte ohne endgültige Klärung um 1990[35]. Tendenziell wurden aber auch Verweisungen auf Normen fremder Normgeber in der jeweils gültigen Fassung unter mehr oder weniger engen Voraussetzungen für zulässig gehalten. Gründe dafür sind der steigende Bedarf an immer aktualisierten Detailregelungen einerseits und die knappen Ressourcen Normierungskapazität und Sachverstand andererseits[36]. Zur Zeit diskutiert man vor allem Verweisungen auf private Regelungen (wie in § 6 Abs. 1 Satz 3 Nr. 4 Satz 1 Halbsatz 2 KWKG 2002) oder pauschale Verordnungsermächtigungen mit Verweisung auf europäisches Gemeinschaftsrecht (wie in § 6a WHG). Dabei ist neben den Zulässigkeitsvoraussetzungen nach dem Grundgesetz vor allem fraglich, in welchen Fällen eine dynamische Verweisung auf eine Richtlinie deren Umsetzung gewährleistet.

Im 3. Teil werden die Folgen mangelhafter Bezugnahme erörtert.

---

[34] BVerfGE 47, S. 285 ff. Der Wortlaut der Verweisungsnorm war im konkreten Fall nicht eindeutig. Daher wurde die verfassungsrechtlich weniger problematische Auslegung als Verweisung auf das Verweisungsobjekt zum Entstehungszeitpunkt der Verweisungsnorm gewählt. Dadurch konnte eine weitergehende Stellungnahme vermieden werden.

[35] In diesem Sinne auch *Guckelberger*, ZG 2004, S. 62 (63), ohne eine Jahreszahl anzugeben.

[36] So auch die Einschätzung Anfang der 1990er Jahre von *Krieger*, S. 221 f.

1. Teil

Grundlagen

A. Begriff der Verweisung

Die *Verweisung*, auch kürzer als *Verweis* bezeichnet[1], ist ein Mittel der Gesetzgebungstechnik. Verweisen bedeutet nach dem allgemeinen Sprachgebrauch in seiner einen Bedeutung „hinweisen, aufmerksam machen, jemanden anweisen, sich an einen anderen Ort zu begeben oder verbannen"[2]. Verweisen bedeutet weiter „zum Vorwurf machen, verbieten, tadeln"[3]. Vor allem in der letzten Bedeutung als Tadeln[4] wird der Begriff Verweis häufiger als die Bezeichnung Verweisung benutzt. In der Gesetzgebungstechnik dagegen ist das Wort Verweisung weitaus üblicher.

In diesem Sinne ist die Verweisung durch die Bezugnahme einer Norm (*Verweisungsnorm*[5]) auf einen anderen Inhalt (*Verweisungsobjekt*[6]) gekennzeichnet[7]. Diese Definition ist im Kern allgemein anerkannt, jedoch wird häufig anstelle von

---

[1] Synonyme Verwendung bspw. bei *Aymans*, in: Archiv für katholisches Kirchenrecht 133 (1964), S. 293 (294 ff.).

[2] *W. Pfeifer*, Stichwort ²verweisen, S. 1512: Verweisen stammt vom mittelhochdeutschen *verwisen* mit der Bedeutung hin-, zuweisen, irreleiten, verführen, verbannen (vgl. auch den angelsächsischen Begriff *farwisian* verraten). Verweisen hat gegenüber dem Begriff weisen eine verstärkende Präfixbildung.
Vgl. auch Platzverweisung in § 38 G. über die Bundespolizei idF. d. Art. 1, 13a G. v. 26. 2. 2008 (BGBl. I S. 215).

[3] *W. Pfeifer*, Stichwort ¹verweisen, S. 1512.

[4] So in: § 6 Bundesdisziplinargesetz (BDG) idF. d. Art. 11 G. v. 22. 4. 2005 (BGBl. I S. 1106); § 60 Abs. 1 G. über den Zivildienst der Kriegsdienstverweigerer (Zivildienstgesetz) idF. d. Art. 8 G. v. 13. 12. 2007 (BGBl. I S. 2904).

[5] So bspw. bei *Grauer*, S. 3.

[6] So bspw. bei *Mohr*, S. 28 f.
Kritisch zu dieser Begriffsverwendung *Strangas*, I 5 (S. 172).

[7] In diesem Sinne bereits im Jahre 1899 *Triepel*, Völkerrecht, S. 159 f.; *Zitelmann*, Grenzstreit (1902), Sp. 39 (zust. *Merten/F. Kirchhof*, in: Staudinger, 12. Aufl., EGBGB, Art. 4 Rn. 6); *Jellinek*, Gesetz (1913), S. 89.
Von einem sprach-/literaturwissenschaftlichen Hintergrund ausgehend *Liu*, S. 164, für Verweisungsstrukturen in Patentschriften: „Unter dem operativem Rahmenbegriff der *Verweisung* lassen sich *situative* und *textuelle* Deixis [das griechische Wort Deixis bedeutet

Verweisungsobjekt der engere Begriff der Norm verwendet[8]. Daneben werden die Begriffe *bezogene Norm* und *ergänzende Anordnung*[9], *Bezugsnorm* beziehungsweise *Bezugstext*[10] oder *Verweisungsziel*[11] benutzt. Die Verweisungsnorm wird außerdem noch als *Verweisungsvorschrift*[12], *-grundlage*[13], *-subjekt*[14], *-träger*[15] oder selten auch noch anders[16] bezeichnet.

Oft werden auch die Begriffe Bezugnahme und Verweisung synonym verwendet[17], aber der Begriff der Bezugnahme[18] ist weiter als der Begriff der Verweisung.

Zeigen; Anm. d. Verfassers] textlinguistisch integriert beschreiben." *Werlen*, LeGes 1994/2, S. 49 (49 f.), geht von einem weiteren Verweisungsbegriff aus, der auch Ausdrucksmittel erfasst, die auf andere Textelemente verweisen und von diesen ihre nähere Bestimmung erhalten oder die aus dem Text heraus auf eine außersprachliche Situation verweisen.

[8] Vgl. bspw.: *Creifelds*, Stichwort Verweisung, S. 1311; *Guckelberger*, ZG 2004, S. 62 (62–64).

Zu den möglichen Verweisungsobjekten siehe unten im 1. Teil: A.II.2. Verweisungsobjekt (S. 43 ff.).

[9] *Mohr*, S. 28 f.

[10] *BMJ*, Rechtsförmlichkeit, Rn. 203, 206.

[11] *Stumpf*, NVwZ 2003, S. 119.

[12] So bspw. bei *Schröcker*, NJW 1967, S. 2285 (2286).

[13] *F. Kirchhof*, S. 152, *Merten/F. Kirchhof*, in: Staudinger, 12. Aufl., EGBGB, Art. 4 Rn. 7, und *Ossenbühl*, DVBl. 1967, S. 401.

[14] *Clemens*, AöR 111 (1986), S. 63 (64 in Fn. 1).

[15] *Martens*, ZHR 148 (1984), S. 183 (190); *ders.*, S. 24.

[16] *BMJ*, Rechtsförmlichkeit, Rn. 203, und *Göbel*, in: Schäffer/Triffterer, S. 64 (65 und passim), verwenden den Begriff *Ausgangsnorm*.

Noch unüblichere Bezeichnungen bei: *Karpen*, S. 19; *Reinermann*, S. 5 f.

[17] Vgl. die Verwendung der Begriffe Bezugnahme und Verweisung bei: Interinstitutionelle Vereinbarung zwischen dem Europäischen Parlament, Rat und Kommission vom 22. 12. 1998 über die Gemeinsamen Leitlinien für die redaktionelle Qualität der gemeinschaftlichen Rechtsvorschriften, ABl. EG 1999, Nr. C 73, S. 1 (2 zu Tz. 16); *Karpen*, S. 19 ff.; *ders.*, in: Rödig, S. 221 (223); *Köbler*, Stichwort Verweisung, S. 532 f.; *Ossenbühl*, DVBl. 1967, S. 401 (404); *Reinermann*, S. 4 f.; *Strecker*, DIN-Normungskunde 14, S. 43 (50); *Taupitz*, S. 753.

[18] In diesem Sinne die Definition bei *Attlmayr*, ÖJZ 2000, S. 96 (97 in Fn. 1).

Vgl. zum allgemeinen Sprachgebrauch *W. Pfeifer*, Stichwort ziehen, Unterpunkt beziehen, S. 1609: auf, über etwas ziehen, (bespannen, regelmäßig erhalten, in einen bestimmten Zusammenhang bringen, reflexiv sich berufen auf, verweisen auf, althochdeutsch *biziohan* festbinden, über-, zusammenziehen, zusammenfügen, wegnehmen (8. Jahrhundert), mittelhochdeutsch *beziehen* zu etwas kommen, erreichen, überziehen, ein Kleid besetzen, füttern, an sich nehmen, einziehen.

Vgl. zum juristischen Sprachgebrauch bspw. die Verwendung von Bezugnahme bei: *Barnstedt*, S. 136 ff.; *Clemens*, AöR 111 (1986), S. 62 (74 f.); *Marburger/M. Klein*, JbUTR 2001, S. 161 (162 f.).

Außerdem wird die Verweisung als Nennen einer Vorschrift umschrieben[19]. Dies ist indessen ungenau, weil eine Verweisung ohne ausdrückliches Nennen erfolgen kann. Eine Verweisung kann nämlich auch aufgrund einer Normlücke erforderlich sein, die eine Vervollständigung durch das Verweisungsobjekt erfordert[20]. Weiter wird in seltenen Fällen selbst in der Wiederholung eines Textes eine Verweisung gesehen[21].

Je nach Rechtsbereich und mit unterschiedlichen Nuancen im Inhalt werden auch die Begriffe *Rezeption*[22], *Inkorporation*, *Transformation* und *Referenz*[23] synonym zur Verweisung gebraucht. Diese Begriffe erscheinen aber weniger geeignet. Rezeption wird nämlich häufiger umfassend als Übernahme von Teilen anderer Normsysteme ohne Beschränkung auf ein bestimmtes Mittel der Übernahme verstanden[24]. Die Bezeichnung Inkorporation wird vor allem für bestimmte Verweisungen wie bei Art. 140 GG[25] oder bei der textlichen Übernahme technischer Normen in eine Rechtsnorm[26] verwendet. Der Begriff der Transformation wird zumeist bei Art. 25 GG oder ähnlichen Verweisungen benutzt[27]. Referenz ist an den üblichen englischen und französischen Sprachgebrauch[28] angepasst, aber im deutschen Sprachgebrauch bislang unüblich.

---

[19] So bspw. bei: *Karpen*, in: Rödig, S. 221 (223); *P. Meyer*, Blankettverweisungen, S. 29.

[20] So auch *Werlen*, LeGes 1994/2, S. 49 (52), für sprachliche Verweisungen in Texten. Beispiel: „Karla gab Otto einen Apfel und fiel zu Boden." Wer zu Boden fiel, ergibt sich aus dem Kontext.

[21] So vor allem im Arbeitsrecht: *Bauschke*, ZTR 1993, S. 416 (418); *Buchner*, AR-Blattei SD 1550.5, Rn. 92; *Merten / F. Kirchhof*, in: Staudinger, 12. Aufl., EGBGB, Art. 4 Rn. 14; *A. Stein*, ArbuR 1998, S. 1 (10); a. A. *Zitelmann*, Grenzstreit, Sp. 50, der die Wiederholung scharf von der Verweisung trennt, aber letztlich zur gleichen Auslegung gelangt.

[22] Synonyme Verwendung bspw. bei: *Adamovich*, in: Winkler / Schilcher, S. 204 (208); *Jellinek*, Gesetz, S. 89 f., bezeichnet als Rezeption die konstitutive Verweisung; *Söhn*, S. 103; in diesem Sinne wohl auch *Stern* I, § 5 IV 5 β (S. 172): „Rezipierung".

[23] So *Wegge*, S. 69, zu Art. 79 Abs. 3 GG.

[24] So bei: *Backherms*, JuS 1980, S. 9 (10 ff.); *Battis / Gusy*, Technische Normen, Rn. 407 und passim; *Breuer*, AöR 101 (1976), S. 46 ff.; *Eiberle-Herm*, UPR 1994, S. 241 ff.; *Mohr*, S. 25; *Seibel*, BauR 2004, S. 1718 ff.; *Strebel*, ZaöRV 28 (1968), S. 503 (506–509); *Tettinger*, Wirtschaftsverwaltungsrecht, S. 404; *Veit*, passim.

[25] In diesem Sinne *Martina*, S. 45–47.

[26] So bei: *Backherms*, S. 68; *Brunner*, S. 87; *Denninger*, Normsetzung, Rn. 135; *Ehricke*, EuZW 2002, S. 746 (749), für die Aufnahme des Textes in EG-Richtlinien; *Marburger*, in: Müller-Graf, S. 27 (33 f.); *ders./M. Klein*, JbUTR 2001, S. 161 (163); *Niedziella*, S. 113; *Rönck*, S. 156; *Schellhoss*, BBauBl. 1985, S. 18 (19); *Seibel*, BauR 2004, S. 1718. *Haratsch*, ZG 1999, S. 346 (347), bezeichnet dies als formelle Inkorporation.

[27] Die Transformation ist eine besondere Art der Verweisung nach: *Ent*, in: Öhlinger, S. 50 (70); *Karpen*, S. 48 f.; *Martina*, S. 29 in Fn. 1; *Hill*, S. 118, der eine generelle und spezielle Transformation unterscheidet; ähnlich auch *Walter*, ÖJZ 1963, S. 85 (87).

[28] Vgl. den englischen („reference to standards") und französischen Sprachgebrauch („référence aux normes") bei: *Niedziella*, S. 112 f.; *Zubke-von Thünen*, S. 327 f.

Der Teil der Verweisungsnorm, der das Verweisungsobjekt nennt, wird als *Verweisungsformel* bezeichnet[29]. Danach sind andere Normen „anzuwenden", oder die Rechtsfolgen „richten sich nach" bestimmten Paragrafen oder Rechtsinstituten[30]. Die Verweisungsformel kann auch zusammengesetzt sein aus einer Beschreibung des Verweisungsobjektes und der Paragrafenangabe (in Klammern)[31]. Die Verweisungsformel kann ferner in bestimmten Begriffen oder Summen[32] bestehen, die an anderer Stelle definiert sind. Auch die Worte „rechtmäßig" und „auf die gesetzlich vorgeschriebene Weise" können Verweisungen sein[33]. Ebenso kann der Begriff „geboten" eine Verweisung auf anderweitig angeordnete Pflichten sein oder die

---

[29] *Karpen*, S. 36 f.; *Veit*, S. 25 f.

[30] Weitere Formulierungen nach *Karpen*, S. 36 f., und *Hw. Müller*, Gesetzgebungstechnik, S. 177 ff.:
- „... gelten die ..."
- „... ist (sind) ... anzuwenden" bzw. „... finden Anwendung"
- „... beziehen sich auf ..." bzw. „... nimmt Bezug auf"
- „... richten sich ... nach ..."
- „... wird verwiesen auf ..."
- „... die sich aus den ... ergebenden Ansprüche ..."
- „... bestimmt sich nach ..."
- „... nach den ... regeln ..."
- „... sich regeln nach ..."

Beispiele aus dem Strafrecht nach *Kast*, in: Rödig, S. 261 (263 ff.):
- „... entgegen ..."
- „... wer einer (der) Vorschrift des § ... über ... zuwiderhandelt"
- „... wer gegen eine (die) Vorschrift des § ... über ... verstößt"
- „... nach § ..."

Für Fiktionen (vgl. *Bangemann*, S. 68; *Karpen*, S. 36, *M. Pfeifer*, S. 4):
- „... als ... gelten ..."
- „... stehen gleich ..."
- „... sind (ist) anzunehmen ..."
- „... sind (ist) als ... anzusehen ..."
- „... zählt ..."
- „... gerechnet ..."
- „... behandelt wird ..."
- „... wie wenn ..."
- „... als ob ..."

Fritzsch, S. 12 f., listet die sehr verschiedenen Verweisungsformeln in der WRV auf.

Daneben kommen hinausverweisende (deiktische), textverweisende (textdeiktische), vorausverweisende (kataphorische) und rückverweisende (anaphorische) Sprachmittel in Betracht. Dazu *Werlen*, LeGes 1994/2, S. 49 (59 ff.) mit vielen Beispielen. Die Verwendung des Wortes „so" kann danach eine Verweisung sein, dazu auch *Real*, ZVglRWiss 89 (1990), S. 407 (418).

[31] A. A. *Real*, RabelsZ 49 (1985), S. 52 (81 in Fn. 112), wonach die in Klammern gesetzten Hinweise auf andere Rechtsvorschriften keine Verweisungen in technischem Sinne sein sollen, sondern lediglich der Klarstellung dienen.

[32] Vgl. BVerfGE 20, S. 56 (92) – Haushaltsplan: „die veröffentlichten Endsummen der Kapitel sind als Verweisungen auf die für die Titel ausgeworfenen Beträge zu verstehen".

Geltung des Verhältnismäßigkeitsgrundsatzes anordnen[34]. Die Zuordnung des Verweisungsobjektes ergibt sich dementsprechend allgemein durch Auslegung der Verweisungsnorm. Signalwörter für eine Verweisung sind „analog", „entsprechend" oder „sinngemäß"[35].

Ein bestimmter „Abstand" zwischen Verweisungsnorm und Verweisungsobjekt ist nicht erforderlich[36]. Denn dieselben Probleme einer Verweisung können unabhängig davon auftreten, ob die Paragrafen unmittelbar aufeinander folgen oder ob ein großer Abstand dazwischen besteht.

I. Deklaratorische Verweisung

Der Zweck der Bezugnahme kann sich darin erschöpfen, auf eine Regelung aufmerksam zu machen, die bereits ohnehin gilt[37]. Eine solche Bezugnahme, die keine Rechtswirkungen erzeugt, wird als *Hinweis*[38], *deklaratorische*[39], *unechte*[40], *bloß erläuternde*[41], *regelungsfreie*[42], *informative*[43] oder auch *Verweisung im weiteren Sinne*[44] bezeichnet. Bei Verweisungen von Tarifverträgen auf gesetzli-

---

[33] So auch EGMR, NJW 2000, S. 2888 (2889).

[34] Vgl. OVG Münster, NVwZ 1990, S. 393.

[35] Zur Suchstrategie (und automatischen Auflösung) der Verweisungen siehe *Studnicki/ Polanoska/Fall/Lachwa/Stabrawa*, in: Kindermann, S. 180 ff.

[36] A. A. *Kastner*, in: FS 100 Jahre ABGB I, S. 533 (553).

[37] In diesem Sinne: *Falk*, S. 4 f.; *Guckelberger*, ZG 2004, S. 62 (63), m. w. N. in Fn. 7; *Herschel*, BB 1963, S. 1220; *Hiller*, S. 61; *Kastner*, in: FS 100 Jahre ABGB I, S. 533 (551); *Reinermann*, S. 19.

Daneben unterscheidet *Karpen*, in: Rödig, S. 221 (223), unter Hinweis auf *Hw. Müller*, Gesetzgebungstechnik, S. 126 f., noch die Fälle der (schlichten) „Erwähnung". Ähnlich unterscheidet *BMJ*, Informationssystem, S. 349, zwischen echten Verweisungen, die den Anwendungsbereich des Verweisungsobjektes ausdehnen im Unterschied zu schlichten Erwähnungen (z. B. § 547 Abs. 1 ZPO idF. d. Familienrechtsänderungsgesetzes v. 11. 8. 1961) und Verweisungen, die nur einen Hinweis darauf enthalten, wo eine Regelung steht (z. B. § 222 Abs. 1 ZPO).

P. Meyer, Blankettverweisung, S. 30 f., unterscheidet unter Hinweis auf *Hw. Müller*, Gesetzgebungstechnik, S. 168, die erläuternde von der hinweisenden Verweisung.

[38] *Brugger*, VerwArch. 78 (1987), S. 1 (2); *Falk*, S. 4 f.; *Hiller*, S. 62; *Jellinek*, Gesetz, S. 96; *Hw. Müller*, Gesetzgebungstechnik, S. 168.

Aymans, in: Archiv für katholisches Kirchenrecht 133 (1964), S. 293 (295), sieht Verweisung als „Hinweis" mit Rechtswirkung an.

[39] *BMJ*, Rechtsförmlichkeit, Rn. 204; *Brugger*, VerwArch. 78 (1987), S. 1 (2); *Guckelberger*, ZG 2004, S. 62 (63); *Herschel*, BB 1963, S. 1220; *Hiller*, S. 62; *W. Hugger*, S. 302; *Merten/F. Kirchhof*, in: Staudinger, 12. Aufl., EGBGB, Art. 4 Rn. 8; *Moll*, S. 38; *Hw. Müller*, Gesetzgebungstechnik, S. 169; *Reinermann*, S. 20; *Vahle*, ZBR 1994, S. 374 (376).

Die „formal-deklaratorische Bezugnahme" ist nach *Clemens*, AöR 111 (1986), S. 62 (74 f.), keine Verweisung.

che Vorschriften finden sich auch die Bezeichnungen *neutrale Norm*, *neutrale Regelung* oder *neutrale Klausel*[45].

Bei der deklaratorischen Verweisung treten – außer der Abgrenzung von der noch zu erörternden konstitutiven Verweisung – keine Rechtsprobleme auf[46].

II. Konstitutive Verweisung

1. Verweisungsvorgang

Erzeugt die Bezugnahme eine bisher nicht vorhandene normative Wirkung, liegt eine *konstitutive Verweisung* vor[47]. Diese wird auch als *echte*[48], *anwendende*[49],

---

[40] *Berger*, S. 110; *Grauer*, S. 26 f.; *Guckelberger*, ZG 2004, S. 62 (63); *Falk*, S. 4 f.; *Hiller*, S. 62; *Jellinek*, Gesetz, S. 94, der aber darauf hinweist, dass damals (1902) der Begriff unechte Verweisung auch für konstitutive Verweisungen verwendet wurde, wenn die Verweisung sich nicht auf die jeweilige Fassung, sondern auf eine bestimmte Fassung bezog; *Karpen*, S. 21; *Hw. Müller*, Gesetzgebungstechnik, S. 168; *Reinermann*, S. 21; *Schwacke/ Uhlig*, S. 81. In diesem Sinne auch *BMJ*, Informationssystem, S. 50 f., 348.

Unklar die Begriffsverwendung bei: *F. Becker/Fett*, NZG 1999, S. 1189 (1190); *Herschel*, BB 1963, S. 1220.

Zu Recht die Begriffe der echten und unechten Verweisung ablehnend *Merten/ F. Kirchhof*, in: Staudinger, 12. Aufl., EGBGB, Art. 4 Rn. 15.

[41] *Kastner*, in: FS 100 Jahre ABGB I, S. 533 (551).

[42] *W. Hugger*, S. 302.

[43] *G. Müller*, Rechtssetzungslehre, Rn. 368.

[44] *Berger*, S. 110; *Karpen*, S. 21; *Moll*, S. 38.

A. A. *Enneccerus/Nipperdey*, § 30 II 2 (S. 198): verweisende Rechtssätze im weiteren Sinne (= insbes. verweisende Rechtssätze im engeren Sinne, Fiktionen und einen anderen Rechtssatz aufhebende Normen).

Ein noch weiteres Begriffsverständnis findet sich bei *Waechter*, NVwZ 1997, S. 729 (730 bei und in Fn. 10).

Brugger, VerwArch. 78 (1987), S. 1 (2), verwendet daneben auch die Bezeichnung Verweisung im *explanatorischen* oder *semantischen* Sinne.

[45] Siehe dazu: *Buchner*, AR-Blattei SD 1550.5, Rn. 93; *Reinermann*, S. 20.

[46] In diesem Sinne auch *Reinermann*, S. 21, der auf S. 19–30 ausführlich Abgrenzungskriterien für das Arbeitsrecht darstellt. Dazu siehe auch: *Buchner*, AR-Blattei SD 1550.5, Rn. 93–97; *Guckelberger*, ZG 2004, S. 62 (63); *Reichel*, S. 25–28. Nach *Wiedemann*, in: ders., TVG, § 1 Rn. 195, ist im Zweifel die Bezugnahme konstitutiv.

[47] *Brugger*, VerwArch. 78 (1987), S. 1 (4); *Falk*, S. 4 f.; *Grauer*, S. 23; *Guckelberger*, ZG 2004, S. 62 (64); *Herschel*, BB 1963, S. 1220; *Hiller*, S. 62; *Merten/F. Kirchhof*, in: Staudinger, 12. Aufl., EGBGB, Art. 4 Rn. 9; *P. Meyer*, Blankettverweisungen, S. 33; *Moll*, S. 39; *Hw. Müller*, Gesetzgebungstechnik, S. 169; *Reinermann*, S. 21 f.; *Schwacke/Uhlig*, S. 81.

[48] Vgl. oben in Fn. 40 im 1. Teil (S. 40).

[49] *Berger*, S. 14.

regelnde[50], *begriffsbildende*[51], *normative*[52] oder *Verweisung im engeren Sinne*[53] bezeichnet. Der sich dabei aus dem Zusammenwirken von Verweisungsnorm und Verweisungsobjekt ergebende Gesamtinhalt ist die *Verweisungsregelung*[54].

Die Rechtswirkungen, die eine Bezugnahme zu einer Verweisung machen, werden unterschiedlich beschrieben. Nach Hanswerner Müller[55] liegt eine konstitutive Verweisung nur vor, wenn die Geltung einer an sich für einen anderen Bereich erlassenen Vorschrift auf das neue Gesetz ausgedehnt werde. Müller geht damit vom Verweisungsobjekt aus, dessen Geltungsbereich durch die Verweisung erweitert wird[56]. Dabei brauche die bezogene Vorschrift nicht zu gelten, denn „durch die Verweisung wird ihr gewissermaßen neues Leben eingehaucht"[57]. Wie ein Normgeber allerdings den Normen eines andern Normgebers neues Leben einhauchen können soll, bleibt unklar.

Betrachtet man die Verweisung aus der Sicht der Verweisungsnorm, so bewirkt sie, dass eine von sich aus unvollständige Norm[58] durch Hinzufügen eines Verweisungsobjektes vervollständigt wird[59]. Die Definition Müllers ist nach Hans-Ulrich Karpen[60] um dieses Kriterium zu ergänzen. Allerdings bleibt die Bedeu-

---

[50] *W. Hugger*, S. 302.

[51] *Kastner*, in: FS 100 Jahre ABGB I, S. 533 (551); *Reinermann*, S. 21 f.; *K. Wolff*, S. 8.

[52] *G. Müller*, Rechtssetzungslehre, Rn. 365 ff.

[53] Vgl. oben in Fn. 44 im 1. Teil (S. 40), sowie *Kastner*, in: FS 100 Jahre ABGB I, S. 533 (552): technische Verweisung im engeren Sinne; *P. Meyer*, Blankettverweisungen, S. 33.

[54] So auch *Appel*, BayVBl. 1980, S. 652.

[55] *Hw. Müller*, Gesetzgebungstechnik, S. 169. In diese Richtung auch: BVerwG, BayVBl. 1964, S. 294 (295); *Enneccerus/Nipperdey*, § 30 II 1 a (S. 198); *Guckelberger*, ZG 2004, S. 62 (64); *Holzinger*, in: Schäffer, S. 275 (289); *Irresberger*, in: Bußjäger/Kleiser, S. 115 (119); *P. Meyer*, Blankettverweisungen, S. 33; *Veh*, BayVBl. 1987, S. 225 (227); VorschriftenRL BW, Rn. 2.1.9.1. In diesem Sinne wohl auch *Grauer*, S. 64, der schreibt, dass „der Geltungsbereich des Verweisungsobjektes ausgedehnt wird". Allerdings fasst er auf S. 71 zusammen, dass die Verweisung nur auf die Geltung des Inhaltes des Verweisungsobjektes wirkt, sie jedoch weder die ursprüngliche Geltung der als Verweisungsobjekt dienenden Regelung noch ihre Rechtsnatur verändert.

[56] So auch die Einschätzung von *Karpen*, S. 21. Vgl. *Hw. Müller*, Gesetzgebungstechnik, S. 169 ff.

[57] *Hw. Müller*, Gesetzgebungstechnik, S. 172.

[58] Die Verweisung als unvollständigen Rechtssatz einordnend bspw.: *Grauer*, S. 24 f.; *Guckelberger*, ZG 2004, S. 62 (64); *Hadding*, in: FS Mühl, S. 225 (250, insbes. Fn. 94); *Karpen*, S. 22; *Meier-Rudolph/Wörlen*, JA 1981, S. 450 (451); *Strangas*, passim, z. B. IV 1 (S. 184). In diesem Sinne auch: *Bieback*, RdA 2000, S. 207 (215); *Manssen*, S. 248.

Für die Fiktion als unvollständigen Rechtssatz bspw. *Buchholtz*, S. 33 m. w. N. aus der älteren Literatur.

Anders aber *Fritzsch*, S. 60, für die Verweisungen in der WRV auf Ausführungsgesetze, wonach zwar in diesen Fällen eine Lücke in der WRV bestehe, dies aber nicht das Entscheidende an der Verweisung sei.

[59] *Karpen*, S. 21 f.; *ders.*, in: Rödig, S. 221 (224).

tung des ursprünglichen Definitionsaspektes von Müller bei Karpen unklar, so dass damit Karpen einen eigenständigen Definitionsansatz wählte[61]. Der von der Verweisungsnorm ausgehende Ansatz überzeugt mehr, weil die Verweisungsnorm den Geltungsbefehl ausspricht und das Verweisungsobjekt nur ein Hilfsmittel zur Beschreibung des Inhaltes ist. Auch werden die möglichen Verweisungsobjekte nicht unüberlegt auf Normen beschränkt[62]. Dementsprechend ist eine Verweisung folgendermaßen zu definieren:

Eine (konstitutive)[63] Verweisung ist jede Bezugnahme einer semantisch[64] unvollständigen Norm auf ein Verweisungsobjekt zur Vervollständigung dieser Norm[65].

Zwar wird teils darüber hinaus in der Definition noch gefordert, dass das Verweisungsobjekt inkorporiert wird[66], jedoch ist dieser Aspekt für eine Definition nicht erforderlich. Die Inkorporation als Übernahme des Inhaltes des Verweisungsobjektes in die Verweisungsnorm ist nämlich die Konsequenz der Vervollständigung der Verweisungsnorm[67].

Ansonsten ist diese Definition im Wesentlichen anerkannt, wenn auch marginale Unterschiede in der Formulierung auftreten[68].

---

[60] Vgl. *Karpen*, S. 21, 29.

[61] Vgl. auch *Karpen*, in: Rödig, S. 221 (224), der die Ergänzung des Definitionsansatzes von *Hw. Müller* nicht mehr erwähnt.

[62] Vgl. bereits oben im 1. Teil in und bei Fn. 8 auf (S. 36).

[63] Da die deklaratorische Verweisung in rechtlicher Hinsicht im Gegensatz zur konstitutiven Verweisung unproblematisch ist, ist nachfolgend die konstitutive Verweisung gemeint, wenn der Begriff „Verweisung" ohne Zusatz verwendet wird. So auch die Vorgehensweise von *Guckelberger*, ZG 2004, S. 62 (64); *Karpen*, S. 29; *Reinermann*, S. 30.

[64] Der Begriff der „semantischen Unvollständigkeit" wurde hier eingefügt, um der berechtigten Kritik Rechnung zu tragen, die *Hassold*, JR 1989, S. 358 (359), wie folgt äußerte: Verweisungsnormen als unvollständige Rechtssätze anzusehen „ist jedoch *nicht* korrekt. Einmal ordnet die Verweisungsnorm eine Rechtsfolge an (vgl. §§ 684 S. 2, 683 S. 1 [BGB; Anm. d. Verfassers]), wenn auch in allgemeiner, für die Rechtsanwendung noch nicht hinreichend bestimmter Form. Die RF-Verweisung ist also nicht logisch, sondern (nur) *semantisch* unvollständig. Zudem ist der Begriff der ‚unvollständigen Norm' überhaupt problematisch. Jede Norm enthält als solche (begriffsnotwendig) einen Tatbestand und eine Rechtsfolge in konditionaler Verknüpfung." Hervorhebung von *Hassold*.

[65] In diesem Sinne auch: *BMJ*, Informationssystem, S. 50 f.; *Danco*, ZRP 1975, S. 294 (296); *Karpen*, S. 21 ff.; *ders.*, in: Rödig, S. 221; *Kastner*, in: FS 100 Jahre ABGB I, S. 533 (551 f.); *M. Pfeifer*, S. 171; *Reinermann*, S. 4; *Schenke*, in: FS Fröhler, S. 87; *Schwacke/ Uhlig*, S. 81; *Wilke*, DIN-Normungskunde 17, S. 11 (12).

[66] So z. B. *Battis/Gusy*, Technische Normen, Rn. 209.

[67] Siehe dazu unten 1. Teil: C. Rechtswirkungen der Verweisung (S. 82 ff.).

Vgl. auch die Definition bei *Battis/Gusy*, Technische Normen, Rn. 407, die gegenüber Rn. 209 verkürzt wurde.

[68] Vgl. die jeweils unterschiedlichen Formulierungen bei: *Böckel*, S. 108; *Brugger*, VerwArch. 78 (1987), S. 1 (4); *Brunner*, S. 87; *R. Budde*, Jura 1984, S. 578; *Bullinger*,

Trotz Berücksichtigung anderer Normen sind keine Verweisungen auslegungs-
bedürftige, aber aus sich heraus auslegungsfähige Tatbestandsmerkmale[69]. Weitergehend ist Peter Noll[70] der Meinung, dass „von einer Verweisung nicht nur dann
die Rede sein muß, wenn eine gesetzliche Norm ausdrücklich eine andere Norm
in ihrem Tatbestand oder in der Rechtsfolge erwähnt, sondern ganz allgemein
überall da, wo eine Bestimmung Begriffe verwendet, deren Bedeutung nur durch
Heranziehung anderer Bestimmungen festgestellt werden kann." So weit darf man
den Begriff der Verweisung jedoch nicht erstrecken, wenn man ihn nicht auflösen
will. Denn jede Norm ist nur ein Teil der gesamten Rechtsordnung, und darum
könnte man schließlich sagen, jeder Rechtssatz verweise auf jeden anderen – der
Begriff wäre damit aufgelöst[71]. Daher ist beispielsweise der Begriff „fremd" in
§§ 242, 246 StGB keine Verweisung auf die Eigentumsvorschriften, sondern die
BGB-Paragrafen werden lediglich zur Auslegung herangezogen[72].

2. Verweisungsobjekt

Fast immer bezieht sich die Verweisung auf geltendes Recht[73]. Taugliche Verweisungsobjekte sind nach einer Ansicht[74] nur Rechtsnormen. Teils[75] wird auch

---

Unterermächtigung, S. 19; *ders.*, Selbstermächtigung, S. 21; *Enneccerus / Nipperdey*, § 30 II
2 (S. 198); *Ehricke / Blask*, JZ 2003, S. 722 (723); *Guckelberger*, ZG 2004, S. 62; *Hömig*,
in: HdUR, Stichwort Verweisung, Sp. 2684; *Hommelhoff*, in: FS Odersky, S. 779 (780);
Nolte, S. 185; *Real*, RabelsZ 49 (1985), S. 52 (80); *Riedl*, AöR 119 (1994), S. 642 (648);
Schneider, Rn. 378; *Socha*, DOK 1972, S. 875; *Strasser*, in: FS Floretta, S. 627; *Studnicki /
Polanoska / Fall / Lachwa / Stabrawa*, in: Kindermann, S. 180 (181); *Thienel*, Verweisungen,
S. 23 f.

[69] In diesem Sinne auch: *Karpen*, in: Rödig, S. 221 (223); *Reinermann*, S. 8; *Schneider*,
Rn. 379 f.; *Zitelmann*, Grenzstreit, Sp. 39 f.

[70] *Noll*, S. 228.

[71] So bereits *Zitelmann*, Grenzstreit, Sp. 39 f.

[72] BVerfGE 78, S. 205 (213), zust. *Gribbohm*, in: LK-StGB, § 1 Rn. 38, und *Pieroth*, in:
Jarass / Pieroth, GG, Art. 103 Rn. 44.
Weitere Beispiele für eine Heranziehung von Normen ohne Verweisungscharakter:
„Meineid" in § 154 StGB laut *Karpen*, in: Rödig, S. 221 (223); a. A. *Jellinek*, Gesetz,
S. 91, dessen Abgrenzung aber zu unbestimmten Rechtsbegriffen noch nicht so trennscharf
war. Problematisch nach *Karpen*, in: Rödig, S. 221 (223): „pflichtwidrig" bei § 356 StGB
(Parteiverrat). In BGHSt 37, S. 266 (272), wurde offengelassen, ob § 370 AO – wie die
Rechtsprechung (BVerfGE 37, S. 201 [203] zur a. F.; BGHSt 34, S. 272 [282]) bisher
angenommen hat – eine Verweisung ist oder ob er eine in sich vollständige Strafnorm
enthält, die anhand der geltenden (auch außerstrafrechtlichen) Gesetze nur auszulegen ist.
Nach *Gribbohm*, in: LK-StGB, § 1 Rn. 38, ist § 370 AO keine Verweisung.

[73] In diesem Sinne: *Karpen*, in: Rödig, S. 221 (229); *Reinermann*, S. 15.

[74] OVG Münster, OVGE MüLü 22, S. 170 (174); *v. Heimburg*, S. 134. In diesem Sinne
wohl auch: OVG Koblenz, DVBl. 1983, S. 140; *Hw. Müller*, Gesetzgebungstechnik, S. 169,
wonach die Geltungsanordnung des Verweisungsobjektes ausgedehnt wird (siehe dazu oben
bei Fn. 55 ff. im 1. Teil auf S. 41 f.); *Schneider*, Rn. 400; *Strecker*, DIN-Normungskunde

die Wirksamkeit des Verweisungsobjektes vorausgesetzt. Ganz überwiegend[76] wird aber die Verweisung auf außer Kraft getretenes Recht zur Verlängerung der Geltungsdauer als zulässig bewertet. Überwiegend[77] wird auch die Verweisung auf nichtige Normen für zulässig erachtet.

14, S. 43 (54): „Voraussetzung für die starre Verweisung in Rechtsvorschriften auf Normen ist, dass die Normen den Qualitäten von Rechtsvorschriften entsprechen". Vgl. auch die Definitionen der Verweisung, wo anstelle von einem Verweisungsobjekt der Begriff der Norm / Vorschrift verwendet wird, so bei: *Böckel*, S. 108; *Brugger*, VerwArch. 78 (1987), S. 1 (4); *R. Budde*, Jura 1984, S. 578; *Enneccerus / Nipperdey*, § 30 II 2 (S. 198); *Nolte*, S. 185; *Real*, RabelsZ 49 (1985), S. 52 (80); *Riedl*, AöR 119 (1994), S. 642 (648); *Schneider*, Rn. 378; *Socha*, DOK 1972, S. 875; *Thienel*, Verweisungen, S. 23 f.

[75] *Ridder*, AöR 87 (1962), S. 311 (315 f.); ähnlich *Battis / Gusy*, Technische Normen, Rn. 210; *Spannowsky*, NVwZ 1995, S. 845 (850), macht die Zulässigkeit der (dynamischen) Verweisung auf EG-Recht davon abhängig, ob das Verweisungsobjekt vom zuständigen Organ erlassen wurde.

[76] Verlängerungsgesetze grundsätzlich für zulässig haltend: BVerfGE 8, S. 274, (302 f.) – Verlängerungsgesetz zum Preisgesetz; BVerwGE 1, S. 104 (107 f.); BayVerfGHE 4 n. F. (1951), S. 90 (102 f.); HessVGH, VerwRspr. 4, Nr. 113, S. 540 (542 f.); OVG Hamburg, BB 1952, S. 98 (98 f.), DVBl. 1953, S. 571 (572) = MDR 1953, S. 185; OLG Celle, MDR 1951, S. 760; OLG Hamburg, MDR 1951, S. 695; *Brugger*, VerwArch. 78 (1987), S. 1 (7, Fn. 24), der als Beispiel aus dem GG die Verweisung des Art. 140 GG auf die Kirchenartikel der Weimarer Reichsverfassung angibt, dies sei eine tote Verweisung, da die WRV spätestens mit dem Inkrafttreten des GG untergegangen sei; *Clemens*, AöR 111 (1986), S. 63 (80 in Fn. 64); *Grzeszick*, in: Maunz / Dürig, GG, Art. 20 VII Rn. 54; *Hallier*, AöR 85 (1960), S. 391 (418); *Heckmann*, S. 390 ff.; *Jarass*, in: ders. / Pieroth, GG, Art. 20 Rn. 64; *Karpen*, S. 70 ff; *ders.*, in: Rödig, S. 221 (236, 238); *Hw. Müller*, Gesetzgebungstechnik, S 172; *Ossenbühl*, DVBl. 1967, S. 401 (402); *Hans Peters*, S. 83; *Quaritsch*, S. 28 f.; *Reinermann*, S. 15 f.; *Schenke*, in: FS Fröhler, S. 87 (95); *Schnapp*, in: v. Münch / Kunig, GG, Art. 20 Rn. 29; *Schulze-Fielitz*, in: Dreier, GG, Art. 20 (Rechtsstaat) Rn. 145; *Stahlhacke*, DB 1960, S. 579 (581).

Verlängerungsgesetze (nach Außerkrafttreten des zu verlängernden Gesetzes) für unzulässig haltend: *Bettermann*, JZ 1952, S. 65 (66); *Giese*, AöR 76 (1950/51), S. 464 (476); *G. J. Jansen*, JR 1953, S. 408 (411); *Jellinek*, Verwaltungsrecht, S. 141.

[77] In diesem Sinne: BVerfGE 22, S. 330 (347), zust. *Leibholz / Rinck / Hesselberger*, GG, Art. 82 Rn. 36: „Bezugnahme auf in ihrer Gültigkeit zweifelhafte Regelung" zulässig; BVerwG, Urt. v. 12. 7. 1968 – VII C 44.67 = Buchholz 401.82, Schl Viehm GebG Nr. 10, S. 2 f., rechtlich zulässig, dass auf Vorschriften verwiesen wird, die nicht mehr gültig bzw. später außer Kraft getreten sind; BFHE 113, S. 393 (396), wonach unerheblich ist, ob das Verweisungsobjekt noch von der Ermächtigungsnorm gedeckt ist; BayObLGSt 1992, S. 121 (124); OLG Köln, NJW 1988, S. 657 (658); KG, VRS 54 (1978), S. 231 (233); *Brugger*, VerwArch. 78 (1987), S. 1 (7); *Guckelberger*, ZG 2004, S. 62 (68); *Karpen*, S. 146 f.; *ders.*, in: Rödig, S. 221 (228): Verweisungsobjekt kann bei der statischen Verweisung eine Vorschrift sein, die in Kraft ist, bereits außer Kraft getreten ist, erst in Zukunft in Kraft treten wird, nie in Kraft getreten ist; *Reuß*, AP Nr. 1 zu § 26 BBesG, Bl. 782: unerheblich ist, ob der Verweisungsobjektgeber das Verweisungsobjekt erlassen durfte.

A. A. wohl BSG, SozR 4–8855 § 2 Nr. 2, Rn. 11 ff., wonach bei einer Verweisung auf Normen in der jeweiligen Fassung die Nichtigkeit des Verweisungsobjektes dazu führe, dass die Verweisung automatisch auch „ins Leere" gehe.

Die mangelnde Verbindlichkeit der Bezugsnorm ist unschädlich, weil die Verweisungsregelung ihre Geltungskraft aus der Verweisungsnorm erlangt[78]. Wäre statt der Verweisung der Text des Verweisungsobjektes wiederholt worden, würde kaum jemand die Gültigkeit bezweifeln[79]. Eine Verweisung ist zulässig, sofern die Verweisungsnorm nicht an demselben Fehler leidet, der zur Nichtigkeit des Verweisungsobjektes geführt hat,[80] oder durch den Mangel unklar wird[81]. Wird beispielsweise auf eine wegen eines Kompetenzfehlers nichtige Norm verwiesen, ist die Nichtigkeit des Verweisungsobjektes unerheblich, wenn dem Verweisungsnormgeber die entsprechende Kompetenz zusteht[82]. Weiter lässt die Nichtigkeit eines Verweisungsobjektes in der Regel die Verweisung auf die noch wirksamen anderen Verweisungsobjekte unberührt[83]. Die Verweisung ist trotz Nichtigkeit des Verweisungsobjektes anzuwenden, wenn der Verweisungsnormgeber eine von dem Verweisungsobjekt unabhängige Regelung treffen wollte[84]. Dies ist beispielsweise bei verweisenden Strafnormen anzunehmen, die dem Schutz überragender Rechtsgüter dienen[85]. Tritt ein Verweisungsobjekt außer Kraft, ist die Verweisung weiterhin anzuwenden, wenn sie nach wie vor zu adäquaten Ergebnissen führt[86].

Die Auslegung der Verweisungsnorm kann jedoch ergeben, dass ihre Gültigkeit von den Rechtsnormen, auf die verwiesen wurde, abhängig sein soll[87]. War eine uneingeschränkte Gleichbehandlung bezweckt[88] oder verliert die Regelung ohne Wirksamkeit des Verweisungsobjektes ihren Zweck[89], dann hat die Ungültigkeit des Verweisungsobjektes auch die Unanwendbarkeit der Verweisungsregelung

---

[78] *Guckelberger*, ZG 2004, S. 62 (68 f.).

[79] *Guckelberger*, ZG 2004, S. 62 (67 f.), für den Fall des Außerkrafttretens der bezogenen Norm.

[80] *Guckelberger*, ZG 2004, S. 62 (68); *Reinermann*, S. 16, für Verweisungen in Tarifverträgen.

[81] Durch die Aufhebung von Verweisungsobjekten wurde eine Verweisungsnorm unklar nach BAGE 45, S. 323 (325), im Anschluss an BAG, SAE 1982, S. 189 (192), nachdem BVerfGE 64, S. 217, die Norm für vorkonstitutionelles Recht erklärt hatte.

[82] KG, VRS 54 (1978), S. 231 (234 f.); *Guckelberger*, ZG 2004, S. 62 (68).

[83] So in: BVerfGE 1, S. 14 (64); 45, S. 297 (321).

[84] Vgl. BVerfGE 11, S. 203 (218). Siehe dazu auch unten: 2. Teil: H.VI.3.b) Pönalisierung unwirksamer Verweisungsobjekte (S. 272).

[85] KG, VRS 54 (1978), S. 231 (234).

[86] *Guckelberger*, ZG 2004, S. 62 (67).

[87] OLG Köln, NJW 1988, S. 657 (658); KG, VRS 54 (1978), S. 231 (233).

[88] BVerfGE 49, S. 260 (270). In diesem Sinne wohl auch BayVGH, BayVBl. 1960, S. 321, wo die Frage der Rechtmäßigkeit des Verweisungsobjektes erst geprüft wird, nachdem festgestellt worden war, dass eine Gleichstellung beabsichtigt war. Vgl. auch BSG, SozR 4–8855 § 2 Nr. 2, Rn. 11 ff., wonach bei einer Verweisung auf Normen in der jeweiligen Fassung die Nichtigkeit des Verweisungsobjektes dazu führe, dass die Verweisung automatisch auch „ins Leere" gehe.

zur Folge. Dies ist in der Regel bei einer Verweisung auf Gemeinschaftsrecht zu dessen Durchführung anzunehmen[90].

Denkbar ist außerdem eine Verweisung auf noch nicht in Kraft getretene Normen[91]. Dies ist zulässig, wenn das Verweisungsobjekt schon erlassen wurde. Ist das Verweisungsobjekt noch nicht erlassen worden oder sogar ungewiss, ob ein Entwurf überhaupt realisiert wird, so ist die vorweggenommene Verweisung in der Regel nur als Ankündigung späterer Angleichung aufzufassen, die zunächst ohne Bedeutung ist[92].

Teils[93] werden die Verweisungen auch auf geschriebene Texte beschränkt. Der Streit wurde vor allem bei umfassenden Verweisungen wie § 173 VwGO virulent. Bei § 173 VwGO wird überwiegend[94] vertreten, dass ungeschriebene Prozessinstitute keine tauglichen Verweisungsobjekte seien, weil eine Verweisung auf ungeschriebene Zivilprozessgrundsätze verfassungsrechtlich zweifelhaft sei[95].

---

[89] In diesem Sinne BVerfGE 10, S. 59 (88): Mit dem Wegfall des Verweisungsobjektes werden die beiden folgenden Absätze gegenstandslos; sie werden daher von der Nichtigkeit mitergriffen.

[90] VG Frankfurt, AWD 1967, S. 67 (70). Im Zusammenhang mit Sanktionsnormen auch: BayObLGSt 1992, S. 121 (124); OLG Köln, NJW 1988, S. 657 (658); KG, VRS 54 (1978), S. 231 (234). Vgl. *Bleckmann*, in: ders., Rn. 1210, der noch weitergehend allgemein alle deutschen Ein- und Durchführungsgesetze bei nichtigem EG-Recht mangels Zweckerreichung automatisch außer Kraft treten lässt.

[91] In diesem Sinne auch *Guckelberger*, ZG 2004, S. 62 (68).

[92] *Karpen*, in: Rödig, S. 221 (229), und *Hw. Müller*, Gesetzgebungstechnik, S. 172, weisen auf das Beispiel § 11 Abs. 3 Energiewirtschaftsgesetz v. 13. 12. 1935 (RGBl. I S. 1451) hin: „Nach Inkrafttreten des Reichsenteignungsgesetzes gelten für das Verfahren die Vorschriften des Reichsenteignungsgesetzes." Das Reichsenteignungsgesetz ist nie erlassen worden.

[93] *Wegge*, DVBl. 1997, S. 648 (649 f.). Wohl auch *BMJ*, Rechtsförmlichkeit, Rn. 204: „Wer eine Vorschrift formuliert und dabei andere Texte im Wege der Verweisung übernimmt, ist für den neu geschaffenen Zusammenhang und für den gesamten Text verantwortlich. Auch wenn der Bezugstext eine geltende Rechtsnorm ist, kommt es für die Verweisung darauf an, daß der Bezugstext sich für eine ergänzende Umschreibung des Regelungsgehalts der Ausgangsnorm eignet, d. h. daß er *verweisungstauglich* ist." Hervorhebung vom *BMJ*.

[94] *Falk*, S. 117 f.; *Meissner*, in: Schoch/Schmidt-Aßmann/Pietzner, VwGO, § 173 Rn. 19; *Viola Schmid*, in: Sodan/Ziekow, VwGO, § 173 Rn. 18.
In diesem Sinne auch *Hommel*, in: Horst Peters/Sautter/Richard Wolff, SGG, § 202, Tz. 4: „Grundsätzlich gelten nur die Gesetze – das GVG und die ZPO – entsprechend, nicht auch die dazu ergangenen Verordnungen oder die dazu ergangene Rechtsprechung, wenngleich ihrer Berücksichtigung im Rahmen der freien Verfahrensgestaltung nichts entgegensteht."
Vgl. auch *Martens*, NJW 1980, S. 2665 (2669): Durch die Verweisung in § 3 Abs. 1 Nr. 2 MitbestG „wird zwar auf § 5 III BetrVG Bezug genommen, nicht aber auf die dazu ergangene, nach der Konzeption des BAG die Vorschrift erst ausfüllende Rechtsprechung."

[95] *Meissner*, in: Schoch/Schmidt-Aßmann/Pietzner, VwGO, § 173 Rn. 19; *Viola Schmid*, in: Sodan/Ziekow, VwGO, § 173 Rn. 18. In diesem Sinne auch: *Falk*, S. 117 f.;

Dennoch wird eine Übernahme der Zivilprozessgrundsätze mittels Analogie[96] oder Rechtsfortbildung[97] praktiziert. Teils[98] wird die Übernahme auch als im Interesse einer Transparenz der Prozessordnungen wünschenswert angesehen.

Zwar wird die Verweisung auf ungeschriebenes Recht nicht selten – infolge von Meinungsstreitigkeiten in Literatur und Rechtsprechung – wegen mangelnder Bestimmtheit verfassungswidrig sein[99]. Eine unproblematische Verweisung auf ungeschriebenes Recht war aber beispielsweise in § 11 Nr. 7 AGB-Gesetz enthalten, wonach ein Haftungsausschluss in allgemeinen Geschäftsbedingungen beim groben Verschulden „auch für Schäden aus der Verletzung von Pflichten bei den Vertragsverhandlungen" unzulässig war[100]. Der Inhalt dieses Verweisungsobjektes war im Wesentlichen unstreitig.

Sogar bloße Gedanken (deontischer Art[101]) können Verweisungsobjekte sein[102]. Dies folgt daraus, dass der Inhalt des Verweisungsobjektes im Rahmen der Verwei-

---

Küttner / Zietsch / Gravenhorst, DB 1979, S. 546 (547): „Doch selbst wenn der Gesetzgeber ausdrücklich – wie sich etwa aus den Materialien ergeben kann – die ergangene Rechtsprechung festschreiben will, kann er dies nicht mit dem Mittel der Verweisung tun."

[96] *Auer*, S. 7. Gegen eine Analogie *Viola Schmid*, in: Sodan / Ziekow, VwGO, § 173 Rn. 18.

[97] *Meissner*, in: Schoch / Schmidt-Aßmann / Pietzner, VwGO, § 173 Rn. 19: „Eine solche Übernahme wäre jedoch kein Vorgang, der sich aus der Anwendung des § 173 S. 1 ergäbe, sondern ein Akt der Rechtsfortbildung, möglicherweise sogar eine eigenständige Rechtsschöpfung durch den Verwaltungsrichter, die sich freilich an der über die Generalverweisung in die VwGO übernommenen gesetzlichen Vorschrift orientieren kann."

[98] So bei *Viola Schmid*, in: Sodan / Ziekow, VwGO, § 173 Rn. 18.

[99] Vgl. *Hinsen*, KStZ 1989, S. 221 (222), zum Begriff der „betriebswirtschaftlichen Grundsätze" in § 6 Abs. 2 Satz 1 KAG NW. Diese Norm sei verfassungsrechtlich unzulässig, „wenn die Vorschrift so ausgelegt wird, daß damit auf Grundsätze verwiesen wird, die in strikter Rechtsanwendung zu beachten sind, obwohl sie weder genügend noch abschließend fixiert sind."

[100] Ähnlich für § 62 S. 2 VwVfG die Begr. zum Gesetzentwurf der Bundesregierung, Entwurf eines Verwaltungsverfahrensgesetzes (VwVfG) v. 18. 7. 1973, BT-Drucks. 7/910, S. 83: „Zur Ergänzung des Vertragsrechts des Entwurfs sollen nach Satz 2 auch die einschlägigen Bestimmungen des Bürgerlichen Gesetzbuchs entsprechend angewandt werden. … Schließlich kommen hier noch solche Rechtsgrundsätze des bürgerlichen Vertragsrechts in Betracht, die aus einer Fülle von Einzelbestimmungen durch Rechtsprechung und Lehre entwickelt worden sind, wie das Verschulden bei Vertragsschluß, die positive Vertragsverletzung usw."

[101] *Schilling*, § 6 A.I. (S. 300); in diesem Sinne auch *Schwab*, S. 354, wonach ein bestimmtes Regelwerk als Sollenssatz formuliert und damit rechtslogisch ein taugliches Verweisungsobjekt sei.

Das Pflichtenelement kann aber auch aus der Verweisungsnorm stammen, so dass kein deontisches Element im Verweisungsobjekt notwendig ist.

[102] In diesem Sinne auch *Schnapp*, in: FS Krasney, S. 437 (442): Weil das Verweisungsobjekt mit der Verweisung die rechtliche Qualität der Verweisungsnorm annimmt, „kommt es auf die rechtliche Qualität des Bezugsobjekts nicht mehr an".

sung seine Wirkungskraft aus dem Geltungsbefehl der Verweisungsnorm erhält[103]. Dies gilt auch für ungeschriebenes Recht[104]. Dagegen sind reine Sachverhaltselemente[105] keine tauglichen Verweisungsobjekte[106]. So ist die Bezugnahme auf

---

Nach *Jellinek*, Verwaltungsrecht, S. 133, kann das Gesetz außer auf Verordnungen und autonome Satzungen „auch auf andere Wirklichkeiten verweisen und ihnen die Macht beilegen, Rechtswirkungen auf unbestimmt wen auszuüben." Nach *Bullinger*, Unterermächtigung, S. 19, *ders.*, Selbstermächtigung, S. 21, und *Stefener*, S. 33, kommen als Verweisungsobjekte Wertvorstellungen, Verhaltensregeln oder Rechtssätze in Betracht. Nach *Karpen*, S. 38–57, sind Beispiele für taugliche Verweisungsobjekte: Begriffe, eine Einzelvorschrift oder Teile von ihnen, Gesetze als Ganzes, völkerrechtliche Normen und das Recht fremder Staaten, Gewohnheitsrecht, Verwaltungsvorschriften, technische Vorschriften, Willenserklärungen, Feststellungen und Ähnliches, Wertvorstellungen, Karten, Pläne und andere graphische Darstellungen. Nach *Nolte*, S. 185, kann das Verweisungsobjekt eine Rechtsnorm oder aber auch eine technische Regel sein.

[103] In diesem Sinne auch: *F. Kirchhof*, VSSR 1990, S. 139 (143); *Reinermann*, S. 16; *Schenke*, in: FS Fröhler, S. 87 (96).

[104] So für die Verweisung in § 173 VwGO auch VGH BW, ESVGH 20, S. 145 (146): „Die Verweisung des § 173 VwGO muß nun dahin ausgelegt werden, daß auch alle im Zivilprozeßrecht zur Ausfüllung von Gesetzeslücken entwickelten Rechtsgrundsätze für eine entsprechende Anwendung im Verwaltungsstreitverfahren in Betracht kommen können." Weniger deutlich aber auch die Rechtsgrundsätze aus der ZPO anwendend: BVerwG, NJW 1962, S. 218 (219); *L. Schmitt*, DVBl. 1964, S. 465 (466), m. w. N. aus der älteren Rechtsprechung und Literatur in Fn. 2 und 3.

[105] Kritisch die Beispiele des österreichischen Verfassungsgerichtshofs, in denen eine Verweisung abgelehnt wurde (Bezugnahme auf einen Zinssatz der Nationalbank, ausländische Vorschriften oder gewerberechtliche Vorschriften im Tatbestand) nach *Thienel*, Verweisungen, S. 19–21; vgl. auch *Attlmayr*, ÖJZ 2000, S. 96 (100 ff.): keine Verweisung, wenn die zum Tatbestandselement erhobene Norm nicht im verfassungsrechtlichen Sinn vollzogen, sondern nur ihre vorläufige inhaltliche Beurteilung dem Vollzug der eigenen Norm zugrunde gelegt wird. *Bullinger*, Unterermächtigung, S. 20, und *ders.*, Selbstermächtigung, S. 20, ordnet die Bezugnahme auf den Diskontsatz richtig als Verweisung ein.

[106] In diesem Sinne: BVerwGE 101, S. 211 (223); *F. Kirchhof*, S. 156, wonach bei der Anknüpfung an Tatsachen, die keine sozialen Regeln sind, man nicht auf den Gedanken komme, der Tatsache Rechtssatzqualität anstatt bloß faktische Rechtssatzwirkung beizumessen, weil hier kein Verhaltensbefehl, kein legislatorischer Wille (= Finalität, die zur Rechts*folge* führt) geäußert wird, sondern Fakten (= Kausalität, die Rechts*wirkung* zeitigt) wirken; Hervorhebung von *F. Kirchhof*; *Schnapauff*, DIN-Normungskunde 17, S. 40 (49 f.); *Wilke*, DIN-Normungskunde 17, S. 11 (17 ff.); *Scholz*, DIN-Normungskunde 14, S. 85 (98 f.), der allerdings auch die Bezugnahme auf technische Normen als Bezugnahme auf Erfahrungssätze, die im konkreten Sachverhalt wurzeln, und nicht als Verweisung im rechtstechnischen Sinne einordnet.

A. A. (aber nicht überzeugend): *Bullinger*, Unterermächtigung, S. 21, wonach solche Verweisungen aber unproblematisch seien; *Herschel*, NJW 1968, S. 617 (621), und *ders.*, S. 128 f., der die Regeln der Technik als empirische Tatsachen ansieht, aber auch in diesen Fällen eine Verweisung annimmt; vgl. auch *Murswiek*, S. 185, gegen Verweisungen auf tatsächliche Sachverhalte – im Gegensatz zu Verweisungen auf Regeln eines privaten Normgebers – bestehen keine verfassungsrechtlichen Bedenken.

einen statistischen Preisindex nicht als Verweisung zu qualifizieren, weil die Tatsachenelemente gegenüber den Wertungselementen deutlich überwiegen[107].

B. Verweisungstypen

Neben der bereits behandelten Unterteilung in Verweisungen im engeren und weiteren Sinne sind verschiedene andere Unterscheidungskriterien herausgearbeitet worden. Die jeweilige Differenzierung der verschiedenen Formen erfolgt allerdings weder in der Sache noch in den Bezeichnungen einheitlich[108]. Einen Katalog mit über 50 verschiedenen Arten von Verweisungen listet Albrecht Berger[109] auf. Ergänzend sei noch auf die Werke von Hans-Ulrich Karpen[110] und Hanswerner Müller[111] hingewiesen.

I. Unterscheidung nach der Formulierung

1. Ausdrückliche und stillschweigende Verweisungen

Aufgrund der Formulierung wird zwischen *ausdrücklichen* und *stillschweigenden* Verweisungen unterschieden[112].

Bei einer ausdrücklichen Verweisung ergibt sich aus dem Wortlaut der Verweisungsnorm, dass eine Verweisung vorliegt[113]. Die ausdrückliche Verweisung lässt sich weiter unterteilen: *Voll-explizite* Verweisungen[114] zitieren das Verweisungsobjekt mit Paragrafenangaben, dagegen enthalten *halb-explizite*[115] keine Paragrafenangabe[116].

---

[107] Im Ergebnis ebenso: BVerwG, NVwZ-RR 1999, S. 191 (192): „ihrem Wesen nach sachverständige Tatsachenfeststellungen", „die als solche durch die Gerichte auf ihre inhaltliche Richtigkeit überprüft werden können und – bei hinreichenden Zweifeln – müssen"; OVG NW, OVGE MüLü 46, S. 235 (240), je m. w. N.; *v. Maydell*, ZfS 1973, S. 104 (106), für die Anpassung eines Rentenanspruchs an veränderte Geldwertverhältnisse.

[108] *Herb*, S. 27; *Moll*, S. 28; *Schnell*, S. 50.

[109] *Berger*, S. 104–174.

[110] *Karpen*, Erster Teil: Formenlehre, S. 11 ff.

[111] *Hw. Müller*, Gesetzgebungstechnik, S. 167–181.

[112] *BMJ*, Informationssystem, S. 51.

[113] In diesem Sinne auch: *BMJ*, Informationssystem, S. 51; *Grauer*, S. 5 f.; *Herb*, S. 29; *Karpen*, S. 33 f.; *Reinermann*, S. 7; *Schwacke / Uhlig*, S. 81.

Moll, S. 31 f., spricht von *offengelegten* und *verborgenen* Bezugnahmen.

[114] Z. B. (nach *BMJ*, Informationssystem, S. 51) § 278 Satz 2 BGB: „Die Vorschrift des § 276 Abs. 2 findet keine Anwendung."

[115] Z. B. (nach *BMJ*, Informationssystem, S. 51) § 515 BGB a. F. jetzt § 480 BGB: „Auf den Tausch finden die Vorschriften über den Kauf entsprechende Anwendung."

Häufig enthalten Normen keinen sprachlichen Hinweis auf ihren Verweisungscharakter[117]. Bei diesen *stillschweigenden* Verweisungen ergibt sich die Bezugnahme aus der Systematik[118]. Hauptbeispiele dafür sind die Anwendung eines
allgemeinen Teils innerhalb eines Gesetzes oder auch ein stillschweigender Zusammenhang zwischen mehreren Gesetzen, wie beispielsweise zwischen dem
allgemeinen Teil des Strafgesetzbuches und dem Sonderstrafrecht[119]. Eine Verweisung ist aber nicht gegeben, wenn eine andere Vorschrift nur zur Auslegung
herangezogen wird[120]. Bei stillschweigenden Verweisungen kann eine Abgrenzung
zu unbestimmten Rechtsbegriffen notwendig sein[121].

2. Enumerative, Pauschal- und Kettenverweisungen

Verweist eine Norm auf einzeln aufgezählte Normen, so lässt sich dies als
enumerative Verweisung bezeichnen[122]. Verweist eine Norm demgegenüber auf
einen ganzen Normenkomplex, so nennt man dies *Generalverweisung*[123], *Globalverweisung*[124], *allgemeine Verweisung*[125], *Abschnittsverweisung*[126] oder *Pauschalverweisung*[127]. Im arbeitsrechtlichen Schrifttum[128] wird unterschieden, ob sich die
Verweisung auf ein anderes Regelungswerk in seiner Gesamtheit (*Globalverweisung*), auf bestimmte Regelungsbereiche (*Teilverweisung*) oder nur auf einzelne
Vorschriften (*Einzelverweisung*[129]) bezieht.

Bei der Generalverweisung kommt es häufig vor, dass im Verweisungsobjekt
Normen enthalten sind, die ihrerseits wieder verweisen. Diese Art der Verwei-

---

[116] In diesem Sinne auch: *Berger*, S. 104; *BMJ*, Informationssystem, S. 51; *D. Neumann*,
RdA 1976, S. 49 (50); *Reinermann*, S. 7; *Schnell*, S. 51.

[117] *Lippold*, S. 338.

[118] *Berger*, S. 107; *Schnell*, S. 52. In diesem Sinne auch *D. Neumann*, RdA 1976, S. 49
(50).

[119] In diesem Sinne: *Berger*, S. 107 f.; *BMJ*, Informationssystem, S. 51; *Karpen*, S. 35.

[120] Siehe dazu bereits oben bei Fn. 69 im 1. Teil auf S. 43.

[121] Siehe dazu unten 1. Teil: D.I. Unbestimmte Rechtsbegriffe (S. 94 f.).

[122] *Martens*, ZHR 148 (1984), S. 183 (193). Vgl. auch oben den Begriff der voll-
expliziten Verweisungen bei Fn. 114 im 1. Teil auf S. 49.

[123] *Karpen*, S. 41; *Merten / F. Kirchhof*, in: Staudinger, 12. Aufl., EGBGB, Art. 4 Rn. 13.

[124] *H. Ehlers*, BB 1971, S. 429.

[125] *Zubke-von Thünen*, S. 342. In Fn. 516 weist er darauf hin, dass darin ein grundlegender Unterschied zur Verweisung auf einzelne Normen eines Komplexes liege. Später
behandelt er sie aber im Ergebnis dann doch beide weitgehend gleich; vgl. S. 344.

[126] *Dhonau*, S. 32.

[127] *Backherms*, JuS 1980, S. 9 (11); *R. Budde*, Jura 1984, S. 578; *Larenz*, S. 261.

[128] *Braun*, BB 1986, S. 1428 (1429 f.); *Reinermann*, S. 9.

[129] So auch den Begriff verwendend *Merten / F. Kirchhof*, in: Staudinger, 12. Aufl.,
EGBGB, Art. 4 Rn. 13.

sung nennt man *Weiterverweisung*[130], seltener auch *Doppelverweisung*[131] oder *Bezugnahme in Kaskadenform*[132].

Bei mehrfacher Weiterverweisung liegt eine *Kettenverweisung*[133] vor. Dabei können *Überkreuzverweise* (Bezugnahme auf einen Akt oder auf einen Artikel, der wiederum auf die Ausgangsbestimmung verweist) vorkommen. Dies ist zu vermeiden[134].

3. Regenschirmklauseln, insbes. Verweisungsverjüngungsklauseln

Nicht selten anzutreffen ist auch die so genannte *Regenschirmklausel*[135]. Dies sind halb-explizite Verweisungen, die der Normgeber bei der Neuregelung oder Änderung eines Rechtsgebiets erlassen hat, weil er nicht im Einzelnen angeben konnte, welche Normen in anderen Normenkomplexen von der Neuregelung oder Änderung betroffen wurden[136]. Drei typische Beispiele sind:

- § 186 BGB[137]
- *Widersprechensklauseln*[138]
- *Verweisungsverjüngungsklauseln*[139] (auch als *Anführungsverjüngungsklauseln* bezeichnet[140]).

---

[130] So: *Hassold*, JR 1989, S. 358 (359); *Karpen*, S. 40; *Moll*, S. 134 f.; *Hw. Müller*, Gesetzgebungstechnik, S. 175; *Reinermann*, S. 6; *Schneider*, Rn. 384; *Strasser*, in: FS Floretta, S. 627.

[131] So: *Martens*, ZGR 1999, S. 548 (551); *Meier-Rudolph / Wörlen*, JA 1981, S. 450 (456); *Reinermann*, S. 6.

[132] So die interinstitutionelle Vereinbarung zwischen dem Europäischen Parlament, Rat und Kommission vom 22. 12. 1998 über die Gemeinsamen Leitlinien für die redaktionelle Qualität der gemeinschaftlichen Rechtsvorschriften, ABl. EG 1999, Nr. C 73, S. 1 (2 zu Tz. 16).

[133] So: *Grauer*, S. 13; *Karpen*, S. 40; *ders.*, in: Rödig, S. 221 (227), *Moll*, S. 181; *Reinermann*, S. 6. Allerdings bleibt bei manchen Autoren (z. B. *Strasser*, in: FS Floretta, S. 627) offen, ob eine Kettenverweisung auch schon bei einer einzelnen Weiterverweisung vorliegt.

[134] In diesem Sinne auch: *BMJ*, Rechtsförmlichkeit, Rn. 210; Interinstitutionelle Vereinbarung zwischen dem Europäischen Parlament, Rat und Kommission vom 22. 12. 1998 über die Gemeinsamen Leitlinien für die redaktionelle Qualität der gemeinschaftlichen Rechtsvorschriften, ABl. EG 1999, Nr. C 73, S. 1 (2 zu Tz. 16).

[135] *BMJ*, Informationssystem, S. 350; *D. Neumann*, RdA 1976, S. 49 (50).

[136] *BMJ*, Informationssystem, S. 350.

[137] „Für die in Gesetzen, gerichtlichen Verfügungen und Rechtsgeschäften enthaltenen Frist- und Terminsbestimmungen gelten die Auslegungsvorschriften der §§ 187 bis 193."

[138] *BMJ*, Informationssystem, S. 350: „Mit dem Inkrafttreten dieses Gesetzes treten alle Vorschriften und Bestimmungen, die den gleichen Gegenstand regeln oder diesem Gesetz widersprechen, außer Kraft."
Nach *BMJ*, AH 2, II 1.1. (S. 11 f.), sind solche Klauseln zu vermeiden.

[139] *BMJ*, Informationssystem, S. 350.

Die Verjüngungsklausel passt eine Verweisung an geänderte Verweisungsobjekte an: „Soweit in anderen Bestimmungen auf Vorschriften verwiesen wird oder Bezeichnungen verwendet werden, die durch dieses Gesetz aufgehoben oder geändert werden, treten an ihre Stelle die entsprechenden Vorschriften oder Bezeichnungen dieses Gesetzes."[141] Da die Änderungen häufig nicht aufeinander abgestimmt sind, ist die Verweisungsverjüngungsklausel zu Recht in die Kritik geraten[142]. Hanswerner Müller[143] bezeichnet als Gegenstück dazu den *Anführungswegfall*, das heißt das Streichen von Verweisungen bei Änderung des Verweisungsobjektes[144].

4. Rechtsgrund- und Rechtsfolgenverweisungen

Die *Rechtsfolge(n)*[145] *verweisung*[146] unterscheidet sich von der *Rechtsgrundverweisung* dadurch, dass bei Ersterer nur auf den Rechtsfolgeteil einer Regelung, bei Letzterer dagegen auch auf die Voraussetzungen für den Eintritt dieser Rechtsfolge verwiesen wird[147].

---

[140] So *Hw. Müller*, Gesetzgebungstechnik, S. 206.

[141] Z. B. Art. 4 § 7 d. G. v. 27. 7. 1969 (BGBl. I S. 946). Weitere Beispiele für die Ausdrucksweise bei *Hw. Müller*, Gesetzgebungstechnik, S. 207–210.

[142] Siehe dazu auch: BVerfGE 60, S. 135 (139, 145, 161) – Konkursfähigkeit juristischer Personen des öffentlichen Rechts; *Baden*, S. 233 f.; *W. Hugger*, S. 313; *Karpen*, in: Rödig, S. 221 (229, 237); *Schneider*, Rn. 387–389; *Simitis*, S. 16 f.

Nach *BMJ*, AH 2, II 1.2. (S. 12 f.), sind solche Pauschal-Klauseln zu unterlassen.

[143] *Hw. Müller*, Gesetzgebungstechnik, S. 211.

[144] Beispiel nach *Hw. Müller*, Gesetzgebungstechnik: „§ 2 Abs. 1 Satz 3 und 4 und § 16 Abs. 2 des Umstellungsgesetzes werden aufgehoben. Bezugnahmen auf diese Vorschriften in anderen Gesetzen sind gegenstandslos."

[145] Ohne „n" wird Rechtsfolgeverweisung geschrieben bei: *R. Budde*, Jura 1984, S. 578; *Hassold*, JR 1989, S. 358; *Heberlein*, BayVBl. 1993, S. 743 (746); *Kanzler*, FR 1986, S. 1 (2); *Meier-Rudolph / Wörlen*, JA 1981, S. 450; *Schenke*, in: Kopp / Schenke, VwGO, § 80a Rn. 21; *Schönfelder*, VBlBW 1993, S. 287 (288).

Demgegenüber schreibt die h. M. Rechtsfolgenverweisung mit eingeschobenen „n", z. B.: BFHE 182, S. 253 (255); BVerwGE 107, S. 345 (346): „Rechtsfolgenverweis"; OVG Hamburg, DÖV 1995, S. 476; *Burmeister*, NdsVBl. 1997, S. 121 (123); *Cremer*, Jura 2001, S. 330 (332); *Filzek*, JurBüro 1994, Sp. 137; *Giesen*, Jura 1995, S. 234 (235); *Hadding*, in: FS Mühl, S. 225 (226 in Fn. 5); *Horn*, GRUR 1978, S. 496 (497); *Hüttemann*, in: Staub, HGB, § 274 Rn. 8; *Kleist*, JurBüro 1994, Sp. 260; *Koenig / A. Neumann*, RTkom 2000, S. 27 (28); *Krämer*, § 80a Rn. 29; *Schenke*, Rn. 998; *Scherer / Ellinghaus*, MMR 2000, S. 201 (202); *Schoch*, in: ders. / Schmidt-Aßmann / Pietzner, VwGO, § 80a Rn. 73 f.; *Schrömbges*, AW-Prax 2001, S. 215 (217); *Schuster / Ulf Müller*, MMR Beilage 1 / 2002, S. 35 (43).

Beide Schreibweisen verwendend *Kopp*, BayVBl. 1994, S. 524.

[146] *Hadding*, in: FS Mühl, S. 225 (226 in Fn. 5), und *Karpen*, S. 1 in Fn. 1, bezeichnen sie auch als *Umfangsverweisung*.

Die Bezeichnung Rechtsgrundverweisung ist damit insofern missverständlich, als sie *auch* auf die Rechts*folgen* verweist[148]. Ebenso ungenau sind die Synonyme *Voraussetzungs-* oder *Tatbestandsverweisung*[149]. Da technische Normen keine Rechtsfolgen enthalten, kommt bei diesen nur eine Verweisung im Tatbestand in Betracht[150].

5. Fiktion

Die *Fiktion* als Mittel der Gesetzgebungstechnik[151] ist ein Sonderfall der Verweisung[152]. Fiktion bedeutet „Annahme, Unterstellung, Erdichtung, Bildung, Ge-

---

[147] *Berger*, S. 113; *R. Budde*, Jura 1984, S. 578 (578 f.); *Schmalz*, Rn. 106; *Vogel*, S. 70; *Tettinger*, jur. Arbeitstechnik, Rn. 251.

Ein anderes Verständnis von „Rechtsfolgeverweisung" findet sich wohl bei *Söfker*, in: Ernst / Zinkahn / Bielenberg / Krautzberger, BauGB, § 34 Rn. 78, 80, wenn er dort § 34 Abs. 2 BauGB als „Rechtsfolgeverweisung" bezeichnet. Da aber unstreitig die Voraussetzungen der in Bezug genommen Baugebiete geprüft werden müssen, sind seine Ausführungen wohl nur so zu verstehen, dass er unter „Rechtsfolgeverweisung" solche Verweisungen versteht, welche die Rechtsfolgen der Verweisungsnorm regeln.

[148] *Meier-Rudolph / Wörlen*, JA 1981, S. 450 (451); Hervorhebung im Original.

[149] So die Bezeichnung bei: *Hadding*, in: FS Mühl, S. 225 (226 in Fn. 5); *Lorenz*, in: Staudinger, BGB, Vorbem. zu §§ 812 ff. Rn. 34 (Tatbestandsverweisung oder zumeist Rechtsgrundverweisung); *Meier-Rudolph / Wörlen*, JA 1981, S. 450 (451 in Fn. 6); *Tettinger*, jur. Arbeitstechnik, Rn. 251.

Socha, DOK 1972, S. 875, verwendet den Begriff *Vollverweisung*.

[150] *Starkowski*, S. 78 in Fn. 3.

[151] Von den Verweisungsfiktionen sind die definitorischen Fiktionen zu unterscheiden; so auch: *Real*, RabelsZ 48 (1984), S. 52 (83); *ders.*, ZVglRWiss 89 (1990), S. 407 (419).

Zur Funktion der Fiktion als theoretische Hilfsvorstellung in der Rechtsanwendung, als Mittel der Urteilsbegründung oder als erkenntnistheoretisch-philosophisches Hilfsmittel siehe bspw. *Bangemann*, S. 50–76; *Jachmann*, Habil., S. 102 ff.; *Meurer*, in: Rödig, S. 281 (284 f.).

[152] Die gesetzliche Fiktion sehen als Verweisung an: *Bangemann*, S. 68 f.; *Bierling*, S. 101; *Buchholtz*, S. 32; *Bullinger*, Unterermächtigung, S. 21; *ders.*, Selbstermächtigung, S. 23; *Danco*, ZRP 1975, S. 294 (296); *Esser*, Rechtsfiktionen, S. 200; *Heck*, S. 82; *Jachmann*, Habil., S. 113 ff.; *Karpen*, S. 25; *Kaufmann*, S. 25 f., der das Wesen der Fiktion in einer Analogie sieht, in einer Gleichsetzung von Ungleichem unter einem sich als wesentlich erweisenden Gesichtspunkt; *Kindermann*, in: GS Rödig, S. 99 (103); *ders.*, Ministerielle Richtlinien, S. 79; *Uwe Krüger*, Adressat, S. 88; *Larenz*, S. 262; *Leipold*, S. 66; *Meurer*, in: Rödig, S. 281 (287), *P. Meyer*, Fiktionen im Recht, S. 102; *Nickusch*, S. 208; *M. Pfeifer*, S. 171; *Plósz*, S. 151; *Schenke*, in: FS Fröhler, S. 87 (89); *Schwacke / Uhlig*, S. 82; *Somló*, S. 526, m. w. N. aus der älteren Literatur; *Tettinger*, jur. Arbeitstechnik, Rn. 251; *Walter*, ÖJZ 1963, S. 85 (87); *K. Wolff*, S. 111; *Zippelius*, S. 35. Wohl auch: BVerwGE 117, S. 322 (330); *Enneccerus / Nipperdey*, § 30 II 2 (S. 198 f.); *Grams*, S. 227; *Schwacke*, S. 26; *Weber-Lejeune*, S. 61.

A. A. *Ent*, in: Öhlinger, S. 50 (70 f.); wohl auch: *Hill*, S. 117; *Rödig*, S. 50; *Zitelmann*, Kunst der Gesetzgebung, S. 16.

staltung" und wurde im 17. Jahrhundert als juristischer und wissenschaftlicher Terminus aus dem lateinischen *fictio* (Genitiv *fictionis*) entlehnt[153]. Man nennt die Fiktion auch *verdeckte Verweisung*[154]. Das Gesetz fingiert, der Tatbestand T1 sei ein Fall des Tatbestandes T2, damit die Rechtsfolgen von T2 auch auf T1 angewendet werden[155].

Dabei nimmt die Fiktion formal-logisch einen Satz als zutreffend an, dessen Inhalt mit mindestens einem anderen Satz nicht zu vereinbaren ist[156] oder vereinbar zu sein scheint[157]. Die Fiktion unterstellt bewusst[158] einen Sachverhalt einem ganz anderen Tatbestand, um dessen Rechtsfolge eintreten zu lassen[159].

Üblicherweise wird von der Fiktion die gesetzliche Vermutung abgegrenzt, auch wenn die beiden Institute im Ergebnis sehr ähnlich wirken[160]. Eine gesetzliche Vermutung liegt vor, wenn eine Norm selbst die Subsumtion unter einen ihrer Tatbestände dadurch determiniert, dass sie wiederum abstrakt beschreibt, bei Vorliegen welcher Voraussetzungen (Vermutungsbasis) der ursprüngliche Tatbestand (Gegenstand der Vermutung) als erfüllt anzusehen ist[161]. Die unwiderlegliche Vermutung unterscheidet sich von der Fiktion dadurch, dass die Vermutung in vielen Fällen stimmt[162].

Unklar *Grauer*, S. 31–34, der die Fiktion von der Verweisung abgrenzt, andererseits aber die Fiktion als abgekürzte Verweisung bezeichnet.

[153] *W. Pfeifer*, Stichwort Fiktion, S. 342, der darauf hinweist, dass das lateinische Verb *fingere, fictum*, „bilden, erdichten, vorgeben" bedeutet.

[154] *R. Budde*, Jura 1984, S. 578 (579 f.); *Kaufmann*, S. 25; *Larenz*, S. 262.

Schenke, in: FS Fröhler, S. 87 (89), bezeichnet die Fiktion als *getarnte Verweisung*.

[155] *Karpen*, S. 25; *Jachmann*, Habil., S. 113; *Larenz*, S. 262; *M. Pfeifer*, S. 41. In diesem Sinne auch: *Kaufmann*, S. 25; *Kindermann*, Ministerielle Richtlinien, S. 79; *Real*, RabelsZ 48 (1984), S. 52 (83); *ders.*, ZVglRWiss 89 (1990), S. 407 (419); *Zippelius*, S. 36. Ähnlich bereits *Bülow*, AcP 62 (1879), S. 1 (4 f.).

Zur typischen Formulierung von Fiktionen siehe oben in Fn. 30 im 1. Teil auf S. 38.

[156] *Real*, RabelsZ 48 (1984), S. 52 (82 f.); *ders.*, ZVglRWiss 89 (1990), S. 407 (419); *Munzer*, S. 6. In diesem Sinne auch *Tettinger*, jur. Arbeitstechnik, Rn. 251.

[157] Diese Erweiterung ist notwendig, weil die in der vorherigen Fn. genannten Autoren die Fälle übersehen, in denen der Normgeber eine Fiktion nur deshalb anordnet, weil er damit eine Zweifelsfrage klären will. *Meurer*, in: Rödig, S. 281 (287), bezeichnet dies als *ökonomische Fiktionen*.

[158] Nach *Jachmann*, Habil., S. 154, umfasst das für die Annahme einer Fiktion konstitutive Merkmal des Bewusstseins von der Irrealität der Zuordnung auch den dolus eventualis.

[159] Statt vieler *Gottwald*, Jura 1980, S. 225 (236).

[160] Vgl. *Zippelius*, S. 36; weitergehend *Jachmann*, Habil., S. 151: Unwiderlegliche Vermutung und Fiktion sind austauschbare Gestaltungsinstrumente.

[161] *Jachmann*, Habil., S. 142 f.

[162] *Gottwald*, Jura 1980, S. 225 (236); *Tettinger*, jur. Arbeitstechnik, S. 154.

6. Legaldefinition

Die Funktion der Legaldefinition besteht darin, die Bedeutung eines bestimmten Begriffes im Normkontext verbindlich festzulegen[163]. Die Verwendung des definierten Begriffes ist immer eine konkludente Verweisung auf die Definition[164].

7. Verweisungsanalogie

Enthält eine Verweisungsformel einen Zusatz wie „entsprechend", „sinngemäß" oder „analog"[165], so wird sie als *Verweisungsanalogie* bezeichnet[166]. Dabei wird das Verweisungsobjekt nicht „ungefiltert" in die Verweisungsnorm übernommen[167]. Der Normgeber verweist sinngemäß, wenn Verweisungsnorm und Verweisungsobjekt nur unter Austausch von Begriffen oder sonstigen Regelungs-

---

Ähnlich: *G. Müller*, Rechtssetzung, Rn. 287; *Weber-Lejeune*, S. 64 ff., bewertet Fiktionen als „wirklichkeitsnäher" als Vermutungen; *Zippelius*, S. 36: Um eine Fiktion im engeren Sinne handelt es sich dann, wenn der fingierte Tatbestand mit Sicherheit nicht vorliegt. Von einer unwiderleglichen Vermutung hingegen spricht man dann, wenn der „fingierte" Tatbestand möglicherweise auch tatsächlich gegeben ist; für den Fall, dass diese Vermutung nicht zutrifft, wirkt eine solche Vorschrift aber doch als Fiktion im eigentlichen Sinne.

Kritisch dazu *Jachmann*, Habil, S. 150 f.

[163] *Real*, RabelsZ 48 (1984), S. 52 (78).

[164] *Real*, RabelsZ 48 (1984), S. 52 (78).

[165] Synonyme Verwendung aller drei Begriffe bspw. auch bei *Clemens*, AöR 111 (1986), S. 63 (78 f.).

Synonyme Verwendung von „sinngemäß" und „entsprechend" bei: BFHE 158, S. 185 (187); *Kleist*, JurBüro 1994, Sp. 260 (261); *Scherer/Ellinghaus*, MMR 2000, S. 201 (202); *Schneider*, Rn. 376.

Dagegen betont *Gamber*, VBlBW 1983, S. 197 (198 f.), zu Unrecht die Unterschiede von „entsprechend" und „sinngemäß". *Maties*, JR 2007, S. 265 (265 f.), bewertet „sinngemäß" als ein Minus zu entsprechend, so dass bei Verweisungsnormen durch die Verwendung von „entsprechend" die größere Bindung an die Verweisungsnorm zum Ausdruck komme. Allerdings räumt *Maties* ein, dass die Unterschiede der Verweisungsformeln nicht überbewertet werden dürften.

[166] *Canaris*, S. 24, dort in Anführungszeichen; *Clemens*, AöR 111 (1986), S. 63 (78 f.), *Karpen*, S. 78; *Reinermann*, S. 18.

Grauer, S. 56, verwendet daneben in Anschluss an *Noll*, S. 231 f., auch den Begriff der *bedingten Verweisung*. Nach *Rödig/Baden/Kindermann*, S. 104, sind bedingte Verweisungen solche wie § 1192 Abs. 1 BGB, der für das Grundschuldrecht auf hypothekenrechtliche Vorschriften nur insoweit verweist, als diese nicht das Bestehen einer Forderung voraussetzen. Die Terminologie der bedingten Verweisung ist aber abzulehnen, weil jede Verweisung unter einem teleologischen Vorbehalt steht.

[167] *Moll*, S. 37; *Clemens*, AöR 111 (1986), S. 63 (79), der aber davon ausgeht, dass „echte" Verweisungen den Inhalt „ungefiltert" übernehmen. Im Anschluss an *Clemens* ordnet auch *Brugger*, VerwArch. 78 (1987), S. 1 (3 in Fn. 6), die Verweisungsanalogie nicht als konstitutive Verweisung ein. Vgl. auch *Hadding*, in: FS Mühl, S. 225 (250 in

einzelheiten miteinander verbunden werden können. Das ist der Fall, wenn Verweisungsnorm und Verweisungsobjekt nicht normativ identisch, sondern bloß ähnlich sind[168].

Dementsprechend geht eine Ansicht[169] davon aus, dass *nur* bei Verweisungsnormen mit entsprechenden Zusätzen eine modifizierte Übernahme des Verweisungsobjektes zulässig sei; im Übrigen sei das Verweisungsobjekt im Rahmen der Verweisungsnorm zwingend identisch auszulegen[170].

Die Annahme zweier Kategorien von Verweisungen überzeugt jedoch nicht[171]. Nach zutreffender Ansicht[172] kann auch ohne ausdrückliche Erwähnung in der Verweisungsnorm die Anwendung des Verweisungsobjektes immer nur eine „entsprechende" sein. Jede Verweisung wirft nämlich die Auslegungsfrage auf, ob und

---

Fn. 93): „Die ‚gesetzlichen Analogien' sollten allenfalls als Verweisung im weiteren Sinne bezeichnet werden."

Gegen *Clemens*, AöR 111 (1986), S. 63 (79), zu Recht *Manssen*, S. 249.

[168] *Grauer*, S. 57; *Reinermann*, S. 18. Vgl. auch: *Schnell*, S. 133.

[169] In diesem Sinne wohl: *Rödig / Baden / Kindermann*, S. 104, wonach sich hinter dem unscheinbaren Wörtchen „entsprechend" verberge, dass das Verweisungsobjekt teilweise völlig uminterpretiert werden müsse; *Hain*, in: v. Mangoldt / Friedrich Klein / Starck, GG, Art. 79 Rn. 9 in Fn. 59: „Um eine Verweisung im eigentlichen Sinne handelt es sich nicht, da lediglich von sinngemäßer Anwendung die Rede ist und damit gerade keine unveränderte Inkorporation der strafprozessualen Vorschriften vorliegt."

Vgl. auch die Fn. 167 im 1. Teil auf S. 55 sowie *Reichel*, S. 24.

[170] Bei der Verweisung in § 3 Abs. 1 Nr. 2 MitbestG wird eine strikte Gleichbehandlung des Begriffs „leitende Angestellte" in Verweisungsnorm und Verweisungsobjekt (§ 5 Abs. 3 Satz 2 BetrVG) gefordert von: BAGE 32, S. 381 (390 ff.), wo die gleiche Auslegung mit den Gesetzesmaterialien begründet wird; *Hueck*, SAE 1977, S. 77 (78); *Rüthers / Brodmann*, SAE 1980, S. 312 (314); *Raiser*, Mitbestimmungsgesetz, § 3 Rn. 2; *Wißmann*, NJW 1978, S. 2071 (2074); *Küttner / Zietsch / Gravenhorst*, DB 1979, S. 546; *Fitting / Wlotzke / Wißmann*, Mitbestimmungsgesetz, § 3 Rn. 29.

A. A. bei § 3 Abs. 1 Nr. 2 MitbestG: *Wiesner*, BB 1982, S. 949 (954); *Martens*, S. 21 – 35 m. w. N.; *ders.*, NJW 1980, S. 2665 (2669): Bei Verweisungen ist es zulässig, eigenständige Wertvorstellungen aus dem Bereich der Verweisungsnorm in die Begriffsbildung des Verweisungsobjektes einzubringen.

[171] A. A. *BMJ*, Informationssystem, S. 349, wo in Verweisungsregistern unterschieden werden soll, ob die Anwendung des Verweisungsobjektes nur eine entsprechende sein soll.

[172] Wie hier: *Kanzler*, FR 1986, S. 1 (4); *Larenz*, S. 261. In diesem Sinne wohl auch: *Keller*, S. 60; *Reinermann*, S. 18; *K. Schmidt*, ZGR 1990, S. 580 (585): „Die Technik der Verweisung, von der hier die Rede ist, ist eine Technik der Analogie kraft positiven Rechts"; *Steinmann*, S. 85.

Für die Fiktion auch: *Kaufmann*, S. 26; *P. Meyer*, Fiktionen im Recht, S. 113. In diesem Sinne wohl auch Begr., BT-Drucks. 7/1265, S. 18, wo die Fiktion als „entsprechende Anwendung" beschrieben wird.

Auf dieser Linie liegt auch die Aussage des BSG (SozR 4 – 1500, § 160 Nr. 5, Rn. 12), wonach Verweisungen in mehreren Gesetzen auf dasselbe Verweisungsobjekt aufgrund der unterschiedlichen Zwecke der Gesetze zu verschiedenen Interpretationen führen können.

wie das Verweisungsobjekt unter Berücksichtigung der Unterschiede zwischen Verweisungsnorm und dem verwiesenen Rechtsbereich anzuwenden ist[173]. Dabei ist zwar eine ähnliche Auslegung des Verweisungsobjektes im ursprünglichen Anwendungsbereich und in dem durch die Verweisung erschlossenen Anwendungsbereich erstrebenswert, jedoch ist angesichts der Auslegung nach Sinn und Zweck eine absolut identische Auslegung in unterschiedlichen Normen nicht denkbar[174]. Wenn man anerkennt, dass Verweisungsobjekt mehr als die aus dem Kontext gerissenen Wörter sind[175], so gibt es keine konstitutive Verweisung ohne Modifizierung. Andernfalls wäre das Verweisungsobjekt schon vorher anwendbar.

II. Unterscheidung nach der Relation von Verweisungsnorm zu Objekt

Bei einer weiteren Art der Unterscheidung ist die Terminologie uneinheitlich[176]. Befindet sich das Verweisungsobjekt innerhalb desselben Normwerkes wie die Verweisungsnorm, so spricht man üblicherweise von einer *Binnenverweisung*, andernfalls liegt eine *Außenverweisung* vor[177]. Teils[178] wird die Letztere auch als *Fremdverweisung* bezeichnet.

Noch weitergehend hält eine Minderheitsmeinung im Schrifttum eine prinzipielle Abgrenzung von Auslegung und Analogie für unmöglich, so: *Kaufmann*, S. 4 f.; *Hassemer*, S. 160; *Stratenwerth / Kuhlen*, § 3 Rn. 32 (S. 52).

[173] In diesem Sinne auch *Maties*, JR 2007, S. 265 (266).

[174] Vgl. auch *Wiesner*, BB 1982, S. 949 (954): Durch die Verweisung ist klargestellt, dass grundsätzlich die selben Kriterien zugrunde zu legen sind. Die gesetzgeberische Technik der Verweisung entbindet freilich den Rechtsanwender nicht davon, die Norm, auf die der Gesetzgeber verwiesen hat, am Zweck der Verweisungsnorm und des sie enthaltenden Gesetzes zu messen und notfalls zu modifizieren.

[175] Vgl. dazu oben 1. Teil: A.II.2. Verweisungsobjekt (S. 43 ff.).

[176] So auch die Einschätzung von *Guckelberger*, ZG 2004, S. 62 (65).

Besonders problematisch die unterschiedliche Verwendung bei *Reinermann*, S. 23 f., einerseits und dems., S. 33, andererseits.

[177] In diesem Sinne: *Aymans*, in: Archiv für katholisches Kirchenrecht 133 (1964), S. 293 (309); *Baden*, S. 231; *F. Becker / Fett*, NZG 1999, S. 1189 (1190); *BMJ*, Rechtsförmlichkeit, Rn. 211, 213; *dass.*, AH 2, S. 16; *Bowitz*, DGVZ 1978, S. 177 (nur Außenverweisung); *Ehricke / Blask*, JZ 2003, S. 722 (724) (nur Binnenverweisung); *Enderle*, S. 11; *Fuss*, in: FS Paulick, S. 293 (295); *Grauer*, S. 42–44; *Guckelberger*, ZG 2004, S. 62 (65); *Hassold*, JR 1989, S. 358 (359); *Herb*, S. 28; *Hill*, S. 115 (nur Binnenverweisung); *Hömig*, in: HdUR, Sp. 2684; *W. Hugger*, S. 303; *Jachmann*, Habil., S. 680 f.; *Karpen*, S. 12; *ders.*, in: Rödig, S. 221 (225); *Kastner*, in: FS 100 Jahre ABGB I, S. 533 (550 f.) (Binnenverweisungen und ausscheidende Verweisungen); *Kindermann*, Ministerielle Richtlinien, S. 73; *Martens*, ZHR 148 (1984), S. 183 (190), und *ders.*, ZGR 1999, S. 548 (549): Außen- und Innenverweisungen; *G. Müller*, Rechtsetzung, Rn. 369 f.; *Real*, RabelsZ 49 (1985), S. 52 (80 f.); *ders.*, ZVglRWiss 89 (1990), S. 407 (418); *Riedl*, AöR 119 (1994), S. 642 (648 bei und in Fn. 33 f.): „gesetzesinterne oder Binnenverweisung" bzw. „gesetzesexterne oder Außenverweisung"; *Schneider*, Rn. 384; *Schnell*, S. 53; *Staats*, in: Rödig, S. 244 (245); *Weber-*

Seltener wird eine Binnen-[179] oder Eigenverweisung[180] aber auch dann angenommen, wenn der Normgeber von Verweisungsnorm und Verweisungsobjekt
identisch ist. Entsprechend dazu werden dann die Begriffe Außen-[181] oder Fremdverweisung[182] verwendet. Diese unüblichere Terminologie von Binnen-, Außen-
oder Fremdverweisung wird nachfolgend nicht verwendet.

III. Unterscheidung nach dem Verhältnis der Normgeber

Bislang ist keine einheitliche Bezeichnung ersichtlich, wodurch das Verhältnis des Normgebers der Verweisungsnorm (*Verweisungsnormgeber* bzw. *Verweisungsgesetzgeber*[183]) zu dem des Verweisungsobjektes (*Verweisungsobjektgeber*) beschrieben wird[184]. Der *Verfasser* schlägt daher die Begriffe *autonom*[185]
und *heteronom*[186] vor. Danach liegt eine *autonome* Verweisung vor, wenn der
Verweisungsnorm- mit dem Verweisungsobjektgeber identisch ist. Dagegen

---

Lejeune, S. 67; *K. Wolff*, S. 8. Wohl auch: *Klindt*, DVBl. 1998, S. 373; *Moll*, S. 29 f.; *Moritz*,
S. 9 f.

Battis / Gusy, Technische Normen, Rn. 408, unterscheiden „gesetzesimmanente" und
„gesetzestranszendente" Verweisungen.

[178] So bei *Clemens*, AöR 111 (1986), S. 63 (92 f.); *Papier*, in: Steuerrecht und Verfassungsrecht, S. 61 (71).

K. Wolff, S. 8: „ausscheidende Verweisungen".

[179] So: BVerwG, NVwZ-RR 1989, S. 377 (378); OVG NW, NVwZ 2005, S. 606; *Brugger*, VerwArch. 78 (1987), S. 1 (21); *Clemens*, AöR 111 (1986), S. 63 (92); *Dahmen*, KStZ
1990, S. 25 (27); *Ebsen*, DÖV 1984, S. 654; *Krey*, in: EWR 2/1981, S. 109 (127 f.); *Moritz*,
S. 9 f.; *Papier*, in: FS Lukes, S. 159 (164); *Reinermann*, S. 23; *Veit*, S. 27; *F. K. Weber*, S. 87;
in diesem Sinne wohl auch: *Merten / F. Kirchhof*, in: Staudinger, 12. Aufl., EGBGB, Art. 4
Rn. 13; *Ramsauer*, in: AK-GG, Art. 82 Rn. 31.

Ein noch weiteres Verständnis von Binnenverweisungen, die alle Verweisungen auf
nationales Recht umfasst, beschreibt *Hecker*, § 7 Rn. 80.

[180] So: *Guckelberger*, ZG 2004, S. 62 (65); *Reinermann*, S. 23.

[181] *Marburger*, DIN-Normungskunde 17, S. 27 (31 in Fn. 11): Außenverweisung =
Verweisung auf Vorschriften eines anderen Normurhebers; ebenso *F. K. Weber*, S. 87.

[182] BVerwG, NVwZ 2005, S. 699 (701); BVerwG, NVwZ-RR 1989, S. 377 (378); OVG
NW, NVwZ 2005, S. 606; *Clemens*, AöR 111 (1986), S. 63 (92); *Guckelberger*, ZG 2004,
S. 62 (65); *Manssen*, S. 250; *Reinermann*, S. 23.

[183] Nachfolgend wird der Begriff Verweisungsgesetzgeber verwendet, wenn sich die
Aussagen nur auf Verweisungen in Gesetzen beziehen.

[184] Auch die Begriffe Verweisungsnormgeber und Verweisungsobjektgeber werden
soweit ersichtlich bislang nicht verwendet. *Gamber*, VBlBW 1983, S. 197 (198), verwendet
den engeren Begriff Verweisungsgesetzgeber.

[185] Der griechische Begriff „autónomos" bedeutet „nach eigenen Gesetzen lebend".
Dazu *Kraif*, Stichwort autonom (S. 166).

[186] Heteronom bedeutet „von fremden Gesetzen abhängend". Dazu *Kraif*, Stichwort
hetero-, Unterstichwort heteronom (S. 557).

stammt das Verweisungsobjekt bei einer *heteronomen*[187] Verweisung nicht vom Verweisungsnormgeber. Abzustellen ist dabei auf das normgebende Organ. Eine Verweisung eines vom Bundestag erlassenen Gesetzes auf eine von einem Bundesminister erlassene Rechtsverordnung ist damit beispielsweise eine heteronome Verweisung.

Mischformen mit entscheidendem Einfluss des Verweisungsnormgebers sind aber verfassungsrechtlich wie autonome Verweisungen zu behandeln. So bewertete auch der VGH Kassel[188] eine Verweisung[189] auf eine Norm, die zur Wirksamkeit einer Genehmigung des Verweisungsnormgebers[190] bedurfte, wie eine autonome Verweisung.

IV. Statische und dynamische Verweisungen

Bei der Häufigkeit, mit der heutzutage Gesetze geändert werden, ist es von größter Wichtigkeit zu wissen, welche Fassung des Verweisungsobjektes anzuwenden ist[191].

1. Statische Verweisungen

Nimmt die Verweisungsnorm auf das Verweisungsobjekt in einer ganz bestimmten Fassung Bezug, so liegt eine *statische* Verweisung vor[192]. Sie wird

---

[187] In ähnlichem Zusammenhang verwendete bereits *Pestalozza*, JuS 1983, S. 241 (250), den Begriff heteronom, als er im Rahmen des Art. 144 Abs. 2 GG in der damals geltenden Fassung die Verweisung auf Besatzungsrecht beschreibt.
Nicht zu verwechseln ist die Unterscheidung aber mit der Begriffsverwendung bei *Strangas*, V 4 (S. 189), oder der von *Strangas* angesprochenen Verwendung der Unterscheidung bei Kant.

[188] VGH Kassel, NVwZ-RR 1991, S. 102 (103).

[189] Gebührenordnung für Studierende an den Hochschulen des Landes HE v. 10. 4. 1984 (GVBl. I, S. 125): „§ 1 Von den Studenten an den Hochschulen des Landes werden folgende Gebühren erhoben: … 3. Prüfungs- und Promotionsgebühren (§ 5). … § 5 Die Prüfungs- und Promotionsgebühren werden in den Prüfungs- und Promotionsordnungen festgesetzt."

[190] Prüfungs- und Promotionsordnungen bedurften nach § 21 des hessischen Hochschulgesetzes der Genehmigung durch den Kultusminister.

[191] In diesem Sinne bereits *Hw. Müller*, Gesetzgebungstechnik, S. 172 f., vor mehr als 35 Jahren.

[192] *Backherms*, S. 68; *ders.*, ZRP 1978, S. 261 (Fn. 3); *Battis / Gusy*, Technische Normen, Rn. 408; *Brugger*, VerwArch. 78 (1987), S. 1 (7); *Brunner*, S. 91; *Creifelds*, Stichwort Verweisung, S. 1311; *Ehricke / Blask*, JZ 2003, S. 722 (723 f.); *Erhard*, S. 6; *Fuss*, in: FS Paulick, S. 293 (295); *Grabitz*, Harmonisierung baurechtlicher Vorschriften, S. 76; *Guckelberger*, ZG 2004, S. 62 (64); *Hanning*, S. 64 f.; *Hendler*, ZG 1987, S. 210 (224); *Herb*, S. 29; *Hiller*, S. 69; *Hömig*, in: HdUR, Sp. 2684 (2685); *ders.*, DVBl. 1979, S. 307; *Jaeckel*, SächsVBl. 2000, S. 205 (206); *Karpen*, S. 67 f.; *Krey*, in: EWR 2/1981, S. 109 (128); *Lamb*,

häufig auch als *starre*[193], relativ selten[194] als *fixe*[195], *feste*[196], *unwandelbare*[197] oder *datierte*[198] Verweisung bezeichnet. Wird das Verweisungsobjekt geändert, bleibt die von der Verweisungsnorm in Bezug genommene Fassung solange maßgebend, bis die Verweisungsnorm selbst geändert wird[199]. Ausnahmsweise werden statische Verweisungen obsolet, wenn die statische Verweisung eine uneingeschränkte Gleichstellung mit dem Verweisungsobjekt beabsichtigte[200]. Dies ist bei Straf- und Bußgeldnormen anzunehmen, wenn eine Sanktion nach Wegfall des Verweisungsobjektes nicht mehr angemessen ist[201] und die Angabe der Fassung vor allem dazu diente, dass der Adressat das Verweisungsobjekt leichter findet.

S. 89; *Lübbe-Wolff*, in: Hoffmann-Riem / Schmidt-Aßmann, S. 87 (90); *Marburger*, Habil., S. 384; *v. Maydell*, ZfS 1973, S. 69 (70); *Merten / F. Kirchhof*, in: Staudinger, 12. Aufl., EGBGB, Art. 4 Rn. 12; *Moll*, S. 44 f.; *Moritz*, S. 4; *Müller-Foell*, S. 16; *v. Münch*, Rn. 545; *Ossenbühl*, DVBl. 1967, S. 401; *Reinermann*, S. 12 f.; *Rellermeyer*, NJ 1994, S. 305 (307); *Schmalz*, Rn. 107; *Scholz*, in: FS Gerhard Müller, S. 509 (521); *Schwacke / Uhlig*, S. 81 f.; *Schwierz*, S. 43; *Starkowski*, S. 79; *Stumpf*, NVwZ 2003, S. 1198; *Tettinger*, Wirtschaftsverwaltungsrecht, S. 404; *Tünnesen-Harmes*, in: Jarass, Wirtschaftsverwaltungsrecht, § 7 Rn. 14; *Vogel*, S. 70.

Nach einigen Autoren (z. B. *F. Becker*, S. 539; *Ecker*, ThürVBl. 1993, S. 49 [51]; *Strasser*, in: FS Floretta, S. 627) liegt eine statische Verweisung nur vor, wenn die Verweisung sich auf eine Vorschrift bezieht, die bei Erlass der Verweisungsregelung galt.

[193] *Backherms*, S. 68; *ders.*, ZRP 1978, S. 261 (Fn. 3); *Brugger*, VerwArch. 78 (1987), S. 1 (6 f.); *Brunner*, S. 91; *Grauer*, S. 58; *Hömig*, in: HdUR, Sp. 2684 (2685); *ders.*, DVBl. 1979, S. 307; *Jaeckel*, SächsVBl. 2000, S. 205 (206); *Marburger*, Habil., S. 384; *Nicklisch*, NJW 1983, S. 841 (843); *Nolte*, S. 186 f.; *Schmeder*, S. 87; *Schwierz*, S. 43; *Strecker*, DIN-Normungskunde 14, S. 43 (50); *Ernst*, S. 34; *Zemlin*, S. 116 f.: starre Bezugnahme.

[194] Noch seltener *Hartmann*, in: Soergel, EGBGB, Art. 2 Rn. 3, der die statische als „unechte", die dynamische als „echte" Verweisung bezeichnet.

Seibel, BauR 2004, S. 1718 (1719): *einfrierende Verweisung.*

[195] *Backherms*, S. 68; *ders.*, ZRP 1978, S. 261 (Fn. 3); *Starkowski*, S. 79.

[196] *Reinermann*, S. 12; *Scholz*, in: FS Gerhard Müller, S. 509 (521).

[197] *Jellinek*, Gesetz, S. 94.

[198] *Niedziella*, S. 112 f.; *Zubke-von Thünen*, S. 327 f., in Anlehnung an den englischen („dated reference to standards") und französischen Sprachgebrauch („référence datée aux normes").

[199] *Börgmann*, S. 77; *Guckelberger*, ZG 2004, S. 62 (64 f.); *Marburger / M. Klein*, JbUTR 2001, S. 161 (164); *Seibel*, BauR 2004, S. 1718 (1719); *Veit*, S. 28.

[200] In diesem Sinne OLG Köln, NJW 1988, S. 657 (658), für einen Bußgeldtatbestand, der auf eine EWG-Verordnung verwies. Weitergehend *Schneider*, Rn. 386: Bei einer starren Verweisung kommt, wenn die ursprüngliche Bezugsnorm geändert wird, der Gegenstand der Verweisung in Wegfall. Es würde zu einem kuriosen Anachronismus führen, wenn diese Vorschrift dauerhaft in der Verweisungsnorm fortlebte.

[201] In diesem Sinne OLG Köln, NJW 1988, S. 657 (658), für einen Bußgeldtatbestand, der auf eine EWG-Verordnung verwies.

2. Dynamische Verweisungen

Demgegenüber bedeutet die *dynamische*[202] Verweisung, dass grundsätzlich[203] mit jeder Änderung des Verweisungsobjektes zugleich die Verweisungsregelung angepasst wird[204]. Dies wird auch als *gleitende*[205], seltener als *automatische*[206], *wandelbare*[207], *variable*[208], *flexible*[209], *antizipierende*[210] oder *undatierte*[211] Verweisung bezeichnet. In Anspielung auf die gängige Formulierungspraxis (im Arbeitsrecht) wird auch der Begriff *Jeweiligkeitsklausel* verwendet[212].

Vorwiegend im Arbeitsrecht wird die dynamische Verweisung auch als *Blankettverweisung* bezeichnet[213]. Allgemein findet sich ferner die Bezeichnung als *Blankettgesetz*[214]. Der Begriff Blankett ist von dem spanischen blanco[215] mit fran-

---

[202] Zur Bezeichnung vgl. die Nachweise oben in Fn. 192 im 1. Teil auf S. 59 sowie: BVerfGE 47, S. 285 (310); *Erhard*, S. 8; *Kindermann*, Ministerielle Richtlinien, S. 73; *Lübbe-Wolff*, in: Hoffmann-Riem/Schmidt-Aßmann, S. 87 (90); *Nicklisch*, NJW 1983, S. 841 (843); *Papier/Olschewski*, DVBl. 1976, S. 475 (477); *Wilke*, DIN-Normungskunde 17, S. 11 (13).

[203] Zu Ausnahmen siehe unten im 1. Teil: B.IV.7. Einschränkende Auslegung der Dynamik (S. 73 ff.) und im 3. Teil: E.III.2. Nichtübernahme einer Änderung (S. 309 f.).

[204] BVerfGE 47, S. 285 (312, 315 f.); BGHSt 20, S. 177 (181); *Guckelberger*, ZG 2004, S. 62 (65); *Marburger/M. Klein*, JbUTR 2001, S. 161 (166); *Moll*, S. 45.

Clemens, AöR 111 (1986), S. 63 (80 in Fn. 65), rechnet zur dynamischen Verweisung auch den Fall, dass statisch auf eine zukünftig zu erlassende Vorschrift verwiesen wird.

[205] Vgl. die Nachweise oben in Fn. 193 im 1. Teil auf S. 60 sowie: *Grabitz*, Harmonisierung baurechtlicher Vorschriften, S. 72; *Scholz*, in: FS Gerhard Müller, S. 509 (521); *Starkowski*, S. 80; *Wilke*, DIN-Normungskunde 17, S. 11 (13).

[206] *Reinermann*, S. 14; *Schröcker*, NJW 1967, S. 2285 (2286, 2288).

[207] *Jellinek*, Gesetz, S. 94.

[208] *Wilke*, DIN-Normungskunde 17, S. 11 (13).

[209] *Wilke*, DIN-Normungskunde 17, S. 11 (13).

[210] *Backherms*, ZRP 1978, S. 261 (Fn. 3); *Brunner*, S. 91; *Hiller*, S. 69; *Marburger*, Habil., S. 384; *Ossenbühl*, DVBl. 1967, S. 401; *Papier/Olschewski*, DVBl. 1976, S. 475 (477); *Schwierz*, S. 43.

[211] *Niedziella*, S. 112 f.; *Zubke-von Thünen*, S. 327 f., der auf S. 315 in Fn. 433 erläutert, warum er die Bezeichnung dynamische Verweisung für ungenau hält. Allerdings ist die Bezeichnung als undatiert insoweit missverständlich, als in Ausnahmefällen auch dynamische Verweisungen Datumsangaben enthalten, z. B. § 1 Abs. 1 VwVfG RP: „Für die öffentlich-rechtliche Verwaltungstätigkeit der Behörden des Landes … gelten … die Bestimmungen des Verwaltungsverfahrensgesetzes (VwVfG) in der Fassung vom 23. Januar 2003 (BGBl. I S. 102) in der jeweils geltenden Fassung …".

[212] So *Blum/Ebeling*, in: Bepler, S. 85 (87); *Braun*, BB 1986, S. 1428 (1429); *Gröbing*, ArbuR 1982, S. 116; *Reichel*, S. 44 f.; *Reinermann*, S. 14; *Zachert*, DB 1996, S. 2078 (2079).

[213] *Hiller*, S. 69; *P. Meyer*, Blankettverweisungen, S. 34 f., verwendet den Begriff der Blankettverweisung für jede dynamisch-heteronome Verweisung; unklar: *Bullinger*, Unterermächtigung, S. 19, und *ders.*, Selbstermächtigung, S. 21: „Verweisung ist stets Blankettvorschrift mit der Bestimmung, wie dieses Blankett auszufüllen ist."

zösischer Endung zum Substantiv gebildet worden, weil weiße, d. h. unausgefüllte Stellen vorhanden sind[216]. Dabei ist Blankett ein Fremdwort geblieben und die typische Bedeutung hat sich verengt. Blankette werden nämlich üblicherweise nicht durch den ausgefüllt, von dem das Blankett herrührt, sondern durch einen Dritten[217]. Damit ist der Begriff Blankettverweisung für dynamisch-autonome Verweisungen unpassend, weil keine Ausfüllungsbefugnis übertragen werden kann[218]. Ferner wird auch die Bezeichnung „dynamische Blankettverweisung" gebraucht[219], was entweder ein Pleonasmus ist oder auf eine weitere Bedeutung von Blankettverweisungen schließen läst. Dies spricht dafür, den Begriff Blankett im Zusammenhang mit Verweisungen besser nicht zu verwenden.

3. Verdeckt-dynamische Verweisungen

Eine Zwitterstellung[220] zwischen dynamisch und statisch nimmt die *verdeckt-dynamische* Verweisung ein. Dabei nimmt die erste Verweisungsnorm auf das Verweisungsobjekt statisch Bezug, Letzteres verweist aber dynamisch[221].

Im Arbeitsrecht: BAGE 3, S. 303 (308); *Blum/Ebeling*, in: Bepler, S. 85 (87 in Fn. 4); *Braun*, BB 1986, S. 1428 (1430); *Gröbing*, ArbuR 1982, S. 116; *Iffland*, DB 1964, S. 1737 (1738); *Henssler/Parpart*, SAE 2002, S. 214; *Kempen/Zachert*, TVG, § 1 Rn. 378; *Reichel*, S. 44; *Sander*, NZA 1986, Beilage Nr. 1, S. 23 (24). Viele weitere Nachweise bei *Reinermann*, S. 14 in Fn. 52.

[214] *Creifelds*, Stichwort Blankettgesetz, S. 213: „Blankettgesetz ist eine Rechtsvorschrift (meist ein förmliches Gesetz), die eine Rechtsfolge festlegt, aber die Bestimmung der Voraussetzungen hier für andere Rechtsquellen – insbes. Ausführungsvorschriften – überlässt." Ähnlich *Jellinek*, Gesetz, S. 97.

Karpen, S. 85, definiert das Blankettgesetz als „in besonders großem Umfange unvollständige Rechtssätze, deren inhaltliche Ausfüllung staatlichen oder außerstaatlichen Stellen zugewiesen oder überlassen wird".

Köbler, S. 78: „Blankettgesetz ist das mindestens in einem Punkt unvollständige, noch ausfüllungsbedürftige Gesetz (Z. B. § 315a I Nr. 2 StGB)".

[215] Vgl. auch italienisch bianco, blanco, französisch blanc, blanche und germanisch blank.

[216] In diesem Sinne *Nischik*, S. 6, i. V. m. *O. Neumann*, S. 13 f. Vgl. auch die Stichworte blank und blanko bei *W. Pfeifer*, S. 144 f.

[217] *O. Neumann*, S. 14.

[218] In diesem Sinne auch *Karpen*, in: Rödig, S. 221 (241 in Anm. 39). Zum Begriff des Blanketts vor allem im Strafrecht siehe unten 1. Teil: B.V. Blankettstrafgesetze (mit Rückverweisungsklauseln) (S. 77 f.).

[219] So bspw. bei: BAGE 70, S. 356; *Hunold*, NZA-RR 2003, S. 561 (566).

[220] Dagegen als dynamische Verweisung einordnend *Rönck*, S. 196 f., für die Verweisung in Richtlinien auf technische Normen.

[221] *Krey*, in: EWR 2/1981, S. 109 (130); *Marburger*, Habil., S. 388 f.; *Mohr*, S. 31 f.; *Moll*, S. 45.

4. Abgrenzung der statischen von der dynamischen Verweisung

Eine Verweisung wirft immer die Frage auf, ob sie dynamischer oder statischer Natur ist. Zunächst[222] ist anhand des klassischen Auslegungskanons die konkrete Verweisungsnorm zu interpretieren. Dieses Ergebnis kann jedoch aufgrund ungewöhnlicher Veränderung des Verweisungsobjektes[223] oder wegen Verstoßes gegen das Grundgesetz[224] zu korrigieren sein.

a) Wortsinn typischer Verweisungsformeln

aa) Hinweise auf statischen Charakter

Hinweise auf einen statischen Charakter liegen in den Zusätzen:

– „in der derzeitigen Fassung"[225],
– „in der Fassung ..."[226],
– „in der am ... geltenden Fassung"[227],
– „vom"/„von" mit Datumsangabe[228], und
– allgemein im Zusatz von Datum und/oder Fundstelle[229].

Allerdings ist die Formulierung „vom"/„von" mit Datumsangabe nicht eindeutig und eröffnet daher einen Auslegungsspielraum[230]. Eine Zitierung mit Datum und Fundstellenangabe kann zwar eine statische Festlegung der Verweisung auf eben diese Fassung bezwecken; sie kann aber auch den schwächeren Sinn einer bloßen Identifizierung haben, weil es im Rechtsleben weithin der Brauch ist, eine weniger geläufige Vorschrift mit ihrem Datum zu zitieren[231]. So dient die Datums-

---

[222] Das Verhältnis der verfassungskonformen Auslegung zu den klassischen Auslegungskriterien ist umstritten. Wie hier bspw. *Friedrich Müller/Christensen*, Rn. 100. A. A. die verfassungskonforme Auslegung als systematische Auslegung ansehend bspw. *Spanner*, AöR 91 (1966), S. 503 (535).

[223] Siehe dazu unten 1. Teil: B.IV.7. Einschränkende Auslegung der Dynamik (S. 73 ff.).

[224] Siehe dazu unten 3. Teil: Folgen mangelhafter Bezugnahme (S. 290 ff.).

[225] *Illinger*, S. 40, für die vertragliche Verweisung auf Beamtenrecht; *Hw. Müller*, Gesetzgebungstechnik, S. 173.

[226] *Jaeckel*, SächsVBl. 2000, S. 205 (207 f.).

[227] VorschriftenRL BW 1997, Rn. 2.1.9.3.

[228] In diesem Sinne *Gumpert*, BB 1961, S. 1276.

[229] In diesem Sinne (teils nur in diesen Fällen eine statische Verweisung annehmend): *Krey*, in: EWR 2/1981, S. 109 (153); *Moll*, S. 152 in Fn. 285; *Marburger*, Habil., S. 384; *Veit*, S. 32; *F. K. Weber*, S. 88.

[230] BayVGH, BRS 58, Nr. 72, S. 211 (213). Vgl. auch *Pestalozza*, Verfassungsprozeßrecht, § 22 Rn. 16, Fn. 88, für eine seiner Ansicht nach statische Verweisung: „Der Hinweis auf den 23. 5. 1949 scheint mir eindeutig (wenn auch nicht so eindeutig wie Art. 4 Abs. 1 nrwLVerf)".

und Fundstellenangabe beispielsweise in § 1 Abs. 1 VwVfG RP eindeutig nur
einer bloßen Identifizierung, weil „die Bestimmungen des Verwaltungsverfahrensgesetzes (VwVfG) vom 23. Januar 2003 (BGBl. I S. 102) in der jeweils geltenden
Fassung …" anzuwenden sind.

Dementsprechend ist auch allein die Angabe eines Datums und/oder einer
Fundstelle zwar ein Hinweis auf eine statische Verweisung, aber nicht eindeutig[232].
Ein stärkerer Hinweis auf eine statische Verweisung, aber immer noch nicht
eindeutig, sind die Worte „in der Fassung vom" in Verbindung mit dem Datum
des Erlasses oder der letzten Änderung des Verweisungsobjektes[233]. Diese Worte
werden nämlich auch bei Textstellenbezeichnungen oder nach Bekanntmachung
von Neufassungen gewählt[234]. Dagegen spricht die Formel, „in der am … geltenden
Fassung" in Verbindung mit einem Datum, an dem das Verweisungsobjekt nicht
erlassen oder geändert wurde, eindeutig eine statische Verweisung aus[235]. Da diese
Umschreibung nicht zur Identifizierung beiträgt, kann diese Verweisungsformel
nur als eine statische Verweisung ausgelegt werden.

Teils[236] wird auch in der genauen Zitierung nach Paragrafen und Absätzen
ein Hinweis auf eine statische Verweisung gesehen. Dafür könnte sprechen, dass
genaue Angaben bei einer Änderung des Verweisungsobjektes eher fehlerhaft werden als Pauschalverweisungen. Zur Vermeidung von fehlerhaften Verweisungen
ist es allerdings üblich, bei der Aufhebung von Paragrafen und Absätzen Lücken
hinzunehmen[237]. Daher ist die genaue Zitierung des Verweisungsobjektes nur eine
Frage der Präzision und kein Hinweis auf die anzuwendende Fassung.

---

[231] BayVGH, BRS 58, Nr. 72, S. 211 (213). In diesem Sinne auch VerfGH SN, DVBl.
2000, S. 786 (787).

[232] In diesem Sinne auch: *Jaeckel*, SächsVBl. 2000, S. 205 (207 f.); *A. Stein*, ArbuR
1998, S. 1 (12, insbes. Fn. 110); *Schneider*, Rn. 385. A. A. *Lecheler*, in: Säcker, S. 57 (59),
wonach die Formulierung „vom … (Bundesanzeiger …)" eindeutig für eine statische
Verweisung spreche.

[233] A. A. *Krey*, in: EWR 2/1981, S. 109 (153): „Spricht jene Norm ausdrücklich eine
Verweisung auf Gesetze der Regeln der Technik *in einer bestimmten* Fassung aus, so geht
es eindeutig um statische Verweisungen." Hervorhebung von *Krey*. Vgl. auch die h. M. zu
§ 10 Abs. 2 HOAI, die bei der entsprechenden Formulierung eine statische Verweisung
allein aufgrund des Wortlauts annimmt, z. B.: *Motzke/Rainer Wolff*, S. 282; *Seifert/Vygen*,
in: Korbion/Mantscheff/Vygen, HOAI, § 10 Rn. 3b; *Werner/Pastor*, Rn. 821. Anders
wohl nur *Morlock*, Rn. 99, zur alten Fassung der HOAI und *Locher/Koeble*, 6. Aufl.,
1991, HOAI, § 10 Rn. 3, mit dem Argument eines Redaktionsversehens, die aber diese
Meinung in: *Locher/Koeble/Frik*, 7. Aufl., 1996, HOAI, § 10 Rn. 11, aufgeben, weil das
Verweisungsobjekt grundlegend umgestaltet wurde.

[234] In diesem Sinne auch VorschriftenRL BW 1997, Rn. 2.1.9.3, ohne auf das Datum
abzustellen.

[235] In diesem Sinne – ohne auf das Datum abzustellen – auch: VorschriftenRL BW
1997, Rn. 2.1.9.3; *G. Müller*, Rechtssetzungslehre, S. 214, Fn. 739.

[236] In diesem Sinne: VG Hannover, NdsVBl. 2002, S. 51 (52); OLG Köln, NJW 1988,
S. 657 (658); *Manssen*, S. 246; *v. Maydell*, ZfS 1973, S. 69 (71).

bb) Hinweise auf dynamischen Charakter

Eine dynamische Verweisung wird durch den Zusatz „in der jeweils geltenden" oder „jeweiligen"[238] Fassung" bzw. „maßgebend sind … in ihrer jeweils jüngsten im … veröffentlichten Fassung" kenntlich gemacht[239]. Solche Zusätze überwinden auch Hinweise auf den statischen Charakter der Norm[240] und können auch an einer Stelle im Gesetz für alle Verweisungen gemeinsam erfolgen[241]. Dasselbe gilt, wenn auf Normen „in der geltendenden Fassung" verwiesen wird. Auch darin kommt nämlich eine dynamische Verweisung ausreichend zum Ausdruck, weil es in der Natur gesetzlicher Regelungen liegt, dass sie unter dem Vorbehalt der Änderung stehen[242].

Weiter ist bei einer Formulierung als Fiktion die Verweisung dynamisch auszulegen, weil damit eine unbedingte Gleichstellung bezweckt ist[243]. Bei der Fiktion geht die Gleichstellung nämlich sogar so weit, dass beide Tatbestände unter einen gemeinsamen Begriff gefasst werden. Dann ist es aber schwerlich einzusehen, dass dies nur bis zur Änderung des Verweisungsobjektes gelten soll.

cc) Ohne Hinweise im Wortlaut

Schließlich wird vertreten, dass, soweit eine Rechtsnorm ohne nähere Kennzeichnung verweise, die Lesart der dynamischen Verweisung die nächstliegende sei[244]. Jedoch kennt die Gesetzgebungspraxis insoweit keinen allgemein beachteten Sprachgebrauch, der es rechtfertigen könnte, dem Fehlen eines derartigen

---

[237] Vgl. dazu *BMJ*, Rechtsförmlichkeit, Rn. 606.

[238] Für eine Gleichstellung der beiden Formulierungen (im Zusammenhang mit der vertraglichen Verweisung auf Beamtenrecht) auch *Illinger*, S. 40.

[239] *BMJ*, Rechtsförmlichkeit, Rn. 238.

[240] Z. B. § 6 Abs. 1 Satz 3 Nr. 4 Satz 1 Halbsatz 2 KWKG 2002: „als anerkannte Regeln gelten die … (Beilage zum Bundesanzeiger Nr. 169a vom 8. 9. 2001) in der jeweils geltenden Fassung enthaltenen Grundlagen und Rechenmethoden". Vgl. dazu *BMJ*, Rechtsförmlichkeit, Rn. 238.

[241] Vgl. bspw. Art. 10 Abs. 1 Bayerisches Landeserziehungsgeldgesetz v. 12. 6. 1989 (GVBl. S. 206): „Die in diesem Gesetz enthaltenen Verweisungen betreffen die genannten Vorschriften in der jeweils geltenden Fassung."

[242] In diesem Sinne: LAG Hamm, NZA 1985, S. 361 (362), für die Auslegung einer verweisenden Versorgungszusage auf das Beamtenrecht; in diese Richtung auch BAG, Urt. v. 2. 2. 1959 – 2 AZR 275/58 = AP Nr. 1 zu § 1 TVG Sachbezüge, wo diese Formulierung in einem Tarifvertrag wegen anderer Gründe als statisch ausgelegt wurde.

[243] So auch *Jachmann*, Habil., S. 680.
Lerche, in: Eisenmann/Zieger (Hrsg.), S. 104: regelmäßig dynamisch.
Kanzler, FR 1986, S. 1 (3): Auslegung im Einzelfall.

[244] In diesem Sinne mit unterschiedlicher Nuancierung von Indizcharakter bis Auslegungsregel: BFHE 207, S. 88 (95); BFH, Beschl. v. 16. 6. 2005 – VII R 10/03 – Rn. 22,

Zusatzes eine solche Bedeutung beizulegen[245]. So wird in Gesetzgebungsrichtlinien empfohlen bei bekannten Gesetzen Datum und Fundstelle wegzulassen[246]. Das Fehlen eines Zusatzes soll nach den meisten Gesetzgebungsrichtlinien[247] auf eine dynamische Verweisung hindeuten[248]. Anderes sehen allerdings die Redak-

---

zitiert nach juris; BSG, NZS 2005, S. 107 (108 f.); BSGE 68, S. 47 = NJW 1991, S. 3051; OVG NW, OVGE MüLü 45, S. 217 (220); *Auer*, S. 6; *Fuss*, in: FS Paulick, S. 293 (301), bei Verweisung von deutschem auf EG-Recht; *Herschel*, BB 1963, S. 1220 (1223): „Seine Beantwortung kann nur von Fall zu Fall erfolgen; jedoch hat sich der zutreffende aber auf den Zweifelsfall zu beschränkende Auslegungsgrundsatz entwickelt: ‚eine schlicht, d. h. weder von einer überholten, noch von der derzeitigen, noch von der jeweiligen Fassung einer Vorschrift sprechenden Verweisung ist indes dahin aufzufassen, daß auf die jeweilige Fassung verwiesen wird.'"; *Klindt*, DVBl. 1998, S. 373 (374); *Lorenz*, VersR 1995, S. 514 (515); *Mohr*, S. 39 in Fn. 76; *Hw. Müller*, Gesetzgebungstechnik, S. 174; *Odermatt*, LeGes 2006/3, S. 85 (92); *Ossenbühl*, DVBl. 1967, S. 401 (403); *Triepel*, Völkerrecht, S. 160 f.; auch die Ausführungen in *BMJ*, Rechtsförmlichkeit, Rn. 234–236, lassen auf ein solches Verständnis schließen.

Im Bereich der Verweisung auf technische Normen auch: *Denninger*, Normsetzung, Rn. 141; *Marburger*, Habil., S. 384, ders., DIN-Normungskunde 17, S. 27 (29), ders., Schadensvorsorge, S. 225, und *ders./M. Klein*, JbUTR 2001, S. 161 (167).

Vgl. auch die st. Rspr. des BAG (DB 2002, S. 1005 [1006]), wonach eine Bezugnahmeklausel in einem Arbeitsvertrag auch ohne ausdrückliche Regelung als dynamische Verweisung auszulegen sei.

A. A. wohl VG Hannover, NdsVBl. 2002, S. 51 (52).

[245] BayVGH, BayVBl. 1960, S. 321 (322).

[246] § 32 Abs. 1 Satz 3 GGO II 1924: „Frühere Gesetze werden mit voller Überschrift, Tag der Ausfertigung und – in Klammern – Gesetzblattseite angeführt; nur bei allgemein bekannten größeren Gesetzen (z. B. Bürgerliches Gesetzbuch, Strafgesetzbuch usw.) bleiben Tag und Seite weg." § 83 Abs. 2 GGO NW 1962: „Ein früheres Gesetz ist mit seiner amtlichen Kurzbezeichnung bei Fehlen einer Kurzbezeichnung mit seiner vollen Bezeichnung sowie mit dem Datum der Ausfertigung und der Fundstelle anzuführen. Bei allgemein bekannten größeren Gesetzen können das Datum der Ausfertigung und der Fundstelle fehlen." Ähnlich *BMJ*, Rechtsförmlichkeit, Rn. 234 und 237 i. V. m. 155 ff.; RedaktionelleRL HE, Rn. 48.

[247] *BMJ*, Rechtsförmlichkeit, Rn. 237: „Um eine gleitende Verweisung kenntlich zu machen, reicht es *in der Regel* aus, das in Bezug genommene Gesetz oder die Rechtsverordnung mit dem Zitiernamen anzuführen oder Verordnungen und Richtlinien der Europäischen Gemeinschaften entsprechend mit dem Kurzzitat. Daraus *kann* der Adressat schließen, daß die jeweils aktuelle Fassung der Bezugsnorm herangezogen werden soll." (Hervorhebung vom Verfasser verändert). § 32 Abs. 5 GGO II, gem. Änderung, abgedruckt in: GMBl. 1976, S. 542 (546), bzw. § 34 Abs. 5 GGO II, gem. Bek. der Neufassung, abgedruckt in: GMBl. 1976, S. 550 (557): „Soll auf eine zu einem bestimmten Zeitpunkt geltende Fassung einer Rechtsvorschrift verwiesen werden (starre Verweisung), so ist die Anführung durch einen entsprechenden Zusatz zu ergänzen, z. B. ‚… in der am … geltenden Fassung'." In diesem Sinne auch: *BMJ*, AH 2, S. 50; VorschriftenRL BW, Rn. 2.1.9.3.

[248] In diesem Sinne *Göbel*, in: Schäffer/Trifferer, S. 64 (65): „Wie drückt man den – bedingten – ‚Gleitwillen' im Eigentext der verweisenden Norm aus? Antwort vor dem Hintergrund der (Bonner) GGO II: Man unterlässt den in § 35 Abs. 5 für starres (= statisches) Verweisen vorgeschriebenen Zusatz wie ‚in der am … geltenden/veröffentlichten Fas-

tionellen Richtlinien für die Gestaltung von Rechtsvorschriften in Hessen vor[249]. Richtigerweise erlaubt das Fehlen eines unmittelbaren Hinweises auf die Maßgeblichkeit einer Fassung nur die Feststellung, dass sich der Sinngehalt der Vorschrift aus dem Wortlaut nicht zweifelsfrei ermitteln lässt[250].

b) Systematische Auslegung

Systematische Argumente für die Auslegung einer Verweisung als statische Verweisung sind:

- Nennung einer überholten Fassung[251], oder
- bei Erlass der Verweisungsnorm sind keine Änderungen des Verweisungsobjektes zu erwarten[252].

Argumente für die Auslegung einer Verweisung als dynamisch können sein:

- Nennung künftig zu erlassender Normen[253] (vor allem bei Durchführungsbestimmungen)[254],
- in einer Verweisungskette ist eine Verweisung dynamisch[255],
- das Verweisungsobjekt ist auf (häufige) Änderungen angelegt[256], oder
- Vorliegen von stillschweigenden Verweisungen[257] sowie Binnenverweisungen[258].

---

sung', programmiert also den juristischen Umkehrschluss. Oder, wenn man naheliegende Zweifel hat, ob die Gesetzesadressaten den § 35 Abs. 5 GGO II kennen, dann schreibt man sicherheitshalber in die verweisende Norm den *positiven* Zusatz Hinweis wie ‚in der jeweils geltenden Fassung'." Hervorhebung von *Göbel*, der wohl § 32 Abs. 5 oder § 34 Abs. 5 GGO II (in der vorherigen Fußnote abgedruckt) meint.

[249] RedaktionelleRL HE, Rn. 4: „Soll ausnahmsweise eine dynamische Verweisung verwendet werden, empfiehlt es sich, dies zur Vermeidung von Auslegungsschwierigkeiten deutlich zum Ausdruck zu bringen."

[250] In diesem Sinne auch: BVerfGE 76, S. 363 (385); BayVGH, BayVBl. 1960, S. 321; *Illinger*, S. 40, für die vertragliche Verweisung auf das Beamtenrecht; *Hw. Müller*, Gesetzgebungstechnik, S. 173.

[251] LSG RP, Urt. v. 2. 2. 2006 – L 5 KA 13/04 – Rn. 40, zitiert nach juris; *Hw. Müller*, Gesetzgebungstechnik, S. 173.

[252] In diesem Sinne: *v. Maydell*, ZfS 1973, S. 69 (71).

[253] *Krey*, in: EWR 2/1981, S. 109 (153).

[254] In diesem Sinne auch: *Blum/Ebeling*, in: Bepler, S. 85 (92 in Fn. 27); *Moll*, S. 152 in Fn. 285.

[255] In diesem Sinne wohl die Argumentation von *Pestalozza*, SAE 1982, S. 193 (194).

Vgl. aber auch den etwas merkwürdigen Fall BVerwG, Urt. 17. 1. 1985 – BVerwG 3 C 52.83 = Buchholz 427.6 § 37 BFG Nr. 1, S. 2 f.: Die Verweisung im Lastenausgleichsrecht sei insoweit *statisch* als § 2 Abs. 2 Nr. 5 VwVfG anordnet, dass die Vorschriften des VwVfG nicht für das Recht des Lastenausgleichs gelten (so bereits BVerwG, Urt. 19. 7. 1984 – BVerwG 3 C 27.83 = Buchholz 427.3 § 360 LAG Nr. 58, S. 4). Im Übrigen sei sie dynamisch zu verstehen.

Stillschweigende Verweisungen beruhen auf dem Gesichtspunkt der Systemgerechtheit[259]. Danach sollen Rechtsnormen widerspruchsfrei im gleichen Rechtssystem nebeneinander gelten[260]. Daher ist zu vermuten, dass der Normgeber Vorschriften erlassen wollte, die dauerhaft systemgerecht zueinander passen, weshalb die stillschweigenden Verweisungen regelmäßig dynamisch auszulegen sind[261]. Dies gilt auch für ausdrückliche Binnenverweisungen, weil jedes Gesetz zu jeder Zeit in sich abgestimmt sein sollte. Nur abgeschwächt gilt diese Überlegung auch bei autonomen Außenverweisungen, weil die Systemgerechtheit innerhalb eines Gesetzes zumeist stärker ausgeprägt ist als zwischen allen Vorschriften eines Normgebers. Noch schwächer erkennbar ist die Systemgerechtheit innerhalb einer Gesamtrechtsordnung mehrerer Normgeber (EG-, Bundes- und Landesnormen). Für heteronome Verweisungen kann daher keine allgemeine Vermutung mehr für eine dynamische Verweisung angenommen werden. Vielmehr wird häufig jede heteronome Verweisung als statisch[262] und jede autonome Verweisung als dynamisch[263] ausgelegt. Zwar knüpft diese Auslegung an die Systematik an, basiert aber auf einer verfassungskonformen Auslegung, und wird daher erst später erörtert[264].

Keinen Anhaltspunkt für eine statische oder dynamische Verweisung liefert eine unterschiedliche Zitierweise (einmal mit und einmal ohne Angabe einer bestimmten Fassung) innerhalb eines Gesetzes[265]. Denn die Wiedergabe der Fundstellen bei jeder Verweisung würde zu einer Aufblähung des Textes führen und dessen Lesbarkeit sehr erschweren[266].

---

[256] In diesem Sinne: BVerfGE 76, S. 363 (385 f.), für die Verweisung in Art. 44 GG, weil eine Anpassung des Verweisungsobjektes an das Grundgesetz zu erwarten war; BGHZ 15, S. 221 (223); *Börgmann*, S. 77 f.; *Clemens*, AöR 111 (1986), S. 63 (81); *Guckelberger*, ZG 2004, S. 62 (65); *Marburger*, Habil., S. 384.

[257] *Hotz*, in: FS Hangartner, S. 195 (199 ff.).

[258] *Klindt*, DVBl. 1998, S. 373 (374).

[259] *Hotz*, in: FS Hangartner, S. 195 (200 ff.).

[260] *Hotz*, in: FS Hangartner, S. 195 (200).

[261] In diesem Sinne *Hotz*, in: FS Hangartner, S. 195 (201 f.).

[262] Z. B.: LSG RP, Urt. v. 2. 2. 2006 – L 5 KA 13/04 – Rn. 40, zitiert nach juris; VG Hannover, NdsVBl. 2002, S. 51 (52); *Karpen*, S. 137 f.

[263] Z. B.: *Karpen*, S. 136; *Lorenz*, VersR 1995, S. 514 (515).

[264] Vgl. bspw. die Begründung von LSG RP, Urt. v. 2. 2. 2006 – L 5 KA 13/04 – Rn. 40, zitiert nach juris.
Siehe zur verfassungskonformen Auslegung in dieser Konstellation unten im 3. Teil: E. III. 1. Auslegung als statische Verweisung (S. 306 ff.).

[265] In diesem Sinne: *BMJ*, Rechtsförmlichkeit, Rn. 215 f.; *dass.*, AH 2, S. 21 (Tz. 5.2.); Gegenäußerung der Bundesregierung zur Stellungnahme des Bundesrates, Anlage 3 zum Entwurf eines Dritten G. zur Änderung des Weingesetzes, BT-Drucks. 8/3829, S. 46 (Zu 32.b]), jeweils unter Hinweis auf § 34 Abs. 4 GGO II: „Werden allgemein bekannte Gesetze (z. B. das Grundgesetz, das Bürgerliche Gesetzbuch oder das Strafgesetzbuch) im laufenden Text einer Rechtsvorschrift angeführt, so brauchen der Tag der Ausfertigung, die

c) Historische / genetische Auslegung

Aus dem Willen des Gesetzgebers kann klar hervorgehen, ob eine dynamische oder eine statische Verweisung beabsichtigt war[267]. Dies kann auch indirekt erfolgen, indem Zwecke angegeben werden[268], die vorwiegend durch dynamische oder statische Verweisung erreicht werden. Aus dem Wortlaut in Verbindung mit den Gemeinsamen Geschäftsordnungen der Ministerien oder dem Handbuch der Rechtsförmlichkeit kann aber nicht auf einen entsprechenden Willen des Parlamentes geschlossen werden[269]. Die Geschäftsordnungen sind nämlich an die Ministerien und nicht an die Parlamente gerichtet. Auch werden diese Regelungen – zumindest im Zusammenhang mit dem Vermeidungsgebot von Verweisungen[270] – häufig nicht beachtet.

Wird ein Zusatz, der auf eine dynamische oder statische Verweisung hindeutet, geändert, so ist dies ein Argument, dass die ursprüngliche und die neue Fassung von unterschiedlicher Art sind[271]. Dieses Argument ist allerdings nur wenig aussagekräftig, wenn der Grund der Änderung nicht aus den Materialien hervorgeht, weil durch die Änderung auch nur eine Klarstellung erfolgt sein könnte.

Fundstelle und die letzte Änderung nicht angegeben zu werden. Das gleiche gilt, wenn eine Rechtsvorschrift wiederholt angeführt wird. …".

A. A. *Krey*, in: EWR 2/1981, S. 109 (155): Verweist eine Norm ohne Angaben über Datierung, Fundstelle und Änderungen, zitiert alle übrigen Verweisungsobjekte dagegen detailliert nach Datum, Fundstelle und gegebenenfalls Änderungen, ergibt eine solche Verweisungstechnik klar, dass nach Gesetzeswortlaut und gesetzgeberischer Intention nur die exakt zitierten Normen statisch in Bezug genommen werden sollen.

[266] So auch Gegenäußerung der Bundesregierung zur Stellungnahme des Bundesrates, Anlage 3 zum Entwurf eines Dritten G. zur Änderung des Weingesetzes, BT-Drucks. 8/3829, S. 46 (Zu 32.b]).

[267] Siehe bspw. Begr., SN LT-Drucks. 1/2486, S. 26, Allgemeiner Teil II 2 und zu § 9 Abs. 1 d. G. über den VfGH d. Freistaats SN v. 18. 2. 1993 (GVBl. S. 243), zit. nach *Eckhardt*, SächsVBl. 1994, S. 275 (276 in Fn. 15).

[268] Siehe bspw.: BayVGH, BayVBl. 1960, S. 321 (322); *Clemens*, AöR 111 (1986), S. 63 (81); *Illinger*, S. 40, für die vertragliche Verweisung auf Beamtenrecht.

[269] Siehe dazu bereits oben bei und in Fn. 246 ff. im 1. Teil auf S. 66 f.

[270] Vgl. § 33 Abs. 2 GGO II 1924: „Verweisungen sind möglichst zu vermeiden. Wo sie vorkommen, sind sie so zu fassen, daß der Leser den Grundgedanken der Vorschrift versteht, ohne nachzuschlagen, etwa durch ein in Klammern beigefügtes Schlagwort über den Gegenstand der angezogenen Vorschrift, z. B. »§ … (Buchführungspflicht)«." Interinstitutionelle Vereinbarung zwischen dem Europäischen Parlament, Rat und Kommission v. 22. 12. 1998 über die Gemeinsamen Leitlinien für die redaktionelle Qualität der gemeinschaftlichen Rechtsvorschriften, ABl. EG 1999, Nr. C 73, S. 1 (2 zu Tz. 16): „Bezugnahmen auf andere Akte sollten so weit wie möglich vermieden werden". Ähnlich auch § 79 Abs. 1 Satz 2 GGO NW 1962.

[271] So die Argumentation in: BFHE 207, S. 88 (95); BFH, Beschl. v. 16. 6. 2005 – VII R 10/03 – Rn. 22, zitiert nach juris.

d) Auslegung nach dem Zweck

Der Zweck der Verweisung wird nur selten ergeben, dass eine statische Verweisung vorliegen soll. Eine statische Verweisung ist anzunehmen, wenn keine hinreichende Zweckverwandtschaft von Verweisungsnorm und Verweisungsobjekt vorliegt[272]. Sonst droht durch die Änderung des Verweisungsobjektes eine für die Verweisungsnorm nicht passende Regelung übernommen zu werden[273].

Lässt man die verfassungsrechtlichen Bedenken zunächst unberücksichtigt, ist im Übrigen zumeist eine dynamische Verweisung zweckmäßiger[274]. Die Annahme einer statischen Verweisung führt zu einer Versteinerung des Rechts, die abzulehnen ist[275]. Allein die dynamische Verweisung bietet die Möglichkeit, auch den Inhalt der Verweisungsnorm an die präsumtiv bessere Erkenntnis des späteren Gesetzgebers anzupassen[276]. Für eine dynamische Verweisung spricht:

– wenn das Verweisungsobjekt von vornherein auf häufige Änderungen angelegt ist[277], vor allem im Technik- und Umweltrecht zur Anpassung an die fortschreitende Entwicklung[278],
– wenn die Verweisung der Umsetzung von Gemeinschaftsrecht dient,
– wenn die Verweisung zur Sanktionierung von Verboten oder Verstößen gegen Gebote erfolgt[279] oder
– wenn die Verweisung die Gleichbehandlung[280], Rechtsvereinheitlichung[281], Vermeidung von Widersprüchen[282] oder Rechtsvereinfachung[283] bezweckt.

---

[272] In diesem Sinne: BVerwG, Urt. v. 12. 7. 1968 – BVerwG VII C 44.67 = Buchholz 401.82, Schl Viehm GebG Nr. 10, S. 3; *BMJ*, Rechtsförmlichkeit, Rn. 227 f.
Fehlende Zweckverwandtschaft und dynamische Verweisung wird häufig als (verfassungsrechtlich) problematisch angesehen, statt vieler: BVerfGE 47, S. 285 (316 f.); *Hasse*, WM 1995, S. 1941 (1942 ff.). Dieses Problem wird im 2. Teil mehrfach aufgegriffen.

[273] *BMJ*, Rechtsförmlichkeit, Rn. 227 f.

[274] In diesem Sinne auch *Stumpf*, NVwZ 2003, S. 1198. A. A. *Moll*, S. 44, wonach die statische Verweisung der Regelfall sei.

[275] In diesem Sinne auch: BAG, NZA 1991, S. 563 (565), bei einer Verweisung im Arbeitsvertrag; *Real*, RabelsZ 48 (1984), S. 52 (82); später (ZVglRWiss 89 [1990], S. 407 [418]) hat er jedoch verfassungsrechtliche Bedenken bei einer dynamisch-heteronomen Verweisung.

[276] *Real*, RabelsZ 48 (1984), S. 52 (82). In diesem Sinne auch *Hotz*, in FS Hangartner, S. 195 (201 f.).

[277] In diesem Sinne BVerfGE 60, S. 135 (161); *Börgmann*, S. 78.

[278] In diesem Sinne: BVerwG, NuR 2004, S. 459 (460); *Krey*, in: EWR 2/1981, S. 109 (153); *Marburger*, Habil., S. 384; *Mohr*, S. 30; *Schwab*, S. 146; *Stefener*, S. 33; *Veit*, S. 32 f.

[279] Zu den Grenzen der Pönalisierung siehe unten 2. Teil: H. VI. Besondere Gesetzesvorbehalte bei Straf- und Bußgeldnormen (S. 262 ff.).

[280] *Hw. Müller*, Gesetzgebungstechnik, S. 174; *v. Maydell*, ZfS 1973, S. 69 (70 f.).

[281] In diesem Sinne: BayVerfGHE 17 (1964), S. 61 (66); *Auer*, S. 5 f.; *Falk*, S. 116.

5. Maßgebliche Fassung bei der statischen Verweisung

Wenn eine statische Verweisungsnorm keine Fassung bezeichnet, ist umstritten, auf welchen Zeitpunkt abzustellen ist.

Teils[284] wird der ungenaue Zeitpunkt des Erlasses der Verweisungsnorm genannt. Andere stellen auf den Zeitpunkt der Beschlussfassung[285], der Verkündung[286] oder des Inkrafttretens[287] der Verweisungsnorm ab. Da der Verweisungsnormgeber die Fassung bei der späteren Verkündung nicht kennt und die statische Verweisung gerade bezweckt, dass er Kenntnis vom Verweisungsobjekt hat, ist die Fassung bei Verabschiedung zugrunde zu legen. Bei rückwirkender Inkraftsetzung ist aus den speziellen Gründen für die Rückwirkung zu ermitteln, welche Fassung zugrunde zu legen ist.

---

[282] *Socha*, DOK 1972, S. 875 (876); in diesem Sinne wohl auch VGH BW, NVwZ 1986, S. 955 (956).

[283] In diesem Sinne: *Rellermeyer*, NJ 1994, S. 305 (307); *Veil*, NZG 2000, S. 72 (73): Finden sich weder in den Materialien noch dem Wortlaut der Verweisungsnorm Belege für eine statische Verweisung, so liege aus Gründen der Rechtssicherheit keine statische Verweisung vor, weil andernfalls zu klären wäre, welche Vorschriften in welcher Fassung anzuwenden seien, was bei der konkreten Pauschalverweisung zu unüberschaubaren Fragen führen würde; ähnlich wie *Veil* auch *Stumpf*, NVwZ 2003, S. 1198.
Die Frage, welche Fassung einschlägig ist, ist nach VG Hannover, NdsVBl. 2002, S. 51 (53), zu einfach, als dass daraus auf eine dynamische Verweisung geschlossen werden könne.

[284] So bei: BVerfGE 60, S. 135 (155); *Erhard*, S. 9; *Staats*, in: Rödig, S. 244 (251). Ähnlich unklar auch: *Schenke*, NJW 1980, S. 743 (749); *ders.*, in: FS Fröhler, S. 87 (114 f.): „Zeitpunkt der Schaffung" der Verweisungsnorm.

[285] In diesem Sinne: BVerfGE 67, S. 348 (364); 47, S. 285 (310, 312); VG Hamburg, NJW 1979, S. 667 (668); VG Hannover, NdsVBl. 2002, S. 51; *Arndt*, JuS 1979, S. 784 (789); *Baden*, NJW 1979, S. 623 (624); *Clemens*, AöR 111 (1986), S. 63 (119); *Hömig*, in: HdUR, Sp. 2684 (2685); *Veil*, S. 28.
Auf den Zeitpunkt der Verabschiedung im Zusammenhang mit der verfassungsrechtlichen Zulässigkeit / verfassungskonformen Auslegung der dynamischen Verweisung abstellend: OVG Berlin, OVGE Berlin 22, S. 114 (119); *Schnapauff*, DIN-Normungskunde 17, S. 40 (51).

[286] In diesem Sinne: BVerfGE 67, S. 348 (364 f.); BVerfGE 47, S. 285 (311), wonach die Verweisungsobjekte heranzuziehen seien, die „bei Verkündung der Neufassung" der Verweisungsnorm galten.

[287] In diesem Sinne: OLG Köln, NJW 1988, S. 657 (658); *Blum / Ebeling*, in: Bepler, S. 85 (102); *Seibel*, BauR 2004, S. 1718 (1719); *Zippelius*, S. 35.
Für die verfassungskonforme Auslegung / Umdeutung: *F. Becker*, S. 551; *Engelmann*, GesR 2004, S. 113 (120); *M. Schäfer*, S. 180.
Für die verfassungskonforme Auslegung einer verdeckt-dynamischen Verweisung auch: *Marburger*, DIN-Normungskunde 17, S. 27 (33); *ders.*, in: Müller-Graf, S. 27 (40); *ders.*, Habil., S. 395.

Wird eine statische Verweisungsnorm mit der Überschrift „Neufassung" neube-
kannt gemacht, so ist im Einzelfall zu entscheiden, welcher Zeitpunkt maßgeblich
sein soll oder ob die Verweisungsnorm sogar unbestimmt ist[288].

6. Verhältnis der dynamischen zur statischen Verweisung

Die Dichotomie von statischer und dynamischer Verweisung könnte zunächst
den Eindruck erwecken, als handele es sich um Kategorien, die sich gegenseitig
ausschließen. Dem ist jedoch nicht so[289]. Vielmehr enthält eine dynamische Verweisung als Minus zugleich auch eine statische Verweisung[290]. Die dynamische
Verweisung formuliert nämlich verschiedene Ausprägungen eines Verweisungsbefehls: Erstens soll das Verweisungsobjekt in der derzeit wirksamen Fassung
gelten, zweitens soll das Verweisungsobjekt in der nächsten Fassung übernommen
werden und so weiter[291]. Tritt während der Geltungsdauer der Verweisungsnorm
keine Änderung des Verweisungsobjektes ein, so läuft der Gleitwille dauernd leer.
Bis dahin ist der Regelungsgehalt der Verweisungsnorm derselbe, als wenn der
Verweisungsnormgeber nur starr verwiesen hätte[292].

Dies gilt aber nur, wenn zum Zeitpunkt der Beschlussfassung[293] über die Verweisungsnorm überhaupt ein Verweisungsobjekt vorhanden war[294]. Im Wege
einschränkender korrigierender Auslegung[295], das heißt durch „Abspaltung"[296]
des dynamischen Elements[297], kann die dynamische Verweisung auf eine statische
Verweisung „zurückgestutzt" werden[298].

---

[288] Letztlich hielt BFHE 135, S. 348 (351), in einem solchen Fall die Bestimmtheit für
gegeben, unter anderem weil durch Studium der Kommentarliteratur das Verweisungsobjekt
ermittelbar war.

[289] *Schnapp*, in: FS Krasney, S. 437 (444).

[290] *Clemens*, AöR 111 (1986), S. 63 (119); *Staats*, in: Rödig, S. 244 (251). In diese
Richtung auch: *Blum/Ebeling*, in: Bepler, S. 85 (91 f.); *Strasser*, in: FS Floretta, S. 627
(637).

[291] In diesem Sinne: VG Hamburg, NJW 1979, S. 667 (668); *Blum/Ebeling*, in: Bepler,
S. 85 (91 f.).

[292] *Göbel*, in: Schäffer/Triffterer, S. 64 (69).

[293] Zum maßgeblichen Zeitpunkt siehe oben 1. Teil: B.IV.5. Maßgebliche Fassung bei
der statischen Verweisung (S. 71 f.).

[294] *Blum/Ebeling*, in: Bepler, S. 85 (91 f.). Vgl. auch die Beispiele bei: *Hiller*, S. 87;
Schnapp, in: FS Krasney, S. 437 (444).

[295] BVerfGE 47, S. 285 (317): verfassungskonforme Auslegung.

[296] *Clemens*, AöR 111 (1986), S. 63 (119).

[297] In diesem Sinne auch: *D. Ehlers*, DVBl. 1977, S. 693 (695); *Rodewoldt*, S. 28.

[298] *Schnapp*, in: FS Krasney, S. 437 (444).

7. Einschränkende Auslegung der Dynamik

Fraglich ist zudem, ob das dynamische Element auch bei einer konkreten Änderung des Verweisungsobjektes ausnahmsweise unerheblich sein kann. Neben der Möglichkeit der Überschreitung verfassungsrechtlicher Grenzen (siehe dazu unten im 2. Teil) kommen vor allem teleologische Gesichtspunkte in Betracht. Auf die Unentbehrlichkeit einer einschränkenden Auslegung bei Verweisungen hat bereits im Jahre 1913 Walter Jellinek[299] hingewiesen.

a) Beispiele aus dem Arbeitsrecht

Eine nur beschränkte Anpassung einer dynamischen Verweisungsregelung an das veränderte Verweisungsobjekt nehmen das Bundesarbeitsgericht[300] und weite Teile der Literatur[301] bei so genannten *Gleichstellungsabreden* an. Gleichstellungsabreden werden vermutet bei dynamischen Bezugnahmen in Arbeitsverträgen auf Tarifverträge, an die der Arbeitgeber kraft Verbandszugehörigkeit gebunden ist[302]. Das Besondere daran ist, dass die Veränderungen des Verweisungsobjektes dann

---

[299] *Jellinek*, Gesetz, S. 173 f., mit Hervorhebungen von *Jellinek*: „Jede Verweisung ist für den Gesetzgeber ein Sprung ins Ungewisse. Selbst eine Verweisung auf die sicheren Sätze der Mathematik bringt manchmal große Überraschungen, wie die Legende vom indischen König und dem Erfinder des Schachspiels beweist. Der Gesetzgeber kann alle Folgen der Verweisung auf sich nehmen, er braucht das aber nicht zu tun. Der Gesetzesausleger muß dann zwar nicht jedesmal fragen ‚Was würde der Gesetzgeber zu diesem Falle gesagt haben?‘, aber er muß nach Ermittlung der Rechtsfolge fragen: ‚Hätte der Gesetzgeber diese Folgerungen bei Kenntnis der Sachlage noch gebilligt?‘ und die Rechtsfolge verneinen, wenn er sich sagen muß: ‚Nein, das kann der Gesetzgeber nicht gewollt haben!‘ Auch diese Kontrolle der Verweisungen an dem mutmaßlichen Willen des Gesetzgebers hat die Natur einer historischen Feststellung.
Die Kontrolle kann bei allen Verweisungen vorkommen; am bekanntesten ist sie in der Form der einschränkenden Auslegung und der ausdehnenden. Sie kann leicht mißbraucht werden. Dennoch ist sie unentbehrlich."

[300] BAG, DB 2003, S. 2126 (2127); Urt. v. 27. 11. 2002 – 4 AZR 540/01 = AP TVG § 1 Bezugnahme auf Tarifvertrag Nr. 29; Urt. v. 16. 10. 2002 – 4 AZR 467/01 = AP TVG § 1 Bezugnahme auf Tarifvertrag Nr. 22 (Ls. 2); BAGE 102, S. 275; 99, S. 120; RdA 2002, S. 229 (303); NZA 2002, S. 517 (Ls. 2); Urt. v. 24. 11. 1999 – 4 AZR 666/98 = AP TVG § 4 Nachwirkung Nr. 34 m. w. N.

[301] Zust.: *Bayreuther*, DB 2002, S. 1008, der aber im konkreten Fall Kritik an der Auslegung als Gleichstellungsabrede äußert; *Boecken*, SAE 2003, S. 214; *Däubler*, RdA 2002, S. 303 (305 f.), welcher jedoch unter Hinweis auf § 305c Abs. 2 BGB Kritik an der Auslegung als Gleichstellungsabrede äußert; *Reichel*, AuA 2002 S. 445 (447), der Arbeitgebern gleichwohl eine klarstellende Klausel empfiehlt.
Kritisch *Lambrich*, BB 2002, S. 1267 (1268).

[302] Zur Frage, inwieweit die Tarifgebundenheit Voraussetzung für die Annahme einer Gleichstellungsabrede ist, siehe BAG, BB 2005, S. 1005 (1006), und *Schliemann*, Sonderbeilage zu NZA Heft 16/2003, S. 3 (8), einerseits und *Reichel*, NZA 2003, S. 832 ff., andererseits.

nicht mehr übernommen werden, wenn die Bindung kraft Tarifzugehörigkeit geendet hat.

Ähnliche Phänomene sind bei der Nachwirkung von Tarifnormen gem. § 4 Abs. 5 TVG[303] und den durch § 613a Abs. 1 BGB übergegangenen Rechten und Pflichten des Arbeitgebers[304] bekannt. Ferner rezipieren nach herrschender Meinung dynamische Verweisungen in Arbeitsverträgen[305] oder Tarifverträgen[306] unvorhersehbare Änderungen nicht.

b) Übertragung auf staatliche Normen

Auch bei dynamischen Verweisungen in staatlichen Normen ist nicht in jedem Fall eine absolute Anpassungsautomatik anzunehmen[307]. Karl Irresberger[308] bewertet die Übernahme einer geänderten Regelung als Verstoß gegen den verfassungsrechtlichen Gleichheitssatz, wenn der Verweisungsobjektgeber die Rechtslage in

---

[303] Die Nachwirkung der (dynamisch) verweisenden Tarifnorm gem. § 4 Abs. 5 TVG beschränkt sich auf den Rechtsstand des Verweisungsobjektes, der bei Ablauf des Tarifvertrages bestand, so bspw.: BAG, NZA 2002, S. 517 (519 f.); Urt. v. 24. 11. 1999 – 4 AZR 666/98 = AP TVG § 4 Nachwirkung Nr. 34 mit insoweit zust. Anm. *Jacobs*; BAGE 40, S. 327 (Ls. 3).

[304] Die dynamische Verweisung hat beim Übergang der verweisenden Tarifnorm gem. § 613a Abs. 1 Satz 2 BGB zur Folge, dass auch das Verweisungsobjekt nur in dem Rechtsstand in das Arbeitsverhältnis übergeht, der im Zeitpunkt des Betriebsübergangs bestand, so bspw.: BAG, NZA 2002, S. 517 (Ls. 2); BAGE 77, S. 353 (Ls. 2), m. w. N.; BAGE 99, S. 10 (Ls. 1) = RdA 2002, S. 299 ff. mit insoweit zust. Anm. *Däubler*, RdA 2002, S. 303 (304 f.); *Hunold*, NZA-RR 2003, S. 561 (566).

[305] Vgl. BAGE 98, S. 175 (194 f.): „Zwar wird die Auffassung vertreten, dynamische Verweisungen auf Tarifverträge erfaßten deren Änderungen nicht, soweit sie bei Abschluß des Arbeitsvertrages nicht vorhersehbar gewesen sind (*Löwisch* NZA 1985, 170, 171, 317; *Wiedemann/Oetker* TVG 6. Aufl. § 3 Rn. 247; *Löwisch/Rieble* TVG § 3 Rn. 127; aA *Etzel* NZA 1987 Beilage 1, 19, 27; *Gamillscheg* Kollektives Arbeitsrecht I S 737).

Auch wenn man einen Schutz vor überraschenden Regelungen grundsätzlich bejaht, kann dieser nur in Ausnahmefällen durchgreifen. Sinn einer dynamischen im Gegensatz zu einer statischen Verweisung ist es, die Anpassung der Arbeitsbedingungen an die veränderten Verhältnisse zu ermöglichen. Die Annahme, eine Tarifänderung werde von der arbeitsvertraglichen Bezugnahmeklausel nicht erfaßt, ist allenfalls bei Tarifentwicklungen gerechtfertigt, die schlechterdings nicht mehr voraussehbar waren (*Löwisch/Rieble* aaO § 3 Rn. 127), oder wenn ein Vertragsinhalt entstehen würde, mit dem die Arbeitsvertragsparteien billigerweise nicht rechneten oder nicht rechnen konnten (*Wiedemann/Oetker* TVG 6. Aufl. § 3 Rn. 247)."

[306] Bspw. *Wiedemann*, in: ders., TVG, § 1 Rn. 200.

[307] In diesem Sinne auch *Manssen*, S. 255. A. A. OVG NW, NVwZ 2005, S. 606: „Demgegenüber bewirken dynamische Verweisungen stets, dass der Inhalt der verweisenden Norm durch die Änderung der Regelungen, auf die verwiesen wird, ebenfalls verändert wird."

[308] *Irresberger*, in: Bußjäger/Kleiser, S. 115 (127).

seinem Bereich so ändert, dass zwischen den von der Verweisung erfassten und anderen, gleichartigen Sachverhalten eine verfassungswidrige Ungleichbehandlung entsteht. Allerdings ist die Bewertung als verfassungswidrig gegenüber der Auslegung nachrangig[309], so dass zunächst eine Lösung auf der Auslegungsebene zu suchen ist. Dabei ist die dynamische Verweisung kein blindes Abschreiben eines wie auch immer gearteten Inhalts eines Verweisungsobjektes, sondern ein auslegungsfähiger und auslegungsbedürftiger Anwendungsbefehl[310]. Wenn § x bestimmt, dass § y entsprechend anzuwenden ist, dann wäre es blanke Wortklauberei, dem Verweisungsnormgeber zu unterstellen, damit solle § y – egal was der Verweisungsobjektgeber hineinschreibt – immer auch für § x gelten. Keine Übernahme ist vor allem anzunehmen, wenn in § y etwas geregelt würde, was nicht mehr im geringsten etwas mit § x zu tun hat[311]. Etwas anderes kann gelten, wenn bei einer dynamisch-autonomen Verweisung das Verweisungsobjekt geändert wird. In diesen Fällen kann die Änderung des Verweisungsobjektes als gleichzeitige Änderung der Verweisungsregelung begriffen werden, außer die Übernahme der Änderung wäre verfassungswidrig[312] oder es liegt ein Redaktionsversehen vor.

Die Aussage der Verweisung ist die, dass das Verweisungsobjekt über einen ähnlichen Sachverhalt auch für die Verweisungsnorm gelten soll[313]. Jede Verweisung wirft dabei die Auslegungsfrage auf, ob und wieweit Tatbestand und Rechtsfolge im Hinblick auf die Verschiedenheiten beider Vorschriften oder Rechtsbereiche anzuwenden sind[314]. Der Unterschied zu einer „normalen" gesetzlichen Regelung besteht nur darin, dass dort tatsächliche Gegebenheiten zum Gegenstand einer rechtlichen Regelung gemacht werden[315]. Bei Änderung der tatsächlichen Verhältnisse stellt sich die Frage entsprechend, ob die Norm auch auf diese Verhältnisse anwendbar ist. Bei einer Verweisung geht es im Unterschied dazu darum, inwieweit eine geänderte rechtliche Lage den Tatbestand der Verweisungsnorm mit der Folge erfüllt, dass der Anwendungsbefehl gilt[316]. Die Änderung der in Bezug genomme-

---

[309] Siehe dazu ausführlich unten im 3. Teil: C. Abgrenzung der verfassungskonformen Auslegung von der Teilnichtigkeit (S. 295 ff.).

[310] *Manssen*, S. 255.

[311] In diesem Sinne *Manssen*, S. 255. Vgl. auch BVerwG, NVwZ-RR 2006, S. 580 (590), wonach eine dynamisch-autonome Außenverweisung in einem Fall sich nur auf solche neuen Bestimmungen erstreckt, die dem ursprünglichen Verweisungsobjekt „inhaltlich entsprechen".

[312] Siehe dazu unten im 2. Teil: C.II.4. Verfahrensvorschriften bei Gesetzes-/Parlamentsvorbehalten (S. 132 f.).

[313] In diesem Sinne auch: *Manssen*, S. 255; *Lorenz*, VersR 1995, S. 514 (515).

[314] In diesem Sinne – allerdings nicht hinsichtlich der Frage nach der Einschränkung einer Verweisung in Bezug auf die anzuwendende Fassung, sondern auf in Betracht kommende Verweisungsobjekte –: *Bierling*, S. 101; *Bydlinski*, S. 458 f.; *Kanzler*, FR 1986, S. 1 (4); *Larenz*, S. 261.

[315] *Manssen*, S. 255.

[316] *Manssen*, S. 255 f.

nen Normen darf nichts Unvorhersehbares bewirken[317]. Die Änderung muss also innerhalb einer bei Erlass der Verweisungsnorm erwartbaren Fortentwicklung desjenigen Normenbestandes liegen, der bekannt war und der im Rahmen des Zwecks der Verweisung als in Bezug genommen gelten kann[318]. Dabei ist zu berücksichtigen, „ob die Bezugsnorm noch das leistet, was die verweisende Vorschrift von ihr erwartet hat"[319]. Wurde beispielsweise das Verweisungsobjekt ersatzlos gestrichen, ist in Betracht zu ziehen, dass die Anpassungsautomatik eingeschränkt wird und die Verweisung mit der letzten Fassung des Verweisungsobjektes weiter gilt. Demgegenüber endet nach Annette Guckelberger[320] mit dem ersatzlosen Wegfall der Bezugsnorm zugleich die Geltung der Verweisung. Dies entspreche nämlich dem Willen des Verweisungsnormgebers, die Bezugsvorschriften in ihrer aktuellen Fassung zu inkorporieren. Dem kann aber in der Allgemeinheit nicht gefolgt werden. Nur im Einzelfall kann ermittelt werden, ob es sinnvoller ist, die Verweisungsregelung insgesamt ungewendet zu lassen oder die Verweisungsregelung mit den bislang geltenden Verweisungsobjekt weiterhin anzuwenden. Es gelten die bereits[321] aufgestellten Grundsätze über die Verweisung auf ein unwirksames Verweisungsobjekt.

Von den Gerichten[322] wird dieses Problem häufig aber insoweit verschleiert, als nach erheblichen Veränderungen des Verweisungsobjektes die Verweisung nicht als dynamisch, sondern als statisch ausgelegt wird.

c) Verweisung „in der jeweils geltenden Fassung"

Fraglich ist, ob auch eine Einschränkung der Anpassungsautomatik zulässig ist, wenn die Verweisungsnorm auf das Verweisungsobjekt „in der jeweils geltenden Fassung" verweist.

Das Problem des eventuell entgegenstehenden Wortlautes hat das Bundesarbeitsgericht bei der Einschränkung der dynamischen Verweisung in Gleichstellungsabreden[323] und bei übergegangenen Rechten und Pflichten gem. § 613a Abs. 1 BGB[324] nicht erwähnt. Das Bundesarbeitsgericht betonte vielmehr, dass es

---

[317] *Quaritsch*, NVwZ 1990, S. 28 (31), für Verweisungen in Konkordaten und Kirchenverträgen.

[318] *Quaritsch*, NVwZ 1990, S. 28 (31), für Verweisungen in Konkordaten und Kirchenverträgen.

[319] *Schneider*, Rn. 385.

[320] *Guckelberger*, ZG 2004, S. 62 (68).

[321] Siehe dazu oben den Text ab Fn. 78 im 1. Teil auf S. 45.

[322] Vgl. dazu VG Hannover, NdsVBl. 2002, S. 51 (insbes. 52), wo vom Zweck (Angleichung) eine Auslegung als dynamische Verweisung näher lag. Dort wird nach erheblicher Veränderung des Verweisungsobjektes eine vom Wortlaut her offene Verweisung als statische ausgelegt, weil die Veränderungen des Verweisungsobjektes zu misslichen Veränderungen der Verweisungsregelung geführt hätten.

bei seiner Auslegung „nicht primär auf den Wortlaut" abstelle[325]. Nach Wolfgang Däubler[326] ist dies eine höchst diplomatische Umschreibung der Tatsache, dass der Wortlaut („in der jeweils geltenden Fassung") beiseite geschoben und durch die richterliche Vorstellung ersetzt werde.

Die einschränkende Interpretation erfordert auch eine einschränkende Wortlautauslegung[327]: Wird die ursprüngliche Fassung des § x vollständig umgestaltet, dann wird daraus kein § x „in der jeweils geltenden Fassung". Der Gleitwille läuft leer, weil kein der ursprünglichen Verweisungsnorm entsprechendes Verweisungsobjekt mehr existiert. Es gelten die bereits[328] aufgestellten Grundsätze über die Verweisung auf ein unwirksames Verweisungsobjekt.

V. Blankettstrafgesetze (mit Rückverweisungsklauseln)

Eine Sonderform der Verweisung stellt das *Blankettstrafgesetz* dar[329]. Dieser Begriff wird auf Karl Binding zurückgeführt[330]. Blankettstrafgesetze sind danach Gesetze, die eine Strafe für Verstöße gegen Ge- oder Verbote androhen, die von einer anderen Instanz erlassen werden[331]. Dagegen wird heute ein weiterer Blankettbegriff vertreten, wonach nur die Trennung von Strafgesetz und ausfüllender Norm erforderlich ist[332].

---

[323] Jeweils Auslegung nach §§ 133, 157 BGB in BAG, Urt. v. 16.10.2002 – 4 AZR 467/01 = AP TVG § 1 Bezugnahme auf Tarifvertrag Nr. 22 („des jeweils gültigen"); BAGE 102, S. 275 („der jeweils gültigen Fassung"); BAGE 99, S. 120 („in der jeweils geltenden Fassung"), wobei nach S. 123 von dem Wortlaut auszugehen ist.

[324] Vgl. BAGE 99, S. 10 (Ls. 1) („in der jeweils gültigen Fassung").

[325] BAG, DB 2002, S. 1005 (1006); *Däubler*, RdA 2002, S. 303 (305).

[326] *Däubler*, RdA 2002, S. 303 (305).

[327] Im Ergebnis häufig ähnlich *Karpen*, S. 137, der eine verfassungskonforme Auslegung in eine statische Verweisung trotz Wortlaut zulässt.

[328] Siehe dazu oben den Text ab Fn. 78 im 1. Teil auf S. 45.

[329] *Moll*, S. 27; *Warda*, S. 5. Zum Blankettgesetz siehe bereits oben bei Fn. 213 im 1. Teil auf S. 61.

[330] *Enderle*, S. 80; *Moll*, S. 46 (Blankettverweisung im engeren Sinne).

[331] In diesem Sinne: RGSt 46, S. 393 (395); *Binding*, S. 161 f.; *Danco*, ZRP 1975, S. 294 (296); *Jescheck/Weigend*, S. 111; *Karpen*, S. 89 f. (Blankett im engeren Sinne); *Kloepfer/Vierhaus*, Rn. 30; *Weidenbach*, S. 7 (Blankettstrafgesetze im engeren Sinne).

O. Neumann, S. 16–20, listet noch weitere 15 Definitionen aus der älteren Literatur auf und definiert selbst: „Blankostrafgesetze sind solche Reichsstrafgesetze, bei welchen nur die Strafsatzung, nicht aber die Norm vom Reichsgesetzgeber ausgeht."

[332] In diesem Sinne auch: BVerfGE 14, S. 245 (252), und *Gribbohm*, in: LK-StGB, § 1 Rn. 34 (anders – zumindest in der Formulierung – *ders.*, in: LK-StGB, § 2 Rn. 34); BayObLGSt 1992, S. 121 (123); *Enderle*, S. 82 f.; *Moll*, S. 47 (Blankettverweisung i.w.S.); *Roxin*, § 5 Rn. 40; *Schmidt-Aßmann*, in: Maunz/Dürig, GG, Art. 103 Abs. II Rn. 199 m.w.N.; *Schwacke*, S. 26.

Häufig enthalten Blankettstrafgesetze auch eine *Rückverweisungsklausel*. Die Anwendung dieser Normen ist davon abhängig, dass die ausfüllenden Verweisungsobjekte für einen bestimmten Tatbestand auf die verweisenden Straf- oder Bußgeldvorschriften hinweisen[333]. Ein Beispiel ist § 53 Abs. 1 Waffengesetz[334]: „Ordnungswidrig handelt, wer vorsätzlich oder fahrlässig … einer Rechtsverordnung nach … zuwiderhandelt, soweit die Rechtsverordnung für einen bestimmten Tatbestand auf diese Bußgeldvorschrift verweist."

Komplizierter ist das reflexive Verweisungssystem auf EG-Verordnungen[335].

VI. Normkonkretisierende und normergänzende Verweisungen

Im Umwelt- und Technikrecht[336] findet sich häufig die Unterscheidung von *normkonkretisierenden*[337] und *normergänzenden* Verweisungen[338]. Dabei soll diese terminologische Unterscheidung gleichzeitig die verfassungsrechtliche Bewertung implizieren: Die normkonkretisierende Verweisung sei verfassungsgemäß und die normergänzende Verweisung sei verfassungswidrig[339].

---

[333] *Moll*, S. 48, mit zahlreichen Beispielen; *Veit*, S. 27; *Volkmann*, ZRP 1995, S. 220 (221).

Staats, in: Rödig, S. 244 (245 f.), spricht in diesem Zusammenhang von formalen Bezugnahmen, die er von der verfassungsrechtlichen Prüfung ausnimmt.

Ein etwas anderes Begriffsverständnis liegt im Zusammenhang mit EG-Recht vor, wo dann jede Verweisung im nationalen Recht auf EG-Recht als Rückverweisung bezeichnet wird. So die Begriffsverwendung bspw. bei *Spannowsky*, NVwZ 1995, S. 845 (850).

Eine ganz andere Bedeutung haben Rückverweisungen bei *Karpen*, in: Rödig, S. 221 (227), wenn er schreibt, Rückverweisungen des Verweisungsobjektes auf die Verweisungsnorm gebe es nur im IPR und als Folge gesetzgebungstechnischer Fehler.

[334] IdF. d. G. v. 5. 11. 2007 (BGBl. I S. 2557).

[335] *Moll*, S. 57 f.: Nach der Norm A wird bestraft, wer einer EG-Verordnung zuwiderhandelt, soweit eine deutsche Rechtsverordnung, die aufgrund von Norm B ergangen ist, für einen bestimmten Tatbestand auf die Norm A zurückverweist.

[336] Daneben wurde diese Unterscheidung auch im Handelsrecht bei § 292a (trat gem. Art. 5 G. v. 20. 4. 1998 [BGBl. I S. 707] mit Wirkung v. 31. 12. 2004 außer Kraft) und § 342 Abs. 2 HGB angewendet. In diesem Sinne: *W. D. Budde*, in: FS Beisse, S. 105 (113); *Heintzen*, BB 1999, S. 1050 (1052), der allerdings von Anwendungs- und Geltungsverweisungen spricht, die jedoch nach ihm in der Sache dasselbe bedeuten würden; *Hellermann*, NZG 2000, S. 1097; *Hommelhoff*, in: FS Odersky, S. 779 (783 f.), für den insoweit umgesetzten Gesetzesentwurf.

[337] *Rönck*, S. 166, bezeichnet die normkonkretisierende Verweisung als *allgemeine Verweisung*.

[338] Ähnlich die Unterscheidung bei *Zubke-von Thünen*, S. 315 f., in *hinweisende* und *ausschließliche* Verweisung.

[339] Siehe dazu unten im 2. Teil: G.IV.3. Normkonkretisierende und normergänzende Verweisungen (S. 204 f.).

1. Peter Marburger

Nach Peter Marburger[340] ist bei der normergänzenden Verweisung der Inhalt der verweisenden Norm im Tatbestand oder in der Rechtsfolge unvollständig. Er werde durch die in Bezug genommenen technischen Regeln ergänzt, deren Inhalt dadurch zum Bestandteil der Verweisungsnorm werde und an deren Geltungsanordnung teilnehme. Wichtig sei dabei, dass die Verhaltenspflichten der Normadressaten nicht bereits in der Verweisungsnorm statuiert seien, sondern erst vom Verweisungsobjekt festgelegt würde. Die Verweisung wirke also pflichtenbegründend und damit belastend.

Demgegenüber würden bei der normkonkretisierenden Verweisung die Anforderungen schon durch die Verweisungsnorm begründet. Diese wäre auch ohne die Verweisung vollständig. Allerdings sei die Pflichtenlage nicht in Detailbestimmungen genau umrissen, sondern nur mittels Generalklauseln / unbestimmter Rechtsbegriffe[341] (z. B. „Stand von Wissenschaft und Technik") eingefangen, die eine mehr oder weniger große Bandbreite technischer Realisationsmöglichkeiten bezeichneten. Die zusätzliche Verweisung auf bestimmte technische Regelwerke

---

[340] *Marburger*, Habil., S. 385; *ders.*, DIN-Mitt. 64 (1985), S. 570 (575); *ders.*, DIN-Normungskunde 17, S. 27 (31 ff.); *ders.*, Schadensvorsorge, S. 224 ff.; *ders.*, in: Müller-Graf, S. 27 (39–45); *ders./M. Klein*, JbUTR 2001, S. 161 (167). Ihm zumindest terminologisch folgend: *Brunner*, S. 92 (für die Schweiz); *Erhard*, S. 9 ff.; *Feldhaus*, JbUTR 2000, S. 169 (172); *Fröhler*, WiVerw 1991, S. 2 (7 f.); *Mohr*, S. 29; *Rittstieg*, S. 240; *Taupitz*, S. 1137; *ders.*, in: Lieb, S. 119 (125 f., 133), UGB-KomE, S. 496 f., 500. Ähnlich auch *Schwierz*, S. 91, der sie dynamische Verweisungen ohne allgemeinen Sicherheitsstandard nennt.

[341] Im Hinblick auf die terminologische Abgrenzung von unbestimmten Rechtsbegriffen und Generalklauseln kann *Brunner*, S. 88 f., nur beigepflichtet werden, wenn er schreibt: Neben und anstelle des Begriffes Generalklausel wird häufig von einem unbestimmten Rechtsbegriff gesprochen. Die Generalklausel erschöpft gewöhnlich den gesetzlichen Tatbestand, während der unbestimmte Gesetzesbegriff ein Tatbestandselement innerhalb einer Rechtsnorm ist. Eine scharfe Abgrenzung der beiden Begriffe lässt sich allerdings auch so kaum erreichen; für die zu untersuchenden Fragestellungen ist eine klare Unterscheidung aber auch nicht notwendig.
Vgl. auch *Engisch*, Einführung, S. 162: Es lässt sich eine Generalklausel denken, die einigermaßen (!) bestimmt ist, … Praktisch aber kommen fast nur solche Generalklauseln in Betracht, die wenigstens zugleich unbestimmt und normativ sind.
Vgl. auch die Definition von *Garstka*, in: Koch, S. 96 (115): „Unter Generalklauseln sollten daher Rechtssätze verstanden werden, die im Verhältnis zum normativen Kontext sehr allgemeine und/oder sehr unbestimmte Begriffe enthalten, auf sehr allgemeine Tatbestände Bezug nehmen oder sehr abstrakt sind." *Haft*, JuS 1975, S. 477 (479): „Eine Generalklausel, so könnte man sagen, ist jede Norm, die Tatbestandsmerkmale mit großer Extension und geringer Intension enthält. Nach dem Gesetz des umgekehrt reziproken Verhältnisses von Begriffsinhalt und Begriffsumfang wäre der Extremfall hier bei einer Norm erreicht, die einerseits *universal*, andererseits vollständig *inhaltslos* ist."
Kritisch zur Qualifizierung der Generalklauselmethode als unbestimmten Rechtsbegriff bspw. *Koch*, S. 57.

diene dann nur dazu, den Standard zu konkretisieren[342]. Ein typisches Beispiel für eine normkonkretisierende gleitende Verweisung sei § 49 Abs. 2 Energiewirtschaftsgesetz[343]:

> „Die Einhaltung der allgemein anerkannten Regeln der Technik wird vermutet, wenn bei Anlagen zur Erzeugung, Fortleitung und Abgabe von
> 1. Elektrizität die technischen Regeln des Verbandes Deutscher Elektrotechniker,
> 2. Gas die technischen Regeln des Deutschen Vereins des Gas- und Wasserfachs e. V. eingehalten worden sind.“

2. Volker Krey

Im Rahmen der Untersuchung von Verweisungen in Blankettstrafgesetzen[344] hat Volker Krey versucht, den aus dem Technikrecht stammenden Ansatz von Peter Marburger für alle Rechtsbereiche fruchtbar zu machen[345]. Dabei hat er allerdings ein eigenes Verständnis von normergänzenden und normkonkretisierenden Verweisungen entwickelt[346]. Nach Krey liegt eine normkonkretisierende Verweisung vor, wenn bereits die Verweisungsnorm selbst die wesentlichen Entscheidungen über die Regelungsmaterie trifft und dem Verweisungsobjekt nur die nähere Spezifizierung des Tatbestandes im Detail überlässt[347]. Beispielhaft für diese Kategorie sei etwa § 184d StGB: Das Blankettstrafgesetz lege das Verbot, an gewissen Orten oder zu gewissen Zeiten der Prostitution nachzugehen, fest. Nur die Festsetzung der Orte und Zeiten werde dem Verordnungsgeber überlassen[348]. Eine normer-

---

[342] *Marburger*, Habil., S. 385.
Ähnlich auch *Schwierz*, S. 91, der sie dynamische Verweisungen mit allgemeinem Sicherheitsstandard nennt.

[343] G. über die Elektrizitäts- und Gasversorgung (Energiewirtschaftsgesetz – EnWG) idF. d. Art. 2 G. v. 18. 12. 2007 (BGBl. S. 2966). In diesem Sinne zur damaligen Fassung *Marburger/M. Klein*, JbUTR 2001, S. 161 (168).

[344] Zu diesem Begriff siehe oben 1. Teil: B.V. Blankettstrafgesetze (mit Rückverweisungsklauseln) (S. 77 f.).

[345] *Krey*, in: EWR 2/1981, S. 109 (156 f.).

[346] So die richtige Bewertung von *Veit*, S. 30.

[347] *Krey*, in: EWR 2/1981, S. 109 (157). Ein ähnliches Verständnis hat *Kühne*, ZLR 1996, S. 369 (373), der sich auf *Marburger*, Habil., S. 395 ff., 405 ff., und *Krey*, in: EWR 2/1981, S. 109 (167), beruft. Nach *Kühne* liegt eine normergänzende Verweisung vor, wenn der Tatbestand nicht aus sich heraus in seinem materiellen Unrecht erkannt werden kann. Ähnlich auch *Moll*, S. 42, unter Hinweis auf *Krey*, in: EWR 2/1981, S. 109 (156 ff.), und *Kühne*, ZLR 1996, S. 369 (373): Übertragen auf die Inbezugnahme von Rechtsnormen bedeute die Unterscheidung von *Marburger* allgemein, dass eine Verweisung dann normergänzend sei, wenn die eigentlichen Verhaltenspflichten nicht bereits in der auszufüllenden Verweisungsnorm, sondern erst von dem Verweisungsobjekt festgeschrieben werden. Demgegenüber sei für eine normkonkretisierende Verweisung charakteristisch, dass die eigentlichen Verhaltensvorschriften schon in der Verweisungsnorm selbst statuiert werden.

gänzende Verweisung liege vor, wenn sich der wesentliche Regelungsgehalt der Verweisungsnorm erst zusammen mit dem Verweisungsobjekt ergebe, namentlich die Verhaltenspflichten des Bürgers weitgehend erst aus dem Verweisungsobjekt ablesbar seien[349].

Der Hauptunterschied der Konzeptionen von Marburger und Krey liegt darin, dass nach Marburger bei einer normkonkretisierenden dynamischen Verweisung die Verweisungsnorm auch ohne die Verweisung vollständig wäre. Bei Krey regelt die Verweisungsnorm die Verhaltenspflichten des Normadressaten nur im Wesentlichen selbst. Die Verweisungsnorm schafft also einen Tatbestand, der dem Verweisungsobjektgeber noch einen, wenn auch sehr beschränkten, Rahmen zur Ausfüllung lässt. In diesem Rahmen aber wird der Inhalt des Verweisungsobjektes dann verbindlicher Bestandteil der Verweisungsnorm und letztlich auch pflichtbegründend[350].

3. Rupert Scholz

Auch nach Rupert Scholz entspricht die von Peter Marburger getroffene Differenzierung der seinigen[351]. Er unterscheidet zwischen der *selbständigen* und der *unselbständigen dynamischen Verweisung*. Eine selbständige dynamische Verweisung sei dadurch gekennzeichnet, dass sie die tatbestandliche Gestaltung der Rechtsfolgenbestimmung völlig dem Verweisungsobjekt überlasse. Bei der unselbständigen dynamischen Verweisung dagegen sei auch bei wechselnden Verweisungsobjekten die Norm hinreichend bestimmt[352].

4. Stellungnahme

Die Terminologie von Peter Marburger ist aufgrund des höheren Verbreitungsgrades vorzugswürdig[353]. Unterstellt man aber die Richtigkeit der Prämisse von Marburger, dass bei einer normkonkretisierenden Verweisung die Anforderungen schon durch die Verweisungsnorm begründet seien, dann ist dies keine konstitutive Verweisung[354]. Diese normkonkretisierende Verweisung erfolgt nämlich nicht „zur Ergänzung der unvollständigen Norm"[355].

---

[348] So *Moll*, S. 42 unter Hinweis auf *Kühne*, ZLR 1996, S. 369 (372), die beide ein ähnliches Verständnis wie *Krey* haben.

[349] *Krey*, in: EWR 2/1981, S. 109 (157).

[350] So auch die zutreffende Einschätzung von *Veit*, S. 31.

[351] *Scholz*, in: FS 125 Jahre Juristische Gesellschaft zu Berlin, S. 691 (705); *ders.*, SAE 1984, S. 3 (4). Neben den terminologischen bestehen auch kleine inhaltliche Unterschiede, so zu Recht *Veit*, S. 57.

[352] *Scholz*, in: FS 125 Jahre Juristische Gesellschaft zu Berlin, S. 691 (705); *ders.*, in: FS Gerhard Müller, S. 509 (525); *ders.*, SAE 1984, S. 3 (4).

[353] In diesem Sinne *Veit*, S. 31.

Demgegenüber sind die normkonkretisierenden Verweisungen im Sinne von Volker Krey und die unselbständigen Verweisungen im Sinne von Rupert Scholz konstitutive Verweisungen, weil diese Bezugnahmen „zur Ergänzung der unvollständigen Norm" erfolgen. Widersprüchlich daran ist allerdings, dass Scholz davon ausgeht, dass seine Unterscheidung der von Marburger entspreche.

Insgesamt bereitet die Unterscheidung in normkonkretisierende und normergänzende Verweisungen damit sehr viele Probleme. So ist die Subsumtion unter die Begriffsumschreibungen von Krey und Scholz nicht ohne Abgrenzungsprobleme möglich. Außerdem kann aus solchen Begriffen nicht auf die verfassungsrechtliche Bewertung geschlossen werden[356], was der Zweck der Unterscheidung war. Eine Unterscheidung in normergänzende und normkonkretisierende Verweisungen ist daher nicht sinnvoll.

C. Rechtswirkungen der Verweisung

I. Verweisungsobjekt und Verweisungsnorm

Am Rechtscharakter des Verweisungsobjektes ändert sich durch die Verweisung nach allgemeiner Ansicht nichts[357]. Strittig sind dagegen die Effekte auf die Verweisungsnorm und die Rechtswirkungen, die von der Verweisungsnorm ausgehen.

---

[354] *Hömig*, in: HdUR, Sp. 2684 (2686); *Nolte*, S. 185 Fn. 65; in diesem Sinne auch *M. Schäfer*, S. 177.

[355] Siehe zur Definition der Verweisung oben im 1. Teil bei Fn. 65 auf S. 42.

[356] Siehe dazu unten 2. Teil: G.IV.6.c) Differenzierung zwischen konkretisierenden und ergänzenden Verweisung (S. 231).

[357] In diesem Sinne: *Backherms*, JuS 1980, S. 9 (12); *ders.*, ZRP 1978, S. 261; *ders.*, S. 69; *Battis / Gusy*, Technische Normen, Rn. 412; *Brunner*, S. 93; *Brugger*, VerwArch. 78 (1987), S. 1 (4 in Fn. 12); *Eberstein*, BB 1969, S. 1291 (1294); *Grauer*, S. 70; *Guckelberger*, ZG 2004, S. 62 (64); *Hanning*, S. 65; *Herschel*, NJW 1968, S. 617 (619), der allerdings von einem etwas anderen Verständnis ausgeht; *Karpen*, S. 30 f.; *Katzenberger*, DIN-Mitt. 64 (1985), S. 279 (290); *F. Kirchhof*, S. 152; *Marburger*, Habil., S. 388; *Moritz*, S. 4; *Ossenbühl*, Verwaltungsvorschriften, S. 499 f.; *Quaas / Zuck*, NJW 1988, S. 1873 (1875); *Reinermann*, S. 22; *Schröcker*, NJW 1967, S. 2285 (2288); *Schwierz*, S. 55; *Söhn*, S. 226; *Taupitz*, S. 1137; *Veit*, S. 33; *Zemlin*, S. 114.

Unklar ist das Verständnis insoweit bei der Konzeption, die von einer Ausdehnung des Anwendungsbereiches des Verweisungsobjektes ausgeht (vgl. oben bei und in Fn. 55 im 1. Teil auf S. 41).

A. A. Oberster Gerichtshof für die Britische Zone, NJW 1950, S. 261, wonach die Vorschriften des *VDE* infolge der Verweisung in einer Rechtsverordnung „Schutzgesetz im Sinne des § 823 Abs. 2 BGB" sind; ebenso *VDE*, BAnz. v. 30. 7. 1954, Nr. 144, S. 11; in diesem Sinne wohl auch *List*, S. 126.

1. Statische Verweisung

Nach der ganz überwiegend[358] vertretenen Inkorporationstheorie[359] wird der Inhalt des Verweisungsobjektes[360] Bestandteil der Verweisungsnorm. Dafür wird die logische Austauschbarkeit[361] von (statischer[362]) Verweisung und Wiederholung angeführt[363]. Das Verweisungsobjekt wird seinem Inhalt nach in die Verweisungs-

---

[358] Gegen eine Inkorporation *Schröcker* und *Staats* (dazu nachfolgend im Text) und *Ernst*, S. 36, bei der Verweisung auf technische Normen.

[359] BVerfGE 47, S. 285 (309 f.); BVerwG, Urt. v. 8. 2. 1967 – IV B 87.65 = Buchholz 340 zu § 9 VwZG Nr. 5, S. 17 (18); BVerwGE 57, S. 204 (207); BSGE 74, S. 296 (300); 34, S. 115 (117), m. w. N.; OVG NW, NVwZ 2005, S. 606; *Backherms*, ZRP 1978, S. 261; wohl auch *Baden*, NJW 1979, S. 623 (625), der aber auf S. 626 auch unechte, nicht-inkorporierende Verweisungen behandelt; *Barnstedt*, S. 41; *Böckel*, S. 107; *Brugger*, VerwArch. 78 (1987), S. 1 (4); *Creifelds*, Stichwort Verweisung, S. 1311; *Diederichsen*, in: Starck, S. 39 (59); *Ebsen*, DÖV 1984, S. 654 (654 f.); *Ecker*, ThürVBl. 1993, S. 49 (51); *Ehricke*, EuZW 2002, S. 746 (749); *ders. / Blask*, JZ 2003, S. 722 (724); *Engisch*, Einheit, S. 26 in Fn. 3; *Feldhaus*, JbUTR 2000, S. 169 (172); *Gellermann*, S. 55 und *ders. / Szczekalla*, NuR 1993, S. 54 (57), für die Verweisung auf EG-Richtlinien; *Grabitz*, Harmonisierung baurechtlicher Vorschriften, S. 76; *Guckelberger*, ZG 2004, S. 62 (64); wohl auch *Wilm Hammer*, MDR 1966, S. 977 (978 f.); *Hadding*, in: FS Mühl, S. 225 (250 bei und in Fn. 94); *Hanning*, S. 64 f.; *Hartmann*, in: Soergel, EGBGB, Art. 2 Rn. 3; *Herschel*, NJW 1968, S. 617 (620), der aber von einem anderen Verständnis als die h. M. ausgeht; *Hiller*, S. 77 f.; *Karpen*, S. 30 ff.; *ders.*, in: Rödig, S. 221 (232), *ders.*, ZRP 1978, S. 151; *F. Kirchhof*, S. 152; *Köbler*, Stichwort Verweisung, S. 518 f.; *Krey*, in: EWR 2/1981, S. 109 (130 f.); *Krieger*, S. 223; *Lamb*, S. 89; *Moritz*, S. 4; *Müller-Foell*, S. 112; *Nicklisch*, NJW 1983, S. 841 (843); *Nolte*, S. 182; *Papier*, in: FS Lukes, S. 159 (164); *Ramsauer*, in: AK-GG, Art. 82 Rn. 30; *Reinermann*, S. 22 und passim, für die Verweisung in Tarifverträgen; *K. W. Schäfer*, S. 109; *Schenke*, NJW 1980, S. 743; *ders.*, in: FS Fröhler, S. 87 (passim); *Schnapp*, in: FS Krasney, S. 437 (441); *ders. / Kaltenborn*, SGb 2001, S. 101 (103), wo Inkorporation und Verweisung synonym verwendet werden; *T. Schulte*, S. 181, für Verweisungen auf EG-Richtlinien; *Schwierz*, S. 55; *Strecker*, DIN-Normungskunde 14, S. 43 (54); *Taupitz*, S. 737, 1137; *Tettinger*, Wirtschaftsverwaltungsrecht, S. 404; *Wegge*, DVBl. 1997, S. 648 (649); *Zemlin*, S. 112 f.

Die Verweisung wird bereits mittels dieser Wirkung definiert bei: *Battis / Gusy*, Technische Normen, Rn. 209; *Hendler*, ZG 1987, S. 210 (223); *Rellermeyer*, NJ 1994, S. 305 (307); *Schneider*, Rn. 378; *Strasser*, in: FS Floretta, S. 627.

Nur für statische Verweisungen: *Breuer* AöR 101 (1976), S. 46 (61); *Merten*, in: Staudinger, EGBGB, Art. 2 Rn. 107; *Starkowski*, S. 79.

[360] Es wird nicht die Norm als solche, sondern ihr materieller Inhalt in die Verweisungsnorm inkorporiert, so: *Arndt*, JuS 1979, S. 784 (784 f.); *Backherms*, ZRP 1978, S. 261; *Clemens*, AöR 111 (1986), S. 63 (65); *Engisch*, Einheit, S. 26 in Fn. 3; *Haratsch*, ZG 1999, S. 346; *Hartmann*, in: Soergel, EGBGB, Art. 2 Rn. 3; *Karpen*, S. 32; *ders.*, ZRP 1978, S. 151; *F. Kirchhof*, S. 152; *Maurer*, in: Bonner Kommentar, GG, Art. 82 Rn. 106; *Schenke*, NJW 1980, S. 743; *Schnapp*, in: FS Krasney, S. 437 (441).

[361] Indirekter Beweis bei *Rödig*, in: ders., S. 592 (603 ff.). Im Ergebnis ebenso: *Brugger*, VerwArch. 78 (1987), S. 1 (4); *Göbel*, in: Schäffer / Triffterer, S. 64; *Karpen*, S. 30; *Kindermann*, in: GS Rödig, S. 99 (104); *Mauer*, GewArch 1982, S. 13 (16); *Starkowski*, S. 79.

norm „einverleibt"[364], nicht anders, als wenn in der Verweisungsnorm anstelle der Verweisungsformel der volle Text wiederholt würde[365].

Das in Bezug genommene Tatbestands- und/oder Rechtsfolgenelement des Verweisungsobjektes wird „fotografiert"[366] und in die Verweisungsnorm integriert[367].

Dagegen wird nach Sebastian Schröcker[368] bei Verweisungen von Landesgesetzen auf Bundesgesetze das Verweisungsobjekt zum Landesgesetz im materiellen, nicht aber im formellen Sinne, weil es nicht auf dem in der Landesverfassung vorgeschriebenen Weg erlassen und bekannt gemacht wurde. Gesetz im formellen Sinne sei nur das Landesgesetz, das die Verweisung auf die Bundesvorschrift enthalte. Wahrscheinlich geht dieses Verständnis auf das Kaiserreich zurück, als eine Trennung von Gesetzesinhalt und Gesetzesbefehl (Sanktion) angenommen wurde[369].

---

[362] Probleme bereitet diese Argumentation bei der dynamischen Verweisung, vgl. dazu *Manssen*, S. 255.

[363] So bei *Baden*, NJW 1979, S. 623 (625). Noch weitergehend im Sinne einer Schlussfolgerung: *Lickteig*, S. 6.

[364] *Backherms*, ZRP 1978, S. 261 (Fn. 3); *Engisch*, Einheit, S. 26 in Fn. 3.

[365] In diesem Sinne: *Brugger*, VerwArch. 78 (1987), S. 1 (4); *Karpen*, S. 32; *ders.*, in: Rödig, S. 221 (232); *ders.*, ZRP 1978, S. 151; *Nolte*, S. 186: „Anstatt den Regel*text* in die Rechtsnorm aufzunehmen, wird lediglich eine bezugnehmende Klausel verwendet; der Regelungs*inhalt* wird hingegen voll übernommen." Hervorhebung von *Nolte*; *Schenke*, in: FS Fröhler, S. 87 (96); *Schwierz*, S. 55; *Söhn*, S. 225.

[366] So die anschauliche Formulierung von *Staats*, in: Rödig, S. 252 (254), der aber in ZRP 1978, S. 59–62, eine andere Ansicht vertritt. Der ursprünglichen Ansicht von *Staats* folgend bspw.: *Clemens*, AöR 111 (1986), S. 63 (66); *Guckelberger*, ZG 2004, S. 62 (63); *Moritz*, S. 4; *Ramsauer*, in: AK-GG, Art. 82 Rn. 30.

[367] *Brugger*, VerwArch. 78 (1987), S. 1 (4).

[368] *Schröcker*, NJW 1967, S. 2285 (2288 f.). Ähnlich wohl auch das Verständnis von: *Börner*, in: ders., S. 231 (242 f.); *T. R. Meyer*, DIN-Normungskunde 17, S. 67, der die Aufnahme des Verweisungsobjektes in die Verweisungsnorm, so dass sie Rechtsbestandteil dieser Norm wird, für rechtlich nicht haltbar bewertet.

Ähnlich auch *Zitelmann*, IPR, S. 258: „Eine solche Verweisung ist nun dergestalt möglich, dass allgemein oder für einen bestimmten Ausschnitt von Fällen das einheimische materielle Recht auf Bestimmungen eines fremden Rechts als maßgebend verweist, ohne den Inhalt des fremden Rechts zu wiederholen: es erteilt auch hier nur den Gesetzesbefehl, ohne den Gesetzesinhalt im einzelnen wieder auszusprechen. Eine solche Verweisung ist nichts als eine abgekürzte materielle Anordnung, das fremde Recht wird für diese Frage zum eigenen materiellen Recht gemacht".

Ähnlichkeiten weist auch die Ansicht auf, die bei einer Verweisung in Individualarbeitsverträgen eine Unterstellung – vergleichbar den Kollisionsnormen des IPR – unter einen fremden, den tariflichen Normenkreis annimmt, dazu *Schaub*, ZTR 2000, S. 259 (260), m. w. N.

[369] Für eine Trennung damals bspw. *Laband*, § 15 (S. 114 ff.); dagegen bspw. *v. Gierke*, S. 78 ff.

Johann-Friedrich Staats[370] geht davon aus, dass dem gesetzgeberischen Willen – Vermeidung der Verkündung des Verweisungsobjektes gem. Art. 82 GG – nur Rechnung getragen werden könne, indem das Verweisungsobjekt nicht Bestandteil der Verweisungsnorm werde. Dagegen spricht zunächst, dass primärer Zweck der Verweisung nicht die Vermeidung der Verkündung des Verweisungsobjektes ist, sondern den Umfang des Gesetzes zu verringern und den Gesetzgeber zu entlasten, ohne auf eine Regelung zu verzichten[371].

Außerdem ist für die rechtliche Qualifikation nicht allein der Wille des Normgebers maßgeblich, sondern die rechtliche Beurteilung hat sich nach den objektiven tatsächlichen Wirkungen auszurichten[372]. Die Auffassungen von Staats und Schröcker führen zu unpraktikablen Ergebnissen. Die Verweisungsnorm ist danach nur eine leere Hülse, die aus sich heraus nicht verständlich ist und gar keinen eigenen Bedeutungsinhalt hat[373]. Damit wäre die Verweisungsnorm nicht zu handhaben[374]. Dasselbe gilt für das Verweisungsobjekt einer konstitutiven Verweisung, weil das Verweisungsobjekt ohne die Übernahme in die Verweisungsnorm nicht anwendbar wäre. Insbesondere bei Verweisungen auf private Regeln haben die privaten Vorschriften keine normative Kraft und können diese ohne Inkorporation auch nicht erhalten[375]. Daher ist der Inkorporationstheorie zu folgen.

2. Dynamische Verweisung

Auch bei der dynamischen Verweisung wird überwiegend die Inkorporierungstheorie[376] vertreten. Hierbei wird das Verweisungsobjekt – bildlich gesprochen – nicht „fotografiert", sondern „gefilmt"[377] und so in die Verweisungsnorm integriert.

---

[370] *Staats*, ZRP 1978, S. 59 (60 f.), unter ausdrücklicher Aufgabe seiner früheren Ansicht (in: Rödig, S. 244 [256]).

[371] *Hiller*, S. 77.

[372] *Schenke*, in: FS Fröhler, S. 87 (96); *Söhn*, S. 224.

[373] *Karpen*, ZRP 1978, S. 151; *Söhn*, S. 226.

[374] *Söhn*, S. 226.

[375] *Söhn*, S. 226.

[376] So bei: BVerfGE 47, S. 285 (309 f.); OVG NW, NVwZ 2005, S. 606; *Arndt*, JuS 1979, S. 784 (784 f.); *Barnstedt*, S. 137; *Ecker*, ThürVBl. 1993, S. 49 (51); *Grabitz*, Harmonisierung baurechtlicher Vorschriften, S. 72; *Hartmann*, in: Soergel, EGBGB, Art. 2 Rn. 3; *Karpen*, S. 32; *Krey*, in: EWR 2/1981, S. 109 (130 f.); *Moritz*, S. 4 f.; *Reinermann*, S. 74, für Verweisungen in Tarifverträgen; *Stumpf*, NVwZ 2003, S. 1198; *Veit*, S. 33 f.; *Wegge*, DVBl. 1997, S. 648 (649). In diesem Sinne auch BSG, SozR 4–4300 § 422 Nr. 1, Rn. 21. Vgl. auch die oben in Fn. 359 im 1. Teil (S. 83) Genannten, jedoch bleibt häufig unklar, ob sie die Inkorporationstheorie auch bei dynamischer Verweisung vertreten.

[377] So auch *Krieger*, S. 233.

Häufig[378] wird der dynamischen Verweisung daneben[379] eine der Ermächtigung/Delegation vergleichbare Wirkung zugemessen. Teils[380] wird die dynamisch(-heteronom)e Verweisung auch weitergehend als eine materielle Ermächtigungsnorm verstanden. Die abweichende Formulierung als Verweisung stehe dem nicht entgegen, da eine Verweisungsnorm wie jede andere der Auslegung fähig sei[381].

---

[378] In diesem Sinne: *Arndt*, JuS 1979, S. 784 (785); *Th. Baumann*, S. 32; *Börgmann*, S. 78, weist darauf hin, dass dies nicht im Falle der autonomen Verweisung gilt; *Brennecke*, S. 108; *Bullinger*, Unterermächtigung, S. 21 f.; *ders.*, Selbstermächtigung, S. 21 f.; *Erhard*, S. 8 f.; *Gamber*, VBlBW 1983, S. 197; *Hanning*, S. 65 f.; *Hendler*, ZG 1987, S. 210 (224); *Hertwig*, RdA 1985, S. 282 (283); *Hiller*, S. 83; *W. Hugger*, S. 303; *Jellinek*, Gesetz, S. 188; *Karpen*, S. 112; *ders.*, in: Rödig, S. 221 (233); *Krey*, in: EWR 2/1981, S. 109 (129); *Lukes*, in: ders./Birkhofer, S. 81 (90); *G. Müller*, Rechtssetzungslehre, Rn. 374; *Nolte*, S. 187; *Nickusch*, NJW 1967, S. 811 (812); *ders.*, S. 207; *Ossenbühl*, DVBl. 1967, S. 401; *M. Pfeifer*, DVBl. 1975, S. 323 (324); *Roßnagel*, in: Kubicek/Seeger, S. 169 (171); *T. Schulte*, S. 183, für eine pauschale Verweisung auf eine EG-Richtlinie; *Stefener*, S. 35: Annäherung an Delegation; *Taupitz*, S. 739 f. in Fn. 281, der aber betont, dass trotz teilweiser Vergleichbarkeit, sie zu unterscheiden sind; *Wiedemann*, in: ders., TVG, § 1 Rn. 200; *v. Zezschwitz*, in: Freundesgabe Söllner, S. 645 (654 in Fn. 34). In diesem Sinne wohl auch BVerwG, NVwZ-RR 1989, S. 377 (378).

Bullinger, Unterermächtigung, S. 19 in Fn. 3, weist darauf hin, dass Verweisung und Unterermächtigung zur Rechtssetzung häufig nicht klar von einander geschieden werden, so kennzeichne bspw. *Fleiner*, S. 71 in Fn. 13 eine verweisende Blankettstrafvorschrift als „Subdelegation".

[379] Die Annahme einer der Ermächtigung vergleichbaren Wirkung und die Inkorporationstheorie wiedersprechen sich nicht, vgl. bspw.: *Grabitz*, Harmonisierung baurechtlicher Vorschriften, S. 72; *Röhling*, S. 16; *Reinermann*, der auf S. 83 f. eine ermächtigungsähnliche Wirkung für Verweisungen in Tarifverträgen bejaht, andererseits auf S. 74, explizit die Inkorporationstheorie auch für dynamische Verweisungen annimmt.

In BVerfGE 47, S. 285 (312), wurde der Zusammenhang von Ermächtigung und Verweisung offengelassen.

[380] So: *B. Jansen*, DÖV 1979, S. 332 (333); *Sachs*, NJW 1981, S. 1651 (1652); *ders.*, VerwArch. 74 (1983), S. 25 (41); *Fritzsch*, S. 60, für die Verweisungen in der WRV auf Ausführungsgesetze, wobei er aber von einer etwas anderen Terminologie ausgeht; das wichtigste Element der Verweisung ist aber auch nach *Fritzsch*, S. 63, die Anweisung, die aufgezeigten Lücken auszufüllen.

So im Kontext mit der Verweisung auf Normen außerstaatlicher Stellen: *Conradi*, S. 51; *Denninger*, Normsetzung, Rn. 138; *Murswiek*, S. 185; *Müller-Foell*, S. 19; *K. W. Schäfer*, S. 103; *Schwierz*, S. 60; *Söhn*, S. 132; *Starkowski*, S. 81; *ders.*, S. 111 f., misst die dynamische Verweisung direkt am Maßstab der Ermächtigung.

In diesem Sinne auch: *W. D. Budde*, in: FS Beisse, S. 105 (113); *Grabitz*, Harmonisierung baurechtlicher Vorschriften, S. 73 f.; *Röhling*, S. 17.

Kelsen, S. 112 ff., unterscheidet nicht zwischen Blankettrechtssätzen, Verweisung, Delegation und Ermächtigung.

[381] *Arndt*, JuS 1979, S. 784 (785); *Sachs*, NJW 1981, S. 1651 (1652).

Nach *Th. Baumann*, S. 30 f., sei (bei Tarifverträgen) allein aus materieller Perspektive zu entscheiden, ob eine Ermächtigung vorliegt.

Probleme mit dieser Ansicht ergeben sich bereits in terminologischer Hinsicht[382]. *Ermächtigung* und *Delegation* werden teils[383] synonym verwendet, teils[384] wird die *Delegation* als Unterfall der *Ermächtigung* angesehen. Nach der Terminologie auf europäischer Ebene[385] sind sie ein Aliud zueinander. In Anlehnung an den Sprachgebrauch in Art. 71 und 80 GG soll hier der Begriff der Ermächtigung verwendet werden[386]. Ermächtigung ist die Übertragung einer Befugnis durch Veränderung der Zuständigkeitsordnung[387]. Im Verhältnis zwischen Parlament und Exekutive kann der Ermächtigte zusätzlich zum Ermächtigenden die Befugnis ausüben[388]. Räumt dagegen die Bundesrepublik Deutschland einer Staatengemeinschaft die Wahrnehmung eigenständiger Hoheitsbefugnisse ein, dann verliert der Ermächtigende zugunsten der Gemeinschaft seine Rechtssetzungsbefugnis[389].

Die Gleichstellung von dynamischer Verweisung und Ermächtigung ist abzulehnen. Es verwundert zunächst, dass statische und dynamische Verweisungen

---

[382] Einen guten Überblick zu den terminologischen Problemen geben: *Bullinger*, Unterermächtigung, S. 3–6; *Karpen*, S. 106–112, und *F. Klein*, in: Genzer/Einbeck, S. 7 (7–11).

[383] So bei: *Th. Baumann*, S. 30 f.; *Brugger*, VerwArch. 78 (1987), S. 1 (5); wohl auch *Hill*, S. 118; *Jellinek*, Gesetz, S. 98; *Kelsen*, S. 112 ff., unterscheidet nicht zwischen Blankettrechtssatz, Verweisung, Delegation und Ermächtigung.

[384] So bei: *Bullinger*, Unterermächtigung, S. 3 ff.; *Karpen*, S. 106; *Hiller*, S. 66. Wieder anders das Verständnis von *Fritzsch*, S. 62 f., wonach eine echte Delegation die Übertragung rechtsetzender Gewalt voraussetzt. Eine Ermächtigung könne aber auch an einen zuständigen (einfachen) Gesetzgeber erfolgen, indem ihn die Verfassung beim Erlass von Formerfordernissen verfassungsändernder Gesetze befreit.

[385] *M. Schulte*, in: EUDUR 1, § 17 Rn. 89: Delegation ist eine Übertragung von Befugnissen; demgegenüber liegt eine Ermächtigung vor, wenn bestimmte Aufgaben zwar von anderen als den nach dem EG-Vertrag zuständigen Organen wahrgenommen werden, jedoch die Verantwortung für den Inhalt der Aufgabenerfüllung in vollem Umfang bei dem zuständigen Gemeinschaftsorgan verbleibt.

[386] Da manche Autoren den (engeren) Begriff der Delegation verwenden, können sich durch die hier verwendete Terminologie geringfügige Bedeutungsverschiebungen ergeben.

[387] In diesem Sinne: *Th. Baumann*, S. 24; *Guckelberger*, ZG 2004, S. 62 (66); *Karpen*, S. 109; *Herschel*, NJW 1968, S. 617 (619); *ders.*, S. 125; *Iffland*, DB 1964, S. 1737 (1739); *P. Meyer*, Blankettverweisungen, S. 78; *Michaelis*, S. 52; *Reinermann*, S. 37; *Rittstieg*, S. 239; *Starkowski*, S. 105 f., sieht dies gar als allen Rechtsordnungen der E(W)G zugrundeliegenden Delegationsbegriff an; *Triepel*, Delegation, S. 23; *Veit*, S. 44. In diesem Sinne auch *Hiller*, S. 65, im Anschluss an *Bullinger*, Unterermächtigung, S. 5: Ermächtigung im öffentlichen Recht ist „der Rechtsakt, durch den jemand einem anderen zusätzlich oder ausschließlich eine Befugnis zu staatlichem Handeln einräumt, die nach der grundsätzlichen Zuständigkeitsordnung ihm selbst (oder einem Dritten) zusteht oder zur fallweisen Verleihung an andere ihm anvertraut ist".

[388] In diesem Sinne bspw. BVerfGE 114, S. 96 (234 ff.). *Bullinger*, Unterermächtigung, S. 4, sieht diese nebeneinander bestehende Rechtssetzungsmöglichkeit bei der Ermächtigung als einen Unterschied zur Delegation an.

[389] In diesem Sinne bspw. BVerfGE 89, S. 155 (182) – Maastricht.

insoweit unterschiedlich sein sollten[390]. Auch wirkt der Gedanke einer Ermächtigung bei Verweisungen auf eigene Normen abwegig[391]. Zutreffend, aber zu polemisch, bezeichnete bereits Heinrich Triepel[392] die Verwechslung von Ermächtigung einerseits und Verweisung andererseits als „groben Unfug".

Der Sinn von Ermächtigung und Verweisung ist verschieden[393]. Bei Verweisungen werden andere Objekte vorausgesetzt und in Bezug genommen[394]. Bei Ermächtigungen dagegen sollen künftig erst von für zuständig erklärten Organen nach bestimmten Regeln zu erzeugende Normen mit Rechtsgeltung ausgestattet werden[395]. Deutlich wird dieser Unterschied besonders, wenn man von den Normalfällen der Verweisung und Ermächtigung ausgeht, dass mithilfe dieser Institute Regelungen gegenüber den Bürger getroffen werden. Normalerweise besteht bei Erlass einer dynamischen Verweisung auch bereits ein Verweisungsobjekt. Dann wird mit dem Inkrafttreten der Verweisungsnorm eine Ordnung für den Bürger geschaffen. Dagegen wird mit dem Erlass einer Ermächtigung noch keine Regelung gegenüber dem Bürger getroffen, sondern erst dann, wenn aufgrund und nach Wirksamwerden der Ermächtigung der Ermächtigte Normen in Kraft treten lässt. Im atypischen Fall, dass bei der Verabschiedung einer dynamischen Verweisung noch kein Verweisungsobjekt besteht, wird insoweit allerdings kein Unterschied erkennbar.

Ferner gilt die vom Ermächtigten erlassene Norm aus sich heraus[396]. Der Erwerber dieser Zuständigkeit übt diese dann als eigene aus[397]. Die vom Ermächtigten

---

[390] In diesem Sinne auch *Th. Baumann*, RdA 1987, S. 270 (273).

[391] In diesem Sinne auch *Göbel*, in: Schäffer / Triffterer, S. 64 (69).

[392] *Triepel*, Delegation, S. 67; zust. *P. Meyer*, Blankettverweisungen, S. 80. Explizit auch für eine Trennung der beiden Institute eintretend: *Bieback*, RdA 2000, S. 207 (215), der diese Trennung als traditionell bezeichnet; *Blum / Ebeling*, in: Bepler, S. 85 (94); *Engisch*, Einheit, S. 26 in Fn. 3 (abgedruckt auf S. 27); *Fischer*, in: Bonner Kommentar, GG, Art. 71 Rn. 88; *Iffland*, DB 1964, S. 1737 (1739), für Verweisungen in Tarifverträgen; *Reinermann*, S. 37; *Schnapp*, in: FS Krasney, S. 437 (446 in Fn. 36). Nach BayVerfGHE 42 (1989), S. 1 (9) (zust. *Hartmann*, in: Soergel, EGBGB, Art. 2 Rn. 3) ist die dynamische Verweisung weder eine Rechtssetzungsermächtigung im Sinne des Art. 70 Abs. 3 Verf. BY noch im Sinne des Art. 55 Nr. 2 Satz 3 Verf. BY.

[393] *Engisch*, Einheit, S. 26 in Fn. 3 (abgedruckt auf S. 27); *Nickusch*, NJW 1967, S. 811 (812).

[394] *Engisch*, Einheit, S. 26 in Fn. 3 (abgedruckt auf S. 27); *Nickusch*, NJW 1967, S. 811 (812). In diesem Sinne auch: *Michaelis*, S. 52; *Diederichsen*, in: Starck, S. 39 (58 f.).

[395] *Engisch*, Einheit, S. 26 in Fn. 3 (abgedruckt auf S. 27); *Nickusch*, NJW 1967, S. 811 (812). A. A. *Sachs*, NJW 1981, S. 1651 (1652): Der Umstand, dass das Verweisungsobjekt schon vor Erlass einer Verweisungsnorm bestanden habe, schließe eine Deutung als Ermächtigung gleichfalls nicht aus, weil nur der für die Gegenwart bereits vorhandene Normtext übernommen werde, während für die Zukunft die Möglichkeit der Änderung des „Verweisungs"-Objektes bestehen bleibe.

[396] *Schenke*, in: FS Fröhler, S. 87 (91); *Veit*, S. 44.

ordnungsgemäß erlassenen Normen werden durch den Fortfall der Ermächtigungsvorschrift in ihrer Gültigkeit nicht berührt[398]. Demgegenüber hat nach einer Aufhebung einer Verweisung die vom Verweisungsobjektgeber gesetzte Regelung keine Wirkung mehr im durch die ursprüngliche Verweisung erschlossenen Bereich. Ermächtigung und Verweisung sind gerade hierin durchaus verschiedene Rechtsinstitute[399]. Wird die Verweisungstechnik benutzt, so schafft der Verweisungsnormgeber dadurch eine eigene Regelung und nutzt seine Regelungsmacht also selbst. Dagegen enthält sich der Ermächtigende (von der Ermächtigung als solcher abgesehen) jeder Rechtssetzung[400]. Damit wird bei der Verweisung keine Rechtsmacht übertragen, die Rechtsstellung der Beteiligten ändert sich nicht[401]. Verweisung ist damit keine Übertragung von Rechtssetzungshoheit, sondern ein Akt der Übernahme[402]. Der Verweisungsnormgeber schließt sich mit einer dynamischen Verweisung nur kraft eigenen Willensentschlusses gewissermaßen antizipierend auch der zukünftigen Regelung des Verweisungsobjektgebers an[403].

Zudem braucht der Verweisungsobjektgeber von seiner ihm angeblich übertragenen Kompetenz bei einer dynamischen Verweisung im Gegensatz zur Ermächtigung nichts zu erfahren[404]. Insofern würde der Verweisungsobjektgeber häufig weder bewusst[405] noch gewollt[406] eine neue Zuständigkeit wahrnehmen[407]. Für den

---

[397] *Starkowski*, S. 105 f., sieht dies als allen Rechtsordnungen der EWG zugrundeliegenden Delegationsbegriff an.

[398] BVerfGE 78, S. 179 (198); 31, S. 357 (362 f.); 14, S. 245 (249); 12, S. 341 (346 f.); 9, S. 3 (12).

[399] Im Ergebnis ebenso: *Herschel*, NJW 1968, S. 617 (619), *ders.*, S. 125 f.; *ders.*, BB 1963, S. 1220 (1222); *Iffland*, DB 1964, S. 1737 (1739).

Herschel, NJW 1968, S. 617 (620), sowie *ders.*, S. 126, erklärt dieses Ergebnis an folgender Parallele: A verpflichtet sich, dem B eine Ware zu dem Preis zu liefern, den demnächst C und D in einem Kaufvertrag zwischen diesen vereinbaren. Damit werden C und D keineswegs Bevollmächtigte von A und B. Sie vertreten nicht A und B. Auf ihren eigenen Willen wird nur Bezug genommen.

[400] *Blum / Ebeling*, in: Bepler, S. 85 (94), für die dynamische Verweisung in Tarifverträgen.

[401] *Iffland*, DB 1964, S. 1737 (1739); *P. Meyer*, Blankettverweisungen, S. 79.

[402] *Kimminich*, DÖV 1971, S. 503; *P. Meyer*, Blankettverweisungen, S. 79, für Verweisungen in Kollektivverträgen.

[403] In diesem Sinne *P. Meyer*, Blankettverweisungen, S. 79, für Verweisungen in Kollektivverträgen.

[404] *Blum / Ebeling*, in: Bepler, S. 85 (94); *P. Meyer*, Blankettverweisungen, S. 75 f.; auch *Reinermann*, S. 82, sieht die Kenntnis des Ermächtigten als zwingendes Erfordernis der Ermächtigung an.

[405] *P. Meyer*, Blankettverweisungen, S. 76, und *Reinermann*, S. 82, für Verweisung in Tarifverträgen. Vgl. auch BVerfGE 47, S. 285 (293) – Notargebühren, wo der bezogene Landesgesetzgeber bei den Beratungen des Entwurfs die Wirkungen für die bundesrechtliche Verweisungsregelung – soweit feststellbar – nicht angesprochen hat.

Verweisungsobjektgeber ist unerheblich, welche Konsequenzen die Änderung seiner Vorschrift auf die Verweisungsregelung hat[408].

Dass diese Argumentation angesichts der Ähnlichkeiten in der Wirkung von dynamischer Verweisung und Ermächtigung formal wirken kann, schadet nicht[409]. Die ähnliche Wirkung der beiden Institute führt jedenfalls nicht zur Deckungsgleichheit von dynamischer Verweisung und Ermächtigung[410].

II. Rang und Rechtscharakter der Verweisungsregelung

Ausgehend von der Inkorporationstheorie stellt sich die Frage nach dem Rang und dem Rechtscharakter der Verweisungsregelung.

Unter dem Rang eines Rechtssatzes ist die Stufe der Geltungskraft innerhalb einer gegliederten Rechtsordnung zu verstehen[411]. Der (formelle) Rang einer Rechtsnorm richtet sich nach der Autorität, welche die Rechtsnorm gesetzt hat[412].

Die Inkorporierung des Inhalts des Verweisungsobjektes in die Verweisungsnorm bedeutet, dass die resultierende Regelung die Ranghöhe und Geltungskraft der Verweisungsnorm erhält[413]. Eine Regelung gilt kraft Verweisung, weil der Verweisungsnormgeber dies will[414]. Das Verweisungsobjekt tritt im Anwendungsbereich der Verweisungsnorm aufgrund deren Geltungsbefehl in Kraft und wird

---

[406] Vgl. bspw. die Sachverhaltsdarstellung bzgl. des schleswig-holsteinischen Justizministers in BVerfGE 47, S. 285 (293 f.) – Notargebühren.

[407] In diesem Sinne auch *Reinermann*, S. 82.

[408] VG Hannover, NdsVBl. 2002, S. 51 (52).

[409] *Blum/Ebeling*, in: Bepler, S. 85 (94).

[410] *Blum/Ebeling*, in: Bepler, S. 85 (94 f.).

[411] *H. J. Wolff/Bachof/Stober/Kluth*, § 26 Rn. 3.

[412] In diesem Sinne: *Ronjan*, in: v. Münch/Kunig, GG, Art. 25 Rn. 37, wonach dies allerdings nicht für Völkerrecht gelten soll; *Schneider*, Rn. 642; *H. J. Wolff/Bachof/Stober/Kluth*, § 26 Rn. 3.

[413] BVerfGE 47, S. 285 (309 f.); implizit bereits in BVerfGE 21, S. 312 (327); BayVerfGHE 48 (1995), S. 149 (156); 42 (1989), S. 1 (6) = NVwZ 1989, S. 1053; *Arndt*, JuS 1979, S. 784 (785); *F. Becker*, S. 537; *Böckel*, S. 108; *Brugger*, VerwArch. 78 (1987), S. 1 (4); *Clemens*, AöR 111 (1986), S. 63 (65); *Ehricke/Blask*, JZ 2003, S. 722 (724); *Gellermann*, S. 55, und *ders./Szczekalla*, NuR 1993, S. 54 (57), für die Verweisung auf eine EG-Richtlinien; *Göbel*, in: Schäffer/Triffterer, S. 64 (70); *Grauer*, S. 70; *Guckelberger*, ZG 2004, S. 62 (64); *Haratsch*, ZG 1999, S. 346 (347); *Herzog*, EuGRZ 1990, S. 483 (486); *Jachmann*, ZBR 1997, S. 342 (347); *Karpen*, S. 32; *ders.*, ZRP 1978, S. 151; *ders.*, in: Rödig, S. 221 (232); *Katzenberger*, DIN-Mitt. 64 (1985), S. 279 (291); *F. Kirchhof*, S. 152; *Krey*, in: EWR 2/1981, S. 109 (131); *V. Neumann*, in: Schulin, § 21 Rn. 77; *Maurer*, in: Bonner Kommentar, GG, Art. 82 Rn. 103; *Moll*, S. 39; *Moritz*, S. 4; *Papier*, in: FS Lukes, S. 159 (164); *Reinermann*, S. 22, für die Verweisung in Tarifverträgen; *Rittstieg*, S. 239; *Staats*, in: Rödig, S. 244 (256); *Schnapp*, in: FS Krasney, S. 437 (441); *Schultze-Fielitz*, in: Dreier, GG, Art. 20 (Rechtsstaat) Rn. 144.

folgerichtig mit deren Rechtscharakter ausgestattet[415]. Prozessual führt die Verweisung dazu, dass der Inhalt des Verweisungsobjekts als Bestandteil der Verweisungsnorm wie diese angreifbar wird[416]. Soweit auf landesrechtliche Vorschriften Bezug genommen wird, hat die Verweisung zur Folge, dass deren Inhalt im Anwendungsbereich der bundesrechtlichen Verweisungsnorm zu Bundesrecht wird und als *partielles Bundesrecht* anzuwenden ist[417].

Ob in Ausnahmefällen der (formelle) Rang materiell abweichend bewertet werden darf, ist umstritten. So nimmt die herrschende Meinung[418] an, dass bei durch Gesetz geänderten Normen einer landesrechtlichen Rechtsverordnung, hinsichtlich deren die Rückkehr zum einheitlichen Verordnungsrang angeordnet worden sind („Entsteinerungsklausel"), diese „im Rang unter dem Landesgesetz stehende Rechtsvorschriften" im Sinne von § 47 Abs. 1 Nr. 2 VwGO sein können. Im Zusammenhang mit Verweisungen ist eine vom formellen Rang abweichende materielle Bewertungen in vier Fällen diskutiert worden:

Nach Art. 25 Satz 1 GG sind die allgemeinen Regeln des Völkerrechtes Bestandteil des Bundesrechtes. „Sie gehen den Gesetzen vor" gem. Art. 25 Satz 2 GG. Ob mit dieser Formulierung zugleich der Verfassungsrang des Völkerrechts verbunden ist oder ob den allgemeinen Regeln des Völkerrechts eine Zwischenposition

---

A. A. wohl *Ernst*, S. 38 ff., der die Verweisung in Gesetzen auf technische Normen nicht als Sonderfall, sondern als spezifizierten Unterfall gegenüber der Generalklausellösung ansieht: Soweit in gesetzlichen Vorschriften auf technische Normen verwiesen werde, gehe die technischen Regeln nicht etwa „als Rechtsregel" in die gesetzliche Vorschrift ein. Mit der Bezugnahme in Gesetzen auf technische Normen werde diese zwar für die Auslegung der betreffenden Verweisungsvorschriften von rechtlicher Bedeutung, sie erhielten damit aber nicht selbst Rechtsnormencharakter.

[414] *Haratsch*, ZG 1999, S. 346 (347).

[415] *Engisch*, Einheit, S. 26 in Fn. 3; *Haratsch*, ZG 1999, S. 346 (347); *Karpen*, S. 32; *Krey*, in: EWR 2/1981, S. 109 (131). In diesem Sinne auch: *Hendler*, ZG 1987, S. 210 (223 f.); *Söhn*, S. 227.

[416] *Brugger*, VerwArch. 78 (1987), S. 1 (64); *Guckelberger*, ZG 2004, S. 62 (64).

[417] BVerfGE 47, S. 285 (310) – Notargebühren; *Böckel*, S. 108; *Kopp*, BayVBl. 1973, S. 85 (87), der dies für eine etwas merkwürdige, aber immerhin denkbare Konstruktion hält.
Den Ausdruck *regional differenziertes Bundesrecht* verwenden: *Clemens*, AöR 111 (1986), S. 63 (72); *Schnapp/Kaltenborn*, SGb 2001, S. 101 (103). Vgl. auch: OVG Berlin, GE 1990, S. 201 (203): „regional differierendes Bundesrecht".

[418] BVerfGE 114, S. 196 (234 ff.); BVerwGE 117, S. 313 (Ls. 1) mit zust. Anmerkung *Sendler*, DVBl. 2005, S. 423 ff. Zur Verwendung der Entsteinerungklausel siehe auch *BMJ*, Rechtsförmlichkeit, Rn. 704 ff.
A. A.: abweichende Meinung der Richterin *Osterloh* und des Richters *Gerhardt*, in: BVerfGE 114, S. 196 (250 ff.); VGH München, NJW 2001, S. 2905 (2906); *Kreiner*, BayVBl. 2005, S. 106 ff.
Vgl. auch *Ossenbühl*, JZ 2003, S. 1066 ff., wonach bei beiden Lösungen Friktionen bleiben.

zwischen Verfassung und einfachem Bundesrecht zugewiesen ist, ist nach wie vor umstritten[419]. Dass die allgemeinen Grundsätze des Völkerrechts als Verfassungsrecht gelten[420], folgt allein schon daraus, dass der Wortlaut des Art. 25 Satz 2 GG nicht klar zum Ausdruck bringt, dass eine vom formellen Rang des Grundgesetzes abweichende materielle Bewertung erforderlich sein soll. Demgegenüber bleibt die Bedeutung der Bezeichnung von Art. 25 GG als „Geltungsanordnung" bei Andreas Haratsch[421] unklar.

Weiter hat das Bundesverfassungsgericht[422] eine Verweisung in einem reichsrechtlichen Blankettgesetz auf eine Materie, die als ausschließliche Gesetzgebungsmaterie durch das Grundgesetz den Ländern zugewiesen wurde, auch als übergegangenes Landesrecht eingeordnet. Da die strafrechtliche Verweisungsnorm gem. Art. 74 Abs. 1 Nr. 1 GG zur konkurrierenden Gesetzgebung des Bundes gehörte, hätte nach Art. 125 GG eine Bewertung der Verweisungsregelung als Bundesrecht näher gelegen. Die abweichende Bewertung wurde damit begründet, dass die Blankettnorm und das als Landesrecht zu bewertende Verweisungsobjekt so verklammert seien, dass eine einheitliche Bewertung erforderlich sei[423]. Der Ausnahmecharakter dieser Entscheidung ist evident, weil der ursprüngliche formelle Rang der reichsrechtlichen Verweisungsnorm durch die geschichtlichen Ereignisse überholt war.

Später hat das Bundesverfassungsgericht[424] im Rahmen des Verfahrens nach Art. 100 Abs. 1 GG ein förmliches Bundesgesetz selbst überprüft, obwohl im Ausgangsverfahren das Bundesgesetz nur aufgrund einer Verweisung in einem Tarifvertrag anwendbar war. Winfried Brugger[425] bewertet dies im Anschluss an Thomas Clemens[426] als eine Ausnahme vom Grundsatz, dass der inkorporierte Inhalt des Verweisungsobjekts die Geltungskraft und Rangstufe der Verweisung teile. Das Bundesverfassungsgericht ist aber in der zitierten Entscheidung nicht auf den Rang der Verweisungsregelung eingegangen. Das Gericht[427] stellte vielmehr darauf ab, dass die Entscheidung mittelbar von der Gültigkeit der gesetzlichen Regelung abhänge, weshalb das Verfahren nach Art. 100 Abs. 1 GG zulässig sei. Diese Überlegung ist aus dem Schutzzweck des Art. 100 Abs. 1 GG zu

---

[419] Vgl. dazu auch *Rudolf*, in: FS Verdross, 1971, S. 435 (436 f.).

[420] So im Ergebnis auch: *Doehring*, S. 181–187, mit ausführlicher Begründung; *Herzog*, EuGRZ 1990, S. 483 (486); *Schilling*, S. 167.

[421] Vgl. *Haratsch*, ZG 1999, S. 346 (350 f.).

[422] BVerfGE 33, S. 206 (218 f.).

[423] BVerfGE 33, S. 206 (218).

[424] BVerfGE 39, S. 260 (270).

[425] Vgl. *Brugger*, VerwArch. 78 (1987), S. 1 (4).

[426] *Clemens*, AöR 111 (1986), S. 63 (65, Fn. 3).

[427] BVerfGE 39, S. 260 (270).

rechtfertigen[428]. Damit war auch hier keine materiell abweichende Bewertung des formellen Ranges notwendig.

Zwar besteht auch nach Ansicht des Bayerischen Verfassungsgerichtshofs[429] „grundsätzlich Einigkeit, daß bei Verweisung einer Rechtsvorschrift auf eine andere Rechtsvorschrift deren Inhalt ‚nach Rang und Geltungskraft‘ Bestandteil der verweisenden Vorschrift wird". Aber weiter hat das Gericht[430] angenommen, dass die im bayerischem Landesgesetz enthaltene Verweisung auf die Beihilfevorschriften des Bundes nicht zur Folge hat, dass die Beihilfevorschriften in diesem Rahmen den Rang eines Gesetzes erhalten. Darauf aufbauend unterscheidet Haratsch[431] neuerdings zwischen dem Regelfall der *inkorporierenden* und der Ausnahme der *geltungserweiternden* Verweisung. Seine Unterscheidung ist von dem Bestreben geprägt, bei der geltungserweiternden Verweisung das Verweisungsobjekt auf die Vereinbarkeit mit im Range der Verweisungsnorm stehenden Regelungen überprüfen zu können, was bei einer inkorporierenden Verweisung nicht der Fall sei[432].

Der Zweck der Auslegung des Bayerischen Verfassungsgerichtshofs und der Unterscheidung von Haratsch lässt sich auch dadurch erreichen, dass man die Verweisungsnorm so auslegt, dass sie nur mit anderen Normen vereinbare Verweisungsobjekte rezipiert. Zwar können selbst nichtige Normen Verweisungsobjekte sein, aber zumeist sollen nur wirksame Normen übernommen werden[433]. Durch diese Auslegung ist ein Abweichen vom Grundsatz, dass die Verweisungsregelung auf der Basis der Inkorporationstheorie den Rang der Verweisungsnorm erhält, überflüssig. Weiter würden einer von der Verweisungsnorm abweichenden Bewertung des Ranges verfassungsrechtliche Bedenken entgegenstehen, weil die vom Grundgesetz getroffene Unterscheidung der Rechtssetzungsformen (insbes. Gesetz und Rechtsverordnung) nicht zur beliebigen Disposition des Verweisungsnormgebers steht[434].

---

[428] In diesem Sinne auch: *Brugger*, VerwArch. 78 (1987), S. 1 (4 in Fn. 14); *Clemens*, AöR 111 (1986), S. 63 (65 f., Fn. 3).

[429] BayVerfGHE 48, S. 149 (156), m. w. N.

[430] BayVerfGHE 48, S. 149, Ls.

[431] *Haratsch*, EuR 2000, S. 42 (44 f.); diese Unterscheidung findet sich bei ihm, ZG 1999, S. 346 ff., noch nicht. Unklar ist, ob er daran festhält, dass es neben der Verweisung noch eine Geltungsanordnung gibt (so in ZG 1999, S. 346 [350]); vgl. dazu gerade bei Fn. 421 auf S. 92. Im Anschluss an *Haratsch* eine geltungserweiternde, nicht inkorporierende Verweisung für möglich haltend und bei einer Verweisung im Einigungsvertrag annehmend *Jaeckel*, SächsVBl. 2000, S. 205 (206 ff.).

[432] *Haratsch*, EuR 2000, S. 42 (46).

[433] Siehe dazu oben 1. Teil: A.II.2. Verweisungsobjekt (S. 43).

[434] Zur extrem eingeschränkten Dispositionsbefugnis des Gesetzgebers bei der Rangbestimmung siehe BVerfGE 114, S. 196 (235 ff.). Noch weitergehend bestimmt sich nach abweichender Meinung der Richterin *Osterloh* und des Richters *Gerhardt* (S. 251) der

D. Abgrenzung von anderen Rechtsinstituten

I. Unbestimmte Rechtsbegriffe

Problematisch ist die Abgrenzung der stillschweigenden Verweisungen von unbestimmten Rechtsbegriffen, wenn zur Konkretisierung technische Regelwerke oder Rechtsnormen herangezogen werden. Ähnliche Abgrenzungsprobleme bestehen gegenüber normativen Tatbestandsmerkmalen. Zwar sind normative und unbestimmte Begriffe nicht immer deckungsgleich, aber bei den normativen Begriffen wird der Wertung in aller Regel eine Unbestimmtheit anhaften, welche die normativen Begriffe als eine Sonderklasse der unbestimmten Begriffe erscheinen lässt[435].

Teils werden für Verweisungen und unbestimmte Rechtsbegriffe auch dieselben Zulässigkeitsvoraussetzungen angenommen oder sie werden gar nicht unterschieden[436].

Verweisungsnormen haben mit unbestimmten Rechtsbegriffen gemeinsam, dass der Inhalt der Normen nicht bereits durch deren Text exakt bestimmt ist, diese also in gewissem Maße unvollständig sind[437]. Unbestimmte Rechtsbegriffe und Verweisungsnormen sind damit konkretisierungs- und ausfüllungsbedürftig[438]. Jedoch enthält jede Norm, die sich der Verwendung der Sprache als Ausdrucksmittel bedient, eine Verweisung auf Sprachregeln[439]. Da diese allgemeine sprachliche

---

Rang der einzelnen Regelungen und ihre Qualifikation als Gesetz im Sinne von Art. 100 Abs. 1 GG ausschließlich und in strikt formeller Betrachtungsweise nach ihrem Urheber.

[435] In diesem Sinne bspw. auch *Engisch*, Einführung, S. 142–144.

Synonyme Verwendung der Begriffe bspw. bei *Hansen*, JuS 1992, S. 327 (328).

[436] In diese Richtung: *Brugger*, VerwArch. 78 (1987), S. 1 (22 f., 29 ff., 38 ff.); *Dahmen*, KStZ 1990, S. 25 ff., der den Begriff „betriebswirtschaftliche Grundsätze" als Verweisung auf bestimmte wissenschaftliche Methoden und Lehrmeinungen ansieht, die durch kein auf dem Gebiet der Betriebswirtschaftslehre autorisiertes Organ verbindlich festgelegt wären; *Karpen*, S. 34 f., 56 f., zu Blankettstrafgesetzen: S. 82–86, 97 f.

Im Hinblick auf die Zulässigkeitsanforderungen aus dem Demokratieprinzip *Dreier*, in: ders., GG, Art. 20 (Demokratie), Rn. 122.

Weitgehende Gleichsetzung der beiden Institute bei: *Eberstein*, in: FS Luther, S. 47 (60); *Ernst*, S. 40; *Nickusch*, NJW 1967, S. 811; *Mühlenbruch*, S. 148; *Roßnagel*, in: Kubicek/Seeger, S. 169 (170–173); *Scholz*, in: FS 125 Jahre Juristische Gesellschaft zu Berlin, S. 691 (700, 705 f.).

[437] In diesem Sinne: *M. Schäfer*, S. 185; *Scholz*, in: FS zum 125-jährigen Jubiläum der Juristischen Gesellschaft Berlin, S. 691 (700); *Thienel*, Verweisungen, S. 28.

Zur Unvollständigkeit unbestimmter Rechtsbegriffe siehe bspw.: *Marburger*, Schadensvorsorge, S. 117 ff.; *Ossenbühl*, DÖV 1982, S. 833 (835 f.).

[438] In diesem Sinne auch: *Marburger*, DIN-Normungskunde 17, S. 27 (31); *Ossenbühl*, DÖV 1982, S. 833 (835 f.); *Roßnagel*, in: Kubicek/Seeger, S. 169 (170–173); *Tiedemann*, S. 96; *Veit*, S. 142.

Offenheit durch den Rechtsanwender zu schließen ist, kann die Bildung einer eigenen Kategorie nur den Sinn haben, alle anderen Fälle der Normausfüllung durch
sonstige staatliche oder gesellschaftliche Instanzen zusammenzufassen[440]. Verweisungen nehmen nicht zur Beseitigung ihrer semantischen Unschärfe auf vom
Rechtsanwender aufgestellte generelle Sollenssätze Bezug[441]. Dementsprechend
lässt sich die Verweisung als Rezeption durch rechtssetzende Instanzen[442] – im
Gegensatz zur Konkretisierung von unbestimmten Rechtsbegriffen als Rezeption durch rechtsanwendende Instanzen[443] – definieren[444]. Im Ergebnis wird durch
die Verweisung die Gestaltungsfreiheit des Rechtsanwenders eingeschränkt, indem ihm die Beachtung der bezogenen Normen vorgeschrieben wird, während
durch die Verwendung eines unbestimmten Rechtsbegriffes der Spielraum des
Anwenders unberührt bleibt[445]. Nicht unerwähnt darf dabei bleiben, dass bei der
Verweisung durch den Rechtssetzer häufig nur das Verweisungsobjekt festgelegt
wird, das „Wie" der Rezeption aber letztlich dem Rechtsanwender überlassen
wird. Dogmatisch besteht der Unterschied vor allem darin, dass bei unbestimmten
Rechtsbegriffen – im Gegensatz zu der Verweisung – der Inhalt der bezogenen
Regelung nicht Bestandteil der Rechtsnorm wird[446].

---

[439] *Ebsen*, DÖV 1984, S. 654 (661 f.); *Thienel*, Verweisungen, S. 28. Vgl. auch *Staats*,
ZRP 1978, S. 59 (61), der die Verweisung auf DIN-Normen mit der Verwendung eines
Codes vergleicht.

[440] In diesem Sinne *Schünemann*, in: FS Lackner, S. 367 (373).

[441] *Schünemann*, in: FS Lackner, S. 367 (373), für Blankettstrafgesetze. Im Ergebnis
ähnlich auch *Veit*, S. 142 f., die allerdings von einem anderen Standpunkt ausgeht, wie sie
auf S. 144 betont. Vgl. auch *Esser*, Grundsatz und Norm, S. 150 ff.

[442] *Nolte*, S. 185.

[443] *Breuer*, AöR 101 (1976), S. 46 (52); *F. Kirchhof*, S. 155; *Fürst*, atomwirtschaft
1981, S. 66 (67); *Marburger*, DIN-Normungskunde 17, S. 27 (31); *ders.*, DIN-Mitt. 64
(1985), S. 570 (572); *ders.*, Habil, S. 168; *ders.*, Schadensvorsorge, S. 118; *Roßnagel*, in:
Kubicek/Seeger, S. 169 (172); *Schapp*, in: FS Söllner, S. 973 (975 ff.).

[444] In diesem Sinne: *Battis/Gusy*, Technische Normen, Rn. 209 ff., insbes. Rn. 216;
Brennecke, S. 109; *Brunner*, S. 88 f., 92; *Erhard*, S. 9; *Fröhler*, WiVerw 1991, S. 2 (7); *Hertwig*, RdA 1985, S. 282 (283); implizit auch *Marburger/M. Klein*, JbUTR 2001, S. 161 (162
und passim); *M. Schäfer*, S. 185; *Schünemann*, in: FS Lackner, S. 367 (373), für Blankettstrafgesetze; *Schwab*, S. 252 f. Im Ergebnis ähnlich auch: *Veit*, S. 142 f., die allerdings von
einem anderen Standpunkt ausgeht, wie sie auf S. 144 betont; *Wilke*, DIN-Normungskunde
17, S. 11 (14 f.).

Scholz, in: FS 125 Jahre Juristische Gesellschaft zu Berlin, S. 691 (705 f.): Generalklausel
sei tatbestandliche Komplettierung im konkreten rechtsanwendenden Einzelfall, während
bei der Verweisung nach dem Verweisungssubstrat im Sinne normativer Tatbestandlichkeit
gefragt werde. Damit bestehe kein dogmatisch prinzipieller Unterschied.

Thienel, Verweisungen, S. 28, differenziert im österreichischen Recht danach, ob dem
zur Vollziehung berufenen Organ ein für seine Entscheidung bindender normativer Maßstab
vorgegeben wird.

[445] *Brunner*, S. 90.

II. Ermächtigung

Maßgebliches Abgrenzungskriterium zwischen Ermächtigung und Verweisung[447] ist, ob durch die Übertragung einer Befugnis die Zuständigkeitsordnung verändert wird oder nicht. Ermächtigung ist Machtverleihung, dagegen ist Verweisung Machtanknüpfung[448]. Weiter teilt die aufgrund der Ermächtigung erlassene Norm nicht den Rang der Ermächtigung, sondern entfaltet nur diejenigen Wirkungen, die ihr nach ihrer jeweiligen Rechtsnatur zukommen[449].

Der Wortlaut bildet allenfalls ein Indiz für die Abgrenzung, weil selbst übliche Verweisungsformeln[450] als Ermächtigungen ausgelegt werden können[451]. Häufig lässt sich die Ermächtigung von der Verweisung am besten dadurch abgrenzen, dass die Ermächtigungsnorm sich nicht unmittelbar an den Bürger richtet, sondern an den Ermächtigten[452].

III. Rechtssetzungsvorbehalte und Kollisionsnormen

Eine Verweisung liegt ebenfalls nicht vor, wenn eine Konkurrenz von Normgebern für ein bestimmtes Regelungsproblem in Frage steht und der Normgeber nur seine Regelungskompetenz beschränkt oder abgrenzt[453]. Von der Verweisung unterscheiden sich diese Fälle dadurch, dass das jeweilige Bezugsobjekt nicht in die Verweisungsnorm inkorporiert[454], sondern ein Freiraum zugunsten der jeweiligen anderweitigen Regelung offengehalten wird[455]. Die sich ergänzenden Regelungen der unterschiedlichen Normgeber stehen nebeneinander und lassen dabei die Geltung des anderen Rechtes unberührt[456].

---

[446] Siehe dazu statt vieler bspw.: *F. Kirchhof*, S. 155–157; *M. Schäfer*, S. 186; *Ullrich*, S. 36 f.

[447] Dieser Unterscheidung im Normsetzungsbereich entspricht im behördlich-organisatorischen Bereich die Unterscheidung von Ermächtigung und Mandat; *Clemens*, AöR 111 (1986), S. 63 (67 in Fn. 8).

[448] *Brugger*, VerwArch. 78 (1987), S. 1 (5); *Karpen*, S. 109; *ders.*, in: Rödig, S. 221 (233); *Reinermann*, S. 37.

Vgl. auch oben 1. Teil: C.I.2. Dynamische Verweisung (S. 85 ff.).

[449] *Ramsauer*, in: AK-GG, Art. 82 Rn. 32.

[450] Siehe dazu oben in Fn. 30 im 1. Teil (S. 38).

[451] In diesem Sinne *Sachs*, NJW 1981, S. 1651 (1652).

[452] In diesem Sinne auch *Guckelberger*, ZG 2004, S. 62 (67).

[453] *Brugger*, VerwArch. 78 (1987), S. 1 (5).

[454] *Adolphsen*, RabelsZ 68 (2004), S. 154 (163); *Enneccerus/Nipperdey*, § 66b III 5 (S. 395); *Ramsauer*, in: AK-GG, Art. 82 Rn. 32; *Schnapauff*, DIN-Normungskunde 17, S. 40 (48).

[455] *Clemens*, AöR 111 (1986), S. 63 (68); *Schnapauff*, DIN-Normungskunde 17, S. 40 (48). Nach *Triepel*, Völkerrecht, S. 159, kommt dazu noch der Befehl an den Richter, das fremde Recht anzuwenden.

Im Verhältnis von Bundes- und Landesgesetzgebung handelt es sich um *Rechts-setzungsvorbehalte*[457] nach den Kompetenzvorschriften[458]. Der Vorbehalt belässt[459] oder überlässt[460] einer anderen Stelle eine Zuständigkeit, welche diese kraft Verfassung schon hat, und macht durch den Hinweis auf die andere Stelle dieses Kompetenzverhältnis sichtbar[461]. Dabei ist die Abgrenzung manchmal schwierig[462]. Im Gegensatz zur Verweisungsnorm ist die „vorbehaltende Norm" aber nicht unvollständig[463]. Damit unterliegen die Vorbehalte weniger strengen verfassungsrechtlichen Voraussetzungen als die Verweisung. Vorbehalte für die Landesgesetzgebung sind seit langem verfassungsgerichtlich anerkannt[464]. Dementsprechend kann sich eine vermeintliche Verweisungsnorm des Bundesgesetzgebers als Vorbehalt zugunsten der Landesgesetzgebung entlarven, womit die verfassungsrechtlichen Probleme der Verweisung entfallen[465]. Im umgekehrten Verhältnis versagt dieser Ausweg freilich, da es Vorbehalte zugunsten des Bundes im Grundgesetz nicht gibt[466].

Wichtigster Fall *(geltungsbeschränkender) Kollisionsnormen* sind die so genannten *Verweisungen*[467] des Internationalen Privatrechts[468]. In Österreich wird

---

[456] *Schnapauff*, DIN-Normungskunde 17, S. 40 (48); *Sachs*, NJW 1981, S. 1651 (1651 f.); *Strebel*, ZaöRV 28 (1968), S. 503 (505).

[457] Zum Begriff des Vorbehalts siehe bei *Karpen*, S. 43 ff., der zwischen allgemeinem und speziellem Gesetzesvorbehalt im Grundgesetz, dem Vorbehalt zur Kompetenzabgrenzung im Bund-Länder-Verhältnis und dem „Vorbehalt" als Form einschränkender Verweisung unterscheidet.

[458] Hierzu: *Clemens*, AöR 111 (1986), S. 63 (68 ff.); *Karpen*, S. 44 ff., 60 f.

[459] Soweit das Bundesgesetz nicht weniger regelt, als es regeln darf.

[460] Soweit das Bundesgesetz weniger regelt, als es regeln darf.

[461] *Karpen*, S. 46. Etwas anders und abstrakter definiert *Bullinger*, Unterermächtigung, S. 18, den Vorbehalt als „Verzicht des mit Vorrang Rechtsetzenden auf die Sperrwirkung seiner rechtssatzweisen Regelung zugunsten des schwächer Rechtsetzungsermächtigten."

[462] Zu einem umstrittenen Fall siehe unten im 2. Teil in Fn. 107 auf S. 123.

[463] *Karpen*, S. 45.

[464] *Baden*, NJW 1979, S. 623 (625). Zu den Vorbehalten siehe bspw.: BVerfGE 11, S. 192 (200 f.); 29, S. 125 (137 f.); 35, S. 65 (73); *Maunz*, in: ders./Dürig, GG, Art. 72 Rn. 12.

[465] In diesem Sinne auch: *Baden*, NJW 1979, S. 623 (625 f.); *Ossenbühl*, DVBl. 1967, S. 401 (404); *Sachs*, NJW 1981, S. 1651 (1652).

[466] *Baden*, NJW 1979, S. 623 (626).

[467] Früher wurden die Kollisionsregeln des IPR sogar noch als konstitutive Verweisungen (siehe oben bei Fn. 65 im 1. Teil auf S. 42) angesehen, so bspw. bei *Jellinek*, Gesetz, S. 94. Sie zwar als Kollisionsnormen ansehend, aber auch als Verweisungen bezeichnend: *Kropholler*, § 1 I 3 (S. 1 f.); *Schurig*, in: Kegel/Schurig, § 1 VIII (insbes. S. 53). Vgl. auch *Merten/F. Kirchhof*, in: Staudinger, 12. Aufl., EGBGB, Art. 4 Rn. 10 f., welche die Kollisionsnormen des IPR als nicht inkorporierende Anwendungsverweisungen bezeichnen.

[468] Dazu: *Brugger*, VerwArch. 78 (1987), S. 1 (5 f.); *Clemens*, AöR 111 (1986), S. 63 (68, 72 ff.); *Karpen*, S. 49 f.; *Schneider*, Rn. 381 f.

dagegen zumeist[469], wie auch in Griechenland[470], nicht zwischen Verweisungen und Kollisionsnormen unterschieden. Auch der EuGH[471] bezeichnet Normen als Verweisungen, in denen nur den Mitgliedsstaaten Rechtssetzungsfreiräume vorbehalten werden[472].

E. Gründe für und gegen
die Verweisungstechnik

Vor- und Nachteile der Verweisungstechnik sind so sehr ineinander verwoben, dass eine getrennte Darstellung nicht zweckmäßig erscheint[473]. Dieser Zwiespalt wird auch in der Aussage von Ernst Zitelmann[474] deutlich, wonach Verweisungen nie ganz zu vermeiden sind.

I. Unmöglichkeit der Gesamtwiedergabe als Text

Ein Grund für die Verweisung ist die Schwierigkeit oder Unmöglichkeit, den Gesamtinhalt der Regelung in den Text der Norm aufzunehmen[475]. Vor allem Pläne, Tabellen und Muster lassen sich praktisch nur durch Verweisung einbeziehen[476].

---

[469] Vgl. *Thienel*, Staatsbürgerschaft II, S. 86 ff.

[470] Bei *Strangas*, III 1 (S. 179), wird der Verweisungsbegriff des IPR als ein Unterfall des rechtsmethodologischen Verweisungsbegriffs eingeordnet und dies als eine dem „durchschnittlichen griechischen Juristen geläufige Bedeutung" des Wortes Verweisung bezeichnet.

[471] In diesem Sinne wurde wohl in EuGH, Slg. 1989, S. 2965 (Ls. 2), das Prädikat „verweist" verwendet.

[472] In diesem Sinne auch die Einschätzung zum Verhältnis von Gemeinschaftsrecht zum nationalen Recht bei *Barnstedt*, S. 41 f. Vgl. auch *Voss*, RIW 1979, S. 657 f., wonach „Verweisungen" im Gemeinschaftsrecht auf das Recht der nationalen Mitgliedsstaaten keine inkorporierende Wirkung, wie bei gewöhnlichen Verweisungen, hätten. Die Verweisungen hätten vielmehr den Sinn, dass die Mitgliedstaaten ihre eigenen Bestimmungen aus einem Bereich auch in einem anderen Bereich anzuwenden hätten.

[473] Wie hier wohl *Karpen*, S. 222 f., der zunächst Nachteile und dann Vorteile auflistet und zuletzt den „Widerspruch zwischen Kürze des Gesetzes und Rechtsklarheit" anführt. A. A. *Reinermann*, der zunächst auf S. 32–34 Vorteile, und auf S. 34 f. Nachteile auflistet.

[474] *Zitelmann*, Kunst der Gesetzgebung, S. 16.

[475] *BMJ*, Rechtsförmlichkeit, Rn. 208; *Fuss*, in: FS Paulick, S. 293 (294); *Karpen*, S. 15; *Reinermann*, S. 31.

[476] *BMJ*, Rechtsförmlichkeit, Rn. 208; *Karpen*, S. 15 f.

II. Gesetzesökonomie

Generell sind Verweisungen geeignet, Rechtssätze oder ganze Normwerke redaktionell einfacher, kürzer und übersichtlicher zu gestalten[477]. Vor allem die Fiktion[478] und die Legaldefinition[479] weisen einen solchen Vorzug der Kürze und gegebenenfalls auch der Anschaulichkeit auf. Durch eine Verweisung können Normen auch von sehr speziellen und umfangreichen Detailbestimmungen[480] freigehalten werden und sich auf grundlegende Anordnungen beschränken[481].

III. Systembildung

Die Verweisung kann auch den Zweck haben, die Systembildung sichtbar zu machen[482] und so gleichzeitig wertvolle Anhaltspunkte für die Auslegung zu geben, was bei einer Wiederholung nicht der Fall wäre[483]. Dies geschieht meist durch die Binnenverweisung und kann durch einen Allgemeinen Teil verstärkt werden[484].

Außenverweisungen machen das Ineinandergreifen der Vorschriften in der Gesamtrechtsordnung sichtbar und dienen damit zugleich der Rechtsvereinheitlichung[485]. Oft verfolgt der Normgeber mit der Verweisung nämlich primär das Ziel, die eigenen Vorschriften der von einer anderen rechtsetzenden Instanz erlasse-

---

[477] In diesem Sinne: *BMJ*, Rechtsförmlichkeit, Rn. 207; *Brugger*, VerwArch. 78 (1987), S. 1 (3); *Erhard*, S. 5; *Grauer*, S. 43; *Guckelberger*, ZG 2004, S. 62 (66); *Hill*, S. 114; *W. Hugger*, S. 303; *Karpen*, S. 11; *Kastner*, in: FS 100 Jahre ABGB I, S. 533 (552); *Lausch*, S. 188; *Lickteig*, S. 7; *Müller-Foell, S. 18*; *Moll*, S. 27; *Schenke*, in: FS Fröhler, S. 87 (89); *Schier*, BayVBl. 1979, S. 321 (327); *Schwacke / Uhlig*, S. 81; *Strecker*, DIN-Normungskunde 14, S. 43 (52).

[478] *P. Meyer*, Fiktionen im Recht, S. 103 f.; *Karpen*, S. 25 f.

[479] *Real*, RabelsZ 48 (1984), S. 52 (78).

[480] Vor allem bei Verweisungen auf technische Vorschriften ist dies der Fall, so auch: *Erhard*, S. 5; *Karpen*, S. 14; *Marburger*, Habil., S. 379; *M. Schäfer*, S. 45; *Schwierz*, S. 47, übernimmt die Aussagen von *Marburger*.

[481] *Backherms*, ZRP 1978, S. 261; *Erhard*, S. 5; *Fuss*, in: FS Paulick, S. 293 (294); *Guckelberger*, ZG 2004, S. 62 (66); *Karpen*, S. 14, 17; *Krey*, in: EWR 2/1981, S. 109 (131); *T. R. Meyer*, DIN-Normungskunde 17, S. 88 (91); *Müller-Foell*, S. 18; *Veit*, S. 34.

[482] In diesem Sinne: *Brugger*, VerwArch. 78 (1987), S. 1 (3); *Guckelberger*, ZG 2004, S. 62 (66); *Hassold*, JR 1989, S. 358 (359); *Herb*, S. 25; *Karpen*, S. 12; *Kastner*, in: FS 100 Jahre ABGB I, S. 533 (552); *Schenke*, in: FS Fröhler, S. 87 (89); *Schwacke / Uhlig*, S. 81.

[483] *Karpen*, S. 13 i. V. m. S. 17.

[484] *Karpen*, S. 12 i. V. m. S. 18; *Schenke*, in: FS Fröhler, S. 87 (89).

[485] In diesem Sinne: BVerwGE 27, S. 239 (244), für dynamische Verweisungen; *Diederichsen*, in: Starck, S. 39 (58); *Fuss*, in: FS Paulick, S. 293 (294 f.); *Grams*, S. 229; *Grauer*, S. 44; *Guckelberger*, ZG 2004, S. 62 (66); *Hassold*, JR 1989, S. 358 (359); *Herb*, S. 25; *Hill*, S. 114 f.; *Karpen*, S. 13; *Lickteig*, S. 7; *Schneider*, Rn. 399.

nen Regelung anzupassen[486]. Verweisungen auf fremde Rechtsordnungen bergen wegen der Verschiedenheit der fremden und der verweisenden Rechtsordnung allerdings das Risiko von Widersprüchen[487]. Auch können durch den unbedachten Gebrauch von Verweisungen ungleiche Sachverhalte willkürlich gleich behandelt werden[488]. Umgekehrt können vergleichbare Sachverhalte sehr einfach gleich geregelt werden[489].

IV. Entlastung und Entmachtung des Gesetzgebers

Durch eine Verweisung erleichtert sich der Gesetzgeber seine Arbeit, indem er auf eine eigenständige Regelung verzichtet[490]. Es liegt daher nahe, dass man sich bei „Anderen" umsieht und aus Gründen der Einsparung von Ressourcen sich deren Leistungen nutzbar macht[491]. Bei der technischen Normierung besteht die Gefahr, dass sich der parlamentarische Gesetzgeber in Detailregelungen verliert und die grundsätzlichen politischen Aufgaben der Gesetzgebung und der demokratischen Kontrolle verfehlt[492].

Allerdings kann die Erleichterung der Gesetzgebung in eine Bequemlichkeit ausarten und der Gesetzgeber wird dann seinen Prüfungs- und Entscheidungsaufgaben nicht mehr gerecht[493]. Dadurch droht bei (dynamisch-)heteronomer Verweisung eine zumindest partielle Entmachtung des Gesetzgebers[494].

V. Kooperation bei Verweisung auf Regeln Privater

Gerade bei Verweisungen auf technische Vorschriften bezweckt der Gesetzgeber, sachverständige Kreise an der Normsetzung zu beteiligen (Kooperation)[495].

---

[486] Statt vieler: *Blum / Ebeling*, in: Bepler, S. 85 (87); *Karpen*, S. 14.

[487] *Engisch*, Einheit, S. 26 Fn. 2 (abgedruckt auf S. 27).

[488] Vgl. *P. Meyer*, Fiktionen im Recht, S. 91.

[489] In diesem Sinne auch *BMJ*, Rechtsförmlichkeit, Rn. 207.

[490] *Feldhaus*, in: Rengeling, Umweltnormung, S. 137 (143), bei konkretisierenden Vorschriften privater Normungsverbände; *Karpen*, S. 14; *Krey*, in: EWR 2/1981, S. 109 (131), bei heteronomen Verweisungen; *Marburger*, Habil., S. 379; *Moll*, S. 27; *Schenke*, in: FS Fröhler, S. 87 (90); *Schwierz*, S. 43.

[491] So die allgemeine Einschätzung der Gründe für Rezeptionen von *Häberle*, JZ 1992, S. 1033 (1034).

[492] *Breuer*, AöR 101 (1976), S. 46 (50). In diesem Sinne auch: *Kindermann*, Ministerielle Richtlinien, S. 48; *Roßnagel*, in: Kubicek / Seeger, S. 169 (170).

[493] *Karpen*, S. 14.

[494] Vgl. statt vieler BVerfGE 47, S. 285 (313 ff.) – Notargebühren.

[495] *Ehricke / Blask*, JZ 2003, S. 722 (724); *Erhard*, S. 5; *Hiller*, S. 72; *Karpen*, S. 15; *Marburger*, Habil., S. 379; *ders.*, in: Festgabe Gesellschaft für Rechtspolitik, S. 275 (293);

Das Parlament verfügt nicht über den erforderlichen Sachverstand, um die sicherheitstechnischen Detailvorschriften ausarbeiten und nicht nur formell, sondern auch inhaltlich vertreten zu können[496]. Allein im DIN sind etwa 34.000 Fachleute ehrenamtlich und 1.000 Mitarbeiter hauptamtlich mit der Aufstellung und Novellierung der Regeln befasst[497]. Die Mitarbeit der Normadressaten steigert auch deren Bereitschaft zur Normloyalität[498]. Im Sinne des Subsidiaritätsprinzips wird dadurch zugleich die Möglichkeit beschränkter Selbstverwaltung geschaffen und ein Ausgleich zwischen den Bedürfnissen staatlicher Reglementierung und den Interessen der betroffenen Normadressaten angestrebt[499]. Dem staatlichen Normgeber stehen keine funktionierenden Alternativen zur Verweisung zur Verfügung, will er zeitnah die Dynamik der technischen Entwicklung einfangen und zugleich seinen Regelungsaufwand in Grenzen halten[500].

VI. Flexibilität, Präzision und dynamischer Grundrechtsschutz

Vor allem die dynamische Verweisung auf technische Regeln gewährleistet die rasche Anpassung des Gesetzesinhaltes an den fortgeschrittenen Stand der Technik und zeigt so die Flexibilität und Aktualität der Verweisung[501]. Zwecks Gewährleistung eines *dynamischen Grundrechtsschutzes*[502] ist die Rechtsordnung auf flexible Normen angewiesen, die es ermöglichen, Risiken effektiv zu begegnen[503]. Dadurch werden die grundlegenden Spannungen zwischen der verharrenden Ten-

---

Röhling, S. 16; *M. Schäfer*, S. 45; *Schenke*, NJW 1980, S. 743; *ders.*, in: FS Fröhler, S. 87 (90); *Schnapp*, in: FS Krasney, S. 437 (447), im Bereich der Inkorporierung medizinischen Sachverstandes; *Schwierz*, S. 47; *Veit*, S. 35.

Feldhaus, in: Rengeling, Umweltnormung, S. 137 (142), spricht von einer „gewissermaßen antizipierenden Deregulierung".

[496] *Breuer*, AöR 101 (1976), S. 46 (49 f.); *ders.*, JbUTR 1989, S. 43 (50 f.); *Marburger*, Habil., S. 381; *Roßnagel*, in: Kubicek / Seeger, S. 169 (170).

[497] Statistischen Angaben nach *Reihlen*, in: Rengeling, Umweltnormung (1998), S. 1 (5).

[498] *Veit*, S. 35.

[499] *Karpen*, S. 15.

[500] *Vieweg*, in: Müller-Graff, S. 57 (61).

[501] Ähnlich: *Ehricke / Blask*, JZ 2003, S. 722 (724); *Erhard*, S. 5; *Krey*, in: EWR 2/1981, S. 109 (131 f.); *Veit*, S. 34; *Marburger*, Habil., S. 379; *Schenke*, in: FS Fröhler, S. 87 (90); *Schmeder*, S. 86; *Schwierz*, S. 47.

[502] Vgl. BVerfGE 49, S. 89 (90 in Ls. 5) – Kalkar I, im Zusammenhang mit dem unbestimmten Rechtsbegriff „Stand von Wissenschaft und Technik" im Atomrecht.

[503] In diesem Sinne auch: *Denninger*, Normsetzung, Rn. 137 f.; *Erhard*, S. 5; *Ipsen*, VVDStRL 78 (1990), S. 177 (188 f.); *Marburger*, in: Festgabe Gesellschaft für Rechtspolitik, S. 275 (292 f.); *Roßnagel*, in: Kubicek / Seeger, S. 169 (171), der die dynamische Verweisung auf private Verbände allerdings für unzulässig hält; *Schenke*, NJW 1980, S. 743; *Sellner*, NVwZ 1987, S. 303 (304 f.); *Veit*, S. 34. Vgl. auch *Dietlein*, in: Landmann / Roh-

denz des Rechts und der fortschreitenden technischen Entwicklung[504] insoweit
behoben, als die verweisenden Rechtsnormen durch die Änderung der bezogenen
technischen Normen angepasst werden[505].

Im Unterschied zu unbestimmten Rechtsbegriffen, bei denen die exakte Grenzziehung letztlich dem Richter obliegt, wird durch die Verweisung auf feste technische Daten eine kaum zu überbietende Präzision erreicht[506].

Probleme in Bezug auf die Flexibilität und Aktualität stellen sich allerdings
bei der statischen Verweisung. Zunächst wird der Rechtssuchende praktisch zum
Rechtshistoriker[507]. Problematischer ist es, wenn technische Entwicklungen[508]
oder die Gesetzgebung inzwischen überholt sind. Dann stellt sich die Frage, ob
eine solche Verweisungsnorm überhaupt noch angewendet, vor allem mit einer
Sanktion belegt werden kann[509].

VII. Erhöhung oder Verminderung der Rechtsklarheit

Ferner zerreißen Verweisungen den Zusammenhang des Textes[510]. Der Gesamt-
regelungsgehalt wird nicht allein aus der Ausgangsnorm deutlich, sondern ergibt
sich erst zusammen mit dem Bezugsobjekt[511].

Um den Inhalt der Verweisungsnorm ermitteln zu können, muss der Rechtsanwender überhaupt wissen, welche Normen in Bezug genommen werden. Bei
heteronomen Verweisungen muss der Betroffene eventuell verschiedene Gesetzesblätter oder Amtsblätter heranziehen, um den Inhalt der Verweisungsnorm

---

mer, BImSchG, § 7 Rn. 118, der bei statischen Verweisungen von verfassungsrechtlichen
Bedenken im Hinblick auf den „dynamischen Grundrechtsschutz" schreibt.

[504] Zu dem Problem der Dynamik der Technik und der Statik des Rechts siehe bspw.:
Murswiek, in: FS Kriele, S. 651 (651–658); *Ossenbühl*, DÖV 1982, S. 833 ff.; *Reihlen*,
DIN-Normungskunde 17, S. 9 (10).

[505] *Starkowski*, S. 81; ähnlich auch *Murswiek*, in: FS Kriele, S. 651 (657).

[506] *Veit*, S. 124. In diesem Sinne auch: *T. R. Meyer*, DIN-Normungskunde 17, S. 88
(94): starre Verweisung aus Gründen der Rechtssicherheit gegenüber der Generalklausel
vorzugswürdig; *Schenke*, in: FS Fröhler, S. 87 (111), für die Verweisung von Strafvorschriften auf Rechtsverordnungen, die gegenüber normativen Tatbestandsmerkmalen eher den
Bestimmtheitsanforderungen entsprechen.

[507] *Rupp*, WM 1993, S. 1503. Ähnlich *Buckenberger*, DIN-Normungskunde 17, S. 52.

[508] Dazu: *Buckenberger*, DIN-Normungskunde 17, S. 52; *Roßnagel*, in: Kubicek / Seeger,
S. 169 (171 f.).

[509] Vgl. *Veit*, S. 35 f.; siehe dazu unten 2. Teil: H.VI.3.b) Pönalisierung unwirksamer
Verweisungsobjekte (S. 272).

[510] In diesem Sinne: *Kastner*, in: FS 100 Jahre ABGB I, S. 533 (549); *K. Wolff*, S. 7;
ähnlich auch *Noll*, S. 227 f.

[511] *BMJ*, Rechtsförmlichkeit, Rn. 209; *Guckelberger*, ZG 2004, S. 62 (66); *Schier*,
BayVBl. 1979, S. 321 (327).

feststellen zu können[512]. Heißt es nur „die VDE-Bestimmungen sind zu beachten", so ist eine Feststellung des Norminhalts so gut wie unmöglich[513]. Auch werfen Verweisungsnormen Auslegungsprobleme auf, die bei einer Regelung an Ort und Stelle vermieden würden[514]. Bei Kettenverweisungen müssen mehrere Vorschriften herangezogen werden, um den Inhalt der Regelung zu ermitteln[515].

Eine Verweisung ohne Angabe des Gegenstandes, der durch Verweisung geregelt werden soll (*nackte Verweisung*[516]), ist schwer verständlich[517]. Zwar kann dieser Nachteil gemildert werden, wenn die Verweisungsnorm auch den Inhalt des Verweisungsobjektes umschreibt[518], dennoch kann die Verständlichkeit und Anschaulichkeit der Verweisungsnorm leiden[519]. Vor allem ein Allgemeiner Teil kann durch seine sehr abstrakten und inhaltlich zusammenhanglosen Normen schwer verständlich sein[520]. Damit besteht der Hauptnachteil der Verweisungstechnik darin, dass die Normklarheit, die Bestimmtheit von Gesetzen, bei dieser Gesetzgebungstechnik erheblich beeinträchtigt werden kann[521]. Andererseits kann die Fiktion als besondere Form der Verweisung die Anschaulichkeit auch erhöhen[522]. Verweisungen auf die zum Standardwissen gehörenden Regelungen der Basisgesetze, etwa auf das BGB, erleichtern die Rechtsanwendung; Verweisungen auf Spezialgesetze erschweren sie[523]. Eine durch die Verweisung bewirkte mehrstufige Regelung kann leichter verstehbar sein als ein einstufiges Regelwerk[524], wenn durch die mehrstufige Verweisung mehrere Einzelregelungen zu Sinneinheiten

---

[512] *Krey*, in: EWR 2/1981, S. 109 (132).

[513] *Veit*, S. 35. Zur Verfassungswidrigkeit dieser Formel siehe unten im 2. Teil: C.III.4.a)dd) Sonstige problematische Verweisungsformeln (S. 149 f.).

[514] *Wilke*, DIN-Normungskunde 17, S. 11 (12); in diesem Sinne auch *Bayer/Wirth*, ZIP 1996, S. 817 ff.: „Pfadsuche im Verweisungsdschungel".

[515] *BMJ*, Rechtsförmlichkeit, Rn. 209.

[516] Als Beispiel führt *Hw. Müller*, Gesetzgebungstechnik, S. 179, den § 254 Abs. 2 Satz 2 BGB an: „Die Vorschrift des § 278 findet entsprechende Anwendung".

[517] In diesem Sinne: *Karpen*, in: Rödig, S. 221 (237); *Hw. Müller*, Gesetzgebungstechnik, S. 179 f.

[518] Vgl. *BMJ*, Rechtsförmlichkeit, Rn. 209; *Daum*, in: Gesellschaft für deutsche Sprache, S. 6 f.

[519] In diesem Sinne: *Herb*, S. 25; *Karpen*, S. 11; *Kastner*, in: FS 100 Jahre ABGB I, S. 533 (549); *K. Schmidt*, ZGR 1990, S. 580 (585); *Schwacke/Uhlig*, S. 81; *Veit*, S. 35.

[520] *Karpen*, S. 18.

[521] *Krey*, in: EWR 2/1981, S. 109 (132 f.).

[522] *P. Meyer*, Fiktionen im Recht, S. 103 f. A. A. *Kohler*, AcP 96 (1905), S. 345 (365): „Fiktion ist anerkanntermaßen ein Mittel der Unbehilflichkeit, um einen Gedanken auszudrücken, den man nicht direkt vollkommen verständlich und zutreffend ausdrücken kann: sie führt fast immer zu Unrichtigkeiten und Fehlern der Praxis".

[523] *Knütel*, in: Diederichsen/Dreier, S. 62 (86). In diese Richtung argumentierend *Meister*, Markenartikel 1992, S. 70 (74).

[524] BGHZ 111, S. 388 (392), für Verweisung in allgemeinen Geschäftsbedingungen.

zusammengefasst werden. Gegenüber einer Verweisung fördert die Wiederholung die Anschaulichkeit und Einprägsamkeit der Einzelnorm als Sinneinheit, macht aber die Querverbindung nicht sichtbar[525].

VIII. Fehleranfälligkeit

Ein Hinweis auf den Inhalt des Verweisungsobjektes kann ebenfalls nützlich sein, um der spezifischen Fehleranfälligkeit von Verweisungen Rechnung zu tragen oder die Fehlerkorrektur zu erleichtern. Die Verweisung birgt nämlich die Gefahr der Sinnwidrigkeit, wenn die Verweisungsnorm oder wenn das Verweisungsobjekt geändert wird, ohne dass dabei an den Verweisungszusammenhang gedacht wird[526]. Solche Inkongruenzen von Verweisungsnorm und Verweisungsobjekt kommen nicht selten vor, wie das Geleitwort zur Ergänzungslieferung des Schönfelder vom Oktober 1981 belegt[527]. Solche Inkongruenzen lassen sich vermeiden, wenn die anzuwendende Norm nicht über den Paragrafen, sondern durch den Regelungsgehalt beschrieben wird[528]. Nicht selten ist auch, dass Verweisungen andere Normen ungewollt erfassen oder ungewollt nicht erfassen. Insgesamt erweisen sich Gesetze mit Verweisungen als besonders fehleranfällig[529].

Daneben bewirken Weiterverweisungen und dadurch entstehende Verschachtelungen ein hohes Fehlerrisiko in der Rechtsanwendung[530].

---

[525] *Karpen*, S. 16 f.

[526] In diesem Sinne: *Guckelberger*, ZG 2004, S. 62 (66); *W. Hugger*, S. 304, fordert daher eine Überwachung; *Schier*, BayVBl. 1979, S. 321 (327).

[527] Dort heißt es – zitiert nach *Hill*, S. 117 –: „Die Ergänzungslieferung enthält als besonders wichtige Neuerung die bereits seit 1. Januar 1981 geltende Neufassung des Patentgesetzes vom 16. Dezember 1980 mit völlig neuer Paragraphenfolge. Aus diesem Grund mußte auch eine größere Zahl von Blättern aus dem Gebrauchsmustergesetz, dem Warenzeichengesetz und dem Gesetz über die Gebühren des Patentamts und des Patentgerichts ausgewechselt werden, weil die in diesen Vorschriften enthaltenen Verweisungen auf das Patentgesetz unrichtig und somit unverständlich geworden sind. Nachdem der Gesetzgeber selbst keine Änderung dieser Verweisungen vorgenommen hat, wurden die bisherigen, nunmehr falschen Zitierungen des Patentgesetzes in Kursivdruck wiedergegeben und in Anmerkungen auf die jetzigen Vorschriften verwiesen." Ähnlich der Abdruck bei *Schnell*, S. 133 f., die kritisiert, dass der Gesetzgeber es der Privatinitiative überlasse, die Gesetze den Rechtsänderungen anzupassen.

[528] Vgl. dazu *BMJ*, Rechtsförmlichkeit, Rn. 239, dort wird das Beispiel „bürgerlich-rechtliche Bestimmungen über den Fund" anstelle der gemeinten „§§ 965 bis 984 BGB" angegeben.

[529] In diesem Sinne auch: *Mendelsohn*, S. 1; *Rupp*, WM 1993, S. 1503.

Zu Beispielen aus der österreichischen Praxis siehe *Wielinger*, in: Öhlinger, S. 154 (159 f.), der die fehlerhafte Verweisung als häufigsten Fall einer inneren Inkonsistenz von Normen bezeichnet.

IX. Bewertung der Vor- und Nachteile

Die Vor- und Nachteile der Verweisungstechnik sind somit sehr vielfältig. Dementsprechend kann weder generell die Verwendung noch die Vermeidung der Verweisung empfohlen werden. Empfehlenswert ist die Verweisung auf eine exemplarische Regelung in bekannten Gesetzen wie BGB, StGB oder VwVfG[531]. Sinnvoller als die Wiederholung sind in vielen Konstellationen auch Sonderformen der Verweisung (Fiktion, Allgemeiner Teil)[532]. Trotz gewisser Nachteile und teilweise heftiger Kritik[533] hat die Verweisung aber zumeist überwiegende Vorteile[534], die sich in der häufigen Verwendung dieses gesetzestechnischen Mittels niederschlagen[535].

---

[530] In diesem Sinne BVerfGE 110, S. 33 (61 f.). Vgl. dazu auch die ausführliche Auswertung der verweisungsbedingten Anwendungsfehler im Datenschutzstrafrecht (in der damaligen Fassung) bei *Herb*, passim, insbes. §§ 5–9 (S. 81–201).

[531] In diesem Sinne: *Knütel*, in: Diederichsen/Dreier, S. 62 (86); *K. Schmidt*, ZGR 1990, S. 580 (585).

[532] *Rödig*, in: ders., S. 592 (611), gibt folgende „erste Daumenregel" (für Wiederholungen innerhalb desselben Kodifikats ebenso: *Baden*, S. 232; *Röhl*, S. 202):

	Wiederholung innerhalb desselben Kodifikats		Wiederholung innerhalb verschiedener Kodifikate
	zusammenhängende Wiederholung	verstreutes Auftreten	
relativ seltenes Auftreten	Fiktion	Verweisung	explizite Wiederholung
relativ häufiges Auftreten	Legaldefinition	Allgemeiner Teil	Verweisung

[533] So bei: *Karpen*, in: Rödig, S. 221 (222); *Meister*, Markenartikel 1992, S. 70 (passim; insbes. 70, 74): legislation by labyrinth; *Rupp*, WM 1993, S. 1503, wonach die Verweisung einem „Verwirrspiel" gleicht; *Staats*, ZRP 1978, S. 59 (60), wonach Verweisungen keine Vorteile haben; *K. Wolff*, S. 7, der die „leidigen Verweisung" zu vermeiden sucht.

[534] In diesem Sinne bspw. auch: *Baden*, S. 235; *Ramsauer*, in: AK-GG, Art. 82 Rn. 30: Verweisung ist ein unentbehrliches Mittel der Gesetzgebungstechnik.

[535] In diese Sinne auch *Lickteig*, S. 8.

2. Teil

Grenzen der Verweisung
in deutschen Rechtsnormen

A. Einleitung und Überblick

Die Überprüfung von Verweisungen steht vor dem Dilemma, dass das Grundgesetz sowie die EG- und EU-Verträge keine ausdrücklichen Regelungen über die Zulässigkeit der Verweisung enthalten. Prüfungskriterien können deshalb nur allgemeine Grundsätze sein.

Die deklaratorische Verweisung ist nach allgemeiner Ansicht verfassungs-, EG- und EU-konform und muss nur die notwendige Klarheit und Erkennbarkeit der Regelung gewährleisten[1].

Für konstitutive Verweisungen wurden die verfassungsrechtlichen Grenzen der Verweisung vor allem seit der grundlegenden Entscheidung des Bundesverfassungsgerichtes[2] zur Verweisung im Notargebührenrecht des Bundes auf Landesrecht im Jahre 1978 häufig problematisiert. Dabei herrscht in der Rechtsprechung[3] eine Einzelfallbetrachtung vor, wobei die grundsätzliche Zulässigkeit aller Verweisungsformen betont wird.

In der Literatur sind mittlerweile bereits so viele Abhandlungen veröffentlicht worden, dass man leicht den Überblick verliert[4]. Vor allem Fritz Ossenbühl und Hans-Ulrich Karpen haben umfassende Kritikpunkte an der dynamischen Verweisung herausgearbeitet[5]. Daher wird nur selten die dynamisch-heteronome

---

[1] Vgl. *Jaeckel*, SächsVBl. 2000, S. 205 (209).

[2] BVerfGE 47, S. 285 ff.

[3] Z. B.: BVerfGE 26, S. 338 (366); 47, S. 285 (311 f.); 60, S. 135 (155); 67, S. 348 (363); BFHE 207, S. 88 (95); 171, S. 84 (88); BayVerfGHE 42, S. 1 (8); BayVGH, BayVBl. 2006, S. 639.
Vgl. aber auch VGH HE, HSGZ 1987, S. 155 (157): weder generell rechtswidrig noch generell rechtmäßig.

[4] So auch die Bewertung von *Moritz*, S. 9, bereits im Jahre 1995.

[5] Dazu vor allem unten im 2. Teil: D.I. Heteronome Verweisung als unzulässige Ermächtigung (S. 157 ff.), E.III.1.a) Unzulässigkeit der dynamisch-heteronomen Verweisung (S. 172), F.IV.1. Unzulässigkeit (S. 191) und G.IV.1. Demokratiemaximierende Auffassung (S. 203 f.).

Verweisung generell[6] oder im Bund-Länder-Verhältnis[7] oder bei Verweisung auf das Recht internationaler oder supranationaler Organisationen, denen die Bundesrepublik Deutschland angehört, vor allem auf das EG-Recht[8], als grundsätzlich zulässig bewertet. Mehrfach[9] werden dynamisch-heteronome Verweisungen ohne Bedenken gegen die verfassungsrechtliche Zulässigkeit angewendet. Häufig wird in der Literatur die dynamisch-heteronome Verweisung teils grundsätzlich, teils zumindest bei Verweisung auf Regelungen Privater als verfassungswidrig bewertet. Eugen Stahlhacke[10] vertritt sogar die Ansicht, dass die dynamische Verweisung mit dem Charakter des objektiven Rechts nicht vereinbar sei. Die Möglichkeit, auf etwas Zukünftiges zu verweisen, kenne das Gesetzesrecht nicht. Diese Argumentation ist jedoch nicht überzeugend, denn dynamische Verweisungen übernehmen nicht zukünftiges, sondern jeweils aktuelles Recht. Außerdem zeigt ein Blick auf die Rechtswirklichkeit, dass dynamische Verweisungen dem geltenden Recht nicht unbekannt sind, sondern von Normgebern in allen Bereichen des Rechts eingesetzt werden[11]. Vereinzelt finden sich auch Aussagen, die darauf schließen lassen, dass dynamische Verweisungen in der Normenpyramide von rangniedrigeren auf ranghöhere oder gleichrangige Normen als zulässig[12] oder umgekehrt als

---

[6] In diesem Sinne: *Anzinger* DIN-Normungskunde 17, S. 96 (100); *Bub*, DIN-Normungskunde 14, S. 75 (76); *Eberstein*, BB 1969, S. 1291 (1293); *Henzold*, DIN-Normungskunde 14, S. 77; *Herschel*, ZfA 1985, S. 21 (24); *Knaup/Stange*, BauNVO, § 20 Rn. 9; *Iffland*, DB 1964, S. 1737 (1739, 1741); *Schulze-Fielitz*, in: Dreier, GG, Art. 20 (Rechtsstaat) Rn. 143, vgl. aber auch Rn. 144; *Weber-Fas*, Stichwort Rechtssicherheit, S. 267; *Oetker*, JZ 2002, S. 337 (339); *Schröcker*, NJW 1967, S. 2285 (2290); *Socha*, DOK 1972, S. 875 ff.; *Ernst*, S. 50.

[7] So *Göbel*, in: Schäffer/Trifterer, S. 64 (70 f.), und *Schneider*, Rn. 398, die zu anderen Konstellationen keine Aussagen machen. In diesem Sinne auch *Schweiger*, in: Nawiasky, Verf. BY, Stand 7. Erg.-Lfg. Mai 1992, Art. 55 V Rn. 6b unter Hinweis auf BayVerfGHE 42, S. 1, Ls. 3/9.

[8] In diesem Sinne: *Ehricke/Blask*, JZ 2003, S. 722 (729); *Gellermann*, S. 55; *ders./Szczekalla*, NuR 1993, S. 54 (57); *T. Schulte*, S. 181 f.; *Sommermann*, in: v. Mangoldt/Friedrich Klein/Starck, GG, Art. 20 Rn. 290.

[9] Ohne Bedenken die dynamische Verweisung in den Landesverwaltungsverfahrensgesetzen auf das des Bundes anwendend: BVerwG, NVwZ 1984, S. 578; *P. Stelkens/Sachs*, in: Stelkens/Bonk/Sachs, VwVfG, Einleitung Rn. 61; *Sachs*, in: Brandt/Sachs, A I Rn. 23.
Ohne Bedenken die dynamische Verweisung in den Kommunalabgabengesetzen auf die Abgabenordnung anwendend: *Bauernfeind/Zimmermann*, KAG NW, § 12 Rn. 1; *Ermel*, § 4 Tz. 6; *Eschenbach*, ZKF 1992, S. 10; *ders.*, ZKF 1993, S. 9 ff.; *Gern*, Kommunales Abgabenrecht II, 6.4.1. (S. 26); *Ritthaler*, KAG TH, § 15 Tz. 1; *Rösch*, KAG HE, § 4 Rn. 1.

[10] *Stahlhacke*, DB 1960, S. 579 (581).

[11] So auch die Einschätzung von *Reinermann*, S. 72, vgl. weiter oben die umfangreiche Aufzählung der Verweisungen in der Einleitung in Fn. 29 auf S. 32 f.

[12] In diesem Sinne: *Badura*, Staatsrecht, F 49 (S. 565), wonach eine Verweisung in einem Gesetz nur auf ein Gesetz erfolgen darf; *Fritz Müller/Weiß*, BauNVO, § 20 Anm. zu Absatz 1; *Fritz Müller/Weiß/Allgeier/Jasch/Skoruppa*, III A 1.12, § 20 (BauNVO), S. 2.

unzulässig[13] angesehen werden. In diese Richtung weisen auch einige spezielle Verweisungsverbote[14].

Diese speziell normierten Beschränkungen der Verweisungstechnik werden im nächsten Gliederungspunkt (B) betrachtet. Spezielle Grenzen der Verweisungen entstanden vor allem wegen möglicher Verminderung der Rechtsklarheit[15]. Hieraus lassen sich auch Rückschlüsse auf die allgemeinen Grenzen eines weit interpretierten Prinzips der Rechtssicherheit ziehen (C). Daran anschließend wird untersucht, ob sich aus dem Vergleich mit den Anforderungen an Ermächtigungen Aussagen über die Zulässigkeit der Verweisung treffen lassen (D). Weiter sind die Auswirkungen der Verweisung im Hinblick auf das Bundesstaatsprinzip und die Kompetenzordnung (E), das Gewaltenteilungsprinzip (F) sowie das Demokratieprinzip (G) zu berücksichtigen. Kritisch sind dynamische Verweisungen vor allem im Bereich von Gesetzes- / Parlamentsvorbehalten (H). In Einzelfällen sind Verweisungen in deutschen Rechtsnormen auch in Hinblick auf europarechtliche Grenzen problematisch (I).

B. Spezielle Grenzen der Verweisung

I. Verweisungen im Grundgesetz

Für Verweisungen im Grundgesetz sind keine speziell normierten Verweisungsgrenzen ersichtlich. Zwar fordert Art. 79 Abs. 1 Satz 1 GG für eine Grundgesetzänderung ein Gesetz, „das den Wortlaut des Grundgesetzes ausdrücklich ändert oder ergänzt". Da diese Formulierung nur gegen Verfassungsdurchbrechungen wie in der Weimarer Republik gerichtet ist[16], ist dies kein Verweisungsverbot[17].

Vgl. auch *Haratsch*, EuR 2000, S. 42 (44 ff.), der bei der von ihm sog. nichtinkorporierenden Verweisung das rangniedrigere Verweisungsobjekt an dem ranghöheren Umfeld der Verweisungsnorm überprüfen will. Siehe dazu oben im 1. Teil bei Fn. 431 auf S. 93.

[13] Für die Verfassungswidrigkeit dynamischer Verweisung im GG auf unterverfassungsmäßige Normen plädiert *Hain*, in: v. Mangoldt / Friedrich Klein / Starck, GG, Art. 79 Rn. 9.

Vgl. *Lange*, S. 74 f.: „Schon die Unterschiede in der Publikation und die unvermeidlich wachsende Unübersichtlichkeit der Rechtsordnung und ihres Normengefüges sprechen selbst in einem solchem Fall gegen die Befähigung des Verordnungsgebers, Verwaltungsvorschriften in den Rang von Rechtsverordnungen zu erheben." Gewöhnlich werden dynamische Verweisungen zwischen unterschiedlichen Normentypen bei identischen Normgebern als unproblematisch eingestuft, so bspw.: BSGE 74, S. 296 (300 ff.); 34, S. 115 (117 f.); *Clemens*, AöR 111 (1986), S. 63 (101).

Dagegen explizit auch Verweisungen auf rangniedrigere Vorschriften für zulässig erklärend bspw. *Socha*, DOK 1972, S. 875 ff.

[14] Siehe dazu im 2. Teil: B. Spezielle Grenzen der Verweisung (S. 108 ff.).

[15] In diesem Sinne auch *Karpen*, S. 160.

II. Verweisungen in Gesetzen

Das Grundgesetz und die Verfassungen der Bundesländer enthalten keine speziellen Regelungen über die Zulässigkeit der Verweisung in Gesetzen.

III. Verweisungen in Rechtsverordnungen

Bei Verweisungen in Rechtsverordnungen stellen Gesetze häufig bestimmte Anforderungen an die Verweisungsobjekte. Eine allgemeine Regelung für Verweisungen existiert in der Schweiz[18] und – soweit ersichtlich einzigartig in Deutschland – in Hamburg:

---

[16] In diesem Sinne auch die Argumentation von *Rubel*, in: Umbach/Clemens, GG, Art. 79 Rn. 13.

[17] Im Ergebnis ebenso: *A. Bauer/Jestaedt*, S. 11; *Bryde*, in: v. Münch/Kunig, GG, Art. 79 Rn. 14; *Bushart*, S. 50 ff.; *Dreier*, in: ders., GG, Art. 79 I Rn. 25, der darauf hinweist, dass bereits der Verfassungsgeber bspw. in Art. 44 Abs. 2, 139, 140, 143 GG von der Möglichkeit der Verweisung Gebrauch gemacht hat; *Meyer-Arndt*, AöR 82 (1957), S. 275 (280 f.); *Rubel*, in: Umbach/Clemens, GG, Art. 79 Rn. 13 f.; wohl auch *Maunz*, in: ders./Dürig, GG, Art. 79 Rn. 4 in Fn. 2.

A. A.: *Schmidt-Preuß*, DVBl. 1993, S. 236 (238); *Wegge*, S. 45 f.

Die Zulässigkeit bejaht *Hufeld*, S. 239–241, wenn eine Rechtfertigung für die Durchbrechung des Prinzips der Urkundlichkeit vorliegt.

Zwischen statischen als zulässigen und dynamisch-heteronomen als unzulässigen Verweisungen differenzierend: *Hain*, in: v. Mangoldt/Friedrich Klein/Starck, GG, Art. 79 Rn. 9; *Lücke/Sachs*, in: Sachs, GG, Art. 79, Rn. 4–6.

BVerfGE 84, S. 90 (119), entzog sich einer klärenden Stellungnahme, indem es bei Art. 143 Abs. 3 GG auf die „besondere Situation" der Wiedervereinigung abstellte: „Jedenfalls für solche Fälle, die ihrer Natur nach konkrete Sachverhalte betreffen und vergangenheitsbezogen sind, reicht es aus, wenn der verfassungsändernde Gesetzgeber im Text der Verfassung den Tatbestand, der nach Inkrafttreten des Grundgesetzes im Beitrittsgebiet unberührt bleiben soll, konkret bezeichnet." In diesem Sinne auch *Feddersen*, DVBl. 1995, S. 502 (508).

[18] Bundesgesetz über die Gesetzessammlung und das Bundesblatt v. 21. 3. 1986, zitiert nach *Brunner*, S. 129 f.:

„Art. 4 Publikation eines Verweises

1) Ein Erlass, ein völkerrechtlicher und interkantonaler Vertrag sowie ein internationaler Beschluss, der sich wegen seines besonderen Charakters für die Veröffentlichung in der Amtlichen Sammlung nicht eignet, wird nur mit Titel sowie Fundstelle oder Bezugsquelle aufgenommen, insbesondere wenn:

a) er nur einen kleinen Kreis von Personen betrifft;

b) er von technischer Natur ist und sich nur an Fachleute wendet oder aus drucktechnischen Gründen in einem grösseren Format als dem der amtlichen Sammlung veröffentlicht werden muss;

c) ein Bundesgesetz oder ein allgemein verbindlicher Bundesbeschluss dies anordnet.

„Die Wirksamkeit der Verkündung wird nicht dadurch beeinträchtigt, dass in den Rechtsverordnungen auf Gesetze und Rechtsverordnungen des hamburgischen Landesrechts und des Bundesrechts, auch in ihrer jeweiligen Fassung, verwiesen wird. Auf andere Bestimmungen, insbesondere auf Bekanntmachungen sachverständiger Stellen, darf nur verwiesen werden, soweit sie amtlich veröffentlicht sind; auf die jeweilige Fassung solcher Bestimmungen darf nicht verwiesen werden"[19].

Für spezielle Rechtsbereiche ist § 7 Abs. 5 BImSchG das Musterbeispiel. Danach ist bei einer Verweisung auf jedermann zugängliche Bekanntmachungen sachverständiger Stellen

„1. in der Rechtsverordnung das Datum der Bekanntmachung anzugeben und die Bezugsquelle genau zu bezeichnen,
2. die Bekanntmachung bei dem Deutschen Patentamt archivmäßig gesichert niederzulegen und in der Rechtsverordnung darauf hinzuweisen."

Entsprechende Anforderungen enthalten § 30 Abs. 4 GenTG und § 19 Abs. 4 ChemG[20]. Dagegen begnügt sich § 5 Abs. 3 Energieeinsparungsgesetz[21] mit der Angabe der Fundstelle. Weiter enthalten im Anschluss an das Preußische Polizeiverwaltungsgesetz[22] die meisten Gesetze über die allgemeine Gefahrenabwehr auch Regelungen über die Verweisung in Rechtsverordnungen. Diese Grenzen stehen im Zusammenhang mit der Bestimmtheit von Rechtsvorschriften oder der Publikation[23]. Zumeist[24] werden dabei Publikationsanforderungen für Fremdver-

---

2) In diesem Fall wird der Text in einem anderen Publikationsorgan oder als Sonderdruck veröffentlicht. Die Bestimmungen für die Veröffentlichungen in der amtlichen Sammlung gelten sinngemäss".

[19] § 2 Hamburgisches Gesetz über die Verkündung von Rechtsverordnungen idF. v. 16. 1. 1989 (GVBl. S. 5).

[20] Niederlegungsbehörde ist jedoch bei § 30 Abs. 4 GenTG die zuständige Bundesoberbehörde und bei § 19 Abs. 4 ChemG die Bundesanstalt für Arbeitsschutz und Arbeitsmedizin.

[21] G. zur Einsparung von Energie in Gebäuden idF. d. Bek. v. 1. 9. 2005 (BGBl. I S. 2684).

[22] § 31 Polizeiverwaltungsgesetz v. 1. 6. 1931 (Preußische Gesetzsammlung, S. 77 [83]):
„(2) Polizeiverordnungen müssen in ihrem Inhalte bestimmt sein. Hinweise auf Anordnungen (z. B. Bekanntmachungen) außerhalb von Polizeiverordnungen sind in Polizeiverordnungen unzulässig, soweit diese Anordnungen Gebote oder Verbote von unbeschränkter Dauer enthalten.
(3) Soweit Polizeiverordnungen der Minister überwachungsbedürftige Anlagen betreffen, kann in diesen hinsichtlich der technischen Vorschriften auf Bekanntmachungen besonderer sachverständiger Stellen verwiesen werden. Die Art der Veröffentlichung dieser Bekanntmachungen ist zu bestimmen. Auf die erfolgte Veröffentlichung ist in der Preußischen Gesetzsammlung hinzuweisen."

[23] Vgl. bspw. nordrhein-westfälisches G. über Aufbau und Befugnisse der Ordnungsbehörden (OBG) idF. Art. 73 G. v. 5. 4. 2005 (GVBl. S. 274): „§ 29 Inhalt (1) Ordnungsbe-

weisungen aufgestellt. Manchmal werden (daneben) Verweisungen auf andere als Rechtsvorschriften[25] (von den gleichen oder übergeordneten Instanzen[26]) verboten.

IV. Verweisungen in kommunalen Satzungen

Die Entscheidung über den Erlass, die Änderung und Aufhebung von Satzungen kann die Gemeindevertretung gem. § 51 Nr. 6 HGO nicht übertragen. Entsprechendes gilt für den Gemeinderat gem. § 41 Abs. 1 Satz 2 Buchst. f) GO NW[27] und Art. 32 Abs. 2 Nr. 2 GO BY[28].

---

hördliche Verordnungen müssen in ihrem Inhalt bestimmt sein. Sie dürfen nicht lediglich den Zweck haben, die den Ordnungsbehörden obliegende Aufsicht zu erleichtern. (2) Hinweise auf Bekanntmachungen, Festsetzungen oder sonstige Anordnungen außerhalb der ordnungsbehördlichen Verordnung sind unzulässig, soweit die Anordnungen, auf die verwiesen wird, Gebote oder Verbote von unbeschränkter Dauer enthalten. Soweit ordnungsbehördliche Verordnungen der Ministerien überwachungsbedürftige oder sonstige Anlagen betreffen, an die bestimmte technische Anforderungen zu stellen sind, kann in ihnen hinsichtlich der technischen Vorschriften auf Bekanntmachungen besonderer sachverständiger Stellen unter Angabe der Fundstelle verwiesen werden."

[24] Vgl. bspw. § 76 Abs. 2 HSOG (ähnlich § 35 Abs. 3 Polizei- und Ordnungsbehördengesetz des Landes Rheinland-Pfalz idF. d. G. v. 25. 7. 2005 [GVBl. S. 320]): „Soweit Gefahrenabwehrverordnungen, deren Geltungsbereich sich über das gesamte Gebiet des Landes erstreckt, bauliche sowie sonstige technische Anlagen oder Geräte betreffen, kann in ihnen hinsichtlich der technischen Vorschriften auf Bekanntmachungen besonderer sachverständiger Stellen verwiesen werden. Die Art der Veröffentlichung dieser Bekanntmachung ist zu bestimmen. Auf die Art der Veröffentlichung ist im Staatsanzeiger für das Land Hessen hinzuweisen."

[25] Vgl. § 61 Abs. 2 Saarländisches Polizeigesetz idF. d. Art. 1 Abs. 16 G. v. 15. 2. 2006 (Amtsblatt des Saarlandes S. 474, ber. S. 530): „Auf Regelungen außerhalb der Polizeiverordnung darf nur verwiesen werden, wenn sie in anderen Rechtsvorschriften enthalten sind."

[26] § 96 Abs. 2 G. über die öffentliche Sicherheit und Ordnung d. Landes Sachsen-Anhalt, idF. d. Bek. v. 23. 9. 2003 (GVBl. S. 214 [239]): „Auf Regelungen außerhalb der Gefahrenabwehrverordnung darf nur verwiesen werden, wenn sie in anderen Gefahrenabwehrverordnungen derselben Behörde, in Gefahrenabwehrverordnungen übergeordneter Behörden oder in Gesetzen enthalten sind."

[27] „Die Entscheidung über folgende Angelegenheiten kann der Rat nicht übertragen: ... f) den Erlaß, die Änderung und die Aufhebung von Satzungen und sonstigen ortsrechtlichen Bestimmungen,...".

[28] „Auf beschließende Ausschüsse können nicht übertragen werden ... 2. der Erlaß von Satzungen und Verordnungen, ausgenommen alle Bebauungspläne und alle sonstige Satzungen nach den Vorschriften des Ersten Kapitels des Baugesetzbuchs sowie alle örtlichen Bauvorschriften im Sinn des Art. 91 BayBO, auch in den Fällen des Art. 91 Abs. 3 BayBO ...".

Das OVG Münster[29] hat eine dynamische Verweisung in einer gemeindlichen Satzung auf eine Verordnung des Bundeslandes als Verstoß gegen das Übertragungsverbot bewertet.

Dagegen hat der Bayerische Verwaltungsgerichtshof[30] im Übertragungsverbot keine besondere Grenze für dynamische Verweisungen erblickt. Zutreffend führt das Gericht aus, dass diese Vorschrift nur ein *inner*gemeindliches Delegationsverbot im Verhältnis zwischen Gemeinderat als Plenum und beschließendem Ausschuss enthält. Dies ist keine Regelung zur dynamischen Verweisung. Andernfalls wären dynamisch-heteronome Verweisungen in Satzungen von bayerischen Gemeinden – außer baurechtlichen Satzungen – generell unzulässig, weil Art. 32 Abs. 2 Satz 2 Nr. 2 GO BY keine Ausnahmen vorsieht[31].

C. Grenze der Rechtssicherheit

Unterschiedliche Verkündungs- (I) und Verfahrensvorschriften (II) können bei der Verweisung Schwierigkeiten bereiten. Ebenfalls kann problematisch sein, ob eine Verweisungsregelung hinreichend bestimmt und klar ist (III). Auch ist zu überprüfen, in welchem Verhältnis das Zitiergebot des Art. 19 Abs. 1 Satz 2 GG zu Verweisungsregelungen steht (IV).

I. Publikationsanforderungen an das Verweisungsobjekt

1. Die Bedeutung der Verkündung

Ursprünglich wurden die Anordnungen der Obrigkeit durch Anschlag, Ausschellen, Abdruck in den *Intelligenzblättern* so bekannt gemacht, dass sie die Bürger wirklich erreichten (sog. *materielle Publikation*). Später wurde die materielle zur *formellen Publikation*, wie es in jedem modernen Staat mit großer Bevölkerungszahl unentbehrlich ist[32]. An den Vorgang der Verkündung wird die unwiderlegliche Vermutung geknüpft, dass das Gesetz den Bürgern bekannt geworden ist[33]. Anstelle der tatsächlichen Kenntnisnahme, die für die Geltung unerheblich wird, tritt die Möglichkeit der Kenntnisnahme[34]. Die ordnungsgemäße

---

[29] OVG NW, NVwZ 2005, S. 606 (Ls. 1).

[30] BayVGH, BayVBl. 2006, S. 639 (640). In älteren Entscheidungen (vgl. VGH Kassel, HSGZ 1987, S. 155; OVG Koblenz, DVBl. 1983, S. 140; OVG Lüneburg, GemHH 1991, S. 254) wurde das Übertragungsverbot nicht berücksichtigt, so dass davon auszugehen ist, dass im Übertragungsverbot keine besondere Grenze für Verweisungen gesehen wurde.

[31] BayVGH, BayVBl. 2006, S. 639 (640).

[32] *Karpen*, S. 138; Hervorhebung von *Karpen*.

[33] *Hallier*, AöR 85 (1960), S. 391 (408); *Karpen*, S. 138; *Lickteig*, S. 9.

Verkündung ist „integrierender Bestandteil des Rechtsetzungsaktes selbst"[35], also Wirksamkeits- und Geltungsvoraussetzung[36].

2. Verweisungen in förmlichen Gesetzen

Bundesgesetze sind gemäß Art. 82 Abs. 1 Satz 1 GG nach Ausfertigung im Bundesgesetzblatt zu verkünden. Eine entsprechende Vorschrift befand sich bereits in Art. 70 der WRV[37], die ihrerseits wiederum auf Art. 17 der Verfassung von 1871[38] zurückging[39]. Auch heute schreiben die Landesverfassungen[40] eine entsprechende Verkündung für Landesgesetze im Landesgesetzblatt vor.

a) Formale Anwendung des Art. 82 Abs. 1 GG

Aus den Verkündungsvorschriften in Verbindung mit dem Rechtsstaatsprinzip folgt ein Prinzip der Formstrenge[41]. Grundsätzlich sind die Gesetze in ihrem gesamten Wortlaut und in ihrem gesamten Umfang im Gesetzblatt zu veröffentlichen (Vollständigkeitsprinzip)[42]. Dementsprechend argumentieren Dogmatiker: Wenn Art. 82 Abs. 1 GG für Gesetze und Rechtsverordnungen subtile Formvor-

---

[34] *Hallier*, AöR 85 (1960), S. 391 (408); *Karpen*, S. 138 f.

[35] BVerfGE 7, S. 330 (337); 42, S. 263 (283).

[36] BVerfGE 7, S. 330 (337); ähnlich BVerfG, NVwZ 1984, S. 430 (431) – Veröffentlichung von Bebauungsplänen; VGH Kassel, DVBl. 1965, S. 811; *Backherms*, ZRP 1978, S. 261 (262); *Brand*, S. 132; *Brugger*, VerwArch. 78 (1987), S. 1 (9); *Hallier*, AöR 85 (1960), S. 391 (405); *Karpen*, S. 139; *ders.*, in: Rödig, S. 221 (235); *Merten*, in: Festgabe Gesellschaft für Rechtspolitik, S. 295 (303 f.); *Hw. Müller*, Gesetzgebungstechnik, S. 218; *Ossenbühl*, DVBl. 1967, S. 401 (405); *Söhn*, S. 227; *Veit*, S. 78. Ausführlich dazu *Giese*, AöR 76 (1950/51), S. 464 (466–475).

[37] Art. 70 WRV: „Der Reichspräsident hat die verfassungsmäßig zustandegekommenen Gesetze auszufertigen und binnen Monatsfrist im Reichs-Gesetzblatt zu verkünden."

[38] Art. 17 der Verfassung des Deutschen Reichs v. 16. 4. 1871 (RGBl. S. 64 [70]): „Dem Kaiser steht die Ausfertigung und Verkündigung der Reichsgesetze und die Überwachung der Ausführung derselben zu. Die Anordnungen und Verfügungen des Kaisers werden im Namen des Reichs erlassen und bedürfen zu ihrer Gültigkeit der Gegenzeichnung des Reichskanzlers, welcher dadurch die Verantwortlichkeit übernimmt."

[39] *Hallier*, AöR 85 (1960), S. 391 (392).

[40] Z. B. Art. 120 Verf. HE.

[41] Zum Prinzip der Formstrenge: BayObLGSt. 31 (1932), S. 160 (162); 8 n. F. (1958), S. 74 (76); *Engelhardt*, S. 38 f.; *Karpen*, S. 141; *ders.*, in: Rödig, S. 221 (236); *Lukes*, BG 1973, S. 429 (438); *Merten*, in: Festgabe Gesellschaft für Rechtspolitik, S. 295 (306); *Plischka*, S. 45 f.; *Ossenbühl*, DVBl. 1967, S. 401 (406); *Röhling*, S. 17; *K. W. Schäfer*, S. 110 ff.; *Stefener*, S. 36 f.; *Starkowski*, S. 120 f.; ähnlich auch *Söhn*, S. 231 ff.

[42] In diesem Sinne: BFHE 171, S. 84 (90); HessStGH, ESVGH 40, S. 1 (7); VGH Kassel, DVBl. 1964, S. 811 (812); *H. Bauer*, in: Dreier, GG, Art. 82 Rn. 19; *Hömig*, in: ders., GG, Art. 82 Rn. 6; *Lücke/Nierhaus*, in: Sachs, GG, Art. 82 Rn. 22.

schriften zur Publizierung enthält, so dürfe diese Strenge nicht auf dem Umweg über Verweisungen auf nicht ebenso publizierte Normtexte unterlaufen werden[43]. Das Verweisungsobjekt unterliege damit den Vorschriften über die Publikation der Verweisungsnorm[44]. Danach müsste auch das Verweisungsobjekt zwingend im zuständigen Gesetzblatt verkündet werden[45]. Ein Fundstellenhinweis wäre nicht ausreichend, weil die Gesetzblätter nach ihrer Zweckbestimmung keine Gesetzesbibliographie, sondern ein Gesetzbuch darstellten[46]. Bei dynamischen Verweisungen von Bundesrecht auf Landesrecht könne im Falle von Modifizierungen des Verweisungsobjektes Bundesrecht einen neuen Inhalt bekommen, ohne dass dies im Bundesgesetzblatt Ausdruck finde[47].

Trotz des Grundsatzes der Formstrenge werden ganz überwiegend[48] Ausnahmen zugelassen. Neben den Fällen der Unmöglichkeit der Verkündung in Gesetzblät-

---

[43] So pointiert die Zusammenfassung der Argumentation bei *Tettinger*, Wirtschaftsverwaltungsrecht, S. 405, der aber letztlich sich doch der Gegenansicht anschließt.

[44] *Battis / Gusy*, Technische Normen, Rn. 409, für dynamische Verweisungen; wohl auch *Ipsen*, AöR 107 (1982), S. 259 (270); *Lange*, S. 74 f., für die Verweisung von einer Rechtsverordnung auf Verwaltungsvorschriften; *Lukes*, in: ders. / Birkhofer, S. 81 (90 f.); *Rambow*, DVBl. 1968, S. 445 (446 f.); *K. W. Schäfer*, S. 111 f., der nur insoweit eine Ausnahme zulässt, als ein Hinweis auf eine ordnungsgemäße Vorverkündung genügt; wohl auch *Söhn*, S. 231–234; *Staats*, in: Rödig, S. 244 (256 f.), der seine Meinung aber in ZRP 1978, S. 59 (60 ff.), revidiert; *Starkowski*, S. 120, für die allein zulässigen statischen Verweisungen; unklar *Stefener*, S. 37. In diesem Sinne – zur damaligen Rechtslage –: KG Berlin, JahrbEntschKG 28 (1905), C 33 (C 34 f.), und wohl auch BayObLGSt 31 (1932), S. 160 (161 f.) = DJZ 1932, Sp. 364.

Baden, NJW 1979, S. 623 (625), hält diese Ansicht für konsequent, folgt aber wohl eher der Meinung von *Ossenbühl* und *Karpen*, vgl. dazu seine Ausführungen auf S. 623.

Erhard, S. 7: Als Teil des gesetzlichen Normausspruchs muss für die Norm, auf die verwiesen wird, grundsätzlich das gleiche Publikationserfordernis wie für das Gesetz gelten. Freilich lässt sie auf S. 7 f., doch die vom BVerwG aufgestellten Grundsätze (dazu unten bei Fn. 61 im 2. Teil auf S. 116) genügen.

[45] *Ossenbühl*, DVBl. 1967, S. 401 (406); ähnlich: *Schilling*, DIN-Normungskunde 14, S. 159, der allerdings Ausnahmen zulässt, wenn die Norm sich an einen ganz bestimmten und sehr eng begrenzten Interessentenkreis wendet; *Weitzel*, NuR 1995, S. 16 (17).

Sogar eine Neuverkündung bei Verlängerungsgesetzen nach Außerkrafttreten fordernd: *Giese*, AöR 76 (1950/51), S. 464 (480); *Hildegard Krüger*, DÖV 1950, S. 336.

Bei statischer Verweisung: *Lukes*, BG 1973, S. 429 (438); wohl auch *Starkowski*, S. 121.

[46] *Backherms*, ZRP 1978, S. 261 (262); *Karpen*, S. 142; *Starkowski*, S. 121; *Ossenbühl*, DVBl. 1967, S. 401 (406); Hervorhebung weggelassen.

[47] Auf dieses Problem hinweisend: BVerfGE 47, S. 285 (315), was jedoch im Kontext mit dem sonst pragmatischen Umgang der Rechtsprechung mit Art. 82 GG verwundert (vgl. nachfolgenden Gliederungspunkt b); *Battis / Gusy*, Technische Normen, Rn. 409; *dies.*, Staatsrecht, Rn. 289, *Merten*, in: Festgabe Gesellschaft für Rechtspolitik, S. 295 (305).

[48] BVerfGE 26, S. 338 (367) – Eisenbahnkreuzungsgesetz; BVerfGE 22, S. 330 (346 f.); 20, S. 56 (93) (zust. BVerwGE 25, S. 104 [107]); BVerfGE 8, S. 274 (302); BVerwGE 17, S. 192 = NJW 1964, S. 512 = DVBl. 1964, S. 147; BVerwGE 19, S. 7; 26, S. 129; VGH Kassel, DVBl. 1964, S. 811; *Engelhardt*, S. 38 f.; *Fuss*, in: FS Paulick, S. 293 (298);

tern, wie bei Verweisung auf Karten[49], sei aufgrund üblicher Staatspraxis nur noch in bestimmten Fällen eine Verweisung zwischen Landes- und Bundesrecht zulässig[50]. Bundes- und Landesgesetzblatt bildeten insoweit eine Einheit, als der Bürger erst aus ihnen zusammen die Rechtsordnung ablesen könne[51]. Eine Verweisung von Landes- auf Bundesrecht sei daher immer ausreichend publiziert[52]. Wenn dagegen der hamburgische Gesetzgeber auf Regelungen des bayerischen Landesgesetzgebers verweise, die im bayerischen Gesetz- und Verordnungsblatt veröffentlich seien, so sei dem betroffenen Hamburger zwar in der Regel die Gesetzesfundstelle zugänglich; aber darauf komme es nicht an. Zur Wahrung der Formstrenge müsse darauf geachtet werden, dass die Publikation in einem für die Betroffenen bestimmten Verkündungsorgan vorgenommen werde[53]. Dementsprechend sei eine Verweisung von Bundes- auf Landesrecht für die Bürger in den Fällen ausreichend publiziert, in denen der Bürger die bezogenen Normen aus dem für ihn zuständigen Verkündungsorgan seines Landes entnehmen könne[54].

Guckelberger, ZG 2004, S. 62 (71); *Heydt*, NJW 1971, S. 927; *Karpen*, S. 143; *ders.*, in: Rödig, S. 221 (240); *Krey*, in: EWR 2/1981, S. 109 (145); *Leibholz / Rinck / Hesselberger*, GG, Art. 82 Rn. 36; *Lücke / Nierhaus*, in: Sachs, GG, Art. 82 Rn. 22; *Ossenbühl*, DVBl. 1967, S. 401 (406 f.); *Sannwald*, in: Schmidt-Bleibtreu / Hofmann / Hopfauf, GG, Art. 82 Rn. 30.

A. A.: KG Berlin, JahrbEntschKG 28 (1905), C 33 (C 34 f.); *Battis / Gusy*, Technische Normen, Rn. 409, für dynamische Verweisungen, die aber in Rn. 414 ff. für statische Verweisungen nur noch allgemeine rechtsstaatliche Anforderungen stellen; *Giese*, AöR 76 (1950/51), S. 464 (480), der ausführt, dass „nach ungeschriebenem, aber bisher stets und sogar im ‚Dritten Reich' befolgten Rechtsgrundsatz ein Gesetz im vollen, klar verständlichen Wortlaute publiziert werden muß, keineswegs durch Verweisung auf einen anderswo stehenden Text verkündet werden darf"; wohl auch: *Lausch*, S. 188; *Lukes*, BG 1973, S. 429 (438), der zweifelt, ob Ausnahmen zulässig seien; *Rambow*, DVBl. 1968, S. 445 (447); *Staats*, in: Rödig, S. 244 (256 f.), der seine Meinung allerdings in ZRP 1978, S. 59 (60 ff.), revidiert; *Starkowski*, S. 120 f., für die allein zulässigen statischen Verweisungen; *Strecker*, DIN-Normungskunde 17, S. 79 (85), wonach alle dynamischen Verweisungen wegen Verstoßes gegen das Verkündungsgebot (Art. 82 Abs. 1 GG) verfassungswidrig seien.

[49] Dazu: BVerwGE 17, S. 192 = NJW 1964, S. 512 = DVBl. 1964, S. 147; BVerwGE 19, S. 7; 26, S. 129; VGH Kassel, DVBl. 1964, S. 811.

[50] *Ossenbühl*, DVBl. 1967, S. 401 (406).

[51] *Engelhardt*, S. 38 f.; *Karpen*, S. 143; *Ossenbühl*, DVBl. 1967, S. 401 (407). Vgl. auch *Krey*, in: EWR 2/1981, S. 109 (145). Explizit a. A. *Battis / Gusy*, Technische Normen, Rn. 409, für dynamische Verweisungen.

[52] *Ossenbühl*, DVBl. 1967, S. 401 (406).

[53] *Ossenbühl*, DVBl. 1967, S. 401 (407).

[54] In diesem Sinne: *Fuss*, in: FS Paulick, S. 293 (298); *Heydt*, NJW 1971, S. 927; *Karpen*, in: Rödig, S. 221 (240).

b) Pragmatischer Umgang der Rechtsprechung

Zur Vermeidung übermäßiger Belastung des Bundesgesetzblattes hat die Rechtsprechung sowohl bei Verweisungen der Haushaltsgesetze auf die Einzelpläne[55] als auch bei umfangreichen Anlagen anderer Gesetze[56] von deren Verkündung im Bundesgesetzblatt abgesehen.

Bei Verweisungen lässt das Bundesverfassungsgericht genügen, wenn das Gesetz, das als Verweisungsobjekt dient, „nach den seinerzeit geltenden Vorschriften ordnungsgemäß verkündet worden ist"[57]. Dies wird kritisiert bei sehr altem Recht wie dem Preußischen Allgemeinen Landrecht[58]. Allerdings ist zu beachten, dass bei einer nach den seinerzeit geltenden Vorschriften erfolgten Verkündung in der Regel auch heute noch allgemeine Zugänglichkeit gewahrt ist. Ausreichend ist auch, wenn das Verweisungsobjekt im Bundesgesetzblatt, im Bundesanzeiger[59] oder im jeweiligen Landesgesetzblatt[60] verkündet worden ist.

Nach der Rechtsprechung des Bundesverwaltungsgerichts muss die Verlautbarung des Verweisungsobjektes für den Betroffenen zugänglich und ihrer Art nach für eine amtliche Anordnung geeignet sein[61].

---

[55] Nach BVerfGE 20, S. 56 (93) (zust. BVerwGE 25, S. 104 [107]), ist bei Verweisungen in Haushaltsgesetzen genügend, dass die Einzelpläne „außerhalb des Verkündungsblattes der Öffentlichkeit zugänglich sind". Die Begründung führt die seit langem herrschende Übung an.

[56] BFHE 171, S. 84 (90).

[57] BVerfGE 8, S. 274 (302) – Verlängerungsgesetz zum Preisgesetz. In diesem Sinne auch OVG Lüneburg, OVGE MüLü 42, S. 334 (347). Für Österreich auch: VfGH, VfSlg. 2750/1954, S. 362 (365); 3130/1956, S. 579 (581); 3295/1957, S. 481 (482).

[58] In diesem Sinne: *Guckelberger*, ZG 2004, S. 62 (68); *Ridder*, AöR 87 (1962), S. 311 (315); *Staats*, ZRP 1978, S. 59 (62 in Fn. 39).

[59] So im Ergebnis: BVerfG, EuGRZ 2007, S. 231 (232); BVerfGE 22, S. 330 (346 f.); *Leibholz/Rinck/Hesselberger*, GG, Art. 82 Rn. 36; *Sannwald*, in: Schmidt-Bleibtreu/Hofmann/Hopfauf, GG, Art. 82 Rn. 30.

[60] BVerfGE 26, S. 338 (367) – Eisenbahnkreuzungsgesetz: „Für den Bürger kommen jedoch jeweils nur die bundesgesetzlichen Vorschriften und die Vorschriften *seines* Landes in Betracht." Hervorhebung vom BVerfG. In diesem Sinne auch: *Karpen*, S. 143; *Ossenbühl*, DVBl. 1967, S. 401 (407).

Demgegenüber ist nach zutreffender Ansicht von *Guckelberger*, ZG 2004, S. 62 (71), auch die Verweisung auf das Verkündungsblatt eines anderen Bundeslandes zulässig, weil nur entscheidend ist (dazu zugleich unten im Text), ob die Bürger in zumutbarer und verlässlicher Weise den Inhalt der Bezugsnormen zur Kenntnis nehmen können.

[61] BVerwG, NJW 1962, S. 506. In diesem Sinne auch: BVerwGE 1, S. 104 (107 f.): „vorausgesetzt, daß diese Rechtsnormen der Öffentlichkeit in gleiche Weise zugänglich ist wie eine in Kraft befindliche Rechtsnorm"; 55, S. 250 (264) – Voerde = DVBl. 1978, S. 591 (595), mit insoweit zust. Anm. von *Breuer*, DVBl. 1978, S. 598 (599).

c) Übernahme der Ansicht des BVerwG in der Literatur

Diese Formulierung des Bundesverwaltungsgerichts wurde von den meisten Autoren[62] übernommen[63]. Dieser Ansatz ist ein Kompromiss zwischen Rechtsformalismus und Rechtsrealismus. Ohne die Aufgabe elementarer verfassungsrechtlicher Positionen ist danach eine weitverbreitete Verkündungspraxis zulässig[64]. Allerdings lässt die Formulierung des Bundesverwaltungsgerichts Interpretationsspielraum:

Nach Thomas Clemens[65] ist dies so zu verstehen, dass es sich um eine Verlautbarung in einem Blatt handelt, das typischerweise für amtliche Anordnungen[66] verwendet wird. Dabei seien amtliche Blätter nur solche, welche gerade die Verkündung von Rechtsnormen mit Außenwirkung zum Inhalt hätten. Ministerialblätter,

---

[62] *Arndt,* JuS 1979, S. 784 (788); *Backherms,* ZRP 1978, S. 261 (262); *Th. Baumann,* RdA 1987, S. 270 (272); *Blum/Ebeling,* in: Bepler, S. 85 (90); *Brugger,* VerwArch. 78 (1987), S. 1 (13 f.); *Dietlein,* in: Landmann/Rohmer, BImSchG, § 7 Rn. 119; *Ebsen,* DÖV 1984, S. 656 (662); *Erhard,* S. 7; *Falke,* S. 254; *Guckelberger,* ZG 2004, S. 62 (71); *Hanning,* S. 66; *Herschel,* NJW 1968, S. 617 (622); *Hill,* S. 116; *ders.,* NJW 1982, S. 2104 (2107); *Hömig,* in: HdUR, Sp. 2684 (2685); *ders.,* DVBl. 1979, S. 307 (308); *ders.,* in: ders., GG, Art. 82 Rn. 6; *Jachmann,* Verw. 28 (1995), S. 17 (27 f.); *Klindt,* DVBl. 1998, S. 373 (375); *Lickteig,* S. 12; *Marburger,* Habil., S. 411 ff.; etwas anders *ders./M. Klein,* JbUTR 2001, S. 161 (166); *Mohr,* S. 35 ff.; *Nickusch,* S. 205 f.; *ders.,* NJW 1967, S. 811 (812); *Reinermann,* S. 68 f.; *Schenke,* NJW 1980, S. 743 (744), *ders.,* in: FS Fröhler, S. 87 (98); *Schnapp,* in: FS Krasney, S. 437 (450); *Stefener,* S. 34–37; *Tettinger,* Wirtschaftsverwaltungsrecht, S. 407 f.

In diesem Sinne auch: *Breuer,* DVBl. 1978, S. 598 (599); *ders.,* AöR 101 (1976), S. 46 (62, Fn. 87); *Hommelhoff,* in: FS Odersky, S. 779 (786 f.), der aber selbst daneben einen sachlichen Grund für diese Art der Verkündung fordert; *Merten,* in: Festgabe Gesellschaft für Rechtspolitik, S. 295 (305); *Moritz,* S. 40, der fordert, dass die Verweisungsobjekte „wirklich allgemein zugänglich sind und die Kenntnisnahme hinreichend einfach ist"; *Plischka,* S. 45 f.

Unklar *H. Bauer,* in: Dreier, GG, Art. 82 Rn. 19, der die h. M. wiedergibt, aber bei Verweisungen auf von privaten Organisationen geschaffene Regelungswerke von einer verfassungsrechtlich prekären Lage spricht.

Geringere Anforderungen stellt *Schellhoss,* BBauBl. 1985, S. 18 (20), der fordert, dass die in Bezug genommene Regelung auf andere Weise so veröffentlicht ist, dass sie jedem, den es angeht, bekannt werden kann.

[63] *Maurer,* in: Bonner Kommentar, GG, Art. 82 Rn. 105, spricht sogar von „allgemeiner Zustimmung".

[64] So auch die Einschätzung von *Brugger,* VerwArch. 78 (1987), S. 1 (13).

[65] *Clemens,* AöR 111 (1986), S. 63 (89). Veröffentlichung in einem amtlichen Verkündungsblatt fordern ferner: *Grams,* S. 227; *Papier,* in: Steuerrecht und Verfassungsrecht, S. 61 (71); *Plischka,* S. 46.

[66] Im Anschluss an *Staats,* in: Rödig; S. 244 (255) (beachte jedoch, dass *ders.,* ZRP 1978, S. 59 [60 f.], seine Meinung geändert hat) sind nach *Clemens,* AöR 111 (1986), S. 63 (88 f. in Fn. 107), „amtlich" nur Publikationsblätter von Amtsstellen der deutschen Staatsgewalt oder von zwischenstaatlichen Einrichtungen i. S. d. Art. 23 GG.

soweit diese üblicherweise nur Verwaltungsvorschriften enthielten, seien danach nicht ausreichend[67].

Michael Schäfer[68] verlangt in Konkretisierung der vom Bundesverwaltungsgericht aufgestellten Anforderungen, dass „das Verweisungsobjekt (1) durch die verweisende Rechtsnorm zutreffend und zweifelsfrei identifiziert wird, (2) durch die (nichtamtliche) Veröffentlichung allgemein zugänglich und für jedermann leicht beziehbar ist und (3) während der gesamten Geltungsdauer der Norm der Bezug des Verweisungsobjektes hinreichend einfach ist." Daneben verlangt er, im Anschluss an Erhard Denninger[69], dass dem Leitbild der möglichst vollständigen Erfassung des gesamten geltenden Rechts in den amtlichen Bekanntmachungsblättern Rechnung zu tragen sei: Der Gesetzgeber dürfe sein Regelungsprogramm jedenfalls nicht in wesentlichem Umfang auf „außerstaatlich" bekanntgemachte Verweisungsobjekte verlagern. Die Bezugnahme auf privat bekanntgemachte technische Normen müsse damit auf eine Ergänzungsfunktion beispielsweise bezüglich technischer Detailanforderungen beschränkt bleiben.

Dagegen geht Dieter Hömig[70] davon aus, dass es für nichtstaatliche Regeln naturgemäß keine für amtliche Anordnungen geeignete Verkündungsblätter gebe. Trotzdem erscheine es weder praxisgerecht noch im Lichte der flexiblen Rechtsprechung zu Art. 82 Abs. 1 GG verfassungsrechtlich zwingend notwendig, eine Verkündung im Gesetzblatt zu fordern[71].

Das Erfordernis einer für amtliche Anordnungen „geeigneten" Publikationsweise deutet nur auf die notwendige Verlässlichkeit der (amtlichen oder privaten) Veröffentlichung im Sinne einer Identitätssicherung hin[72]. In dem Wort „Zugänglichkeit" findet sich der rechtsrealistische Ansatz, wonach faktisch danach zu fragen ist, wie bzw. wie gut ein Rechtsunterworfener Kenntnis von dem geltenden Recht erlangen kann[73]. Insoweit kann je nach Konstellation eine private, im allgemeinen Buchhandel erhältliche Publikation zugänglicher sein als manches Bundes-, Landes- oder EG-Recht[74]. Dementsprechend wird überwiegend

---

[67] *Clemens*, AöR 111 (1986), S. 63 (88 f. in Fn. 107). Im Ergebnis ebenso *Papier*, in: Steuerrecht und Verfassungsrecht, S. 61 (71).

A. A. *Jachmann*, ZBR 1997, S. 342 (349). In Verw. 28 (1995), S. 17 (28), schreibt sie, dass Ministerialblätter „in der Regel" den Anforderungen genügen.

[68] *M. Schäfer*, S. 157.

[69] *Denninger*, Normsetzung, Rn. 170.

[70] *Hömig*, DVBl. 1979, S. 307 (311). Wörtlich wiedergegeben bei *Strecker*, DIN-Normungskunde 14, S. 43 (56). In diesem Sinne auch: *Backherms*, ZRP 1978 S. 261 (262); *Brugger*, VerwArch. 78 (1987), S. 1 (13); *Ebsen*, DÖV 1984, S. 654 (662); *Hanning*, S. 66; *Mohr*, S. 35; *Nickusch*, S. 206; *Plischka*, S. 46; *Röhling*, S. 17.

[71] *Hömig*, DVBl. 1979, S. 307 (311); *ders.*, in: HdUR, Sp. 2684 (2685).

[72] *Brugger*, VerwArch. 78 (1987), S. 1 (13); *Ebsen*, DÖV 1984, S. 654 (662).

[73] *Brugger*, VerwArch. 78 (1987), S. 1 (13).

entweder aus Art. 82 Abs. 1 GG[75] oder aus rechtsstaatlichen Prinzipien[76] gefolgert, dass nur eine Identitätssicherung[77] und die allgemeine Zugänglichkeit des Verweisungsobjektes gewährleistet sein muss.

d) Anwendbarkeit von Art. 82 Abs. 1 GG

Wenn man davon ausgeht, dass Art. 82 Abs. 1 Satz 1 GG nicht nur den Abdruck des Gesetzestextes, sondern den Abdruck des gesamten Gesetzesinhaltes fordert, ist es nur konsequent, wenn man auch eine gesetzesförmige Verkündung des Verweisungsobjektes verlangt[78]. Dann müsste strikt nach dem Wortlaut des Art. 82 GG auch bei einer Verweisung von Bundesgesetz auf Bundesgesetz eine Neuveröffentlichung des in Bezug genommenen Textes erfolgen[79]. Damit würde auf dem Umweg über die Verkündung aus der Verweisung eine Volltextwiederholung[80]. Dadurch verlöre die Verweisung – von Binnenverweisungen abgesehen – ihre Funktion der gesetzestechnischen Vereinfachung und würde sinnlos[81].

Aus pragmatischen Gründen wird eine teleologische Reduktion angenommen, wonach Art. 82 GG für das Verweisungsobjekt nicht gelte[82]. Andernfalls würde dies zu einem Anschwellen der Gesetzestexte führen und die Übersichtlichkeit des Bundesgesetzblattes würde ganz erheblich beeinträchtigt[83]. Auch wurden früher trotz insoweit inhaltlich mit Art. 82 GG übereinstimmender verfassungsrechtli-

---

[74] *Brugger*, VerwArch. 78 (1987), S. 1 (13). Dies erkennt auch *Ossenbühl*, DVBl. 1967, S. 401 (406), erklärt es allerdings für unerheblich.

[75] So: *Backherms*, ZRP 1978, S. 261 (262); *Hömig*, DVBl. 1979, S. 307 (311).

[76] So *Schenke*, NJW 1980, S. 743 (744); ihm folgend *Jachmann*, Verw. 28 (1995), S. 17 (28).

[77] Die Verkündung hat zwar allein die Funktion, dem Bürger die Kenntnis vom geltenden Recht zu vermitteln, doch geht ihr immer eine Ausfertigung voraus, die eine ganz andere Funktion hat, nämlich die Authentizität des verkündeten Normtextes (Übereinstimmung mit dem tatsächlich Beschlossenen) zu verbürgen. Dazu *Schwab*, S. 157.

[78] *Maurer*, in: Bonner Kommentar, GG, Art. 82 Rn. 105; *Schenke*, in: FS Fröhler, S. 87 (96 ff.).

[79] *Schenke*, in: FS Fröhler, S. 87 (98), der dies für konsequent, aber im Ergebnis für abwegig hält.

[80] *Schellhoss*, BBauBl. 1985, S. 18 (20); *Strecker*, DIN-Normenkunde 14, S. 43 (54). In diesem Sinne auch *F. Kirchhof*, VSSR 1990, S. 139 (144).

[81] *Clemens*, AöR 111 (1986), S. 63 (87); *Maurer*, in: Bonner Kommentar, GG, Art. 82 Rn. 105. In diesem Sinne auch: *Adolphsen*, RabelsZ 68 (2004), S. 154 (178); *F. Kirchhof*, VSSR 1990, S. 139 (144); *Klindt*, DVBl. 1998, S. 373 (375); *Krey*, in: EWR 2/1981, S. 109 (139); *Ramsauer*, in: AK-GG, Art. 82 Rn. 30.

[82] *Clemens*, AöR 111 (1986), S. 63 (89 f.); *Jachmann*, Verw. 28 (1995), S. 17, (28); *Schenke*, in: FS Fröhler, S. 87 (97); *ders.*, NJW 1980, S. 743 (744); so auch die Einschätzung der Rechtsprechung des BVerfG von *Adolphsen*, RabelsZ 68 (2004), S. 154 (178).

[83] *Schenke*, in: FS Fröhler, S. 87 (97). In diesem Sinne auch: *Marburger*, Habil., S. 410; *Veit* S. 80. Dementsprechend fordert *Nickusch*, NJW 1967, S. 811 (813), eine Anlegung

cher Regelung (Art. 70 WRV[84]) keine Bedenken gegen eine solche Verweisung angemeldet[85].

Bei genauerer Betrachtung zeigt sich, dass Art. 82 Abs. 1 GG hier überhaupt nicht anzuwenden ist[86]. Der in Art. 82 Abs. 1 GG verwendete Begriff Gesetz lässt sich als Gesetzes*text* oder Gesetzes*inhalt* interpretieren[87]. Die Interpretation als Gesetzesinhalt ist unpraktikabel, weil sich der Gesetzesinhalt erst durch die Auslegung des Gesetzestextes ergibt. Eine solche Interpretation wäre mit Zweifelsfragen behaftet, die dem formalen Charakter des Art. 82 GG widersprechen würden. Maßgebend für die Verkündung ist damit ausschließlich der beschlossene Gesetzestext[88]. Das Verweisungsobjekt ist nur nach allgemeinen Anforderungen, die aus dem Rechtsstaatsprinzip folgen, zu verkünden[89]. Zwar stellt Art. 82 Abs. 1 Satz 1 GG eine Konkretisierung des Rechtsstaatsprinzips dar, jedoch ist die strenge Form, nämlich die Veröffentlichung gerade im Bundesgesetzblatt, nicht gefordert[90].

e) Rechtsstaatliche Anforderungen an die Bekanntmachung

Das Rechtsstaatsprinzip, das in der Verfassung nur zum Teil näher ausgeformt ist, enthält keine in allen Einzelheiten eindeutig bestimmten Gebote und Verbote; es bedarf der Konkretisierung je nach den sachlichen Gegebenheiten. Dabei müssen allerdings fundamentale Elemente des Rechtsstaates und die Rechtsstaatlichkeit gewahrt bleiben[91]. Bei der Weite des Rechtsstaatsprinzips ist dabei mit Behut-

---

eines zusätzlichen Teiles IV des Bundesgesetzblattes für technische Normen, auf die verwiesen wird.

[84] Siehe dazu bereits oben Fn. 37 im 2. Teil (S. 113).

[85] *Schenke*, in: FS Fröhler, S. 87 (97). Nach *Clemens*, AöR 111 (1986), S. 63 (90), und *Guckelberger*, ZG 2004, S. 62 (71), fehlte den Verfassungsgebern bei Art. 82 GG das nötige Problembewusstsein für Verweisungen, das erst später aufkam.

[86] In diesem Sinne: *Ebsen*, DÖV 1984, S. 654 (662); *Guckelberger*, ZG 2004, S. 62 (71), hält diese Auslegung für möglich; *Hunscha*, DIN-Normungskunde 17, S. 75 (78); *Maurer*, in: Bonner Kommentar, GG, Art. 82 Rn. 106; *Mohr*, S. 34. Mit anderen Prämissen im Ergebnis auch: *Ernst*, S. 37, für Verweisungen auf technische Normen; *Staats*, ZRP 1978, S. 59 (60). Für die entsprechende Vorschrift in Österreich auch *Thienel*, Verweisungen, S. 42 f.
Explizit a. A. z. B. *M. Schäfer*, S. 155.

[87] *Ebsen*, DÖV 1984, S. 654 (658); Hervorhebung gegenüber dem Original verändert. In diesem Sinne auch: *Mohr*, S. 34; *Thienel*, Verweisungen, S. 37 ff., zur entsprechenden Vorschrift in Österreich.

[88] Im Ergebnis ebenso *Maurer*, in: Bonner Kommentar, GG, Art. 82 Rn. 106.

[89] In diesem Sinne auch *Guckelberger*, ZG 2004, S. 62 (71).

[90] *Maurer*, in: Bonner Kommentar, GG, Art. 82 Rn. 107.

[91] BVerfG, NVwZ 1984, S. 430 (431) – Veröffentlichung von Bebauungsplänen; BVerfGE 57, S. 250 (276); 25, S. 269 (290); 7, S. 89 (92 f.).

samkeit vorzugehen, denn es ist grundsätzlich Sache des Gesetzgebers, zwischen möglichen Alternativen bei der normativen Konkretisierung eines Verfassungsgrundsatzes zu wählen[92]. Erst wenn sich bei Berücksichtigung aller Umstände, und nicht zuletzt der im Rechtsstaatsprinzip selbst angelegten Gegenläufigkeiten unzweideutig ergibt, dass rechtsstaatlich notwendige Erfordernisse nicht mehr gewahrt sind, kann eine Regelung als rechtsstaatswidrig beanstandet werden[93]. Das Rechtsstaatsprinzip gebietet, dass förmlich gesetzte Rechtsnormen verkündet werden. Verkündung bedeutet regelmäßig, dass die Rechtsnormen der Öffentlichkeit in einer Weise förmlich zugänglich gemacht werden, dass die Betroffenen sich verlässlich Kenntnis verschaffen können[94]. Diese Möglichkeit darf nicht unzumutbar erschwert sein. Aus dem rechtsstaatlichen Verkündungsgebot folgt kein Zwang zu einer bestimmten Form der Bekanntmachung[95]. Der Gesetzgeber unterliegt bei seiner Ausgestaltung des Verkündungsvorganges allerdings insofern einer verfassungsrechtlichen Grenze, als er schutzwürdige Interessen nicht verletzen, vor allem den Rechtsschutz der Betroffenen nicht unangemessen erschweren oder verkürzen darf[96]. Wesentlich ist damit allein, dass den Betroffenen der Rechtssetzungsakt als solcher erkennbar und sein Inhalt (leicht[97]) zugänglich ist[98].

aa) Publikation in der Staatssprache

In neuer Zeit stellt sich die Frage, ob auf Regelwerke, von denen keine offizielle Fassung in deutscher Sprache vorliegt, verwiesen werden darf.

Neben der Möglichkeit zur zuverlässigen Kenntnisnahme des Normtextes gebietet das Rechtsstaatsprinzip, dass dem Bürger auch das Verständnis des Normtextes möglich sein muss[99]. Dies ist nicht gewährleistet, wenn der Bürger möglicher-

---

[92] BVerfGE 57, S. 250 (276).

[93] BVerfG, NVwZ 1984, S. 430 (431) – Veröffentlichung von Bebauungsplänen; in diesem Sinne auch BVerfGE 57, S. 250 (276).

[94] BVerfG, NVwZ 1984, S. 430 (431) – Veröffentlichung von Bebauungsplänen; in diesem Sinne BVerfGE 16, S. 6 (16 f.).

[95] BVerfG, NVwZ 1984, S. 430 (431) – Veröffentlichung von Bebauungsplänen; BAG, NJW 1965, S. 1624 (1626).
Vgl. auch *Drath*, in: GS W. Jellinek, S. 237 (238 Fn. 8), der darauf hinweist, dass manche Staaten unsere Art der Gesetzesverkündung überhaupt nicht haben, ohne deshalb Un-Rechtsstaat zu sein.

[96] BVerfG, NVwZ 1984, S. 430 (431) – Veröffentlichung von Bebauungsplänen.

[97] So *BMJ*, Rechtsförmlichkeit, Rn. 206.

[98] BAG, NJW 1965, S. 1624 (1626).
In diesem Sinne auch die oben in Fn. 62 im 2. Teil auf S. 117 Genannten sowie *Backherms*, S. 70 f.: „Dann aber erscheint unbedenklich und ausreichend, wenn die in Bezug genommene Anordnung jedermann ungehindert und vorbehaltlos zugänglich ist".

[99] *Hommelhoff*, in: FS Odersky, S. 779 (788); Hervorhebung von *Hommelhoff*.

weise die Sprache nicht versteht[100]. Ein deutsches Gesetz in englischer Sprache wäre verständlich, aber grundsätzlich[101] verfassungswidrig[102]. Dieser Befund wird auch durch den Zusammenhang von Sprache und Rechtskultur bestätigt[103]. Daran ändert eine eventuelle Befolgungsbereitschaft der Normbetroffenen nichts[104]. Das Verweisungsobjekt muss – von seltenen Ausnahmen abgesehen[105] – zumindest in einer amtlichen Übersetzung in deutscher Sprache vorliegen[106]. Damit war die Verweisung[107] in § 292a Abs. 2 Nr. 2 Buchst. a HGB[108] auf nur offiziell in englischer Sprache erhältliche Standards unzureichend publiziert[109].

Vgl. aber auch *Henrichs*, DVBl. 1964, S. 150: „Viele Leute verstehen keine chemischen Formeln. … Gleichwohl wird man deshalb dem Gesetzgeber nicht verbieten können, gegebenenfalls den Inhalt einer Norm durch die Aufnahme von chemischen Formeln … zu bestimmen. … Überhaupt kommt es nicht darauf an, ob Vorschriften für jedermann wirklich verständlich sind. Wollte man diese Anforderungen stellen, so müßten weite Teile unseres geschriebenen Rechts als ungültig angesehen werden. Das liegt einfach daran, daß viele Menschen, obwohl sie lesen gelernt haben in dem Sinne, daß sie Buchstabenfolgen als Wörter und Wörterfolgen als Sätze zu erkennen vermögen, gleichwohl nicht in der Lage sind, den Sinn des Geschriebenen oder Gedruckten ohne weiteres zu verstehen. … Daraus folgt, daß es zu weit geht, wenn für die Art und Weise der Anordnung eines Normgebers gefordert wird, sie müsse sozusagen für jedermann verstehbar sein. Das Anliegen einer rechtsstaatlichen Verkündigungspraxis ist weniger die Verständlichkeit des Verkündeten, als die Möglichkeit sich Kenntnis und damit auch Verständnis des Verkündeten zu verschaffen."

[100] *Hommelhoff*, in: FS Odersky, S. 779 (788).

[101] Für Normen mit einem beschränkten Adressatenkreis käme ganz ausnahmsweise auch eine andere Sprache in Betracht. Wichtig ist allein, dass der Adressat aufgrund seines Fachwissens imstande ist, den Regelungsinhalt solcher Begriffe zu verstehen und ihnen konkrete Verhaltensanweisungen zu entnehmen, was das BVerfG auch in anderem Zusammenhang betont hat, vgl. BVerfGE 48, S. 48 (57).

[102] *Staats*, ZRP 1978, S. 59 (61).

Grundlegend zum Thema Deutsch als Staatssprache siehe *P. Kirchhof*, in: HStR II, § 20, insbes. Rn. 105 zur Gesetzessprache.

A. A. wohl *T. Schulte*, S. 181: „Eine Verweisung bietet sich an, wenn sich eine Richtlinienbestimmung nur unvollkommen in die deutsche Gesetzessprache übertragen läßt".

Zum parallelen Problem im EG-Recht siehe *Heintzen*, BB 2001, S. 825 (828 f.), der auch eine Veröffentlichung in allen Amtssprachen der EG fordert. Vgl. aber auch *Lukes*, EWG- und EFTA-Staaten, S. 286 f., der davon berichtet, dass in Schweden darin kein Problem gesehen wird. Vgl. zur Entwicklung der englischen Sprache in der Schweiz als De-facto-Amtssprache: *Max Baumann*, SJZ 101 (2005), Nr. 2, S. 34–38. Diese Entwicklung zeichnet sich in Deutschland erst langsam ab. Wenn die Entwicklung aber abgeschlossen ist, bestehen auch keine Bedenken mehr gegen ein Verweisungsobjekt in englischer Sprache.

[103] *Heintzen*, BB 2001, S. 825 (829); *P. Kirchhof*, in: HStR II, § 20 Rn. 102.

[104] *Hommelhoff*, in: FS Odersky, S. 779 (788).

[105] Siehe dazu oben in Fn. 101 im 2. Teil auf S. 122.

[106] BMJ, Rechtsförmlichkeit, Rn. 206; *Hommelhoff*, in: FS Odersky, S. 779 (789 f.).

bb) Amtliche Publikationsorgane

Ergänzend stellt sich die Frage nach dem Publikationsorgan, in dem das Verweisungsobjekt abgedruckt werden muss.

Berücksichtigt man dabei, dass Art. 82 Abs. 1 Satz 1 GG gerade nicht einschlägig ist, so genügt (zumindest) die Veröffentlichung in irgendeinem allgemein zugänglichen amtlichen[110] Publikationsorgan (Bundes-, Landesgesetzblatt, Bundesanzeiger, Ministerialblatt)[111]. Den rechtsstaatlichen Anforderungen an eine ordnungsgemäße Verkündung ist auch genügt, wenn das Verweisungsobjekt im Amtsblatt der Europäischen Gemeinschaften oder der Europäischen Union verkündet worden ist[112]. Dies gilt auch, wenn die bezogene Stammrichtlinie 26-mal geändert wurde[113], weil dadurch allenfalls die Rechtsklarheit, nicht aber die Publi-

---

[107] *Adolphsen*, RabelsZ 68 (2004), S. 154 (163–165), argumentierte mit beachtlichen Argumenten, dass § 292a HGB keine Verweisungsnorm, sondern eine Kollisionsnorm gewesen sei (ähnlich *Henssler/Slota*, NZG 1999, S. 1133 [1136 f.]). Folgt man dieser Annahme, dann ist eine Publikation in deutscher Sprache nicht erforderlich, vgl. *dens.*, RabelsZ 68 (2004), S. 154 (179).

Da den von internationalen Organisationen erlassenen Vorschriften keine originäre Rechtswirkung zukommt, sind sie aber keine Kollisionsnormen; in diesem Sinne *Hommelhoff*, in: FS Odersky, S. 779 (782).

[108] § 292a HGB trat gem. Art. 5 G. v. 20. 4. 1998 (BGBl. I S. 707) mit Wirkung v. 31. 12. 2004 außer Kraft.

[109] So auch *F. Becker*, S. 571; *Hommelhoff*, in: FS Odersky, S. 779 (790), für die damals geplante Fassung.

[110] Zur Frage der Amtlichkeit siehe oben in Fn. 66 im 2. Teil auf S. 117.

[111] Im Ergebnis ebenso: *Brugger*, VerwArch. 78 (1987), S. 1 (16 f.); *Hunscha*, DIN-Normungskunde 17, S. 75 (78); *Jachmann*, Verw. 28 (1995), S. 17 (28); *dies.*, Habil., S. 683; *dies.*, ZBR 1997, S. 342 (349), für Ministerialblätter; *Klindt*, DVBl. 1998, S. 373 (375); *Maurer*, in: Bonner Kommentar, GG, Art. 82 Rn. 108; *Ramsauer*, in: AK-GG, Art. 82 Rn. 33; *Schenke*, in: FS Fröhler, S. 87 (98 f.).

Veröffentlichung in einem amtlichen Publikationsblatt sehen als hinreichende, aber auch notwendige Bedingung einer ordnungsgemäßen Publikation an: *F. Becker*, S. 556 f.; *Grams*, BauR 1996, S. 39 (43); *Guckelberger*, ZG 2004, S. 62 (73); *Nickusch*, NJW 1967, S. 811 (812); *Papier*, in: FS Lukes, S. 159 (164); *ders.*, in: Merten, S. 95 (106).

Nach *Staats*, in: Rödig, S. 244 (254 ff.), reicht eine Verkündung in amtlichen Publikationsorganen zwar für die Zulässigkeit der Gesetzesbeurkundung, nicht aber für die Erfüllung der Voraussetzungen des Art. 82 GG. *Staats* gibt aber seine Auffassung später (in: ZRP 1978, S. 59 [60 ff.]) auf und stellt niedrigere Anforderungen an die Verkündung.

Weitergehend fordert *Clemens*, AöR 111 (1986), S. 63 (88 in Fn. 107), dass in dem Publikationsmedium typischerweise Normen mit Außenwirkung veröffentlicht werden.

[112] Für Verweisungsobjekte im Abl. EG: BVerfG, RIW 1979, S. 132 (133); KG, VRS 54 (1978), S. 231 (233); *Brand*, S. 130: „Daß das EG-Amtsblatt ein hinreichendes Publikationsorgan ist, dürfte unbestritten sein." *Ehricke/Blask*, JZ 2003, S. 722 (728); *Kadelbach*, S. 233; *Krey*, in: EWR 2/1981, S. 109 (141 f.); *Rambow*, DVBl. 1968, S. 445 (446); *Ruffert*, in: Calliess/Ruffert, EGV, Art. 249 Rn. 55; *T. Schulte*, S. 182, der aber aus Gründen der innerstaatlichen Rechtsklarheit einen Neuabdruck der übernommenen Vorschriften anrät;

zität gefährdet wird. Bei Bekanntmachungen in amtlichen Publikationsorganen ist nämlich die Identität einer amtlichen deutschen Übersetzung gesichert und eine allgemeine Zugänglichkeit gewährleistet.

cc) Private Publikationsorgane

Problematisch sind die Fälle der Verweisung auf nur privat veröffentlichte Normen. Ausreichend ist, wenn die Normen in ihrer Identität gesichert und allgemein zugänglich sind[114]. Im Übrigen lassen sich aber aus dem Rechtsstaatsprinzip keine

---

Sommermann, in: v. Mangoldt / Friedrich Klein / Starck, GG, Art. 20 Rn. 290. Ebenso die Bewertung in Österreich bei *Irresberger*, in: Bußjäger / Kleiser, S. 115 (120), m. w. N.

Hüfler, RIW 1979, S. 133 (134), fordert, dass die Verweisungsnorm „die EWG-Regelungen mindestens nach Verordnungsnummer und Artikel nennt"; ähnlich: *Krey*, in: EWR 2/1981, S. 109 (132), der bei einer Verweisung auf EG-Recht ohne Fundstellenangabe, die Ermittlung des Inhalts für unzumutbar mühsam hält; ähnlich *Breier*, RIW 1994, S. 584 (589).

Bedenken bei Verweisung auf EG-Recht äußern: *Gellermann / Szczekalla*, NuR 1993, S. 54 (57), (wohl aber aus EG-rechtlichen Gründen) bei der Verweisung auf Richtlinien; *Wilhelm Hammer*, MDR 1990, S. 369 (370); *Staats*, in: Rödig, S. 244 (256 f.); *T. Schulte*, S. 183: Aus Gründen der Normenklarheit sei der Verweisungstext mit abzudrucken.

[113]   A. A. *B. Becker*, DVBl. 2003, S. 1487 (1489 f.).

[114]   Allgemeine Zugänglichkeit und Authentizitätssicherung ist notwendige, aber auch hinreichende Voraussetzung für die Publikation nach: OVG RP, NuR 2007, S. 31 (31 f.); NVwZ-RR 2005, S. 28 (29); *Arndt*, JuS 1979, S. 784 (788); *Backherms*, ZRP 1978, S. 261 (262); *Brugger*, VerwArch. 78 (1987), S. 1 (13 f.); *Ebsen*, DÖV 1984, S. 654 (662); *Erhard*, S. 7; *Hömig*, DVBl. 1979, S. 307 (311), anders *ders.*, in: HdUR, Stichwort Verweisung, Sp. 2684 (2685): „wenn der Regelungsadressat in der verweisenden Rechtsnorm darauf hingewiesen wird, wo er das V.objekt einsehen oder sich beschaffen kann"; *Jachmann*, Verw. 28 (1995), S. 17 (28); ähnlich *dies.*, ZBR 1997, S. 342 (349); *Lickteig*, S. 12; *Maurer*, in: Bonner Kommentar, GG, Art. 82 Rn. 109; *Mohr*, S. 36; *Schenke*, in: FS Fröhler, S. 87 (99); *Strecker*, DIN-Normungskunde 14, S. 43 (55).

Anzinger, DIN-Normungskunde 17, S. 96 (102), und *Ernst*, S. 37, fordern „Zugänglichkeit in zumutbarer Weise", ohne eine Identitätssicherung zu erwähnen. Ähnlich: VGH Kassel VerwRspr. 4, S. 540 (543); *Breuer*, AöR 101 (1976), S. 46 (62): Ausreichend, wenn Verweisungsobjekt „der Allgemeinheit in einem ausnahmslos praktizierten Verfahren ungehindert und vorbehaltlos zugänglich ist"; *ders.* stellt in: DVBl. 1978, S. 28 (37), auf die Erfordernisse des § 7 BImSchG ab; *F. Kirchhof*, VSSR 1990, S. 139 (143 f.); *Marburger*, Habil., S. 413; *ders.*, DIN-Normungskunde 17, S. 27 (38 f.); *ders.*, DIN-Mitt. 64 (1985), S. 570 (576); *Schwierz*, S. 91; *Zubke-von Thünen*, S. 254.

Battis / Gusy, Technische Normen, Rn. 415 ff., fordern bei statischen Verweisungen, dass das Verweisungsobjekt öffentlich zugänglich ist, die authentische Fassung des Verweisungsobjekts sichergestellt ist und die Quelle der maßgeblichen Bekanntmachung in der Verweisungsnorm angegeben ist.

Nach *Ramsauer*, in: AK-GG, Art. 82 Rn. 33 f., sind Texte in aller Regel nur in amtlichen Publikationsorganen auf Dauer zugänglich und vor Verfälschungen geschützt, so dass die Verweisung von Gesetzen auf Normtexte, die nur in nichtamtlichen Publikationsorganen abgedruckt seien, nicht ausreiche.

Aussagen entnehmen, in welchen Fällen es für die Verkündung einer Rechtsnorm ausreichen kann, sie nicht in einem gedruckten, amtlichen Publikationsorgan zu veröffentlichen, sondern nur auf einer Dienststelle zu jedermanns Einsicht bereitzuhalten[115]. Dies gilt auch für die Verweisungsobjekte, die damit nur in ihrer Identität gesichert und allgemein zugänglich sein müssen.

Unproblematisch ist in der Regel die Identitätssicherung. Tarifverträge werden amtlich registriert[116]. Bei Werken aus dem Buchhandel ist zumindest ein Pflichtexemplar an die Deutsche Nationalbibliothek abzugeben[117], so dass damit der Identitätssicherung genügt ist[118].

Bezugskosten können die allgemeine Zugänglichkeit bei Tarifverträgen[119] und sonstigen privaten Normwerken beeinträchtigen[120]. Ist das Verweisungsobjekt nur kostenpflichtig erhältlich, so ist die Zugänglichkeit nur bei „angemessenen"[121], „zumutbaren"[122], „verhältnismäßigen"[123] oder „nicht zu teueren"[124] Preisen gewährleistet[125]. Dieses Kriterium ist nach Einfügung von § 5 Abs. 3 UrhG[126] im

---

[115] In diesem Sinne BVerfG, NVwZ 1984, S. 430 (431) – Veröffentlichung von Bebauungsplänen.

[116] § 6 i. V. m. § 7 Abs. 1 TVG.

[117] § 14 G. über die Deutsche Nationalbibliothek (DNBG) v. 22. 6. 2006 (BGBl. I, S. 1338).

[118] *Marburger*, Habil., S. 413; *Mohr*, S. 37; *Zubke-von Thünen*, S. 331 (Fn. 486). A. A. wohl OVG Lüneburg, NVwZ-RR 1991, S. 106, welches das Pflichtexemplar als mögliche Identitätssicherung für DIN-Normen nicht in Betracht zog.

Nach *Guckelberger*, ZG 2004, S. 62 (72 f.), ist dies keine ausreichende Sicherung, weil die Wahrscheinlichkeit, dass ein Normadressat oder eine staatliche Behörde die Übereinstimmung des Normtexts mit dem Original überprüfen werde, im Vergleich zu den leicht greifbaren Gesetzesblättern gering sei.

[119] *Clemens*, AöR 111 (1986), S. 63 (98), hält die Bekanntmachung im Betrieb nicht für ausreichend. Dabei beachtet er jedoch nicht, dass nach § 16 der Verordnung zur Durchführung des Tarifvertragsgesetzes idF. d. Art. 434 der Verordnung v. 31. 10. 2006 (BGBl. I, S. 2407) jedem die Einsicht in das Tarifregister beim Bundesministerium für Arbeit und Soziales möglich ist. Mit *Moritz*, S. 40 f., und *Brugger*, VerwArch. 78 (1987), S. 1 (15), ist die allgemeine Zugänglichkeit zu bejahen.

[120] Nach *Tettinger*, Wirtschaftsverwaltungsrecht, S. 406, ist dem Bürger der Bezug privater Mitteilungsblätter oder Fortsetzungswerke nicht zumutbar.

Guckelberger, ZG 2004, S. 62 (73), hat insoweit Bedenken, als private Regelwerke sich mehrmals ändern könnten und dann frühere Fassungen nicht mehr beziehbar sein könnten.

[121] *Anzinger*, DIN-Normungskunde 17, S. 96 (102); *Mohr*, S. 36.

[122] *Clemens*, AöR 111 (1986), S. 63 (97); *Zubke-von Thünen*, S. 331.

Nach *Clemens*, AöR 111 (1986), S. 63 (97, in Fn. 161), ist die Grenze nach den konkreten Umständen des Einzelfalls zu bestimmen: Im Hinblick auf den Kreis der typischerweise Betroffenen sei die Grenze der Unzumutbarkeit im Falle der Verweisung von einer sozialhilferechtlichen Verordnung eher erreicht als bei einer Verordnung über industrielle Großanlagen.

[123] *Fuss*, in: FS Paulick, S. 293 (298); *Zubke-von Thünen*, S. 331.

Jahr 2003 verstärkt von Bedeutung. Früher war das Verweisungsobjekt zumindest infolge der Verweisung gem. § 5 Abs. 1 UrhG gemeinfrei geworden[127], so dass die allgemeine Zugänglichkeit nicht an Bezugskosten scheiterte. Selbst bei Nichtanwendung von § 5 Abs. 1 UrhG bestehen zumindest für DIN-Normen (auch staatliche) Auslegestellen, wo diese kostenlos eingesehen werden können. Dementsprechend sind Verweisungen auf DIN-Normen ausreichend publiziert[128].

M. Schäfer, S. 158: Die Beschaffung darf nicht mit im Vergleich zur amtlichen Bekanntmachung unverhältnismäßig erhöhten Kosten verbunden sein.

[124] *Brugger*, VerwArch. 78 (1987), S. 1 (14); *Denninger*, Normsetzung, Rn. 167; *Erhard*, S. 7; *Lamb*, S. 90; *Mohr*, S. 38; *Roßnagel*, in: GK-BImSchG, § 7 Rn. 204.

Ähnlich *M. Schäfer*, S. 152 ff.: „geringfügige Kosten".

[125] Wohl a. A.: *Brunner*, S. 94 in Fn. 36, der die Verteuerung für die Normadressaten lediglich als einen folgenlosen Nachteil ansieht; *Falke*, S. 254, der allgemeine Zugänglichkeit – wenn auch zu relativ hohen Kosten – für möglich hält; *Hömig*, DVBl. 1979, S. 307 ff., problematisiert Kosten für private Normen nicht, so dass diese nach seiner Meinung wohl kein Hindernis sind.

[126] Eingefügt durch Art. 1 Abs. 1 Nr. 1 d. G. v. 10. 9. 2003 (BGBl. I S. 1774): „Das Urheberrecht an privaten Normwerken wird durch die Absätze 1 und 2 nicht berührt, wenn Gesetze, Verordnungen, Erlasse oder amtliche Bekanntmachungen auf sie verweisen, ohne ihren Wortlaut wiederzugeben. In diesem Fall ist der Urheber verpflichtet, jedem Verleger zu angemessenen Bedingungen ein Recht zur Vervielfältigung und Verbreitung einzuräumen. Ist ein Dritter Inhaber des ausschließlichen Rechts zur Vervielfältigung und Verbreitung, so ist dieser zur Einräumung des Nutzungsrechts nach Satz 2 verpflichtet."

[127] Problematisch bei dieser Argumentation ist, dass strittig war, ob und bei welcher Art der Verweisung die Verweisungsobjekte gem. § 5 Abs. 1 UrhG gemeinfrei wurden. Nach Ansicht des BGH (GRUR 1990, S. 1003 [1004] = RzU, BGHZ 438, S. 5 mit insoweit zust. Anm. von *Lutz*, dort auf S. 12; in diesem Sinne auch die Vorinstanz KG, GRUR 1988, S. 450 [451 f.]), die vom BVerfG (RzU, BVfG Nr. 37 = NVwZ 1999, S. 293 mit zust. Anm. *Schricker*, EWiR 1998, S. 997 f.) gebilligt wurde, entfiel der urheberrechtliche Schutz der technischen Normen, wenn konkrete Umstände es rechtfertigten, die in Bezug genommenen technischen Normen dem darauf verweisenden Amt zuzurechnen. Ob daneben noch ein Zutun des Urhebers notwendig war, konnte offengelassen werden.

Demgegenüber wollte bspw. *Debelius*, in: FS Hubmann, S. 41 (53 f.), den Urheberschutz nur bei Abdruck des vollen Wortlautes im Gesetzblatt entfallen lassen.

Zudem war streitig, ob das Urheberrecht mit Beschlussfassung (so v. *Ungern-Sternberg*, GRUR 1977, S. 766 [770]) oder erst mit Verkündung bzw. Wirksamwerden erlosch (so *Katzenberger*, GRUR 1972, S. 686 [688]). Für die erste Ansicht spricht der Zweck des § 5 UrhG, dem überwiegenden Informationsinteresse der Allgemeinheit Rechnung zu tragen, welches bereits ab Beschlussfassung besteht.

[128] DIN-Normen sehen als ausreichend publizierte Verweisungsobjekte an: *Brugger*, VerwArch. 78 (1987), S. 1 (14); *Krieger*, S. 232; a. A.: OVG Lüneburg, NVwZ-RR 1991, S. 106; OVG RP, NuR 2007, S. 31 (32); wohl auch OVG NRW, NWVBl. 2006, S. 461; *Röhling*, S. 17; *M. Schäfer*, S. 158, weil die Bezugskosten zu hoch sind.

dd) Erfordernis einer Fundstellenangabe

Fraglich ist weiter, ob die Verweisungsnorm aus Gründen der ordnungsmäßigen Publikation[129] eine Angabe der Fundstelle[130] oder zumindest des Publikationsorgans[131] enthalten muss. Wäre eine Angabe der Fundstelle erforderlich, so wäre die dynamische Verweisung unmöglich. Diese Frage ist aber nicht formell-, sondern materiellrechtlicher Natur[132]. Daher ist bei dynamischen Verweisungen eine Fundstellenangabe nicht erforderlich. Dasselbe gilt für statische Verweisungen. Bei beiden Arten der Verweisung ist für die ordnungsgemäße Publikation erforderlich, dass der Inhalt zugänglich ist. Dies kann auch ohne Fundstellenangabe oder Angabe des Publikationsorgans der Fall sein, und hängt von den Schwierigkeiten bei der Suche nach dem Verweisungsobjekt ab.

Für Rechtsvorschriften existiert mittlerweile in juris ein Verweisungsregister. Zwar hat keine Beleihung der juris GmbH stattgefunden, aber es bestehen weitreichende Einflussmöglichkeiten der Bundesrepublik Deutschland, die Mehrheitseignerin ist[133]. Für die so dokumentierten Verweisungsobjekte ist die allgemeine

---

[129] In diesem Sinne bspw. *Backherms*, ZRP 1978, S. 261 (262).

[130] Die Angabe der Fundstelle fordern: *Altenmüller*, DVBl. 1982, S. 241 (243); *Backherms*, ZRP 1978, S. 261 (262); *ders.*, S. 71, für Verweisungen auf Veröffentlichungen privater Stellen; *Rellermeyer*, NJ 1994, S. 305 (307): Angabe der amtlichen Fundstelle; *Wimmer*, NJW 1995, S. 1577 (1579).

Eine Fundstelle fordern bei statischen Verweisungen: *Brinkmann*, S. 14, für die Verweisung auf technische Normen; *Hömig*, DVBl. 1979, S. 307 (311): Bei Verweisungen auf Regelungen nichtstaatlicher Verbände muss in der Verweisungsnorm auf Fundstelle bzw. Bezugsquelle hingewiesen werden; *ders.*, in: HdUR, Sp. 2684 (2685), erwähnt das Erfordernis der Angabe einer Fundstelle nicht mehr; *Lamb*, S. 89: genaue Bezeichnung von Titel, Datum, Fundstelle und Bezugsquelle.

Eine Fundstellenangabe ist bspw. nicht erforderlich nach: BVerfGE 26, S. 388 (366), für die Verweisung von Bundesgesetz auf Landesgesetz; allgemein: *F. Becker*, S. 542; *Clemens*, AöR 111 (1986), S. 63 (84).

[131] Die Angabe der Bezugsquelle der maßgeblichen Bekanntmachung fordern: OVG NRW, NWVBl. 2006, S. 461, für die Verweisung in einer Satzungsnorm; OVG Koblenz, NuR 2007, S. 31 (32), für die Verweisung in einem Bebauungsplan wird die „genaue Bezeichnung der Regelungen nach Inhalt, Datum sowie der Stelle, an der sie eingesehen oder von der sie bezogen werden können" gefordert; *F. Becker*, S. 556; *Battis/Gusy*, Technische Normen, Rn. 418, für statische Verweisungen, die dynamisch-heteronome Verweisungen auch aus Publikationsgründen für verfassungswidrig halten (vgl. Rn. 409); vgl. auch *dies.*, Staatsrecht, Rn. 288, die für die Verweisungen in Bundesgesetzen fordern: „Das Verkündungsorgan für das Recht, auf welches verwiesen wird, ist im Bundesgesetzblatt mit Fundstelle anzugeben."

Nach *Hill*, NJW 1982, S. 2104 (2107), ist die Angabe der Fundstelle im Sinne der Angabe des maßgeblichen Publikationsorgans zu fordern; in diesem Sinne auch *Manhardt*, S. 92.

[132] *Ramsauer*, in: AK-GG, Art. 82 Rn. 35.

[133] Siehe dazu ausführlich *Berkemann*, VerwArch 87 (1996), S. 362 ff.

Zugänglichkeit ohne Angabe von Publikationsorgan und Fundstelle in der Verweisungsnorm gesichert.

3. Verweisungen in Rechtsverordnungen

Bei Verweisungen in Rechtsverordnungen ist Art. 82 Abs. 1 Satz 2 GG für das Verweisungsobjekt nicht anwendbar[134]. Finden sich auch keine speziellen Anforderungen[135], so gelten die aus dem Rechtsstaatsprinzip abgeleiteten Forderungen für die Verweisung in Gesetzen entsprechend[136].

4. Verweisungen in Satzungen

Normen unterhalb der Rechtsverordnung müssen vielfach nicht der Allgemeinheit, sondern nur den typischerweise Betroffenen zugänglich gemacht werden[137]. So kann die Bekanntmachung gemeindlicher Satzungen beispielsweise in Hessen unter bestimmten Voraussetzungen durch Aushang an Bekantmachungstafeln erfolgen[138]. An die Publikation des Verweisungsobjektes sind keine höheren Anforderungen als an die der Verweisungsnorm zu stellen[139]. Dementsprechend ist dann selbstverständlich ausreichend, wenn die Verweisung auch nur durch Aushang erfolgt.

II. Verfahrensvorschriften

1. Problemstellung

Bislang relativ wenig behandelt wurde, ob und in welchen Fällen die Verweisung gegen Verfahrensvorschriften, die für den Erlass der Verweisungsnorm gelten, verstößt.

Außer bei dem Schutz Verfahrensbeteiligter dienenden Verfahrensvorschriften (dazu nachfolgend 3) waren aus der Rechtsprechung keine Stellungnahmen zu Verweisungen und Verfahrensvorschriften ersichtlich. Selbst bei dynamischen Verweisungen im Grundgesetz auf Landes-[140] oder Bundesrecht[141] wurden Verfahrensvorschriften nicht erwähnt. Dasselbe gilt für dynamische Verweisungen

---

[134] Hierzu gelten die obigen Ausführungen zu Art. 82 Abs. 1 Satz 1 GG entsprechend.

[135] Siehe dazu oben im 2. Teil: B.III. Verweisungen in Rechtsverordnungen (S. 109 ff.).

[136] Siehe dazu oben im 2. Teil: C.I.2.e) Rechtsstaatliche Anforderungen an die Bekanntmachung (S. 120 ff.).

[137] *Brugger*, VerwArch. 78 (1987), S. 1 (17); *Clemens*, AöR 111 (1986), S. 63 (99).

[138] § 2 Abs. 1 S. 1 Verordnung über öffentliche Bekanntmachungen der Gemeinden und Landkreise vom 12. 10. 1977 (GVBl. I S. 409) i. V. m. § 5 Abs. 3 Satz 1, § 7 Abs. 2 HGO.

[139] *Clemens*, AöR 111 (1986), S. 63 (98 f.).

vom Bundes- auf Landesrecht[142] und umgekehrt[143] oder von Gesetzen auf Rechtsverordnungen[144].

Ohne weitere Begründung führt Reinhard Hendler[145] einen Verstoß gegen Verfahrensvorschriften als ein Argument gegen die Zulässigkeit einer dynamischen Verweisung im Landesrecht auf Bundesrecht an. Bedenken äußern auch Michael Sachs[146], Peter J. Tettinger[147] und Hans-Ulrich Karpen[148], wobei Letzterer fordert, dass der volle Text in die Gesetzesvorlage aufzunehmen sei. Ähnlich betont auch Christian Starck[149] den inneren Zusammenhang von Gesetzesinhalt, Gesetzgebungsverfahren und Demokratieprinzip im Bereich eines speziellen Gesetzesvorbehaltes.

Nach Andreas Brunner[150] „sollten" bei Verweisungen auf private Normen gewisse Minimalvorstellungen („Beschwerdemöglichkeiten, Verpflichtung zur schriftlichen Begründung und Erklärung der Norm") zum Tragen kommen.

Walther Mathiak[151] erklärte die unterschiedlichen Verfahrensvorschriften von Verweisungsnorm und -objekt bei der Verweisung von bundesrechtlichen Einspruchsgesetzen auf Zustimmungsgesetze für unbeachtlich. Nach Kay Hailbronner[152] ist unerheblich, wenn eine Rechtsverordnung auf ein Verweisungsobjekt,

---

[140] Vgl. BVerfGE 11, S. 77 (85 f.).

[141] Vgl. BVerfGE 76, S. 363 (385 f.) – Lappas.

[142] Vgl. bspw.: BVerfGE 26, S. 388 ff.; 35, S. 23 ff.

[143] Vgl. bspw. BVerfG, NVwZ 1994, S. 54 (55).

[144] Vgl. bspw.: BVerfGE 14, S. 245 ff.; BVerwGE 68, S. 207 ff. und S. 342 ff.

[145] *Hendler*, ZG 1987, S. 210 (224 f.). In diesem Sinne wohl auch *Battis / Gusy*, Staatsrecht, Rn. 289.

[146] *Sachs*, NJW 1981, S. 1651 (1652): „Haben ein Landesgesetz oder eine Rechtsverordnung durch Verweisung (auch) den Charakter eines Bundesgesetzes gewonnen, führt ihre Änderung auch zu einer solchen des Bundesgesetzes. Hierfür ist nach der Verfassung aber ein Gesetzgebungsverfahren nach den Art. 77 ff. GG erforderlich." Letztlich greift *Sachs* seine Argumentation nicht mehr auf, und hält „Verweisungen" insoweit für zulässig, als eine Ermächtigung zulässig wäre.

[147] *Tettinger*, Wirtschaftsverwaltungsrecht, S. 405: „Die Verweisung ruft jedoch unter rechtsstaatlichen Aspekten dann Bedenken hervor, wenn Normerzeuger und Normerzeugungsverfahren nicht den verfassungsrechtlich fixierten Bindungen unterliegen."

[148] *Karpen*, in: Rödig, S. 221 (238), der schreibt, dass gegen eine statische Verweisung aus demokratischen Gesichtspunkten nichts einzuwenden sei, wenn das Parlament die Möglichkeit erhält, sie im Zuge des Gesetzgebungsverfahrens zu beraten; in diesem Sinne auch: *Baden*, NJW 1979, S. 623 (in Fn. 10); *Strecker*, DIN-Normungskunde 14, S. 43 (53); *Staats*, in: Rödig, S. 244 (254).

[149] *Starck*, in: ders. / Stern, S. 285 (309 f.).

[150] *Brunner*, S. 125 – 128. In diesem Sinne auch: *Kloepfer / Elsner*, DVBl. 1996, S. 964 (968 f.); *Jörissen*, S. 84; *Rehbinder*, in: Kloepfer / Rehbinder / Schmidt-Aßmann / Kunig, S. 465 (vgl. auch 482 f.); *TAB*, BT-Drucks. 13/6450, S. 48.

[151] *Mathiak*, in: P. Kirchhof / Söhn / Mellinghoff, EStG, § 5 Rn. A 180.

das in einem anderen als für Rechtsverordnungen oder Gesetze vorgesehen Verfahren verabschiedet wurde, verweist. Noch weitergehend beseitigt nach Ludwig Göbel[153] ein fehlendes Textänderungsverfahren des Verweisungsnormgebers nicht die Zurechnung der Änderung der Verweisungsregelung aufgrund der Änderung des Verweisungsobjektes. Florian Becker[154] schreibt, dass die Anwendung der formalen Erfordernisse der Verweisungsnorm - insbesondere hinsichtlich des Normsetzungsverfahrens - auf die Bezugsnorm das Institut der Verweisung ad absurdum führen würde.

2. Vergleich des Problems mit dem der Publikation

Wollte man der Forderung von Hans-Ulrich Karpen nach Aufnahme des gesamten Textes in die Gesetzesvorlage genügen, dann würde der Zweck der Verweisung (Vereinfachung) – ähnlich wie bereits im Hinblick auf die Gesetzespublikation erörtert – nicht erreicht. Entsprechend den Überlegungen zur Publikation sind auch die Verfahrensvorschriften für das Verweisungsobjekt nicht anwendbar[155]. Aus dem Rechtsstaatsprinzip[156] sind aber für Verweisungen Mindestanforderungen an das Normierungsverfahren des Verweisungsobjektes abzuleiten. Insoweit bietet es sich an, den von Matthias Schmidt-Preuß[157] vertretenen Ansatz der selbstregulativen Normgebung im Sinne einer *steuernden Rezeption* zu übernehmen[158]. Bei den vier Kriterien steuernder Rezeption handelt es sich um Transparenz, Publizität, Repräsentanz und Revisibilität[159]. Danach entspricht beispielsweise die private Umweltnormung auf nationaler[160] und europäischer Ebene im Wesentlichen den

---

[152] *Hailbronner*, RIW 1992, S. 553 (562).

[153] *Göbel*, in: Schäffer / Triffterer, S. 64 (70).

[154] *F. Becker*, S. 544.

[155] In diesem Sinne auch *F. Becker*, S. 544, der von der Unanwendbarkeit der Verfahrenserfordernisse auf die Unanwendbarkeit der Publikationserfordernisse schließt.

Von einem materiellen Ausgangspunkt ausgehend im Ergebnis aber häufig ähnlich *Jachmann*, Verw. 28 (1995), S. 17 (27): „Ist auch eine etwaige Änderung des Verweisungsobjektes vom Gesetzgebungswillen des Verweisungsnormgebers, etwa eines Bundesgesetzes, umfasst, so ist die Änderung des Verweisungsobjektes nicht auch als eine solche Änderung dieses Bundesgesetzes einzuordnen, für die ein Gesetzgebungsverfahren nach Art. 77 ff. GG erforderlich wäre".

[156] Die von *Schmidt-Preuß*, VVDStRL 56 (1997), S. 160 (205), genannten Kriterien sind demokratisch-rechtsstaatliche Mindeststandards. In Bezug auf das Kriterium der Repräsentanz ist primär das Demokratieprinzip einschlägig, im Übrigen jedoch ganz überwiegend das Rechtsstaatsprinzip.

[157] *Schmidt-Preuß*, VVDStRL 56 (1997), S. 160 (203 ff.); *ders.*, in: Säcker, S. 45 (47) = ZNER 2002, S. 262 (263).

[158] In diesem Sinne stellt auch *F. Becker*, S. 558 ff., Anforderungen an das Zustandekommen der privaten Bezugsnorm.

[159] *Schmidt-Preuß*, VVDStRL 56 (1997), S. 160 (205); *ders.*, in: Säcker, S. 45 (47) = ZNER 2002, S. 262 (263).

demokratisch-rechtsstaatlichen Mindeststandards der Publizität, Repräsentanz[161] und Revisibilität, jedoch müssen deutliche Abstriche bei der Transparenz gemacht werden[162].

3. Dem Schutz Verfahrensbeteiligter dienende Verfahrensvorschriften

In Einzelfällen ist auch zu beachten, dass manche Verfahrensvorschriften die Rechte der Verfahrensbeteiligten absichern[163]. Bezwecken die für die Verweisungsnorm geltenden Verfahrensvorschriften auch den Schutz von solchen Rechtssubjekten, die am Erlass des Verweisungsobjektes nicht beteiligt sind, dann kann diese Schutzfunktion nicht in den Fällen der dynamischen Verweisung erreicht werden[164]. Dies betrifft vor allem Verweisungen in planungsrechtlichen Normen mit Bürgerbeteiligung. Problematisch sind aber auch umfangreiche Verweisungen von Zustimmungs- auf Einspruchsgesetze[165]. In diesen Fällen würden dynamische Verweisungen den materiellrechtlichen Inhalt der Verfahrensvorschriften (vor al-

---

Siehe daneben die Vorschläge von *Brunner* oben bei Fn. 150 im 2. Teil auf S. 129, und allgemein: *Denninger*, Normsetzung, Rn. 176–184: Kriterien einer grundrechtsgebotenen Ausgestaltung von Organisation und Verfahren zur Einbringung von wissenschaftlich-technischem Sachverstand und Interessen in staatliche Normsetzungsverfahren; *Kloepfer / Elsner*, DVBl. 1996, S. 964 (966), mit Hinweis auf den Vertrag zwischen der Bundesrepublik Deutschland und dem DIN; *Sobczak*, S. 64–73.

[160] Die Normgebung durch das DIN entspricht nach *Schmidt-Preuß*, VVDStRL 56 (1997), S. 160 (205), diesen Kriterien.

[161] Die pluralistische Repräsentanz in deutschen privaten Normungsverbänden wird auf europäischer Ebene durch eine *territoriale Repräsentanz* ersetzt, weshalb Bedenken angebracht sind, in diesem Sinne bspw. auch *TAB*, BT-Drucks. 13/6450, S. 6.

[162] *M. Schulte*, in: EUDUR 1, § 17 Rn. 143, der aber insoweit Hoffnung hat, wenn das Konzept der „steuernden Rezeption" greift.

[163] Siehe grundlegend zum Grundrechtsschutz durch Verfahren BVerfGE 53, S. 20 (65) – Mülheim-Kärlich.

[164] In diesem Sinne auch, jedoch jeweils nur im Zusammenhang mit planungsrechtlichen Vorschriften: BVerwG, BRS 30, Nr. 17 S. 40 (44), zur dynamischen Verweisung in einem Begrünungsplan, wonach die Möglichkeit einer nachträglich automatisch eintretenden Erweiterung des Geltungsbereiches zu einer – zumindest faktischen – Beeinträchtigung der Anhörungsrechte führe; ähnlich BVerwG, BRS 38, Nr. 4.

Weitzel, NuR 1995, S. 16 (17), im Rahmen des Planungsrechtes, wonach bei dynamischen Verweisungen bürgerschützende Verfahrensvorschriften unterlaufen werden.

[165] Siehe dazu oben die Ansicht von *Mathiak* in Fn. 151 im 2. Teil auf S. 129.

Vgl. dazu weiter BSGE 34, S. 115 (117 f.): Die Verweisung eines Bundesverordnungsgebers auf Richtlinien der Bundesregierung widerspreche auch nicht der Ermächtigungsnorm, wonach der Verweisungsnormgeber nur „mit Zustimmung des Bundesrates" handeln dürfe. Die Verordnung sei mit Zustimmung des Bundesrates ergangen. Es sei auch insoweit unschädlich, dass auf künftige Richtlinien der Bundesregierung verwiesen werde. Die darin liegende vorweggenommene (ungeprüfte) Zustimmung des Bundesrates zu dem Verweisungsobjekt bedeute – teilweise – einen Verzicht auf die in der Ermächtigungsnorm vorgeschriebene Mitwirkung. Ein solcher Verzicht sei mit der Ermächtigungsnorm jeden-

lem Mitwirkungsrechte) „umgehen"[166]. Insoweit stellen Verfahrensvorschriften für dynamische Verweisungen eine Zulässigkeitsgrenze dar, so dass in diesen Fällen nur statische Verweisungen in Betracht kommen.

4. Verfahrensvorschriften bei Gesetzes-/Parlamentsvorbehalten

Das parlamentarische Verfahren gewährleistet ein höheres Maß an Öffentlichkeit der Auseinandersetzung und Entscheidungssuche und damit auch größere Möglichkeiten einen Ausgleich widerstreitender Interessen[167]. Eine parlamentarische Willensbildung ohne Debatte ist undenkbar[168]. Die Art. 76 ff. GG sowie die Vorschriften zur Rechtsetzung auf der Landesebene stehen einer stillschweigenden Willensbildung entgegen[169].

Diese Funktion des parlamentarischen Verfahrens wird bei statischen Verweisungen, wenn die Verweisungsobjekte nicht in die Parlamentsvorlagen aufgenommen werden[170], und bei jeder dynamischen Verweisung beeinträchtigt. Unbedenklich erscheint dies in den Fällen, in denen das Parlament zu keiner Regelung verpflichtet ist. Auch bei einem Gesetzesvorbehalt kann dies noch toleriert werden[171], weil dem Gesetzesvorbehalt auch durch nicht-parlamentarische Regelungen genügt werden kann[172].

Besteht aber ein Parlamentsvorbehalt[173], so genügt dieser verfahrensrechtlichen Komponente des Parlamentsvorbehalts eine statische Verweisung nur, wenn die Verweisungsobjekte in die Parlamentsvorlage aufgenommen werden. Dementsprechend wird eine dynamisch-autonome Verweisung der verfahrensrechtlichen

---

falls dann vereinbar, wenn er nicht generell, sondern im Einzelfall ausgesprochen und seine Konsequenzen absehbar seien.

[166] Der materiellrechtliche Inhalt ist aber nicht bei jeder Verweisung betroffen. Vgl. dazu oben die Ansicht von *Jachmann* in Fn. 155 im 2. Teil (S. 130).

[167] BVerfGE 40, S. 237 (249).

[168] VG Hamburg, NJW 1979, S. 667 (668); *Gamber*, VBlBW 1983, S. 197 (198); *Karpen*, S. 176; *Lickteig*, S. 22.

[169] *Guckelberger*, ZG 2004, S. 62 (75 f.).

[170] Vgl. auch *Karpen*, in: Rödig, S. 221 (238), der fordert, dass der volle Text in die Gesetzesvorlage aufzunehmen sei. Weiter schreibt er, dass gegen eine statische Verweisung aus demokratischen Gesichtspunkten nichts einzuwenden sei, wenn das Parlament die Möglichkeit erhält, sie im Zuge des Gesetzgebungsverfahrens zu beraten.

[171] Vgl. die abweichende Meinung der Richterin *Hohmann-Dennhardt* und der Richter *Hoffmann-Riem* sowie *Kühling*, in: BVerfGE 103, S. 44 (77 f.), wonach eine dynamisch-autonome Verweisung, die einem Gesetzesvorbehalt unterfiel, als verfassungsrechtlich problematisch bewertet wurde.

[172] Siehe dazu unten im 2. Teil: H.IV. Verhältnis zwischen Gesetzes- und Parlamentsvorbehalt (S. 241 ff.).

[173] Siehe dazu unten im 2. Teil: H.IV. Verhältnis zwischen Gesetzes- und Parlamentsvorbehalt (S. 241 ff.).

Komponente des Parlamentsvorbehalts nur gerecht, wenn bei der parlamentarischen Debatte auch die Auswirkungen der Veränderung des Verweisungsobjektes auf die Verweisungsregelung mitdiskutiert werden.

Im Bereich des Parlamentsvorbehalts stellt eine dynamisch-heteronome Verweisung einen Verstoß gegen die parlamentarischen Verfahrensvorschriften dar, weil die Änderungen nicht vom zuständigen Parlament öffentlich debattiert werden.

III. Bestimmtheit und Rechtsklarheit

Weiter muss die Verweisung hinreichend bestimmt und klar sein.

1. Begründungsansätze des Bestimmtheitserfordernisses

Woraus das Erfordernis der hinreichenden Bestimmtheit abzuleiten ist, ist strittig.

Selten werden zur Herleitung die besonderen Bestimmtheitsgebote der Art. 80 Abs. 1 Satz 2, 103 Abs. 2 und 104 Abs. 1 Satz 1 GG sowie die Gesetzesvorbehalte der Grundrechte genannt[174]. Daraus mit einer Analogie einen allgemeinen Bestimmtheitsgrundsatz zu begründen, ist angesichts dieser sehr heterogenen Verfassungsbestimmungen fernliegend[175].

Häufig[176] wird das Bestimmtheitserfordernis aus mehreren Aspekten zusammen hergeleitet. Vereinzelt[177] wird ein eigener Bestimmtheitsgrundsatz postuliert.

---

[174] Dazu ausführlich *Geitmann*, S. 65–76.

[175] *Lukes*, BG 1973, S. 429 (432); in diesem Sinne auch *Gusy*, DVBl. 1979, S. 575.

[176] Vgl.: BVerfGE 110, S. 33 (52 ff.), wo auf die Grundrechtsnorm, Verhältnismäßigkeit, Maßstäbe für die Verwaltung und Kontrolle durch Gerichte abgestellt wird; BVerfGE 8, S. 274 (325 f.): Gesetzmäßigkeit der Verwaltung, Gewaltenteilung und Rechtswegegarantie.
Braun, VerwArch. 76 (1985), S. 24 (52 ff.): rechtsstaatlich-demokratische Komponente und Rechtsschutzgarantie (Art. 19 Abs. 4 GG).
Gusy, DVBl. 1979, S. 575 (576): Grundlagen des Bestimmtheitsgebotes sind sowohl der Vorbehalt als auch der Vorrang des Gesetzes i. V. m. der verfassungsrechtlichen Rechtsschutzgarantie.
Hesse, Rn. 276, und *Krey*, in: EWR 2/1981, S. 109 (134): Rechtsstaats- und Demokratieprinzip.
Papier/Möller, AöR 122 (1997), S. 177 (178–183): Das Bestimmtheitsgebot lässt sich vor allem aus dem Unterprinzip der Rechtssicherheit, jedoch auch aus allen anderen Unterprinzipien des Rechtsstaatsprinzips, dem Demokratieprinzip sowie den Grundrechten herleiten.
Rengeling, NJW 1978, S. 2217 (2221): rechtsstaatliche und stärkere demokratische Elemente.

[177] In diesem Sinne *Lerche*, S. 73; dagegen *Geitmann*, S. 88 f.

Zumeist wird bei der Herleitung auf das Rechtsstaatprinzip im Allgemeinen[178] oder auf die Unterprinzipien der Rechtssicherheit[179] oder der Rechtswegegarantie[180] abgestellt. Letztere Begründung ist abzulehnen, weil es keine Norm gibt, die so unbestimmt ist, dass sie allein deswegen der richterlichen Anwendung nicht fähig wäre[181]. Die formalen Aspekte des Bestimmtheitsgrundsatzes sind primär der Rechtssicherheit zuordnen. Monika Jachmann[182] bezeichnet dies treffend als das „allgemeine formale rechtsstaatliche Bestimmtheitsgebot".

Weiter werden das Demokratieprinzip[183], die Gewaltenteilung[184], die Gesetzmäßigkeit der Verwaltung[185], die Verhältnismäßigkeit[186] oder das Willkürverbot[187] zur Begründung von inhaltlichen Bestimmtheitsanforderungen angeführt. Danach müssen die wesentlichen Entscheidungen im Gesetz hinreichend bestimmt getroffen werden (Wesentlichkeitstheorie). Für welche Bereiche und mit welcher Genauigkeit im Gesetz oder in sonstigen parlamentarischen Regelungen der Inhalt festgelegt werden muss, bestimmt sich nach dem Gesetzes- oder Parlamentsvorbehalt[188]. Die inhaltlichen Bestimmtheitsanforderungen sind daher nicht dem Prinzip der Rechtssicherheit zuzuordnen, sondern im Rahmen von Gesetzes- und Parlamentsvorbehalt zu erörtern[189].

---

[178] So: BVerfGE 1, S. 14 (16, Ls. 14); 17, S. 67 (82); 17, S. 306 (313 f.); 21, S. 209 (215); 21, S. 73 (79); *Brinkmann*, S. 14; *Hill*, NJW 1982, S. 2104 (2107); *v. Münch*, Rn. 456; *Reiner Schmidt*, Öffentl. Wirtschaftsrecht, § 4 II 2 (S. 175); *Schwierz*, S. 83; *Staats*, ZRP 1978, S. 59 (61). Siehe dazu auch: *Gassner*, ZG 1996, S. 37 (40 f.); *Geitmann*, S. 77 f.

[179] BVerfGE 5, S. 25 (31); 14, S. 13 (16); BayVerfGHE 17 (1964), S. 61 (66); *Degenhart*, Rn. 356; *Hiller*, S. 92; *Kahl*, Verw. 2000, S. 29 (49); *Karpen*, S. 137; *Kunig*, Jura 1990, S. 495; *Maunz/Zippelius*, § 12 III 5 (S. 107); *Maurer*, Staatsrecht, § 8 Rn. 46; *Münch*, NJW 1996, S. 3320 (3321); *Schmidt-Aßmann*, in: HStR II, § 26 Rn. 85; *E. Stein/Götz*, § 20 II 4 (S. 153); *Stern* I, § 20 IV 4f β (S. 829); *Weber-Fas*, Stichwort Rechtssicherheit, S. 267.

[180] In diesem Sinne: BVerfGE 8, S. 274 (326); *Jesch*, AöR 82 (1957), S. 163 (165).

[181] So auch die Begründung von *Kunig*, Jura 1990, S. 495 (496 f.). Im Ergebnis ebenso: *Gassner*, S. 90; *ders.*, ZG 1996, S. 37 (41); *Geitmann*, S. 82 f.

[182] Vgl. *Jachmann*, Habil, S. 661 ff.

[183] In diesem Sinne *Geitmann*, S. 164.

[184] BVerfGE 8, S. 274 (325). Dazu: *Gassner*, ZG 1996, S. 37 (42 ff.); *Geitmann*, S. 80 f.

[185] BVerfGE 8, S. 274 (325). Dazu: *Gassner*, ZG 1996, S. 37 (45 f.); *Geitmann*, S. 83–88.

[186] Neben anderen Grundlagen so in BVerfGE 110, S. 33 (55).

[187] BVerfGE 17, S. 232 (246); 21, S. 73 (80); *Lukes*, BG 1973, S. 429 (433); *Schneider*, Rn. 66. Dazu auch: *Geitmann*, S. 93 f.; *Papier*, in: Steuerrecht und Verfassungsrecht, S. 61 (68).

[188] Im Sinne der hier getroffenen Abgrenzung: *Kloepfer*, JZ 1984 S. 685 (691); *Lehner*, NJW 1991, S. 890 (893); *v. Münch*, Rn. 355.

A. A. *Gassner*, S. 137 ff., nach dessen Ansicht der Wesentlichkeitstheorie nur die Funktion zukommt, zu entscheiden, ob ein Gesetz notwendig ist. Alle Fragen der Regelungsdichte behandelt er unter dem Gesichtspunkt der Bestimmtheit.

[189] Siehe dazu unten im 2. Teil: H. Gesetzes- und Parlamentsvorbehalt (S. 237 ff.).

2. Verhältnis der Bestimmtheit zur Rechtsklarheit

Von dem Gebot der Bestimmtheit wird häufig das Gebot der Klarheit[190] des Gesetzes – auch Gebot der Norm(en)klarheit[191] genannt – nicht unterschieden, sondern die beiden Prinzipien werden vielfach sogar synonym in Schrifttum[192] und Rechtsprechung[193] verwendet. Das ist deshalb naheliegend, weil beide Grundsätze primär der Vorhersehbarkeit dienen[194].

Nur vereinzelt[195] werden die Gebote unterschieden. Vom allgemeinen Sprachgebrauch her bietet sich folgende Abgrenzung an: Klarheit betrifft insbesondere die Normgestaltung und bedeutet Durchsichtigkeit im Zusammenspiel der einzelnen Begriffe, Sätze und Paragrafen und Übersichtlichkeit im Aufbau[196]. Klarheit ist daher primär eine Frage der Gesetzestechnik, des *Wie* und nicht des *Was* und *Wie viel* gesetzlicher Regelung. Demgegenüber betrifft Bestimmtheit die inhaltliche Weite, Begrenztheit oder Spezifizierung[197]. Während Bestimmtheit zur Ausführlichkeit tendiert, strebt die Forderung nach Klarheit eher zur Kürze[198]. Insoweit sind die Prinzipien gegenläufig[199].

---

[190] Im Gegensatz zum Bestimmtheitsgrundsatz ist die Rechtsklarheit in der Verfassung nicht erwähnt. Dennoch kann die verfassungsrechtliche Relevanz dieses Grundsatzes angesichts der überragenden Bedeutung für die Realisierung des normativen Geltungsgebotes schlechterdings nicht bestritten werden, so auch *Braun*, VerwArch. 76 (1985), S. 24 (45). Nach BVerfGE 1, S. 14 (45); 25, S. 216 (227), sind unklare Normen nichtig.

[191] *Denninger*, Normsetzung, Rn. 161 (Fn. 150), weist daraufhin, dass die Terminologie des BVerfG schwanke. Vgl. BVerfGE 31, S. 255 (264) und 45, S. 400 (420) einerseits („Normklarheit") und BVerfGE 65, S. 1 (44) („Normenklarheit") andererseits.

[192] Vgl. *Brinkmann*, S. 14; *Degenhart*, Rn. 356; *Karst*, NVwZ 1999, S. 244 (245); *Krey*, in: EWR 2/1981, S. 109 (137); *Kunig*, S. 200 ff., 396 ff.; *Lehner*, NJW 1991, S. 890 (892); *Reiner Schmidt*, Öffentl. Wirtschaftsrecht, § 4 II 2 (S. 176); *Schmidt-Aßmann*, DÖV 1981, S. 237 (239); *Vahle*, ZBR 1994, S. 374.
Vgl. auch *Seibel*, BauR 2004, S. 1718 (1722): „Kriterien für die Präzisierung der hinreichenden Bestimmtheit sind insbesondere die Klarheit …".

[193] Vgl. BVerfGE 110, S. 33 (53): „dem rechtsstaatlichen Gebot der Normenbestimmtheit und Normenklarheit"; BVerfGE 93, S. 213 (238 f.); 45, S. 400 (420); BVerfGE 9, S. 223 (229): „… ist auch nicht so unbestimmt, daß er gegen das rechtsstaatliche Gebot der Normenklarheit verstieße …".

[194] *Gassner*, S. 118.

[195] So bei: *Denninger*, Normsetzung, Rn. 161 ff.; *Gassner*, S. 118–121; *Geitmann*, S. 28 f.; *Schätzler*, NJW 1957, S. 121 (122); *Schulze-Fielitz*, in: Dreier, GG, Art. 20 (Rechtsstaat) Rn. 141 ff., der als Konkretisierung das Gebot der eindeutigen Verweisungen ansieht. In diesem Sinne wohl auch: Münch, NJW 1996, S. 3320 (3321); *Sachs*, in: ders., GG, Art. 20 Rn. 125.

[196] In diesem Sinne auch: *Braun*, VerwArch. 76 (1985), S. 24 (46); *Denninger*, Normsetzung, Rn. 161; *Gassner*, S. 119; *Geitmann*, S. 28; *Kahl*, Verw. 2000, S. 29 (49); *Schätzler*, NJW 1957, S. 121 (122).

[197] *Gassner*, S. 119; *Geitmann*, S. 28; *Kahl*, Verw. 2000, S. 29 (49); *Sachs*, in: ders., GG, Art. 20 Rn. 126. In diesem Sinne auch *Denninger*, Normsetzung, Rn. 161.

Nach Roland Geitmann und Ulrich M. Gassner gibt es dementsprechend bestimmte, aber unklare und ebenso klare, aber unbestimmte Gesetzesvorschriften (wie die klare, aber unbestimmte Verweisung im Apothekenstoppgesetz[200])[201]. Dabei geht Gassner zwar davon aus, dass unklare Tatbestandselemente auch den Bestimmtheitsgrad der Norm beeinflussen, jedoch seien Bestimmtheit und Klarheit zu unterscheiden[202]. Bestimmtheit und Klarheit verhielten sich zueinander wie zwei sich schneidende Kreise[203]. Es sei nicht ausgeschlossen, dass eine Norm einerseits unklar sei, etwa weil sie äußerst ausdifferenzierte Tatbestände enthalte, andererseits aber hinreichend bestimmt, eben weil infolge der detaillierten Regelung der Spielraum des Gesetzesanwenders eng begrenzt sei[204]. Dagegen haben Angelika Schnell und Armin Herb nachgewiesen, wie umfangreiche, mehrere Ebenen umfassende Verweisungssysteme – und damit unklare Verweisungen – infolge des Überschreitens psycho-biologischer Verständnisgrenzen zwangsläufig zur Unbestimmtheit führen[205]. Damit gibt es jedenfalls einen Punkt, ab dem die Unklarheit in Unbestimmtheit umschlägt[206]. Zudem ist zu berücksichtigen, dass Klarheit und Bestimmtheit primär Ausprägungen der Rechtssicherheit sind[207]. Damit gehören die Aspekte sachlich eng zusammen[208]. Die Grenze zwischen ihnen ist fließend[209]. Dies legt es nahe, das Prinzip der Normenklarheit als einen Aspekt der komplexen Bestimmtheitsproblematik zu betrachten[210]. Allerdings ist die Unklarheit nicht der Unbestimmtheit untergeordnet, sondern beide Aspekte zusammen

---

[198] *Gassner*, S. 119; *Geitmann*, S. 28.

[199] *Braun*, VerwArch. 76 (1985), S. 24 (46); *Geitmann*, S. 28; *Gassner*, S. 119.

[200] Siehe dazu unten bei Fn. 309 im 2. Teil auf S. 149.

[201] *Gassner*, S. 119; *Geitmann*, S. 28.

[202] *Gassner*, S. 120. In diesem Sinne auch *Braun*, VerwArch. 76 (1985), S. 24 (46).

[203] *Gassner*, S. 121. A. A. wohl *Stern* I, S. 829 f. (vgl. S. 829: „das Gebot zur Klarheit und Bestimmtheit" und S. 830: das Gebot der Bestimmtheit geht über die Anforderungen der Klarheit hinaus).

[204] *Gassner*, S. 120.

[205] Vgl. dazu unten 2. Teil: C.III.4.d) Nicht-lineare Effekte der Verweisung (S. 153 ff.). Zwar widerspricht dies nicht unbedingt der Aussage von *Gassner*, weil Fälle denkbar sind, in denen die Norm schon wegen Unklarheit verfassungswidrig ist, ohne dass sie bereits unbestimmt zu sein braucht. Allerdings ist – angesichts der hohen Hürden, die für die Verfassungswidrigkeit gelten – dies wohl nur eine theoretische Möglichkeit.

[206] In diesem Sinne auch *Braun*, VerwArch. 76 (1985), S. 24 (46), der unklare Normen immer auch als unbestimmt einstuft.

[207] *Kahl*, Verw. 2000, S. 29 (49). Zur Herleitung der Bestimmtheit aus dem Gebot der Rechtssicherheit siehe bereits oben 2. Teil: C.III.1. Begründungsansätze des Bestimmtheitserfordernisses (S. 133 f.).

[208] So auch im Ergebnis *Kahl*, Verw. 2000, S. 29 (49 in Fn. 111).

[209] So auch: *Kahl*, Verw. 2000, S. 29 (49 in Fn. 111); *Sachs*, in: ders., GG, Art. 20 Rn. 126.

[210] *Braun*, VerwArch. 76 (1985), S. 24 (46). *Papier*, in: Steuerrecht und Verfassungsrecht, S. 61 (69): „der aus den rechtsstaatlichen Maximen der Normenklarheit, Rechtssi-

begründen die „Offenheit" von Normen[211]. Dabei steht bei der Rechtsklarheit das Moment der Verständlichkeit im Vordergrund, während bei der Bestimmtheit der Aspekt der inhaltlichen Präzision betont wird[212].

3. Anforderungen an Rechtsnormen

a) Hinreichende Bestimmtheit

Weder in der Rechtsprechung noch in der Literatur ist eine allgemeine Formel dafür entwickelt worden, welche Anforderungen erfüllt sein müssen, um die Bestimmtheit zu gewährleisten[213].

Anzeichen für die Unbestimmtheit sind mangelnde Praktikabilität[214], uneinheitliche Rechtsanwendung[215] oder Probleme bei der Rechtssetzung[216]. Diese Maßstäbe werden regelmäßig nebeneinander, wenn auch ohne besondere Gewichtung der einzelnen Kriterien untereinander, für die Prüfung der Bestimmtheit von Rechtsnormen herangezogen[217].

Ein weiterer Ansatz[218] besteht darin, die Bestimmtheit der Rechtsnorm materiell an der jeweiligen Wirkung auf die Freiheitsgrundrechte zu messen und die Bestimmtheitsprüfung allein in der Prüfung der Grundrechte, die durch die Rechts-

---

cherheit und Vorhersehbarkeit gespeiste Bestimmtheitsgrundsatz". Wohl auch: BVerwGE 96, S. 110 (115); *Stern* I, § 20 IV 4f β (S. 830).

[211] In diesem Sinne wohl auch *Geitmann*, S. 47.

[212] In diesem Sinne auch: *Gassner*, S. 118–121, und *Geitmann*, S. 28, die zwischen Klarheit und Bestimmtheit unterscheiden; *Kahl*, Verw. 2000, S. 29 (49), der davon ausgeht, dass Klarheit und Bestimmtheit fließend ineinander übergehen; *Braun*, VerwArch. 76 (1985), S. 24 (46), der die Klarheit als einen Aspekt einer komplexen Bestimmtheitsproblematik betrachtet.

[213] So auch die Einschätzung von *Lukes*, BG 1973, S. 429 (432).

[214] BVerfGE 25, S. 216 (227); *Lukes*, BG 1973, S. 429 (433); *Seibel*, BauR 2004, S. 1718 (1722); vgl. auch: BVerfGE 9, S. 137 (151). Dazu *Geitmann*, S. 92 f.

[215] BVerfGE 92, S. 1 (18); implizit bereits in BVerfGE 5, S. 25 (33) – Apothekenstoppgesetz; *Papier/Möller*, AöR 122 (1997), S. 177 (192).
In diesem Sinne auch *Schätzler*, NJW 1957, S. 121 (122), wonach die Grenze der Unbestimmtheit dort liegt, wo die Norm nicht mehr vollziehbar ist.
Vgl. aber auch BVerfG, Urt. v. 29. 7. 1968, BVerfGE 24, S. 119 (152): „Der Unterschied der Meinungen ist aber schon deshalb kein Indiz für eine mangelnde Bestimmtheit, weil die Norm erst 1961 eingefügt worden ist und mit Rücksicht auf die verfassungsrechtlichen Bedenken bisher nur zögernd angewandt wird. Verfassungsrechtlich lassen sich alle genannten Auslegungen halten; sie zeigen, daß sich aus dem Zweck der Vorschrift und ihrer Formulierung durchaus Kriterien zur inhaltlichen Auslegung gewinnen lassen."

[216] In diesem Sinne *Wilhelm Hammer*, MDR 1990, S. 369 (370), für ein Beispiel aus dem Artenschutzrecht.

[217] *Lukes*, BG 1973, S. 429 (433).

norm eingeschränkt werden, vorzunehmen[219]. Die inhaltliche Bestimmtheit einer Rechtsnorm wird auch anhand der gerichtlichen Nachprüfbarkeit beurteilt[220]. Diese Betrachtungsweise wird nach der hier vertretenen Konzeption dem Gesetzes-/Parlamentsvorbehalt zugeordnet[221].

Die Bestimmtheitskriterien bleiben damit nicht nur in Einzelaspekten, sondern auch in ihrer Gesamtheit unübersichtlich. Es kommt also zum paradoxen Ergebnis, dass das für die Rechtssicherheit entwickelte Bestimmtheitsgebot in seiner Anwendung selbst einen Unsicherheitsfaktor produziert[222]. Freilich darf das Bestimmtheitspostulat nicht überspannt werden. Vollkommene Inhaltsbestimmtheit ist weder erreichbar noch ohne Einschränkung erstrebenswert[223]. Es hieße gesetzespositivistischen Illusionen zu erliegen, wollte man die legislative Steuerbarkeit der Verwaltung in einem absoluten Sinne verstehen. Denn es ist schlechterdings keine abstrakt-generelle Regelung vorstellbar, die, um die treffende Metapher Eberhard Schmidt-Aßmanns zu verwenden, ein „Speicher fertiger Antworten"[224] ist[225]. Jede Regelung ist unbestimmt, deren Bedeutung sich nur durch eine rechtliche Bewertung erschließen lässt. Da eine solche bei allen Rechtsbegriffen *mehr oder weniger* erforderlich ist, muss von einer gleitenden Skala zwischen den Extremen der Normbestimmtheit und Normunbestimmtheit ausgegangen werden[226]. Eine verbreitete Ansicht[227] betrachtet Bestimmtheit deshalb als quantitatives Problem. Dabei lässt sich kein absoluter Grad an Bestimmtheit angeben, den das verfassungsrechtliche Bestimmtheitsgebot dem Gesetz abverlangt[228]. Der Bestimmtheitsgrundsatz kann angesichts der Spannungen zur materiellen Gerechtigkeit nur die dem jeweiligen Sachzusammenhang angemessene Bestimmtheit fordern[229]. Die Bestimmtheitsan-

---

[218] In diesem Sinne: BVerfGE 56, S. 13; *Tünnesen-Harmes*, in: Jarass, Wirtschaftsverwaltungsrecht, § 7 Rn. 6.

[219] *Lukes*, BG 1973, S. 429 (433); dazu *Geitmann*, S. 120–131.

[220] BVerfGE 8, S. 71 (78); *Lukes*, BG 1973, S. 429 (433); *Seibel*, BauR 2004, S. 1718 (1722); dazu *Geitmann*, S. 103–108.

[221] Siehe dazu oben 2. Teil: C.III.1. Begründungsansätze des Bestimmtheitserfordernisses (S. 133 f.).

[222] *Papier/Möller*, AöR 122 (1997), S. 177 (197).

[223] *Henkel*, S. 439; *Stern* I, § 20 IV 4f β (S. 830).

[224] *Schmidt-Aßmann*, in: HStR II, § 26 Rn. 60.

[225] *Gassner*, S. 83.

[226] *Gassner*, S. 83; *ders.*, ZG 1996, S. 37 (39); *Geitmann*, S. 47 f.; *Papier*, in: Steuerrecht und Verfassungsrecht, S. 61 (67); *Papier/Möller*, AöR 122 (1997), S. 177 (185); Hervorhebung von *Papier/Möller*.

[227] In diesem Sinne: *Geitmann*, S. 47 f.; *Jesch*, AöR 82 (1957); S. 163 (167 f.); *Papier*, in: Steuerrecht und Verfassungsrecht, S. 61 (67); *Papier/Möller*, AöR 122 (1997), S. 177 (185); *Rengeling*, NJW 1978, S. 2217 (2221).

[228] BVerfGE 41, S. 314 (320), im Kontext mit dem strafrechtlichen Bestimmtheitsgebot; *Papier/Möller*, AöR 122 (1997), S. 177 (185).

[229] *Hiller*, S. 84; *Papier*, in: Steuerrecht und Verfassungsrecht, S. 61 (67).

forderungen variieren damit je nach der Schwierigkeit, unter der eine präzisere Regelung überhaupt möglich wäre[230]. Dazu hat das Bundesverfassungsgericht festgestellt, dass bei „vielgestaltigen Sachverhalten" oder wenn zu erwarten sei, dass „sich die tatsächlichen Verhältnisse rasch ändern" würden, „geringere Anforderungen" an die Bestimmtheit zu stellen seien[231].

Die verfassungsrechtlich geforderte Bestimmtheit einer Norm ist damit keine feststehende Größe, sondern die variierende Resultante der Determinanten Regelbarkeit und Wirkungsschwere[232]. Aus normtheoretischer Sicht ist der Bestimmtheitsgrundsatz damit kein definitives Gebot, sondern eine Prinzipien-Norm. Prinzipien zeichnet aus, dass sie im Unterschied zu Regeln nicht durch Subsumtion angewendet werden können. Vielmehr enthalten sie bloße Optimierungsgebote, deren normativer Gehalt sich darin erschöpft, festzulegen, dass ein bestimmtes Regelungsziel weitestgehend realisiert werden soll[233]. Bezogen auf das Bestimmtheitsgebot bedeutet dies, dass sich die verfassungsrechtlich gebotene Regelungsdichte aus der Optimierung der einzelnen faktisch und normativ induzierten Bestimmtheitsdeterminanten ergibt[234]. Erst aus der Gesamtschau dieser teilweise gegenläufigen Kriterien lassen sich definitive Erkenntnisse über den hinreichenden Bestimmtheitsgrad im Einzelfall gewinnen[235].

Das Bundesverfassungsgericht erklärte dabei relativ wenige Normen für zu unbestimmt oder unklar, und wenn überhaupt in der Regel wegen Verstoßes gegen das spezielle Bestimmtheitsgebot des Art. 80 Abs. 1 Satz 2 GG[236]. Dem

---

[230] BVerfGE 90, S. 1 (16 f.), zum Gesetz über die Verbreitung jugendgefährdender Schriften; *Papier / Möller*, AöR 122 (1997), S. 177 (185).

[231] BVerfGE 49, S. 89 (133) – Kalkar I.

[232] *Ziekow*, JZ 1999, S. 963 (965).

[233] *Gassner*, ZG 1996, S. 36 (56).

[234] In diesem Sinne auch: *Gassner*, S. 117 f.; *ders.*, ZG 1996, S. 37 (56); *Kunig*, Jura 1990, S. 495.

[235] *Gassner*, S. 118. Im Ergebnis ebenso auf den Einzelfall abstellend: BVerfGE 1, S. 14 (S. 17 Ls. 19 und S. 60), bzgl. Art. 80 Abs. 1 GG; 28, S. 175 (183), bzgl. Art. 103 Abs. 2 GG; *Braun*, VerwArch. 76 (1985), S. 24 (56).

[236] *Kunig*, S. 405, schreibt, dass erst eine einzige Norm für zu unbestimmt erklärt wurde (nämlich § 1 Abs. 2 Nr. 1 i. V. m. §§ 2 Abs. 1, 46 Abs. 2, 60 Abs. 1 des Personenbeförderungsgesetzes in BVerfGE 17, S. 306). In der Liste von *Geitmann* (1971), S. 168 ff., finden sich 29 Normen, die vom BVerfG für zu unklar oder unbestimmt erklärt worden sind (In BVerfGE 1, S. 14 [59 f.]; 2, S. 307 [334 ff.]; 5, S. 71 [75 ff.]; 7, S. 282 [291 ff.]; 10, S. 251 [255 ff.]; 15, S. 153 [160 ff.]; 18, S. 52 [60 ff.]; 19, S. 370 [375 f.]; 20, S. 257 [268 ff.]; 22, S. 180 [214 f.]; 23, S. 62 [71 ff.]; 23, S. 208 [223 ff.] wegen Art. 80 Abs. 1 Satz 2 GG. In BVerfGE 5, S. 25 [31 ff]; 21, S. 312 [323 f.] wegen unklarer Verweisung. In BVerfGE 8, S. 71 [75 ff.]; 9, S. 83 [86 ff.]; 20, S. 150 [154 ff.] zu Genehmigungsvorbehalten. In BVerfGE 12, S. 81 [88 ff.]; 26, S. 79 [93 f., 97 f.] wegen Art. 97 Abs. 1 GG. In BVerfGE 17, S. 294 [298 ff.] wegen Art. 103 Abs. 1 GG. In BVerfGE 17, S. 306 [313 ff.] wegen Unklarheit. In BVerfGE 18, S. 65 [69 f.] 19, S. 145 [147];

Bestimmtheitsgebot ist nämlich genügt, wenn „der Gesetzgeber wenigstens seinen Grundgedanken, das Ziel seines gesetzgeberischen Wollens" vollkommen deutlich macht[237]. Der Normbefehl muss inhaltlich so präzisiert sein, dass die Normunterworfenen die Rechtslage erkennen und ihr Verhalten danach ausrichten können[238].

Letztlich reicht es nach den zutreffenden Anforderungen des Bundesverfassungsgerichts[239] aus, wenn sich der Inhalt einer Norm durch die gängigen Auslegungsmethoden ermitteln lässt[240]. Unbestimmtheit ist nicht gegeben, wenn die aufgeworfenen Auslegungsprobleme bereits in der Rechtspraxis gelöst wurden (etwa durch Gewohnheitsrecht oder durch die Rechtsprechung zu Vorgängernormen)[241] oder mit herkömmlichen juristischen Methoden[242] bewältigt werden können[243].

b) Hinreichende Rechtsklarheit

Als Maß der Unklarheit kann die Schwierigkeit beim Verständnis der Norm herangezogen werden[244]. Eine Norm ist um so schwieriger zu verstehen,

- je mehr Begriffe zur Beschreibung der Regelung benötigt[245] oder verwendet[246] werden,
- je komplexer diese Begriffe sind[247],
- je uneinheitlicher Begriffe verwendet werden[248],

22, S. 42 [47 f.] 22, S. 282 [285] wegen Art. 101 Abs. 1 Satz 2 GG. In BVerfGE 18, S. 241 [257]; 27, S. 355 [362 ff.] wegen Art. 101 Abs. 2 GG. In BVerfGE 22, S. 180 [220] wegen Eingriffsermächtigung an den Richter). Dabei umfasst die Liste von *Geitmann* insgesamt 130 Urteile bis BVerfGE 28, S. 66. In 4 Urteilen konnte das BVerfG trotz bedenklicher Normen die Frage der Unbestimmtheit/Unklarheit unentschieden lassen (Die Angaben von *Geitmann* wurden hier ungeprüft übernommen). Damit liegt die Unbestimmtheitsquote der überprüften Normen bei etwa 23 %.

[237] BVerfGE 17, S. 306 (314); 48, S. 210 (226); 54, S. 237 (247).

[238] BVerfGE 17, S. 306 (314); 37, S. 132 (142); 54, S. 237 (247); 57, S. 250 (262), bzgl. Art. 103 Abs. 2 GG; 59, S. 104 (114); 78, S. 205 (212); *Stern* I, § 20 IV 4f β (S. 830).

[239] BVerfGE 110, S. 33 (56 f.), dort als st. Rspr. bezeichnet; BVerfGE 47, S. 109 (120); 45, S. 400 (420); 45, S. 363 (371 f.), bzgl. Art. 103 Abs. 2 GG.

[240] So auch die Einschätzungen von: *Kunig*, Jura 1990, S. 495; *Lehner*, NJW 1991, S. 890 (891).

[241] BVerfGE 26, S. 41 (43) – Strafbarkeit groben Unfugs.

[242] BVerfGE 17, S. 67 (82); 83, S. 130 (145); 90, S. 1 (16 f.).

[243] Vgl. *Papier/Möller*, AöR 122 (1997), S. 177 (189 ff.).

[244] In diesem Sinne insbes.: *Braun*, VerwArch. 76 (1985), S. 24 (46 f.); *Kreppel*, in: FS Simson, S. 119 (130 f.).

[245] In Anlehnung an *Kreppel*, in: FS Simson, S. 119 (131 f.).

[246] In Anlehnung an *F. K. Weber*, S. 79.

[247] In Anlehnung an *Kreppel*, in: FS Simson, S. 119 (131).

– je mehr Verknüpfungen zwischen ihnen bestehen[249] und
– je komplexer die Verknüpfungen sind[250].

Werden diese Gesichtspunkte nicht ausreichend beachtet, ist die betreffende
Norm zwar gesetzestechnisch mangelhaft durchgebildet, aber noch nicht zwingend
verfassungswidrig. Unklar und damit verfassungswidrig ist die Norm erst, wenn
der Sinngehalt unter Ausschöpfung aller Auslegungsmethoden – etwa wegen
widersprüchlicher normativer Aussagen[251] – nicht zu ermitteln ist[252].

4. Überprüfung von Verweisungen

Die Verständnisprobleme aufgrund der Verweisungstechnik (Kettenverweisung,
Verweisungshäufung, entsprechende Anwendung, Bestimmung der anzuwendenden Fassung) lassen sich mit dem rechtsstaatlichen Rechtssicherheitsgebot nicht
immer vereinbaren[253]. Beispielhaft für die Kritik ist, wenn Klaus Lange[254] „die
unvermeidlich wachsende Unübersichtlichkeit der Rechtsordnung und ihres Norm-
gefüges" als Grund gegen die Zulässigkeit einer Verweisung anführte. Doch führen
Erschwernisse, die mit der notwendigen Zusammenschau von Verweisungsnorm
und Verweisungsobjekt verbunden sind, nicht zur Verfassungswidrigkeit der Verweisung schlechthin[255]. Häufig gewinnt die Verweisungsnorm gar durch die zusätzliche Information, die das Verweisungsobjekt bietet, an Bestimmtheit und
Klarheit[256].

Unter dem Gesichtspunkt der Bestimmtheit und Klarheit einer Norm kann daher
allenfalls auf die Bedenklichkeit gewisser Arten von Verweisungen hingewiesen
und dem Normgeber besondere Aufmerksamkeit empfohlen werden[257]. Die Gren-

---

[248] In Anlehnung an *Braun*, VerwArch. 76 (1985), S. 24 (47). Vgl. auch *Moll*, S. 155,
für Verweisungen und unterschiedliche Begriffe im deutschen und europäischen Recht bei
strafrechtlichem Kontext.

[249] In Anlehnung an *Kreppel*, in: FS Simson, S. 119 (131).

[250] In Anlehnung an *Kreppel*, in: FS Simson, S. 119 (131), der allerdings nur nach der
Anzahl der logischen Verknüpfungen fragt.

[251] Dazu: BVerfGE 25, S. 216 (226 f.); 1, S. 14 (45).

[252] *Braun*, VerwArch. 76 (1985), S. 24 (48). Vgl. auch *F. K. Weber*, S. 78 f., wonach allgemeine Auffassung sei, dass ein Gesetz nur in extremen Ausnahmefällen wegen mangelnder
Klarheit für nichtig erklärt werden kann.

[253] *Schwacke / Uhlig*, S. 82.

[254] *Lange*, S. 75.

[255] *Guckelberger*, ZG 2004, S. 62 (69), die aber fordert, dass der Verweisungsnormgeber
„bei der Ausgestaltung seiner Norm weitere anerkennenswerte Motive" verfolge, die
regelmäßig bei der Wahl der Verweisungstechnik gegeben sein werden; *Hömig*, DVBl.
1979, S. 307 (308); *Karpen*, S. 160; *Staats*, ZRP 1978, S. 59 (61).

[256] Z. B. verdeutlicht die Bezugnahme auf eine DIN-Norm in § 35h StVZO den Begriff
„erste-Hilfe-Material".

ze zur Verfassungswidrigkeit ist fließend und kann nur für jede Verweisungsnorm einzeln bestimmt werden[258]. Dazu ist zu überprüfen, ob die Verweisungsnorm (a), das Verweisungsobjekt (b) und auch die Verknüpfung der Komponenten (c) hinreichend klar und bestimmt sind. Sollten einzelne Elemente der Verweisungskette mangelhaft sein, so setzt sich dieses Manko (in der Regel[259]) im Verweisungssystem fort[260]. Schließlich können sich noch Probleme aus dem Wechselspiel der einzelnen Elemente und Verknüpfungen unter dem Gesichtspunkt der Komplexität ergeben (d). Bei der Verwendung von Fiktionen entsteht auch noch das spezielle Problem, inwieweit eine Abweichung vom allgemeinen oder fachspezifischen Sprachgebrauch zulässig ist[261].

a) Bestimmtheit / Klarheit der Verweisungsnorm

Die Verweisungsnorm muss hinreichend klar und bestimmt erkennen lassen, auf welche Vorschriften (in welchem Umfang[262]) Bezug genommen wird[263]. Verfassungsrechtlich unproblematisch sind Verweisungen, die das Verweisungsobjekt

---

[257] Ähnlich *Karpen*, S. 160.

[258] *Karpen*, S. 160. Dies ist jedoch keine verweisungsspezifische Besonderheit, sondern allgemein für den Bestimmtheitsgrundsatz anerkannt, vgl. dazu bereits oben 2. Teil: C.III.3.a) Hinreichende Bestimmtheit (S. 137 ff.).

[259] Ausnahmsweise kann aber auch die Unbestimmtheit eines Elementes oder der Kombination mehrerer Elemente durch das Verweisungssystem beseitigt werden. Dies ist der Fall, wenn eine Komponente isoliert betrachtet unbestimmt wäre, aber durch die systematische Auslegung anhand des Verweisungssystems hinreichend konkretisiert wird.

[260] *Schnell*, S. 107; *Steinmann*, S. 85 f.

[261] Siehe dazu ausführlich *Jachmann*, Habil., S. 675–680, 686–688.

Schneider, Rn. 374, sieht die rechtlichen Grenzen für die Verwendung von Fiktionen dann als überschritten, wenn durch Fiktion eine Gleichstellung von Vorgängen oder Verhältnissen mit ihrem Gegenteil vorgenommen wird, ohne dass eine höhere Gemeinsamkeit sie verbindet. Letztlich beruhen diese Überlegungen primär auf Art. 3 GG und sind somit eine Sache des Einzelfalles.

[262] So zutreffend *Guckelberger*, ZG 2004, S. 62 (69).

[263] BVerfG, EuGRZ 2007, S. 231 (232 f.); BVerfGE 92, S. 191 (197); 47, S. 285 (311); 44, S. 322 (350); 26, S. 338 (367); 22, S. 330 (346); 5, S. 25 (31–34); BayVerfGHE 4 n. F. (1951), S. 90 (103); *Clemens*, AöR 111 (1986), S. 63 (83 ff.); *Hömig*, DVBl. 1979, S. 307 (308); *Krey*, in: EWR 2/1981, S. 109 (137); *Lehner*, NJW 1991, S. 890 (891); *Pabst*, NVwZ 2005, S. 1034 (1035); *Papier*, in: Steuerrecht und Verfassungsrecht, S. 61 (70 f.); *Rellermeyer*, NJ 1994, S. 305 (307); *Sachs*, in: ders., GG, Art. 20 Rn. 123a (Rechtsklarheit); *Schnapp*, in: v. Münch/Kunig, GG, Art. 20 Rn. 29; *Schnell*, S. 107–109; *T. Schulte*, S. 195.

Enger *Himmelmann*, in: ders./Pohl/Tünnesen-Harmes/Büge, A.1. Rn. 78: „Aus dem Rechtsstaatsprinzip ergibt sich, daß der Gesetzgeber in einer Rechtsnorm auf andere Regelungen oder Normen nur verweisen darf, wenn der Bürger ohne Zuhilfenahme spezieller Kenntnisse die in Bezug genommenen Regelungen und deren Inhalt mit hinreichender Sicherheit feststellen kann.“

genau bezeichnen[264]. Dagegen sind alle anderen Verweisungsformen insofern problematisch, als sie dem Rechtsanwender eine Transferleistung abverlangen[265].

aa) Erforderlichkeit einer Fundstellenangabe

Vereinzelt[266] wird die Angabe einer Fundstelle gefordert, damit die Verweisungsformel bestimmt sei. Dies ist jedoch weder für eine ordnungsgemäße Publikation[267] noch für die Bestimmtheit/Rechtsklarheit erforderlich[268].

bb) Aufgefächerte Verweisungsobjekte

Ungewöhnlich ist, wenn nicht auf ein Verweisungsobjekt, sondern nebeneinander auf verschiedene Verweisungsobjekte zurückgegriffen wird[269]. Dies führt zur Auffächerung der nach der äußeren Form einheitlichen Verweisungsnorm in mehrere verschiedene Normen[270]. Dies ist insbesondere der Fall, wenn Bundes-

---

[264] *Moll*, S. 154, im Kontext mit dem strafrechtlichen Bestimmtheitsgebot.

In diesem Sinne auch: *Reinermann*, S. 8; *Reiner*, in: Rödig, S. 273 (278), der gar eine Explizierung bis auf die Wortebene bei Verweisungen fordert, um maschinelle Verarbeitung möglich zu machen.

[265] In diese Richtung *Moll*, S. 155, bei einem strafrechtlichen Kontext.

Vgl. *Lickteig*, S. 17: „Die an das Wort ‚sinngemäß‘ geknüpfte Tätigkeit des Rechtsanwenders erschöpft sich in der Transformation der Begriffsbildung der Abgabenordnung in die des Kommunalabgabenrechtes."

[266] *Altenmüller*, DVBl. 1982, S. 241 (243); *K. W. Schäfer*, S. 107–109; *Starkowski*, S. 120; *Stern* II, § 37 III 10d (S. 635).

Vgl. auch die Ratschläge des *BMJ*, Rechtsförmlichkeit, Rn. 215: Außenverweisungen müssen grundsätzlich im Vollzitat erfolgen, d. h. mit dem Zitiernamen, ggf. dem Datum der Ausfertigung oder Bekanntmachung, der Fundstelle in den Verkündungsblättern des Bundes oder des jeweiligen Landes sowie der letzten Änderung; Rn. 219: „Wird auf private Regelwerke, auf Landkarten oder andere Zusammenstellungen verwiesen, die nicht als Anlage mit abgedruckt sind, muß zusätzlich angegeben werden, wo sie verwahrt sind und wo sie zu beziehen oder einsehbar sind."

[267] Nach *Veit*, S. 49, betrifft die Angabe der Fundstelle das vom Bestimmtheitsgebot strikt zu trennende Publikationsgebot.

[268] Zur Erforderlichkeit einer Fundstellenangabe siehe oben 2. Teil: C.I.2.e)dd) Erfordernis einer Fundstellenangabe (S. 127 f.).

In diesem Sinne auch *Guckelberger*, ZG 2004, S. 62 (70), wonach die Nichtbezeichnung von Gesetzestitel, Datum und Fundstelle keine Folgen für die Wirksamkeit hat, wenn die Normadressaten die Bezugsobjekte auch ohne diese Angaben in zumutbarer Weise bestimmen können.

[269] In diesem Sinne auch *F. Kirchhof*, VSSR 1990, S. 139 (143), für Verweisung auf Satzungen aller 15 existierenden Ersatzkassen.

[270] *F. Kirchhof*, VSSR 1990, S. 139 (143).

recht auf das jeweilige Landesrecht verweist und somit für jedes Bundesland eine andere Version des Bundesrechts gilt.

Nach einem obiter dictum in einer frühen Entscheidung des Bundesverfassungsgerichts[271] widerspräche Bundesrecht, das in allen Ländern der Bundesrepublik regional verschieden wäre, dem Grundgesetz. Mit dieser Tendenz lehnte auch der Gemeinsame Senat der Obersten Gerichtshöfe des Bundes[272] die Annahme einer Verweisung im Bundesgesetz auf Landesrecht ab, weil die Gefahr landesrechtlicher Auflösung des bundesrechtlichen Begriffes bestehe.

Die ablehnende Aussage hat das Bundesverfassungsgericht jedoch in mehreren Entscheidungen[273] stillschweigend zurückgenommen, indem es „regional differenziertes Bundesrecht" angenommen hat[274]. Die neuere Bewertung erscheint zutreffend: Bundesrecht, das in den einzelnen Bundesländern einen unterschiedlichen Inhalt hat, mag zwar eine befremdliche Erscheinung sein, dessen Verfassungswidrigkeit lässt sich dennoch weder aus dem Prinzip der Rechtsklarheit noch dem Bundesstaatsprinzip fundiert begründen[275]. Im Hinblick auf Art. 72 Abs. 2 GG sind diese Verweisung aber problematisch[276].

cc) Dynamische Verweisung

Im Gegensatz zu statischen Verweisungen[277] erscheinen dynamische Bezugnahmen schon wegen der Ungewissheit über den Inhalt des Verweisungsobjektes bedenklich[278].

(1) Extrempositionen

Nach einer verbreiteten Ansicht[279] ist bei dynamischen Verweisungen der Inhalt der Verweisungsnorm unbestimmt.

---

[271] BVerfGE 18, S. 407 (416).

[272] GmSOGB, MDR 1993, S. 344 (346).

[273] BVerfGE 47, S. 285 (310); 45, S. 297 (321 ff.); 26, S. 338 (365 ff.).

[274] So auch die Einschätzung von *Clemens*, AöR 111 (1986), S. 63 (122).

[275] In diesem Sinne auch: *Clemens*, AöR 111 (1986), S. 63 (122); *F. Kirchhof*, VSSR 1990, S. 139 (143).

[276] Siehe dazu unten 2. Teil: E.III.1. Verweisungen im Bundesrecht auf Landesrecht (S. 172 ff.).

[277] Die statische Verweisung wird allgemein als unproblematisch angesehen, z. B. *Sommermann*, in: v. Mangoldt / Friedrich Klein / Starck, GG, Art. 20 Rn. 290.

Allerdings kann auch bei statischen Verweisungen problematisch sein, welche Fassung anzuwenden ist, wie BFHE 135, S. 348 belegt. Dort wurde auf die „derzeitige Fassung" verwiesen und die Verweisungsnorm neu mit der Überschrift „Neufassung" bekannt gemacht. Letztlich hielt BFHE 135, S. 348 (351), die Bestimmtheit für gegeben, unter anderem weil durch Studium der Kommentarliteratur das Verweisungsobjekt ermittelbar war.

[278] *Moll*, S. 68.

Die Gegenansicht[279] hat keine grundsätzlichen Bedenken gegen die Bestimmtheit von dynamischen Verweisungen.

(2) Vermittelnde Ansichten

Nach einer vermittelnden Ansicht[281] verstößt die dynamische Verweisung grundsätzlich gegen das Bestimmtheitsgebot, es sei denn, die Verweisungsnorm trifft die „wesentlichen" Entscheidungen über die Regelungsmaterie selbst und überlässt dem Verweisungsobjekt nur die Konkretisierung im Detail. Jedenfalls sei die dynamische Verweisung auf einen einheitlich geregelten Rechtsbereich ausreichend bestimmt[282]. Eine ähnliche Ansicht[283] unterscheidet zwischen normergän-

---

[279] OVG Lüneburg, Beschl. v. 1. 4. 1976 – VI OVG B 6/76 – insoweit abgedruckt bei *Hatopp*, KStZ 1980, S. 92; *Bieback*, ZfA 10 (1979), S. 453 (490); *E. Budde*, DIN-Mitt. 59 (1980), S. 12 (13); *Bullinger*, Unterermächtigung, S. 20; *ders.*, Selbstermächtigung, S. 22; *Müller-Foell*, S. 19; *Papier*, in: Steuerrecht und Verfassungsrecht, S. 61 (71); *ders.*, in: FS Lukes, S. 159 (164): Die hinreichende Bestimmtheit wird regelmäßig nur bei einer statischen Verweisung bejaht werden können; *Starkowski*, S. 123.

Bei Außenverweisungen: *Hoppe / Beckmann / Kauch*, § 32 Rn. 7.

Dynamisch-heteronome Verweisungen aus Gründen rechtsstaatlich gebotener Bestimmtheit als verfassungsrechtlich höchst fragwürdig bewertend: *Papier*, in: Merten, S. 95 (107).

Für die Verweisung auf technische Normen Privater auch: *Brinkmann*, S. 14; *Conradi*, S. 53; *Hanning*, S. 66, *Kloepfer*, § 3 Rn. 85; *ders.*, in: Gethmann / Kloepfer, S. 55 (90); *Lukes*, BG 1973, S. 429 (438); *Noll*, S. 188; *M. Schäfer*, S. 180, 184; *Schellhoss*, BBauBl. 1985, S. 18 (19).

Wohl auch: *Plischka*, S. 47; *Röhling*, S. 17; *Stefener*, S. 36; *Tettinger*, Wirtschaftsverwaltungsrecht, S. 407; für Verweisung in Tarifverträgen wohl auch: *Gröbing*, ArbuR 1982, S. 116 (118); *Mayer-Maly*, in: FS für Ernst Wolf, S. 473 (480 f.).

[280] BVerfGE 26, S. 338 (367); BVerwG, NVwZ-RR 2006, S. 580 (581); OVG Hamburg NJW 1980, S. 2830 (2831 f.); *Ehricke / Blask*, JZ 2003, S. 722 (727): Dynamische Verweisungen sind unter dem Gesichtspunkt der Bestimmtheit jedenfalls dann unbedenklich, wenn die Verweisungsnorm Inhalt und Reichweite der Verweisung klar begrenzt und die Verweisungsnorm das Verweisungsobjekt so genau angibt, dass der Betroffene klar erkennen kann, um welche Vorschriften es sich handelt; ähnlich *Grzeszick*, in: Maunz / Dürig, GG, Art. 20 VII Rn. 55; *Schröcker*, NJW 1967, S. 2285 (2289), der allerdings von einem hier abweichenden Verständnis der Verweisung ausgeht (siehe dazu oben im 1. Teil bei Fn. 368 auf S. 84); *Steinmann*, S. 86.

In diesem Sinne auch: *Blum / Ebeling*, in: Bepler, S. 85 (90 f.); *Braun*, BB 1986, S. 1428 (1428 f., 1431), für die Verweisungen in Tarifverträgen; *Dippel*, S. 138; *Klindt*, DVBl. 1998, S. 373 (376 f.); *Lickteig*, S. 13 f.; *Manssen*, S. 251; *v. Maydell*, ZfS 1973, S. 69 (71); *Moritz*, S. 40 f., 54; *Pestalozza*, Verfassungsprozeßrecht, § 28 Rn. 2 in Fn. 4; *Reinermann*, S. 70 f., für die Verweisungen in Tarifverträgen; *Starck*, in: ders. / Stern, S. 285 (310), für die Verweisung von Landes- auf Bundesgesetz; wohl auch: *Schnapp*, in: FS Krasney, S. 437 (451); *Weber-Fas*, Stichwort Rechtssicherheit, S. 267.

[281] In diesem Sinne: *Sommermann*, in: v. Mangoldt / Friedrich Klein / Starck, GG, Art. 20 Rn. 290: „Unter dem Gesichtspunkt der Bestimmtheit sind dynamische Verweisungen aber nur dann unbedenklich, wenn die verweisende Norm Inhalt und Reichweite der Verweisung

zenden – und damit unbestimmten – sowie normkonkretisierenden, bestimmten Verweisungen[284].

Nach Johann-Friedrich Staats[285] sind die dynamisch-autonomen Verweisungen unproblematisch, weil in diesen Fällen die Verweisung nichts anderes bedeute als den Vorbehalt künftiger eigener Änderung. Bei dynamisch-heteronomen Verweisungen sei zu bedenken, dass das Grundgesetz eine vergleichbare Unbestimmtheit bei Ermächtigungen zur Rechtssetzung zulasse, wenn die Ermächtigung Zweck, Inhalt und Ausmaß der Regelung genügend bestimmt beschreibe. Ein gleiches Maß an Bestimmtheit sei auch für die Verweisungsnorm notwendige, aber auch hinreichende Bedingung für die Bestimmtheit insgesamt[286].

---

klar begrenzt." *Veit*, S. 49. *Krey*, in: EWR 2/1981, S. 109 (144), unter Hinweis auf die Unterscheidung von normkonkretisierenden und normergänzenden Verweisungen.

Ähnlich auch *Schenke*, NJW 1980, S. 743 (748 f.): Ausreichende Bestimmtheit sei anzunehmen, wenn das Verweisungsobjekt den Voraussetzungen des Art. 80 GG entspreche, innerhalb eines bundesrechtlich vorgezeichneten Rahmens liege, dem Verweisungsobjekt ein inhaltlich bereits ausgeformtes überkommenes Institut zugrunde liege oder sich die erforderliche Bestimmtheit in sonstiger Weise aus den einschränkenden Voraussetzungen und thematischen Eingrenzungen ergebe, an welche die Verweisung im Verweisungsgesetz gebunden werde.

In diese Richtung auch *Sobota*, S. 138 f., die mit Blick auf das Bestimmtheitsgebot zu einer abgestuften Lösung kommt, wonach bei Grundrechtseinschränkungen, die allein durch ein Gesetz erfolgen dürfen, es unzulässig wäre, das Ausmaß dieser Einschränkung vom wechselnden Gehalt fremden Rechts abhängig zu machen.

[282] In diesem Sinne OVG Lüneburg, NVwZ 1989, S. 492. Dieses Kriterium findet sich auch in mehreren Entscheidungen des BVerfG, jedoch wird das Kriterium dort im Zusammenhang mit dem Verstoß dynamisch-heteronomer Verweisungen gegen das Demokratieprinzip verwendet.

[283] *Marburger*, Habil., S. 390 f., S. 405; *ders.*, DIN-Normungskunde 17, S. 27 (35): Da die unbestimmten Gesetzesbegriffe als solche den verfassungsrechtlichen Bestimmtheitsanforderungen genügen, gilt dasselbe für die normkonkretisierende Verweisung; *ders.*/ *M. Klein*, JbUTR 2001, S. 161 (167 f.); *Erhard*, S. 8 i. V. m. S. 11; *Lamb*, S. 90; *Mohr*, S. 43; *Schnapauff*, DIN-Normungskunde 17, S. 40 (42); *Schwierz*, S. 67 f., der insoweit zwar terminologisch, aber wohl nicht inhaltlich von *Marburger* abweicht.

Ähnlich: *Scholz*, in: in: FS zum 125-jährigen Jubiläum der Juristischen Gesellschaft Berlin, S. 691 (704 f.); *ders.*, in: FS Gerhard Müller, S. 509 (523 ff.); *ders.*, SAE 1984, S. 3 (4), der zwischen selbständigen (verfassungswidrigen) und unselbständigen (verfassungsgemäßen) Verweisungen unterscheidet. Zum Begriff der (un-)selbständigen Verweisung siehe oben im 1. Teil: B.VI.3. Rupert Scholz (S. 81).

[284] Zur Unterscheidung bereits oben 1. Teil: B.VI. Normkonkretisierende und normergänzende Verweisungen (S. 78 ff.).

[285] *Staats*, in: Rödig, S. 244 (253).

[286] *Staats*, in: Rödig, S. 244 (253). In diesem Sinne auch *Hiller*, S. 93 f.

(3) Diskussion der Argumente

Bei dynamischen Verweisungen besteht die Gefahr, dass die Wirkungen von Änderungen des Verweisungsobjektes auf die Verweisungsnorm nicht sorgfältig überprüft und abgestimmt werden. Dadurch können bei der Anwendung erhebliche Auslegungsschwierigkeiten entstehen, womit ein Verlust an Rechtsklarheit verbunden wäre[287]. Spätere Änderungen können dazu führen, dass sich das verweisende Recht in ein sinnloses „Gestammel" verwandelt[288]. Solche Probleme lassen sich jedoch überwiegend durch Auslegung beheben. Einen Ausgleich stellt auch die Verwendung von Verweisungsverjüngungsvorschriften dar[289]. Sollten Änderungen oder Ergänzungen des Verweisungsobjektes dazu führen, dass die Verweisungsregelung gegenstandslos, unverständlich oder lückenhaft wird, beträfe das jedoch nicht die Rechtsstaatlichkeit der dynamischen Verweisung insgesamt, sondern nur Einzelfälle[290].

Außerdem wird argumentiert, die jeweils geltende Fassung der bezogenen Regel zu ermitteln, wäre bei häufigen Änderungen der Vorschriften – und gerade dann bediene sich der Gesetzgeber oft dieser Verweisungsform – für den Bürger nicht zumutbar[291]. Diese Folgerung ist zu formal, als dass sie Allgemeingültigkeit beanspruchen könnte[292]. Zwar ist eine Erschwerung bei der Feststellung des geltenden Rechts durch eine dynamische Verweisung möglich, jedoch wird durch eine solche Verweisung für den Bürger keine größere Unsicherheit begründet, als sie bei jedem Gesetz besteht; denn jedes Gesetz kann in der Zukunft geändert werden. Auch von dem Adressaten einer Verweisungsnorm wird man daher erwarten können, dass er sich auf eine Änderung des Verweisungsobjektes einstellt[293].

Weiter wird versucht, die Unbestimmtheit der dynamischen Verweisung mit folgender Schlussfolgerung zu begründen: Bestimmtheit setze voraus, dass der Adressat *im Zeitpunkt des Inkrafttretens* den Inhalt der Norm hinreichend überschauen könne[294]. Verweise die Norm aber auf die „jeweilige Fassung" einer anderen Vorschrift, so sei beim Inkrafttreten ungewiss, ob, wann und wie das

---

[287] In diesem Sinne: *Karpen*, S. 162; *Schwacke / Uhlig*, S. 82.

[288] So der Beschwerdeführer, in: BayVerfGHE 42 (1989), S. 1 (6).

[289] Vgl. *Karpen*, in: Rödig, S. 221 (237).

[290] BayVerfGHE 42 (1989), S. 1 (10). Ähnlich *Lickteig*, S. 15. In diesem Sinne auch *Merten*, in: Festgabe zum 10-jährigen Jubiläum der Gesellschaft für Rechtspolitik, S. 295 (302).

[291] In diesem Sinne: OVG Lüneburg, Beschl. v. 1. 4. 1976 – VI OVG B 6/76 – insoweit abgedruckt bei *Hatopp*, KStZ 1980, S. 92; *Karpen*, S. 161; *Krey*, in: EWR 2/1981, S. 109 (143); *Marburger*, Habil., S. 391; *Noll*, S. 188, für die Verweisung auf technische Regeln; *Schwacke / Uhlig*, S. 82.

[292] *Moll*, S. 69.

[293] In diesem Sinne: *v. Maydell*, ZfS 1973, S. 69 (71); *Moll*, S. 69.

[294] *Karpen*, S. 161 f.; *Mohr*, S. 43; Hervorhebung nicht im Original.

Verweisungsobjekt in Zukunft geändert werde[295]. Es handele sich um einen offenen Tatbestand mit „auswechselbarem Inhalt"[296]. Das Verweisungsobjekt liege
bei der Bildung des parlamentarischen Willens nicht in seiner jeweiligen zukünftigen Fassung fest[297]. Bestimmt sei nur der abstrakte Geltungsbefehl, dass die in
Zukunft von einer anderen Stelle erlassenen Bestimmungen gelten solle, wogegen der Inhalt des Befehles nicht bestimmt sei[298]. Da eine bestimmte Norm aber
einen inhaltlich bestimmten Gesetzesbefehl, also beides, voraussetze, sei eine
dynamische Verweisungsnorm unbestimmt[299].

Diese Argumentation überzeugt nicht[300]. Es gibt kein grundsätzliches Vertrauen auf das Weiterbestehen einer Rechtslage[301]. Für das verfassungsrechtliche
Bestimmtheitsgebot muss daher genügen, dass *im Zeitpunkt der jeweiligen Anwendung* der Verweisungsnorm das Verweisungsobjekt bestimmbar ist[302]. Dies kann
aber auch bei dynamischen Verweisungen nicht ausgeschlossen werden, sondern
hängt von den Umständen des Einzelfalles ab[303].

Zwar ist zuzugeben, dass statische Verweisungen in der Regel eher dem Bestimmtheitsgebot genügen als dynamische, doch kann auch bei dynamischen
Verweisungen hinreichende Bestimmtheit gegeben sein[304]. Ob dynamische Verweisungen aus sonstigen Gründen – namentlich im Hinblick auf das Demokratiegebot – verfassungswidrig sind, ist eine andere Frage. Nur macht man es sich

---

[295] OVG Lüneburg, Beschl. v. 1. 4. 1976 – VI OVG B 6/76 – insoweit abgedruckt bei *Hatopp*, KStZ 1980, S. 92; *Karpen*, S. 161 f.; *Krey*, in: EWR 2/1981, S. 109 (143); *Marburger*,
Habil., S. 391; *Mohr*, S. 43, bei normergänzenden Verweisungen.

[296] *Erhard*, S. 8. Ähnlich *Müller-Foell*, S. 114 f.: Die Verweisungsnorm bezieht die
Geltungsanordnung nicht auf einen bereits feststehenden Norminhalt.

[297] *Lukes*, BG 1973, S. 429 (438), für die Verweisung auf technische Normen.

[298] *Karpen*, S. 162.

[299] *Karpen*, S. 162; in diesem Sinne auch: *Lukes*, BG 1973, S. 429 (438); *Scholz*, SAE
1984, S. 3 (3 f.).

[300] Noch weitergehend bezeichnet *Krey*, in: EWR 2/1981, S. 109 (144), die Argumentation als petitio principii.

[301] Vgl. OVG Hamburg, NJW 1980, S. 2830 (2831 f.); *Manssen*, S. 251: „Auch bei
nichtverweisenden Normen ist beim Inkrafttreten ungewiß, welche Änderungen in Zukunft
vorgenommen werden."

[302] In diesem Sinne: BVerwG, NVwZ 1997, S. 887 (888); BVerwGE 96, S. 110 (115 f.);
OVG Hamburg NJW 1980, S. 2830 (2831 f.) (allerdings dort nur implizit); *Krey*, in: EWR 2/
1981, S. 109 (144); *Rehbinder*, in: Kloepfer/Rehbinder/Schmidt-Aßmann/Kunig, S. 470,
für die dynamische Verweisung auf Rechtsakte der EG auf deren Inkrafttreten abstellend;
Reinermann, S. 70, im Zusammenhang mit Verweisungen in Tarifverträgen; Hervorhebung
von *Reinermann*.

[303] BVerwG, NVwZ 1997, S. 887 (888), hat die Bestimmtheit im konkreten Fall bejaht;
Krey, in: EWR 2/1981, S. 109 (144); *Moll*, S. 69.

[304] *Krey*, in: EWR 2/1981, S. 109 (144); dies konzediert sogar *Karpen*, S. 159 f., welcher
der dynamisch-heteronomen Verweisung allgemein sehr kritisch gegenüber steht.

zu einfach, wenn man sie bereits am Bestimmtheitsgebot schlechthin scheitern lässt[305]. Vielmehr ist „die Verweisung als Konstruktion bestimmtheitsneutral"[306].

dd) Sonstige problematische Verweisungsformeln

Als problematisch werden ferner Verweisungen auf vom Rang der Verweisungsnorm abweichende Verweisungsobjekte beurteilt, weil dann Unklarheiten über den Rang der so geschaffenen Normen bestünden[307]. Diese Bedenken überzeugen jedoch nicht, weil sich der Rang anhand der Verweisungsnorm bestimmen lässt[308].

Mangels Erkennbarkeit der in Bezug genommenen Vorschriften erklärte das Bundesverfassungsgericht[309] die (statischen) Verweisungen in den so genannten Apothekenstoppgesetzen[310] für verfassungswidrig[311]: Das Apothekenrecht gehörte zu den unübersichtlichsten Rechtsmaterien[312]. Für den Rechtsunterworfenen war die Ermittlung dessen, was nach dem Apothekenstoppgesetz Rechtens sein sollte, „ohne Zuhilfenahme spezieller Kenntnisse" nicht möglich[313]. Demgegenüber ist eine Entscheidung desselben Gerichts[314] wohl nur als Ausdruck des Respekts vor einer Landesverfassung verständlich, in der eine ähnliche Regelung in der Verfassung von Baden-Württemberg unbeanstandet gelassen wurde: In diesem Fall war die Feststellung des am Stichtag geltenden Rechtes insoweit problematisch, als es nur über eine mehrgliedrige Verweisungskette ermittelt werden konnte, die durch ein nationalsozialistisch geprägtes Gesetz zumindest formal unterbrochen wurde.

---

[305] *Krey*, in: EWR 2/1981, S. 109 (144 f.).

[306] *Steinmann*, S. 86.

[307] *Sachs*, in: ders., GG, Art. 20 Rn. 123a.

[308] Siehe oben 1. Teil: C.II. Rang und Rechtscharakter der Verweisungsregelung (S. 90 ff.).

[309] BVerfGE 5, S. 25; bestätigt in BVerfGE 21, S. 312 (324), zust. *Pabst*, NVwZ 2005, S. 1034 (1035).

[310] § 1 des G. über die vorläufige Regelung der Errichtung neuer Apotheken v. 13. 1. 1953 (BGBl. I S. 9) idF. d. Änderungsgesetze v. 4. 7. 1953 (BGBl. I S. 469) und v. 10. 8. 1954 (BGBl. I S. 256) sowie § 1 des Zweiten G. über die vorläufige Regelung der Errichtung neuer Apotheken v. 23. 12. 1955 (BGBl. I, S. 840): „Bis zum Inkrafttreten einer bundesgesetzlichen Regelung darf die Erlaubnis oder die Berechtigung zur Errichtung einer Apotheke nur auf Grund der Bestimmungen erteilt werden, die am 1. Oktober 1945 in den einzelnen Ländern des Bundesgebiets galten".

[311] Einen weiteren Fall einer statischen Verweisung, die wegen Problemen bei der Bestimmung des Verweisungsobjektes für verfassungswidrig erklärt wurde, betrifft BayVerfGHE 4 n. F. (1951), S. 90.

[312] BVerfGE 5, S. 25 (31).

[313] BVerfGE 5, S. 25 (33).

[314] Vgl. BVerfGE 41, S. 29 (30–36), wo die Verweisungskette entwickelt wird.

Dementsprechend sind Globalverweisungen allgemein sehr problematisch[315]. So ist die Verweisungsformel „VDE-Bestimmungen sind zu beachten" nicht genügend bestimmt[316], es sei denn es ergeben sich Hinweise zum Auffinden beispielsweise aus der Gesetzesbegründung oder der Systematik. Problematisch sind insoweit auch Verweisungsverjüngungsklauseln[317]. Auch andere Generalverweisungen wie in § 173 VwGO und entsprechende Parallelvorschriften in Sozial- und Finanzgerichtsverfahren haben wegen mangelnder rechtsstaatlicher Transparenz grundlegende Kritik erfahren[318]. Globalverweisungen seien gefährliche und wenig durchdachte Vorschriften[319]. Sie sind es aber nur dann, wenn unreflektiert Vorschriften übernommen oder nicht angewendet werden[320]. Die Klärung von Zweifelsfragen bei Pauschalverweisungen obliegt den Gerichten im Rahmen ihrer Aufgabe zur Klärung komplexer Rechtsfragen[321]. Außerdem können Pauschalverweisungen (wie beispielsweise bei den Baugenehmigungsvorschriften, die auf alle öffentlich-rechtlichen Vorschriften verweisen) die Verständlichkeit erhöhen[322]. Solange für den Regelungsadressaten die zu dem Komplex gehörenden Vorschriften auszumachen sind, ist die Norm hinreichend bestimmt[323].

---

[315] In diesem Sinne auch VfGH, VfSlg. 3130/1956, S. 579 (582).

Noch weitergehend bewertet *Böse*, S. 439, pauschale Verweisungen auf eine Vielzahl von Vorschriften als grundsätzlich unzulässig; ähnlich *Guckelberger*, ZG 2004, S. 62 (70).

[316] *Veit*, S. 41.

[317] Vgl. *Karpen*, S. 164 in Fn. 180.

[318] Vgl. zu § 173 VwGO *Viola Schmid*, in: Sodan/Ziekow, VwGO, § 173 Rn. 1.

Siehe auch: *Brandis*, in: Tipke/Kruse, FGO, § 155 Rn. 1: Auch wenn man § 155 als „rechtsstaatlich nicht ideal" bezeichnen kann, ist die Regelung nicht verfassungswidrig; *Schwarz*, in: Hübschmann/Hepp/Spitaler, FGO, § 155 Rn. 7: „Wenn auch Globalverweisungen mangels Eindeutigkeit unter rechtsstaatlichen Gesichtspunkten bedenklich sind, so wird § 155 deshalb als noch ‚erträglich' angesehen, weil er nicht das materielle Recht betrifft"; *Seer*, in: Tipke/Kruse, FGO, § 82 Rn. 6: „Das kaum mehr zu durchschauende Dickicht der Verweisungen der FGO auf ganz unterschiedliche Normkreise im Beweisrecht ist *rechtsstaatlich unerträglich*, da der Gesetzesanwender nicht klar erkennen kann, welche Norm mit welchem Inhalt gilt"; Hervorhebung von *Seer*.

[319] So für eine entsprechende Verweisung *Hommel*, in: Horst Peters/Sautter/Wolf, SGG, § 202 Tz. 2.

[320] *Viola Schmid*, in: Sodan/Ziekow, VwGO, § 173 Rn. 14.

[321] *Robbers*, JuS 1996, S. 116 (118).

H. Ehlers, BB 1971, S. 429 (433), hält die Globalverweisung des § 155 FGO – wonach die ZPO-Vorschriften sinngemäß anzuwenden sind, soweit die grundsätzlichen Unterschiede der beiden Verfahrensarten es nicht ausschließen – für bestimmt, vor allem weil sich aus der Fassung deutlich eine Vermutung zugunsten der Anwendung der ZPO-Vorschriften ergebe.

[322] *Burghart*, S. 78.

[323] *Ehricke/Blask*, JZ 2003, S. 722 (728); in diesem Sinne auch *Pabst*, NVwZ 2005, S. 1034 (1035), für die Verweisung im VwVfG auf das BGB.

b) Bestimmtheit / Klarheit des Verweisungsobjektes

Ergänzend muss auch das Verweisungsobjekt genügend bestimmt und klar sein. Zu beachten ist dabei, dass durch systematische Auslegung im Verweisungssystem eine – isoliert betrachtet – unbestimmte Regelung konkretisiert werden kann. Im Übrigen gibt es keine Besonderheiten zu den oben allgemein aufgezeigten Kriterien zur Ermittlung der hinreichenden Bestimmtheit[324] und Rechtsklarheit[325].

c) Bestimmtheit / Klarheit der Verknüpfung

Dem Bestimmtheitsgebot entspricht eine Norm nur dann, wenn nicht nur alle ihrer Bestandteile bestimmt sind, sondern sie zudem auch hinsichtlich der Verknüpfungen dieser Bestandteile hinreichend bestimmt ist[326].

Verweist eine Norm auf Vorschriften, die ihren Inhalt nicht ergänzen können, verstößt die Verweisung gegen das Rechtsstaatsprinzip[327]. Als Beispiel soll hier § 32 Abs. 2 Satz 1 KrW-/AbfG dienen. Danach stehen der Erteilung einer Planfeststellung oder Genehmigung unter bestimmten Voraussetzungen „die in Absatz 1 Nr. 3 genannten nachteiligen Wirkungen auf das Recht eines anderen nicht entgegen". Der zitierte Absatz 1 Nr. 3 passt mit dem Text seiner aktuellen Fassung – „diese Personen und das sonstige Personal die erforderliche Fach- und Sachkunde besitzen" – überhaupt nicht zu den in der Verweisungsnorm vorausgesetzten nachteiligen Wirkungen. Damit kommt ein Verstoß gegen das Rechtsstaatsprinzip in Betracht. Allerdings wurde die Verweisungsnorm sinnvoll ergänzt durch Absatz 1 Nr. 3 in der ursprünglichen Fassung[328]. Diese Nr. 3 wurde nachträglich – ohne Anpassung der Verweisungsnorm – zur jetzigen Nr. 4[329]. Bei Wegdenken des Redaktionsversehens verweist § 32 Abs. 2 Satz 1 KrW-/AbfG nun auf die aktuelle Nr. 4 des ersten Absatzes[330]. Die Annahme, dass die Verweisung weiterhin auf die ursprüngliche Fassung der Nr. 3 Bezug nimmt, ist abzulehnen,

---

[324] Siehe oben 2. Teil: C.III.3.a) Hinreichende Bestimmtheit (S. 137 ff.).

[325] Siehe oben 2. Teil: C.III.3.b) Hinreichende Rechtsklarheit (S. 140 f.).

[326] *Moll*, S. 65 f.; *Schnell*, S. 107 – 109.

[327] *Guckelberger*, ZG 2004, S. 62 (70).

[328] § 32 Abs. 1 Kreislaufwirtschafts- und Abfallgesetz v. 27. 9. 1994 (BGBl. I S. 2705), zuletzt geändert durch Art. 10 d. G. v. 3. 5. 2000 (BGBl. I S. 632): „Der Planfeststellungsbeschluß nach § 31 Abs. 2 oder die Genehmigung nach § 31 Abs. 3 dürfen nur erteilt werden, wenn … 3. keine nachteiligen Wirkungen auf das Recht eines anderen zu erwarten sind und …".

[329] Vgl. Art. 8 Nr. 6 G. zur Umsetzung der UVP-Änderungsrichtlinie, der IVU-Richtlinie und weiterer EG-Richtlinien zum Umweltschutz v. 27. 7. 2001 (BGBl. I S. 1950).

[330] Im Ergebnis ähnlich Paetow, in: Kunig/Paetow/Versteyl, KrW-/AbfG, § 32 Rn. 35, wo aber unklar bleibt, ob das Verweisungsobjekt Nr. 3 alter Fassung oder Nr. 4 neuer Fassung sein soll.

weil das Redaktionsversehen nicht in der Änderung der Nr. 3, sondern in der vergessenen Anpassung der Verweisung liegt. Auch sind Binnenverweisungen in der Regel dynamisch auszulegen[331].

Probleme bereiten auch nicht explizite Verweisungen, weil zunächst ermittelt werden muss, ob überhaupt eine Verknüpfung mit einer anderen Norm vorliegt. Verwirrend und oft unverständlich sind ferner auch Teilverweisungen und bedingte oder sinngemäße Verweisungen. Die Anwender der Norm müssen zunächst untersuchen, wie das Verweisungsobjekt inhaltlich abzuändern ist, damit es zum Tatbestand der Verweisungsnorm passt[332]. Der Normanwender muss dabei, bevor er die Modifikation erkennen kann, den gesamten Normenkomplex in seiner direkten, nicht veränderten Form erfassen[333]. Dadurch werden die Gesetzesbestimmtheit und Klarheit nicht unerheblich beeinträchtigt[334].

Trotz dieser Schwierigkeiten ist gegen die sog. Verweisungsanalogie unter dem Gesichtspunkt der Bestimmtheit prinzipiell nichts einzuwenden[335]. Zwar trägt es zur Rechtsklarheit bei, wenn der Normgeber anordnet, welche Begriffe gegeneinander auszutauschen sind[336]. Voraussetzungen und Grenzen der analogen Anwendung von Normen sind jedoch von Rechtsprechung und Rechtstheorie eingehend bestimmt worden[337]. Die Analogie bildet ein verfassungsgemäßes Hilfsmittel richterlicher Gesetzesauslegung und -anwendung und kann auch vom Gesetzgeber selbst angeordnet werden[338].

---

[331] Siehe dazu oben im 1. Teil: B.IV.4.b) Systematische Auslegung (S. 67 f.).

[332] OVG Lüneburg, Beschl. v. 1. 4. 1976 – VI OVG B 6/76 – insoweit abgedruckt bei *Hatopp*, KStZ 1980, S. 92; *Karpen*, S. 165.

[333] *Bowitz*, DGVZ 1978, S. 177; *Schnell*, S. 133.

[334] *Karpen*, S. 164 f.; *Steinmann*, S. 86.

[335] *Karpen*, S. 165.
Verweisungen mit entsprechenden Anwendungen wurden vom BVerfG – soweit ersichtlich – nicht deshalb beanstandet, vgl. bspw. die entsprechende Anwendung der StPO nach Art. 44 Abs. 2 Satz 1 GG in BVerfGE 77, S. 1 (50) – Neue Heimat. Für Österreich auch VfGH, VfSlg. 6355/1971, S. 5 (7).
Vgl. auch *H. Schäfer*, in: Rödig, S. 192 (196): „Eine ‚sinngemäße‘ oder ‚entsprechende‘ Anwendung anderer Rechtsvorschriften ist – soweit dies verfassungsrechtlich überhaupt zulässig ist – nur anzuordnen, wenn über die inhaltliche Bedeutung einer Verweisung kein Zweifel bestehen kann".

[336] Musterbeispiel ist insofern § 2249 Abs. 1 Satz 4 BGB: „Für die Errichtung gelten die Vorschriften der §§ 2232, 2233 sowie die Vorschriften der §§ ... des Beurkundungsgesetzes; der Bürgermeister tritt an die Stelle des Notars".

[337] *Karpen*, S. 165.

[338] *Karpen*, S. 165.

d) Nicht-lineare Effekte der Verweisung

Unabhängig von der Frage der Bestimmtheit der einzelnen Verweisungskomponenten muss auch die aus Verweisungsnorm und Verweisungsobjekten gebildete Regelung insgesamt den Bestimmtheitsanforderungen genügen[339]. Dabei darf man dies nicht auf die Analyse des Wortlauts und der Textmenge beschränken[340]. Dieses Problem wird überwiegend nicht beachtet[341]. Dennoch verdient vor allem auch der Gesichtspunkt der *strukturellen Komplexität* Beachtung[342]. Durch zahlreiche Verweisungsstufen kann ein Regelungswerk geschaffen werden, das zwar in seinen *einzelnen* Elementen und den *einzelnen* Verknüpfungen untereinander bestimmt, aber im Zusammenspiel *aller* Teile unbestimmt ist[343]. Verweisungen sind jedenfalls dann verfassungswidrig, wenn die Komplexität einen derartigen Umfang hat, dass ein Verständnis der Zusammenhänge und des zugrundeliegenden Systems aus psycho-biologischen Gründen[344] unmöglich ist (*absolute Verständnisgrenze*)[345]. Aber auch schon vorher kann infolge eines unvermeidlichen Fehlerrisikos in der Rechtsanwendung die Verfassungswidrigkeit anzunehmen sein[346], „wenn der Normadressat gleichsam auf eine Rundreise geschickt wird und sich durch die Anzahl der jeweiligen Abzweigungen verläuft"[347]. In diesem Sinne hat auch das Bundesverfassungsgericht in einer neueren Entscheidung eine Verweisungsnorm für zu unbestimmt erklärt[348].

Die absolute Verständnisgrenze kann bei Verweisungen auf zwei Wegen (oder in deren Kombination) erreicht werden: Zum einen können Länge und Umfang von Normen als Folge von Verweisungen zur „gedanklichen Unfassbarkeit" führen

---

[339] *Moll*, S. 135, im Kontext mit dem strafrechtlichen Bestimmtheitsgebot.

[340] *Moll*, S. 134, im Kontext mit dem strafrechtlichen Bestimmtheitsgebot.

[341] So bspw. bei: *Staats*, in: *Rödig*, S. 244 (253): „… so dürfte bei jeder starren Verweisung kein Zweifel möglich sein, dass die Verweisungsregelung insgesamt nicht weniger klar und bestimmt ist als ihre Teile"; *Steinmann*, S. 85 f.

[342] *Moll*, S. 134, im Kontext mit dem strafrechtlichen Bestimmtheitsgebot; Hervorhebung von *Moll*. In diesem Sinne auch *Herb* und *Schnell* passim.

[343] *Schnell*, S. 108; Hervorhebung von *Schnell*. In diesem Sinne auch: *Guckelberger*, ZG 2004, S. 62 (70); *Moll*, S. 180, im Kontext mit dem strafrechtlichen Bestimmtheitsgebot.
Vgl. auch *Wilhelm Hammer*, MDR 1990, S. 369 (370), der einzelne Probleme bei der Anwendung eines artenschutzrechtlichen Verweisungsnetzes verknüpft und zu dem Ergebnis gelangt, das die Norm wegen völliger Unverständlichkeit verfassungswidrig sei.

[344] Ausführlich zu den informationspsychologischen Grundlagen und den verschiedenen Auflösungsansätzen der Verweisung (Bottom-up- oder Top-to-down-Modell): *Schnell*, S. 116–138.

[345] *Herb*, S. 32 ff.

[346] Beispiele für verwirrende Verweisungen bei: *Noll*, S. 234, und *Schnell*, S. 153 (Übersicht über die unverständlichen Normen im Weinstrafrecht).

[347] *Blum/Ebeling*, in: *Bepler*, S. 85 (91).

[348] BVerfGE 110, S. 33 (61 f.).

(*quantitative Komplexität*), zum anderen kann das Zusammenspiel der Verweisungen, das heißt ihre Struktur derart verschachtelt und vernetzt sein, dass dadurch die medizinisch-psychologischen Grenzen erreicht werden (*strukturelle Komplexität*)[349].

Quantitative Komplexität liegt dann vor, wenn die Verweisungen eine derartige Wortfülle zur Folge haben, dass allein die Anzahl der Worte das Verständnis unmöglich macht[350]. Als Beispiel kann eine Norm dienen, die sprachlich aufgelöst einen Satz mit 421 Wörtern ergab[351].

Strukturelle Komplexität ergibt sich besonders bei verschachtelten Verweisungen[352]. Durch die Technik der Weiterverweisung, mit deren Hilfe sich wahre Netze von Verweisungen spinnen lassen, kann die Rechtsklarheit leiden[353]. Das kann dann nicht nur zu vom Gesetzgeber ungewollten Ringschlüssen und logischen Fehlern, sondern auch zur Unverständlichkeit der Norm aufgrund dieser Komplexität führen[354]. Im Hinblick auf die Verständnisgrenze sind Kettenverweisungen mit mehr als fünf Gliedern oder bei komplexen Bezugnahmen mit mehr als drei Gliedern zu vermeiden, sonst kann die Struktur nicht mehr erfasst werden[355]. Eine detaillierte Auflösung der Tatbestände überlässt es möglicherweise dem Zufall, ob das Verweisungsobjekt gefunden und richtig eingegliedert wird[356]. So enthielt ein Verweisungsbaum einer datenschutzrechtlichen Norm bis zu 6 Ebenen und bis zu 10 Verzweigungen[357].

Allerdings entstehen Unklarheiten nicht erst, wenn sich nach fachkundiger Ermittlung aller Tatbestandsmerkmale erweist, dass eine Unbestimmtheit verbleibt. Vielmehr wird dem Bürger planvolles Handeln schon dann unzumutbar erschwert,

---

[349] *Herb*, S. 37; *Schnell*, S. 116.

[350] *Herb*, S. 38.

[351] *Herb*, S. 51, für eine Norm aus dem Datenschutzrecht.

[352] *Herb*, S. 38.

[353] *Moll*, S. 134 f., im Kontext mit dem strafrechtlichen Bestimmtheitsgebot; *Karpen*, S. 163, im Zusammenhang mit statischen Verweisungen.

[354] *Herb*, S. 38.

[355] *Schnell*, S. 134. Weitergehend soll nach dem *BMJ*, Rechtsförmlichkeit, Rn. 210, jede Verweisung auf Vorschriften unterbleiben, die ihrerseits auf andere Vorschriften verweisen. Ähnlich: *Aymans*, in: Archiv für katholisches Kirchenrecht 133 (1964), S. 293 (308): „Weiterverweisungen sind tunlichst zu vermeiden"; *Grauer*, S. 13, hält die Kettenverweisung für „etwas vom Übelsten". Zum erschwerten Verständnis der Kettenverweisung siehe auch: *Fuss*, in: FS Paulick, S. 293 (297 f.); *Karpen*, S. 163; *Kreppel*, in: FS Simson, S. 119 (132 f.); *Moll*, S. 77 f., 181 f.

[356] *Schnell*, S. 134 f. Vgl. *Herb*, S. 89 sowie passim, der aufdeckte, dass in vielen staatsanwaltschaftlichen Ermittlungsverfahren verweisungsbedingte Fehler gemacht wurden.

[357] *Herb*, S. 40. Vgl. auch den Verweisungsbaum aus dem Sozialrecht bei *Herb* auf S. 56, sowie die Verweisungsbäume zum Weinstrafrecht bei *Schnell* auf S. 67, 69, 71, 74 und 78.

wenn Verweisungen die durchschnittliche Verständnisfähigkeit bei der Normermittlung übersteigen und der Adressat deshalb seine Rechte und Pflichten nicht mehr mit vertretbarem Aufwand ermitteln kann[358].

Die strukturelle und quantitative Dichte des Verweisungsnetzes wird aber in der Regel als solche noch nicht dazu führen, dass die absolute Verständnisgrenze erreicht wird. In der Regel kommen weitere Probleme hinzu:

- nicht explizite Verweisungen[359],
- hohe Änderungsrate[360] des Verweisungsobjektes,
- rechtssystematische Entfernung des Verweisungsobjektes von der Verweisungsnorm (Rechtsgebiet, internationales Recht[361], Rechtssatz oder Verwaltungsvorschrift)[362] und daher schwer auffindbare Normen ohne Fundstellen[363],
- fehlerhafte Verweisungen[364],
- bedingte, sinngemäße oder (Teil-)Verweisungen[365],
- hohe Ergänzungsbedürftigkeit der Verweisungsnorm[366],
- Weiterverweisungen[367], vor allem nicht nur als Verweisungsstrang, sondern Verweisungssysteme, bei denen ein Glied auf mehrere andere verweist, die wiederum auf mehrere Glieder Bezug nehmen[368],
- unterschiedliche Begriffsverwendung[369],

---

[358] In diesem Sinne: *Kreppel*, in: FS Simson, S. 119 (134), für die Ermittlung der Steuerlast; BVerfGE 110, S. 33 (64): „Ist es auf Grund der Verweisungstechnik aber … allenfalls Experten möglich, sämtliche Eingriffsvoraussetzungen mit vertretbarem Aufwand zu erkennen, spricht dies gegen die Beachtung des Grundsatzes der Klarheit einer Norm, die sich auch auf das Verhalten und die Rechte der Bürger auswirkt." A. A. *Fehn*, Kriminalistik 2004, S. 252 (253).

[359] *Schnell*, S. 131 für Blankettstrafgesetze.

[360] *Fuss*, in: FS Paulick, S. 293 (317). Allerdings weist er auf S. 319 zu Recht auch noch darauf hin, dass allein schon die Möglichkeit von Änderungen des Verweisungsobjektes das Bestimmen erschwert.

[361] Verweisungen auf supranationales Recht werden kritisiert von: *Krey*, in: EWR 2/1981, S. 109 (161 f., passim); *Moll*, S. 181; *Schnell*, S. 132.

[362] *Fuss*, in: FS Paulick, S. 293 (298).

[363] *Schnell*, S. 132.

[364] Vgl. *Schnell*, S. 132.

[365] *Herb*, S. 38; *Hill*, S. 115; *Kindermann*, Ministerielle Richtlinien, S. 72; *Noll*, S. 231; *Schnell*, S. 133.

[366] *Moll*, S. 181.

[367] *Herb*, S. 38.

[368] *Moll*, S. 181. In diesem Sinne auch *Fuss*, in: FS Paulick, S. 293 (316), der im konkreten Fall dies als *undurchdringliches Verweisungsgestrüpp* bezeichnet.

[369] In diesem Sinne auch *Kreppel*, in: FS Simson, S. 119 (133).

Vgl. auch *Engisch*, Einführung, S. 95 m. w. N., wonach es eine „Relativität der Rechtsbegriffe" in den einzelnen Rechtsgebieten gibt. Daraus können dann Probleme entstehen. Vgl. dazu *P. Kirchhof*, in: Diederichsen/Dreier, S. 125 (147), der eine Klarstellung für

– Verwendung unterschiedlicher Begriffe mit der gleichen Bedeutung[370],
– sonstige Probleme bei der Rechtsanwendung (z. B. Handeln unter Zeitdruck[371]).

Durch alle diese Faktoren können sich Mängel der Bestimmtheit potenzieren[372];
dies gilt auch dann, wenn sie nur einen Aspekt des gesamten Verweisungssystems
betreffen[373]. Sogar auf den ersten Blick völlig unerhebliche Beeinträchtigungen
einer einzelnen Verweisungskomponente können immense Verständnisschwierig-
keiten im Hinblick auf die Gesamtregelung auslösen[374]. Dabei sind um so höhere
Anforderungen an die Konkretisierung der jeweils in Bezug genommenen Normen
und deren Verknüpfung zu stellen, je umfangreicher und komplexer sich das von
den Verweisungen gesponnene Netz darstellt[375].

IV. Zitiergebot (Art. 19 Abs. 1 Satz 2 GG)

Soweit ersichtlich gibt es keine Stellungnahmen zur Anwendung des Zitier-
gebotes (Art. 19 Abs. 1 Satz 2 GG) bei Verweisungen. Dies ist insoweit nicht
verwunderlich, als das Zitiergebot nach der Rechtsprechung des Bundesverfassungsgerichts nur einen eng begrenzten Anwendungsbereich hat[376].

Das Zitiergebot ist eine formelle Sicherung[377]. Die vom Gesetzgeber verlangte
Klarstellung hat einen Informationswert für den Bürger, weil die Grundrechts-
einschränkung für ihn kenntlich gemacht wird[378]. Primär soll das Zitiergebot
für den Gesetzgeber eine Warn- und Besinnungsfunktion entfalten und ihn zur

---

wünschenswert hält, inwieweit vorgefundene Begriffe aus anderen Rechtsgebieten tat-
bestandsgetreu ins Steuerrecht übernommen sind, inwieweit sie einen Kernbereich des
Gemeinten bezeichnen und inwieweit sie in nur sprachlichen Anklängen etwas anderes
meinen.

[370] In diesem Sinne *F. K. Weber*, S. 79.

[371] Siehe dazu BVerfGE 110, S. 33 (62 f.).

[372] Es tritt allerdings auch auf, dass Verweisungen sich insoweit positiv auswirken, als
sie die Auslegung „unbestimmter Rechtsbegriffe" erleichtern. Siehe dazu oben 2. Teil:
C.III.4.b) Bestimmtheit/Klarheit des Verweisungsobjektes (S. 151).

[373] *Moll*, S. 135, im Kontext mit dem strafrechtlichen Bestimmtheitsgebot.

[374] *Moll*, S. 135, im Kontext mit dem strafrechtlichen Bestimmtheitsgebot.
In diesem Sinne auch BVerfGE 110, S. 33 (57): „Das Zusammenwirken der verschiedenen Tatbestandsmerkmale sowie eine große Zahl von Verweisungen auf andere Normen
ergeben im Gesamtgefüge der vom Gesetzgeber gewählten Regelungstechnik Mängel an
hinreichender Normenbestimmtheit und Normenklarheit ..."

[375] Vgl. *Moll*, S. 155, zum strafrechtlichen Bestimmtheitsgebot.

[376] Vgl. dazu: *Hesse*, Rn. 331; *P. M. Huber*, in: v. Mangoldt/Friedrich Klein/Starck,
Art. 19 Rn. 79 ff.; *Sachs*, in: ders., GG, Art. 19 Rn. 27–30.

[377] *Hesse*, Rn. 331.

[378] *Sachs*, in: ders., GG, Art. 19 Rn. 26; *P. M. Huber*, in: v. Mangoldt/Friedrich Klein/
Starck, Art. 19 Rn. 73.

Rechenschaft darüber anhalten, ob und in welchen Umfang er mit dem ins Auge gefassten Gesetz weitere Möglichkeiten zu Grundrechtseingriffen eröffnet[379].

Nicht geklärt hat die Judikatur mangels einschlägiger Fälle die Anforderungen, die sich aus Art. 19 Abs. 1 Satz 2 GG im Einzelnen ergeben[380]. Auch wenn damit die Zwecke der Bestimmung nicht optimal erreicht werden, wird es noch als hinreichend angesehen, dass die Grundrechtseinschränkungen, die sich aus dem Gesetz insgesamt ergeben, irgendwo in dem Gesetz, auch in einer zusammenfassenden Klausel, als solche unter Angabe des Artikels genannt werden[381]. Da durch die Verweisung das Verweisungsobjekt in die Verweisungsnorm inkorporiert wird, ist Art. 19 Abs. 1 Satz 2 GG auch durch Verweisung auf die Norm, welche die Grundrechtseinschränkungen aufzählt, genügt. Nicht ausreichend ist aber, wenn lediglich auf Normen eines Gesetzes verwiesen wird, und nur an anderer Stelle in diesem Gesetz die Grundrechtseinschränkungen aufgezählt werden. In letzterem Fall sind nämlich aus der Verweisungsregelung die Grundrechtseinschränkungen nicht mehr erkennbar.

D. Vergleich mit Ermächtigungen

Dynamisch-heteronomen Verweisungen werden häufig die Grenzen der Ermächtigung entgegengesetzt. Dagegen werden statische und dynamisch-autonome Verweisungen üblicherweise nicht mit Ermächtigungen verglichen. Nur vereinzelt wurde klargestellt, dass die dynamisch-autonome Verweisung auch keine dem Art. 80 Abs. 1 GG widersprechende versteckte Ermächtigung enthält[382].

I. Heteronome Verweisung als unzulässige Ermächtigung

Viele Autoren[383] argumentieren gegen die Zulässigkeit der dynamisch-heteronomen Verweisung, dass diese Art der Verweisung zu einer versteckten Verlagerung

---

[379] *P. M. Huber*, in: v. Mangoldt/Friedrich Klein/Starck, Art. 19 Rn. 70; *Sachs*, in: ders., GG, Art. 19 Rn. 25; in diesem Sinne auch BVerfGE 64, S. 72 (79 f.).

[380] *Sachs*, in: ders., GG, Art. 19 Rn. 31.

[381] *P. M. Huber*, in: v. Mangoldt/Friedrich Klein/Starck, Art. 19 Rn. 98 – 100; *Sachs*, in: ders., GG, Art. 19 Rn. 31, der aber auch Kritik äußert; *Stern* III/2, S. 757 f.

[382] So in: BVerwG, NVwZ-RR 1989, S. 377 (378) = Buchholz 415.1 Nr. 84; BSGE 74, S. 296 (301), wo ausdrücklich offen gelassen wurde, wie dynamisch-heteronome Verweisungen insoweit zu bewerten seien.

[383] So die Bedenken bei: *Arndt*, JuS 1979, S. 784 (785); *Badura*, Staatsrecht, F 49 (S. 565); *Blum/Ebeling*, in: Bepler, S. 85 (90); *Brennecke*, S. 108; *Dahmen*, KStZ 1990, S. 25 (26); *Denninger*, Arzneimittelrichtlinien, S. 37; *Eiberle-Herm*, UPR 1994, S. 241 (244), bezieht seine Aussage zwar nur auf die normergänzende Verweisung, stellt aber die normkonkretisierende der normergänzenden im Atomrecht faktisch gleich; *Karpen*, S. 136, passim; *Mathiak*, in: P. Kirchhof/Söhn/Mellinghoff, EStG, § 5 Rn. A 180; *Ossen-*

von Gesetzgebungsbefugnissen führe, die unzulässig sei. Der Verweisungsnormgeber „beteilige" den Verweisungsobjektgeber in der Weise an der Gesetzgebung, dass dieser durch die Veränderung des Verweisungsobjektes die Möglichkeit eingeräumt bekomme, auf den Inhalt der Verweisungsnorm Einfluss zu nehmen[384]. Damit werde die Verweisungsnorm nur ihrer Form nach, nicht jedoch bezüglich ihres Inhalts durch den hierfür zuständigen Gesetzgeber bestimmt[385].

Da die Ermächtigung als Eingriff in die Zuständigkeitsordnung nur unter besonderen Voraussetzungen möglich sei, die Verweisung jedoch keinen aus der Zuständigkeitsordnung herleitbaren Bedingungen unterliege, liege ein *Formenmissbrauch* vor[386]. Die dynamische Verweisung vom Gesetz auf Verordnungen laufe auf den unzulässigen Erlass gesetzesvertretender Verordnungen hinaus[387]. Ähnlich[388] wird gegen die dynamisch-heteronome Verweisung die Umgehung von Art. 80 GG angeführt: Was dem Gesetzgeber durch Art. 80 GG untersagt sei, nämlich Ermächtigungen zu erteilen, ohne Inhalt, Zweck und Ausmaß der erteilten

---

bühl, DVBl. 1967, S. 401 (403 f.); *Rellermeyer*, NJ 1994, S. 305 (307); *Sachs*, in: ders., GG, Art. 20 Rn. 123a (Rechtsklarheit); *Riedl*, in: Obermayer, VwVfG, Einleitung, Rn. 61, für die Verweisung des Landes- auf das Bundesverwaltungsverfahrensgesetz; *Starck*, in: ders. / Stern, S. 285 (307 f.), für die Verweisung im Rahmen der ausschließlichen Gesetzgebungskompetenz der Länder auf Bundesgesetz; *Wilke*, DIN-Normungskunde 17, S. 11 (13).

Für Verweisung auf Regelungen Privater auch: *Backherms*, JuS 1980, S. 9 (11); *ders.*, S. 72, für die Verweisung auf DIN-Normen; *Biener*, in: FS Ludewig, S. 85 (114); *Brinkmann*, S. 14; *E. Budde*, DIN-Mitt. 59 (1980), S. 12 (13); *Conradi*, S. 52 f.; *Hanning*, S. 65 f.; *Himmelmann*, in: ders. / Pohl / Tünnesen-Harmes / Büge, A.1. Rn. 78; *Hornmann*, HSOG, § 6 Rn. 6; *Jarass*, BImSchG, § 7 Rn. 25; *ders.*, NJW 1987, S. 1225 (1231), für Verweisungen, die keine widerlegbare Vermutung enthalten; *Kloepfer*, § 19 Rn. 163; *Koch*, S. 12; *Lensing*, EHP 31. Jg. (2002) Heft 11, S. 24 (25); *Lübbe-Wolff*, in: Hoffmann-Riem / Schmidt-Aßmann, S. 87 (90); *Müller-Foell*, S. 19; *Nolte*, S. 188; *Plischka*, S. 47; *Roßnagel*, in: Kubicek / Seeger, S. 169 (171); *Roßnagel*, in: GK-BImSchG, § 7 Rn. 205; *M. Schäfer*, S. 178 f., für die normergänzende Verweisung, S. 182 für normkonkretisierende Verweisungen; *Schellhoss*, BBauBl. 1985, S. 18 (19); *Starkowski*, S. 122 f.; *Stefener*, S. 36: „dürfte wegen ... den damit eingeräumten ‚Quasi-Rechtsetzungsbefugnissen' ... unzulässig sein".

Für Verweisung auf Verwaltungsvorschriften auch: *Lange*, S. 74; *M. Pfeifer*, DVBl. 1975, S. 323 (324); *Wolf*, DÖV 1992, S. 849 (852).

Für Verweisung auf ausländisches Recht *Grund*, ZIP 1996, S. 1969 (1974 f.).

[384] *Gamber*, VBlBW 1983, S. 197; *Schenke*, NJW 1980, S. 743 (744).

[385] *Hertwig*, RdA 1985, S. 282 (283); ähnlich auch *BMJ*, Rechtsförmlichkeit, Rn. 229.

[386] In diesem Sinne: *Bullinger*, Unterermächtigung, S. 17; *Karpen*, S. 112; *ders.*, in: Rödig, S. 221 (233).

Einen Formenmissbrauch bei durch Gesetz für Satzungen bzw. Bundesmantelverträge für Ärzte und Zahnärzte vorgeschriebenen dynamischen Verweisungen auf die Richtlinien des Bundesausschusses nehmen an: *Denninger*, Arzneimittelrichtlinien, S. 36–38, weil dadurch der Anschein autonom befugter Rechtssetzung erzeugt werde; *v. Zezschwitz*, in: Freundesgabe Söllner, S. 645 (654).

[387] In diesem Sinne: *Beisse*, BB 1999, S. 2180 (2185), zu einer Auslegungsmöglichkeit des § 342 HGB; *Ipsen*, AöR 107 (1982), S. 259 (270).

Ermächtigung im Gesetz selbst zu bestimmen, könne nicht auf dem Umweg über eine dynamisch-heteronome Verweisung zulässig sein[389]. Die dort vorgesehene Ermächtigung stelle hier eine abschließende Regelung dar[390].

II. Überprüfung am Maßstab der Ermächtigung

Nach anderer Ansicht[391] ist die dynamisch-heteronome Verweisung nicht generell unzulässig, sondern ist vor allem[392] oder ausschließlich[393] an den jeweiligen Kompetenznormen[394] oder den Regelungen über Ermächtigungen zu messen. Art. 80 GG oder entsprechende landesverfassungsrechtliche Bestimmungen seien bei der Bewertung der dynamischen Verweisung vorrangig gegenüber den konturschwächeren, allgemeinen Prinzipien der Demokratie und des Rechtsstaats heranzuziehen[395]. Michael Sachs[396] legt Verweisungsnormen sogar als Ermächtigungen aus.

---

[388] Von einer Umgehung von Art. 80 GG bei dynamisch-heteronomen Verweisungen ausgehend: *Lukes*, in: ders./Birkhofer, S. 81 (90); *Wolf*, DÖV 1992, S. 849 (852).

Umgehung jedenfalls bei Verweisung auf Regelungen Privater: *Backherms*, S. 72, für die Verweisung auf DIN-Normen; *Conradi*, S. 52 ff.; *Hanning*, S. 66; *Stefener*, S. 35 f.; *Tettinger*, Wirtschaftsverwaltungsrecht, S. 407; in diesem Sinne auch *Beisse*, BB 1999, S. 2180 (2185).

Differenzierend: *Hill*, S. 116; *Baden*, NJW 1979, S. 623; *Strecker*, DIN-Normungskunde 14, S. 43 (53).

[389] *Schenke*, in: FS Fröhler, S. 87 (102); ders., NJW 1980, S. 743 (745).

[390] *Marburger*, Habil, S. 391; *M. Pfeifer*, DVBl. 1975, S. 323 (324); in diesem Sinne auch: *M. Schäfer*, S. 178; *Ossenbühl*, DVBl. 1967, S. 401 (402).

[391] *Schenke*, in: FS Fröhler, S. 87 (100 ff.). In diesem Sinne auch: *Börgmann*, S. 78 f.; *Bullinger*, Selbstermächtigung, S. 21; ders., Unterermächtigung, S. 17 ff.; *Ehricke/Blask*, JZ 2003, S. 722 (726); *Hertwig*, RdA 1985, S. 282 (283 f.); *Rittstieg*, S. 239 f.; *Sobota*, S. 139; *Taupitz*, S. 739 f., für normergänzende Verweisungen; *A. Weber*, S. 22.

[392] *Schenke*, in: FS Fröhler, S. 87 (100, passim). Daneben hält *Schenke* eine Überprüfung der dynamischen Verweisung insbes. im Hinblick auf ihre Vereinbarkeit mit dem Demokratieprinzip für notwendig. Diese Überprüfung nimmt aber weniger Raum bei ihm ein. Dazu insgesamt *Schenke*, in: FS Fröhler, S. 87 (119–125). Ähnlich auch der Ansatz von *Gamber*, VBlBW 1983, S. 197 (197–199).

[393] *F. Becker*, S. 547 ff.

[394] Zur Überprüfung an den Kompetenznormen siehe unten für die Verweisung von Bundes- auf Landesrecht 2. Teil: E.I.1.b) Überprüfung an den Art. 70 ff. GG (S. 173 f.) und zur Verweisung von Landes- auf Bundesrecht 2. Teil: E.I.2.b) Überprüfung an den Art. 70 ff. GG (S. 183 f.).

[395] *Schenke*, NJW 1980, S. 743 (745); ders., in: FS Fröhler, S. 87 (100).

[396] *Sachs*, NJW 1981, S. 1651 (1652); ders., VerwArch. 74 (1983), S. 25 (41). Auch *Fischer*, in: Bonner Kommentar, GG, Art. 71 Rn. 88, hält eine „Umdeutung" in eine Ermächtigung gem. Art. 71 GG für möglich.

1. Verweisungen im Gesetz auf Normen der Exekutive

Einige[397] entnehmen Art. 80 GG eine für dynamische Verweisungen im Gesetz auf Normen der Exekutive begrenzende Funktion: Wenn der Parlamentsgesetzgeber nach Art. 80 Abs. 1 GG die Exekutive nur innerhalb der von der Verfassung vorgegebenen Grenzen zur Rechtssetzung durch Rechtsverordnung ermächtigen dürfe, dürfe er ihr über eine Verweisung keine größere Gestaltungsmacht einräumen[398]. Der Verweisungsgesetzgeber müsse ähnlich wie bei der Ermächtigung nach Art. 80 GG den Rahmen einer Ausfüllung der durch die dynamische Verweisung erzeugten Spielräume nach Inhalt, Zweck und Ausmaß begrenzen[399]. Der Verordnungsermächtigung und der dynamischen Verweisung wohne dieselbe potenzielle Dynamik inne. Diese müsse durch die Bestimmtheitserfordernisse an Inhalt, Zweck und Ausmaß der Übertragungsentscheidung gezügelt werden[400].

Nach Wolf-Rüdiger Schenke[401], Winfried Brugger[402] und Thomas Clemens[403] können Art. 80 GG oder entsprechende landesverfassungsrechtliche Bestimmungen Verweisungen von Gesetzen auf Normen der Exekutive legitimieren. Zwar enthält Art. 80 GG keine direkten Aussagen über Verweisungen. Allerdings sind Ermächtigung und dynamische Verweisung nach Schenke[404] austauschbar, so dass aus den Voraussetzungen der Ermächtigung auch Aussagen zu der Zulässigkeit und den Grenzen der dynamischen Verweisung zu ziehen seien. Clemens[405] argumentiert, dass Verweisungen in Bereichen zulässiger Ermächtigungen nicht zu beanstanden seien, weil Ermächtigungen für den Bürger belastender als Verweisungen seien. Nach Brugger[406] ist Art. 80 Abs. 1 GG einschlägig, falls der Gesetzgeber die Exekutive durch eine dynamische Verweisung zur Rechtssetzung in einem unstrukturierten Feld ermächtigt.

---

[397] *Guckelberger*, ZG 2004, S. 62 (77); *Sobota*, S. 139; ähnlich *Taupitz*, S. 739 f., für normergänzende Verweisungen.

[398] *Guckelberger*, ZG 2004, S. 62 (77).

[399] *Ramsauer*, in: AK-GG, Art. 82 Rn. 36; ähnlich auch: BSG, NZS 1995, S. 502 (511); *Hiller*, S. 83; *Krieger*, S. 227.

[400] *Krieger*, S. 227.

[401] *Schenke*, NJW 1980, S. 743 (745).

[402] *Brugger*, VerwArch. 78 (1987), S. 1 (38).

[403] *Clemens*, AöR 111 (1986), S. 63 (112 ff., 124). Ähnlich auch *Brunner*, S. 111 ff., der wegen der unmittelbaren Nähe zur Ermächtigung aus den Zulässigkeitsvoraussetzungen der Ermächtigung Anhaltspunkte gewinnt.

[404] *Schenke*, NJW 1980, S. 743 (745); ähnlich *Rittstieg*, S. 239 f.

[405] *Clemens*, AöR 111 (1986), S. 63 (112 ff., 124). Ähnlich auch *Brunner*, S. 111 ff., der wegen der unmittelbaren Nähe zur Ermächtigung aus den Zulässigkeitsvoraussetzungen der Ermächtigung Anhaltspunkte gewinnt.

[406] *Brugger*, VerwArch. 78 (1987), S. 1 (38).

Bei der verfassungsrechtlichen Bewertung wird teilweise[407] zwischen der Verweisung auf Verwaltungsvorschriften oder Rechtsverordnungen differenziert:

Eine Verweisung im Gesetz auf eine Rechtsverordnung sei dann unproblematisch, wenn die Verordnungsermächtigung auf den Verweisungsgesetzgeber zurückführbar sei. Da eine Rechtsverordnung gemäß Art. 80 GG eine nach Inhalt, Zweck und Ausmaß hinreichend konkretisierte gesetzliche Ermächtigung voraussetze, könnten angesichts der Übersehbarkeit des insoweit unter der Kontrolle des Gesetzgebers bleibenden Verweisungsobjektes keine Einwände erhoben werden[408]. Ähnlich wurden dynamische Verweisungen in Bundesgesetzen auf Rechtsverordnungen des Bundes vom Bundesfinanzhof[409], vom Bundessozialgericht[410] und vom Bundesverwaltungsgericht[411] nicht für bedenklich gehalten. In diese Richtung weisen auch die vom Bundesverfassungsgericht entschiedenen Fälle zu Verweisungen auf Rechtsverordnungen, die Strafnormen betreffen[412]. Daraus lässt sich für die Verweisung auf Rechtsverordnungen die Schlussfolgerung[413] ziehen, dass diese nach Ansicht des Bundesverfassungsgerichtes dann zulässig ist, wenn die Verweisungsnorm[414] oder die Ermächtigung für die Rechtsverordnung[415] Inhalt, Zweck und Ausmaß der Verweisungsregelung hinreichend deutlich umschreibt. Nach Ansicht des Bundesfinanzhofes[416] braucht sich eine Verweisung allerdings nicht an den für den Erlass von Rechtsverordnungen geltenden Maßstäben (Art. 80 Abs. 1 Satz 2 GG) messen zu lassen, weil die Verweisung selbst keine gesetzliche Ermächtigung ist.

Nach Schenke[417] schließt Art. 80 GG grundsätzlich[418] eine Rechtssetzung der Exekutive im Staat/Bürgerverhältnis durch Verwaltungsvorschriften aus. Dann könne dies auch nicht auf dem Umweg über eine dynamische Verweisung auf eine Verwaltungsvorschrift bewirkt werden[419]. Dagegen äußerte das Bundesver-

---

[407] So bspw. *Schenke*, in: FS Fröhler, S. 87 (101 ff.); a. A. wohl *Guckelberger*, ZG 2004, S. 62 (82 f.).

[408] *Schenke*, NJW 1980, S. 743 (747); *ders.*, in: FS Fröhler, S. 87 (110); ähnlich *Staats*, in: Rödig, S. 244 (251).

[409] BFHE 171, S. 84 (88 f.).

[410] BSG, SozR 4–4300 § 422 Nr. 1, Rn. 17 ff.

[411] BVerwGE 68, S. 207 (208) (ohne Begründung); 68, S. 342 (351).

[412] Siehe dazu unten 2. Teil: H.VI. Besondere Gesetzesvorbehalte bei Straf- und Bußgeldtatbeständen (S. 262 ff.).

[413] *Clemens*, AöR 111 (1986), S. 63 (112 f.), sieht in den Ausführungen freilich eine Bestärkung seiner These, dass Verweisungen zumindest immer dann zulässig seien, wenn eine Ermächtigung möglich sei.

[414] In diesem Sinne insbes.: BVerfGE 14, S. 245 (252); BVerfG, NVwZ-RR 1992, S. 521.

[415] In diesem Sinne bspw.: BVerfG, LRE 47, S. 349 (350); BVerfGE 22, S. 21 (25); BVerfG, RIW 1979, S. 132 (133).

[416] BFHE 171, S. 84 (88).

waltungsgericht[420] keine Bedenken gegen die Verweisung vom Wehrpflichtgesetz auf vom Bundesminister für Verteidigung zu erlassende Richtlinien. Auch der Bundesfinanzhof[421] bewertete eine dynamische Verweisung in einem Gesetz auf eine Klassifikation des Statistischen Bundesamtes als verfassungsgemäß.

2. Verweisungen auf Regeln Privater

Soweit man die Verweisung mit der Ermächtigung vergleicht und eine Rechtssetzung durch Private für verfassungsrechtlich ausgeschlossen hält, scheidet eine dynamische Verweisung auf die von Privaten erlassenen Regelwerke aus verfassungsrechtlichen Gründen aus[422]. Dabei wird die prinzipielle Unzulässigkeit staatlicher Rechtssetzung durch Private mit einem argumentum a fortiori zum Grundsatz der Gewaltenteilung[423] und / oder Art. 80 GG[424] begründet.

---

[417] So *Schenke*, NJW 1980, S. 743 (746); *ders.*, in: FS Fröhler, S. 87 (103 f.).

[418] *Mühlenbruch*, S. 148, geht davon aus, dass mit einer funktionell abgesicherten Kompetenz der Exekutivspitze zur verbindlichen Normsetzung die Anerkennung der Zulässigkeit einer entsprechenden dynamischen Verweisung einhergehe. Die im Grundsatz zu Recht befürchtete Verlagerung von legislativen Kompetenzen sei gerade die Voraussetzung für einen „dynamischen Grundrechtsschutz" bei der verbindlichen Konkretisierung des Gesetzesbefehls von unbestimmten Rechtsbegriffen des Umweltrechts. Insoweit weise das Grundgesetz der Exekutive die Kompetenz zu.

[419] *Schenke*, NJW 1980, S. 743 (746 f.); *ders.*, in: FS Fröhler, S. 87 (104 f.). Allerdings macht *Schenke* davon eine Ausnahme, wenn er Verweisungen auf Verwaltungsvorschriften zulässt, die nur individuell-konkrete Verwaltungsanordnungen zusammenfassen und damit nicht zu einer generell-abstrakten Tatbestandsergänzung der Verweisungsnormen führten.

Im Ergebnis die Verweisung auf Verwaltungsvorschriften für (regelmäßig) unzulässig haltend: *Lange*, S. 74; *Lukes*, in: ders. / Birkhofer, S. 81 (90); *M. Pfeifer*, DVBl. 1975, S. 323 (324); *Rittstieg*, S. 240; *Wolf*, DÖV 1992, S. 849 (852).

[420] BVerwGE 18, S. 298.

[421] BFHE 207, S. 88. Neben der nachfolgend im Text dargestellten Begründung führte das Gericht auf S. 95 f. noch aus, dass die Verweisung auch deshalb verfassungsrechtlich unbedenklich erscheine, weil die Klassifikation auf einen Rechtsakt des Gemeinschaftsgesetzgebers zurückzuführen sei; dazu unten im 2. Teil ab Fn. 1056 auf S. 253.

[422] In diesem Sinne: *F. Becker*, S. 558; *Manhardt*, S. 89 f.; *Schenke*, NJW 1980, S. 743 (745 f.); *ders.*, in: FS Fröhler, S. 87 (108); *ders.*, in: Achterberg / Püttner, § 9 Rn. 29.

Im Ergebnis ähnlich: *Biener*, in: FS Ludewig, S. 85 (114); *Breuer*, AöR 101 (1976), S. 46 (63 f.); *Hanning*, S. 64 ff; *Nickusch*, S. 207; *ders.*, NJW 1967, S. 811 (812); *Rittstieg*, S. 240: regelmäßig unzulässig; *M. Schäfer*, S. 182; *K. W. Schäfer*, S. 102 ff; *Söhn*, S. 112 ff; *Stefener*, S. 35 f. *Starkowski*, S. 122 f.

A. A. Ernst, S. 39 ff. (Verweisung nur als Auslegungshilfe), der ebenso wie *Herschel*, NJW 1968, S. 617 (620 f.), und *Eberstein*, BB 1969, S. 1291 (1294), von dem Ansatz ausgeht, dass die Verweisung auf technische Normen ähnlich dem Hinweis auf die Verkehrssitte zu beurteilen sei.

[423] In diesem Sinne: *Hanning*, S. 62; *Marburger*, Habil., S. 392; *ders.*, DIN-Normungskunde 17, S. 27 (32), jeweils nur für die normergänzende Verweisung; *Röhling*, S. 15; *Veit*,

Eine Zulässigkeit der dynamischen Verweisung könnte sich aber dann ergeben, wenn man die Ermächtigung Privater zur Rechtssetzung zulässt. So wird angeführt, dass der Wortlaut von Art. 80 Abs. 1 Satz 4 GG den Kreis der Empfänger von Unterermächtigungen – anders als in Art. 80 Abs. 1 Satz 1 GG – gerade nicht begrenzt[425]. Zudem käme dem Institut der Unterermächtigung ohne die Möglichkeit, den in Art. 80 Abs. 1 Satz 1 GG genannten Adressatenkreis zu erweitern, kaum eine wesentliche Bedeutung zu[426]. Teils[427] wird daher eine Beleihung von Privaten mit Rechtssetzungsbefugnissen für möglich gehalten. Teils[428] wird die Ermächtigung Privater für zulässig erklärt, wenn der Gesetzgeber flankierende Maßnahmen organisations- und verfahrensrechtlicher Art mit dem Ziel treffe, auf die Ausgewogenheit der Normgeber Einfluss zu nehmen und eine Durchschaubarkeit der Entscheidungsfindung zu gewährleisten. Ferdinand Kirchhof[429] lässt in

---

S. 49, von einem anderen Ausgangspunkt. Gegen diese Begründung ausführlich *Schwierz*, S. 65 f.

[424] *Breuer*, AöR 101 (1976), S. 46 (63 f.); *ders.*, NVwZ 1988, S. 104 (107), bei globaler Verweisung des Gesetzes auf Regelwerke Privater; *Denninger*, Normsetzung, Rn. 145, für die normergänzende Verweisung; *Manhardt*, S. 89; *Marburger*, Habil., S. 392; *ders.*, DIN-Normungskunde 17, S. 27 (32), jeweils nur für die normergänzende Verweisung; *Rittstieg*, S. 240; *Schenke*, NJW 1980, S. 743 (745 f.); *ders.*, in: FS Fröhler, S. 87 (108).

[425] *Schwierz*, S. 65.

[426] *Schwierz*, S. 65.

[427] Die nachfolgenden Autoren halten eine Ermächtigung Privater mit Rechtssetzungsaufgaben für möglich, die Aussagen, beziehen sich jedoch meist nicht speziell auf dynamische Verweisungen: *Axer*, S. 425 f.; *Bachof*, AöR 83 (1958), S. 208 (248 f.); *Bullinger*, Unterermächtigung, S. 21 f., 61 f.; *E. R. Huber*, § 46 II 2 a (S. 538); vgl. auch *dens.*, DVBl. 1952, S. 456 (458 f.), für die Verweisung im Bereich des kollektiven Arbeitsrechtes; *Heyen*, 5. Abschnitt, insbes. S. 43; *Herbert Krüger*, Staatslehre, § 28 II. Die Legitimation der Gesellschaft zur Normsetzung (S. 491–495); *v. Mangoldt / Friedrich Klein*, 2. Aufl., GG, Art. 80 Anm. VIII 3 (S. 1949) (a. A. *Brenner*, in: v. Mangoldt / Friedrich Klein / Starck, GG, Art. 80 Rn. 61); *Nickusch*, S. 138 ff.; *Schwierz*, S. 65.

[428] In diese Richtung argumentierend: *Badura*, in: FS Bachof, S. 169 (176 f.); *Schmidt-Aßmann*, in: Maunz/Dürig, Art. 19 IV Rn. 207; *Schmidt-Preuß*, VVDStRL 55 (1997), S. 160 (205 f.), *ders.*, in: Säcker, S. 45 (47 f.) = ZNER 2002, S. 262 (263), wonach staatliche Rezeption eine steuernde Rezeption sein muss, die demokratisch-rechtsstaatlichen Mindeststandards in Bezug auf Transparenz, Publizität, Repräsentanz und Revisibilität erfüllen müsse; *Schulze-Fielitz*, in: Hoffmann-Riem/Schmidt-Aßmann, S. 139 (188–192), wonach das in der Literatur dominierende Dogma von der Verfassungswidrigkeit »dynamischer Verweisungen« einer differenzierten Auffassung weichen muss, die eine jahrzehntelange verbreitete Staatspraxis und den Umstand stärker berücksichtigt, dass der verweisende Gesetzgeber sein Gesetzgebungsrecht keineswegs verliert, sondern bei Fehlentwicklungen der in Bezug genommenen Normen oder Regelwerke erneut aktiv werden kann; *Wiegand*, S. 267 ff., die – abgesehen von dem Ausnahmebereich der Sozialversicherung gem. Art. 87 Abs. 2 GG – eine dynamisch-heteronome Verweisung entsprechend dem einschränkenden Wortlaut des Art. 80 Abs. 1 Satz 2 GG nur als Subdelegation für zulässig hält.

Vgl. auch *Söhn*, S. 116, wonach dies die Mindestvoraussetzungen seien, der letztlich aber dazu gelangt, dass Ermächtigungen trotzdem unzulässig seien; ähnlich: *K. W. Schäfer*, S. 106 f.; *Schenke*, in: FS Fröhler, S. 85 (108 f.).

einigen Bereichen privat gesetztes Recht zu, wobei er die Legitimation dazu vor allem aus der Offenheit der deutschen Rechtsordnung für fremdes Recht, aus der Geschichte von Staat und Gesellschaft sowie der befugnisbegründenden Funktion von Grundrechten herleitet. Stefan Hertwig[430] hält ausnahmsweise für den Bereich der Verweisung auf Tarif- oder berufsständisches Recht eine Legitimation aus Art. 9 Abs. 3 bzw. Art. 12 Abs. 1 GG für möglich.

3. Verweisungen in Rechtsverordnungen

Udo Börgmann[431] weist noch darauf hin, dass für Verweisungen in Rechtsverordnungen Besonderheiten gelten. Für die Inkorporierung von Normen unterhalb der Verordnung seien die Voraussetzungen einer Unterermächtigung gem. Art. 80 Abs. 1 Satz 4 GG zu prüfen[432].

4. Ermächtigung nach Art. 71 GG

Nach einigen Autoren[433] bestehen in den Fällen der ausschließlichen Gesetzgebung des Bundes keine Bedenken gegen eine dynamische Verweisung im Bundesgesetz auf Landesrecht, denn in diesen Bereichen ist eine Ermächtigung nach Art. 71 GG möglich. Die Befugnis zur Ermächtigung des Landesgesetzge-

---

[429] *F. Kirchhof*, § 11 I-III (S. 504–513).

[430] *Hertwig*, RdA 1985, S. 282 (283 f.). Eine Zulässigkeit im Bereich von Art. 9 Abs. 3 GG bejaht auch *Clemens*, AöR 111 (1986), S. 63 (114 ff.).

[431] *Börgmann*, S. 78 f.

Vgl. auch *Bullinger*, Unterermächtigung, S. 54: „Ist aber einmal ein Stück der Gesetzgebungsbefugnis auf die Exekutive zusätzlich übertragen, dann berührt ein Weiterschieben der Ermächtigung die Gewaltenteilung nicht mehr unmittelbar."

[432] *Börgmann*, S. 79, überprüft eine konkrete Norm nach diesem Schema.

[433] *F. Becker*, S. 547 in Fn. 319; *Hertwig*, RdA 1985, S. 282 (284); *Schenke*, NJW 1980, S. 743 (748); *ders.*, in: FS Fröhler, S. 87 (115); ähnlich auch *März*, in: v. Mangoldt / Friedrich Klein / Starck, GG, Art. 30 Rn. 29; vgl. auch *Pieroth*, in: Jarass / ders., GG, Art. 71 Rn. 4: Bei einer dynamischen Verweisung auf Landesrecht kommt eine Umdeutung in eine Ermächtigung gem. Art. 71 GG in Betracht.

Vgl. aber auch *Pestalozza*, in: v. Mangoldt / Friedrich Klein / Pestalozza, 3. Aufl., GG, Art. 71 Rn. 56: „Eine Verweisung will und kann deswegen regelmäßig nicht eine Ermächtigung nach Art. 71 GG ersetzen. Eine Verweisung auf Landesgesetze im Bereich der ausschließlichen Gesetzgebung des Bundes setzt voraus, daß sie gültig sind. Sie sind kompetentiell gültig, wenn sie sich auf Art. 71 GG oder … Art. 80 Abs. 4 GG oder einen Sachzusammenhang stützen können. Fehlt es daran, kommt die Umdeutung der Verweisung in eine Ermächtigung hinsichtlich nur (aber immerhin) desjenigen Teils des in Bezug genommenen Landesrechts in Betracht, dessen Gesetzgebungsverfahren *nach* Inkrafttreten der Verweisung (nun: Ermächtigung) abgeschlossen worden ist (…). Im Ausmaß der gelungenen Umdeutung *ist* die Verweisung eine Ermächtigung; es geht nicht darum, sie ‚analog' oder sonst ‚entsprechend' Art. 71 GG zu legitimieren." Hervorhebung von *Pestalozza*.

bers enthalte insoweit auch die Befugnis zur Verweisung von Bundesrecht auf Landesrecht[434].

5. Übertragung von Hoheitsrechten gem. Art. 23 f. GG

Eine Ansicht[435] überträgt die zu Art. 71 GG angestellten Überlegungen auf Art. 23 f. GG. Soweit eine Übertragung von Hoheitsrechten zulässig sei, sei auch eine Verweisung auf das Recht supranationaler Organisationen zulässig. Die dynamische Verweisung auf Richtlinien-Recht sei ein Minus dazu[436]. Der Bundesgesetzgeber würde seine originäre Gesetzgebungskompetenz nämlich gar nicht aus der Hand geben, sondern träfe vielmehr nur eine Regelung, die er jederzeit wieder aufheben könne[437].

III. Stellungnahme

Aus den Regelungen über Ermächtigungen in Art. 23 f., 71 und 80 GG kann nicht auf die Zulässigkeit einer dynamisch-heteronomen Verweisung geschlossen werden. Besonders deutlich belegt der Wortlaut des Art. 71 GG („... wenn und soweit sie hierzu in einem Bundesgesetze ausdrücklich ermächtigt werden"), dass eine bloße Verweisung auf landesgesetzliche Regelungen als Ermächtigung nicht genügt[438]. Sinn macht der Erst-Recht-Schluss von der Ermächtigungs- auf die Verweisungszulässigkeit daher allenfalls, wenn eine Ermächtigung schon erteilt sowie von ihr Gebrauch gemacht wurde und der Gesetzgeber nunmehr auf das Resultat der vorherigen Ermächtigung verweisen will[439].

Aber selbst nach erfolgter Ermächtigung gem. Art. 23 f. oder 71 GG kann daraus nicht zwingend auf die Zulässigkeit der dynamischen Verweisung im Bundesrecht auf das EG-Recht oder das Landesrecht geschlossen werden. Die Zustimmungsgesetze zum EG-Vertrag und die Ermächtigungen gem. Art. 71 GG sind nämlich sehr offen formuliert. Die darauf beruhenden Normen sind damit inhaltlich nur sehr eingeschränkt auf den Bundestag zurückführbar.

---

[434] Nach *Schenke*, in: FS Fröhler, S. 87 (115), folgt dies als argumentum a maiore ad minus aus Art. 71 GG, weil eine bundesgesetzliche Verweisung auf Landesrecht das bundesstaatliche Gefüge geringer als eine Ermächtigung beeinträchtige.

[435] In diesem Sinne: OVG Münster, OVGE MüLü 45, S. 217 (213); *Ehricke/Blask*, JZ 2003, S. 722 (726); *Hertwig*, RdA 1985, S. 282 (283), zur damaligen Fassung des Art. 24 GG; *Schenke*, in: FS Fröhler, S. 87 (115, Fn. 86), zur damaligen Fassung des Art. 23 GG. In diesem Sinne wohl auch: A. *Weber*, S. 22; *Rubel*, in: Umbach/Clemens, GG, Art. 80 Rn. 24.

[436] OVG Münster, OVGE MüLü 45, S. 217 (223).

[437] *Ehricke/Blask*, JZ 2003, S. 722 (728).

[438] Vgl. *Degenhart*, in: Sachs, GG, Art. 71 Rn. 8; *Küchler*, DÖV 1977, S. 187 (190 f.).

[439] Vgl. *Brand*, S. 122, der in diesen Fällen die Verweisung als zulässig bewertet.

Auch bei der Ermächtigung der Exekutive gemäß Art. 80 GG erfolgt diese nur für einen bestimmten Bereich. Insoweit wird überprüft, ob der Gesetzgeber eine Bestimmung gemäß Art. 80 Abs. 1 Satz 1 GG nach Inhalt, Zweck und Ausmaß getroffen hat. Dabei ist beispielsweise für die Statuierung einer Verhaltenspflicht eine geringere inhaltliche Steuerung durch den Gesetzgeber erforderlich als für eine strafrechtliche Sanktionierung der Verletzung dieser Verhaltenspflicht. Damit kann aus der zulässigen Ermächtigung der Exekutive zur Statuierung dieser Verhaltenspflicht nicht auf die Zulässigkeit einer Verweisung geschlossen werden, wonach der Verstoß gegen diese Verhaltenspflicht mit Freiheitsentzug zu bestrafen ist.

Gegen die Heranziehung von Art. 80 GG und anderen Regelungen über die Ermächtigung spricht vor allem, dass Ermächtigung und dynamische Verweisung verschiedene Institute[440] sind. Durch die Verweisung wird eine eigene Regelung geschaffen, die Regelungsmacht also genutzt. Dagegen enthält sich der Ermächtigende (von der Ermächtigung selbst abgesehen) jeder Rechtssetzung[441]. Von der Ermächtigung unterscheidet sich die Verweisung dadurch, dass das Verweisungsobjekt aufgrund und im Umfang der Verweisung *dieselbe* normative Wirkung wie die Verweisungsnorm erlangt[442]. Damit erweist sich Art. 80 Abs. 1 GG als untaugliche Rechtsgrundlagen für die Rechtfertigung der Verweisungswirkungen, nämlich durch Inkorporation Rechtssätze des Charakters der Verweisungsnorm zu erzeugen. Art. 80 GG legitimiert nur den Erlass von Rechtsverordnungen – für die Änderung eines verweisenden Bundesgesetzes stellt dies keine Grundlage dar[443].

Da die Verweisung selbst keine gesetzliche Ermächtigung ist, braucht sie sich nicht an die für den Erlass von Rechtsverordnungen geltenden Maßstäben (Art. 80 Abs. 1 Satz 2 GG) messen zu lassen[444]. Die Zulässigkeit der Verweisung wird daher durch die Regelungen über Ermächtigungen in Art. 23 f., 71 oder 80 GG auch nicht eingeschränkt.

Zwar ist strittig, ob Art. 80 GG Sperrwirkung im Hinblick auf andere Rechtssetzungsformen als durch Verordnungsgebung entfaltet[445]. Eine Sperrwirkung ist jedoch abzulehnen[446], denn Art. 80 GG ist keine exklusive Durchbrechung eines idealen Gewaltenteilungsprinzips[447]. Art. 80 GG war die Antwort des Verfassungsgebers auf den Verfall rechtsstaatlich-demokratischer Grundsätze während

---

[440] Siehe oben 1. Teil: C.I.2. Dynamische Verweisung (S. 85 ff.).

[441] *Blum / Ebeling*, in: Bepler, S. 85 (94), für die dynamische Verweisung in Tarifverträgen.

[442] *Veit*, S. 48; Hervorhebung von *Veit*; ähnlich *Sachs*, NJW 1981, S. 1651 (1652).

[443] So zutreffend *Sachs*, NJW 1981, S. 1651 (1652), der daraus allerdings folgert, dass bei der dynamischen Verweisung keine Inkorporation eintrete, sondern die dynamische Verweisung als Ermächtigung auszulegen sei.

[444] BFHE 171, S. 84 (88).

[445] *Guckelberger*, ZG 2004, S. 62 (82 f.).

der Zeit der Weimarer Republik und des Dritten Reichs; dieses Problem stellt sich so heute aber nicht mehr[448]. Diese Vorschrift soll im Einklang mit dem allgemeinen Gesetzesvorbehalt nur verhindern, dass die Exekutive aus eigener Kraft allgemein verbindliche Normen schafft[449].

Dementsprechend wird Art. 80 GG durch eine Verweisung nicht umgangen[450]. Dies gilt insbesondere auch, weil die dynamisch-heteronome Verweisung in zweifacher Hinsicht weniger problematisch als eine Ermächtigung ist: Während die Ermächtigung eine Veränderung der Zuständigkeitsordnung bewirkt, bleibt bei der Verweisung die Kompetenzverteilung insofern unberührt, als der durch das Verweisungsobjekt konkretisierte Inhalt der Verweisungsnorm deren Urheber zugerechnet wird[451]. Ferner sind bei einer Ermächtigung die Normen erst noch vom Ermächtigten zu schaffen, weshalb strukturierende Vorgaben erforderlich sind. Bei bereits existenten Verweisungsobjekten kann auf eine solche Struktur ohne Weiteres zurückgegriffen werden[452]. Dadurch kann sich die Eingrenzung des Verweisungsumfangs zu einem Teil auch *aus dem in Bezug genommenen Normenkomplex* ergeben[453]. Insbesondere in „strukturierten Regelungsbereichen" sind die Möglichkeiten des Verweisungsobjektgebers bereits kraft Natur der Sache nach Inhalt, Zweck und Ausmaß hinreichend umgrenzt, so dass es zu diesem Zweck keiner Verordnungsermächtigung mehr im Gesetz bedarf und damit Art. 80 GG nicht einschlägig ist[454].

Da die Ermächtigungen gem. Art. 23 f. und 71 GG dem Ermächtigten einen weiteren Spielraum gewähren als Art. 80 GG, enthalten die Art. 23 f. und 71 GG umso weniger eine die Verweisung limitierende Funktion.

---

[446] Gegen eine Sperrwirkung auch: *Hans Klein*, in: Festgabe Forsthoff, S. 163 (176 f.); *Ossenbühl*, in: HStR III, § 64 Rn. 16; *Rogmann*, S. 78–81, m.w. N.

Auch die bisherigen Entscheidungen des BVerfG zu den Verweisungen deuten darauf hin, dass es eine solche Sperrwirkung ablehnt. Denn es hat diese Frage in seinen Urteilen bislang nicht angesprochen, so auch die Einschätzung von *Guckelberger*, ZG 2004, S. 62 (83).

[447] *Gerhardt*, NJW 1989, S. 2233 (2237). Zum Gewaltenteilungsprinzip siehe unten 2. Teil: F.I. Historie und Ausformung im Grundgesetz (S. 189 f.).

[448] In diesem Sinne auch: *H. Bauer*, in: FS Steinberger, S. 1061 (1066 ff.); *Faßbender*, S. 248; *Gerhardt*, NJW 1989, S. 2233 (2237).

[449] *Hans Klein*, in: Festgabe Forsthoff, S. 163 (176 f.).

Nach *Ossenbühl*, in: HStR III, § 64 Rn. 13, und *Faßbender*, S. 248 f., hat Art. 80 GG den Zweck, eine geräuschlose Verlagerung der Rechtsetzungsmacht auf die Exekutive sowie die damit verbundene Veränderung des Verfassungssystems zu verhindern.

[450] So bspw. *Hans Klein*, in: Festgabe Forsthoff, S. 163 (177), für die Bezugnahme auf Verwaltungsvorschriften im Falle des § 839 BGB.

[451] *Karpen*, S. 109; *Zubke-von Thünen*, S. 336 zu und in Fn. 500.

[452] *Krieger*, S. 227.

[453] *Krieger*, S. 227; Hervorhebung von *Krieger*.

[454] In diesem Sinne auch *Brugger*, VerwArch. 78 (1987), S. 1 (26 f.).

E. Bundesstaatsprinzip und Kompetenzordnung

I. Ausformung im Grundgesetz

Das Bundesstaatsprinzip wird im Wesentlichen durch die Kompetenzverteilung aktualisiert[455]. Über Kompetenzen darf der verfassungsrechtlich ausgewiesene Kompetenzträger nicht verfügen, soweit dies das Grundgesetz nicht ausnahmsweise (wie beispielsweise in Art. 71 GG) zulässt[456]. Aus dem Bundesstaatsprinzip folgt, dass der Bund die Vielfalt der Länder und die Länder die durch den Bund vermittelte Einheit zu achten haben. Dabei sind der Bund und die Länder zur Kooperation verpflichtet.

1. Vielfalt

Die Vielfalt manifestiert sich in der Verfassungsautonomie der Länder[457]. Die Wahrung der Eigenstaatlichkeit der Länder verbietet, aus der Bundestreue eine generelle Pflicht der Länder zur Anpassung ihrer Gesetzgebung an entsprechende Regelungen des Bundes herzuleiten[458]. Dabei gewährleistet die Dezentralisation größere Sachnähe, eröffnet Spielräume für Flexibilität und regt die kleineren Einheiten zum Wettbewerb und zur Erprobung von Alternativen an[459]. Insoweit besteht ein Prinzip eines kompetitiven Föderalismus (Konkurrenzföderalismus, Wettbewerbsföderalismus)[460].

2. Einheit

Allerdings ist die Gestaltungsfreiheit der Länder durch das Homogenitätsgebot des Art. 28 Abs. 1 GG begrenzt[461]. Art. 31 GG ordnet überdies für den Fall einer

---

[455] *Starck*, in: ders./Stern, S. 285 (308).

[456] Die Unverzichtbarkeit der Kompetenznormen wird allgemein anerkannt, z. B.: BVerfGE 1, S. 14 (18, Ls. 30); 4, S. 115 (139); 55, S. 274 (301); 63, S. 1 (39); *Bothe*, in: AK-GG, Art. 30 Rn. 21; *D. Ehlers*, DVBl. 1977, S. 693 (694); *Gubelt*, in: v. Münch/Kunig, GG, Art. 30 Rn. 21 m. w. N.; *Hendler*, ZG 1987, S. 210 (224); *Karpen*, S. 194; *Pernice*, in: Dreier, GG, Art. 30 Rn. 20 m. w. N.; *Starck*, in: ders./Stern, S. 285 (308); *Stettner*, in: Dreier, GG, Art. 70 Rn. 33.

[457] *Sommermann*, in: v. Mangoldt/Friedrich Klein/Starck, GG, Art. 20 Rn. 29.

[458] *Sommermann*, in: v. Mangoldt/Friedrich Klein/Starck, GG, Art. 20 Rn. 42 unter Hinweis auf BVerfGE 26, S. 116 (137).

[459] *H. Bauer*, in: Dreier, GG, Art. 20 (Bundesstaat) Rn. 19.

[460] *Sommermann*, in: v. Mangoldt/Friedrich Klein/Starck, GG, Art. 20 Rn. 55; vgl. auch *Hesse*, Rn. 233.

Kollision von Bundesrecht mit Landesrecht den Vorrang des Bundesrechts an, ohne dass es im Übrigen auf den Rang der Normenhierarchie ankäme. Dies sichert die Einheit des Bundesstaates.

3. Kooperation

Dabei sind Bund und Ländern zur gegenseitigen Abstimmung und Koordination verpflichtet. Man spricht insoweit vom Grundsatz der Bundestreue oder – synonym – vom Grundsatz bundesfreundlichen Verhaltens[462]. Der Grundsatz bundesfreundlichen Verhaltens ist in der bundesstaatlichen Ordnung des Grundgesetzes eine „immanente Verfassungsnorm", die sich daraus ergibt, dass diese Ordnung auf gegenseitige Ergänzung und Zusammenwirken von Bund und Ländern angelegt ist[463]. Die Bundestreue verpflichtet Bund und Länder, einander die Treue zu halten und sich zu verständigen[464]. Dabei haben die Bedingungen moderner Bundesstaatlichkeit zu einer weitgehenden *sachlichen Unitarisierung* des durch das Grundgesetz konstituierten Bundesstaates geführt[465]. Der unitarische Bundesstaat wird durch die enge Zusammenarbeit der Länder, insbesondere im Rahmen von Fachministerkonferenzen, noch verstärkt. Selbst in den Bereichen der ausschließlichen Gesetzgebungskompetenz der Länder findet eine weitgehende Harmonisierung und Koordinierung der Rechtssetzung und Aufgabenwahrnehmung durch Staatsverträge, Verwaltungsabkommen und politische Absprachen statt[466].

Aus dem Grundsatz vom bundesfreundlichen Verhalten hat das Bundesverfassungsgericht[467] Beschränkungen für Bund und Länder in der Ausübung der ihnen im Grundgesetz eingeräumten Kompetenzen abgeleitet. Bund und Länder sind demnach in ihrer Kompetenzausübung nicht völlig frei und unabhängig, sondern gehalten, dem Wesen des im Bundesstaat angelegten „Bündnisses" entsprechend zusammenzuwirken[468]. Es ist anerkannt, dass auch die Rechtssetzung innerhalb der zugewiesenen Kompetenzen das wohlverstandene Gesamtinteresse des Bundesstaats und die Belange der übrigen Länder zu berücksichtigen hat[469]. Zu diesen

---

[461] *Sommermann*, in: v. Mangoldt/Friedrich Klein/Starck, GG, Art. 20 Rn. 29; ähnlich *Hesse*, Rn. 267.

[462] *Sommermann*, in: v. Mangoldt/Friedrich Klein/Starck, GG, Art. 20 Rn. 37.

[463] *Hesse*, Rn. 270.

[464] *H. Bauer*, in: Dreier, GG, Art. 20 (Bundesstaat) Rn. 39.

[465] *Hesse*, Rn. 221; Hervorhebung von *Hesse*.

[466] *H. Bauer*, in: Dreier, GG, Art. 20 (Bundesstaat) Rn. 24; *Sommermann*, in: v. Mangoldt/Friedrich Klein/Starck, GG, Art. 20 Rn. 31.

[467] BVerfGE 12, S. 205 (255).

[468] *Veh*, BayVBl. 1987, S. 225 (230), unter Hinweis auf BVerfGE 1, S. 299 (315); 8, S. 122 (138); 41, S. 291 (308 f.).

[469] *Veh*, BayVBl. 1987, S. 225 (230), unter Hinweis auf BVerfGE 4, S. 115 (140 f.).

Belangen rechnet das Bundesverfassungsgericht[470], dass eine unerwünschte Aufsplitterung der Einheit der Rechtsordnung vermieden wird.

Inhalt und Anwendungsbereich des Grundsatzes bundesfreundlichen Verhaltens können dabei durch das Rechtsstaatsprinzip verdeutlicht und erweitert werden[471]. Dementsprechend fordert das Bundesverfassungsgericht[472] von den rechtssetzenden Organen des Bundes und der Länder, „Regelungen jeweils so aufeinander abzustimmen, daß den Normadressaten nicht gegenläufige Regelungen erreichen, die die Rechtsordnung widersprüchlich machen."

II. Überprüfung von autonomen Verweisungen

Wenn autonome Verweisungen im bereits dargelegten Sinne hinreichend publiziert, bestimmt und klar sind, bestehen nach ganz herrschender Ansicht[473] keine verfassungsrechtlichen Bedenken. Weder das Bundesstaatsprinzip noch die Kompetenzordnung des Grundgesetzes werden durch autonome Verweisungen beeinträchtigt, weil nur der jeweilige Normgeber Einfluss auf den Inhalt seiner Normen hat.

III. Überprüfung von heteronomen Verweisungen

Ähnlich bestehen nach ganz herrschender Meinung[474] keine verfassungsrechtlichen Bedenken gegen statisch-heteronome Verweisungen. Vereinzelt[475] wird betont, dass gegen statische Verweisungen keine Bedenken aus dem Bundesstaatsprinzip oder der Kompetenzordnung hergeleitet werden können. Dagegen waren

---

[470] BVerfGE 32, S. 199 (218 ff.), zust. *Veh*, BayVBl. 1987, S. 225 (230).

[471] *H. Bauer*, in: Dreier, GG, Art. 20 (Bundesstaat) Rn. 45.

[472] BVerfGE 98, 106 (118 f.) – Verpackungssteuer.

[473] In diesem Sinne (zumeist explizit nur für dynamisch-autonome Verweisungen): BVerfGE 26, S. 338 (366); BSGE 34, S. 115 (117 f.); 74, S. 296 (301); BVerwG, NVwZ-RR 1989, S. 377 (378) = Buchholz 415.1 Nr. 84; VGH BW, ESVGH 38, S. 184 (188); VGH HE, NVwZ-RR 1991, S. 102 (103); *Clemens*, AöR 111 (1986), S. 63 (124); *Falk*, S. 116; *Hertwig*, RdA 1985, S. 282 (284); *Hofmann*, in: Schmidt-Bleibtreu / Hofmann / Hopfauf, GG, Art. 20 Rn. 88; *Karpen*, S. 136, zust. *Schack*, DVBl. 1971, S. 867 (867 f.); *Karpen*, in: Rödig, S. 221 (240); *Mathiak*, in: P. Kirchhof / Söhn / Mellinghoff, EStG, § 5 Rn. A 180; *Pabst*, NVwZ 2005, S. 1034; *Schenke*, NJW 1980, S. 743 (744); *Siegel*, S. 228; *Staats*, in: Rödig, S. 244 (253); *Weber-Lejeune*, S. 69; *Lorenz*, VersR 1995, S. 514 (515), für die Verweisung von Bundesgesetz auf Bundesgesetz.
Häufig wird nur die verfassungsrechtliche Bedenklichkeit der dynamisch-heteronomen Verweisung betont und dabei implizit von der Zulässigkeit der dynamisch-autonomen Verweisung ausgegangen.

[474] Zumeist wird dabei nicht zwischen statisch-autonomen und statisch-heteronomen Verweisungen unterschieden. Wenn die statische Verweisung hinreichend publiziert, bestimmt und klar ist, wird diese als verfassungsrechtlich unbedenklich bewertet von: BVerfG,

keine Stellungnahmen ersichtlich, wonach eine statische Verweisung gegen das Bundesstaatsprinzip verstoßen würde.

Dagegen verstoßen nach weit verbreiteter Meinung in der Literatur[476] dynamische Verweisungen zwischen Normen des Bundes und der Länder gegen das Bundesstaatsprinzip. Demgegenüber nur selten[477] wird die dynamische Verweisung im Bund-Länder-Verhältnis explizit für zulässig erklärt. Viele Rechtsanwender[478],

---

EuGRZ 2007, S. 231 (232); BVerfGE 22, S. 330 (346 f.); 47, S. 285 (317); BFHE 207, S. 88 (95); BFH, Beschl. v. 16. 6. 2005 – VII R 10/03 – Rn. 22, zitiert nach juris; VG Hamburg, NJW 1979, S. 667 (668); VG Hannover, NdsVBl. 2002, S. 51 (52); *Arndt*, JuS 1979, S. 784; *Battis / Gusy*, Technische Normen, Rn. 408; *Blum / Ebeling*, in: Bepler, S. 85 (88); *Börgmann*, S. 77; *Börner*, in: ders., S. 231 (242); *Brugger*, VerwArch. 78 (1987), S. 1 (21); *Bullinger*, Unterermächtigung, S. 20; *Clemens*, AöR 111 (1986), S. 63 (80 f.; 100 f.); *Ehricke / Blask*, JZ 2003, S. 722 (725); *Erhard*, S. 6; *Francke*, SGb 2000, S. 159 (163); *Gamber*, VBlBW 1983, S. 197; *Hommelhoff*, in: FS Odersky, S. 779 (796); *Jarass*, NJW 1987, S. 1225 (1231); *Karpen*, S. 231 (Ls. II 2); ders., in: Rödig, S. 221 (239); *Klindt*, DVBl. 1998, S. 373 (375); *Koch*, S. 12 f.; *Hömig*, in: HdUR, Sp. 2684 (2685); ders., DVBl. 1979, S. 307 (311); *Krey*, in: EWR 2/1981, S. 109 (139); *Lambbrecht*, DÖV 1981, S. 700 (702); *Lensing*, EHP 31. Jg. (2002) Heft 11, S. 24 (25); *Lukes*, BG 1973, S. 429 (437 f.); *Marburger*, Habil., S. 387; ders., Schadensvorsorge, S. 223; ders., in: Müller-Graf, S. 27 (3); ders., in: FS Feldhaus, S. 387 (398); ders./M. *Klein*, JbUTR 2001, S. 161 (164); *März*, in: v. Mangoldt / Friedrich Klein / Starck, GG, Art. 30 Rn. 28; *Moritz*, S. 9; *Ossenbühl*, DVBl. 1967, S. 401 (402); *Sachs*, NJW 1981, S. 1651; *M. Schäfer*, S. 46, 176; *K. W. Schäfer*, S. 109 f.; *Schenke*, NJW 1980, S. 743 (744); ders., in: FS Fröhler, S. 87 (95); *Schmidt-Preuß*, in: Säcker, S. 45 (51) = ZNER 2002, S. 262 (264); *Schnapp*, in: FS Krasney, S. 437 (444); *Schröder*, in: FS Feldhaus, S. 299 (308 in Fn. 56); *Sobczak*, S. 44; *Söhn*, S. 227; *Starck*, in: ders./Stern, S. 285 (306); *Taupitz*, S. 736 f.; *Tettinger*, Wirtschaftsverwaltungsrecht, S. 405; *Tünnesen-Harmes*, in: Jarass, Wirtschaftsverwaltungsrecht, § 7 Rn. 14; *Veh*, BayVBl. 1987, S. 225; *F. K. Weber*, S. 87; *Weber-Lejeune*, S. 69; *Wilke*, DIN-Normungskunde 17, S. 11 (13).

Für Verweisungen in Tarifnormen bspw. auch *Däubler*, Rn. 120.

Für Österreich auch: *Koja*, ÖJZ 1979, S. 29 (29–32, 35), m. w. N.; *Strasser*, in: FS Floretta, S. 627 (637).

[475] Die statische Verweisung ist unter bundesstaatlichen Gesichtspunkten nicht zu beanstanden, nach: *Karpen*, S. 198; *März*, in: v. Mangoldt / Friedrich Klein / Starck, GG, Art. 20 Rn. 28; *Rozek*, in: v. Mangoldt / Friedrich Klein / Starck, GG, Art. 70 Rn. 16.

[476] In diesem Sinne: *Baden*, NJW 1979, S. 623; *Hill*, S. 115; *Karpen*, S. 192 ff.; *Ossenbühl*, DVBl. 1967, S. 401 (405); *Staats*, in: Rödig, S. 244 (251 f.); *Strecker*, DIN-Normungskunde 14, S. 43 (53). *Weber-Lejeune*, S. 69, bewertet dies „in der Regel" als einen Verstoß gegen das Bundesstaatsprinzip.

In diesem Sinne für die Verweisung des Landes- auf das Bundesverwaltungsverfahrensgesetz auch: *D. Ehlers*, DVBl. 1977, S. 693 (694), der seine Ausführungen aber in: Erichsen/D. Ehlers, § 5 Rn. 12, abschwächt; *Engelhardt*, S. 35 ff.; *Lohse*, JuS 1977, S. 276 (277); *Riedl*, in: Obermayer, VwVfG, Einleitung, Rn. 61; *Rodewoldt*, S. 29 f.

[477] So: *Göbel*, in: Schäffer / Triffterer, S. 64 (70 f.); *Schneider*, Rn. 398. Ähnlich auch *Schweiger*, in: Nawiasky, Verf. BY, Stand 7. Erg.-Lfg. Mai 1992, Art. 55 V Rn. 6b unter Hinweis auf BayVerfGHE 42, S. 1, Ls. 3/9.

[478] Vgl. zu einer Verweisung im G. über den Verfassungsgerichtshof des Freistaats SN v. 18. 2. 1993 (GVBl. S. 243) *Eckhardt*, SächsVBl. 1994, S. 275 (276).

die eine heteronome Verweisung als dynamisch einordnen, problematisieren die
verfassungsrechtliche Zulässigkeit nicht. Nach Ansicht des Bayerischen Verwal-
tungsgerichtshofes[479] ist eine dynamische Verweisung nur zulässig, wenn sie
„dem Zweck der verweisenden Norm nicht zuwiderläuft und die Grenzen der
Gesetzgebungskompetenz nicht verunklart".

1. Verweisungen im Bundesrecht auf Landesrecht

a) Unzulässigkeit der dynamisch-heteronomen Verweisung

Nach einer extremen Ansicht[480] kommt jede dynamische Verweisung im Bund-
Länder-Verhältnis einer bundesstaatswidrigen Entlassung einer Teilkompetenz des
verweisenden Gesetzgebers zugunsten des Bundes oder eines (anderen) Landes
gleich. Zwar verzichte der Verweisungsnormgeber nicht auf Gesetzgebungszuständigkeiten, räume dem Verweisungsobjektgeber aber insofern eine mittelbare
gesetzgeberische Bestimmungskompetenz ein, als noch gar nicht vorhersehba-
re künftige Änderungen automatisch übernommen würden[481]. Dabei bewirkten
Verweisungen von Bundes- auf Landesrecht eine unzulässige Kräftigung der
Gliedstaaten[482]. Solche Systemverschiebungen am Grundgesetz vorbei seien unzulässig[483].

Ohne Bedenken die dynamische Verweisung in den Landesverwaltungsverfahrensgesetzen auf das des Bundes anwendend: BVerwG, NVwZ 1984, S. 578 (Regelung in Berlin); *P. Stelkens / Sachs*, in: Stelkens / Bonk / Sachs, VwVfG, Einleitung Rn. 61; *Sachs*, in:
Brandt / Sachs, A I Rn. 23.

Ohne Bedenken die dynamische Verweisung in den Kommunalabgabengesetzen auf die
Abgabenordnung anwendend: *Bauernfeind / Zimmermann*, KAG NW, § 12 Rn. 1; *Ermel*,
§ 4 Tz. 6; *Eschenbach*, ZKF 1992, S. 10; *ders.*, ZKF 1993, S. 9 ff.; *Gern*, Kommunales
Abgabenrecht II, 6.4.1. (S. 26); *Ritthaler*, KAG TH, § 15 Tz. 1; *Rösch*, KAG HE, § 4 Rn. 1;
nach *Dahmen / Driehaus / Küffmann / Wiese*, KAG NW, § 12 Rn. 2, bedeutet die dynamische
Verweisung für die Praxis weiterhin, dass eine Änderung der entsprechenden Vorschriften
sorgfältig beobachtet werden muss.

[479] BayVGH, BRS 58, Nr. 72, S. 211 (213).

[480] *D. Ehlers*, DVBl. 1977, S. 693 (694); *Karpen*, S. 198; *ders.*, in: Rödig, S. 221 (239).
Im Ergebnis ebenso *Staats*, in: Rödig, S. 244 (251), der mangels einer Ausnahmevorschrift
im Grundgesetz in jeder dynamischen Verweisung von Bundes- auf Landesrecht einen
Verstoß gegen das Bundesstaatsprinzip sieht. Ähnlich *März*, in: v. Mangoldt / Friedrich
Klein / Starck, GG, Art. 30 Rn. 29, der aber Ausnahmen für die Verweisung von Bundes-
auf Landesrecht zulässt, soweit der Bundesgesetzgeber (u. U. stillschweigend) von den
Ermächtigungen der Art. 71 und 72 Abs. 1 GG Gebrauch macht.

[481] *D. Ehlers*, DVBl. 1977, S. 693 (694).

[482] *Karpen*, in: Rödig, S. 221 (239).

[483] *D. Ehlers*, DVBl. 1977, S. 693 (694).

b) Überprüfung an den Art. 70 ff. GG

Maßstab für dynamische Verweisungen im Bund-Länder-Verhältnis ist nach einer anderen Ansicht[484] nicht das Bundesstaatsprinzip als solches, sondern sind dessen konkrete Ausgestaltungen, die sich in den die Gesetzgebungszuständigkeiten regelnden Vorschriften des Grundgesetzes niedergeschlagen haben. Eine Verweisung im Bund-Länder-Verhältnis ist nach dieser Ansicht nur insoweit unzulässig, als dem Verweisungsobjektgeber durch die dynamische Verweisung de facto eine Rechtsmacht eingeräumt wird, die ihm sonst verfassungsrechtlich verschlossen ist[485]. Unzulässig sei daher jede dynamische Verweisung von Bundes- auf Landesrecht, wenn hierdurch das Landesrecht über den Bereich des einzelnen Landes hinaus gelten solle. Eine solche Verweisung erweitere de facto das Gesetzgebungsrecht des einzelnen Landes über dessen Hoheitsbereich hinaus auf andere Länder und würde sich damit als ein eklatanter Verstoß gegen das Bundesstaatsprinzip darstellen[486].

Bis zur Föderalismusreform zum 1. September 2006 wurden nach dieser Ansicht Verweisungen von Bundesrecht auf Landesrecht im Bereich der konkurrierenden Gesetzgebung unter dem bundesstaatlichen Aspekt als unbedenklich bewertet, weil bereits durch die Verfassung die Gesetzgebungskompetenz der Länder begründet wurde[487]. Daher hätte hier bereits begrifflich die dynamische Verweisung nicht zu einer Verlagerung von Gesetzgebungskompetenzen führen können[488]. Durch die Verweisung sei auch ausreichend zum Ausdruck gekommen, dass der Bund keine abschließende Regelung getroffen hätte[489]. Unter bundesstaatlichen Aspekten hätte es auch keinen Unterschied gemacht, ob das Landesparlament

---

[484] In diesem Sinne: *Ehricke / Blask*, JZ 2003, S. 722 (726); *Gamber*, VBlBW 1983, S. 197; *Lickteig*, S. 28 f.; *Schenke*, in: FS Fröhler, S. 87 (113).

[485] *Schenke*, NJW 1980, S. 743 (747). Ähnlich *Gamber*, VBlBW 1983, S. 197.

[486] *Schenke*, in: FS Fröhler, S. 87 (116).
Diese Konstellation wird hier nicht weiter erörtert, weil diese Verweisung unter bundesstaatlichen Gesichtspunkten der Verweisung von Landesrecht auf das Recht eines anderen Bundeslandes vergleichbar ist. Siehe zur letzteren Varianten unten im 2. Teil: E.II.3. Verweisungen auf Recht eines anderen Bundeslandes (S. 187 f.).

[487] *Schenke*, in: FS Fröhler, S. 87 (116). Insgesamt ähnlich: *F. Becker*, S. 547 in Fn. 31; *Gamber*, VBlBW 1983, S. 197; *Hertwig*, RdA 1985, S. 282 (284); *März*, in: v. Mangoldt / Friedrich Klein / Starck, GG, Art. 30 Rn. 29; *Weber-Lejeune*, S. 69.

[488] *Hertwig*, RdA 1985, S. 282 (284).

[489] *Schenke*, NJW 1980, S. 743 (748); in diesem Sinne wohl auch: *März*, in: v. Mangoldt / Friedrich Klein / Starck, GG, Art. 30 Rn. 29; *Rambow*, DVBl. 1968, S. 445 (447).
A. A. BVerfGE 47, S. 285 (313 ff.), wo die Frage einer abschließenden Regelung getrennt geprüft und im konkreten Fall eine abschließende Regelung auch bei angenommener dynamischer Verweisung verneint wird. Dagegen: *Schenke*, in: FS Fröhler, S. 87 (116, Fn. 87); *Hertwig*, RdA 1985, S. 282 (284, Fn. 23).

ein Gesetz erlassen hätte oder ob die Regelung aufgrund einer bundesrechtlichen Verweisung auf Landesrecht eingetreten sei[490].

Zur Bewertung der Verweisung nach der Neuregelung der konkurrierenden Gesetzgebung durch die Föderalismusreform waren bislang keine Stellungnahmen ersichtlich. Für die Gebiete der konkurrierenden Gesetzgebung, welche der Erforderlichkeitsklausel des Art. 72 Abs. 2 GG unterfallen (sog. Bedarfskompetenz[491]), dürfte keine abweichende Bewertung zu erwarten sein, weil diese Regelung im Wesentlichen der Regelung in Art. 72 GG 1994 entspricht.

Für die Bereiche des Art. 72 Abs. 3 GG, in denen die Länder durch Gesetz vom Bundesrecht abweichende Regelungen treffen können (sog. Abweichungsgesetzgebung[492] oder Abweichungskompetenz[493]), müsste bei konsequenter Anwendung dieser Ansicht die Verweisung von Bundesrecht auf Landesrecht uneingeschränkt zulässig sein, weil die Länder das Bundesrecht sogar selbst aufheben könnten.

Auch für den Bereich des Art. 72 GG, der weder der Erforderlichkeitsklausel des Abs. 2 noch der Abweichungsgesetzgebung unterfällt, dürfte im Ergebnis nach dieser Ansicht nichts anderes gelten. Bei diesem, vereinzelt als Kernkompetenz bezeichneten[494] Bereich wäre danach wohl ebenfalls die Verweisung uneingeschränkt zulässig, weil bereits nach dem Grundgesetz die Kompetenz der Länder begründet ist, solange und soweit der Bund von seiner Gesetzgebungskompetenz Gebrauch gemacht hat. Durch die Verweisung käme auch ausreichend zum Ausdruck, dass der Bund keine abschließende Regelung trifft[495].

c) Rechtsprechung

Unter der Geltung der alten Fassung des Art. 72 GG 1949[496] wurden in der Rechtsprechung bei der verfassungsrechtlichen Bewertung der dynamisch-hete-

---

[490] *Schenke*, NJW 1980, S. 743 (748).

[491] *Ipsen*, Staatsrecht I, Rn. 569 ff.; *ders.*, NJW 2006, S. 2801 (2803).

[492] Bezeichnung nach: *Ipsen*, NJW 2006, S. 2801 (2803); *A. Thiele*, JA 2006, S. 714 (716).

[493] Bezeichnung nach: *Degenhart*, Rn. 148a, 179 f.; *Grandjot*, UPR 2006, S. 97; *Ipsen*, Staatsrecht I, Rn. 579 ff; *ders.* NJW 2006, S. 2801 (2803); *Kesper*, NdsVBl. 2006, S. 145 (151); *Nierhaus/Rademacher*, LKV 2006, S. 385 (389).

[494] So bei *Ipsen*, Staatsrecht I, Rn. 557 ff.; *ders.*, NJW 2006, S. 2801 (2803).

[495] In diesem Sinne vor der Föderalismusreform die Nachweise oben in Fn. 489 auf S. 173.

[496] „(1) Im Bereiche der konkurrierenden Gesetzgebung haben die Länder die Befugnis zur Gesetzgebung, solange und soweit der Bund von seinem Gesetzgebungsrechte keinen Gebrauch macht.

(2) Der Bund hat in diesem Bereiche das Gesetzgebungsrecht, soweit ein Bedürfnis nach bundesgesetzlicher Regelung besteht, weil

ronomen Verweisung die Kompetenznormen oder das Bundesstaatsprinzip nur relativ selten[497] angeführt. Eine dynamische Verweisung[498] im Grundgesetz auf Landesrecht wurde vom Bundesverfassungsgericht[499] als Ausdruck des Respekts der Bundesverfassung gegenüber der Verfassungsordnung der Länder bezeichnet.

Nach einem obiter dictum in einer frühen Entscheidung des Bundesverfassungsgerichts[500] widerspräche Bundesrecht, das in allen Ländern der Bundesrepublik regional verschieden wäre, dem Grundgesetz. Mit dieser Tendenz lehnte auch der Gemeinsame Senat der Obersten Gerichtshöfe des Bundes[501] die Annahme einer Verweisung im Bundesgesetz auf Landesrecht ab, weil die Gefahr landesrechtlicher Auflösung des bundesrechtlichen Begriffes bestehe.

Die ablehnende Aussage hat das Bundesverfassungsgericht jedoch in mehreren Entscheidungen[502] stillschweigend zurückgenommen, indem es „regional differenziertes Bundesrecht" angenommen hat[503]. So hat das Bundesverfassungsgericht[504] zur bundesrechtlichen Sanktionierung von Landesrecht ausgeführt, dass „dem Bund aus Art. 74 Nr. 1 GG die Kompetenz zusteht, Zuwiderhandlungen gegen Landesrecht, die er als strafwürdig ansieht, mit Strafe oder Bußgeld zu bedrohen.

---

1. eine Angelegenheit durch die Gesetzgebung einzelner Länder nicht wirksam geregelt werden kann oder

2. die Regelung einer Angelegenheit durch ein Landesgesetz die Interessen anderer Länder oder der Gesamtheit beeinträchtigen könnte oder

3. die Wahrung der Rechts- oder Wirtschaftseinheit, insbesondere die Wahrung der Einheitlichkeit der Lebensverhältnisse über das Gebiet eines Landes hinaus sie erfordert."

[497] Vgl. beispielsweise die Rechtsprechung des VGH Mannheim. So hat das Gericht (BRS 57 Nr. 84 = UPR 1996, S. 38 = BauR 1996, S. 222) eine dynamische Verweisung in der Baunutzungsverordnung auf Landesrecht angewendet, ohne diese für verfassungsrechtlich unzulässig zu erklären, und dasselbe Gericht (DVBl. 2000, S. 201) hat eine andere Verweisung in der Baunutzungsverordnung als statisch ausgelegt, ohne verfassungsrechtliche Bedenken gegen eine dynamische Verweisung zu äußern.

[498] Nach BVerfGE 11, S. 77 (86), verweist das Grundgesetz mit dem Begriff „Landesregierung" in Art. 80 Abs. 1 Satz 1 sowie den Begriffen „Ländern", „obersten Landesbehörden" und nach „Landesrecht zuständigen Stellen" in anderen Vorschriften auf das Landesverfassungsrecht.

[499] BVerfGE 11, S. 77 (85).

[500] BVerfGE 18, S. 407 (416).

[501] GmSOGB, MDR 1993, S. 344 (346).

[502] BVerfGE 47, S. 285 (310); 45, S. 297 (321 ff.); 26, S. 246 (257 f.); 26, S. 338 (365 ff.).

[503] So auch die Einschätzung von *Clemens*, AöR 111 (1986), S. 63 (122).

[504] BVerfGE 26, S. 246 (257 f.). Ähnlich auch BVerfGE 33, S. 206 (219); 23, S. 113 (125).

Bereits unter Geltung der Verfassung des Deutschen Reichs v. 16. 4. 1871 war umstritten, ob Reichsrecht auf Landesrecht strafbewehrend verweisen darf. Dagegen z. B. *O. Neumann*, S. 148 ff. m. w. N., der die Beseitigung aller Blankettstrafgesetze, soweit sie auf andere als reichsrechtliche Normen verweisen, fordert, da ein partikuläres Gebot oder Verbot nicht das Fundament einer gemeinsamen Gesetzgebung bilden könne.

Dies kann in der Weise geschehen, daß der Bundesgesetzgeber entweder schon bestehende landesrechtliche Vorschriften mit Sanktionen bewehrt oder in Form eines Blankettstrafgesetzes die Zuwiderhandlung gegen eine vom Landesgesetzgeber jeweils zu erlassende Regelung mit Strafe bedroht"[505].

Auch eine weitere dynamische Verweisung im Bundesrecht auf Landesrecht beanstandete das Bundesverfassungsgericht[506] nicht. Die Norm verweise nämlich auf ein scharf umrissenes Rechtsinstitut, das vom jeweils zuständigen Bundes- oder Landesgesetzgeber im Wesentlichen gleich ausgestaltet worden sei, dessen Regelungen sich nur in minder wichtigen Einzelheiten unterscheiden könnten[507]. Der Inhalt, auf den der Bundesgesetzgeber verwiesen habe, stehe also im Wesentlichen fest. Deshalb sei dies kein Verzicht auf Befugnisse. Der Bundesgesetzgeber habe die wesentlichen Entscheidungen selbst getroffen und sie nicht „außenstehenden" Stellen überlassen[508].

In Entscheidungen zur dynamischen Verweisung des bundesrechtlichen Notargebührenrechts auf Landesrecht bejahte das Bundesverfassungsgericht[509] erneut die grundsätzliche Zulässigkeit der Verweisung. Danach weist es auf die Ansicht im Schrifttum hin, wonach eine dynamisch-heteronome Verweisung zur versteckten Verlagerung von Gesetzgebungsbefugnissen führe und daher unter bundesstaatlichen und anderen Geschichtspunkten als bedenklich beurteilt werde[510]. Ausdrücklich stellte das Gericht jedoch fest, dass es keine abschließende Prüfung dieser Bedenken vornehme, sondern dass nur angesichts der Besonderheiten des konkreten Falles eine dynamische Verweisung verfassungswidrig sei[511]. Läge eine dynamische Verweisung vor, würde die Verweisungsnorm durch den Verwei-

---

[505] BVerfGE 26, S. 246 (257 f.). Ähnlich auch BVerfGE 33, S. 206 (219); 23, S. 113 (125).

[506] BVerfGE 26, S. 338 (366).

In BVerfGE 35, S. 23 (31–33) und BVerfGE 45, S. 297 (321) hat das Gericht die verfassungsgerichtlichen Grenzen der dynamischen Verweisung von Bundes- auf Landesrecht nicht direkt angesprochen. Nur am Rande stellt BVerfGE 35, S. 23 (33), fest, dass Regelungen des Verweisungsobjektes solange unproblematisch seien, als „der herkömmliche Kern" unangetastet bliebe.

[507] BVerfGE 26, S. 338 (366 f.).

[508] BVerfGE 26, S. 338 (367).

[509] BVerfGE 47, S. 285 (311 f.), unter Hinweis auf: BVerfGE 5, S. 25 (31) (statische Verweisung); BVerfGE 22, S. 330 (346) (statische Verweisung); BVerfGE 26, S. 338 (365 f.) (dynamische Verweisung).

Dies hat BVerfGE 48, S. 240, in einem weiteren Beschluss zur selben Verweisung bestätigt. An diese Entscheidung knüpft auch BVerfGE 67, S. 348 (363 ff.), an und bestätigt diese Argumentation.

[510] BVerfGE 47, S. 285 (312).

[511] BVerfGE 47, S. 285 (312 f.). Dabei lässt das Gericht an vielen Stellen (vgl. S. 312, 315 ff.) ausdrücklich offen, ob die einzelnen Gründe allein ausreichen würden, diese Entscheidung zu tragen.

sungsobjektgeber automatisch und ohne Mitwirkung des Verweisungsnormgebers geändert[512]. Dies erscheine unter dem Gesichtspunkt der bundesstaatlichen Kompetenzordnung bedenklich, weil dem Landesgesetzgeber im konkreten Fall die Kompetenz zur Regelung des Bereiches der Verweisungsnorm fehle[513]. Dies folge daraus, dass im Bereich der konkurrierenden Gesetzgebung gemäß Art. 72 Abs. 1 GG 1949 die Länder die Befugnis zur Gesetzgebung nur haben, solange und soweit der Bund von seinem Gesetzgebungsrecht keinen Gebrauch macht. Aus der umfassenden Regelung des Notargebührenrechtes sowie einem in einer anderen Vorschrift enthaltenen ausdrücklichen Vorbehalt folge, dass der Bundesgesetzgeber eine abschließende Regelung habe treffen wollen. Wenn aber die Länder zum Erlass eigener Gebührenvorschriften für Notare nicht zuständig seien, dann werde die Verweisung erst recht nicht in dem Sinne auszulegen sein, dass sie sogar zur Änderung der bundesrechtlichen Regelung legitimiert sein sollten[514].

Im Wyhl-Urteil ließ das Bundesverwaltungsgericht[515] offen, ob die bundesrechtliche Anknüpfung an ein landesrechtliches Genehmigungsverfahren überhaupt eine Anwendungsvoraussetzung für das Bauplanungsrecht sei. Selbst wenn das der Fall sein sollte, dürfte eine derartige Verknüpfung von Bundes- und Landesrecht nicht so verstanden werden, als ob die Länder gleichsam beliebig die Anwendung der bauplanungsrechtlichen Vorschriften durch bauaufsichtliche Genehmigungsfreistellungen ausschalten könnten[516]. Könnten die Länder die aufgrund der Befugnis des Bundes zur konkurrierenden Gesetzgebung erlassenen bauplanungsrechtlichen Normen ohne jede Beschränkung für bestimmte Arten von baulichen Vorhaben außer Anwendung setzen, so wäre in Bezug auf die in diesen Normen geregelten Materien die Voraussetzungen für die Inanspruchnahme der konkurrierenden Gesetzgebung gemäß Art. 72 Abs. 2 GG 1949, nämlich das Bedürfnis nach bundesgesetzlicher Regelung, schwerlich gegeben[517]. Daher sei schon aus kompetenzrechtlichen Gründen mit der Anknüpfung an ein landesrechtlich vorgesehenes bauaufsichtliches Genehmigungsverfahren eine nur begrenzte Dispositionsbefugnis der Länder verbunden – begrenzt insofern, als dem Bundesgesetzgeber bei Erlass des Bundesbaugesetzes bekannt gewesen sei, dass die Länder auf ein Baugenehmigungsverfahren für bestimmte untergeordnete Vorhaben verzichteten[518]. Der Landesgesetzgeber könne nicht „frei" darüber befinden, ob er für bestimmte bauliche Anlagen ein präventiv-bauaufsichtliches

---

[512] BVerfGE 47, S. 285 (313).

[513] BVerfGE 47, S. 285 (313 f.).

[514] BVerfGE 47, S. 285 (315).

[515] BVerwGE 72, S. 300 (323), unter Hinweis auf BVerwGE 20, S. 12 (13), wo dies bejaht worden war.

[516] BVerwGE 72, S. 300 (323 f.).

[517] BVerwGE 72, S. 300 (324).

[518] BVerwGE 72, S. 300 (324), unter Hinweis auf die Musterbauordnung.

Genehmigungsverfahren vorsehen und diese damit den bauplanungsrechtlichen Normen entziehen oder unterwerfen wolle[519]; er müsse vielmehr bei Genehmigungsfreistellungen stets die bundesrechtlichen Konsequenzen im Hinblick auf die bauplanungsrechtlichen Vorschriften mitbedenken[520].

Später beschäftigte sich das Bundesverwaltungsgericht[521] mit der Frage, inwieweit der Bundesgesetzgeber zur Ermittlung einer Fehlbelegungsabgabe auf Landesrecht verweisen darf. Dabei sei eine dynamische Verweisung bei einer „versteckten Verlagerung der Gesetzgebungsbefugnisse" verfassungsrechtlich unzulässig[522]. Der Bundesgesetzgeber knüpfe hier aber – mit dem Ziel der Gleichbehandlung – an die Landesregelung an und verwerte dabei – auch im Interesse der Minderung des Verwaltungsaufwandes – Sachverhaltsermittlungen, die sachgerecht nur in Kenntnis der örtlichen Verhältnisse vorgenommen werden könnten[523].

Eine spezielle Kompetenzgrenze für Verweisungen in bundesrechtlichen Normen auf Landesrecht hat die Rechtsprechung in der Neufassung des Art. 72 GG 1994[524] gesehen. Dies hat das Bundesverfassungsgericht[525] bei einer bundesrechtlichen Strafvorschrift erörtert. Eine Verweisung des bundesrechtlichen Strafrechts auf landesrechtliche Verbote ist zwar denkbar. Art. 72 Abs. 2 GG 1994 setzt jedoch die Erforderlichkeit der einheitlichen Regelung voraus. Dies ist nur dann der Fall, wenn die Verbote im Wesentlichen übereinstimmen[526]. Andernfalls werden die Divergenzen des Landesrechts auf die Bundesebene des Strafrechts erstreckt. Dadurch wird dann nicht die Bundeseinheitlichkeit erreicht, sondern die Uneinheitlichkeit über die strafrechtliche Sanktion noch verstärkt[527]. In solchen Fällen wäre eine bundeseinheitliche Bestrafung nicht erforderlich im Sinne des Art. 72 Abs. 2 GG 1994.

Nicht erforderlich im Sinne des Art. 72 Abs. 2 GG 1994 ist eine dynamische Verweisung eines Bundesgesetzes auf ein Landesgesetz nach Ansicht des Bundesverwaltungsgerichtes[528] auch, wenn diese Verweisung gleichzeitig mit der Freigabe einer Materie der konkurrierenden Gesetzgebung zugunsten des Landesrechts nach Art. 72 Abs. 3 GG 1994 erfolgt. Die Freigabe setzt nach Art. 72 Abs. 3

---

[519] BVerwGE 72, S. 300 (324).

[520] BVerwGE 72, S. 300 (325), m. w. N.

[521] BVerwG, Urt. v. 3. 3. 1989 = Buchholz 401.71 AFWoG Nr. 3.

[522] BVerwG, Urt. v. 3. 3. 1989 = Buchholz 401.71 AFWoG Nr. 3, S. 17 (27 f.).

[523] BVerwG, Urt. v. 3. 3. 1989 = Buchholz 401.71 AFWoG Nr. 3, S. 17 (28).

[524] Vgl. dazu allgemein *Maurer*, in: FS Rudolf, S. 337 (341 f.).

[525] BVerfGE 110, S. 141 (174 ff.).

[526] BVerfGE 110, S. 141 (176).

[527] BVerfGE 110, S. 141 (176 f.), unter Hinweis auf *v. Coelln*, NJW 2001, S. 2834 (2836), und *Fischer*, in: Tröndle/Fischer, 51. Aufl., StGB, § 143 Rn. 9.

[528] In diesem Sinne BVerwGE 101, S. 211 (218).

GG 1994 nämlich gerade voraus, dass die Erforderlichkeit im Sinne des Abs. 2 nicht mehr gegeben ist.

d) Abwägung im Einzelfall

Christoph Engel[529] geht von einer Beeinträchtigung der Zuständigkeitsordnung[530] durch eine dynamische Verweisung aus, die *im Einzelfall* gegen die konkurrierenden Verfassungsprinzipien abzuwägen sei. Eine dynamische Verweisung sei danach zulässig, wenn sie notwendig sei, um ein verfassungsrechtlich legitimes Ziel zu erreichen. Die dynamische Verweisung könne unzulässig werden, wenn der mit den Verweisungen verbundene Eingriff in andere Verfassungsprinzipien ein zu hohes Gewicht bekomme[531].

e) Stellungnahme

Da die Verweisungstechnik viele heterogene Vor- und Nachteile[532] besitzt, ist die von Christoph Engel vorgeschlagene Abwägung nur schwer durchführbar. Außerdem ist ein „Wegwägen" der in den Art. 1 und 20 GG niedergelegten Grundsätze nach Art. 79 Abs. 3 GG unzulässig. Vor allem ist seine Prämisse – Beeinträchtigung der Zuständigkeitsordnung – unzutreffend. Der Verweisungsnormgeber gibt nämlich seine Zuständigkeit nicht auf, sondern übt sie vielmehr durch die Verweisungsnorm aus[533]. Eine originär eigene Regelung ist – wenn auch mit bescheidenem Sachinhalt – vorhanden[534]. Ein Mehr an Regelungsdichte ist nach Art. 70 ff. GG nicht geboten. Das Gefüge der Gesetzgebungskompetenzen weist nur die Zuständigkeit für eine Sachmaterie zu. Die Art. 70 ff. GG treffen keine Aussagen darüber, wie und in welchem Umfang inhaltlich die Sachmaterie zu regeln ist[535]. Auch eine zugewiesene Sachmaterie nicht zu regeln, ist kein Verstoß gegen die Art. 70 ff. GG[536].

---

[529] *Engel*, S. 50; Hervorhebung nicht im Original.
In diese Richtung weist auch die Untersuchung von *D. Ehlers*, DVBl. 1977, S. 693 (694 f.), ob § 1 Abs. 3 VwVfG oder der Grundsatz des bundesfreundlichen Verhaltens eine Rechtfertigung für die dynamische Verweisung in einigen Bundesländern auf das VwVfG liefern könnte; *D. Ehlers* verneint dies jedoch.

[530] Weitere Bedenken bei *Engel*, S. 43 f. (Gebot der Messbarkeit staatlichen Verhaltens), S. 44 f. (Gesetzesvorbehalt bzw. die Wesentlichkeitstheorie), S. 46 f. (Art. 80a Abs. 3 Satz 1 GG), S. 47 (Schutz der deutschen äußeren Souveränität), S. 48 (persönliche Legitimation), S. 49 (Parlamentarische Kontrolle), S. 49 (Rechtsschutz), S. 50 (Materielles Rechtsstaatsprinzip).

[531] *Engel*, S. 57.

[532] Dazu 1. Teil: E. Gründe für und gegen die Verweisungstechnik (S. 98 ff.).

[533] Vgl. auch *Ehricke/Blask*, JZ 2003, S. 722 (726); *Klindt*, DVBl. 1998, S. 373 (376).

[534] *Klindt*, DVBl. 1998, S. 373 (376).

Auch die Ansicht, die in jeder dynamischen Verweisung im Bund-Länder-Verhältnis einen Verstoß gegen das Bundesstaatsprinzip sieht, ist abzulehnen. Zugrunde liegt dieser Auffassung die Vorstellung von Bundes- und jeweiligem Landesrecht als durch die Kompetenzordnung des Grundgesetzes voneinander strikt getrennte Räume. Das entspricht weder der Verfassungswirklichkeit noch dem im Grundgesetz angelegten kooperativen Bundesstaatsprinzip[537]. Außerdem dient die Verweisung von Bundes- auf Landesrecht der vom Bundesstaatsprinzip respektierten Vielfalt. Andererseits muss eine Verweisung von Bundesrecht auf Landesrecht die vom Bundesstaatsprinzip vermittelte Einheitlichkeit der Rechtsordnung beachten. Für einen Bereich der konkurrierenden Gesetzgebung (Bedarfskompetenz) ist insoweit eine spezielle Regelung mit der Erforderlichkeitsklausel des Art. 72 Abs. 2 GG gegeben. Wegen Art. 72 Abs. 2 GG sind Verweisungen von Bundesrecht auf Landesrecht häufig unzulässig. Wolf-Rüdiger Schenke[538] versuchte diesen Befund dadurch zu vermeiden, dass er die eingeschränkte Justiziabilität des Art. 72 Abs. 2 GG 1949 betonte. Angesichts der nachträglichen Verschärfung der Anforderungen durch Art. 72 Abs. 2 GG 1994[539] vermag dies jedoch nicht (mehr) zu überzeugen. Vor der Neufassung des Art. 72 Abs. 2 GG 1994 wurde bereits in Art. 3 GG eine besondere Grenze für partielles Bundesrecht gesehen[540]. Partielles Bundesrecht ist mit Art. 72 Abs. 2 GG 1994 vereinbar, wenn eine einheitliche Regelung erforderlich ist. Dies ist nur dann der Fall, wenn die verschiedenen Verweisungsobjekte im Wesentlichen übereinstimmen[541]. Durch die Föderalismusreform im Jahre 2006 hat die Erforderlichkeitsklausel in Art. 72 Abs. 2 GG keine inhaltliche Änderung erfahren[542]. Nicht überzeugen vermag die Ansicht, dass die Erforderlichkeit nach der Föderalismusreform neu zu bestimmen sei[543]. Wohl eher rechtspolitisch wurde für eine Orientierung des Bundesverfassungsgerichts am Umgang des Bundesverwaltungsgerichts mit dem Grundsatz der Erforderlichkeit bei der Fachplanung plädiert[544]. Denkbar auch wäre eine

---

[535] So auch *Klindt*, DVBl. 1998, S. 373 (376); ähnlich *Guckelberger*, ZG 2004, S. 62 (81).

[536] So auch *Klindt*, DVBl. 1998, S. 373 (376).

[537] In diesem Sinne auch *Veh*, BayVBl. 1987, S. 225 (230).

[538] *Schenke*, NJW 1980, S. 743 (748); *ders.*, in: FS Fröhler, S. 87 (117).

[539] Vgl. dazu allgemein *Maurer*, in: FS Rudolf, S. 337 (341 f.).

[540] So bei: BGHSt 4, S. 397 (402), wo eine aufgrund Art. 125 Nr. 2 GG übergeleitete bayerische Regelung wegen Verstoßes gegen Art. 3 Abs. 1 GG als nichtig bewertet wurde; *Brych*, BB 1982, S. 184 (185).

[541] In diesem Sinne (für eine strafrechtliche Regelung) auch: BVerfGE 110, S. 141 (176 f.), unter Hinweis auf *v. Coelln*, NJW 2001, S. 2834 (2836), und *Fischer*, in: Tröndle / Fischer, 51. Aufl., StGB, § 143 Rn. 9.

[542] In diesem Sinne allgemein auch: Begründung zum Gesetzesentwurf der Regierungsfraktionen, BT-Drucks. 16/813, S. 7, 11; *Ipsen*, NJW 2006, S. 2801 (2803).

[543] So aber wohl *Gaentzsch* zit. nach *Uwe Müller*, UPR 2006, S. 345 (346); *A. Thiele*, JA 2006, S. 714 (716).

restriktivere Handhabung, weil durch die Neuregelung des Art. 72 Abs. 2 GG der Ausnahmecharakter einer Bundeskompetenz in diesen Bereichen noch verstärkt wurde[545]. Für die Beibehaltung des Erforderlichkeitsmaßstabs sprechen aber der annähernd gleiche Wortlaut[546] und die Gesetzesbegründung der Regierungsfraktion[547], wonach die Regelung in Art. 72 Abs. 2 GG „in ihren inhaltlichen Voraussetzungen unverändert" bleiben soll.

Die Schranke des Art. 3 GG in Verbindung mit dem Bundesstaatsprinzip gilt auch heute noch für die Bereiche der Bundeskompetenz, für welche die Erforderlichkeitsklausel gem. Art. 72 Abs. 2 GG nicht anwendbar ist.

Die Neuregelung durch die Föderalismusreform rechtfertigt auch für die sonstigen Bereiche der konkurrierenden Gesetzgebung keine andere Bewertung. Insbesondere auch die Abweichungskompetenz begründet keine weitergehende Zulässigkeit der dynamischen Verweisung von Bundesrecht auf Landesrecht. Die zu erwägende Argumentation, wenn die Bundesländer eine Regelung des Bundes gänzlich aufheben könnten, könnten sie quasi als Minus dazu, auch über eine Änderung eines Verweisungsobjektes den Inhalt einer bundesrechtlichen Verweisung uneingeschränkt verändern, überzeugt nicht. Änderung des Inhalts einer bundesrechtlichen Verweisungsregelung ist etwas anderes als eine abweichende Regelung durch eigenes Landesgesetz im Sinne des Art. 72 Abs. 3 Satz 1 GG. Bundesgesetze und Landesgesetze sind nämlich per se unterschiedlich. Andernfalls entstünde eine Vermischung der Rechtsformen von Bundesgesetz und Landesgesetz, die mit der Rechtsklarheit nicht zu vereinbaren wäre[548].

Nicht zugestimmt werden kann der Auffassung, dass die statische Verweisung mit dem Bundesstaatsprinzip immer vereinbar sei, weil die statische Verweisung keine Rechtssetzungsbefugnisse auf hierfür nicht zuständige Rechtsträger übertrage[549]. Anknüpfungspunkt für die Bedenken aus dem Bundesstaatsprinzip ist nämlich nicht eine angebliche Übertragung von Rechtssetzungsbefugnissen,

---

[544] Vgl. *Gaentzsch* zit. nach *Uwe Müller*, UPR 2006, S. 345 (346).

[545] *A. Thiele*, JA 2006, S. 714 (716).

[546] Vgl. Art. 72 Abs. 2 GG: „Auf den Gebieten … hat der Bund das Gesetzgebungsrecht, wenn und soweit die Herstellung gleichwertiger Lebensverhältnisse im Bundesgebiet oder die Wahrung der Rechts- oder Wirtschaftseinheit im gesamtstaatlichen Interesse eine bundesgesetzliche Regelung erforderlich macht" mit Art. 72 Abs. 2 GG 1994: „Der Bund hat in diesem Bereich das Gesetzgebungsrecht, wenn und soweit die Herstellung gleichwertiger Lebensverhältnisse im Bundesgebiet oder die Wahrung der Rechts- oder Wirtschaftseinheit im gesamtstaatlichen Interesse eine bundesgesetzliche Regelung erforderlich macht."

[547] Vgl. BT-Drucks. 16/813, S. 7, 11.

[548] Vgl. die extrem eingeschränkten Dispositionsbefugnis des Gesetzgebers bei der Rangbestimmung nach BVerfGE 114, S. 196 (235 ff.). Noch weitergehend bestimmt sich nach abweichender Meinung der Richterin *Osterloh* und des Richters *Gerhardt* (S. 251) der Rang der einzelnen Regelungen ausschließlich und strikt formell nach ihrem Urheber.

[549] So aber *März*, in: v. Mangoldt/Friedrich Klein/Starck, GG, Art. 30 Rn. 28.

sondern dass über eine Verweisungsregelung im Bundesgebiet unterschiedliches Bundesrecht besteht. Dies gilt sowohl für dynamische als auch für statische Verweisungen im Bundesrecht auf Landesrecht.

Bei der Bewertung der dynamischen Verweisung im Bundesrecht auf Landesrecht ist weiter zu berücksichtigen, dass das Bundesstaatsprinzip auch Auswirkungen auf die Frage hat, ob der Verweisungsobjektgeber die Wirkungen der Änderung des Verweisungsobjektes auf die Verweisungsnorm berücksichtigen muss[550] oder nicht[551]. Zwar ist der Verweisungsobjektgeber nicht ermächtigt und unterliegt daher auch prinzipiell keinen Schranken[552]. Wenn der Verweisungsobjektgeber in dem bezogenen Paragrafen eine vollständig andere Regelung treffen würde, wäre er grundsätzlich durch keine Verweisung auf die Norm daran gehindert[553]. Allerdings sind die Länder aus dem Bundesstaatsprinzip zur Wahrung der Einheit verpflichtet. Diese Pflicht bewirkt, dass bei dynamischen Verweisungen im Bundesrecht auf Landesrecht die Länder zur maßvollen Kompetenzausübung verpflichtet sind. Wegen Verstoßes gegen diese Pflicht kann eine landesrechtliche Regelung verfassungswidrig sein. Allerdings ist diese Verpflichtung der Länder aus dem Bundesstaatsprinzip geringer als die bundesrechtliche Pflicht aus Art. 72 Abs. 2 GG, so dass zumeist nicht die geänderte – vom Recht der anderen Bundesländern abweichende – landesrechtliche Regelung, sondern nur die Übernahme der Änderung in die bundesrechtliche Verweisungsnorm bundesstaatswidrig wäre.

2. Verweisungen von Landes- auf Bundesrecht

a) Unzulässigkeit der dynamisch-heteronomen Verweisung

Nach der bereits oben[554] dargestellten extremen Ansicht[555] ist jede dynamische Verweisung im Bund-Länder-Verhältnis bundesstaatswidrig. Verweisungen von Landes- auf Bundesrecht leisteten vor allem einheitsstaatlichen Tendenzen Vorschub[556], auch wenn dies nur „in unauffälliger, auf den ersten Blick ver-

---

[550] In diesem Sinne BVerwGE 72, S. 300 (323 f.) – Wyhl.

[551] In diesem Sinne (ohne Bezug zum Bundesstaatsprinzip): *BMJ*, Rechtsförmlichkeit, Rn. 229; *Manssen*, S. 257.

[552] Ohne Ausnahmen in diesem Sinne *Manssen*, S. 257.

[553] Ohne Ausnahmen in diesem Sinne *Manssen*, S. 257.

[554] Siehe oben im 2. Teil: E.III.1.a) Unzulässigkeit der dynamisch-heteronomen Verweisung (S. 172).

[555] *D. Ehlers*, DVBl. 1977, S. 693 (694); *Karpen*, S. 198; *ders.*, in: Rödig, S. 221 (239). Im Ergebnis ebenso *Staats*, in: Rödig, S. 244 (251), der mangels einer Ausnahmevorschrift im Grundgesetz in jeder dynamischen Verweisung von Bundes- auf Landesrecht einen Verstoß gegen das Bundesstaatsprinzip sieht.

[556] *Karpen*, in: Rödig, S. 221 (239).

fassungsrechtlich nicht beachtlicher Weise eine Koordination von Landes- und Bundesrecht"[557] herbeiführt.

b) Überprüfung an den Art. 70 ff. GG

Nach einer anderen Ansicht[558] ist die dynamische Verweisung im Bund-Länder-Verhältnis nur insoweit unzulässig, als dem Verweisungsobjektgeber durch die dynamische Verweisung de facto eine Rechtsmacht eingeräumt wird, die ihm sonst verfassungsrechtlich verschlossen ist.

Im Bereich der ausschließlichen Landeskompetenz sei eine dynamische Verweisung auf Bundesrecht generell unzulässig[559]. Das bundesstaatliche Prinzip begründe insoweit nicht nur ein Recht auf Eigenständigkeit der Länder, sondern auch eine Pflicht, diese Eigenständigkeit zu wahren[560]. Demgemäß seien die dynamischen Verweisungen in den Verwaltungsverfahrensgesetzen der Länder[561] insofern verfassungswidrig, als hierdurch das Bundesverwaltungsverfahrensgesetz in seiner jeweiligen Fassung auch auf die Ausführung von Landesgesetzen durch Landesbehörden entsprechende Anwendung finden solle[562].

---

[557] *Karpen*, S. 188.

[558] In diesem Sinne: *Ehricke/Blask*, JZ 2003, S. 722 (726); *Gamber*, VBlBW 1983, S. 197; *Lickteig*, S. 28 f.; *Schenke*, in: FS Fröhler, S. 87 (113).

[559] *Gamber*, VBlBW 1983, S. 197; *Hertwig*, RdA 1985, S. 282 (283 f.); *Schenke*, NJW 1980, S. 743 (748); *ders.*, in: FS Fröhler, S. 87 (113 f.), der auf den Umkehrschluss aus Art. 71 GG hinweist.
In diesem Sinne auch: *Pabst*, NVwZ 2005, S. 1034 (1035); *Pernice*, in: Dreier, GG, Art. 30 Rn. 21; *Pieroth*, in: Jarass/Pieroth, GG, Art. 30 Rn. 9, der aber mehrere Ausnahmen zulässt.

[560] *Gamber*, VBlBW 1983, S. 197.

[561] Vgl. § 1 Abs. 1 VwVfG RP: „die Bestimmungen des Verwaltungsverfahrensgesetzes (VwVfG) vom 23. Januar 2003 (BGBl. I S. 102) in der jeweils geltenden Fassung …"; Verwaltungsverfahrensgesetz für den Freistaat SN (SächsVwVfG) idF. d. Bek. v. 10. 9. 2003 (GVBl. S. 614): „Für die öffentlich-rechtliche Verwaltungstätigkeit … gilt das Verwaltungsverfahrensgesetz (VwVfG) vom 25. Mai 1976 (BGBl. I S. 1253), zuletzt geändert durch Artikel 7 § 3 des Gesetzes vom 12. September 1990 (BGBl. I S. 2002), in der jeweils geltenden Fassung entsprechend, …".
Nachdem zunächst in § 1 Abs. 1 des G. über das Verfahren der Berliner Verwaltung v. 8. 12. 1976 (GVBl. S. 2735, ber. S. 2898) auf das (Bundes-) Verwaltungsverfahrensgesetz „in der jeweils geltenden Fassung" verwiesen worden war, änderte das G. v. 17. 3. 1994 (GVBl. S. 86 [88]) dies insoweit ab, als „das Verwaltungsgesetz vom 25. Mai 1976 (BGBl. I S. 1253/GVBl. S. 1173), zuletzt geändert durch Gesetz vom 12. September 1990 (BGBl. I S. 2002/GVBl. S. 2088)" gelten sollte. Durch Gesetz v. 29. 6. 1997 (GVBl. S. 320) wurden die Worte „zuletzt geändert durch Gesetz vom 12. September 1990 (BGBl. I S. 2002/GVBl. S. 2088)" und das vorangehende Komma durch die Worte „in der jeweils geltenden Fassung" ersetzt. Dies gilt auch nach der letzten Änderung durch Art. I § 14 G. v. 19. 6. 2006 (GVBl. S. 573).

Ulrich Ramsauer[563] geht bei den dynamischen Verweisungen einiger Landes-verwaltungsverfahrensgesetze auf das VwVfG des Bundes von einer grundsätz-lichen – vorbehaltlich dessen, dass der Gesetzgeber bei wesentlichen Änderun-gen[564] selbst tätig werden müsse – verfassungsrechtlichen Zulässigkeit aus. Für die Zulässigkeit spreche, dass innerhalb der Schranken der wesentlichen Verfas-sungsprinzipien und der Grundrechte auch sonst eine dynamische Verweisung als verfassungsrechtlich zulässig anzusehen sei, wenn der Gesetzgeber damit ein auch von der Verfassung anerkanntes Ziel mit sachgerechten Mitteln verfolge. Die Einheitlichkeit des Verfahrensrechts erscheine als vom Grundgesetz und den Landesverfassungen anerkanntes Ziel[565].

c) Rechtsprechung

In mehreren Entscheidungen haben das Bundesverwaltungsgericht[566], der VGH Kassel[567], der VGH Mannheim[568] und das OVG Magdeburg[569] dynamische Verwei-sungen von Landesrecht auf Bundesrecht angewendet, ohne die Verweisung für verfassungsrechtlich unzulässig zu erklären. In vielen weiteren Entscheidungen[570] wird bei der verfassungsrechtlichen Bewertung der dynamischen Verweisung von

---

[562] *Schenke*, NJW 1980, S. 743 (748); *ders.*, in: FS Fröhler, S. 87 (114).

[563] *Kopp / Ramsauer*, VwVfG, Einführung Rn. 9; Hervorhebung weggelassen.

[564] D. h. nach *Kopp / Ramsauer*, VwVfG, Einführung Rn. 9, wenn die dynamische Ver-weisung zu nicht vorhersehbaren und nicht gewollten Ergebnissen oder zu schwerwiegenden Widersprüchen führen würde.

[565] *Kopp / Ramsauer*, VwVfG, Einführung Rn. 9.

[566] BVerwG, Urt. v. 13. 6. 1963 – BVerwG I C 128.60 = Buchholz 310 § 40 VwGO Nr. 46 S. 81: dynamische Verweisung des Enteignungsgesetzes für das Großherzogtum Oldenburg auf die reichs- und bundesrechtlichen Vorschriften.
BVerwG, Urt. v. 19. 12. 1963 – BVerwG VIII C 26.63 = VerwRspr. 17 (1966), Nr. 33 = BayVBl. 1964, S. 294: Übernahme der Bundesbeihilfevorschriften in Bayern. Diese Rechtsprechung wurde im Ergebnis auch später in BVerwGE 95, S. 117 (118), für eine entsprechende Regelung in Berlin fortgesetzt.
BVerwG, Urt. v. 30. 6. 1966 – BVerwG VIII C 81.63 = Buchholz 238.90 Reise- und Umzugskosten Nr. 7: Regelung in Schleswig-Holstein: „Für die Reise- und Umzugskosten-vergütung der Beamten gelten die jeweiligen Bundesvorschriften entsprechend".

[567] VGH Kassel, HessVGRspr. 1985, S. 29: Verweisung in der Hessischen Bauordnung auf die Baunutzungsverordnung.

[568] VGH Mannheim, NVwZ 1986, S. 955: Verweisung im Landesnaturschutzgesetz auf Kollisionsnorm im Bundesbaugesetz.

[569] OVG Magdeburg, NVwZ-RR 2003, S. 233 f.: Verweisung im Kommunalabgaben-recht auf die bundesrechtliche Abgabenordnung.

[570] BVerfG, NVwZ 1994, S. 54 (55), mit insoweit zust. Anm. *Robbers*, JuS 1996, S. 116 (118), bewertet die dynamische Verweisung in Art. 34 Abs. 5 Verf. MV auf die bundesrechtlichen Vorschriften über den Strafprozess für die Beweiserhebung des Unter-suchungsausschusses als verfassungsgemäß.

Landes- auf Bundesrecht eine Beeinträchtigung des Bundesstaatsprinzips nicht in Betracht gezogen.

Um die dynamischen Verweisungen in den Verwaltungsverfahrensgesetzen einiger Länder auf das des Bundes als zulässig zu bewerten, argumentiert das Bundesverwaltungsgericht[571] damit, dass das Verwaltungsverfahrensrecht in Bund und Ländern weitgehend einheitlich geregelt ist. Ähnlich argumentierten der Bayerische Verfassungsgerichtshof[572] und Verwaltungsgerichtshof[573], als sie mehrfach die Vereinbarkeit der dynamischen Verweisung im bayerischen Beamtenrecht auf Bundesbeamtenrecht feststellten. Durch das Erfassen auch späterer Änderungen des Verweisungsobjektes würden keine Normsetzungsbefugnisse übertragen, sondern der Verweisungsnormgeber bestimmt damit vielmehr nur den Inhalt seiner eigenen Regelung, den diese jetzt und später haben solle[574].

Daran knüpfte das OVG Berlin[575] an, als es die dynamische Verweisung im Landesrecht auf die Beihilfevorschriften des Bundes für verfassungsgemäß erklärte. Selbst wenn die Rechtsprechung des Bundesverfassungsgerichts zur bundesrechtlichen Verweisung im Notargebührenrecht auf die vorliegende Fallkonstellation anwendbar gewesen sei, seien die dort aufgezeigten Grenzen nicht überschritten

---

BVerwG, NuR 2004, S. 459 (460): zulässige Verweisung des Landesverordnungsgebers auf eine bundesrechtliche Vorschrift.

Die dynamische Verweisung im Landes-Kirchensteuergesetz auf Bundesgesetze ist mit der bayerischen Verfassung vereinbar lt. BayVerfGH, BayVBl. 1958, S. 144 (146); ähnlich auch BayVGH, NJW 1966, S. 1531 (1532).

Zwar war die überprüfte dynamisch-heteronome Verweisung im Landes- auf Bundesrecht nach Ansicht des VG Hamburg, NJW 1979, S. 667 (668) (ähnlich VG Hannover, NdsVBl. 2002, S. 51) verfassungswidrig, jedoch wurde nicht auf das Bundesstaatsprinzip abgestellt. Nach dem Berufungsurteil des OVG Hamburg, NJW 1980, S. 2830, war die Verweisung verfassungsgemäß.

Auslegung als statische Verweisung ohne Rückgriff auf Bedenken aus dem Bundesstaatsprinzip: BVerwGE 27, S. 239 (243) = RzW 1967, S. 570 (571); BVerwG, Urt. v. 12. 7. 1968 – BVerwG VII C 44.67 – Buchholz 401.82, Schl Viehm GebG Nr. 10; BVerwG, BRS 30, Nr. 17 (ähnlich auch BVerwG, BRS 38, Nr. 4).

[571] BVerwG, NVwZ 2005, S. 699 (700).

[572] BayVerfGHE 17 (1964), S. 61 ff. (Verweisung auf Beihilfevorschriften); 18 (1965), S. 30 ff. (Verweisung auf Beihilfevorschriften); 27 (1974), S. 93 ff. (Verweisung auf Beihilfevorschriften); 29 (1976), S. 173 (176) (Verweisung zur Anrechnung der Wehr- oder Zivildienstzeiten auf die Anwärterzeit der Notarassessoren); 45 (1992), S. 68 (75 f.) (Verweisung auf Beihilfevorschriften); 48 (1995), S. 29 (31 f.) (Vereinbarkeit der Verweisung auf Beihilfevorschriften des Bundes erscheint grundsätzlich geklärt); 48 (1995), S. 149 (Verweisung auf Beihilfevorschriften).

[573] BayVGH, BayVBl. 1960, S. 321, bestätigt vom BVerwG, BayVBl. 1964, S. 294.

[574] BayVerfGHE 42 (1989), S. 1 (9), zust. *Hartmann*, in: Soergel, EGBGB, Art. 2 Rn. 3; in diesem Sinne auch: BayVerfGH, BayVBl. 1996, S. 141; BayVerfGHE 46 (1993), S. 14 (16); BayVerfGHE 17 (1964), S. 61 (66).

[575] OVG Berlin, OVGE Berlin 22, S. 114 (118).

worden. Speziell hätte aufgrund der (damals noch geltenden[576]) Rahmenkompetenz des Bundes eine weitgehende Vereinheitlichung bestanden[577].

Der VGH Mannheim[578] legte eine Verweisung in einer landesrechtlichen Verordnung auf ein Bundesgesetz als statisch aus, weil auch verfassungsrechtliche Bedenken gegen dynamisch-heteronome Verweisungen bestünden. Zwar seien dynamisch-heteronome Verweisungen nicht schlechthin ausgeschlossen. Bei fehlender Identität der Normgeber bedeute eine dynamische Verweisung allerdings mehr als eine bloße gesetzestechnische Vereinfachung; sie führe zur versteckten Verlagerung von Gesetzgebungsbefugnissen und unterliege nach dem Prinzip der Bundesstaatlichkeit engeren Grenzen als eine statische Verweisung.

d) Stellungnahme

In einer Verweisung liegt kein Verstoß gegen die Kompetenznormen der Art. 70 ff. GG, weil diese Normen keine Aussage darüber treffen, wie und in welchem Umfang inhaltlich die Materie zu regeln ist[579]. Damit entfällt auch der Anknüpfungspunkt für die Ansicht, die zwischen zulässigen Verweisungen im Bereich der konkurrierenden Gesetzgebungskompetenz und unzulässigen Verweisungen im Bereich der ausschließlichen Gesetzgebungskompetenz der Länder unterscheidet.

Insgesamt wird der Bundesstaatsgrundsatz bei der Verweisung von Landes- auf Bundesrecht grundsätzlich nicht verletzt[580]. Dies beruht auf dem im Grundgesetz angelegten kooperativen Bundesstaatsprinzip[581]. Es erlaubt eine Kooperation zwischen Bund und Länder, wobei sich die Länder freilich ihrer Gesetzgebungskompetenz nicht entäußern dürfen[582]. Die Länder verzichten aber bei einer dynamischen Verweisung nicht auf ihre Kompetenz, sondern nehmen sie inhaltlich nur etwas weniger wahr als bei Erlass einer Vollregelung[583]. Bei Verweisung von Landes- auf Bundesrecht ist auch zu berücksichtigen, dass die Landesregierungen über den Bundesrat Einflussmöglichkeiten auf die Gesetzgebung des Bundes haben. Vor allem kann durch Staatsvertrag eine weitergehende Einflussmöglichkeit des Bundes auf Landesrecht geschaffen werden, ohne dass dagegen verfassungsrechtliche Be-

---

[576] Die Rahmengesetzgebungskompetenz wurde erst später durch Art. 1 Nr. 8 G. v. 28. 8. 2006 (BGBl. I S. 2034) aufgehoben.

[577] OVG Berlin, OVGE Berlin 22, S. 114 (119).

[578] VGH Mannheim, VBlBW 1999, S. 464.

[579] Siehe dazu bereits oben im 2. Teil im Text ab Fn. 533 auf S. 179.

[580] So auch v. Maydell, ZfS 1973, S. 69 (72).

[581] In diesem Sinne auch Veh, BayVBl. 1987, S. 225 ff.

[582] Zur Unverzichtbarkeit der Kompetenzordnung siehe oben die Nachweise im 2. Teil in Fn. 456 auf S. 168.

[583] Siehe dazu bereits oben im 2. Teil im Text ab Fn. 533 auf S. 179.

denken erhoben würden[584]. Eine Koordinierung der Gesetzgebung zwischen den Ländern ist im Grundsatz aus der Pflicht zu bundes- und länderfreundlichen Verhalten zu rechtfertigen[585]. Die Unitarisierung des Bundesstaates ist heute so weit fortgeschritten, dass die Bundestreue auf einigen Gebieten eine weitgehende Parallelgesetzgebung geradezu erzwingt und damit den Raum des gesetzgeberischen Ermessens der Länder ohnehin stark einschränkt[586]. Im Vergleich dazu erscheint eine dynamische Verweisung auf Bundesrecht als der weniger einschneidende Weg, weil die Kompetenz de iure beim Landesgesetzgeber verbleibt; es bleibt ihm überlassen, die Verweisungsnorm jederzeit zu ändern und damit auch de facto eine vom Bundesrecht abweichende inhaltliche Regelung zu treffen[587]. Andere Regelungsmöglichkeiten, die ebenso effizient Widersprüche zwischen Bundes- und Landesrecht vermeiden, sind nicht ersichtlich. Dabei entsprechen Verweisungen im Landesrecht auf Bundesrecht dem unitarisierten Bundesstaatsprinzip des Grundgesetzes. Allerdings darf die gleichzeitig vom grundgesetzlichen Bundesstaatsprinzip geforderte Vielfalt in den Regelungen der Länder nicht übermäßig eingeschränkt werden. Eine Verweisung von Landesrecht auf Bundesrecht vermindert zwar diese Vielfalt, jedoch ist nur schwer vorstellbar, dass eine einzelne Verweisung die vom Bundesstaatsprinzip geforderte Vielfalt ernsthaft beeinträchtigt. Dies kann allenfalls bei sehr umfangreichen Pauschalverweisungen der Fall sein. Nur in diesem Ausnahmefall ist die Verweisung im Landesrecht auf Bundesrecht bundesstaatswidrig. Dies gilt sowohl für dynamische als auch für statische Verweisungen.

3. Verweisungen auf Recht eines anderen Bundeslandes

Soweit ersichtlich existieren keine dynamischen Verweisungen von Landesrecht auf das Recht eines anderen Bundeslandes. Wolf-Rüdiger Schenke[588] bewertet die dynamische Verweisung von Landesrecht auf das eines anderen Landes als einen eklatanten Verstoß gegen das Bundesstaatsprinzip. Auch bei konsequenter Anwendung der bereits oben[589] dargestellten extremen Ansicht[590] ist jede dynamische Verweisung im Bund-Länder-Verhältnis bundesstaatswidrig.

---

[584] So auch *v. Maydell*, ZfS 1973, S. 69 (72); vgl. *Karpen*, S. 189 f.

[585] *Karpen*, S. 191.

[586] *Karpen*, S. 191 f.

[587] So auch *v. Maydell*, ZfS 1973, S. 69 (72).

[588] *Schenke*, in: FS Fröhler, S. 87 (116).

[589] Siehe oben im 2. Teil: E.III.1.a) Unzulässigkeit der dynamisch-heteronomen Verweisung (S. 172).

[590] *D. Ehlers*, DVBl. 1977, S. 693 (694); *Karpen*, S. 198; *ders.*, in: Rödig, S. 221 (239). Im Ergebnis ebenso *Staats*, in: Rödig, S. 244 (251), der mangels Ausnahme im Grundgesetz in jeder dynamischen Verweisung von Bundes- auf Landesrecht einen Verstoß gegen das Bundesstaatsprinzip sieht.

Dass die extreme Ansicht nicht zu überzeugen vermag, wurde bereits oben dargelegt[591]. Auch die Ansicht von Schenke berücksichtigt nicht, dass die Kooperation der einzelnen Bundesländer bei der Rechtssetzung nicht prinzipiell unzulässig, sondern sogar in manchen Bereichen (wie beispielsweise im Schulrecht) üblich ist.

Bei der Bewertung der Verweisung auf Recht eines anderen Bundeslandes ist insbesondere zu berücksichtigen, dass diese der Verweisung von Landesrecht auf Bundesrecht insoweit ähnlich ist, als durch die Verweisung eine Vereinheitlichung entsteht. Jedoch sind solche Vereinheitlichungen weder aus dem Homogenitätsgebot des Art. 28 GG noch aus der Kollisionsnorm des Art. 31 GG zu rechtfertigen, weil diese Regelungen nur für das Verhältnis zwischen Bund und den Ländern gelten. Demgemäß ist in dieser Konstellation die Vielfalt des Bundesstaatsprinzips vorrangig zu berücksichtigen. Nur wenn die Beeinträchtigung der Vielfalt durch Verweisungen in eng begrenzten Bereichen sehr gering ist, können Verweisungen von Landesrecht auf das Recht eines anderen Bundeslandes als zulässig bewertet werden. Dies gilt sowohl für dynamische als auch für statische Verweisungen.

4. Verweisungen auf Regelungen Privater

Zwar wird teilweise[592] auch vertreten, dass die dynamische Verweisung auf private Vorschriften im Einzelfalle eine zentralistische, bundesstaatswidrige Wirkung haben könnte, weil die Verbände aus sachlichen Gründen Überregionalität anstrebten. Aber die Kompetenzordnung und das Bundesstaatsprinzip enthalten keine Aussagen über Verweisungen auf Normen nicht-staatlicher Institutionen[593]. Das Bundesstaatsprinzip regelt nämlich allein das Verhältnis zwischen dem Bund und den Bundesländern und enthält keine Aussagen zum Verhältnis zu Privaten. Verweisungen auf Regelungen Privater verletzen daher das Bundesstaatsprinzip nicht.

5. Verweisungen auf EG- oder EU-Recht

Auch die Verweisungen auf EG- oder EU-Recht verletzen das Bundesstaatsprinzip nicht, weil weder die Europäische Gemeinschaft noch die Europäische Union zusammen mit den Mitgliedstaaten einen Bundesstaat bilden.

---

[591] Siehe oben im 2. Teil: E.III.1.e) Stellungnahme (S. 179 ff.).

[592] *Karpen*, S. 199 in Fn. 115. Im Ergebnis ebenso *Seibel*, BauR 2004, S. 1718 (1723): „Verstoß gegen die demokratische Kompetenzverteilung".

[593] So zu Recht auch *Clemens*, AöR 111 (1986), S. 63 (119).

F. Gewaltenteilung

Ferner kommt bei Verweisungen ein Verstoß gegen den aus dem Rechtsstaatsprinzip abgeleiteten Gewaltenteilungsgrundsatz in Betracht.

I. Historie und Ausformung im Grundgesetz

Die von Charles Montesquieu vertretene Forderung nach Trennung der Gewalten richtete sich ursprünglich gegen die Willkürherrschaft des absoluten Herrschers[594]. Eine Willkürherrschaft wird durch die Aufteilung der Staatsfunktionen in Legislative, Exekutive und Judikative erschwert[595]. Das Prinzip der Gewaltenteilung ist für den Bereich des Bundes jedoch nicht rein verwirklicht[596]. In einer demokratischen Staatsordnung, die alle Staatsgewalt in der Volkssouveränität begründet, können die verschiedenen Staatsfunktionen nicht vollständig voneinander abgeschottet werden[597]. Nicht absolute Trennung, sondern gegenseitige Kontrolle, Hemmung und Mäßigung der Gewalten ist dem Verfassungsaufbau des Grundgesetzes zu entnehmen[598]. Das Gewaltenteilungsprinzip nach Art. 20 Abs. 2 GG bewirkt eine Funktionenaufteilung und -zuordnung[599]. Ihre Zuordnung und Abgrenzung bedarf der näheren Ausformung durch die Verfassung und in begrenztem Umfang auch durch die Gesetzgebung[600].

Zwar ist der Sinn der Gewaltenteilung nicht in einer scharfen Trennung der Staatsgewalten zu sehen, doch muss die in der Verfassung vorgenommene Verteilung der Gewichte zwischen den drei Gewalten bestehen bleiben. Keine Gewalt darf ein von der Verfassung nicht vorgesehenes Übergewicht über eine andere Gewalt erhalten. Der Kernbereich der verschiedenen Gewalten ist unveränderbar. Damit ist ausgeschlossen, dass eine der Gewalten die ihr von der Verfassung zugeschriebenen typischen Aufgaben preisgibt[601].

Im System des Grundgesetzes fällt dem Parlament die verfassungsrechtliche Aufgabe der Normsetzung zu. Nur das Parlament besitzt die demokratische Legitimation zur politischen Leitentscheidung. Zwar billigt das Grundgesetz – wie Art. 80 GG verdeutlicht – auch eine „abgeleitete" Normsetzung der Exekutive[602].

---

[594] Statt vieler *Karpen*, S. 102 m. w. N.

[595] In diesem Sinne bspw. *Karpen*, S. 103.

[596] BVerfGE 34, S. 52 (59); 3, S. 225 (247).

[597] *Groß*, ZRP 1999, S. 361 m. w. N.

[598] BVerfGE 34, S. 52 (59); 22, S. 106 (111); 9, S. 268 (279 f.) 7, S. 183 (188).

[599] *Groß*, ZRP 1999, S. 361 m. w. N.; *Ossenbühl*, DVBl. 1967, S. 401 (404).

[600] *Groß*, ZRP 1999, S. 361 m. w. N. Ob dies durch Gesetz möglich ist, lässt *Ossenbühl*, DVBl. 1967, S. 401 (404), ausdrücklich offen.

[601] BVerfGE 34, S. 52 (59).

Das Parlament darf sich aber seiner Verantwortung als gesetzgebende Körperschaft nicht dadurch entziehen, dass es einen Teil seiner Gesetzgebungsmacht der Exekutive überträgt, ohne dabei die Grenzen dieser übertragenen Kompetenzen bedacht und bestimmt zu haben. Eine pauschale Übertragung normsetzender Gewalt auf die Exekutive ist mit dem Prinzip der Gewaltenteilung unvereinbar. Vielmehr muss sich der Inhalt der Norm an dem Willen des Gesetzgebers orientieren und auch orientieren können. Dieser Wille muss im Gesetz seinen Ausdruck gefunden haben[603].

II. Überprüfung von statischen Verweisungen

Wenn statische Verweisungen im bereits dargelegten Sinne hinreichend publiziert, bestimmt und klar sind, bestehen nach ganz herrschender Meinung[604] keine verfassungsrechtlichen Bedenken. Die vereinzelte Kritik bezieht sich allein auf die Vereinbarkeit von umfangreichen statischen Verweisungen mit dem Demokratieprinzip[605]. Die statische Verweisung genügt der Funktion parlamentarischen Tätigwerdens, denn der zuständige Verweisungsnormgeber weiß, welchen Inhalt das in Bezug genommene Recht hat, und er kann prüfen, ob er diesen Inhalt übernehmen will[606].

III. Überprüfung von dynamisch-autonomen Verweisungen

Ebenso bestehen nach ganz herrschender Ansicht[607] keine verfassungsrechtlichen Bedenken gegen dynamisch-autonome Verweisungen, wenn diese im bereits dargelegten Sinne hinreichend publiziert, bestimmt und klar sind.

Eine dynamisch-autonome Verweisung ist unproblematisch, denn die Macht bleibt beim Verweisungsnormgeber und wird von ihm selbst ausgeübt[608]. Daher wird durch autonome Verweisungen das Gewaltenteilungsprinzip nicht tangiert[609].

---

[602] BVerfGE 34, S. 52 (59 f.).

[603] BVerfGE 34, S. 52 (60).

[604] Umfangreiche Nachweise für diese Ansicht in Fn. 474 auf S. 170.

[605] Dies wird unten untersucht im 2. Teil: G.II. Überprüfung von statischen Verweisungen (S. 198 ff.).

[606] In diesem Sinne auch: BVerfGE 67, S. 348 (364); 47, S. 285 (312); *Brugger*, VerwArch. 78 (1987), S. 1 (21); *Clemens*, AöR 111 (1986), S. 63 (101 in Fn. 179); *Krey*, in: EWR 2/1981, S. 109 (140); *Rönck*, S. 195, für die Verweisung in Richtlinien auf technische Normen; *Schenke*, in: FS Fröhler, S. 87 (95).

[607] Umfangreiche Nachweise für diese Ansicht in Fn. 473 auf S. 170. Häufig wird nur die verfassungsrechtliche Bedenklichkeit der dynamisch-heteronomen Verweisung betont und dabei implizit von der Zulässigkeit der autonomen Verweisung ausgegangen.

[608] In diesem Sinne bspw. auch: *Blum/Ebeling*, in: Bepler, S. 85 (95); *Göbel*, in: Schäfer/Triffterer, S. 64 (69); *Hertwig*, RdA 1985, S. 282 (284).

IV. Überprüfung von dynamisch-heteronomen Verweisungen

1. Unzulässigkeit

Auf den Gewaltenteilungsgrundsatz haben vor allem[610] Fritz Ossenbühl[611] und Hans-Ulrich Karpen[612] die Bedenken gegen alle dynamisch-heteronomen Verweisungen gestützt. Karpen[613] spricht von einer „versteckten Ermächtigung zur Rechtssetzung" und einer unzulässigen Verlagerung von „Zuständigkeiten der Legislative auf die Exekutive oder außerstaatliche Stellen". Und nach Ossenbühl[614] ist das Gewaltenteilungsschema verfassungsrechtlich so ausbalanciert, dass auch die Abgabe von Befugnissen an außenstehende Stellen das Gleichgewicht beeinträchtigen kann.

2. Grundsätzliche Zulässigkeit

Demgegenüber nur selten wird die dynamische Verweisung generell[615], zumindest aber im Bund-Länder-Verhältnis[616] (vor allem bei der Verweisung im Landesverwaltungsverfahrensrecht[617]), bei Verweisung auf EG-Normen[618] oder

---

[609] *Arndt*, JuS 1979, S. 784 (787 f.); *Ehricke / Blask*, JZ 2003, S. 722 (727); *Karpen*, in: Rödig, S. 221 (233); *ders.*, S. 121 f.; anders aber *ders.*, S. 136, bei seiner Zusammenfassung; *Klindt*, DVBl. 1998, S. 373 (375); *v. Maydell*, ZfS 1973, S. 69 (71); *Rodewoldt*, S. 29 f., für die Verweisung im Kommunalabgabenrecht auf die Abgabenordnung; *Staats*, in: Rödig, S. 244 (250).

[610] Daneben auch: *Backherms*, S. 72, für die Verweisung auf DIN-Normen; *Fuss*, in: FS Paulick, S. 293 (296 f.); *Strecker*, DIN-Normungskunde 17, S. 79 (85); wohl auch *W. D. Budde*, in: FS Beisse, S. 105 (113).

[611] *Ossenbühl*, DVBl. 1967, S. 401 (404 f.).

[612] So bei seiner Zusammenfassung *Karpen*, S. 136, wozu aber seine Aussage auf S. 122 in Widerspruch steht, dass bei Verweisungen zwischen Bundes- und Landesgesetzen das Prinzip der Gewaltenteilung nicht betroffen sei.

[613] *Karpen*, S. 136, zust. *Fuss*, in: FS Paulick, S. 293 (297).

[614] *Ossenbühl*, DVBl. 1967, S. 401 (404). Nach *Fuss*, in: FS Paulick, S. 293 (297), dürfte dieser sehr strenge Standpunkt zumindest vertretbar sein.

[615] In diesem Sinne wohl: *Anzinger* DIN-Normungskunde 17, S. 96 (100); *Bub*, DIN-Normungskunde 14, S. 75 (76); *Eberstein*, BB 1969, S. 1291 (1293), der sich aber nur mit der Verweisung auf technische Regelwerke mit Beweisvermutung beschäftigt; *Henzold*, DIN-Normungskunde 14, S. 77, für Verweisung auf DIN-Normen, da die Bundesregierung über den Normenvertrag mit DIN genügend Einfluss habe; *Herschel*, ZfA 1985, S. 21 (24); *Knaup / Stange*, BauNVO, § 20 Rn. 9; *Iffland*, DB 1964, S. 1737 (1739, 1741); *Weber-Fas*, Stichwort Rechtssicherheit, S. 267; *Oetker*, JZ 2002, S. 337 (339); *Schröcker*, NJW 1967, S. 2285 (2290); *Schulze-Fielitz*, in: Dreier, GG, Art. 20 (Rechtsstaat) Rn. 143; vgl. aber auch die Bedenken im Hinblick auf dynamische Verweisungen bei *Schulze-Fielitz*, in: Dreier, GG, Art. 20 (Rechtsstaat) Rn. 144; *Socha*, DOK 1972, S. 875 ff.; vgl. auch *Ernst*, S. 50.

[616] So: *Göbel*, in: Schäffer / Triffterer, S. 64 (70 f.), und *Schneider*, Rn. 398, die zu anderen Konstellationen keine Aussagen machen; *Schweiger*, in: Nawiasky, Verf. BY,

alle staatliche Normen[619] explizit für zulässig erklärt. Viele Rechtsanwender[620], die eine heteronome Verweisung als dynamisch einordnen, problematisieren die verfassungsrechtliche Zulässigkeit nicht.

Nach Christoph A. Stumpf[621] stehen dynamische Verweisungen als den Erfordernissen der Praktikabilität geschuldete Gesetzgebungstechniken mit dem Rechtsstaatsprinzip grundsätzlich im Einklang. Diesem Prinzip seien keine Verbote der Zitierung anderer Normen zu entnehmen. Zudem lasse sich aus der weitgehend unbestrittenen Zulässigkeit von „dynamischen Rechtsanalogien" der Schluss ziehen, dass eine Beachtung von Weiterentwicklungen erst recht auch in dynamischen Verweisungen angeordnet werden dürfe.

3. Verweisungen in Gesetzen auf Gesetze

Nach herrschender Meinung[622] ist bei Verweisungen von einem Gesetz auf ein anderes Gesetz das Gewaltenteilungsprinzip nicht tangiert. Insbesondere auch bei dynamisch-heteronomen Verweisungen zwischen Bundes- und Landesgesetzen ist

---

Stand 7. Erg.-Lfg. Mai 1992, Art. 55 V Rn. 6b, für die hinreichend bestimmte dynamische Verweisung in Bundesgesetzen auf landesgesetzliche Normen.

[617] In diesem Sinne: *Bonk / Herbert Schmitz*, in: Stelkens / Bonk / Sachs, VwVfG, § 1 Rn. 57; *Clemens*, AöR 111 (1986), S. 63 (111); *Ule / Laubinger*, § 8 Rn. 16 (S. 55 f.); *Hoffmeister*, NJ 1999, S. 393 (395); wohl auch *Heintzen*, BB 1999, S. 1050 (1051).

Insgesamt der dynamischen Verweisung positiv gegenüberstehend auch *Heribert Schmitz*, NJW 1998, S. 2866 (2866).

[618] In diesem Sinne: *Ehricke / Blask*, JZ 2003, S. 722 (729); *Gellermann*, S. 55; *ders. / Szczekalla*, NuR 1993, *T. Schulte*, S. 181 f.

[619] In diesem Sinne *Nickusch*, NJW 1967, S. 811. Vgl. auch *Bonk / Herbert Schmitz*, in: Stelkens / Bonk. / Sachs, VwVfG, § 1 Rn. 57.

[620] Vgl. zu einer Verweisung im G. über den Verfassungsgerichtshof des Freistaats SN v. 18. 2. 1993 (GVBl. S. 243) *Eckhardt*, SächsVBl. 1994, S. 275 (276).

Vgl. bspw. für Verweisungen in Tarifverträgen *Keymer*, ZTR 1988, S. 193 (195).

Ohne Bedenken die dynamische Verweisung in den Landesverwaltungsverfahrensgesetzen anwendend: BVerwG, NVwZ 1984, S. 578 (Regelung in Berlin); *P. Stelkens / Sachs*, in: Stelkens / Bonk / Sachs, VwVfG, Einleitung Rn. 61; *Sachs*, in: Brandt / Sachs, A I Rn. 23.

Ohne Bedenken die dynamische Verweisung in den Kommunalabgabengesetzen anwendend: *Bauernfeind / Zimmermann*, KAG NW, § 12 Rn. 1; *Ermel*, § 4 Tz. 6; *Eschenbach*, ZKF 1992, S. 10; *ders.*, ZKF 1993, S. 9 ff.; *Gern*, Kommunales Abgabenrecht II, 6.4.1. (S. 26); *Ritthaler*, KAG TH, § 15 Tz. 1; *Rösch*, KAG HE, § 4 Rn. 1; *Dahmen / Driehaus / Küffmann / Wiese*, KAG NW, § 12 Rn. 2.

[621] *Stumpf*, NVwZ 2003, S. 1198 (1199), für die Verweisung im Verwaltungsverfahrensrecht auf das BGB.

[622] *Arndt*, JuS 1979, S. 784 (787 f.); *Ehricke / Blask*, JZ 2003, S. 722 (727); *Karpen*, in: Rödig, S. 221 (233); *ders.*, S. 121 f.; anders aber *ders.*, S. 136; *Klindt*, DVBl. 1998, S. 373 (375); *v. Maydell*, ZfS 1973, S. 69 (71); *Rodewoldt*, S. 29 f., für die Verweisung im Kommunalabgabenrecht auf die Abgabenordnung; *Staats*, in: Rödig, S. 244 (250).

nach Hans-Ulrich Karpen[623] das Prinzip der Gewaltenteilung zwischen Legislative, Exekutive und Judikative nicht betroffen.

4. Verweisungen in Gesetzen auf Normen der Exekutive

Bei dynamischen Verweisungen in Gesetzen auf Normen der Exekutive wird häufig in der Literatur[624] eine Verletzung des Gewaltenteilungsprinzips angenommen.

Dagegen sind nach Johann-Friedrich Staats[625] dynamische Verweisungen in Gesetzen auf Regelungen der Exekutive innerhalb desselben Gemeinwesens zulässig. Diese Verweisung sei nämlich in Wahrheit nicht auf die spezielle Vorschrift der Verordnung, sondern auf die gesetzliche Ermächtigungsnorm für diese Verordnung gerichtet[626]. Sei ein Gegenstand durch die Exekutive bspw. durch Verordnung geregelt, so könne man unterstellen, dass das Regelungsobjekt sich nicht für die parlamentarische Gesetzgebung eigne. Wäre man der Ansicht, dass der Gesetzgeber nicht auf Verordnungen verweisen dürfte, so hätte dies das Ergebnis, dass der Gesetzgeber entweder einen sinnvoll durch die Exekutive zu regelnden Gegenstand doch normieren müsste oder dass er über denselben Gegenstand eine neue Verordnungsermächtigung aufzunehmen hätte. Es sei nicht einzusehen, dass der Gewaltenteilungsgrundsatz eine derart sinnwidrige Rechtssetzung verlange[627].

Keine Bedenken gegen die Zulässigkeit der dynamischen Verweisung im Gesetz auf eine Verordnung können sich nach dem Bundesverfassungsgericht[628] aus eventuellen Auslegungsdifferenzen der Begriffe in der Verweisungsregelung und den Verweisungsobjekten durch Strafrichter und Verwaltung(-srichter) ergeben. Eventuelle Auslegungsdifferenzen sind durch den Gemeinsamen Senat der Obersten Gerichtshöfe des Bundes zu klären, so dass dadurch der Gewaltenteilungsgrundsatz nicht verletzt ist[629].

---

[623] So ausdrücklich *Karpen*, S. 122, wozu aber seine Ausführungen auf S. 136 in Widerspruch stehen.

[624] Einen Verstoß gegen das Gewaltenteilungsprinzip nehmen an: *Arndt*, JuS 1979, S. 784 (787); *Baden*, NJW 1979, S. 623; *Karpen*, S. 122; *Ossenbühl*, DVBl. 1967, S. 401 (404); *Strecker*, DIN-Normungskunde 14, S. 43 (53).
Bei der Verweisung auf Verwaltungsvorschriften eine Beeinträchtigung des Gewaltenteilungsprinzips für möglich haltend: *Hill*, S. 116; wohl auch: *Noll*, S. 188; *Papier*, in: FS Lukes, S. 159 (165).

[625] *Staats*, in: Rödig, S. 244 (250).

[626] *Staats*, in: Rödig, S. 244 (250); insoweit zust. *Jachmann*, Habil., S. 684.

[627] *Staats*, in: Rödig, S. 244 (250).

[628] BVerfGE 75, S. 329 (347).

[629] BVerfGE 75, S. 329 (347).

Fast alle vom Bundesverfassungsgericht entschiedenen Fälle mit Aussagen zu Verweisungen auf Rechtsverordnungen befassten sich mit Strafnormen[630]. Daraus lässt sich für die Verweisung auf Rechtsverordnungen die Schlussfolgerung ziehen, dass diese jedenfalls dann zulässig sein soll, wenn die Verweisungsnorm[631] oder die Ermächtigungsnorm für die Rechtsverordnung[632] Inhalt, Zweck und Ausmaß der Verweisungsregelung hinreichend deutlich umschreibt. Ähnlich wird in mehreren Gerichtsentscheidungen auf die Wertung des Art. 80 GG abgestellt[633].

Der Bundesfinanzhof[634] bewertete die dynamische Verweisung in § 2 Nr. 3 StromStG a. F.[635] auf eine Klassifikation des Statistischen Bundesamtes als verfassungsgemäß. Zur Begründung verglich das Gericht die dynamische Verweisung mit einer verfassungsgemäßen Regelung, in der ohne ausdrückliche Verweisung ein vom Statistischen Bundesamt erstelltes Verzeichnis zur Konkretisierung steuerlicher Begünstigungstatbestände herangezogen wurde[636]. Dadurch, dass die Heranziehung im Gesetz selbst angelegt sei, werde der Geltungsanspruch verstärkt und auch im Hinblick auf die Durchsetzung des Rechtsstaatsprinzips in hinreichender Weise legitimiert[637].

5. Verweisungen in Normen der Exekutive auf Gesetze

Der VGH Mannheim[638] legte eine Verweisung in einer landesrechtlichen Verordnung auf ein Bundesgesetz als statisch aus, weil auch verfassungsrechtliche Bedenken gegen dynamisch-heteronome Verweisungen bestünden. Zwar seien dynamisch-heteronome Verweisungen nicht schlechthin ausgeschlossen. Bei fehlender Identität der Normgeber bedeute eine dynamische Verweisung allerdings mehr als eine bloße gesetzestechnische Vereinfachung; sie führe zur versteckten

---

[630] Siehe dazu ausführlich unten 2. Teil: H.VI. Besondere Gesetzesvorbehalte bei Straf- und Bußgeldnormen (S. 262 ff.).

[631] In diesem Sinne insbes.: BVerfGE 14, S. 245 (252); BVerfG, NVwZ-RR 1992, S. 521.

[632] In diesem Sinne bspw.: BVerfG, LRE 47, S. 349 (350); BVerfGE 22, S. 21 (25); BVerfG, RIW 1979, S. 132 (133).

[633] Siehe dazu oben 2. Teil: D.II.1. Verweisungen im Gesetz auf Normen der Exekutive (S. 160 ff.).

[634] BFHE 207, S. 88 ff.

[635] Stromsteuergesetz idF. d. Art. 1 d. G. v. 24. 3. 1999 (BGBl. I S. 378).

[636] BFHE 207, S. 88 (93). Daneben führte das Gericht auf S. 93 f. noch aus, dass die Verweisung auch deshalb verfassungsrechtlich unbedenklich erscheine, weil die Klassifikation auf einen Rechtsakt des Gemeinschaftsgesetzgebers zurückzuführen sei; dazu unten im 2. Teil ab Fn. 1056 auf S. 253.

[637] BFHE 207, S. 88 (94).

[638] VGH Mannheim, VBlBW 1999, S. 464.

Verlagerung von Gesetzgebungsbefugnissen und unterliege nach dem Rechtsstaatsgrundsatz und anderen Prinzipien engeren Grenzen als eine statische Verweisung.

6. Verweisungen auf private Normen

Auch bei Verweisungen auf Normen außerstaatlicher Stellen wird vielfach[639] eine Verletzung des Gewaltenteilungsprinzips angenommen. Die dynamische Verweisung in Gesetzen auf Vorschriften Privater sei als Betrauung privater Stellen mit – jedenfalls partiellen – Rechtssetzungsaufgaben anzusehen[640]. Dies verletze das Gewaltenteilungsprinzip, wonach die Legislative Rechtssetzungsbefugnisse selbst auszuüben habe, soweit Art. 80 GG keine Ausnahme gestatte[641].

Das gelte auch für im Gewande der Verweisung auftretende Unterermächtigungen Privater durch den Verordnungsgeber[642]: Zwar bezeichne Art. 80 Abs. 1 Satz 4 GG im Gegensatz zu Satz 1 den Kreis der Ermächtigungsadressaten nicht, aber nach Sinn und Entstehungsgeschichte seien Private ausgeschlossen[643]. Rechtssetzung durch Private sei deshalb verfassungswidrig, weil die Verfassung nach dem Prinzip der Errichtung von „checks and balances" nicht nur die drei Gewalten ausbalanciere, sondern auch ein geschlossenes System staatlicher Machtausübung darstelle[644].

7. Verweisungen auf EG-Recht

Dynamische Verweisungen auf gemeinschaftsrechtliche Bestimmungen sind nach Annette Guckelberger[645] unter dem Gesichtspunkt des Gewaltenteilungsprinzips weniger bedenklich als sonstige dynamisch-heteronome Verweisungen. Noch weitergehend wird teilweise[646] das Gewaltenteilungsprinzip für Verweisungen auf Gemeinschaftsrecht als nicht einschlägig bewertet.

---

[639] *Arndt*, JuS 1979, S. 784 (787); *Börner*, in: ders., S. 231 (242): „schwerlich in Einklang zu bringen"; *Karpen*, S. 123–131; *Nolte*, S. 188; *M. Schäfer*, S. 179; *Schellhoss*, BBauBl. 1985, S. 18 (19).
Weitere Nachweise oben 2. Teil: D.II.2. Verweisungen auf Regeln Privater (S. 162 ff.), wobei dort von einer anderen Konzeption ausgegangen wird.

[640] *Karpen*, in: Rödig, S. 221 (233); In diesem Sinne auch *Nolte*, S. 302.

[641] *Nolte*, S. 188.

[642] *Karpen*, in: Rödig, S. 221 (233).

[643] *Karpen*, in: Rödig, S. 221 (233); *Hans Peters / Ossenbühl*, S. 58 ff., m.w.N. Siehe dazu oben 2. Teil: D.II.2. Verweisungen auf Regeln Privater (S. 162 ff.).

[644] *Karpen*, in: Rödig, S. 221 (233); ähnlich *Nolte*, S. 188.

[645] *Guckelberger*, ZG 2004, S. 62 (85).

[646] *Ehricke / Blask*, JZ 2003, S. 722 (728); *Krey*, in: EWR 2/81, S. 109 (147).

Nach Ernst-Werner Fuss[647] ist das Gewaltenteilungsprinzip anwendbar, weil die gemeinschaftsrechtlichen Verweisungsobjekte vom Rat oder von der Kommission beschlossen würden, das heißt von nicht-deutschen Organen, deren personelle Zusammensetzung von den Exekutiven der Mitgliedstaaten bestimmt werde. Dementsprechend seien dynamische Verweisungen auf sekundäres Gemeinschaftsrecht „bedenklich". Durch die Verweisung auf das künftige Gemeinschaftsrecht trete der Wille der Gemeinschaft an die Stelle des Einzelstaates und die Gemeinschaft erhalte einen Machtzuwachs, der ihr in dem fein ausbalancierten Gefüge von mitgliedstaatlichen und Gemeinschaftskompetenzen ursprünglich nicht zugedacht gewesen sei. Die Parlamente der Mitgliedstaaten könnten nicht über die Gewaltenbalance zwischen den Gemeinschaften und ihren Gliedern disponieren[648]. Da die klassische *horizontale Gewaltenteilung* in der EG nicht realisiert sei, komme der vertikalen Gewaltenteilung zwischen Gemeinschaften und Mitgliedstaaten eine verstärkte Bedeutung zu[649].

Aber auch nach Fuss[650] sind Verweisungen von mitgliedstaatlichem Recht auf Gemeinschaftsrecht zulässig, wenn der nationale Gesetzgeber nur eine Gemeinschaftsrechtsnorm ausführe und in dem Ausführungsgesetz auf diesen Gemeinschaftsrechtssatz Bezug nehme. Denn eine derartige Konstellation lasse eine Verweisung auf die durchzuführende Rechtsnorm als legitim und zweckmäßig erscheinen.

8. Stellungnahme

Nicht überzeugend ist die Argumentation, wenn schon Verweisungen in Gesetzen auf Normen der Exekutive gegen den Gewaltenteilungsgrundsatz verstoßen, dann müssten Verweisungen auf Regelungen Privater erst recht die grundgesetzliche Gewaltenbalance stören[651]. Verweisungen auf Normen der Exekutive und Verweisung auf Normen Privater sind nämlich in Bezug auf das Gewaltenteilungsprinzip nicht vergleichbar, weil das Gewaltenteilungsprinzip des Grundgesetzes nur die Gewaltenteilung innerhalb einer Körperschaft regelt[652]. Daher kann das Gewaltenteilungsprinzip nur bei Verweisungen innerhalb einer Körperschaft beeinträchtigt sein.

Daraus folgt auch, dass das Gewaltenteilungsprinzip des Grundgesetzes bei Verweisungen auf EG- oder EU-Recht nicht einschlägig ist[653]. Insbesondere die

---

[647] In: FS Paulick, S. 293 (296).

[648] *Fuss*, in: FS Paulick, S. 293 (299).

[649] *Fuss*, in: FS Paulick, S. 293 (296); Hervorhebung von *Fuss*.

[650] *Fuss*, in: FS Paulick, S. 293 (299).

[651] So aber *Nolte*, S. 188.

[652] Siehe dazu oben im 2. Teil: F.I. Historie und Ausformung im Grundgesetz (S. 189 f.).

[653] So auch: *Ehricke / Blask*, JZ 2003, S. 722 (728); *Krey*, in: EWR 2/81, S. 109 (147).

Argumentation, dass die Exekutivorgane der Europäischen Gemeinschaft von den Exekutiven der Mitgliedsstaaten bestimmt würden und daher das Gewaltenteilungsprinzip beeinträchtigt sein könne, überzeugt allein deshalb nicht mehr, weil mittlerweile die Ernennung der Kommission gem. Art. 214 Abs. 2 Unterabsatz 3 Satz 2 EGV erst nach der Zustimmung durch das Europäische Parlament erfolgt. Damit ist die Kommission nicht mehr allein über die Exekutive der Mitgliedstaaten legitimiert. Schon aus diesem Grunde sind heute die Bedenken nicht mehr so gravierend wie damals, als sie von Fuss geäußert wurden. Vor allem rechtfertigt die Wahl der Mitglieder der gemeinschaftlichen Exekutivorgane durch die Exekutiven der Mitgliedsstaaten nicht die Annahme, dass dadurch die Gewaltenteilung des Grundgesetzes bei Verweisungen auf EG-Recht betroffen sei. Sowohl zur Zeit von Charles Montesquieu als auch bei Entstehung des Grundgesetzes war ein Rechtsgebilde wie die Europäische Gemeinschaft wenig denkbar. Da auch innerhalb der Europäischen Gemeinschaft eine Funktionsaufteilung auf einzelnen Organe (Art. 189 ff. EGV) erfolgt ist, ist eine vertikale Erweiterung des grundgesetzlichen Gewaltenteilungsprinzips auch nicht erforderlich.

Bei Verweisungen innerhalb einer Körperschaft ist dagegen das Gewaltenteilungsprinzip einschlägig. Allerdings sind dynamische Verweisungen in Normen der Exekutive auf parlamentarische Regelungen unter dem Gesichtspunkt der Gewaltenteilung wenig problematisch. Da das Parlament das primäre Legislativorgan ist, sind seiner Regelungsbefugnis vom Grundgesetz nämlich nur wenige Schranken (z. B. Einzelfallgesetz, Art. 19 Abs. 1 Satz 1 GG) auferlegt[654]. Werden diese Schranken eingehalten, wird durch eine Verweisung in Normen der Exekutive auf Normen der entsprechenden Legislative keine Befugnis eingeräumt, welche die Legislative nicht sowieso wahrnehmen könnte. Damit wird das Gewaltenteilungsprinzip durch eine solche Verweisung in Normen der Exekutive auf Normen der Legislative nicht verletzt.

Wenn in Normen der Legislative auf Vorschriften der Exekutive verwiesen wird, wirft dies die Frage auf, inwieweit eine Regelung durch Gesetz oder das Parlament getroffen werden muss. Diese Frage ist eng mit dem Demokratieprinzip verknüpft und wird daher erst nach Darstellung desselben unter dem Gesichtspunkt des Gesetzesvorbehalts[655] und des Parlamentsvorbehalts[656] erörtert werden.

Außerhalb des Gesetzes- oder Parlamentsvorbehalts kann die Regelung durch die Exekutive ohne Anknüpfungspunkt im Gesetz getroffen werden. Wird aber mit der dynamisch-heteronomen Verweisungsnorm zugleich noch eine gesetzliche

---

[654] Siehe zu den Schranken der Regelungsbefugnis des Gesetzgebers: *H. H. Klein*, in: HStR III, § 50 Rn. 25; *Ossenbühl*, in: HStR III, § 62 Rn. 53 ff.

[655] Siehe dazu unten im 2. Teil: H.VII. Überprüfung am allgemeinen Gesetzesvorbehalt (S. 273 ff.).

[656] Siehe dazu unten im 2. Teil: H.VIII. Überprüfung am Parlamentsvorbehalt (S. 283 f.).

Grundlage geschaffen, so verstößt diese Verweisung nicht gegen das Gewaltenteilungsprinzip.

G. Demokratieprinzip

Verweisungen kann auch das Demokratieprinzip entgegenstehen.

I. Ausformung im Grundgesetz

Das in Art. 20 Abs. 1 und 2 GG niedergelegte und durch Art. 28 GG für alle Landesverfassungen verbindliche demokratische Prinzip besagt, dass alle Staatsgewalt vom Volk ausgeht[657]. Jede demokratische Staatsgewalt wird dabei von einem bestimmten Volk getragen[658]. Kennzeichnend für den Demokratiebegriff ist die *Identität zwischen Regierenden und Regierten*[659]. Danach ist ein förmliches Gesetz dann demokratisch, wenn es aufgrund der Willensbildung und Willensentschließung des Parlaments erlassen wurde, das von dem Volk gewählt worden war, für welches das Gesetz Geltung beansprucht[660].

II. Überprüfung von statischen Verweisungen

Wenn statische Verweisungen im bereits dargelegten Sinne hinreichend publiziert, bestimmt und klar sind, bestehen nach ganz herrschender Meinung[661] keine verfassungsrechtlichen Bedenken.

Manche Autoren[662] üben aber Kritik: So wird eine statische Verweisung auf außerstaatliche Normen als problematisch bewertet und die wörtliche Aufnahme

---

[657] *Lickteig*, S. 18; *Ossenbühl*, DVBl. 1967, S. 401 (402).

[658] *Lickteig*, S. 18.

[659] *Ossenbühl*, DVBl. 1967, S. 401 (402); Hervorhebung von *Ossenbühl*. In diesem Sinne auch: *Arndt*, JuS 1979, S. 784 (785); *Blum / Ebeling*, in: Bepler, S. 85 (89); *Fuss*, in: FS Paulick, S. 293 (296); *Lickteig*, S. 19; *C. Schmitt*, S. 234.

Kritisch zu diesem Ausdruck: *Herzog*, in: Maunz / Dürig, GG, Art. 20 II Rn. 20, und *Hesse*, Rn. 131, deren Kritik für den weiteren Fortgang der Untersuchung aber nicht erheblich ist, weil sie sich nur auf die Vorgänge innerhalb des Staatsvolkes bezieht.

[660] *Fuss*, in: FS Paulick, S. 293 (298); *Lickteig*, S. 19; *Ossenbühl*, DVBl. 1967, S. 401 (402).

[661] Umfangreiche Nachweise für diese Ansicht in Fn. 474 auf S. 170.

[662] So bei: *Baden*, NJW 1979, S. 623; *Dreier*, in: ders., GG, Art. 20 (Demokratie) Rn. 121; *Grams*, BauR 1996, S. 39 (42 f.); *Strecker*, DIN-Normungskunde 14, S. 43 (53).

Verfassungsrechtliche Bedenken, „insbesondere bei dynamischer Verweisung" und damit implizit auch bei statischen Verweisungen äußern: *Jachmann*, Verw. 28 (1995), S. 17 (25); *Wegge*, DVBl. 1997, S. 648 (649).

der Regelung für „gesetzestechnisch sauberer" erklärt[663]. Da dem Parlament bei der Beschlussfassung über seine Verweisungsnorm möglicherweise der Inhalt des Verweisungsobjektes nicht vollständig vorliege, könne nicht immer ausgeschlossen werden, dass der Gesetzgeber eine Norm verabschiede, ohne klare Kenntnis von ihrem Inhalt zu haben[664]. Globalverweisungen auf Texte, die außerhalb des Parlamentes ausgearbeitet wurden und dem Plenum nicht zur Beratung vorgelegen haben, seien verfassungswidrig[665]. Dabei sei anhand der Gesetzesmaterialien festzustellen, ob der Verweisungsnormgeber die ihm obliegende inhaltliche Entscheidung getroffen habe. Demokratisch defizitär sei deshalb eine Verweisung auf eine solche Vielzahl anderer Regelungen, dass der Verweisungsgesetzgeber die Reichweite seiner eigenen Bestimmung nicht mehr übersehe[666].

Probleme werden auch gesehen, wenn der Rezeptionsvorgang im Verhältnis zum Normgenerierungsvorgang des Verweisungsobjektes keine eigenständige Bedeutung hat[667]. Bei der Verweisung bestehe die Gefahr, dass vor der „Faktizität des Vorhandenen" kapituliert werde[668]. Dies wäre beispielsweise der Fall, wenn das Parlament ohne Beratung über den Inhalt des Verweisungsobjektes auf eine komplizierte, nach jahrelanger Beratung in einem privaten Gremium beschlossene Norm verweisen würde. Dabei fordere die demokratische Verantwortungskette eine ausdrückliche staatliche Rezeptionsentscheidung, die nicht nur formaler Art sein dürfe[669]. Vielmehr müsse der Staat nach einer inhaltlichen Prüfung auch die volle inhaltliche Verantwortung für den rezipierten Standard übernehmen[670].

Damit wird ein allgemeines Problem der Normierung mit Hilfe von nichtstaatlichen Organisationen angesprochen. In neuerer Zeit wird diese Kooperation verstärkt kritisch betrachtet[671]. Zwar liegt bei der heteronomen Verweisung eine

---

[663] In diesem Sinne *Grams*, BauR 1996, S. 39 (42 f.), für § 10 Abs. 2 HOAI.

[664] *Guckelberger*, ZG 2004, S. 62 (73).

[665] *Karpen*, S. 177–180.

[666] *Guckelberger*, ZG 2004, S. 62 (74).

[667] Vgl. *Di Fabio*, S. 101 f.: Konturverluste des Zweistufenmodells von Normgenerierung und Normrezeption.

[668] *Brunner*, S. 94.

[669] *Kloepfer*, in: Gethmann/Kloepfer, S. 55 (90); *Kloepfer*, § 3 Rn. 85; *Marburger*, in: Müller-Graff, S. 27 (33 f.).

[670] *Kloepfer*, in: Gethmann/Kloepfer, S. 55 (90); *Kloepfer*, § 3 Rn. 85. In diesem Sinne auch *Dietlein*, in: Landmann/Rohmer, BImSchG, § 7 Rn. 118, wonach keine Bedenken mehr bestehen, wenn in der Verweisungsnorm das Datum der Bekanntmachung des Verweisungsobjektes angegeben wird.

[671] Insbesondere *Roßnagel* (in: Kubicek/Seeger, S. 169 [173–177], sowie in: GK-BImSchG, § 7 Rn. 210 ff.) äußert verfassungsrechtliche Bedenken bei der Übernahme von technischen Regeln mangels Sachverstand der Normsetzungsbehörden, die durch Verfahrenssteuerungen o. Ä. kompensiert (dazu vgl.: *Roßnagel*, in: Kubicek/Seeger, S. 169 (177–180); *Roßnagel*, in: GK-BImSchG, § 7 Rn. 212) werden sollten. Andernfalls bestehe

„geistige Anleihe" beim Verweisungsobjektgeber vor[672]. Gleichwohl wird die Legislative ihrer Aufgabe, den Inhalt ihrer Gesetze selbst zu beschließen, bei der statischen Verweisung noch nicht untreu[673]. Es verhält sich hierbei wie bei der vergleichbaren Situation, in der zur gesetzlichen Festlegung einer komplizierten Materie zuvor Sachverständige gehört werden, die das Rechtssetzungsorgan mit dem Regelungsgegenstand vertraut machen. Die endgültige Entscheidung über die Regelung verbleibt beim durch die Verfassung vorgesehenen Gesetzgeber. Die technische Norm ist dann nicht mehr als eine Formulierungshilfe für den Rechtssetzer[674]. Eine statische Verweisung bedeutet nur den Verzicht, den Text der in Bezug genommenen Vorschriften in die Verweisungsnorm aufzunehmen[675].

Der Zusammenhang der statischen Verweisung mit der personellen und sachlichen Funktion parlamentarischen Tätigwerdens ist unmittelbar gegeben[676]. Nach der zutreffenden Argumentation des Bundesverfassungsgerichtes[677] „weiß der zuständige Gesetzgeber, welchen Inhalt das in Bezug genommene Recht hat, und er kann prüfen [das Bundesverfassungsgericht sagt nicht ‚und er prüft'!; Anm. v. Winfried Brugger[678]], ob er es sich mit diesem Inhalt zu eigen machen will"[679]. Weitergehende Anforderungen aus dem Demokratieprinzip an eine stati-

---

die Gefahr, dass technische Normen ohne ausreichende Prüfung des Verordnungsgebers übernommen würden und damit nichtstaatlichen Institutionen faktisch die Rechtssetzung übertragen werde; so *Roßnagel*, in: GK-BImSchG, § 7 Rn. 213; Hervorhebung von *Roßnagel* weggelassen.

Siehe dazu auch allgemein: *Conradi*, S. 26 ff.; *Denninger*, Normsetzung; *Lübbe-Wolff*, ZG 6 (1991), S. 219 ff.

[672] In diesem Sinne auch: *Krey*, in: EWR 2/1981, S. 109 (139); *Rönck*, S. 195, für die Verweisung in Richtlinien auf technische Normen; *Schenke*, in: FS Fröhler, S. 87 (95); *Schröcker*, NJW 1967 S. 2285 (2289).

[673] *Krey*, in: EWR 2/1981, S. 109 (139 f.).

[674] *Rönck*, S. 195, für die Verweisung in Richtlinien auf technische Normen.

[675] In diesem Sinne: *Lensing*, EHP 31. Jg. (2002) Heft 11, S. 24 (25); *Marburger/ M. Klein*, JbUTR 2001, S. 161 (164); *Ossenbühl*, DVBl. 1967, S. 401 (408); *M. Schäfer*, S. 46.

[676] In diesem Sinne *Brugger*, VerwArch. 78 (1987), S. 1 (21).

[677] BVerfGE 67, S. 348 (364); 47, S. 285 (312). In diesem Sinne auch BVerfG, EuGRZ 2007, S. 231 (233).

[678] *Brugger*, VerwArch. 78 (1987), S. 1 (21).

[679] In diesem Sinne: *Brugger*, VerwArch. 78 (1987), S. 1 (21); *Clemens*, AöR 111 (1986), S. 63 (101 in Fn. 179); *Krey*, in: EWR 2/1981, S. 109 (140); *Rönck*, S. 195, für die Verweisung in Richtlinien auf technische Normen; *Schenke*, in: FS Fröhler, S. 87 (95).

Neben der Prüfungsmöglichkeit auch die Entscheidungsmöglichkeit erwähnend: *Börgmann*, S. 77; *Marburger*, in: Müller-Graf, S. 27 (39); *Marburger*, Schadensvorsorge, S. 223; *Marburger/M. Klein*, JbUTR 2001, S. 161 (164); *Mohr*, S. 32.

Durch die Verweisung eine Aufnahme „in den Willen" des Rechtssetzungsorgans annehmend: *Benda*, in: Blümel/Wagner, S. 5 (8), der aber nur im Hinblick auf Art. 80 GG prüft; *Clemens*, AöR 111 (1986), S. 63 (100 f.); *Erhard*, S. 6, wenn Bezugnahme und ge-

sche Verweisung bestehen im Bereich eines Parlamentsvorbehalts[680]. Im Übrigen leidet eine dynamische Verweisung auch an demokratischen Mängeln, wenn das Verweisungsobjekt bei Verabschiedung unzureichend zugänglich war oder die Verweisung unbestimmt[681] war. In diesen Fällen konnte das Rechtssetzungsorgan nämlich den Inhalt des Verweisungsobjektes nicht überprüfen.

III. Überprüfung von dynamisch-autonomen Verweisungen

Nach ganz herrschender Ansicht[682] bestehen keine verfassungsrechtlichen Bedenken gegen dynamisch-autonome Verweisungen, wenn diese im bereits dargelegten Sinne hinreichend publiziert, bestimmt und klar sind.

Vereinzelt wird die dynamische Verweisung aber insgesamt als verfassungswidrig[683] oder zumindest verfassungsrechtlich bedenklich[684] bewertet.

In einem Sondervotum zu einer Entscheidung des Bundesverfassungsgerichts[685] wurde problematisiert, dass durch eine dynamisch-autonome Verweisung[686] bei der Novellierung des Verweisungsobjektes[687] eine Regelung in einen anderen Bereich übernommen worden sei, ohne dass im gesetzgeberischen Verfahren zur

---

naue Bezeichnung erfolgt; *Grabitz*, Harmonisierung baurechtlicher Vorschriften, S. 76, für die Verweisung auf technische Normen durch Gemeinschaftsorgane der EG; *M. Schäfer*, S. 45 f.; *Rönck*, S. 158; *Ossenbühl*, DVBl. 1967, S. 401 (402); *Taupitz*, S. 737; *Starkowski*, S. 79; wohl auch *Marburger*, Habil., S. 387, trotz seiner Bedenken auf S. 391.
Kritik übend auch *Guckelberger*, ZG 2004, S. 62 (74).

[680] Siehe dazu oben im 2. Teil: C.II.4. Verfahrensvorschriften bei Gesetzes- / Parlamentsvorbehalten (S. 132 f.) und unten im 2. Teil: H.VIII.1. Statische Verweisungen (S. 283).

[681] Vgl. zur Frage des Zusammenhangs von mangelnder Bestimmtheit der Verweisungsnorm und demokratischen Mängeln auch *Guckelberger*, ZG 2004, S. 62 (74).

[682] Umfangreiche Nachweise für diese Ansicht in Fn. 473 auf S. 170. Häufig wird nur die verfassungsrechtliche Bedenklichkeit der dynamisch-heteronomen Verweisung betont und dabei implizit von der Zulässigkeit der autonomen Verweisung ausgegangen.

[683] So bei: *Rupp*, WM 1993, S. 1503; *Stahlhacke*, DB 1960, S. 579 (581); *Strecker*, DIN-Normungskunde 17, S. 79 (85), dessen Thema aber nur Verweisungen auf technische Normen umfasst; wohl auch *Vieweg*, S. 182 in Fn. 5.

[684] Allgemeine Bedenken bei: *Fürst*, atomwirtschaft 1981, S. 66 (68), der nur Verweisungen auf technische Regeln behandelt; *Wilhelm Hammer*, MDR 1990, S. 369 (370); *Kindermann*, Ministerielle Richtlinien, S. 77, für Verweisungen auf Vorschriften, die außerhalb des Gesetzes liegen, in dem sich die Verweisungsnorm befindet.

[685] Abweichende Meinung der Richterin *Hohmann-Dennhardt* und der Richter *Hoffmann-Riem* sowie *Kühling*, in: BVerfGE 103, S. 44 (77 f.).

[686] § 55 VwGO lautet: „§§ 169, 171a bis 198 des Gerichtsverfassungsgesetzes über die Öffentlichkeit, Sitzungspolizei, Gerichtssprache, Beratung und Abstimmung finden entsprechende Anwendung."

[687] § 169 Gerichtsverfassungsgesetz (GVG) idF. d. Art. 8 G. v. 21. 12. 2007 (BGBl. I S. 3198) lautet: „Die Verhandlung vor dem erkennenden Gericht einschließlich der Verkündung der Urteile und Beschlüsse ist öffentlich. Ton- und Fernseh-Rundfunkaufnahmen

Änderung des Verweisungsobjektes die Besonderheiten des für die Verweisungsnorm geltenden Bereichs erörtert worden seien.

Mit ähnlicher Begründung wurde vom OVG Lüneburg[688] eine dynamisch-autonome Verweisung für unzulässig erklärt, weil die für das Verweisungsobjekt maßgeblichen Kriterien in keinem Zusammenhang mit den Kriterien stünden, die für die Verweisungsnorm maßgeblich seien. Eine solche dynamische Verweisung möge in besonderen Ausnahmefällen zulässig sein, wenn sich verlässlich vorhersehen lasse, dass die Änderungen des Verweisungsobjektes den Gegebenheiten der Verweisungsnorm entsprächen[689]. Ähnlich vertritt Felix Ermacora[690] die Ansicht, dass durch das Hinzutreten eines Verweisungsobjektes die Verweisungsnorm in einem konkreten Fall verfassungswidrig geworden sei, weil sich die Struktur des Verweisungsobjektes geändert habe. Auch nach dem vom Bundesministerium der Justiz herausgegebenen Handbuch der Rechtsförmlichkeit[691] darf nicht dynamisch verwiesen werden, wenn sich der Regelungszweck der Bezugsnorm von dem der Ausgangsnorm unterscheidet oder sich die Entwicklung nur schwer voraussehen lässt.

Soweit sich Bedenken daraus ergeben, dass es schwierig ist, bei der Änderung eines Verweisungsobjektes zu überblicken, ob die geänderte Fassung auch allen Verweisungsnormen gerecht wird, so ist das eine Frage der Präzision parlamentarischer Gesetzgebungsarbeit[692], und damit ein Problem des insoweit schon erörterten Rechtsstaatsprinzips (Verfahrensvorschriften[693] sowie Bestimmtheit und Rechtsklarheit[694]). Die dynamisch-autonome Verweisung ist verfassungsrechtlich

---

sowie Ton- und Filmaufnahmen zum Zwecke der öffentlichen Vorführung oder Veröffentlichung ihres Inhalts sind unzulässig." Satz 2 ist durch Art. 11 Nr. 5 d. G. v. 19. 12. 1964 (BGBl. I S. 1067) angefügt worden.

[688] OVG Lüneburg, BRS 48, S. 272 (274).

[689] OVG Lüneburg, BRS 48, S. 272 (274 f.).

[690] So in einem Rechtsgutachten, übernommen vom Obersten Gerichtshof, zitiert nach VfGH, VfSlg. 12947/1991, S. 834 (845 f.).

[691] *BMJ*, Rechtsförmlichkeit, Rn. 227 f.

Siehe auch *BMJ*, AH 2, S. 18 f.:

„4.4. Senkung von Textänderungsbedarf durch sinnvolle gleitende Verweisung

Gleitende Verweisungen sind zweckmäßig, wenn voraussichtlich auch die künftigen Fassungen der Vorschrift, auf die verwiesen wird (Bezugsnorm), den Inhalt der Ausgangsnorm ausdrücken. …

4.5. Für gleitende Verweisung ungeeignete Fälle

Ist die Entwicklung einer Norm *schwer überwachbar* und hat sie eine *abweichende Zweckorientierung*, so ist von der gleitenden Verweisung auf sie abzusehen."; Hervorhebung vom *BMJ*.

[692] In diesem Sinne auch *Karpen*, in: Rödig, S. 221 (238).

[693] Vgl. dazu oben 2. Teil: C.II. Verfahrensvorschriften (S. 128 ff.).

[694] Siehe dazu oben 2. Teil: C.III.4.a)cc)(3) Diskussion der Argumente (S. 147 ff.).

unproblematisch, weil in diesen Fällen die Verweisung zunächst nichts anderes bedeutet als den Vorbehalt künftiger eigener Änderung[695]. Mit der Änderung des Verweisungsobjektes entscheidet der zuständige Verweisungsnormgeber konkludent – soweit der Parlamentsvorbehalt[696] dies zulässt – zugleich über die Verweisungsregelung. Eine dynamisch-autonome Verweisung ist unproblematisch, denn die Macht bleibt beim Verweisungsnormgeber und wird von ihm selbst ausgeübt[697]. Soweit kein Parlamentsvorbehalt[698] besteht, ist daher die autonome Verweisung auch mit Blick auf das Demokratiegebot nicht zu beanstanden[699], denn die Identität des Subjektes der Willensbildung ist gewahrt[700].

IV. Überprüfung von dynamisch-heteronomen Verweisungen

1. Demokratiemaximierende Auffassung

Bei dynamisch-heteronomen Verweisungen wird nach der so genannten[701] demokratiemaximierenden Auffassung[702] ein Verstoß gegen das Demokratieprinzip angenommen.

Das Gesetzgebungsmonopol verpflichte die Volksvertretung, die ihr zur alleinigen Ausübung übertragene *Kompetenz* (formell) *selbst wahrzunehmen* und

---

[695] So auch *Staats*, in: Rödig, S. 244 (253).

[696] Siehe dazu bereits oben im 2. Teil: C.II.4. Verfahrensvorschriften bei Gesetzes-/ Parlamentsvorbehalten (S. 132 f.).

[697] In diesem Sinne bspw. auch: *Blum/Ebeling*, in: Bepler, S. 85 (95); *Göbel*, in: Schäffer/Triffterer, S. 64 (69); *Hertwig*, RdA 1985, S. 282 (284).

[698] Siehe dazu unten im 2. Teil: H.VIII.3. Dynamisch-autonome Verweisungen (S. 284).

[699] *Staats*, in: Rödig, S. 244 (251).

[700] In diesem Sinne auch: *Karpen*, S. 182; *ders.*, in: Rödig, S. 221 (238, 240).

[701] Die Bezeichnung demokratiemaximierende Auffassung verwenden bspw. auch: *Brugger*, VerwArch. 78 (1987), S. 1 (22); *Pabst*, NVwZ 2005, S. 1034 (1035).

[702] *Arndt*, JuS 1979, S. 784 (786); *Denninger*, Arzneimittelrichtlinien, S. 37; *Karpen*, S. 180; *ders.*, in: Rödig, S. 221 (238); *Papier*, in: FS Lukes, S. 159 (164 f.), jedenfalls für die Verweisung auf Verwaltungsvorschriften oder auf Regelwerke privater Verbände; *ders.*, in: Merten, S. 95 (107), der alle dynamisch-heteronomen Verweisungen als höchst fragwürdig bewertet; *Nolte*, S. 187; *Ossenbühl*, DVBl. 1967, S. 401 (402); *Staats*, in: Rödig, S. 244 (251); *Starck*, in: ders./Stern, S. 285 (310); *Strecker*, DIN-Normungskunde 17, S. 79 (85).
Für die Verweisung auf technische Normen Privater: *Börner*, in: ders., S. 231 (242): „schwerlich in Einklang zu bringen"; *Brinkmann*, S. 14 f.; *Koch*, S. 12; *Schellhoss*, BBauBl. 1985, S. 18 (19); *Seibel*, BauR 2004, S. 1718 (1723); *Starkowski*, S. 122.
Allgemein Bedenken in dieser Hinsicht äußernd: *Hartmann*, in: Soergel, EGBGB, Art. 2 Rn. 3; *Hill*, S. 115, für Verweisungen zwischen Normen des Bundesgesetzgebers und der Landesgesetzgeber; *Fuss*, in: FS Paulick, S. 293 (298 f.); *Reinermann*, S. 71 f., hält die Bedenken für nachvollziehbar. In diesem Sinne auch *Baden*, NJW 1979, S. 623; *Strecker*, DIN-Normungskunde 14, S. 43 (53).

vor dem Gesetzesbeschluss (materiell) durch *Kenntnisnahme* sowie *Beratung* und *Prüfung* in der *öffentlichen parlamentarischen Diskussion* zu einer *eigenen Willensbildung* zu gelangen[703]. Wenn der Gesetzgeber die Inhaltsbestimmung des Gesetzes zugunsten außerparlamentarischer Instanzen preisgebe und einem vorgefertigten Material als „blindtätiger Sanktionsautomat" den Prägestempel „Gesetz" aufdrücke, so sei das Produkt ein *verfassungs-, weil demokratiewidriges* „*parlamentsloses Parlamentsgesetz*"[704].

2. Prinzipielle Zulässigkeit der dynamischen Verweisung

Demgegenüber nur selten wird die dynamische Verweisung generell oder in einzelnen Konstellationen explizit für zulässig erklärt[705].

3. Normkonkretisierende und normergänzende Verweisungen[706]

Nach Peter Marburger[707] ist die normkonkretisierende dynamische Verweisung verfassungsgemäß und die normergänzende dynamische Verweisung (grundsätz-

---

[703] In diesem Sinne: *Karpen*, S. 173 ff., Hervorhebung von *Karpen*; *ders.*, in: Rödig, S. 221 (237); *Hill*, NJW 1982, S. 2104 (2105); *Kremser*, DÖV 1995, S. 275 (276); *Nolte*, S. 187; *Ossenbühl*, DVBl. 1967, S. 401 (402); *Söhn*, S. 131.

[704] *Karpen*, S. 177; Hervorhebung von *Karpen*.

[705] Siehe dazu bereits oben im 2. Teil: F.IV.2. Grundsätzliche Zulässigkeit (S. 191 f.).

[706] Zur Terminologie siehe bereits oben 1. Teil: B.VI. Normkonkretisierende und normergänzende Verweisungen (S. 78 ff.).

[707] *Marburger*, Habil, S. 390–407; *ders.*, DIN-Normungskunde 17, S. 27 (31–37); *ders.*, DIN-Mitt. 64 (1985), S. 570 (575); *ders.*, Schadensvorsorge, S. 224–229; *ders.*, in: Müller-Graf, S. 27 (39 ff.); *Marburger/M. Klein*, JbUTR 2001, S. 161 (166 ff.).

In diesem Sinne auch: VGH BW, NVwZ-RR 1994, S. 612 (613); *Denninger*, Normsetzung, Rn. 145; *Francke*, SGb 2000, S. 159 (163), für den Bereich des Rechtes der gesetzlichen Krankenversicherung; *Jarass*, NJW 1987, S. 1225 (1231) (vgl. aber *dens.*, BImSchG, § 7 Rn. 25, wo er die dynamische Verweisung auf private Regelungen prinzipiell für unzulässig erklärt); *Lamb*, S. 90; *Ladeur*, UPR 1987, S. 253 (260); *V. Neumann*, in: Schulin, § 21 Rn. 80, der dies als sachlich vergleichbar mit der Rechtsprechung (siehe dazu nachfolgend im Text 4. Rechtsprechung) ansieht, die auf darauf abstellt, ob der Inhalt des in Bezug genommenen Verweisungsobjekts „im wesentlichen" feststeht; *Salzwedel*, NVwZ 1987, 276 (278); *Mohr*, S. 41 ff.; *Rittstieg*, S. 240 f.; *Schnapauff*, DIN-Normungskunde 17, S. 40 (42); *Taupitz*, in: Lieb, S. 119 (125 f.), der aber die Frage offen lässt, ob aufgrund der faktischen Bindung die normkonkretisierende Verweisung nicht einer zwingenden dynamischen Verweisung gleichkommt; *F. K. Weber*, S. 88 ff.; *Zubke-von Thünen*, S. 359 f.

So wohl auch: *Breuer*, NVwZ 2004, S. 520 (527); *Brunner*, S. 133 f., der aber von einer grundsätzlichen Zulässigkeit der Verweisung ausgeht; *Backherms*, JuS 1980, S. 9 (11); *Feldhaus*, JbUTR 2000, S. 169 (172 f.); *Fürst*, atomwirtschaft 1981, S. 66 (68); *Hommelhoff*, in: FS Odersky, S. 779 (783 ff.); *Moll*, S. 150, der aber von einem etwas anderen Verständnis als *Marburger* ausgeht (siehe dazu oben im 1. Teil in Fn. 347 auf

lich[708]) verfassungswidrig. Einige Autoren[709] bewerten die normkonkretisierende Verweisung nur unter engen Voraussetzungen als verfassungsgemäß.

4. Rechtsprechung

Von wenigen Ausnahmen abgesehen, bewerten alle deutschen Gerichte die dynamisch-heteronomen Verweisungen unter gewissen Voraussetzungen als mit dem Demokratieprinzip vereinbar. Die Entscheidungen betreffen aber oft nur Einzelfragen, so dass eine gesicherte und umfassende Rechtsprechung mit allgemeinverbindlichen Kriterien zu diesem Problem nicht vorliegt[710].

a) Verweisungen im Bundesrecht auf Landesrecht

Zur dynamischen Verweisung von Bundes- auf Landesrecht weist das Bundesverfassungsgericht[711] in der Entscheidung zum Eisenbahnkreuzungsgesetz darauf

---

S. 80); *Nicklisch*, NJW 1983, S. 841 (843); *Roßnagel*, in: Kubicek/Seeger, S. 169 (171); *Seidel*, NJW 1981, S. 1120 (1123); *Sonnenberger*, DIN-Mitt. 64 (1985), S. 556 (561).

Dynamische Verweisungen im Zusammenhang mit Vermutungsklauseln als verfassungsgemäß bewertend: *Heinlein*, in: Büdenbender/Rosin, KWK-AusbauG, § 6 Rn. 65 f.; *Hömig*, in: HdUR, Sp. 2684 (2686); *Lührig*, in: Säcker, KWKModG, § 6 Rn. 25; *Topp*, EHP 2003, Heft 1–2, S. 10 (11); *Tünnesen-Harmes*, in: Jarass, Wirtschaftsverwaltungsrecht, § 7 Rn. 14; ähnlich auch *Schwierz*, S. 61 ff.

[708] Nachdem *Marburger* zunächst uneingeschränkt von der Verfassungswidrigkeit der normergänzenden Verweisung ausgegangen war, erwägt *ders.*, in: Müller-Graf, S. 27 (41), später Ausnahmen: „In jüngster Zeit sind Überlegungen angestellt worden, die normergänzende gleitende Verweisung dann zuzulassen, wenn die verweisende Rechtsnorm entsprechend den Erfordernissen einer Verordnungsermächtigung (Art. 80 Abs. 1 S. 2 GG) so konkret formuliert wäre, daß die in Bezug genommenen technischen Regeln nach Inhalt, Zweck und Ausmaß weitgehend feststünden. ... Ich glaube, daß mit einer solchen Rechtsetzungsmethode die verfassungsrechtlichen Bedenken gegen die gleitende Verweisung weitgehend ausgeräumt werden könnten." Mit dieser Tendenz auch schon *ders.*, DIN-Normungskunde 17, S. 27 (33 f.). Anders aber wieder *ders./M. Klein*, JbUTR 2001, S. 161 (166).

Scholz, in: FS Gerhard Müller, S. 509 (526 ff.), der bei Gesetzesnormen, die keinen Eingriff darstellen, weitere Fälle als verfassungsrechtlich zulässig einstuft.

Taupitz, S. 738 i. V. m. 742 i. V. m. 1117 f., der die normergänzende Verweisung nicht als verfassungswidrig einstuft, sondern sie an den Ermächtigungsvoraussetzungen misst; ähnlich auch *Krey*, in: EWR 2/1981, S. 109 (150, 156 ff., 169 ff.).

Clemens, AöR 111 (1986), S. 63 (103 f.), stuft die normkonkretisierenden Verweisungen als verfassungsrechtlich unbedenklich ein, hält *Marburger* aber sonst für zu rigoros.

[709] *Denninger*, Normsetzung, Rn. 143–146, und zusammenfassend S. 195, Tz. 40; *Jörissen*, S. 84; *Ladeur*, UPR 1987, S. 253 (260); *TAB*, BT-Drucks. 13/6450, S. 48.

In diesem Sinne auch: *Kloepfer/Elsner*, DVBl. 1996, S. 964 (968 f.); *Rehbinder*, in: Kloepfer/Rehbinder/Schmidt-Aßmann/Kunig, S. 482 f.

[710] So auch die Einschätzung von: *Ehricke/Blask*, JZ 2003, S. 722 (725); *Moritz*, S. 5.

hin, dass es grundsätzlich zulässig sei, dass ein Gesetz die gesetzlichen Tatbestände nicht selbst festlege, sondern auf andere Normen verweise. Die dynamisch-heteronome Verweisung sei im konkreten Fall nicht zu beanstanden. Die Norm verweise nämlich auf ein scharf umrissenes Rechtsinstitut, das vom jeweils zuständigen Bundes- oder Landesgesetzgeber im Wesentlichen gleich ausgestaltet worden sei, dessen Regelungen sich nur in minder wichtigen Einzelheiten unterscheiden könnten[712]. Der Inhalt, auf den der Bundesgesetzgeber verwiesen habe, stehe also im Wesentlichen fest. Deshalb sei dies kein Verzicht auf Befugnisse. Der Bundesgesetzgeber habe die wesentlichen Entscheidungen selbst getroffen und sie nicht „außenstehenden" Stellen überlassen[713].

In Entscheidungen zur dynamischen Verweisung des bundesrechtlichen Notargebührenrechts auf landesrechtliches Gerichtskostenrecht bejahte das Bundesverfassungsgericht[714] erneut die grundsätzliche Zulässigkeit der Verweisung. Danach weist es auf die Ansicht im Schrifttum hin, wonach eine dynamisch-heteronome Verweisung zur versteckten Verlagerung von Gesetzgebungsbefugnissen führe und daher unter demokratischen und anderen Geschichtspunkten als bedenklich beurteilt werde[715]. Ausdrücklich stellte das Gericht jedoch fest, dass es keine abschließende Prüfung dieser Bedenken gegen diese Art der Verweisung vornehme, sondern dass nur angesichts der Besonderheiten des konkreten Falles eine dynamische Verweisung verfassungswidrig sei[716].

---

[711] BVerfGE 26, S. 338 (366).

In BVerfGE 35, S. 23 (31–33) und BVerfGE 45, S. 297 (321), hat das Gericht die verfassungsgerichtlichen Grenzen der dynamischen Verweisung von Bundes- auf Landesrecht nicht direkt angesprochen. Nur am Rande stellt BVerfGE 35, S. 23 (33) fest, dass Regelungen des Verweisungsobjektes solange unproblematisch seien, als „der herkömmliche Kern" unangetastet bliebe.

[712] BVerfGE 26, S. 338 (366 f.).

[713] BVerfGE 26, S. 338 (367).

[714] BVerfGE 47, S. 285 (311 f.), unter Hinweis auf BVerfGE 5, S. 25 (31) (statische Verweisung); BVerfGE 22, S. 330 (346) (statische Verweisung); BVerfGE 26, S. 338 (365 f.) (dynamische Verweisung).

Die wesentlichen Erwägungen hat BVerfGE 48, S. 240, in einem weiteren Beschluss zur selben Verweisung bestätigt.

An diese Entscheidung knüpft auch BVerfGE 67, S. 348 (363 ff.) an und bestätigt diese Argumentation.

[715] BVerfGE 47, S. 285 (312).

[716] BVerfGE 47, S. 285 (312 f.). Dabei lässt das Gericht an vielen Stellen (vgl. S. 312, 315 ff.) ausdrücklich offen, ob die einzelnen Gründe allein ausreichen würden, diese Entscheidung zu tragen.

Zur Argumentation bzgl. des Bundesstaatsprinzips siehe oben im 2. Teil im Text ab Fn. 509 auf S. 176.

Zur Argumentation bzgl. des Gesetzesvorbehaltes siehe unten im 2. Teil im Text ab Fn. 1242 auf S. 277.

Nicht nur die Identität der Normgeber von Verweisungsnorm und Verweisungsobjekt sei im konkreten Fall nicht gewahrt, sondern die jeweils geregelten Materien gehörten auch verschiedenen Rechtsbereichen an[717]. Hier hätte eine dynamische Verweisung zur Folge, dass eine Regelung entstünde, ohne dass *irgendeine* gesetzgeberische Prüfung dieser Grundrechtsbeschränkung gewährleistet wäre[718]. Infolge der Verweisungsautomatik entstünde insoweit ein „parlamentsloses Parlamentsgesetz": Als der Gesetzgeber für den Bereich der Verweisungsnorm eine Regelung schuf, konnte er den Umfang künftiger Regelungen für den anders gelagerten Bereich des Verweisungsobjektes nicht vorhersehen. Der Verweisungsobjektgeber seinerseits, der im Rahmen seiner Gesetzgebungskompetenz nur die Befreiung von gerichtlichen Gebühren zu regeln hatte, hätte sich auf die Gründe konzentrieren können, die für den Verzicht auf Gerichtsgebühren sprächen, die aber keineswegs ohne Weiteres auch für die Notargebühren zuträfen. Ein Verweisungsobjektgeber sei so verfahren; ein anderer Verweisungsobjektgeber habe die Auswirkungen auf die Verweisungsregelung zwar kurz erörtert, aber als unvermeidbare Folge der Verweisungsnorm angesehen[719].

Auch das Bundesverwaltungsgericht[720] bewertet eine dynamische Verweisung von Bundes- auf Landesrecht bei einer „versteckten Verlagerung der Gesetzgebungsbefugnisse" als verfassungsrechtlich unzulässig. Der Bundesgesetzgeber knüpfe im konkreten Fall aber – mit dem Ziel der Gleichbehandlung – an die Landesregelung an und verwerte dabei – auch im Interesse der Minderung des Verwaltungsaufwandes – Sachverhaltsermittlungen, die sachgerecht nur in Kenntnis der örtlichen Verhältnisse vorgenommen werden könnten[721].

Der VGH Mannheim[722] hat eine dynamische Verweisung in der Baunutzungsverordnung auf Landesrecht angewendet, ohne diese für verfassungsrechtlich unzulässig zu erklären. Eine andere Verweisung in der Baunutzungsverordnung wurde vom selben Gericht[723] als statisch ausgelegt, ohne verfassungsrechtliche Bedenken aus dem Demokratieprinzip gegen eine dynamische Verweisung zu äußern.

---

[717] BVerfGE 47, S. 285 (316).

[718] BVerfGE 47, S. 285 (316); Hervorhebung vom BVerfG.

[719] BVerfGE 47, S. 285 (316 f.).

[720] BVerwG, Urt. v. 3. 3. 1989 = Buchholz 401.71 AFWoG Nr. 3, S. 17 (27 f.).

[721] BVerwG, Urt. v. 3. 3. 1989 = Buchholz 401.71 AFWoG Nr. 3, S. 17 (28).

[722] VGH Mannheim, BRS 57 (1995) Nr. 84 = UPR 1996, S. 38 = BauR 1996, S. 222.

[723] VGH Mannheim, DVBl. 2000, S. 201; ähnlich GmSOGB, MDR 1993, S. 344 ff., für eine potenziell dynamische Verweisung eines Bundesgesetzes auf landesrechtliches Bauordnungsrecht.

b) Verweisungen im Landesrecht auf Bundesrecht

In mehreren Entscheidungen haben das Bundesverwaltungsgericht[724], der Bayerische Verfassungsgerichtshof[725], der VGH Kassel[726], der VGH Mannheim[727] und das OVG Magdeburg[728] dynamische Verweisungen von Landesrecht auf Bundesrecht angewendet, ohne diese für verfassungsrechtlich unzulässig zu erklären. Andere Gerichte betonen, dass eine dynamisch-heteronome Verweisung verfassungsrechtlich unproblematisch sei, wenn im konkreten Fall kein spezieller Gesetzesvorbehalt bestehe[729] oder wenn der Rechtsbereich nicht grundrechtsrelevant sei[730]. Auch im Jahre 2005 hat das Bundesverwaltungsgericht[731] bekräftigt, dass dynamisch-heteronome Verweisungen aus verfassungsrechtlicher Sicht nicht generell ausgeschlossen seien. Dabei stellte das Gericht auf die weitgehende Einheitlichkeit des Verwaltungsverfahrensrechts in Bund und Ländern ab, um die dynamischen Verweisungen in den Verwaltungsverfahrensgesetzen einiger Länder auf das des Bundes als zulässig zu bewerten.

---

[724] BVerwG, Urt. v. 13. 6. 1963 – BVerwG I C 128.60 = Buchholz 310 § 40 VwGO Nr. 46 S. 81: dynamische Verweisung des Enteignungsgesetzes für das Großherzogtum Oldenburg auf die reichs- und bundesrechtlichen Vorschriften.

BVerwG, Urt. v. 19. 12. 1963 – BVerwG VIII C 26.63 = VerwRspr. 17 (1966), Nr. 33 = BayVBl. 1964, S. 294: Übernahme der Bundesbeihilfevorschriften in Bayern. Diese Rechtsprechung wurde im Ergebnis auch später in BVerwGE 95, S. 117 (118), für eine entsprechende Regelung in Berlin fortgesetzt.

BVerwG, Urt. v. 30. 6. 1966 – BVerwG VIII C 81.63 = Buchholz 238.90 Reise- und Umzugskosten Nr. 7: „Für die Reise- und Umzugskostenvergütung der Beamten gelten die jeweiligen Bundesvorschriften entsprechend" (Regelung in Schleswig-Holstein).

Außerdem erfolgte die Auslegung als statische Verweisung ohne Rückgriff auf Bedenken aus dem Demokratieprinzip in: BVerwGE 27, S. 239 (243) = RzW 1967, S. 570 (571); BVerwG, Urt. v. 12. 7. 1968 – BVerwG VII C 44.67 – Buchholz 401.82, Schl Viehm GebG Nr. 10; BVerwG, BRS 30, Nr. 17 (ähnlich auch BVerwG, BRS 38, Nr. 4).

[725] Die dynamische Verweisung im Landes-Kirchensteuergesetz auf Bundesgesetze ist mit der bayerischen Verfassung vereinbar lt. BayVerfGH, BayVBl. 1958, S. 144 (146).

[726] VGH Kassel, HessVGRspr. 1985, S. 29, legte eine Regelung in der Hessischen Bauordnung als eine Verweisung auf die Baunutzungsverordnung aus, ohne verfassungsrechtliche Probleme zu erwähnen.

[727] VGH Mannheim, NVwZ 1986, S. 955 (Verweisung im Landesnaturschutzgesetz auf Kollisionsnorm im Bundesbaugesetz).

Nach VGH Mannheim, VBlBW 1991, S. 22 (23), durfte man eine Verweisung in der Landesbauordnung auf das Bundesbaugesetz als eine „Aufforderung zur analogen Anwendung der Bestimmungen des BauGB ansehen". Mit *Manssen*, VBlBW 1991, S. 24 (25), ist dies als dynamische Verweisung anzusehen.

[728] OVG Magdeburg, NVwZ-RR 2003, S. 233 f., für eine dynamische Verweisung im landesrechtlichen Kommunalabgabenrecht auf die bundesrechtliche Abgabenordnung.

[729] OVG Hamburg, NJW 1980, S. 2830 (2831).

[730] OVG Berlin, OVGE Berlin 22, S. 114 (118).

[731] BVerwG, NVwZ 2005, S. 699 (700).

Nach Ansicht des Verwaltungsgerichts Hamburg[732] sind dynamische Verweisungen von Landesgesetzen auf Bundesgesetze jedenfalls insofern verfassungswidrig, als sie gegen das Demokratieprinzip verstießen: Nur das Parlament sei unmittelbar vom Volk gewählt und damit „prinzipiell das einzige verfassungsmäßig berufene Gesetzgebungsorgan". Der Landesgesetzgeber könne den Bundesgesetzgeber nicht ermächtigen, weil der Bundesgesetzgeber ein anderes Volk repräsentiere. Auch die Beteiligung im Bundesrat an Änderungen des Verweisungsobjektes ließe diese Bedenken nicht entfallen. Das Demokratieprinzip verlange mehr, als dass das Landesvolk mittelbar an dem Gesetzgebungsverfahren beteiligt sei. Es fordere, dass es sich seine Landesgesetze durch sein eigenes Landesparlament selbst gebe. Durch Verabschiedung einer Verweisungsnorm treffe der Gesetzgeber zwei Entscheidungen: Er bestimme den materiellen Inhalt in der gegenwärtigen Fassung des Verweisungsobjektes selbst. Weiter ordne der Gesetzgeber für die Zeit nach Inkrafttreten einer Änderung des Verweisungsobjektes an, dass sein Gesetz künftig den Inhalt haben solle, der sich aus der Willensbildung des Verweisungsobjektgebers ergebe. Den Inhalt bestimme damit, wenn auch ohne dies zu wollen, der Verweisungsobjektgeber. Unter Hinweis auf Hans-Ulrich Karpen und Fritz Ossenbühl wird die dynamisch-heteronome Verweisung als „verbotene freiwillige Preisgabe von Gesetzgebungsbefugnissen" bewertet. Eine inhaltliche Überwachung der Änderungen des Verweisungsobjektes durch den Landesgesetzgeber finde wohl nicht statt. Und selbst wenn diese erfolge, so benötige der Gesetzgeber nun eine Mehrheit zur Abkoppelung von der Regelung, während bei einer statischen Verweisung eine Mehrheit zur Abänderung erforderlich sei. Dies sei demokratiewidrig[733]. Zwar seien Gesetze vielfach – und dann auch ohne verfassungsrechtliche Bedenken – so ausgestaltet, dass die zukünftige konkrete Regelungsfolge von veränderlichen, tatsächlichen, vor allem statistischen Faktoren abhänge. Diese Fälle unterschieden sich jedoch insoweit wesentlich von der dynamischen Verweisung, als die Änderungen nicht von der Willensbetätigung eines Anderen, sondern von der Entwicklung tatsächlicher Faktoren abhänge. Im Gegensatz dazu erfahre bei der dynamischen Verweisung die Verweisungsnorm selbst eine inhaltliche normative Veränderung. Zwar bestehe ein praktisches Bedürfnis, jedoch könnten auch statische Verweisungen – und im konkreten Fall eine Ermächtigung des Verordnungsgebers – das Parlament ausreichend entlasten[734].

Demgegenüber bestehen nach dem Berufungsurteil des OVG Hamburg[735] keine durchgreifenden Bedenken gegen diese Verweisung. Nur aus *besonderen* Gründen könne eine dynamisch-heteronome Verweisung gegen demokratische Grundsätze verstoßen[736]. Demokratietheoretische Bedenken griffen gegen die dynamische

---

[732] VG Hamburg, NJW 1979, S. 667 (668).
[733] VG Hamburg, NJW 1979, S. 667 (668 f.).
[734] VG Hamburg, NJW 1979, S. 667 (669).
[735] OVG Hamburg, NJW 1980, S. 2830.
[736] OVG Hamburg, NJW 1980, S. 2830; Hervorhebung im Original.

Verweisung im konkreten Fall nicht durch. Soweit Ossenbühl verlange, dass das Gesetz zuvor inhaltlich in den Willen des Parlamentes aufgenommen sein müsse, sei der Gedanke zu punktuell und vereinfacht. Es seien zahlreiche Gesetze möglich, die das Parlament mit unklarer oder vielleicht sogar verfehlter Vorstellung über ihren Inhalt beschlossen habe. Namentlich den Inhalt von gesetzlichen Generalklauseln, den die Rechtsprechung in langjähriger Praxis an Hand der Kasuistik zu bestimmen pflege, könne das Parlament nicht kennen und deswegen nicht „zuvor" gewollt haben. Vielmehr wolle der Gesetzgeber sowohl bei der Generalklausel als auch bei der dynamischen Verweisung die spätere konkretisierende Inhaltsbestimmung. Dann aber sei nicht einzusehen, weshalb das Landesparlament spätere Inhaltsänderungen seines Gesetzes wohl der Rechtsprechung – und zwar auch durch Gerichte des Bundes –, nicht aber dem Bundestag, der seine demokratische Legitimation auch den Bürgern des Landes verdanke, überlassen dürfe[737].

Der Bayerische Verfassungsgerichtshof[738] bewertete eine Verweisung im bayerischen Kommunalabgabengesetz auf die Abgabenordnung nicht als Übertragung von Normsetzungsbefugnissen, sondern der Verweisungsnormgeber bestimme vielmehr nur den Inhalt seiner eigenen Regelung, den diese jetzt und später haben solle. Führten Änderungen des Verweisungsobjektes zu Ergebnissen, die dem Willen des Verweisungsnormgebers nicht mehr entsprächen, könne er die Verweisung durch eigene Regelung ersetzen[739]. Weiter statuierte das Gericht eine Pflicht des Gesetzgebers, seine Verweisungsregelung auch nach ihrem Erlass fortlaufend zu überprüfen, wenn deren Inhalt von Recht abhänge, auf das er selbst keinen Einfluss habe. Er müsse tätig werden, falls Änderungen des Bundesrechts zu unlösbaren Widersprüchen oder zu nicht gewollten Ergebnissen der Verweisung führten[740]. Die konkrete Regelung verstoße auch nicht gegen das Demokratieprinzip, welches gebiete, dass die Rechtsordnung auf einer Willensentschließung der vom Volk bestellten Gesetzgebungsorgane beruhe. Die dynamische Verweisung von einem Landesgesetz auf ein Bundesgesetz bewirke im Ergebnis, dass sich bei einer Änderung der in Bezug genommenen bundesrechtlichen Vorschrift der Inhalt des Landesgesetzes ändere, ohne dass dabei der Landesgesetzgeber (erneut)

---

[737] OVG Hamburg, NJW 1980, S. 2830 (2832).

[738] BayVerfGHE 42 (1989), S. 1 (8) = NVwZ 1989, S. 1053 = BayVBl. 1989, S. 267. Diese Entscheidung für die Zulässigkeit entsprechender Verweisungen übernehmend: *Ecker*, ThürVBl. 1993, S. 49 (51); *Lauenroth / Sauthoff*, in: Driehaus, KAG, § 12 Rn. 60.
In zwei nachfolgenden Entscheidungen (BayVerfGHE 46 [1993], S. 14 [16]; BayVBl. 1996, S. 141) zur Regelung vom Erziehungsgeld nach Landesgesetz durch Verweisung auf Bundesgesetz wird auf die Entscheidung zum Kommunalabgabenrecht Bezug genommen und es werden deren wesentlichen Aussagen wiederholt.
Ähnlich auch BayVGH, NuR 1997, S. 601 f.

[739] BayVerfGHE 42 (1989), S. 1 (9 und 10).

[740] BayVerfGHE 42 (1989), S. 1 (10 f.), zust. *Hartmann*, in: Soergel, EGBGB, Art. 2 Rn. 3.

unmittelbar handelnd mitgewirkt hätte. Eine derartige „versteckte Verlagerung von Gesetzgebungsbefugnissen" könne unter dem Blickwinkel des Demokratieprinzips bedenklich sein[741]. Im konkreten Fall bestünden die Bedenken nicht, weil die Verweisung zu einem eng begrenzten und klar überschaubaren Regelungsbereich gehöre[742]. Diese sei so hinreichend überschaubar, dass der Inhalt der angefochtenen Regelung trotz der Verweisung demokratisch legitimiert im Willen des Landesgesetzgebers verankert sei[743].

Das VG Hannover[744] betonte in einer Entscheidung zur Verweisung der niedersächsischen Bauordnung auf das Baugesetzbuch zunächst die grundsätzliche Zulässigkeit der dynamischen Verweisung. Bei der dynamisch-heteronomen Verweisung stelle sich aber die Frage, ob eine derartige Verweisung nicht im Ergebnis zu einer versteckten Verlagerung von Gesetzgebungsbefugnissen führe und mit dem Demokratieprinzip und anderen Grundsätzen vereinbar sei. Bei einer dynamischen Verweisung unterliege das Verweisungsobjekt allen Veränderungen, die vom Verweisungsobjektgeber vorgenommen werden könnten, ohne dass der Verweisungsnormgeber darauf noch Einfluss nehmen könnte. Vor diesem Hintergrund habe auch das Bundesverfassungsgericht festgestellt, dass sich der zuständige Gesetzgeber bei einer dynamischen Verweisung nicht vollständig seiner Verantwortung für den Inhalt an einen anderen Normgeber entäußern dürfe[745].

c) Verweisungen in Gesetzen auf Regelungen der Exekutive

Fast alle vom Bundesverfassungsgericht entschiedenen Fälle mit Aussagen zu Verweisungen auf Rechtsverordnungen befassten sich mit Strafnormen[746]. Daraus lässt sich für die Verweisung auf Rechtsverordnungen die Schlussfolgerung ziehen, dass diese jedenfalls dann zulässig sein soll, wenn die Verweisungsnorm[747] oder die Ermächtigungsnorm für die Rechtsverordnung[748] Inhalt, Zweck und Ausmaß der Verweisungsregelung hinreichend deutlich umschreibt.

---

[741] BayVerfGHE 42 (1989), S. 1 (9), unter Hinweis auf BVerfGE 47, S. 285 (316).

[742] BayVerfGHE 42 (1989), S. 1 (9).

[743] BayVerfGHE 42 (1989), S. 1 (10).

[744] VG Hannover, NdsVBl. 2002, S. 51.

[745] VG Hannover, NdsVBl. 2002, S. 51 (52). Im Ergebnis wurde die Bezugnahme daher als statische Verweisung auf die im Zeitpunkt der Neufassung der Verweisungsnorm geltende Fassung ausgelegt. Neben den verfassungsrechtlichen Gründen wird diese Auslegung auch noch auf andere Gründe gestützt. Siehe dazu oben im 1. Teil: Fn. 236 auf S. 64; Fn. 244 auf S. 66; Fn. 262 auf S. 68; Fn. 283 auf S. 71.

[746] Siehe dazu ausführlich unten 2. Teil: H.VI. Besondere Gesetzesvorbehalte bei Straf- und Bußgeldnormen (S. 262 ff.).

[747] In diesem Sinne insbes.: BVerfGE 14, S. 245 (252); BVerfG, NVwZ-RR 1992, S. 521.

Nach dem Bundesfinanzhof[749] ist eine dynamische Verweisung in einem Bundesgesetz auf eine Verordnung des Bundes im konkreten Fall verfassungsrechtlich unbedenklich, da sie sich nur auf die nähere Bestimmung des bereits im Gesetz selbst verwendeten Begriffes durch den dazu ermächtigten (Bundes-)Verordnungsgeber richtet. Ferner wurden dynamische Verweisungen in Bundesgesetzen auf Rechtsverordnungen des Bundes sowohl vom Bundesverwaltungsgericht[750] als auch vom Bundessozialgericht[751] nicht für bedenklich gehalten, weil die Verweisungen den Anforderungen aus Art. 80 GG entsprechen würden.

Keine Bedenken gegen die Verweisung vom Wehrpflichtgesetz auf vom Bundesminister für Verteidigung zu erlassende Richtlinien äußerte das Bundesverwaltungsgericht[752]. Ähnlich bewertete der Bundesfinanzhof[753] die dynamische Verweisung in § 2 Nr. 3 StromStG a. F.[754] auf eine Klassifikation des Statistischen Bundesamtes als verfassungsgemäß. Die dynamische Verweisung sei grundsätzlich möglich[755]. Allerdings dürfe der Gesetzgeber seine Normsetzungsbefugnis nicht in beliebigem Umfang außerstaatlichen Stellen überlassen und den Bürger nicht schrankenlos der normsetzenden Gewalt autonomer Gremien ausliefern, die ihm gegenüber nicht demokratisch oder mitgliedschaftlich legitimiert seien. Eine weitgehende Verlagerung von Gesetzgebungsbefugnissen sei unter diesen Gesichtspunkten nicht statthaft[756].

d) Verweisungen in Gesetzen auf Regelungen Privater

Im ersten Beschluss des Bundesverfassungsgerichts[757] zu § 9 Abs. 1 BVSG[758] führt das Gericht im Anschluss an seine Ausführungen zur Allgemeinverbindlicherklärung von Tarifverträgen[759] aus: „Auch eine Verweisung von staatlichen

---

[748] In diesem Sinne bspw.: BVerfG, LRE 47, S. 349 (350); BVerfGE 22, S. 21 (25); BVerfG, RIW 1979, S. 132 (133).

[749] BFHE 171, S. 84 (88 f.).

[750] BVerwGE 68, S. 207 (208) (ohne Begründung); 68, S. 342 (351).

[751] BSG, SozR 4–4300, § 422 Nr. 1, Rn. 17 f.

[752] BVerwGE 18, S. 298.

[753] BFHE 207, S. 88 (93 ff).

[754] Stromsteuergesetz idF. d. Art. 1 d. G. v. 24. 3. 1999 (BGBl. I S. 378).

[755] BFHE 207, S. 88 (95) unter Hinweis auf BVerfGE 60, S. 135 (155).

[756] BFHE 207, S. 88 (95).

[757] BVerfGE 64, S. 208.

[758] § 9 Abs. 1 G. über einen Bergmannsversorgungsschein im Land NW idF. d. Bek. v. 14. 4. 1971 (GVBl. S. 125 [126]): „Für die Dauer der anderweitigen Beschäftigung auf Grund des Bergmannsversorgungsscheins oder der Erwerbslosigkeit oder der Umschulung zu einem anderen Beruf erhält der Inhaber eines Bergmannsversorgungsscheins vom bisherigen Bergbau-Arbeitgeber oder seinem Rechtsnachfolger Hausbrandkohlen zu denselben Bedingungen wie aktive Bergleute."

Gesetzen auf tarifvertragliche Regelungen darf nicht dazu führen, dass der Bürger schrankenlos der normsetzenden Gewalt der Tarifvertragsparteien ausgeliefert wird, die ihm gegenüber weder staatlich-demokratisch noch mitgliedschaftlich legitimiert sind (…). Das widerspräche … dem Demokratieprinzip, wonach die Ordnung eines nach dem Grundgesetz staatlicher Regelung offenstehenden Lebensbereichs durch Sätze des objektiven Rechts auf eine Willensentschließung der vom Volke bestellten Gesetzgebungsorgane zurückgeführt werden muß"[760]. Unter Hinweis auf seine Entscheidung zum Eisenbahnkreuzungsgesetz[761] führt das Gericht dann weiter aus: „Nur soweit der Inhalt der tarifvertraglichen Regelungen, auf die staatliche Rechtsnormen verweisen, im wesentlichen feststeht, kann von einem unzulässigen Verzicht des Gesetzgebers auf seine Rechtsetzungsbefugnisse nicht die Rede sein"[762]. Daraus folgert das Gericht, dass die Verweisungsnorm eng – im Sinne einer Begrenzung der Verweisung, wie sie unter rechtsstaatlich-demokratischen Aspekten notwendig ist – ausgelegt werden muss. Dies habe die Vorinstanz nicht beachtet. Unter diesen Prämissen wurden die angegriffenen Urteile aufgehoben[763], die Verweisungsnorm als solche aber nicht beanstandet.

Im Verfahren zur geänderten Fassung des § 9 Abs. 1 Satz 1 BVSG[764] hielt das Gericht die Vorlage für unzulässig[765]. Das vorlegende Gericht habe sich nicht ausreichend damit beschäftigt, ob der Gesetzgeber mit der Neuregelung „nicht lediglich eine hergebrachte Tarifpraxis in Bezug genommen habe, die auch dem Gesetzgeber bekannt war, und die damit als Verweisungsobjekt jedenfalls dann dem Rechtsstaats- und Demokratieprinzip genügen würde, wenn sie zu einer im wesentlichen einheitlichen Berechnungspraxis geführt hätte"[766].

Unter Hinweis auf und mit ähnlicher Begründung wie das Bundesverfassungsgericht haben das Bundesverwaltungsgericht[767] und das Bundesarbeitsgericht[768]

---

[759] BVerfGE 44, S. 322 (Ls. 1) (im Ergebnis ebenso bspw.: *Bieback*, RdA 2000, S. 207 [216]; *Stefener*, S. 38 f.) sah die Allgemeinverbindlicherklärung zu Recht – entgegen einigen Stimmen aus der Literatur (*Moritz*, S. 16 f.; *Nömeier*, S. 72; *Ullrich*, S. 32 f.) – nicht als Verweisung, sondern als Rechtssetzungsakt eigener Art zwischen autonomer Regelung und staatlicher Rechtssetzung an, der seine eigenständige Grundlage in Art. 9 Abs. 3 GG findet.

[760] BVerfGE 64, S. 208 (214 f.).

[761] Siehe dazu oben im 2. Teil ab Fn. 711 (S. 205).

[762] BVerfGE 64, S. 208 (215).

[763] BVerfGE 64, S. 208 (216).

[764] § 9 Abs. 1 Satz 1 d. G. über einen Bergmannsversorgungsschein im Land NW idF. v. 20. 12. 1983 (GVBl. S. 635 [637]): „Für die Dauer der außerbergbaulichen Beschäftigung, der Arbeitslosigkeit im Sinne des Arbeitsförderungsgesetzes oder berufsfördernder Leistungen erhalten die Inhaber eines Bergmannsversorgungsscheins vom bisherigen Bergbau-Arbeitgeber oder seinem Rechtsnachfolger Hausbrandkohlen oder entsprechende Barabgeltung nach den für aktive Bergleute geltenden tariflichen oder betrieblichen Regelungen."

[765] BVerfGE 78, S. 32 (35).

[766] BVerfGE 78, S. 32 (38).

gesetzliche Vorschriften als zulässige dynamische Verweisung auf tarifvertragliche Regelungen ausgelegt. Die Aussagen aus den Entscheidungen zur Verweisung in Gesetzen auf arbeitsrechtliche Regelungen Privater sind aber nur bedingt verallgemeinerungsfähig, weil auch spezielle Konflikte zwischen staatlicher Gesetzgebung und Tarifautonomie von Bedeutung sind[769].

Eine dynamische Verweisung vom Vergnügungssteuergesetz auf Regelungen der Freiwilligen Filmselbstkontrolle wurde vom Bayerischen Verwaltungsgerichtshof[770] für verfassungswidrig erklärt. Der Grundsatz der alleinigen Rechtssetzungsbefugnis des Landtags, der seine Grundlage unter anderem im Demokratiegebot finde, verbiete, in einem Gesetz die selbständige Regelung einer ganzen Rechtsmaterie auf einen Anderen zu übertragen. Mit der Verweisung habe der Landtag nicht nur unzulässig auf eine jederzeit und ohne seine Mitwirkung veränderbare Regelung einer bürgerlich-rechtlichen Einrichtung verwiesen. Der Landtag habe es auch versäumt, die übertragene Regelungsbefugnis klar auf einzelne, genau umschriebene Fragen zu begrenzen[771].

e) Verweisungen auf EG-Recht

Das Bundesverfassungsgericht hat mehrfach entschieden, dass der Gesetzgeber auch auf Normen und Begriffe des EG-Rechts verweisen darf[772]. „Gemeinschaftsrecht und nationales Recht der Mitgliedstaaten sind zwar zwei verschiedene Rechtsordnungen. Die beiden Rechtsordnungen stehen jedoch nicht unverbunden nebeneinander, greifen vielmehr auf mannigfache Weise ineinander. Diese vielfältige Verschränkung von Gemeinschaftsrecht und nationalem Recht verbietet es, Verweisungen auf Gemeinschaftsrecht anders zu beurteilen als Verweisungen auf nationales Recht"[773].

---

[767] BVerwG, Urt. v. 21. 12. 2000 – BVerwG 2 C 42.99 = Buchholz 232 § 72 BBG, Nr. 37, S. 3; BVerwG, ZTR 2004, S. 104 (105).

[768] BAGE 69, S. 105 (114). Eine konkrete Normenkontrolle zu dieser gesetzlichen Regelung hatte BVerfGE 78, S. 32 bereits als unzulässig abgewiesen, weil das Vorlagegericht sich nicht ausreichend damit auseinandergesetzt hatte, ob die Verweisungsnorm verfassungskonform ausgelegt werden könne.

[769] In diesem Sinne auch *Veit*, S. 55.

[770] BayVGH, GewArch 1978, S. 188 (190 f.).

[771] BayVGH, GewArch 1978, S. 188 (191).

[772] BVerfGE 29, S. 198 (210), bestätigt in BVerfGE 29, S. 213; ebenso: BVerfGE 34, S. 348 (366); BVerfG, RIW 1979, S. 132 (133).

BVerfGE 81, S. 132 (dazu *Moll*, S. 162 f.), beschäftigt sich nur mit einer speziellen Fragestellung (Rückwirkungsverbot), nicht aber mit der Verweisung als solcher.

BVerfGE 110, S. 33 (62), erwähnt am Rande, dass auch Verweisungen auf das EG-Recht vorliegen, wobei jedoch nur auf die Frage der Bestimmtheit eingegangen wird.

[773] BVerfGE 29, S. 198 (210), bestätigt in BVerfGE 29, S. 213.

Das Bundesverwaltungsgericht hat eine Auslegung als dynamische Verweisung auf eine EWG-Verordnung ausdrücklich bestätigt[774] und in mehreren Entscheidungen[775] eine dynamische Verweisung[776] auf EG-Recht unter Hinweis auf die Rechtsprechung des Bundesverfassungsgerichts für zulässig erklärt.

Nach zwei neueren Entscheidungen des Bundesfinanzhofs[777] stellt eine dynamische Verweisung auf eine Klassifikation des Statistischen Bundesamtes, die auf einen Rechtsakt des Gemeinschaftsgesetzgebers zurückführbar ist, eine „zumindest mittelbare Verweisung" auf geltendes Gemeinschaftsrecht dar. Aufgrund des Zustimmungsgesetzes zum Vertrag zur Gründung der Europäischen Gemeinschaften könne das Gemeinschaftsrecht innerstaatliche Geltung beanspruchen. Aufgrund der gemeinschaftsrechtlichen Vorgaben, die eine Vergleichbarkeit der nationalen und europäischen Klassifikationen und Statistiken gewährleisten sollten, verbleibe nur ein geringer Spielraum für nationale Besonderheiten. Das Funktionieren des europäischen Binnenmarktes erfordere eine fortschreitende Harmonisierung, so dass die grundlegenden Entscheidungen durch gemeinschaftsrechtlich legitimierte Gremien getroffen würden. Daher seien wesentliche Änderungen – im Rahmen eines etwa durch das Statistische Bundesamt veranlassten nationalen Alleingangs – in Zukunft nicht zu erwarten. Der nationale Gesetzgeber, der auch am Entscheidungsprozess auf europäischer Ebene beteiligt sei, habe

---

BVerfG, RIW 1979, S. 132 (133), führt aus, dass für Blankettstrafgesetze, die nicht auf eine nationale Rechtsverordnung, sondern auf eine EWG-Verordnung verweisen, dieselben Anforderungen gelten.

[774] Beschl. v. 21. 9. 1995 – 4 B 263.94 = Buchholz 406.401 § 20g BNatSchG Nr. 1, für § 20g Abs. 2 BNatSchG idF. d. G. v. 6. 8. 1993 (BGBl. I S. 1458): „Tiere und Pflanzen der vom Aussterben bedrohten Arten oder der in Anhang C Teil 1 der Verordnung (EWG) Nr. 3626/82 aufgeführten Arten, die der Natur entnommen worden sind, dürfen nicht …".

[775] BVerwGE 102, S. 39 (40 ff.); BVerwG, LRE 36, Nr. 59, S. 354 (357–359), insoweit inhaltlich identisch die Vorinstanz OVG NW, LRE 36 Nr. 60, S. 361 (364 ff); BVerwGE 111, S. 143 (146 ff.); BVerwG, LRE 39 Nr. 42 S. 293 (294), m. w. N. Dieselbe Norm wurde allerdings vom OVG TH, ThürVBl. 1998, S. 39 (40 f.), als statische Verweisung ausgelegt.

[776] § 24 Abs. 2 Satz 2 FlHG idF. d. Art. 3 Nr. 13 d. G. v. 18. 12. 1992 (BGBl. I, S. 2022 [2032]): „Die Gebühren sind nach Maßgabe der Richtlinie 85/73/EWG des Rates vom 29. Januar 1985 über die Finanzierung der Untersuchungen und Hygienekontrollen von frischem Fleisch und Geflügelfleisch (ABl. EG Nr. L 32 S. 14) und der aufgrund dieser Richtlinie erlassenen Rechtsakte der Organe der Europäischen Gemeinschaften zu bemessen."

VGH Kassel, LRE 34 Nr. 19, S. 122 (124 f.), und *Schmidt am Busch*, DÖV 1999, S. 581 (583, Fn. 5), haben zu Recht betont, dass diese Verweisung auf EG-Recht nur klarstellenden Charakter hat, weil die Länder im Bereich der konkurrierenden Gesetzgebung – soweit der Bund von seiner Gesetzgebungskompetenz keinen Gebrauch gemacht hat – innerstaatlich zur Umsetzung verpflichtet sind. Auf diesen Aspekt stellen die in Fn. 775 genannten Entscheidungen jedoch nicht ab.

[777] BFHE 207, S. 88 (96); BFH, Beschl. v. 16. 6. 2005 – VII R 10/03 – Rn. 24, zitiert nach juris; zur innerstaatlichen Argumentation siehe oben im 2. Teil bei Fn. 634 ff. auf S. 194.

sich somit nicht seiner Gesetzgebungsbefugnis begeben und die Begriffsbestimmung auch nicht in die ausschließliche Kompetenz des Statistischen Bundesamtes entlassen[778].

Im Anschluss an eine Entscheidung des Bundesverfassungsgerichts[779] zur Verweisung in einem Gesetz hat das OVG Münster[780] keine Bedenken, auch eine Verweisung in einer Rechtsverordnung des Bundes auf EG-Recht für zulässig zu erachten. Zwar handele es sich bei den Richtlinienbestimmungen, auf die verwiesen wurde, nicht nur um technische Vorschriften. Die Verweisung sei dennoch zulässig, weil der deutsche Normgeber zur Umsetzung der jeweiligen Änderungen verpflichtet sei[781]. Gem. Art. 249 Abs. 3 EGV[782] bleibe ein Spielraum nur bei der Wahl der Form und Mittel, was jedoch angesichts der Vorgaben der Richtlinie kaum Bedeutung erlangen könne. Materiell gesehen würden keine gesetzgeberischen Befugnisse aufgegeben. Der deutsche Gesetzgeber habe sich seiner Verantwortung für den Inhalt der Normierung nicht völlig entäußert, weil er die Verweisung wegen der Teilnahme eines deutschen Mitglieds im die Richtlinie ändernden Rat hinreichend schnell ändern könne[783].

f) Sonstige Konstellationen

Bei einer Auslegungsvariante einer Verweisung in einem Sozialplan auf einen Tarifvertrag konnte an die Stelle einer Sach- eine Geldleistung treten, was das Bundesverfassungsgericht als Aliud bewerten würde. In einem obiter dictum schrieb das Gericht, dass dies bei staatlichen Gesetzen unzulässig sei, „weil eine im Blick auf das Rechtsstaats- und Demokratieprinzip hinreichende Begrenzung der Verweisung nicht mehr erkennbar wäre"[784].

Das Bundesverwaltungsgericht hat eine dynamische Verweisung in einer Rechtsverordnung einer Bezirksregierung auf Bebauungspläne verschiedener Ge-

---

[778] BFHE 207, S. 88 (96); BFH, Beschl. v. 16. 6. 2005 – VII R 10/03 – Rn. 24, zitiert nach juris.

[779] BVerfGE 29, S. 198 (210).

[780] OVG Münster, OVGE MüLü 45, S. 217 (222).

[781] OVG Münster, OVGE MüLü 45, S. 217 (222 f.). Weiter argumentiert das Gericht mit Art. 23 f. GG, dazu siehe bereits oben im 2. Teil: D.II.5. Übertragung von Hoheitsrechten gem. Art. 23 f. GG (S. 165).

[782] Im Urteil wurde noch Art. 189 Abs. 3 EGV a. F. zitiert, an dessen Stelle ist jedoch der wortgleiche Art. 249 Abs. 3 EGV getreten.

[783] OVG Münster, OVGE MüLü 45, S. 217 (223).

[784] BVerfGE 73, S. 261 (272 f.): Für die Auslegung von Verweisungen rechtsgeschäftlicher Art bestünden dagegen verfassungsrechtliche Grenzen nur insoweit, als diese nicht in einer Weise ausgedehnt werden dürften, die für die Parteien des Rechtsgeschäfts zum Zeitpunkt seines Abschlusses keineswegs mehr vorhersehbar waren.

meinden für zulässig erachtet, wobei nur auf das Bestimmtheitsproblem eingegangen wurde[785].

In einer Eilentscheidung des VGH Kassel wurde eine dynamische Verweisung einer Anschlusssatzung einer berufsständischen Personalkörperschaft auf das Satzungsrecht der aufnehmenden Personalkörperschaft für unzulässig erklärt[786]. Auffällig ist, dass das Gericht bereits ernstliche Zweifel daran hatte, ob der Anschlusssatzung eine ausreichende Ermächtigungsgrundlage zugrunde lag[787]. Zu den verfassungsrechtlichen Grenzen der Verweisung wurden zunächst vier Absätze aus dem Beschluss des Bundesverfassungsgerichts zum Notargebührenrecht[788] zitiert[789]. Im Anschluss daran stellt das Gericht fest, dass im Falle der missliebigen Änderung des Verweisungsobjektes der Verweisungsnormgeber durch die Aufhebung der Verweisung nicht alle Rechtsfolgen vollständig beseitigen könne[790].

Weiter hat der VGH Kassel[791] eine gemeindliche Satzungsnorm überprüft, in der die Aufwandsentschädigung für Ortsvorsteher durch Verweisung auf die Grundgehälter von Landesbeamten geregelt wurde. Das Gericht betonte, dass dynamische Verweisungen weder generell rechtswidrig noch generell rechtmäßig seien[792]. Vielmehr sei im Einzelfall zu prüfen, ob demokratische oder sonstige verfassungsrechtliche Gesichtspunkte der dynamischen Verweisung entgegenstünden. Der konkreten Verweisung könnte nicht entgegengehalten werden, bei der dynamisch-heteronomen Verweisung seien künftige Änderungen in ihrer Tragweite nicht mehr vorhersehbar und im Zeitpunkt des Erlasses der Verweisungsnorm nicht überschaubar. Gerade der gewählte Anknüpfungspunkt der Verweisung gewährleiste weitestgehend die Vorhersehbarkeit der zu erwartenden Veränderungen[793]. Im Gegensatz zu der Festlegung eines konkreten Betrages, was häufige Änderungen notwendig machen würde, sei eine Regelung gefunden worden, „die eine entsprechende Anpassung bereits in sich selbst trägt"[794]. Zwar könne für den Landesbeamten eine Steigerung eintreten, die von dem Normalfall linearer Veränderungen der Besoldung abweiche. Dies sei jedoch unwahrscheinlich. Dass der Satzungsgeber solche außergewöhnlichen Entwicklungen nicht überblicken würde und insoweit die Tragweite seiner dynamischen Verweisung nicht vollständig abschätzen könne, stehe der Rechtmäßigkeit der Verweisungsnorm nicht

---

[785] BVerwG, NVwZ 1997, S. 887 (888).
[786] VGH Kassel, ESVGH 43, S. 283.
[787] Vgl. VGH Kassel, ESVGH 43, S. 283 (284 f.).
[788] Siehe dazu oben im 2. Teil ab Fn. 714 (S. 206).
[789] VGH Kassel, ESVGH 43, S. 283 (286).
[790] VGH Kassel, ESVGH 43, S. 283 (286 f).
[791] VGH Kassel, HSGZ 1987, S. 155.
[792] VGH Kassel, HSGZ 1987, S. 155 (157).
[793] VGH Kassel, HSGZ 1987, S. 155 (157 f.).
[794] VGH Kassel, HSGZ 1987, S. 155 (157).

entgegen. Denn es würde sich bei der insoweit vorgestellten Entwicklung um tiefgreifende und öffentlich diskutierte Vorgänge handeln, auf die der Normgeber der Verweisungsnorm mit einer Satzungsänderung rechtzeitig reagieren könnte, so dass jedenfalls *überraschende* Veränderungen auszuschließen seien[795]. Dass die Tragweite der dynamischen Verweisung ausreichend überschaut werden könne, beruhe darauf, dass die in Bezug genommene Norm als besonders sachnah und vom Regelungsgegenstand her ähnlich wie die von der Verweisungsnorm geregelte Materie einzustufen sei[796].

In einem obiter dictum stellte das OVG Koblenz[797] für eine Verweisung in einer Fremdenverkehrsbeitragssatzung einer Gemeinde auf die Richtsatzsammlung der Oberfinanzdirektion fest, „diese Bezugnahme ist keine (unzulässige) dynamische Verweisung auf eine Nichtnorm"[798]. Dagegen beanstandete das OVG Lüneburg[799] eine entsprechende Regelung als dynamische (Fremd-)Verweisung, weil – wegen der Automatik der Verweisung – der Verweisungsnormgeber sich seiner Befugnis und Verpflichtung das Recht selbst zu setzen begebe.

Das OVG Münster[800] hat neuerdings eine dynamische Verweisung in einer gemeindlichen Satzung auf eine Verordnung des Bundeslandes, in dem die Gemeinde gelegen ist, als Verstoß gegen das Übertragungsverbot des § 41 Abs. 1 Satz 2 Buchst. f) GO NW[801] bewertet. Dynamisch-heteronome Verweisung seien jedenfalls unzulässig, „wenn der Inhalt dessen, was durch die Änderungen der in Bezug genommenen Regelung in das Ortsrecht integriert würde, nicht mehr als vom rechtssetzenden Willen des Rates erfasst anzusehen" sei. Dies sei dann anzunehmen, wenn weder aus der Verweisungsnorm selbst noch aus der Struktur der Regelungen, auf die verwiesen wird, eine für den Rat erkennbare Begrenzung der potentiellen Rückwirkungen von Änderungen der Bezugsregelung gewonnen werden könne. Demgegenüber könnten eng begrenzte mögliche Rückwirkungen, weil diese vom Rat bereits bei Erlass der Verweisungsnorm in ihrem potentiellen Umfang erkannt seien, je nach Sachlage als (antizipiert) in seinen Rechtssetzungswillen aufgenommen bewertet werden[802]. Im konkreten Fall ginge es jedoch um die Verweisung auf eine neue Regelung, deren künftige Gestaltungen der Verweisungsnormgeber nicht übersehen und in seinen Willen aufnehmen konnte[803].

---

[795] VGH Kassel, HSGZ 1987, S. 155 (158), unter Hinweis auf OVG Hamburg, NJW 1980, S. 2830 (2831 f.); Hervorhebung vom VGH Kassel.

[796] VGH Kassel, HSGZ 1987, S. 155 (158).

[797] OVG Koblenz, DVBl. 1983, S. 140.

[798] Zur erforderlichen Qualität des Verweisungsobjektes siehe oben im 1. Teil: A.II.2. Verweisungsobjekt (S. 43 ff.).

[799] OVG Lüneburg, GemHH 1991, S. 254 (259).

[800] OVG NW, NVwZ 2005, S. 606 (Ls. 1).

[801] Siehe dazu bereits oben 2. Teil: B.IV. Verweisungen in kommunalen Satzungen (S. 111 f.).

[802] OVG NW, NVwZ 2005, S. 606.

Dagegen hatte der Bayerische Verwaltungsgerichtshof[804] keine Bedenken gegen eine entsprechende Regelung einer bayerischen Gemeinde. Die Zulässigkeit einer dynamischen Verweisung setze nach demokratischen Grundsätzen voraus, dass sie dem Zweck der verweisenden Norm nicht zuwiderlaufe und der Verweisungsnormgeber sich seiner Kompetenz und Verantwortung hinsichtlich wesentlicher Norminhalte nicht entäußere. Der mit der Verweisungsregelung verbundene Lenkungszweck entspreche dem des Verweisungsobjektes. Der Verweisungsnormgeber habe sich durch die betreffende dynamische Verweisung auf einen eng begrenzten und klar überschaubaren Regelungsbereich auch nicht seiner Rechtssetzungshoheit hinsichtlich wesentlicher Inhalte entäußert[805].

Bereits zuvor hatte der Bayerische Verwaltungsgerichtshof eine dynamische Verweisung in einem Bebauungsplan auf die 4. Verordnung zur Durchführung des Bundes-Immissionsschutzgesetzes gebilligt[806] und eine Verweisung in einer gemeindlichen Satzung auf eine DIN-Norm angewendet, ohne dass die Verweisung als statisch oder dynamisch eingeordnet worden wäre[807].

5. Rechtsrealistische Vermittlungsansichten

a) Äußerungen in enger Anlehnung an das BVerfG

Die *rechtsrealistischen Vermittlungsansichten*[808] lehnen sich bei der verfassungsrechtlichen Bewertung häufig an einzelne oder mehrere der bereits dargestellten Kriterien des Bundesverfassungsgerichts an.

Mehrfach werden (Teil-)Aussagen aus dem Bundesverfassungsgerichtsbeschluss zum Notargebührenrecht[809] zustimmend wiedergegeben[810]. Dabei wird aus der Rechtsprechung des Bundesverfassungsgerichts ein „Erfordernis der hinreichenden Begrenzung der Verweisung" herauskristallisiert[811]. Werde es erfüllt, dann seien die Regelungen vom demokratischen Willen umfasst, weil der Inhalt der

---

[803] OVG NW, NVwZ 2005, S. 606.

[804] BayVGH, BayVBl. 2006, S. 639 f.

[805] BayVGH, BayVBl. 2006, S. 639.

[806] BayVGH, BRS 58, Nr. 72, S. 211 ff.

[807] BayVGH, VerwRspr. 26, S. 997 (1004).

[808] Bezeichnung nach: *Brugger*, VerwArch. 78 (1987), S. 1 (22); *Pabst*, NVwZ 2005, S. 1034 (1035).

[809] Siehe dazu oben im 2. Teil ab Fn. 714 (S. 206).

[810] So bei: *Hartmann*, in: Soergel, EGBGB, Art. 2 Rn. 3; *Hömig*, in: HdUR, Sp. 2684 (2686); *Jarass*, in: ders./Pieroth, GG, Art. 20 Rn. 65; *v. Münch*, in: ders., GG, 2. Aufl., Art. 70 Rn. 7d; wohl auch *Rauscher*, VBlBW 1986, S. 330 (334).

[811] In diesem Sinne: *Ehricke/Blask*, JZ 2003, S. 722 (728 f.), unter Hinweis auf BVerfGE 26, 338, 366 f.; *Link/de Wall*, VSSR 2001, S. 69 (86), unter Hinweis auf „BVerfGE 64, S. 208 (214 [215; Anm. d. Verfassers]); E 73, S. 261 (272); 78, S. 32 (36)".

Verweisungsregelung für den Gesetzgeber überschaubar bleibe[812]. Zumindest in Fällen, in denen der mögliche spätere Inhalt der Verweisungsnorm hinreichend bestimmbar sei, werde der gesamte Norminhalt von der Parlamentsentscheidung umfasst und lasse sich somit auf den Volkswillen zurückführen[813]. In Anlehnung an das Urteil zum Eisenbahnkreuzungsgesetz[814] oder an das erste Urteil zum Bergmannsversorgungsscheingesetz[815] wird eine dynamische Verweisung für verfassungsrechtlich unbedenklich erklärt, wenn der Inhalt des Verweisungsobjektes im Wesentlichen feststehe[816] (und der Spielraum des Verweisungsobjektgebers dadurch begrenzt sei)[817]. Eine solche Bestimmbarkeit könne sich aus dem im Verweisungsgesetz vorgezeichneten Rahmen oder in sonstiger Weise aus den einschränkenden Voraussetzungen und thematischen Eingrenzungen, an welche die Verweisung im Verweisungsgesetz gebunden wird, ergeben[818]. Dies sei beispielsweise der Fall, wenn Verweisungsnormen als widerlegliche gesetzliche Tatsachenvermutungen ausgestaltet werden. Damit gehe keineswegs eine Verschiebung originärer Regelungszuständigkeit einher. Die Spezifikation durch die Regelungen stelle in diesen Fällen nämlich nur eine Option dar, wie die Regelungsadressaten den Vorgaben der Rahmenregelung nachkommen könnten[819]. Weiter könne die Begrenzung auch einer systematischen Auslegung entnommen werden[820]. Nur im Bereich des Verfahrensrechts kann nach Thomas Clemens[821] auf eine ausdrückliche Begrenzung verzichtet werden, weil bereits die Verfassung den Spielraum ausreichend eingrenze.

Auch nach *Clemens*, AöR 111 (1986), S. 63 (124), muss der Spielraum für den ausfüllenden Rechtssetzer deutlich begrenzt sein, wobei primärer Prüfungsmaßstab der dynamischen Verweisungen die rechtsstaatlich-demokratische Legitimation sein soll.

[812] In diesem Sinne *Ehricke / Blask*, JZ 2003, S. 722 (728). Vgl. auch *Siegel*, S. 228 in Fn. 59, wonach man einen Verfassungsverstoß nur dann soll annehmen können, wenn die inhaltliche Reichweite vom Verweisungsnormgeber nicht mehr überschaut werden kann.

[813] *Ehricke / Blask*, JZ 2003, S. 722 (726). Nach *Link / de Wall*, VSSR 2001, S. 69 (86), ist daher im Einzelfall zu fragen, ob die Verweisung inhaltlich so eingegrenzt ist, dass die Entscheidung über die wesentlichen Fragen beim Gesetzgeber verbleibt.

[814] Siehe dazu oben im 2. Teil ab Fn. 711 (S. 206).

[815] Siehe dazu oben im 2. Teil ab Fn. 757 (S. 212).

[816] In diesem Sinne: *Moritz*, passim, z. B. S. 55; *Weitzel / Baum*, NuR 2004, S. 511 (512), unter Hinweis auf BVerfGE 64, S. 208 (214 f.); 47, S. 286 (312 f.); 26, S. 338 (366 f.).

[817] Der Teilsatz in Klammern findet sich bspw. bei *Moritz*, S. 55.

[818] *Ehricke / Blask*, JZ 2003, S. 722 (726).

[819] *Ehricke / Blask*, JZ 2003, S. 722 (726).

[820] *Link / de Wall*, VSSR 2001, S. 69 (86).

[821] *Clemens*, AöR 111 (1986), S. 63 (124).

b) Winfried Brugger

Nach Winfried Brugger[822] sind bei der Verweisung wegen des Demokratieprinzips „Gesetze mit auswechselbarem Inhalt" auszuschalten, bei denen der
zuständige Gesetzgeber „auf Inhalt und Ausmaß der betreffenden Regelung keinen Einfluß hat".

Dynamische Verweisungen seien zulässig, wenn das Verweisungsobjekt in
einem „strukturierten Regelungsbereich" erlassen worden sei, der Inhalt der zu erwartenden Regelung daher vorhersehbar und voraussichtlich angemessen sei[823]. In
einem solchen Fall sei unter demokratischen Gesichtspunkten zumindest schwer-
punktmäßig keine Rechtssetzung im volitiven Sinn gegeben[824].

Im Einzelnen sei nach dem Ausmaß der Grundrechtsrelevanz, dem Grad der
Festgelegtheit des betreffenden Sachgebiets und dem Begünstigungs- oder Belas-
tungscharakter der betreffenden Regelung zu unterscheiden[825]. Welchen Grad an
Vorhersehbarkeit und *Sachgemäßheit* ein 1. eingeführter rechtlicher oder rechtlich
rezipierter sozialer Sprachgebrauch, 2. ein enger Sachzusammenhang zwischen
verweisender und bezogener Regelung, 3. praktisch-politische und finanzielle Li-
mitierungen, 4. gewohnheits- und richterrechtliche Strukturen und 5. anerkannte
Regeln der Technik faktisch verbürgen würden oder verfassungsrechtlich verbürgen müssten, sei damit noch nicht gesagt[826]. Das sei anhand typischer oder auch
einzelfallbezogener Sachverhaltsgestaltungen zu prüfen[827].

Generell lasse sich folgender Gesichtspunkt heranziehen: Die verfassungsrechtliche Verdächtigkeit dynamischer Verweisungen nehme ab, *je mehr* die genannten
Gesichtspunkte zur Beschränkung „beliebiger" Regelungen zur Geltung käme[828].

c) Überprüfung der Änderung des Verweisungsobjektes

Nach einer ähnlichen Ansicht[829] stehen dynamische Verweisungen als den
Erfordernissen der Praktikabilität geschuldete Gesetzgebungstechniken mit dem
Demokratieprinzip grundsätzlich im Einklang.

---

[822] *Brugger*, VerwArch. 78 (1987), S. 1 (31 f.); ähnlich auch *Marburger*, Habil., S. 390,
für normergänzende Verweisungen.

[823] *Brugger*, VerwArch. 78 (1987), S. 1 (25).
Ähnlich der Ansicht von *Brugger*, in Teilen aber auch der bereits dargestellten Meinung
von *Clemens*, AöR 111 (1986), S. 63, nahestehend sind die Äußerungen von: *Pabst*, NVwZ
2005, S. 1034 (1035 f.); *Schnapp*, in: FS Krasney, S. 437 (insbes. 454 ff.).

[824] *Brugger*, VerwArch. 78 (1987), S. 1 (38).

[825] *Brugger*, VerwArch. 78 (1987), S. 1 (38).

[826] *Brugger*, VerwArch. 78 (1987), S. 1 (35); Hervorhebung von *Brugger*.

[827] *Brugger*, VerwArch. 78 (1987), S. 1 (35).

[828] *Brugger*, VerwArch. 78 (1987), S. 1 (36); Hervorhebung von *Brugger*.

Gerrit Manssen[830] lehnt die aus dem Demokratieprinzip abgeleiteten Bedenken ab. Die Annahme einer Übertragung von Gesetzgebungsbefugnissen sei nicht schlüssig, weil damit einer dynamisch-heteronomen Verweisung eine Aussage unterstellt werde, die sie nicht oder zumindest nicht unbedingt habe[831]. Der Verweisungsnormgeber gebe selbst – wenn auch mittelbar – den maßgeblichen Rechtsanwendungsbefehl[832]. Zwar könne der Verweisungsnormgeber die späteren Änderungen des Verweisungsobjektes kaum vorhersehen[833]. Daraus lasse sich aber nicht schließen, die Anwendung des neuen Verweisungsobjektes sei ein „octroi", da sie nicht vom Verweisungsnormgeber beschlossen wurde[834]. Ebenso darf nach Ludwig Göbel[835] die dynamische Verweisung *niemals* als Wille zur „Übertragung von Regelungsmacht" interpretiert werden, weil dagegen bereits der Wortlaut spreche und weil das Deuten als „Übertragung von Regelungsmacht" dem Vorschriftengeber den Willen zum Bruch der Verfassung unterstellen würde.

Werde das Verweisungsobjekt geändert, so sei eine damit einhergehende Änderung der Verweisungsregelung dem Verweisungsnormgeber *allein* zuzurechnen[836]. Hinreichende, gesetz*gebungs*rechtlich anerkannte Zurechnungsgründe sind nach Göbel der Ausdruck des „Gleitwillens" in der Verweisungsnorm in Verbindung mit dem späteren konkludenten Verhalten in Form des *Unterlassens* einer Textänderung der Verweisungsnorm *angesichts* der Änderung des Verweisungsobjektes. Als konkludentes Verhalten müsse dieses Unterlassen dem Verweisungsnormgeber deshalb zugerechnet werden, weil die Betreuer der Verweisungsnorm stets die Entwicklung des Verweisungsobjektes zu überwachen hätten, aber die Betreuer des Verweisungsobjektes allenfalls zufällig wüssten, welche Normen auf das Verweisungsobjekt verweisen würden (Informationslage), und weil es auch von der übernommenen Verantwortung für das Regelungsthema her Sache der Betreuer der Verweisungsnorm sei, das Eigentextänderungsverfahren durchzuführen (Kompetenzlage hinsichtlich des anstelle des Unterlassens in Betracht kommenden Tuns)[837].

---

[829] In diesem Sinne: *Göbel*, in: Schäffer/Triffterer, S. 64 (69 f.); *Manssen*, S. 253 ff.; *Quaritsch*, NVwZ 1990, S. 28 (31), für Verweisungen in Konkordaten und Kirchenverträgen; *Stumpf*, NVwZ 2003, S. 1198 (1199), für die Verweisung im Verwaltungsverfahrensrecht auf das BGB.

[830] *Manssen*, S. 253.

[831] *Manssen*, S. 255.

[832] *Manssen*, VBlBW 1991, S. 24; *ders.*, BauR 1991, S. 697 (702), für eine Verweisung einer Landesbauordnung auf Bundesbaurecht.

[833] *Manssen*, VBlBW 1991, S. 24 (24 f.).

[834] *Manssen*, VBlBW 1991, S. 24 (25).

[835] *Göbel*, in: Schäffer/Triffterer, S. 64 (69 f.); Hervorhebung von *Göbel*.

[836] *Göbel*, in: Schäffer/Triffterer, S. 64 (70); Hervorhebung von *Göbel*.

[837] *Göbel*, in: Schäffer/Triffterer, S. 64 (70).

Demgegenüber sind die von Manssen, Quaritsch und Stumpf akzeptierten Änderungen enger gefasst: Der Verweisungsnormgeber müsse den möglichen und von ihm akzeptierten Inhalt der Verweisung vorzeichnen[838]. Keine Bedenken, das geänderte Verweisungsobjekt anzuwenden, bestünden, wenn die Verweisung einen klar umrissenen Regelungsbereich betreffe[839]. Dabei sei im Rahmen des Gesetzeswortlautes durch gegebenenfalls neue Auslegungen eine zeitgemäße Lösung zu finden[840]. Bei der Verweisung werde nicht blind jedes Verweisungsobjekt übernommen, sondern im Rahmen der Auslegung werde die Rezipierung auf sinnvolle Regelungen beschränkt[841]. Die Aussage der Verweisung sei die, dass das Verweisungsobjekt über einen ähnlichen Sachverhalt auch für den Bereich der Verweisungsnorm gelten solle[842]. Dabei darf die Änderung des Verweisungsobjektes nichts Unvorhersehbares bringen, sie müsse also innerhalb einer erwartbaren Fortentwicklung desjenigen Normenbestandes liegen, der bekannt gewesen sei und der im Rahmen des Zwecks der Verweisungen als in Bezug genommen gelten könne[843]. Wegen der Unvorhersehbarkeit der künftigen Normsetzung müsse die Reichweite der dynamischen Verweisung eng begrenzt werden[844]. Die dynamische Verweisung erfasse nur diejenigen Normen, die den alten Vorschriften ähnlich seien – Deckungsgleichheit sei selbstverständlich nicht notwendig[845]. Zudem sei der Gesetzgeber bei wesentlichen Änderungen des Verweisungsobjektes verpflichtet, die Wirkungen zu überprüfen und gegebenenfalls im verweisenden Gesetz zu korrigieren[846].

d) Realisierung des Willens des Verweisungsnormgebers

Nach einer ähnlichen Ansicht[847] hängt die Verfassungsmäßigkeit einer dynamischen Verweisung von der Frage ab, ob auch die Änderungen des Verweisungsob-

---

[838] *Manssen*, S. 256; ähnlich *Stumpf*, NVwZ 2003, S. 1198 (1199).

[839] *Manssen*, BauR 1991, S. 697 (703), unter Hinweis auf BVerfGE 29, S. 338 (366); 64, S. 208 (215); ähnlich *Stumpf*, NVwZ 2003, S. 1198 (1199).

[840] *Larenz*, S. 350 f.; *Manssen*, VBlBW 1991, S. 24 (25); ähnlich: *ders.*, S. 255.

[841] *Manssen*, VBlBW 1991, S. 24; in diesem Sinne auch *ders.*, BauR 1991, S. 697 (702 f.).
Siehe dazu bereits oben 1. Teil: B.IV.7. Einschränkende Auslegung der Dynamik (S. 73 ff.).

[842] In diesem Sinne *Manssen*, S. 255.

[843] *Quaritsch*, NVwZ 1990, S. 28 (31), für Verweisungen in Konkordaten und Kirchenverträgen.

[844] *Quaritsch*, NVwZ 1990, S. 28 (31), unter Hinweis auf BVerfGE 47, S. 285 (316) – Notargebühren.

[845] *Quaritsch*, NVwZ 1990, S. 28 (31).

[846] *Stumpf*, NVwZ 2003, S. 1198 (1199).

[847] So die Zusammenfassung von *Jachmann*, Habil., S. 684; *dies.*, Verw. 28 (1995), S. 17 (29); *dies.*, ZBR 1997, S. 342 (349); ausführlicher *dies.*, Diss., S. 20 ff. In diesem

jektes noch als Realisierung des Willens des Verweisungsnormgebers anzusehen seien. Dem Demokratieprinzip sei nicht genügt, wenn der Verweisungsnormgeber nur über eine Hülle entscheide, ohne eine konkrete Vorstellung von deren Inhalt zu haben[848]. Sei der Verweisungsnormgeber sich aber bewusst, welchen Inhalt diese und damit auch seine eigene Norm äußerstenfalls annehmen werde, könne man ihm kaum vorwerfen, er habe ein parlamentsloses Parlamentsgesetz verabschiedet oder auf seine Rechtssetzungsbefugnisse verzichtet[849].

Insoweit sei es eine Frage des Einzelfalles, ob für den Verweisungsnormgeber der mögliche spätere Inhalt der Verweisungsregelung nach Inhalt, Zweck und Ausmaß noch überschaubar sei[850]. Andernfalls bestehe die Gefahr, dass der Verweisungsgesetzgeber den Inhalt seiner Vorschriften nicht mehr eigenverantwortlich bestimmt, sondern der Entscheidung Dritter überlässt, weil bei einer dynamischheteronomen Verweisung die Verweisungsregelung durch eine Änderung des Verweisungsobjektes einen anderen Sinn erhält[851].

Bei den Verweisungen im kommunalen Abgabenrecht auf die Abgabenordnung rechtfertige das Ziel, durch die dynamische Verweisung eine einheitliche Rechtsanwendung im Abgabenrecht von Finanzämtern und Kommunen zu erreichen, auch die Änderung der in Bezug genommenen Abgabenordnung als Realisierung des Gesetzgebungswillens des Landesgesetzgebers anzusehen[852]. Aus Gründen der Effektivität und Lückenlosigkeit der angepassten Landesgesetzgebung sei die Technik der dynamischen Verweisung zuzulassen[853].

Nur in engen Grenzen seien dynamische Verweisungen auf Normen oder Regelwerke zulässig, die außerhalb des staatlichen Bereichs, etwa von Tarifvertragsparteinen, vereinbart oder gesetzt werden. Hier werde es häufig an der notwendigen Begrenzung der Verweisung fehlen[854]. Da Private viel freier bei der Normausgestaltung seien, würden ihre Regelungen kaum jeweils einen im Wesentlichen feststehenden Inhalt haben[855].

Sinne auch: *Guckelberger*, ZG 2004, S. 62 (77); *Sommermann*, in: v. Mangoldt / Friedrich Klein / Starck, GG, Art. 20 Rn. 290.

Jachmann, Habil., S. 701–706, überprüft weiter Fiktionen am Verhältnismäßigkeitsprinzip, stellt letztlich aber keinen allgemeinen Verstoß fest.

[848] *Guckelberger*, ZG 2004, S. 62 (75).

[849] *Guckelberger*, ZG 2004, S. 62 (76 f.).

[850] *Jachmann*, Habil., S. 684; *dies.*, ZBR 1997, S. 342 (349); *dies.*, Verw. 28 (1995), S. 17 (27).

Ähnlich auch: *Guckelberger*, ZG 2004, S. 62 (77); *Sommermann*, in: v. Mangoldt / Friedrich Klein / Starck, GG, Art. 20 Rn. 290.

[851] *Guckelberger*, ZG 2004, S. 62 (75).

[852] *Jachmann*, Diss., S. 23.

[853] *Jachmann*, Diss., S. 24.

[854] *Sommermann*, in: v. Mangoldt / Friedrich Klein / Starck, GG, Art. 20 Rn. 290.

e) Verweisungen auf EG-Recht

Nach Ernst-Werner Fuss[856] wird mit dynamischen Verweisungen auf EG-Recht gegen das demokratische Prinzip verstoßen, weil durch das Hereinziehen gemeinschaftsrechtlicher Normen in die nationale Rechtsordnung das deutsche Bundesvolk durch die Europäische Gemeinschaft regiert und derart die Identität von Regierenden und Regierten beseitigt wird. Aber auch nach Fuss[857] sind Verweisungen von mitgliedstaatlichem Recht auf Gemeinschaftsrecht zulässig, wenn der nationale Gesetzgeber nur eine Gemeinschaftsrechtsnorm ausführt und in dem Ausführungsgesetz auf diesen Gemeinschaftsrechtssatz Bezug nimmt. Denn eine derartige Konstellation lasse eine Verweisung auf die durchzuführende Rechtsnorm als legitim und zweckmäßig erscheinen. Die Situation könne mit dem Verhältnis zwischen Gesetz (EG-Norm) und Durchführungsverordnung (deutsches Durchführungsgesetz) verglichen werden[858]. Es würde die Rechtsklarheit und Übersichtlichkeit aber kaum fördern, wenn eine Verordnung das von ihr durchzuführende Gesetz noch einmal wiederholen würde, anstatt in den vom Gesetz geregelten Fragen auf eben dieses Gesetz zu verweisen[859].

Ähnlich differenziert Annette Guckelberger[860] nach dem Umsetzungszweck: Zum einen könne der nationale Gesetzgeber mit einer Verweisung bezwecken, den Anwendungsbereich der gemeinschaftsrechtlichen Regelung auf weitere Sachverhalte zu erstrecken, welche vom EG-Recht nicht erfasst würden. Eine solche Vorgehensweise biete sich vor allem zur Arbeitserleichterung für die Verwaltung oder Vermeidung von Inländerdiskriminierungen an. Da der nationale Gesetzgeber in dieser Konstellation bestimmte Sachverhalte nach dem Gemeinschaftsrecht behandelt wissen wolle, ohne hierzu verpflichtet zu sein, richte sich die Zulässigkeit der von ihm gewählten Gesetzgebungstechnik ausschließlich nach dem nationalen Recht[861]. Es stellten sich also dieselben Probleme wie bei einer Verweisung auf innerstaatliche Rechtsvorschriften. Auch wenn die Bundesrepublik Deutschland an der Rechtssetzung auf der Gemeinschaftsebene beteiligt sei, sei nicht auszuschließen, dass erst zu spät die nötigen Konsequenzen im Hinblick auf die nationale Verweisungsnorm ergriffen würden. Da über die Verweisung

---

[855] *Guckelberger*, ZG 2004, S. 62 (82).

[856] *Fuss*, in: FS Paulick, S. 293 (299, 320 mit Fn. 102); ähnlich *Brand*, S. 123.

[857] *Fuss*, in: FS Paulick, S. 293 (299).

[858] *Fuss*, in: FS Paulick, S. 293 (299 f.).

[859] *Fuss*, in: FS Paulick, S. 293 (300).

[860] *Guckelberger*, ZG 2004, S. 62 (83 f.).

[861] *Guckelberger*, ZG 2004, S. 62 (84).

Kritischer *Krey*, in: EWR 2/1981, S. 109 (149 f.): Normergänzende Verweisungen verstoßen insoweit gegen das Demokratieprinzip, als es bei Verweisungen um Regelungsmaterien geht, für die den Gemeinschaftsorganen keine Kompetenz zum Erlass von Gemeinschaftsrecht eingeräumt ist, wie beispielsweise auf dem Gebiet des Strafrechts.

Gemeinschaftsrecht in Bereichen angewendet werde, in denen die Gemeinschaft nicht zur Rechtssetzung befugt sei oder von seiner Rechtssetzungskompetenz keinen Gebrauch gemacht habe, müsse der nationale Gesetzgeber über den Inhalt seiner Rechtsnormen entscheiden[862].

Zum anderen könne der nationale Gesetzgeber auf das EG-Recht verweisen, um dadurch für die Bundesrepublik Deutschland bindenden Normen des Gemeinschaftsrechts in das nationale Recht *umzusetzen*[863]. Da gem. Art. 249 Abs. 3 EGV die Mitgliedstaaten verpflichtet seien, den Inhalt einer Richtlinie in nationales Recht umzusetzen, erweise sich eine Verweisung auf eine Richtlinie als ein solcher Umsetzungsvorgang[864]. Der deutsche Gesetzgeber komme damit seiner Aufgabe nach, dem Richtlinieninhalt innerstaatliche Geltung zu verschaffen[865]. Soweit EG-Rechtsakte wegen ihres Rechtscharakters (so bei Verordnungen und Entscheidungen) oder ihrer Detailliertheit (so bei Richtlinien) den Mitgliedstaaten keinen Gestaltungsspielraum gewähren, sei der deutsche Gesetzgeber gebunden und es sei eine dynamische Verweisung zulässig[866].

Mache eine Richtlinie jedoch nur zum Teil derartige Vorgaben, und verweise in diesem Fall der nationale Gesetzgeber auf diese Richtlinie, ohne selbst in irgendeiner Weise darüber hinaus tätig zu werden, würde er die ihm verbleibenden Spielräume nicht wahrnehmen[867]. Nur wenn sicher sei, dass die in Bezug genommenen Gemeinschaftsnormen auch bei künftigen Änderungen dem nationalen Gesetzgeber keinerlei Gestaltungsspielräume einräumten, könne das nationale Recht auf das Gemeinschaftsrecht verweisen. In allen anderen Fällen müsse man sich innerstaatlich Gedanken über die Ausfüllung des verbliebenen Spielraums machen[868].

---

[862] *Guckelberger*, ZG 2004, S. 62 (84).

[863] *Guckelberger*, ZG 2004, S. 62 (84); Hervorhebung von *Guckelberger*.

[864] *Klindt*, DVBl. 1998, S. 373 (378). In diesem Sinne auch: *Gellermann/Szczekalla*, NuR 1993, S. 54 (57); *Fuss*, in: FS Paulick, S. 293 (299 ff.).

[865] *Klindt*, DVBl. 1998, S. 373 (378 f.).

[866] *Rehbinder*, in: Kloepfer/Rehbinder/Schmidt-Aßmann/Kunig, S. 470; ähnlich bereits *ders./Kayser/Helmut Klein*, ChemG, § 25 Rn. 3.
In diese Richtung auch: *BMJ*, Rechtsförmlichkeit, Rn. 232; *Spannowsky*, NVwZ 1995, S. 845 (850).

[867] *Guckelberger*, ZG 2004, S. 62 (86).

[868] *Guckelberger*, ZG 2004, S. 62 (86). Vgl. auch *Spannowsky*, NVwZ 1995, S. 845 (850): In eine kritische Zone gerät der Normsetzungsprozess, wenn das bei dem Erlass der EG-Richtlinie vorausgesetzte Konkretisierungspotenzial nicht ausgeschöpft wird, sondern wegen einer Verweisung ein automatisierter Richtlinienumsetzungseffekt durch Übernahme des jeweiligen Regelungsgehalts der Richtlinie erzeugt wird.

6. Stellungnahme

a) Demokratiemaximierende Auffassung

Nach der demokratiemaximierenden Auffassung verlangt das Demokratieprinzip, dass der vom Volk bestellte Gesetzgeber nur solche Beschlüsse fasst, deren Inhalt und Tragweite bewusst in seinen Gesetzgebungswillen aufgenommen worden sind. Diese Voraussetzung sei nicht erfüllbar, wenn ein (parlamentarischer) Gesetzgeber auf das Willensprodukt eines anderen Gesetzgebers in der jeweiligen Fassung verweise[869]. Das Parlament könne nicht die zukünftigen Änderungen des Verweisungsobjektes in seine *Gesetzesdeliberation* aufnehmen[870].

Allerdings kann der Verweisungsnormgeber die Verweisung jederzeit (auch bereits im Verfahren zur Änderung des Verweisungsobjektes) aufheben, wenn ihm die Veränderung des Verweisungsobjektes unangemessen erscheint[871]. Diese Korrekturmöglichkeit schwächt das legitimatorische Manko dynamisch-heteronomer Verweisungen, dass der Verweisungsnormgeber das Verweisungsobjekt nur in der bestehenden Form in seinen Willen aufnehmen kann, erheblich ab[872].

---

[869] *Arndt*, JuS 1979, S. 784 (786); *Fuss*, in: FS Paulick, S. 293 (299). In diesem Sinne auch *Kloepfer*, in: Gethmann/Kloepfer, S. 55 (90).

[870] *Fuss*, in: FS Paulick, S. 293 (299); Hervorhebung von *Fuss*. In diesem Sinne auch: *Arndt*, JuS 1979, S. 784 (786); *Hiller*, S. 82; *Karpen*, S. 180 und passim; *ders.*, in: Rödig, S. 221 (238); *Papier/Olschewski*, DVBl. 1976, S. 475 (477); *Söhn*, S. 131; *Ossenbühl*, DVBl. 1967, S. 401 (404).

[871] Für Relativierung der verfassungsrechtlichen Bedenken gegen dynamisch-heteronome Verweisungen wegen der Möglichkeit der nachträglichen Kontrolle: OVG Hamburg, DVBl. 1980, S. 967 (970 f.); BayVGH, BayVBl. 2006, S. 639; *Brugger*, VerwArch. 78 (1987), S. 1 (37); *Bub*, DIN-Normungskunde 14, S. 75 (76); *Ehricke/Blask*, JZ 2003, S. 722 (726); *Hoffmeister*, NJ 1999, S. 393 (395); *Klindt*, DVBl. 1998, S. 373 (376); *Krieger*, S. 227 f.; *v. Maydell*, ZfS 1973, S. 69 (72); *Schneider*, Rn. 398; *Schulze-Fielitz*, in: Hoffmann-Riem/Schmidt-Aßmann, S. 139 (188–192); *Schröcker*, NJW 1967, S. 2285 (2290).

Gegen diese Argumentation einwendend, dass in der Regel das Verweisungsobjekt gleichwohl eine zeitweilige Wirkung entfalte: OVG NW, NVwZ 2005, S. 606 (607); *Arndt*, JuS 1979, S. 784 (785); *D. Ehlers*, DVBl. 1977, S. 693 (694); *Fuss*, in: FS Paulick, S. 293 (297); *Guckelberger*, ZG 2004, S. 62 (76), vgl. aber auch *dies.*, S. 83; *Hommelhoff*, in: FS Odersky, S. 779 (792); *Manssen*, S. 253; *M. Schäfer*, S. 179; *Schwab*, S. 182; *Taupitz*, S. 742, für Verweisungen in Vereinssatzungen. In diesem Sinne auch BAG, NJW 1981, S. 1574 (1575), wonach eine kurzfristige Kündbarkeit des verweisenden Tarifvertrages für sich allein die Zulässigkeit von Blankettverweisungen nicht rechtfertigen kann.

Allgemein die Argumentation mit der Kontrollmöglichkeit ablehnend: VG Hamburg, NJW 1979, S. 667 (668); VG Hannover, NdsVBl. 2002, S. 51 (53); *Grabitz*, Harmonisierung baurechtlicher Vorschriften, S. 74; *Ossenbühl*, DVBl. 1967, S. 401 (402); *Veit*, S. 45 f.

Relativierend *Ramsauer*, in: AK-GG, Art. 82 Rn. 36: reicht allein nicht aus.

[872] *Krieger*, S. 228. Noch weitergehend *Göbel*, in: Schäffer/Triffterer, S. 64 (70 f.): Dynamisches Verweisen in Verbindung mit dem schlüssigen Verhalten ist eine nach Zweck-

Die Nichtkenntnis der zukünftigen Änderung ist zwar ein ernst zu nehmender Einwand, aber dies darf nicht darüber hinwegtäuschen, dass auch die Parlamentsentscheidung, den Regelungsinhalt einer anderen Norm zu übernehmen, eine Parlamentsentscheidung bleibt[873]. Freie Willensbildung eines Volkes durch gewählte Vertreter schließt nicht a priori deren Entscheidung aus, es „so zu machen, wie"[874]. Damit sind dynamisch-heteronome Verweisungen nicht immer demokratiewidrig.

b) Prinzipielle Zulässigkeit

Für die prinzipielle Zulässigkeit der dynamischen Verweisung werden historische und pragmatische Argumente (aa), Vergleiche mit unbestimmten Rechtsbegriffen (bb) und mit anerkannt zulässigen Verweisungen sowie dem Internationalen Privatrecht (cc) angeführt. Bei genauerer Betrachtung der Argumente ergibt sich daraus allerdings lediglich, dass die dynamisch-heteronome Verweisung nicht prinzipiell unzulässig ist. Ob und in welchen Konstellationen Verweisungen zulässig sind, lässt sich daraus nicht erkennen.

aa) Historische und pragmatische Argumente

Die Zulässigkeit der dynamischen Verweisung wird mit einem praktischen Bedürfnis begründet, oder umgekehrt werden die Probleme angesprochen, die entstünden, wenn dynamische Verweisungen verfassungswidrig wären[875]. Wenn schon sachangemessene Regelungsmodelle existieren, tut der parlamentarische Gesetzgeber aus Effektivitäts- und Subsidiaritätsgründen gut daran, sich auch dieser Sachkunde durch Verweisungen zu bedienen[876]. Wären die Bedenken gegen eine mindestens seit 100 Jahren in Deutschland verbreitete Praxis begründet, so ergäbe sich die Verfassungswidrigkeit von Hunderten, ja wahrscheinlich Tausenden von Verweisungsnormen[877]. Dies würde eine zusätzliche „Novellenflut" hervorrufen, um die als nachhaltig parallel gewollten Regelungen verschiedener Kompetenzträger auch tatsächlich parallel zu halten[878]. Ähnlich stellt das OVG

---

mäßigkeitskriterien wählbare, zulässige *Rechtsänderungsmethode*, die auch nach Verfassungsgewohnheitsrecht unter Geltung des Grundgesetzes zulässig ist.

[873] *Klindt*, DVBl. 1998, S. 373 (375 f.).

[874] *Klindt*, DVBl. 1998, S. 373 (376), was sich verfassungsrechtlich bereits in Art. 25 GG zeige.

[875] So bei *Herschel*, ZfA 1985, S. 21 (24 sowie passim). Vgl. auch *Bub*, DIN-Normungskunde 14, S. 75, der in einer Diskussion anführt, dass sich die alternativen Rechtssetzungstechniken (formelle Inkorporation, starre Verweisung) als zu wenig flexibel erwiesen hätten.

[876] *Brugger*, VerwArch. 78 (1987), S. 1 (28).

[877] *Schneider*, Rn. 398. In diesem Sinne auch: *Göbel*, in: Schäffer/Triffterer, S. 64 (71); *Schulze-Fielitz*, in: Hoffmann-Riem/Schmidt-Aßmann, S. 139 (188–192).

Hamburg[879] fest, dass die dynamische Verweisung der langjährigen hamburgischen Staatspraxis entspreche.

Freilich kann allein aus der Üblichkeit oder Zweckmäßigkeit einer Rechtssetzungsmethode nicht auf deren Zulässigkeit geschlossen werden.

bb) Vergleich mit unbestimmten Rechtsbegriffen

Für die prinzipielle Zulässigkeit der dynamischen Verweisung wird weiter ein Vergleich mit unbestimmten Rechtsbegriffen angeführt[880]. Ob der Rechtssetzer eine Verweisung oder einen unbestimmten Rechtsbegriff wähle, hänge häufig von zufälligen Faktoren ab. Stehen dem Rechtssetzer bekannte technische Normen zur Verfügung, so liege eine Verweisung nahe, andernfalls werde er es durch eine Generalklausel dem Rechtsanwender überlassen, später die Verknüpfung von Rechtsnorm und technischer Norm herzustellen[881]. Die dynamische Verweisung erhöhe die Rechtssicherheit im Vergleich zu unbestimmten Rechtsbegriffen. Eine rechtstechnische Methode, welche die Rechtssicherheit im Vergleich mit anderen anerkannten Methoden erhöhe, müsse zulässig sein[882].

Gegen diese Argumentation sprechen aber die grundlegenden Unterschiede zwischen unbestimmten Rechtsbegriffen und Verweisung[883]. Vor allem ist der Richter bei der Ausfüllung von unbestimmten Rechtsbegriffen an das Gesetz gebunden; er kann das Gesetz konkretisieren und präzisieren, niemals aber korrigieren[884]. Während bei unbestimmten Rechtsbegriffen die notwendige institutionelle und organisatorisch-personelle demokratische Legitimation über den Rechtsanwender hergestellt wird, der auf das technische Regelwerk zur Konkretisierung eines Sicherheitsstandards zurückgreift, fehlt eine solche Legitimation bei der dyna-

---

[878] *Göbel*, in: Schäffer/Triffterer, S. 64 (71); *Manssen*, S. 252; *Veh*, BayVBl. 1987, S. 225 (229).

[879] OVG Hamburg, NJW 1980, S. 2830.

[880] Allgemein den Vergleich mit unbestimmten Rechtsbegriffen zur Begründung der Zulässigkeit einsetzend: *Anzinger*, DIN-Normungskunde 17, S. 96 (100); *Eberstein*, BB 1969, S. 1291 (1294); *ders.*, in: FS Luther, S. 47 (60); *Herschel*, ZfA 1985, S. 21 (23); *Veh*, BayVBl. 1987, S. 225 (228 f.).

Gegen diesen Begründungsansatz: *Breuer*, AöR 101 (1976), S. 46 (65); *Hertwig*, RdA 1985, S. 282 (283); *Koch*, S. 54 f.; *Lickteig*, S. 21; *Marburger*, Habil., S. 392 f.; *Nolte*, S. 188; *M. Schäfer*, S. 180; *Veit*, S. 48.

Für eine weitgehende Gleichsetzung von Generalklauseln und Verweisungen im Technikrecht: *Herschel*, NJW 1968, S. 617 (620), *ders.*, S. 129; *Lübbe-Wolff*, in: Hoffmann-Riem/Schmidt-Aßmann, S. 87 (95 f.); *Ernst*, S. 39 f.

[881] *Brunner*, S. 147.

[882] *Anzinger*, DIN-Normungskunde 17, S. 96 (101); *Fröhler*, WiVerw 1991, S. 2 (9).

[883] So auch: *Lickteig*, S. 21; *Veit*, S. 48.

[884] *Lickteig*, S. 21.

mischen Verweisung auf Regelungen Privater[885]. Daher sind Verweisungen und unbestimmte Rechtsbegriffe nicht vergleichbar.

cc) Vergleich mit anerkannt zulässigen Verweisungen / IPR

Dass dynamisch-heteronome Verweisungen dem Grundgesetz nicht grundsätzlich widersprechen, zeigt Art. 25 GG[886]. Dies begründet aber nicht die grundsätzliche Zulässigkeit von dynamisch-heteronomen Verweisungen, sondern nur, dass diese dynamisch-heteronome Verweisung nach Ansicht des Parlamentarischen Rates nicht in den von Art. 79 Abs. 3 GG geschützten Bereich des Demokratieprinzips eingreift.

Weiter wird die dynamische Verweisung im Landesrecht auf Bundesrecht mit den Kollisionsnormen des Internationalen Privatrechts verglichen[887]. Diese Kollisionsnormen bestimmen, ob im Einzelfall inländisches oder ausländisches Recht anzuwenden ist. Ändert der ausländische Staat sein Recht, dann wirkt die Änderung auch für seine Anwendung im Inland. Anzuwenden ist das jeweils geltende ausländische Recht, ohne dass die ausländische Gesetzesänderung irgendeiner Autorisation durch den inländischen Gesetzgeber bedarf. Gegen unerwünschtes ausländisches Recht schützt sich der inländische Gesetzgeber nur durch den Vorbehalt des ordre public (Art. 6 EGBGB)[888]: „Eine Rechtsnorm eines anderen Staates ist nicht anzuwenden, wenn ihre Anwendung zu einem Ergebnis führt, das mit wesentlichen Grundsätzen des deutschen Rechts offensichtlich unvereinbar ist."

Aber auch der Vergleich mit dem Internationalen Privatrecht ist kein schlüssiges Argument für die Zulässigkeit der dynamisch-heteronomen Verweisung[889]. Zwar beruht auch im Internationalen Privatrecht der Anwendungsbefehl zugunsten des ausländischen Rechts auf einer inländischen Rechtsnorm[890]. Es geht aber darum, die unterschiedlichen Geltungsansprüche verschiedener nationaler Rechtsordnungen gegebenenfalls zulasten der Anwendbarkeit des eigenen Rechts einzuschränken[891]. Im Gegensatz dazu gelten bei einer dynamischen Verweisung nicht verschiedene Rechtsordnungen nebeneinander[892].

---

[885] So auch *M. Schäfer*, S. 185.

[886] *Herschel*, ZfA 1985, S. 21 (24); *Klindt*, DVBl. 1998, S. 373 (376); *Schröcker*, NJW 1967, S. 2285 (2290).

[887] So bei: *Schröcker*, NJW 1967, S. 2285 (2290); *Ernst*, S. 39. Auch *Söhn*, S. 105, 125, sieht Parallelen zu den Kollisionsnormen im IPR, folgert daraus aber nicht die Zulässigkeit der dynamischen Verweisung.

[888] *Schröcker*, NJW 1967, S. 2285 (2290), zur damaligen Fassung des EGBGB.

[889] So auch *Manssen*, S. 253.

[890] So zutreffend: *Manssen*, S. 253; *Schröcker*, NJW 1967, S. 2285 (2290).

[891] *Manssen*, S. 253; *Schenke*, NJW 1980, S. 743 (749).

c) Normkonkretisierende und normergänzende Verweisungen

Ebenfalls nicht überzeugend ist die Unterscheidung in normergänzende und normkonkretisierende Verweisungen. Unbefriedigend ist zunächst, dass diese Unterscheidung nur bei einem kleinen Teil von Verweisungen im Umwelt- und Technikrecht anwendbar ist. Der Übertragungsversuch von Volker Krey[893] auf alle Bereiche der Rechtssetzung führt vom ursprünglichen Ansatz weg. Weiter ist eine Auslegung in einem Urteil des VGH Mannheim[894] als normergänzende Verweisung zweifelhaft, denn dort konnte nach Ansicht des Gerichtes das Problem offengelassen werden, weil selbst wenn die Verweisung nichtig wäre, diese Norm auch ohne das Verweisungsobjekt hinreichend bestimmt wäre. Dies wirft die Frage auf, worin der VGH Mannheim das „Normergänzende" der Verweisung gesehen hat.

Auch bei Verweisungen im Bereich des Umwelt- und Technikrechts bestehen manche Unstimmigkeiten. Bei der normkonkretisierenden Verweisung auf technische Regeln würden nach Peter Marburger[895] die sicherheitstechnischen Anforderungen („Stand der Technik") schon durch die verweisende Rechtsnorm begründet. Daher erzeuge die konkretisierende Verweisung keine Rechtspflicht zur Einhaltung der bezogenen technischen Regeln, sondern stelle dem Sicherheitspflichtigen abweichende Lösungen von wenigstens gleichem Sicherheitsstandard frei[896]. Diese Annahme begegnet Bedenken: Ordnet ein Gesetz an, dass die Erfüllung seiner Anforderungen fingiert oder vermutet wird, sofern nur ein externes Regelwerk beachtet wurde, so haben Behörden und Gerichte dieses externe Regelwerk ihrer Entscheidung zugrunde zulegen, auch und sogar in seiner gegebenenfalls später geänderten Fassung[897]. Bei der Verwendung einer Technikklausel kann auch kaum davon die Rede sein, dass der Gesetzgeber selbst die normativ-wertende Entscheidung getroffen hat[898]. Denn wegen der Offenheit der Technikklauseln erfolgt die Konkretisierung erst durch die Verweisungsobjekte.

Unzutreffend ist damit auch die Argumentation, dass Art. 20 GG auf die normkonkretisierende Verweisung keine Anwendung finde, weil die technischen Regeln mangels Inkorporation nicht zu Rechtsnormen würden[899]. Angesichts der Offenheit der Technikklauseln macht eine (normkonkretisierende) Verweisung ohne

---

[892] Ebenso: *Manssen*, S. 253; *Schenke*, NJW 1980, S. 743 (749); *ders.*, in: FS Fröhler, S. 87 (124).

[893] Dazu bereits oben 1. Teil: B.VI.2. Volker Krey (S. 80 f.).

[894] VGH Mannheim, NVwZ-RR 1994, S. 612 (613).

[895] *Marburger*, Habil., S. 385.

[896] *Marburger*, DIN-Mitt. 64 (1985), S. 570 (575).

[897] In diesem Sinne auch *Hommelhoff*, in: FS Odersky, S. 779 (791); *M. Schäfer*, S. 182.

[898] So bspw. auch *M. Schäfer*, S. 183.

[899] In diesem Sinne aber: *Denninger*, Normsetzung, Rn. 145; *Schwab*, S. 147.

Inkorporation keinen Sinn, weil nur durch die Inkorporation die Offenheit der Technikklausel gemindert werden kann. Weiter gilt Art. 20 GG für jede staatliche Tätigkeit, mithin auch für (normkonkretisierende) Verweisungen.

d) Eigene Ansicht

Die rechtsrealistisch vermittelnden Ansichten[900] unter Berücksichtigung einiger in der Rechtsprechung[901] aufgestellter Kriterien überzeugen am meisten, weil dadurch die demokratischen Anforderungen geachtet, aber nicht überspannt werden. Dabei ist insbesondere zu berücksichtigen, dass – außer in den Bereichen von Gesetzes- oder Parlamentsvorbehalten[902] – eine Sachregelung durch ein Gesetz oder das Parlament gerade nicht erforderlich ist. Dementsprechend sind die Anforderungen aus dem Demokratiegebot außerhalb dieser Bereiche an die Zulässigkeit von dynamisch-heteronomen Verweisungen nicht besonders hoch.

aa) Orientierung am ursprünglichen Verweisungsobjekt

Bei Erlass einer Verweisungsnorm besteht typischerweise[903] ein Verweisungsobjekt. Der Verweisungsnormgeber weiß, welchen Inhalt das in Bezug genommene Recht hat, und er kann prüfen, ob er es mit diesem Inhalt übernehmen will[904]. Damit ist die dynamische Verweisung bei deren Erlass in demokratischer Hinsicht verfassungsrechtlich unproblematisch[905], weil der übernommene Inhalt des Verweisungsobjektes durch die Kenntnisnahmemöglichkeit des Verweisungsnormgebers demokratisch legitimiert ist. Eine potenzielle Änderung des Verweisungsobjektes beeinträchtigt die demokratische Legitimation (noch) nicht, weil erst bei Änderung des ursprünglichen Verweisungsobjektes durch den Rechtsanwender zu prüfen ist, ob diese Änderung in verfassungsrechtlich zulässiger Weise von der Verweisung übernommen wird[906]. Dabei darf die dynamische Verweisung nie als Wille zur „Übertragung von Regelungsmacht" interpretiert

---

[900] Siehe dazu oben im 2. Teil: G.IV.5. Rechtsrealistische Vermittlungsansichten (S. 219 ff.).

[901] Siehe dazu oben im 2. Teil: G.IV.4. Rechtsprechung (S. 205 ff.).

[902] Siehe dazu nachfolgend im 2. Teil: H. Gesetzes- und Parlamentsvorbehalt (S. 237 ff.).

[903] Zur Interpretation, wenn eine Norm auf ein noch nicht erlassenes Objekt Bezug nimmt, siehe oben im 1. Teil ab Fn. 91 auf S. 46.

[904] Vgl. dazu oben die Nachweise in Fn. 677 ff. (S. 200) zur statischen Verweisung.

[905] So auch *Göbel*, in: Schäffer/Triffterer, S. 64 (69). In diesem Sinne auch VfGH, VfSlg. 3149/1957, S. 27 (27 f.), wonach verfassungsrechtliche Bedenken unerheblich sind, solange die in Bezug genommenen Vorschriften nicht geändert wurden.

A. A. OVG NW, NVwZ 2005, S. 606 (607), dazu unten im 3. Teil ab Fn. 177 auf S. 312.

[906] In diesem Sinne verfahren auch: *Göbel*, in: Schäffer/Triffterer, S. 64 (69); *Scholz*, in: FS 125 Jahre Juristische Gesellschaft zu Berlin, S. 691 (704).

werden[907], weil die Übertragung von Rechtsmacht verfassungsrechtlich nur in bestimmten Formen zulässig ist (insbes. Art. 23 f., 71, 80 GG) und die Verweisung diesen Anforderungen nicht genügt[908].

Außerhalb der Bereiche von Gesetzes- und Parlamentsvorbehalten[909] ist die Übernahme von Änderungen mit dem Demokratiegebot vereinbar, wenn sich die Änderung der in Bezug genommenen Regelung noch als Realisierung des Willens des Verweisungsnormgebers ansehen lässt[910]. In diesen Fällen hat nämlich der Verweisungsnormgeber noch die wesentlichen Entscheidungen getroffen. Auch der zum Zeitpunkt des Erlasses der Verweisungsnorm gegebene Inhalt der Verweisungsobjekte (und deren eventuelle Vorgängerregelungen) prägt die Vorstellungen des Verweisungsnormgebers vom möglichen Inhalt dessen, worauf er – wenn auch in der jeweiligen Fassung – Bezug nimmt. Die dynamische Bezugnahme darf wegen des Demokratieprinzips nur diejenigen Veränderungen der in Bezug genommenen Regelungen übernehmen, die sich im Rahmen dieses Vorstellungsbildes halten[911]. Dabei darf die Änderung des Verweisungsobjektes nichts Unvorhersehbares bringen, sie muss also innerhalb einer erwartbaren Fortentwicklung desjenigen Normenbestandes liegen, der bekannt gewesen ist und der im Rahmen des Zwecks der Verweisungen als in Bezug genommen gelten kann[912]. In der Praxis ist die Verweisung oft schon deshalb unbedenklich, weil die jeweiligen Änderungen nicht schwerwiegend sind[913].

Dagegen könnte vorgebracht werden, dass der Wortlaut der Verweisungsnormen keinen Ansatzpunkt für eine derartige Differenzierung biete[914]. Dies ist richtig, jedoch verbietet der Wortlaut eine solche Differenzierung auch nicht[915].

---

[907] In diesem Sinne auch: *Göbel*, in: Schäffer / Triffterer, S. 64 (69); *Scholz*, in: FS 125 Jahre Juristische Gesellschaft zu Berlin, S. 691 (704).

[908] Siehe dazu oben im 2. Teil: D. Vergleich mit Ermächtigungen (S. 157 ff.).

[909] Zu den auch aus dem Demokratieprinzip hergeleiteten strengeren Anforderung in diesem Bereich siehe unten im 2. Teil: H. Gesetzes- und Parlamentsvorbehalt (S. 237 ff.).

[910] In diesem Sinne auch: *Jachmann*, Habil., S. 684; *dies.*, Verw. 28 (1995), S. 17 (29); *dies.*, ZBR 1997, S. 342 (349); *dies.*, Diss., S. 20 ff.

[911] In diesem Sinne auch *Veh*, BayVBl. 1987, S. 225 (229).

[912] In diesem Sinne auch *Quaritsch*, NVwZ 1990, S. 28 (31), für Verweisungen in Konkordaten und Kirchenverträgen.

[913] So auch *Wiedemann*, in: ders., TVG, § 1 Rn. 200, für die Verweisung in arbeitsrechtlichen Regelungen.

In diesem Sinne weist auch *Rodewoldt*, S. 27, darauf hin, dass sich in der Praxis trotz erheblicher Änderungen der Abgabenordnung noch keine merkbaren Konsequenzen für die Verweisungen im Kommunalabgabenrecht gezeigt hätten.

[914] Vgl. *D. Ehlers*, DVBl. 1977, S. 693 (695), für die Differenzierung bei der Übernahme zwischen bloß unwesentlichen und sonstigen Änderungen.

[915] Vgl. dazu bereits oben im 1. Teil: B.IV.7.c) Verweisung „in der jeweils geltenden Fassung" (S. 76 f.).

Darüber hinaus könnte eingewendet werden, das dadurch Abgrenzungsprobleme entstünden[916]. Da der Demokratiegrundsatz als Prinzipiennorm auf eine Konkretisierung im Einzelfall ausgerichtet ist, ist die Überprüfung am Demokratieprinzip aber zwangsläufig mit Abgrenzungsproblemen behaftet.

bb) Zusammenspiel zweier Rechtssetzungsbefugter

Dynamisch-heteronome Verweisungen auf staatliche Normen genügen häufiger dem Demokratieprinzip als Verweisungen auf Regelungen Privater, weil das Demokratieprinzip im Kontext mit dem Bundesstaats- und Rechtstaatsprinzip zu interpretieren ist. Zumeist soll nämlich durch dynamisch-heteronome Verweisungen Rechtsgleichheit hergestellt werden und erhalten bleiben (innere Einheit der Rechtsordnung), weil es keine Gründe gibt, die eine Verschiedenheit plausibel erscheinen lassen[917].

Allerdings ist die Übernahme der Änderung unzulässig, wenn an die Stelle des ursprünglichen Verweisungsobjektes ein Aliud treten würde. Dies ist beispielsweise der Fall, wenn eine Verweisungsnorm eine Leistung gewährt und an die Stelle der ursprünglichen Sachleistung eine Geldleistung treten würde[918]. Insoweit ist dann eine teleologische Reduktion nach den bereits im 1. Teil beschriebenen Grundsätzen[919] möglich und geboten.

(1) Verweisung im Gesetz auf Normen der Exekutive

Für Regelungen außerhalb des Gesetzes-/Parlamentsvorbehalts[920] sind dynamische Verweisungen in Gesetzen auf Regelungen der Exekutive innerhalb desselben Gemeinwesens nicht zu beanstanden[921]. Da das Parlament nicht zur Regelung verpflichtet ist, könnte das Parlament die Entscheidung auch der Exekutive insgesamt überlassen. Innerhalb eines Gemeinwesens ist nicht nur das Parlament, sondern auch die Exekutive demokratisch legitimiert[922].

---

[916] Vgl. die Kritik zu ähnlichen Abgrenzungsansätzen bei: *D. Ehlers*, DVBl. 1977, S. 693 (695); *Fuss*, in: FS Paulick, S. 293 (299); *Lickteig*, S. 25.

[917] In diesem Sinne auch: BVerwG, NuR 2004, S. 459 (460); OVG Hamburg, NJW 1980, S. 2830; *Bullinger*, Unterermächtigung, S. 20.

[918] In diesem Sinne BVerfGE 73, S. 261 (272 f.).

[919] Siehe dazu im 1. Teil: B.IV.7. Einschränkende Auslegung der Dynamik (S. 73 ff.).

[920] Siehe dazu unten im 2. Teil: H. Gesetzes- und Parlamentsvorbehalt (S. 237 ff.).

[921] In diesem Sinne – ohne allerdings den Gesetzes-/Parlamentsvorbehalt zu berücksichtigen –: *Brand*, S. 122; *Fuss*, in: FS Paulick, S. 293 (298, Fn. 24), für den Fall der Verweisung von einem Bundesgesetz auf eine Verordnung des Bundes; *Jachmann*, Habil., S. 684; *Staats*, in: Rödig, S. 244 (250 f.).

[922] In diesem Sinne auch *Staats*, in: Rödig, S. 244 (251).

(2) Verweisung im Bund-Länder-Verhältnis

Nach Bernd von Maydell[923] liegt in Verweisungen von einem Landesgesetz auf ein Bundesgesetz keine Verletzung der „demokratischen Pflicht zur Gesetzesdeliberation"[924]. Wenn der Landesgesetzgeber dynamisch auf ein Bundesgesetz verweise, so finde bei einer Änderung des Bundesgesetzes und damit auch des Landesgesetzes zwar keine Deliberation im Landesparlament, wohl aber im Bundesparlament statt[925]. Wenn aber unter bestimmten Voraussetzungen eine Ermächtigung der Exekutive zum Erlass von Verordnungen zulässig sei und dadurch eine Gesetzesdeliberation vollkommen ausgeschlossen werde, so könne eine Verweisung auf ein anderes Gesetz, das aufgrund einer Gesetzesdeliberation der dafür zuständigen Gremien geändert werden könne, nicht als undemokratisch angesehen werden[926].

Diese Argumentation überzeugt nicht, weil das Demokratieprinzip insoweit Identität von Regierenden und Regierten verlangt[927]. Dennoch sind Verweisungen im Bund-Länder-Verhältnis weniger problematisch als Verweisungen auf Regelungen Privater. Zu berücksichtigen sind nämlich die Auswirkungen des kooperativen Bundesstaatsprinzips auf das Demokratieprinzip. So hat das Bundesverfassungsgericht[928] bereits in einer sehr frühen Entscheidung dargelegt, dass im Bundesstaat das föderalistische und das demokratische Prinzip in gewissem Umfange widerstreiten können. Diesem Zusammenspiel verschiedener Strukturprinzipien im Grundgesetz wird die Auffassung, die in jeder dynamischen Verweisung zwischen Landesrecht und Bundesrecht einen Verstoß gegen das Demokratieprinzip sieht, nicht gerecht[929]. Das Bundesstaatsprinzip, wie es im Grundgesetz angelegt ist, verlangt eine in sich stimmige Gesamtrechtsordnung[930]. Damit setzt das Grundgesetz auch ein *sinnvolles Zusammenspiel von Bundesrecht und Landesrecht* dort als zwingend voraus, wo die landesrechtliche Kompetenz gerade darin besteht, das Bundesrecht zu ergänzen[931]. Sprechen vernünftige Erwägungen insoweit dafür, landesrechtliche Regelungen im Bundesrecht und bundesrechtliche Regelungen im Landesrecht zu inkorporieren, so kann ein im Interesse des kooperativen Bundesstaatsprinzips sinnvolles Zusammenspiel nicht allgemein gegen das Demokratieprinzip verstoßen[932].

---

[923] So v. *Maydell*, ZfS 1973, S. 69 (71 f.).

[924] Vgl. *Karpen*, S. 180.

[925] So v. *Maydell*, ZfS 1973, S. 69 (71 f.).

[926] So v. *Maydell*, ZfS 1973, S. 69 (72).

[927] In diesem Sinne auch bereits *Guckelberger*, ZG 2004, S. 62 (75).

[928] BVerfGE 1, S. 14 (50).

[929] So bereits *Veh*, BayVBl. 1987, S. 225 (230).

[930] Siehe dazu bereits oben 2. Teil: E.I.3. Kooperation (S. 169 f.).

[931] In diesem Sinne auch *Veh*, BayVBl. 1987, S. 225 (229); Hervorhebung von *Veh*.

Ein Beispiel für eine mit dem Demokratieprinzip vereinbare dynamische Verweisung von Bundes- auf Landesrecht ist, wenn Bundesrecht den Landesregierungen eine Aufgabe zuweist. Damit wird auf den nach Landesrecht zu bestimmenden Begriff der Landesregierung verwiesen[933]. Diese dynamisch-heteronome Verweisung ist Ausdruck des Respekts der Bundesverfassung gegenüber der Verfassungsordnung der Länder[934]. Andere Möglichkeiten zur Erreichung desselben Ziels als mittels dynamisch-heteronomer Verweisung sind nicht ersichtlich.

Die Verweisung von Landesrecht auf Bundesrecht ist beispielsweise vernünftig bei einer bauaufsichtlichen Genehmigung. Sie ist nach Landesrecht zu erteilen, wenn keine öffentlich-rechtlichen Normen entgegenstehen[935]. Damit verweist die Landesnorm auf bundesrechtliche Regelungen über die bauplanungsrechtliche Zulässigkeit des Vorhabens. Hinsichtlich des Bauplanungsrechts steht dem verweisenden Landesgesetzgeber, weil der Bundesgesetzgeber von seiner Kompetenz gem. Art. 72 Abs. 1, 74 Abs. 1 Nr. 18 GG Gebrauch gemacht hat, keine Rechtssetzungsmacht zu. Wenn der Landesgesetzgeber in das Genehmigungsverfahren auch dauerhaft aktuelles Bauplanungsrecht berücksichtigen will, wofür das kooperative Bundesstaatsprinzip spricht, besteht keine Alternative zur dynamisch-heteronomen Verweisung.

(3) Verweisung auf EG-Recht

Bei der Verweisung auf EG-Recht zu dessen Durchführung ist die Übernahme der Änderung des ursprünglichen Verweisungsobjektes immer als Realisierung des Willens des Verweisungsnormgebers anzusehen. Dem Willen des Verweisungsnormgebers nach Umsetzung des Gemeinschaftsrechts wird nämlich unabhängig von der Ausgestaltung des gemeinschaftsrechtlichen Verweisungsobjektes genügt. Die Übernahme ist daher mit dem Demokratieprinzip vereinbar.

Bei Verweisungen auf EG-Recht, die nicht deren Umsetzung dienen, ist im Einzelfall zu überprüfen, ob die Übernahme der Änderung der in Bezug genommenen Regelung noch als Realisierung des Willens des Verweisungsnormgebers ansehen lässt. In diesem Bereich lassen sich Abweichungen vom allgemeinen Standard nicht begründen.

---

[932] Noch weitergehend *Veh*, BayVBl. 1987, S. 225 (230), der daraus insgesamt die verfassungsrechtliche Zulässigkeit folgert.

[933] Vgl. BVerfGE 11, S. 77 (86), wonach das Grundgesetz mit dem Begriff „Landesregierung" in Art. 80 Abs. 1 Satz 1 sowie den Begriffen „Ländern", „obersten Landesbehörden" und nach „Landesrecht zuständigen Stellen" in anderen Vorschriften auf das Landesverfassungsrecht verweist.

[934] Vgl. BVerfGE 11, S. 77 (85).

[935] Vgl. z. B. § 64 Abs. 1 HBO: „Die Baugenehmigung ist zu erteilen, wenn dem Vorhaben keine öffentlich-rechtlichen Vorschriften entgegenstehen, die im Baugenehmigungsverfahren zu prüfen sind."

H. Gesetzes- und Parlamentsvorbehalt

Verweisungen müssen weiter dem Vorbehalt des Gesetzes und dem Parlamentsvorbehalt genügen.

I. Allgemeiner Vorbehalt des Gesetzes und Spezialfälle

Der allgemeine Gesetzesvorbehalt wird außer im Rechtsstaats- und im Demokratieprinzip (vor allem in Art. 20 Abs. 3 GG[936]) auch in den Grundrechten mit ihnen vielfach beigefügten, speziellen Gesetzesvorbehalten verortet[937]. Daneben enthält das Grundgesetz in zahlreichen Vorschriften spezielle Gesetzesvorbehalte. Diese betreffen einige hochbedeutsame Entscheidungen in so unterschiedlichen Materien wie beispielsweise Herstellung von Kriegswaffen (Art. 26 Abs. 2 Satz 2 GG) oder Neugliederung des Bundesgebietes (Art. 29 Abs. 2 Satz 2 GG). Noch ausführlich zu erörternde Gesetzesvorbehalte bestehen bei der Ermächtigung der Exekutive (Art. 80 Abs. 1 GG)[938] und bei Sanktionsnormen (Art. 103 Abs. 2 und Art. 104 Abs. 1 GG)[939]. Allerdings ist das Verhältnis vom allgemeinem zu den speziellen Gesetzesvorbehalten umstritten. Dieser Streit zeigt sich auch an der teils unterschiedlichen, teils synonymen Verwendung der Begriffe „Vorbehalt des Gesetzes" und „Gesetzesvorbehalt"[940].

Zum Teil[941] wird der Begriff „Gesetzesvorbehalt" nur auf in der Verfassung besonders normierte Vorbehalte bezogen. Überwiegend[942] werden die Begriffe synonym verwendet, obwohl der Gesetzesvorbehalt im Zusammenhang mit den Grundrechten einen zusätzlichen Aspekt aufweist: Grundrechtliche Gesetzesvorbehalte sind Erlaubnisnormen, die grundrechtliche Anordnungen durchbrechen[943], legen aber gleichzeitig fest, dass dies nur in Form eines Gesetzes geschehen

---

[936] In diesem Sinne bspw. BVerfGE 40, S. 237 (248).

[937] *Detterbeck*, Jura 2002, S. 235 (236); *Krebs*, Jura 1979, S. 304 (305).

Vgl. auch *Ossenbühl*, in: HStR III, § 62 Rn. 33: Die beiden tragenden verfassungsrechtlichen Säulen des Gesetzesvorbehalts sind das Rechtsstaatsprinzip und das Demokratiegebot.

[938] Siehe zur Ermächtigung der Exekutive bspw. unten im 2. Teil: H.V. Art. 80 GG und Verweisungen in Ermächtigungen zur Durchführung von EG-Recht (S. 243 ff.).

[939] Siehe dazu unten im 2. Teil: H.VI. Besondere Gesetzesvorbehalte bei Straf- und Bußgeldnormen (S. 262 ff.).

[940] Vgl. *Detterbeck*, Jura 2002, S. 235 (236).

[941] *Sachs*, in: ders., GG, Art. 20 Rn. 113 m. w. N.; *ders.*, JuS 1995, S. 693.

Ohne die Unterschiede klar herauszustellen in diesem Sinne auch die Verwendung der Begriffe bei: *Bethge*, VVDStRL 57 (1998), S. 7 (28); *Hesse*, Rn. 201, 313 ff., 508 f.; *Kloepfer*, JZ 1984, S. 685 (687).

[942] So etwa bei: BVerfGE 95, S. 267 (307); *Jarass*, in: ders. / Pieroth, GG, Art. 20 Rn. 45; *Ossenbühl*, in: HStR III, § 62 Rn. 12; *Schnapp*, in v. Münch / Kunig, GG, Art. 20 Rn. 46.

[943] Siehe oben Fn. 941 auf S. 237.

darf[944]. Nur Letzteres entspricht der Bedeutung des allgemeinen Gesetzesvorbehalts[945]. Danach hat der Vorbehalt des Gesetzes die Wirkung einer Verbotsnorm, die sonst bestehenden Verhaltensmöglichkeiten der Staatsgewalt – durch die Notwendigkeit gesetzlicher Grundlegung – verkürzt[946]. Wegen der weitreichenden Bedeutungsüberschneidung ist aber eine synonyme Verwendung von Vorbehalt des Gesetzes und Gesetzesvorbehalt vertretbar[947]. Insbesondere geben die Grundrechte mit ihren speziellen Gesetzesvorbehalten und mit den in ihnen enthaltenen objektiven Wertentscheidungen konkretisierende weiterführende Anhaltspunkte, welche Bereiche durch das förmliche Gesetz legitimiert sein müssen[948].

II. Historie des Gesetzesvorbehalts

In der deutschen Verfassungsgeschichte hat die Lehre vom Vorbehalt des Gesetzes eine lange Tradition mit wechselhaftem Verlauf[949]. Die eine historische Wurzel des Gesetzesvorbehalts reicht in die Aufklärungszeit, wonach allgemein gefasste Regeln vernünftiger sind, weil der Zwang zur generellen Fassung staatlicher Befehle den Handelnden (Monarchen) nötigt, über den einzelnen Fall hinaus zu denken; wer sich unter das allgemeine Gesetz stellen muss, kann nicht mehr nach souveränem Gutdünken entscheiden. Dabei soll durch generelles Vorausnormieren in öffentlicher Form das staatliche Handeln für den Bürger berechenbar werden. Selbstbändigung der Macht, Allgemeinheit und Berechenbarkeit ihrer Ausübung sind also die rechtsstaatlichen Elemente des Gesetzesvorbehalts[950].

Die andere Wurzel betrifft den demokratischen Aspekt des Vorbehaltsprinzips. Sie führt weniger zur Gesetzesförmigkeit staatlichen Handelns als vielmehr zu dem Organ hin, das zum Erlass des Gesetzes zuständig ist[951]. Dabei fällt die entscheidende Ausformung des Gesetzesvorbehalts in die Zeit der konstitutionellen Monarchie, deren Verfassung durch das Gegenüber von Parlament und monarchischer Exekutive geprägt war[952]. Wenn damals um die Einführung und Ausdehnung des Gesetzesvorbehalts gekämpft wurde, dann ging es darum, die Befugnisse des Monarchen und seiner Exekutive zugunsten der Mitwirkung der Volksvertretung zu beschränken[953].

---

[944] *Jarass*, in: ders./Pieroth, GG, Art. 20 Rn. 45.

[945] *Jarass*, in: ders./Pieroth, GG, Art. 20 Rn. 45.

[946] *Sachs*, JuS 1995, S. 693.

[947] *Jarass*, in: ders./Pieroth, GG, Art. 20 Rn. 45.

[948] BVerfGE 40, S. 237 (249).

[949] *Müller-Franken*, S. 172.

[950] *Pietzcker*, JuS 1979, S. 710 (712).

[951] *Pietzcker*, JuS 1979, S. 710 (712).

[952] *Krebs*, Jura 1979, S. 304 (307).

[953] *Pietzcker*, JuS 1979, S. 710 (712); vgl. auch *Müller-Franken*, S. 172 f.

Beide Komponenten, die rechtsstaatliche und die demokratische, sind im 19. Jahrhundert zusammengewachsen und bis heute verbunden geblieben[954]. Der Gesetzesvorbehalt galt in der Weimarer Reichsverfassung als Grundsatz, wonach jeder Eingriff in die Individualsphäre („Freiheit und Eigentum") des Bürgers nur durch Gesetz oder aufgrund einer formellgesetzlichen Ermächtigung erfolgen durfte. Da die Weimarer Reichsverfassung sowohl die Volkswahl des Staatsoberhauptes als auch ein parlamentarisches Regierungssystem einführte, war die machtpolitische Fragestellung als verfassungsgeschichtlicher Grund für die Entstehung des Gesetzesvorbehalts entfallen[955]. Dennoch wurde der Vorbehalt nicht außer Kraft gesetzt, sondern stillschweigend in die neue Verfassungsordnung übernommen[956]. Ähnlich geschah dies dann auch unter Geltung des Grundgesetzes, obwohl der Gesetzesvorbehalt als allgemeiner Grundsatz in den Text des Grundgesetzes im Gegensatz zu einigen Landesverfassungen[957] nicht aufgenommen wurde[958].

III. Wesentlichkeitstheorie

Der Gesetzesvorbehalt wurde in den frühkonstitutionellen Verfassungen durch das Kriterium der Wesentlichkeit / Wichtigkeit zunächst eingeschränkt: Die Mitwirkung an der Gesetzgebung sollte auf die Regelung grundlegender Fragen begrenzt bleiben[959].

Dagegen lautet unter der Geltung des Grundgesetzes eine vielfach gebrauchte[960] Standardformel: „Das Rechtsstaatsprinzip und das Demokratieprinzip des Grundgesetzes verpflichten den Gesetzgeber, die wesentlichen Entscheidungen … selbst zu treffen". Ein Fortschritt der Wesentlichkeitstheorie wurde teilweise darin gesehen, dass der Vorbehalt des Gesetzes von seiner Bindung an überholte Formen

---

[954] *Pietzcker*, JuS 1979, S. 710 (712).

[955] *Herzog*, in: Maunz / Dürig, GG, Art. 20 VI Rn. 59; *Müller-Franken*, S. 173.

[956] *Herzog*, in: Maunz / Dürig, GG, Art. 20 VI Rn. 59.

[957] Vgl. Art. 59 Abs. 1 Verfassung von Berlin idF. d. G. v. 6. 7. 2006 (GVBl. S. 710); Art. 58 Verfassung des Landes BW idF. d. G. v. 23. 5. 2000 (Gesetzesblatt für BW, S. 449); Art. 70 Abs. 1 Verf. BY, Art. 2 Abs. 2 Verf. HE, Art. 41 Niedersächsische Verfassung idF. d. G. v. 27. 1. 2006 (GVBl. S. 58); Art. 2 Verfassung für RP idF. d. G. v. 16. 12. 2005 (GVBl. S. 495, ber. GVBl. 2006, S. 20).

[958] In diesem Sinne *Herzog*, in: Maunz / Dürig, GG, Art. 20 VI Rn. 59, in Verbindung mit *Krebs*, Jura 1979, S. 304 (305).

[959] *Rottmann*, EuGRZ 1985, S. 277 (282 f.), unter Hinweis auf § 2 des Patents vom 1. / 2. Sept. 1814 des Herzogtums Nassaus, wonach „wichtige, das Eigentum, die persönliche Freiheit und Verfassung betreffende, neue Landesgesetze nicht ohne den Rath und die Zustimmung der Landstände eingeführt werden" sollen.

[960] Z. B.: BVerfGE 45, S. 400 (417 f.) 47, S. 46 (78) m. w. N.; BVerwGE 56, S. 155 (157).

(Eingriff in Freiheit und Eigentum) gelöst und von seiner demokratisch-rechtsstaatlichen Funktion her auf ein neues Fundament gestellt wurde, auf dem aufbauend Umfang und Reichweite dieses Rechtsinstituts neu bestimmt werden konnten[961]. Im Rahmen des Grundgesetzes wurde die Entscheidungspflicht des parlamentarischen Gesetzgebers auf die Entscheidungen aller grundsätzlichen Fragen, die den Bürger unmittelbar betreffen, ausgedehnt, und zwar teilweise losgelöst von einem „Eingriff". Staatliches Handeln, durch das dem Einzelnen Leistungen und Chancen gewährt und angeboten werden, ist nämlich für eine Existenz in Freiheit oft nicht weniger bedeutungsvoll als das Unterbleiben eines „Eingriffs"[962].

Dementsprechend entwickelte das Bundesverfassungsgericht die Wesentlichkeitstheorie im Zusammenhang mit der autonomen Satzungsgebung juristischer Personen des öffentlichen Rechts[963] und auch mit dem Erlass allgemeiner Bestimmungen im Rahmen besonderer Gewaltverhältnisse[964]. In beiden Fällen verlangt es, wiederum auf Grund allgemeiner rechtsstaatlicher und auch demokratisch-parlamentarischer Überlegungen, dass der Gesetzgeber die wesentlichen Fragen der jeweiligen Materie selbst zu regeln hat und sie nicht einfach dem ermächtigten Selbstverwaltungs- oder sonstigen Exekutivorgan überlässt[965]. Dabei unterscheiden Bundesverfassungsgericht[966] und Literatur[967] häufig nicht mehr zwischen dem klassischen Vorbehalt des Gesetzes und den Grundsätzen der Wesentlichkeitstheorie[968].

Aus dem Gesetzesvorbehalt in Verbindung mit der Wesentlichkeitstheorie lässt sich Folgendes ableiten: Die für die Grundrechtsausübung wesentlichen Voraussetzungen müssen in einem formellen Gesetz geregelt werden. Gleiches gilt für sonstige Angelegenheiten, die wesentlich für die Grundrechtsausübung oder von grundlegender Bedeutung für das Staat-Bürger-Verhältnis sind. Entscheidend sind also das Maß und der Grad der rechtlichen Betroffenheit der Bürger (oder sonstiger staatsdistanzierter Bereiche)[969]. Nach diesem zuletzt genannten Kriterium bemisst sich auch der Grad der inhaltlichen Bestimmtheit der formell-gesetzlichen Regelung, also die Regelungsdichte[970]. Die Wesentlichkeitstheorie beansprucht dabei nicht nur eine Entscheidung über das Ob des gesetzgeberischen Handelns, sondern auch über das Wie[971]. Je stärker und je fühlbarer die Bürgerrelevanz ist,

---

[961] Vgl. BVerfGE 47, S. 46 (78 f.).

[962] BVerfGE 40, S. 237 (249).

[963] Grundlegend BVerfGE 33, S. 125 (157 ff.) – Fachärzte.

[964] BVerfGE 33, S. 1 (10 f.) – Strafgefangene; 41, S. 251 (259 ff.) – Schulausschluss.

[965] *Herzog*, in: Maunz / Dürig, GG, Art. 20 VI Rn. 85.

[966] Vgl. BVerfGE 49, S. 89 (126 f.) – Kalkar I; 98, S. 218 (251) – Rechtschreibreform.

[967] Vgl. *Sommermann*, in: v. Mangoldt / Friedrich Klein / Starck, GG, Art. 20 Rn. 274 ff.

[968] So auch die Einschätzung von *Detterbeck*, Jura 2002, S. 235 (238).

[969] *Detterbeck*, Jura 2002, S. 235 (238).

[970] *Detterbeck*, Jura 2002, S. 235 (238); ähnlich *Kloepfer*, JZ 1984, S. 685 (691).

desto präziser und genauer muss die formell-gesetzliche Regelung sein[972]. Es darf jedoch dabei nicht übersehen werden, dass derartige inhaltliche Bindungen des parlamentarischen Gesetzgebers mit dem historischen Kern des Gesetzesvorbehalts praktisch nichts zu tun haben. Der Vorbehalt als historisches Mittel zum Machtgewinn des Parlaments wird so heute letztlich gegen die Entscheidungsfreiheit des Parlaments gewendet[973]. Die verfassungspolitische Funktion des Gesetzesvorbehalts hat sich damit durch die Wesentlichkeitstheorie praktisch umgekehrt. Heute geht es *nicht* mehr darum, *wann* das Parlament eine Regelung *treffen darf*, sondern wann es selbst eine Regelung *treffen muss*[974]. Richtete sich der Gesetzesvorbehalt somit in seiner rechtsstaatlichen Ausprägung ursprünglich gegen die Exekutive, so wendet sich die demokratische Komponente fordernd an das Parlament, seine Gesetzgebungsaufgabe nicht zu vernachlässigen[975]. Freilich verhindert der Gesetzesvorbehalt damit immer noch, dass die Exekutive eine eigenständige Regelung treffen darf.

IV. Verhältnis zwischen Gesetzes- und Parlamentsvorbehalt

Erst mit der Wesentlichkeitstheorie ist der Parlamentsvorbehalt aufgekommen[976]. Das entscheidend Neue der Wesentlichkeitstheorie wird in der teilweisen oder völligen Umformung des traditionellen Vorbehalts des Gesetzes zum Parlamentsvorbehalt gesehen[977]. Dadurch wurde das Verhältnis zwischen Gesetzes- und Parlamentsvorbehalt umstritten.

1. Identität

Nach einer Ansicht[978] fallen Gesetzesvorbehalt und Parlamentsvorbehalt inhaltlich zusammen. Diese Konsequenz resultiere aus den Anforderungen der Wesentlichkeitstheorie[979]. Der Vorbehalt des Gesetzes erschöpfe sich nicht in der Forderung nach einer gesetzlichen Grundlage für Grundrechtseingriffe. Er verlan-

---

[971] *Kloepfer*, JZ 1984, S. 685 (691).

[972] *Detterbeck*, Jura 2002, S. 235 (238).

[973] *Kloepfer*, JZ 1984, S. 685 (691).

[974] *Müller-Franken*, S. 173; Hervorhebung von *Müller-Franken*.

[975] In diesem Sinne auch: *Müller-Franken*, S. 176; *Ossenbühl*, in: HStR III, § 62 Rn. 38.

[976] *Ossenbühl*, in: HStR III, § 62 Rn. 9.

[977] *Kloepfer*, JZ 1984, S. 685 (690), unter Hinweis auf BVerfGE 47, S. 46 (79) und weitere Nachweise.

[978] *Böckenförde*, S. 393 ff.; *Jarass*, in: ders./Pieroth, GG, Art. 20 Rn. 54. Synonyme Verwendung wohl auch bei: *Baader*, JZ 1992, S. 394 (398); *Müller-Franken*, S. 177; *Sommermann*, in: v. Mangoldt/Friedrich Klein/Starck, GG, Art. 20 Rn. 273.

[979] *Böckenförde*, S. 392 ff.

ge vielmehr auch, dass alle wesentlichen Fragen vom Parlament selbst entschieden würden[980].

2. Stufenverhältnis

Soweit staatliche Maßnahmen vom Gesetzesvorbehalt erfasst werden, können sie nur durch oder aufgrund eines formellen Gesetzes geregelt werden[981]. Dies bedeutet also nicht notwendig ein Verbot für den Gesetzgeber, die in seinen Zuständigkeitsbereich fallenden Rechtssetzungsbefugnisse auf die Exekutive zu übertragen. Der Gesetzesvorbehalt beschneidet der Exekutive zwar originäre, nicht aber gesetzesabgeleitete Regelungsbefugnisse[982]. Der Parlamentsvorbehalt bedeutet damit nach überwiegender Ansicht[983] einen durch das Delegationsverbot gesteigerten Gesetzesvorbehalt.

3. Stellungnahme

Gesetzesvorbehalt und Parlamentsvorbehalt werden durch die Wesentlichkeitstheorie substantiiert. Der Parlamentsvorbehalt führt, wenn man „Wesentlichkeit" durch Umfang und Intensität der „Grundrechtsrelevanz" einer Regelung definiert, zu den selben Abgrenzungs- und Definitionskriterien wie der Gesetzesvorbehalt[984].

Bei der Gleichsetzung von Gesetzes- und Parlamentsvorbehalt wird aber übersehen, dass der Parlamentsvorbehalt zwar Teilbereiche des Gesetzesvorbehaltes abdeckt, aber eben auch eine zum Teil völlig andere Zweckrichtung hat. Der Parlamentsvorbehalt besagt nicht mehr und nicht weniger, als dass es Angelegenheiten gibt, die einer Entscheidung des Parlaments bedürfen[985]. Das Parlament kann jedoch seine Entscheidungen in mehreren Formen treffen. Aus der Entscheidung des Bundesverfassungsgerichts[986] zum Einsatz der Bundeswehr in Somalia ergibt sich, dass dem Parlamentsvorbehalt auch durch einen schlichten Parlamentsbeschluss genügt werden kann[987]. Demgegenüber setzt der Gesetzesvorbehalt eine gesetzliche Grundlage voraus. Darin zeigt sich der Unterschied zwischen Sachvorbehalten

---

[980] BVerfGE 95, S. 267 (307), dort als st. Rspr. bezeichnet; *Jarass*, in: ders./Pieroth, GG, Art. 20 Rn. 54.

[981] *Krebs*, Jura 1979, S. 304 (311).

[982] *Krebs*, Jura 1979, S. 304 (311).

[983] In diesem Sinne: *Erichsen*, VerwArch. 69 (1978), S. 387 (396): „eine Art von Stufenverhältnis"; *ders.*, VerwArch. 67 (1976), S. 93 (97 f.); *Frotscher/Kramer*, Rn. 561 (Fn. 91); *Hennecke*, DÖV 1982, S. 696; *Hill*, Jura 1986, S. 286 (288); *Krebs*, Jura 1979, S. 304 (312); *Ossenbühl*, in: HStR III, § 62 Rn. 9; *Schnapp*, in: v. Münch/Kunig, GG, Art. 20 Rn. 56; *Stern* II, § 37 I 4b (S. 574); *H. J. Wolff / Bachof / Stober / Kluth*, § 30 Rn. 28.

[984] *Ossenbühl*, in: HStR III, § 62 Rn. 40.

[985] *Detterbeck*, Jura 2002, S. 235 (237).

[986] BVerfGE 90, S. 286 (381 ff.).

einerseits und Formvorbehalten andererseits. Sachvorbehalte beziehen sich auf Regelungsgegenstände (Sachmaterien), Formvorbehalte auf Entscheidungsformen (z. B. formelle Gesetze, schlichte Parlamentsbeschlüsse). Der Parlamentsvorbehalt ist ein Sachvorbehalt. Er sagt nur etwas darüber aus, ob eine Sachmaterie der Regelung durch das Parlament vorbehalten ist oder nicht. Mehr als diese Konsequenz ergibt sich aus dem den Parlamentsvorbehalt tragenden Demokratiegebot nicht[988].

Weiter bleibt auch der unwesentliche Eingriff, den der Parlamentsvorbehalt gerade nicht erfasst, ein Eingriff, der die spezifische Sicherungsfunktion des Gesetzesvorbehalts auslöst[989]. Auch das Bußgeld von 5 Euro bedarf gem. Art. 103 Abs. 2 GG der formalgesetzlichen Grundlage, nicht nur der „wesentliche" Eingriff[990]. Damit ist der Gesetzesvorbehalt *eingriffsfixiert*[991]. Der Parlamentsvorbehalt ist dagegen *eingriffsindifferent*[992]. Beide Kategorien von Vorbehalten decken im Kern unterschiedliche Bedarfslagen ab, sie stehen daher nebeneinander[993].

V. Art. 80 GG und Verweisungen in Ermächtigungen zur Durchführung von EG-Recht

Im Zusammenhang mit Verweisungen hat der besondere Gesetzesvorbehalt des Art. 80 Abs. 1 Satz 2 GG vor allem Bedeutung bei der Verweisung auf EG-Recht in gesetzlichen Verordnungsermächtigungen zur Umsetzung von Richtlinien (*Durchführungsermächtigungen*)[994]. Ähnlich haben mehrere Mitgliedstaaten umfassende Durchführungsermächtigungen an die Exekutive erteilt[995], weil die

---

[987] *Sauer*, JA 2004, S. 19 (20), der darauf hinweist, dass dies eine verfassungsrechtliche Neuheit des Urteils sei. Entgegen dieser Rechtsprechung fordert *Kokott*, in: Sachs, GG, Art. 87a Rn. 38, die Gesetzesform. *Sester*, S. 163, bewertet das Urteil als unabhängig von der Wesentlichkeits-Rechtsprechung und der Judikatur zum Vorbehalt des Gesetzes, so dass sich aus der verfassungsgerichtlichen Rechtsprechung nicht entnehmen lasse, dass Parlamentsbeschlüsse als Legitimationsgrundlage genügten.

[988] *Ossenbühl*, in: HStR III, § 62 Rn. 39.

[989] *Bethge*, VVDStRL 57 (1998), S. 7 (32); *Müller-Franken*, S. 177; *Ossenbühl*, in: HStR III, § 62 Rn. 46.

[990] *Ossenbühl*, in: HStR III, § 62 Rn. 40.

[991] *Bethge*, VVDStRL 57 (1998), S. 7 (32); Hervorhebung von *Bethge*.

[992] *Bethge*, VVDStRL 57 (1998), S. 7 (32); Hervorhebung von *Bethge*.

[993] So auch *Bethge*, VVDStRL 57 (1998), S. 7 (32).

[994] Beispiele für Durchführungsermächtigungen: § 6 G. zur Ausführung der Verordnung (EG) Nr. 1013/2006 des Europäischen Parlaments und des Rates vom 14. Juni 2006 über die Verbringung von Abfällen und des Basler Übereinkommens vom 22. März 1989 über die Kontrolle der grenzüberschreitenden Verbringung gefährlicher Abfälle und ihrer Entsorgung (Abfallverbringungsgesetz – AbfVerbrG) idF. d. Art. 1 G. v. 19. 7. 2007 (BGBl. I S. 1462); § 83 G. über den Verkehr mit Arzneimitteln (Arzneimittelgesetz – AMG) idF. d. Art. 9 Abs. 1 G. v. 23. 11. 2007 (BGBl. I S. 2631); § 22 Abs. 1 G. zum Schutz vor schädlichen Bodenveränderungen und zur Sanierung von Altlasten (Bundes-Bodenschutzgesetz – BBodSchG) idF. d. Art. 3 G. v. 9. 12. 2004 (BGBl. I S. 3214); §§ 37, 39, und

legislative Richtlinienausführung praktische Nachteile hat, vor allem die häufige Überschreitung der für ein herkömmliches Gesetzgebungsverfahren kaum ausreichenden Umsetzungsfristen[996].

Verordnungen nach solchen Ermächtigungen dürfen häufig nur Regelungen enthalten, „soweit" sie zur Durchführung notwendig sind. Weitergehende Anforderungen – wie z. B. die Festlegung schärferer Grenzwerte – bedürfen einer anderen Rechtsgrundlage[997]. Sie stellen „Übererfüllungen" dar. Diese sind, soweit es sich um Mindeststandards handelt, gemeinschaftsrechtlich nicht ausgeschlossen (vgl. Art. 137 Abs. 4 Spiegelstrich 2, 152 Abs. 4 Buchst. a, 153 Abs. 5, 176 EGV sowie Regelungen in den einzelnen Richtlinien[998]).

48a BImSchG (zur Vereinbarkeit mit dem GG siehe unten in Fn. 1118 auf S. 261); § 52 BNatSchG; § 3 Abs. 3, §§ 6, 10a, 11 Düngemittelgesetz idF. d. Art. 6 G. v. 9. 12. 2006 (BGBl. I S. 2819; ber. BGBl. I 2007, S. 195); §§ 19 Abs. 1 und 22d FlHG (verfassungsgemäß nach *Ziekow*, JZ 1999, S. 963 [968]); §§ 14 Abs. 4, 16 Abs. 6 GenTG; § 3 Abs. 2 G. über die Beförderung gefährlicher Güter (Gefahrgutbeförderungsgesetz – GGBefG) idF. d. Art. 294 Verordnung v. 31. 10. 2006 (BGBl. I S. 2407); § 3 G. über technische Arbeitsmittel und Verbraucherprodukte (Geräte- und Produktsicherheitsgesetz – GPSG) idF. d. Art. 3 Abs. 33 G. v. 7. 7. 2005 (BGBl. I S. 1970); § 9 Abs. 1 Satz 1 G. zur Ordnung des Handwerks (Handwerksordnung) idF. d. Art. 9a G. v. 7. 9. 2007 (BGBl. I S. 2246); § 57 KrW-/AbfG (zur Vereinbarkeit mit dem GG siehe unten im 2. Teil: H.V.3. Überprüfung einiger Durchführungsermächtigungen auf S. 260 ff.); § 38a Vorläufiges Tabakgesetz idF. d. Art. 1 G. v. 21. 12. 2006 (BGBl. I S. 3365); §§ 6, 8 i. V. m. 1 Abs. 2 MOG; § 57 Personenbeförderungsgesetz idF. d. Art. 27 G. v. 7. 9. 2007 (BGBl. I S. 2246) (verfassungsgemäß nach *Ziekow*, JZ 1999, S. 963 [968]); § 3 Abs. 1 i. V. m. § 1 Nr. 5 G. zum Schutz der Kulturpflanzen (Pflanzenschutzgesetz – PflSchG) idF. d. Art. 1 § 5 Abs. 1 G. v. 13. 12. 2007 (BGBl. I S. 2930); § 4 Satz 1 Nr. 1 i. V. m. § 1 Abs. 1 Satz 2 G. über explosionsgefährliche Stoffe (Sprengstoffgesetz – SprengG) idF. d. Art. 150 V. v. 31. 10. 2006 (BGBl. I S. 2407); § 7 Abs. 5 G. zum vorsorgenden Schutz der Bevölkerung gegen Strahlenbelastung (Strahlenschutzvorsorgegesetz – StrVG) idF. d. Art. 64 Verordnung v. 31. 10. 2006 (BGBl. I S. 2407); § 6 Abs. 1 Nr. 7 Straßenverkehrsgesetz (StVG) idF. d. Art. 5 G. v. 10. 12. 2007 (BGBl. I S. 2833); § 21a Tierschutzgesetz idF. d. G. v. 18. 12. 2007 (BGBl. S. 3001, ber. BGBl. I 2008, S. 47) (verfassungsgemäß nach *Ziekow*, JZ 1999, S. 963 [968]); § 149 UGB-AT-ProfE; § 14 Abs. 1 Satz 1 UGB-KomE (deklaratorisch laut Entwurfsbegründung, S. 473); § 6a WHG (zur Vereinbarkeit mit dem GG siehe unten im 2. Teil: H.V.3. Überprüfung einiger Durchführungsermächtigungen auf S. 260 ff.) (zu den entsprechenden landesrechtlichen Vorschriften siehe die Aufzählung bei *Knopp*, in: Sieder/Zeitler/Dahme/Knopp, WHG, § 6a Rn. 13).

[995] Zum Britischen European Communities Act siehe *Reinhardt*, JbUTR 1997, S. 337 (347 f.).

Zu den Ausführungsermächtigungen in Belgien, Italien, Luxemburg und den Niederlanden siehe *R. Schäfer*, S. 129 f.

[996] Siehe dazu *R. Schäfer*, S. 124 ff. Zu den Vorzügen einer Richtlinienausführung durch die Exekutive siehe bspw. *dens.*, S. 126 f.

[997] Für § 6a WHG bzw. den Gesetzesentwurf: *Berendes*, ZfW 1996, S. 363 (367); *Cychowski*, ZUR 1997, S. 71 (72 f.); *Knopp*, in: Sieder/Zeitler/Dahme/Knopp, WHG, § 6a Rn. 2, 8a.

Für § 37 BImSchG: *Brand*, S. 202–206.

Die ganz überwiegende Anzahl der Autoren[999] sieht Verweisungen in Durchführungsermächtigungen zwar als verfassungsrechtlich problematisch, aber generell zulässig an. Dies bedarf jedoch einer genaueren Untersuchung.

1. Bestimmtheitsmaßstab

Eine weitgehende Zulässigkeit der Verweisung im nationalen Recht auf EG-Recht kommt vor allem deshalb in Betracht, weil mittlerweile der Vorrang des EG-Rechts gegenüber dem nationalen Recht weitestgehend[1000] anerkannt ist. Das in Art. 80 Abs. 1 Satz 2 GG verankerte Bestimmtheitsgebot verliert seine Anwendbarkeit jedoch weder durch die Tatsache, dass Gemeinschaftsrecht umgesetzt werden soll, noch durch Art. 23 GG[1001]. Denn die Umsetzung von Gemeinschaftsrecht ist

---

[998] So bspw. in: Art. 3 Abs. 1 der Richtlinie 89/552/EWG des Rates vom 3. Oktober 1989 zur Koordinierung bestimmter Rechts- und Verwaltungsvorschriften der Mitgliedstaaten über die Ausübung der Fernsehtätigkeit, zuletzt geändert durch Richtlinie 97/36/EG des Europäischen Parlaments und des Rates vom 30. Juni 1997 zur Änderung der Richtlinie 89/552/EWG des Rates zur Koordinierung bestimmter Rechts- und Verwaltungsvorschriften der Mitgliedstaaten über die Ausübung der Fernsehtätigkeit (ABl. EG 1997, Nr. L 202, S. 60) idF. d. Richtlinie 2007/65/EG des Europäischen Parlaments und des Rates vom 11. Dezember 2007 (ABl. EU 2007, Nr. L 332/27); Artikel 9 der Richtlinie 2006/44/EG des Europäischen Parlaments und des Rates vom 6. September 2006 über die Qualität von Süßwasser, das schutz- oder verbesserungsbedürftig ist, um das Leben von Fischen zu erhalten (ABl. EU 2006, Nr. L 264/20); Art. 1 Nr. 2 der Richtlinie 2006/49/EG des Europäischen Parlaments und des Rates vom 14. Juni 2006 über die angemessene Eigenkapitalausstattung von Wertpapierfirmen und Kreditinstituten (ABl. EU 2006, Nr. L 177/201): „Die Mitgliedstaaten können für Wertpapierfirmen und Kreditinstitute, die von ihnen zugelassen wurden, zusätzliche oder strengere Vorschriften vorsehen."

[999] *Calliess*, NVwZ 1998, S. 8; *Cychowski*, ZUR 1997, S. 71 (72); *Faßbender*, S. 273; *Fuss*, in: FS Paulick, S. 293 (299 ff.); *Gellermann/Szczekalla*, NuR 1993, S. 54 (57); *Guckelberger*, ZG 2004, S. 62 (86); *Klindt*, DVBl. 1998, S. 373 (378); *Knopp*, in: Sieder/Zeitler/Dahme/Knopp, WHG, § 6a Rn. 6; *Lausch*, S. 188; *Meyer zu Brickwedde*, S. 107 und 116 f.; *Rehbinder*, in: Kloepfer/Rehbinder/Schmidt-Aßmann/Kunig, S. 469 f.; *Rehbinder/Kayser/Helmut Klein*, ChemG, § 25 Rn. 3; *Scheuing*, EuR 1985, S. 229 (234 f.); *Schweiger*, in: Nawiasky, Verf. BY, Stand 7. Erg.-Lfg. Mai 1992, Art. 55 V Rn. 6b; *Spannowsky*, NVwZ 1995, S. 845 (849); *A. Weber*, S. 24 ff.; *N. Weber*, S. 85 f. in Fn. 375; *Ziekow*, JZ 1999, S. 963 (968).

Kritischer aber *Hilf*, EuR 1993, S. 1 (13), wonach eine generelle und zugleich dynamische Verweisung auf in einem bestimmten Bereich bestehende und auch künftig ergehende Richtlinien aus rechtsstaatlichen Gründen unzulässig ist; *Sannwald*, in: Schmidt-Bleibtreu/Hofmann/Hopfauf, GG, Art. 80 Rn. 61.

[1000] Aus der Rechtsprechung des EuGH insbes. Slg. Band X (1964), S. 1251 (1269 ff.) – Costa ./. ENEL.

Auch das BVerfG erkennt den Vorrang des Gemeinschaftsrechts grundsätzlich an, in diesem Sinne insbes.: BVerfGE 73, S. 339 (366 ff.); 89, S. 155 (188).

Siehe dazu aus der Literatur bspw.: *Classen*, in: v. Mangoldt/Friedrich Klein/Starck, GG, Art. 23 Rn. 52; *Niedobitek*, VerwArch 92 (2001), S. 58 (60); *Oppermann*, § 7 Rn. 1 ff.; *R. Schäfer*, S. 88 ff.; *Streinz*, Europarecht, Rn. 201 ff.

rechtstechnisch auch durch formelle Gesetze möglich[1002]. Die aufgrund der Durchführungsermächtigungen ergehenden Verordnungen werden jedoch maßgeblich über die durchzuführenden EG-Rechtsakte gesteuert[1003]. Die Entscheidungsbefugnis des nationalen Gesetzgebers entfällt zunehmend bei stark detaillierten Richtlinien[1004]. Wenn aber schon die EG-Rechtsakte verbindlich skizzieren, wie die mitgliedstaatliche Durchführung auszusehen hat, stellt sich die Frage, ob die Durchführungsermächtigungen genauso bestimmt sein müssen wie Verordnungsermächtigungen ohne Durchführungszwecke[1005].

a) Keine Besonderheiten

Eine Ansicht[1006] überprüft auch die Ermächtigung zur Umsetzung von EG-Recht am üblichen Maßstab des Art. 80 GG.

In Konkretisierung dieses Bestimmtheitsgebotes hat das Bundesverfassungsgericht in Anlehnung an einen Aufsatz seines damaligen Mitglieds Bernhard Wolff[1007] verschiedene Formeln entwickelt, mit denen die Anforderungen an die Ausgestaltung von Verordnungsermächtigungen näher beschrieben werden[1008]: Danach muss der Gesetzgeber selbst die Entscheidung treffen, welche Fragen durch Verordnung geregelt werden sollen (Inhalt), er muss die Grenzen einer solchen Regelung festsetzen (Ausmaß) und angeben, welchem Ziel die Regelung dienen soll (Zweck) – „Selbstentscheidungsformel"[1009]. Aus dem Gesetz selbst muss sich ergeben, welches „Programm" durch die Verordnung erreicht werden

---

[1001] *Krieger*, in: Fluck, KrW-/AbfG, § 57 Rn. 42; in Ergebnis ebenso: *Bleckmann*, in: ders., Rn. 1201; *Breuer*, ZfW 1999, S. 220 (225 f.); *Kadelbach*, S. 233; *Ossenbühl*, DVBl. 1999, S. 1 (6 f.); *Streinz*, in: HStR VII, § 182 Rn. 54; Verfassungsressort der Bundesregierung zitiert nach *Berendes*, ZfW 1996, S. 363 (367); *Ziekow*, JZ 1999, S. 963 (968).

[1002] *Ziekow*, JZ 1999, S. 963 (968).

[1003] *Brand*, S. 22.

[1004] In diesem Sinne: *Brand*, S. 106; *R. Schäfer*, S. 123 f. m. w. N.

[1005] *Brand*, S. 22.

[1006] In diesem Sinne: *Bleckmann*, in: ders., Rn. 1201, der aber rechtspolitisch geringere Anforderungen fordert; *Brenner*, in: v. Mangoldt/Friedrich Klein/Starck, GG, Art. 80 Rn. 39; *Bryde*, in: v. Münch/Kunig, GG, Art. 80 Rn. 23a; wohl auch: *Cychowski/Reinhardt*, WHG, § 6a Rn. 5; *Kotulla*, ZfW 2000, S. 85 (97); *Krieger*, in: Fluck, KrW-/AbfG, § 57 Rn. 61; *Ossenbühl*, DVBl. 1999, S. 1 (7); *Rubel*, in: Umbach/Clemens, GG, Art. 80 Rn. 24; *Sannwald*, in: Schmidt-Bleibtreu/Hofmann/Hopfauf, GG, Art. 80 Rn. 61; *Zuleeg*, ZfW 1975, S. 133 (140).

[1007] *B. Wolff*, AöR 78 (1952/1953), S. 194 ff.

[1008] *Brand*, S. 75.

[1009] *Bryde*, in: v. Münch/Kunig, GG, Art. 80 Rn. 20, unter Hinweis auf BVerfGE 23, S. 62 (72); 80, S. 1 (21); Hervorhebung weggelassen; in diesem Sinne auch: BVerfGE 19, S. 354 (361 f.); 2, S. 307 (334); *Brand*, S. 75; *Weihrauch*, NVwZ 2001, S. 265 (266); *B. Wolff*, AöR 78 (1952/1953), S. 194 (198).

soll – „Programmformel"[1010]. Dabei genügt es, wenn das Gesetz die Grenzen der auf seiner Grundlage möglichen Regelung hinreichend deutlich macht[1011]. Dieser Pflicht des Gesetzgebers zur Selbstentscheidung oder Programmfestlegung entspricht aus der Sicht des betroffenen Bürgers die Möglichkeit, bereits aus dem Gesetz zu ersehen, in welchem Regelungsspielraum sich die Exekutive zu bewegen hat[1012]. Eine Ermächtigung ist unbestimmt, „wenn nicht mehr vorausgesehen werden kann, in welchen Fällen und mit welcher Tendenz von ihr Gebrauch gemacht wird und welchen Inhalt die auf Grund der Ermächtigung erlassenen Rechtsverordnungen haben können" – „Vorhersehbarkeitsformel"[1013].

Dabei gibt Art. 80 GG vor, dass sich der Grad der Bestimmtheit nach der Wesentlichkeit der Regelungen, vor allem ihrer Grundrechtsrelevanz, zu richten hat: Je bedeutsamer die vom Gesetzgeber übertragenen Materien sind, je schwerwiegender die Wirkungen der Regelungen für potentiell Betroffene sind, desto bestimmter muss die Ermächtigung sein[1014]. Art. 80 Abs. 1 Satz 2 GG fungiert insoweit als ein Unterfall der Wesentlichkeitstheorie[1015].

Allerdings müssen sich die gesetzlichen Vorgaben nicht unmittelbar aus dem Wortlaut der Ermächtigungsnorm ergeben; es genügt, dass sie sich mit Hilfe allgemeiner Auslegungsgrundsätze erschließen lassen, vor allem aus dem Zweck, dem Sinnzusammenhang und der Vorgeschichte des Gesetzes[1016]. Bei einer Ermächtigung ergänzen, durchdringen und erläutern sich Inhalt, Zweck und Ausmaß gegenseitig und ergeben erst so den vollen Sinngehalt der Norm und müssen deshalb gemeinsam betrachtet werden[1017]. Der „Zweck" der Ermächtigung erweist sich als zentrale Kategorie, da „Inhalt" und „Ausmaß" sich in weitem Umfang durch Auslegung erschließen lassen, wenn der Zweck bestimmt ist[1018].

[1010] In diesem Sinne: BVerfGE 85, S. 97 (105); 78, S. 249 (272); 58, S. 257 (277); 41, S. 251 (266); 8, S. 274 (307); 5, S. 71 (77); *Bryde*, in: v. Münch / Kunig, GG, Art. 80 Rn. 20; *R. Schäfer*, S. 131; *Weihrauch*, NVwZ 2001, S. 265 (266); *B. Wolff*, AöR 78 (1952/1953), S. 194 (199).

[1011] *Bryde*, in: v. Münch / Kunig, GG, Art. 80 Rn. 20, unter Hinweis auf BVerfGE 1, S. 14 (60); 58, S. 283 (291); 78, S. 249 (272); ähnlich *Brand*, S. 75.

[1012] *Bryde*, in: v. Münch / Kunig, GG, Art. 80 Rn. 20.

[1013] *Bryde*, in: v. Münch / Kunig, GG, Art. 80 Rn. 20, unter Hinweis auf BVerfGE 1, S. 14 (60), 42, S. 191 (200); *Maunz*, in: ders. / Dürig, GG, Art. 80 Rn. 27; in diesem Sinne auch: BVerfGE 2, S. 307 (334); 41, S. 251 (266); 58, S. 257 (276); 78, S. 249 (272); *Brand*, S. 75, der sie auch als Deutlichkeitsformel bezeichnet; *Kotulla*, ZfW 2000, S. 85 (95); *Weihrauch*, NVwZ 2001, S. 265 (266).

[1014] In diesem Sinne: *Calliess*, in: Jarass / Ruchay / Weidemann, KrW-/AbfG, § 57 Rn. 71; *Kotulla*, ZfW 2000, S. 85 (95 f.).

[1015] Vgl. BVerfGE 49, S. 89 (127) – Kalkar; *Kotulla*, ZfW 2000, S. 85 (96).

[1016] BVerfGE 80, S. 1 (20 f.).

[1017] BVerfGE 38, S. 348 (357 f.); *Knopp*, in: Sieder / Zeitler / Dahme / Knopp, WHG, § 6a Rn. 8a; *Weihrauch*, NVwZ 2001, S. 265 (266).

Nach Albert Bleckmann[1019] wird bei der Umsetzung von Gemeinschaftsrecht meist der Gesetzgeber handeln müssen, weil der Inhalt des zukünftigen Sekundärrechts nicht vorausgesehen und deshalb Gegenstand, Inhalt und Ziel einer Ermächtigung nicht hinreichend bestimmt werden könne.

Demgegenüber geht Brun-Otto Bryde[1020] davon aus, dass Ermächtigungen zur Umsetzung von Richtlinien nicht zu dem von Art. 80 GG ausgeschlossenen übergroßen Ermessen des Verordnungsgebers führen, weil dieser das Programm des – seinerseits demokratisch legitimierten – europäischen Gesetzgebers zu vollziehen hat. Jedenfalls das Ziel wird durch eine Richtlinie festgelegt (Art. 249 EGV), und dies sei auch der entscheidende Maßstab für die Bestimmtheit im Sinne des Art. 80 GG[1021]. Wenn allerdings das europäische Recht dem nationalen Gesetzgeber ausnahmsweise unterschiedliche Politiken erlaube, spreche nichts für die Zurücknahme der Anforderungen des Art. 80 GG: dann müsse der Gesetzgeber entscheiden, welche Politik er verfolge[1022].

Nach Rüdiger Schäfer[1023] würde ein generell zur Ausführung aller künftig erlassenen Richtlinien ermächtigendes Gesetz die Bestimmtheitsanforderungen des Art. 80 GG nicht mehr erfüllen, auch wenn die später erlassenen Richtlinien – als deutsche Regelung gedacht – jeweils den Bestimmtheitsanforderungen des Art. 80 GG genügen würden. Ein solches generelles Ermächtigungsgesetz zur Richtlinienausführung würde nicht, wovon Art. 80 GG ausgehe, die Bindung der Exekutive durch den nationalen Gesetzgeber selbst vornehmen, sondern sie den Richtlinien überlassen. Das generelle, nationale Ermächtigungsgesetz sei nur so bestimmt wie die Vertragsvorschriften, die zum Richtlinienerlass ermächtigten. Darin liege

---

[1018] *Bryde*, in: v. Münch / Kunig, GG, Art. 80 Rn. 22, unter Hinweis auf BVerfGE 4, S. 7 (22); 10, S. 20 (53); 20, S. 296 (306).

[1019] *Bleckmann*, in: ders., Rn. 1201.

In diesem Sinne auch *Zuleeg*, ZfW 1975, S. 133 (140): „Eine Blankoermächtigung, auch wenn sie auf ein bestimmtes Sachgebiet wie das des Wasserrechts beschränkt wäre, ist danach ausgeschlossen. Die Verweisung auf die Rechtsakte der Gemeinschaft, die es auszuführen gilt, läßt kein gesetzgeberisches Programm erkennen." Noch weitergehend fordert *Sannwald*, in: Schmidt-Bleibtreu / Hofmann / Hopfauf, GG, Art. 80 Rn. 61, dass selbst bei fehlendem Umsetzungsspielraum der Gesetzgeber entscheiden müsse, ob er die Richtlinie selbst durch Gesetz umsetzen oder ob er die Regelung der Exekutive überlassen wolle.

[1020] In: v. Münch / Kunig, GG, Art. 80 Rn. 23a.

In diesem Sinne auch: *Kadelbach*, S. 233, unter Hinweis auf BVerfGE 29, S. 198 (210 ff.); *Nierhaus*, in: Bonner Kommentar, GG, Art. 80 Abs. 1 Rn. 318, 320; *R. Schäfer*, S. 131.

[1021] *Bryde*, in: v. Münch / Kunig, GG, Art. 80 Rn. 23a.

In diese Richtung auch: *Faßbender*, S. 273; *Meyer zu Brickwedde*, S. 138; *Riegel*, EuR 1976, S. 79 (86); *ders.*, DVBl. 1977, S. 82 (88).

[1022] *Bryde*, in: v. Münch / Kunig, GG, Art. 80 Rn. 23a.

[1023] *R. Schäfer*, S. 134. Gegen eine allgemeine Pauschal- oder Blankoermächtigung auch *Weihrauch*, NVwZ 2001, S. 265 (266 f.).

aber auch bei weitester Auslegung kein bestimmbares „Programm". Ein solches Ermächtigungsgesetz zugunsten der Exekutive würde daher mangels Bestimmtheit der übertragenen Ausführungstätigkeit Art. 80 Abs. 1 GG und Art. 20 Abs. 2 Satz 2, Abs. 3 GG und damit das Gewaltenteilungsprinzip verletzen[1024].

b) Gesteigerte Anforderungen

Rüdiger Breuer geht bei der Umsetzung von EG-Rechtsakten von gesteigerten Bestimmtheitsanforderungen aus[1025]. Dem schließt sich sich Michael Kotulla[1026] an und begründet diese Ansicht damit, dass bei der Implementation von EG-Recht in die deutsche Rechtsordnung ein überaus exekutivlastiges Zusammenspiel der Rechtssetzungsakteure stattfinde. Die Umsetzung erfolge durch die Bundesregierung, nachdem die Initiative für das EG-Recht von der Kommission ausgegangen sei. Ungeachtet verschiedener Mitwirkungsrechte des Europäischen Parlaments und des Bundestages entscheide letztlich aber doch der aus den nationalen Fachministern zusammengesetzte Rat über das Zustandekommen sekundären EG-Rechts. Welche Inhalte und Tendenzen die Regelungen auf der europäischen Ebene dabei enthalten würden, ließe sich nicht voraussehen[1027]. Lege man diesen Befund zugrunde, ließen die Verordnungsermächtigungen zumeist kein Regelungsprogramm erkennen[1028]. Es könne mithin nicht mehr vorausgesehen werden, in welchen Fällen und mit welcher Tendenz der Verordnungsgeber von der Ermächtigung Gebrauch machen werde und welchen Inhalt die aufgrund der Ermächtigung erlassenen Verordnungen haben würden[1029]. Sowohl nach der Programm- als auch nach der Vorhersehbarkeitsformel genügten solche Verordnungsermächtigungen somit nicht dem verfassungsrechtlichen Bestimmtheitsgebot des Art. 80 Abs. 1 Satz 2 GG[1030]. Konzentriere man sich auf die europäische Normgebung und den nachfolgenden Umsetzungsautomatismus, so gleiche die Ermächtigung einem parlamentsgesetzlichen Blankoscheck[1031].

[1024] *R. Schäfer*, S. 134.

[1025] So die Einschätzung von *Bryde*, in: v. Münch / Kunig, GG, Art. 80 Rn. 23a, unter Hinweis auf *Breuer*, ZfW 1999, S. 220 (225 ff.), und *Weihrauch*, NVwZ 2001, S. 265 (266 ff.); vgl. auch die Einschätzung von *Krieger*, in: Fluck, KrW- / AbfG, § 57 Rn. 57.
Die Stellungnahme von *Breuer*, in: Ausschuß für Umwelt, Naturschutz und Reaktorsicherheit, A-Drucks. 13/119, Teil IV, S. 9 ff., lässt sich in diesem Sinne verstehen, kann aber auch so interpretiert werden, dass er von den allgemeinen Bestimmtheitskriterien ausgeht, er diese aber bei pauschalen Verweisungen auf EG-Recht als nicht eingehalten bewertet.

[1026] *Kotulla*, WHG, § 6a Rn. 21.

[1027] *Breuer*, ZfW 1999, S. 220 (227).

[1028] *Breuer*, ZfW 1999, S. 220 (228), für § 6a WHG.

[1029] *Breuer*, ZfW 1999, S. 220 (228).

[1030] *Breuer*, ZfW 1999, S. 220 (228), für § 6a WHG.

[1031] *Breuer*, in: Ausschuß für Umwelt, Naturschutz und Reaktorsicherheit, A-Drucks. 13/119, Teil IV, S. 10.

Gesetzliche Verordnungsermächtigungen zur Umsetzung europäischer Rechtsakte in deutsches Recht entsprächen dem Grundgesetz nur, wenn sie nach Inhalt, Zweck und Ausmaß derart begrenzt seien, dass die Gegenstände, Grundlinien und Tendenzen der hierauf gestützten Umsetzungsverordnungen vorhersehbar seien[1032]. Dieses Postulat sei regelmäßig erfüllt, wenn die Ermächtigung in statischer Weise nur Verordnungen zur Umsetzung bestimmter, bereits geltender EG-Rechtsakte gestatte. In Bezug auf künftige EG-Rechtsakte könne die Ermächtigung zum Erlass von Umsetzungsverordnungen zum einen dadurch hinreichend begrenzt werden, dass sie die statische Verweisung auf eine bestimmte „Grundrichtlinie" des europäischen Rechts mit der dynamischen Befugnis zur Umsetzung künftiger Ausfüllungs- oder Folgerichtlinien verbinde. Weiter könne die gesetzliche Verordnungsermächtigung selbst ein umsetzungsfähiges Programm künftiger Richtlinien hinreichend bestimmt beschreiben[1033].

c) Verringerung der Anforderungen

Nach überwiegender Ansicht[1034] ist bei auf das Gemeinschaftsrecht bezogenen Durchführungsermächtigungen das Bestimmtheitsgebot des Art. 80 GG großzügig zu handhaben. Aufgrund des Vorrangs des Gemeinschaftsrechts sind alle Organe an die Vorgaben des Gemeinschaftsrechtsaktes gebunden[1035]. Im Falle einer EG-Verordnung gebe es weder Bedarf noch auch nur die Möglichkeit einer Umsetzung, so dass Art. 80 Abs. 1 Satz 2 GG überspielt werde. Und im Falle der Umsetzung einer EG-Richtlinie seien die verbindlichen Vorgaben zumeist so konkret formuliert, dass der verbliebene Umsetzungsspielraum in der Regel eher gering sei[1036].

[1032] *Breuer*, in: Ausschuß für Umwelt, Naturschutz und Reaktorsicherheit, A-Drucks. 13/119, Teil IV, S. 12.

[1033] *Breuer*, in: Ausschuß für Umwelt, Naturschutz und Reaktorsicherheit, A-Drucks. 13/119, Teil IV, S. 12.

[1034] In diesem Sinne: *H. Bauer*, in: FS Steinberger, S. 1061 (1075); *Calliess*, in: Jarass/Ruchay/Weidemann, KrW-/AbfG, § 57 Rn. 83; *ders.*, NVwZ 1998, S. 8 (12 f.); *D. Ehlers*, in: Erichsen/D. Ehlers, § 4 Rn. 29; *Faßbender*, S. 277 f. und These 21 auf S. 317; *Frenz*, KrW-/AbfG, § 57 Rn. 17; *Hoffmann-Riem*, DVBl. 1999, S. 125 (131); *Hofmann/Kollmann*, in: v. Lersner/Berendes/Reinhardt, C 10 E, WHG, § 6a Rn. 4; *Jarass*, in: ders./Pieroth, GG, Art. 80 Rn. 12b; *Nierhaus*, in: Bonner Kommentar, GG, Art. 80 Abs. 1 Rn. 320; *Lübbe-Wolff*, ZUR 1997, S. 61 (62 in Fn. 11); *dies.*, in: Ausschuß für Umwelt, Naturschutz und Reaktorsicherheit, A-Drucks. 13/119, Teil I, S. 19 (26); *Pache*, in: GK-BImSchG, § 37 Rn. 17; *Scheuing*, in: GK-BImSchG, § 48a Rn. 13; *ders.*, EuR 1985, S. 228 (235); *Streinz*, in: HStR VII, § 182 Rn. 54; *Rambow*, DVBl. 1968, S. 445 (449); *Tünnesen-Harmes*, in: Jarass, Wirtschaftsverwaltungsrecht, § 7 Rn. 6; *N. Weber*, S. 85 f. Fn. 375.

Weitergehend *Riegel*, DVBl. 1977, S. 82 (88): „möglicherweise gar keine Bindung an Art. 80 GG auf Grund vorrangigen Gemeinschaftsrechts".

[1035] *Calliess*, in: Jarass/Ruchay/Weidemann, KrW-/AbfG, § 57 Rn. 77.

Generelle Durchführungsermächtigungen verlagerten keine rechtssetzende Gewalt von der Legislative auf die Exekutive, weil die normative Umsetzung sekundärer EG-Normen keine wirkliche legislative Tätigkeit mehr darstelle[1037]. Dazu sei der den nationalen Organen im zweistufigen Rechtssetzungsverfahren verbleibende eigene Entscheidungsspielraum zu gering[1038].

d) Überprüfung des Umsetzungsspielraumes

Eine andere Strömung in der Literatur[1039] überprüft bei Umsetzungsermächtigungen nur den vom EG-Recht belassenen Spielraum an Art. 80 GG. Begründet wird dies mit einer zweckgerichteten Anwendung des Art. 80 GG[1040], dem Vorrang des EG-Rechts[1041] und/oder der durch Art. 23 f. GG bewirkten Relativierung[1042]. Teils werden dabei auch die Bestimmtheitsanforderungen noch großzügig gehandhabt[1043].

Soweit ein Gestaltungsspielraum des nationalen Gesetzgebers bestehe, sei eine Umsetzungsermächtigung nicht allgemein unzulässig. Vielmehr dürfte es darauf ankommen, ob der EG-Rechtsakt ein Programm für die zur Durchführung erforderliche Regelungen enthalte, das, wäre es in einem deutschen Gesetz niedergelegt, den Anforderungen des Art. 80 Abs. 1 Satz 2 GG entspreche[1044]. Sei dies der Fall, so sei das Demokratieprinzip nicht verletzt, da der deutsche Gesetzgeber die Gesetzgebungskompetenz an die Gemeinschaft abgegeben habe. Eine derartige Kombination von dynamischer Verweisung auf EG-Rechtsakte mit einer Verordnungsermächtigung nach innerstaatlichem Recht beachte den Vorrang des sekundären Gemeinschaftsrechts und der Verpflichtung zur fristge-

---

[1036] *Calliess*, in: Jarass/Ruchay/Weidemann, KrW-/AbfG, § 57 Rn. 77, für die Richtlinien, auf die § 57 KrW-/AbfG verweist.

[1037] *Meyer zu Brickwedde*, S. 137.

[1038] *Meyer zu Brickwedde*, S. 137.

[1039] In diesem Sinne: *Calliess*, NVwZ 1998, S. 8 (13); *ders.*, in: Jarass/Ruchay/Weidemann, KrW-/AbfG, § 57 Rn. 77; *Faßbender*, S. 275 in Fn. 21; *Nierhaus*, in: Bonner Kommentar, GG, Art. 80 Abs. 1 Rn. 317; *Rambow*, DVBl. 1968, S. 445 (449); *Reinhardt*, JbUTR 1997, S. 337 (356 f.); *Streinz*, in: HStR VII, § 182 Rn. 33; *T. Schulte*, S. 176; *G. Thiele*, S. 107 ff. In diese Richtung weist auch BVerfG, EuGRZ 1989, S. 339 (340).

[1040] In diesem Sinne *Faßbender*, S. 275 in Fn. 21.

[1041] In diesem Sinne: *Calliess*, NVwZ 1998, S. 8 (13); *ders.*, in: Jarass/Ruchay/Weidemann, KrW-/AbfG, § 57 Rn. 77; *Nierhaus*, in: Bonner Kommentar, GG, Art. 80 Abs. 1 Rn. 317.

[1042] In diesem Sinne: *Reinhardt*, JbUTR 1997, S. 337 (356 f.); *Streinz*, in: HStR VII, § 182 Rn. 33; *T. Schulte*, S. 176.

[1043] In diesem Sinne vor allem: *Calliess*, in: Jarass/Ruchay/Weidemann, KrW-/AbfG, § 57 Rn. 83; *ders.*, NVwZ 1998, S. 8 (12 f.).

[1044] In diesem Sinne: *Rehbinder*, in: Kloepfer/Rehbinder/Schmidt-Aßmann/*Kunig*, S. 470; *G. Thiele*, S. 107 f.

rechten Umsetzung, ohne grundlegende verfassungsrechtliche Gewährleistungen preiszugeben[1045].

Lasse der umzusetzende Rechtsakt so große Umsetzungsspielräume offen, dass für den deutschen Verordnungsgeber ein hinreichendes Regelungsprogramm nicht erkennbar sei, so sei die Verordnungsermächtigung insoweit nicht mit Art. 80 GG vereinbar[1046]. Um ein solches Ergebnis zu vermeiden, tue der Gesetzgeber gut daran, das Regelungsprogramm der Durchführungsermächtigung durch eigene Kauteln zu präzisieren. Je enger das ermächtigende Gesetz den Rahmen der im Verordnungswege zu treffenden Regelungen ziehe, desto eher würden die Voraussetzungen des Art. 80 GG erfüllt sein. Dabei sei nicht notwendig, dass der durchzuführende Rechtsakt explizit benannt werde. Die Ermächtigung zur Umsetzung von gemeinschaftsrechtlichen Rechtsakten allgemein reiche aus, wenn zusätzlich der Inhalt des Regelungsprogramms von Gesetzgeber vorgezeichnet sei[1047].

Ähnlich ließ das Bundesverfassungsgericht[1048] in einer Entscheidung offen, ob Art. 80 Abs. 1 Satz 2 GG überhaupt insoweit anwendbar sei, als eine gemeinschaftsrechtliche Bindung den Gestaltungsspielraum des deutschen Gesetzgebers beschränke.

Bezüglich einer Verweisung in einer Verordnungsermächtigung zur Umsetzung von EG-Recht entschied das Bundesverwaltungsgericht[1049], dass von den Anforderungen des Art. 80 GG auch in Ansehung der Umsetzung, Ausfüllung und Durchführung von europäischem Gemeinschaftsrecht nicht abzugehen sei, zumal dieses seinerseits überwiegend exekutivisch geprägt sei. Allerdings entfalte das verfassungsrechtliche Bestimmtheitsgebot hier nur in dem Umfang seine Wirkungen, in dem das Gemeinschaftsrecht den Mitgliedstaaten eigene Regelungsspielräume eröffne oder belasse; denn nur insoweit bestehe eine innerstaatliche Rechtssetzungsmacht[1050]. Ob eine gesetzliche Verordnungsermächtigung diesen Anforderungen genüge, sei durch Auslegung zu ermitteln, bei der nicht nur auf die Verordnungsermächtigung selbst, sondern – bei Verweisung auf europäisches Gemeinschaftsrecht – auch dieses einzubeziehen sei[1051]. Es bestünden auch keine prinzipiellen Bedenken gegen dynamische Verweisungen, also gegen Ermächtigungen zur Umsetzung, Ausfüllung oder Durchführung von künftigem

---

[1045] *Rehbinder*, in: Kloepfer / Rehbinder / Schmidt-Aßmann / Kunig, S. 470.

[1046] *Ziekow*, JZ 1999, S. 963 (968).

[1047] *Ziekow*, JZ 1999, S. 963 (968).

[1048] BVerfGE 45, S. 142 (166).

[1049] BVerwGE 121, S. 382 (387).

[1050] BVerwGE 121, S. 382 (387), unter Hinweis auf BVerfGE 45, S. 142 (164, 166).

[1051] BVerwGE 121, S. 382 (387), unter Hinweis auf BVerfGE 29, S. 198 (210); 34, S. 348 (366).

Gemeinschaftsrecht; denn der Gesetzgeber entäußere sich damit nicht einer eigenen Gesetzgebungsmacht, sondern bezeichne nur näher, worauf sich die erteilte Verordnungsermächtigung beziehe. Dabei sei allerdings zu bedenken, dass sich das Gesetz durch die Verweisung von der Bestimmtheit des in Bezug genommenen Gemeinschaftsrechts abhängig mache. Werde das Gemeinschaftsrecht geändert und nehme seine Bestimmtheit dabei ab, so verringere sich auch die Bestimmtheit der verweisenden Verordnungsermächtigung[1052]. Eine solche Ermächtigung werde in dem Maße problematisch, in dem das Gemeinschaftsrecht den Mitgliedstaaten nicht nur Fragen der zweckmäßigen Umsetzung vorgegebener Ziele, sondern die Wahl zwischen mehreren verschiedenen Regelungssystemen überlasse[1053]. Namentlich wenn hierbei Grundrechte betroffen seien, müsse der Gesetzgeber die wesentlichen Entscheidungen selbst treffen; das gelte auch bei der Umsetzung oder Konkretisierung von Gemeinschaftsrecht[1054]. Da sich die streitentscheidende Norm der Verordnung auf der herkömmlichen Linie, die vom Gemeinschaftsrecht hinlänglich vorkonturiert gewesen sei, bewege, sei sie insoweit anwendbar[1055].

Auch der Bundesfinanzhof[1056] hat dynamische Verweisungen in deutschen Normen auf Gemeinschaftsrecht nicht beanstandet. Der Gesetzgeber sei befugt, mit einer Verweisung auf Gemeinschaftsrecht Inhalt, Zweck und Ausmaß einer gesetzlichen Ermächtigung zum Erlass von Rechtsverordnungen näher zu bestimmen[1057]. Dabei ließ das Gericht offen, ob der Maßstab des Art. 80 Abs. 1 GG auf das in einer einzelstaatlichen Ermächtigung in Bezug genommene Gemeinschaftsrecht angewendet werden könne. Denn die gemeinschaftsrechtlichen Verweisungsobjekte seien im konkreten Fall hinreichend detailliert und bestimmt[1058].

2. Stellungnahme

Die dogmatisch sauberste Lösung ist, den verfassungsrechtlichen Maßstab selbst – also Art. 80 GG – zu ändern[1059]. Dort könnte die Bundesregierung zur

---

[1052] BVerwGE 121, S. 382 (387).

[1053] BVerwGE 121, S. 382 (389).

[1054] BVerwGE 121, S. 382 (389), unter Hinweis auf BVerfGE 58, S. 257 (278).

[1055] BVerwGE 121, S. 382 (390).

[1056] BFHE 207, S. 88 (96); 203, S. 243 (248); 161, S. 260 (261 f.); 169, S. 269 (274); 192, S. 140 (145 f.).
Wohl auch dynamische Verweisungen einschließend BFHE 108, S. 80 (81 f.); 146, S. 320 (307): „auf die einschlägigen Rechtsakte der Gemeinschaft nicht konkret Bezug nimmt"; die Zulässigkeit derselben Verweisungsnorm wurde bereits bejaht in BFHE 145, S. 289 (296 f.).

[1057] BFHE 203, S. 243 (248).

[1058] BFHE 203, S. 243 (248).

[1059] In diesem Sinne: *Reinhardt*, JbUTR 1997, S. 337 (362); *Weihrauch*, NVwZ 2001, S. 265 (270).

Umsetzung von EG-Recht ermächtigt werden. Bedenken aus Art. 79 Abs. 3 GG in Verbindung mit dem Demokratie- oder Gewaltenteilungsprinzip bestünden hiergegen nicht[1060].

a) Zweckmäßigkeit / effet utile

Für eine „großzügige" Handhabung des Art. 80 GG bei Durchführungsermächtigungen werden die gemeinschaftsrechtlichen Zwänge (effet utile)[1061], vor allem die Pflicht zur fristgemäßen Umsetzung, angeführt[1062].

Dem Einwand der mangelnden Bestimmtheit kann jedoch nicht lapidar mit der „Notwendigkeit einer allumfassenden Verordnungsermächtigung"[1063] entgegengetreten werden[1064]. Eine Effektivitätssteigerung allein kann nicht ausreichen, um den Maßstab des Art. 80 GG herabzusetzen[1065]. Außerdem sind die Praktikabilitätserwägungen nicht europarechtsspezifisch, sondern treffen auch für andere Verordnungsermächtigungen zu[1066]. Daher kommt eine großzügige Handhabung von Art. 80 Abs. 1 Satz 2 GG bei der Umsetzung von EG-Recht nicht in Betracht[1067].

b) „Vorherige Bestimmtheit"

Gegen die Zulässigkeit einer dynamischen Verweisung auf eine künftige Richtlinie wird argumentiert, dass eine gesetzliche Verordnungsermächtigung *von vornherein* und selbst hinreichend bestimmte Vorgaben festlegen müsse[1068]. Nur so sei die Vorhersehbarkeitsformel sinnvoll anwendbar[1069]. Schließlich komme es nicht allein darauf an, nachträglich kontrollieren zu können, ob eine Verordnung von der Ermächtigungsgrundlage gedeckt gewesen sei[1070]. Hinzu komme, dass

---

[1060] *Weihrauch*, NVwZ 2001, S. 265 (270).

[1061] So bei *Klindt*, DVBl. 1998, S. 373 (380).

[1062] So bei: *Faßbender*, S. 278 und These 21 auf S. 317; in diesem Sinne auch: *Frenz*, KrW-/AbfG, § 57 Rn. 17; *G. Thiele*, S. 106.

[1063] So aber *Pape*, in: Landmann/Rohmer, WHG, § 6a Rn. 6.

[1064] *Kotulla*, ZfW 2000, S. 85 (97), für § 6a WHG; in diesem Sinne auch *Brand*, S. 112.

[1065] In diesem Sinne auch: *Kotulla*, ZfW 2000, S. 85 (97); *Weihrauch*, NVwZ 2001, S. 265 (268).

[1066] *Sannwald*, in: Schmidt-Bleibtreu/Hofmann/Hopfauf, GG, Art. 80 Rn. 61.

[1067] *Brand*, S. 166.

[1068] In diesem Sinne: *Breuer*, ZfW 1999, S. 220 (229); *Kotulla*, ZfW 2000, S. 85 (97); *Weihrauch*, NVwZ 2001, S. 265 (268); Hervorhebung von *Weihrauch*.

[1069] *Breuer*, ZfW 1999, S. 220 (229).

[1070] *Weihrauch*, NVwZ 2001, S. 265 (268); in diesem Sinne auch *Ossenbühl*, DVBl. 1999, S. 1 (7).

solche EG-Rechtsakte sich im Zuge der supranationalen Willensbildung laufend ändern können. Die Ermächtigung des deutschen Gesetzgebers würde hierdurch zu einem Blankett verformt; dessen Ausfüllung wäre keineswegs vorhersehbar, sondern der Exekutive nach Maßgabe ungewisser Entwicklungen anheimgegeben[1071]. Bei Durchführungsermächtigungen müsse die Verweisung so ausgestaltet sein, dass ihre Dynamik die Bestimmung von Inhalt, Zweck und Ausmaß nach Art. 80 Abs. 1 Satz 2 GG durch den Gesetzgeber nicht in Frage stellt[1072].

Für das verfassungsrechtliche Bestimmtheitsgebot genügt es jedoch, dass *im Zeitpunkt der jeweiligen Anwendung* der Verweisungsnorm das Verweisungsobjekt bestimmbar ist[1073]. Solange die später umzusetzenden EG-Rechtsakte noch nicht vorliegen, besteht kein Bedürfnis nach hinreichender Bestimmtheit, weil der Ermächtigungstatbestand noch nicht erfüllt ist[1074]. Da die Rechtsverordnungen zur Umsetzung erst nach Erlass der jeweiligen EG-Rechtsakte ergehen können, ist den rechtsstaatlichen und demokratischen Anforderungen des Art. 80 Abs. 1 Satz 2 GG genügt[1075], wenn der Detaillierungsgrad des EG-Rechtsakts dann ausreichend ist.

c) Detaillierungsgrad

Nach einer Ansicht[1076] ist die durch EG-Richtlinien erbrachte Bestimmungsleistung regelmäßig zu schwach, da bei Richtlinien schon gemeinschaftsrechtlich ein Regelungsraum verbleiben müsse (vgl. Art. 249 Abs. 3 EGV). Es blieben Anpassungsspielräume, deren Ausfüllung nach deutschem Verfassungsrecht Sache des Gesetzgebers oder eines in *bestimmter* Weise ermächtigten Verordnungsgebers sei[1077].

[1071] *Breuer*, ZfW 1999, S. 220 (229).

[1072] *Brand*, S. 172.

[1073] In diesem Sinne: BVerwG, NVwZ 1997, S. 887 (888); BVerwGE 96, S. 110 (115 f.); OVG Hamburg NJW 1980, S. 2830 (2831 f.) (allerdings dort nur implizit); *Krey*, in: EWR 2/1981, S. 109 (144); *Rehbinder*, in: Kloepfer/Rehbinder/Schmidt-Aßmann/Kunig, S. 470; *Reinermann*, S. 70, im Zusammenhang mit Verweisungen in Tarifverträgen; Hervorhebung von *Reinermann*.

Vgl. dazu oben im 2. Teil ab dem Text mit Fn. 301 auf S. 148.

[1074] In diesem Sinne auch *Meyer zu Brickwedde*, S. 107, zu einem konkreten Beispiel.

[1075] In diesem Sinne auch, ohne allerdings den Detaillierungsgrad des EG-Rechtsakts zu berücksichtigen: *Calliess*, in: Jarass/Ruchay/Weidemann, KrW-/AbfG, § 57 Rn. 83; *Cychowski*, ZUR 1997, S. 71 (72); *Faßbender*, S. 273; *Meyer zu Brickwedde*, S. 137 f.; *Rehbinder*, in: Kloepfer/Rehbinder/Schmidt-Aßmann/Kunig, S. 470; *Scheuing*, EuR 1985, 235; *T. Schulte*, S. 177; *Ziekow*, JZ 1999, S. 963 (968).

[1076] *Lübbe-Wolff*, ZUR 1997, S. 61 (62 in Fn. 11), zust. *Weihrauch*, NVwZ 2001, S. 265 (268, Fn. 43).

[1077] *Lübbe-Wolff*, ZUR 1997, S. 61 (62 in Fn. 11); Hervorhebung von *Lübbe-Wolff*.

Nach anderer Ansicht[1078] haben sich die EG-Richtlinien seit langem vom ursprünglichen, kompetenzbegrenzenden Wortsinn des Art. 249 Abs. 3 EGV (Art. 189 Abs. 3 EGV a. F.) gelöst. Inhaltlich beschränken Richtlinien sich keineswegs auf rahmensetzende Ziele, sondern weisen mittlerweile eine „hohe Regelungsintensität"[1079] auf[1080].

Besonders im Umweltbereich sind sehr detaillierte Richtlinien zu registrieren, die konkrete Grenzwerte für Emissionen festlegen, aber auch Rahmenrichtlinien, die „so unbestimmt gefaßt sind, daß geraten werden muß, wie die Richtlinie auszulegen ist"[1081]. Wenn je nach Regelungsgegenstand und -wille die Regelungsintensität stärker oder schwächer ist, ergibt sich eine gleitende Skala von Gestaltungsspielräumen[1082]. Da die aus der Verweisung zusammengesetzte Norm insgesamt bestimmt sein muss, eignen sich regelmäßig nur solche Richtlinienbestimmungen als Verweisungsobjekte, die nach ihrem Konkretisierungsgrad anwendungsfähig sind[1083].

Problematisch dabei ist allerdings, dass die Dynamik rechtsaktsspezifischer Verweisungen dazu führen kann, dass die nationale Verweisungsnorm Bestimmtheitsschwankungen unterliegt – je nach Bestimmtheit des in Bezug genommen EG-Rechtsaktes[1084]. Nach einer Änderung der durchzuführenden Rechtsakte kann die Verweisungsregelung gegebenenfalls das Bestimmtheitsgebot des Art. 80 Abs. 1 Satz 2 GG nicht mehr erfüllen, wenn die bezogenen EG-Rechtsakte nach ihrer Änderung eine geringere Regelungsdichte als vorher haben[1085]. Ist der EG-Rechtsakt derart rahmenhaft, dass er noch nationaler Konkretisierung bedarf, um vollzugsfähig zu sein, so besteht in dieser Konkretisierung die parlamentari-

---

[1078] *Breuer*, NVwZ 2004, S. 520 (521). In diesem Sinne auch: *Faßbender*, S. 275; *Gellermann*, S. 54; *Krieger*, in: Fluck, KrW-/AbfG, § 57 Rn. 61; *Jarass/Beljn*, NVwZ 2004, S. 1 (8); *Nierhaus*, in: Bonner Kommentar, GG, Art. 80 Abs. 1 Rn. 316; *Reinhardt*, JbUTR 1997, S. 337 (349); *Scheuing*, EuR 1985, S. 229 (235).

[1079] In diesem Sinne auch: *Faßbender*, S. 275; *Krieger*, in: Fluck, KrW-/AbfG, § 57 Rn. 61; *Jarass/Beljn*, NVwZ 2004, S. 1 (8); *Scheuing*, EuR 1985, S. 229 (235).

[1080] *Reinhardt*, JbUTR 1997, S. 337 (349); ähnlich auch: *Breuer*, NVwZ 2004, S. 520 (521), der darauf hinweist, dass der EuGH diese Rechtsentwicklung von Anfang an gebilligt hat; *Gellermann*, S. 54.

[1081] *Brand*, S. 108, unter Hinweis auf *Hansmann*, NVwZ 1995, S. 320 (321 f.).

[1082] *Brand*, S. 108.

[1083] In diesem Sinne auch *Guckelberger*, ZG 2004, S. 62 (85): Als geeignete Verweisungsobjekte kommen beispielsweise zwingende Gebote oder Grenzwerte in einer Richtlinie in Betracht.
Enger *Gellermann*, S. 54: Diese Regelungstechnik bietet sich daher nur an, wenn die gemeinschaftsrechtliche Norm zwingende Ge- und Verbote oder strikt einzuhaltende Grenzwertregelungen bereithält.

[1084] Vgl. *Brand*, S. 172. In diesem Sinne auch das BVerwG, siehe dazu bereits oben bei Fn. 1052 auf S. 253.

[1085] *Brand*, S. 172.

sche Rechtssetzungsverantwortung; mit einer Verweisung auf den EG-Rechtsakt allein sind weder die Voraussetzungen des Art. 80 Abs. 1 Satz 2 GG noch die gemeinschaftsrechtliche Durchführungsverpflichtung erfüllt[1086].

d) Vorrang des Gemeinschaftsrechts

Durchführungsermächtigungen sind nach einer Ansicht[1087] bereits durch den Vorrang des EG-Rechts[1088] legitimiert. Es gehe im Wesentlichen darum, verbindliche supranationale Vorschriften, die sogar durch förmliches Gesetz nicht geändert werden können, in deutsches Recht zu überführen[1089].

Die Annahme eines Vorrangverhältnisses geht aber von falschen Prämissen aus: Die Anforderungen, die Art. 80 GG an die Bestimmtheit von Ermächtigungen stellt, kollidieren nicht mit dem Gemeinschaftsrecht[1090]. Nach Art. 249 Abs. 3 EGV ist eine Richtlinie „für jeden Mitgliedstaat, an den sie gerichtet wird, hinsichtlich des zu erreichenden Ziels verbindlich, überlässt jedoch den innerstaatlichen Stellen die Wahl der Form und der Mittel". Der Vorrang des EG-Rechts betrifft das Verhältnis zwischen nationalem und supranationalem Recht, nicht hingegen die Bestimmung der gebotenen Rechtsform der Umsetzung auf der nationalen Ebene[1091]. Fragen interner Kompetenzverteilung in den Mitgliedstaaten unterliegen nicht einem Konflikt mit übergeordnetem Gemeinschaftsrecht und können daher nicht durch entsprechende Kollisionsregeln beantwortet werden[1092].

e) Zweck des Art. 80 GG

Richtig ist aber, dass der Vorrang des Gemeinschaftsrechts dem Durchführungsgesetzgeber verbietet, von den durchzuführenden Vorgaben abzuweichen[1093].

[1086] *Brand*, S. 124 f.

[1087] *Cychowski*, ZUR 1997, S. 71 (72); *Rehbinder*, in: Kloepfer / Rehbinder / Schmidt-Aßmann / Kunig, S. 470; in diesem Sinne auch: *Calliess*, NVwZ 1998, S. 8 (12 f.); *Faßbender*, S. 273 f.; *Nierhaus*, in: Bonner Kommentar, GG, Art. 80 Abs. 1 Rn. 317.

[1088] Siehe zum Vorrang von EG-Recht gegenüber nationalem Recht bereits oben im 2. Teil in Fn. 1000 auf S. 245.

[1089] *Cychowski*, ZUR 1997, S. 71 (72), für § 6a WHG.

[1090] *H. Bauer*, in: FS Steinberger, S. 1061 (1076 f.); *Ossenbühl*, DVBl. 1999, S. 1 (7); *Weihrauch*, NVwZ 2001, S. 265 (268); in diesem Sinne auch: *Cychowski / Reinhardt*, WHG, § 6a Rn. 5; *Kotulla*, ZfW 2000, S. 85 (98); *Reinhardt*, JbUTR 1997, S. 337 (359 f.).

[1091] *H. Bauer*, in: FS Steinberger, S. 1061 (1076); *Breuer*, ZfW 1999, S. 220 (228); *Reinhardt*, JbUTR 1997, S. 337 (359 f.); ähnlich *Brand*, S. 112.

[1092] In diesem Sinne auch: *H. Bauer*, in: FS Steinberger, S. 1061 (1076 f.); *Cychowski / Reinhardt*, WHG, § 6a Rn. 5; *Kotulla*, ZfW 2000, S. 85 (98); *Ossenbühl*, DVBl. 1999, S. 1 (7); *Reinhardt*, JbUTR 1997, S. 337 (359 f.); *Weihrauch*, NVwZ 2001, S. 265 (268); in diesem Sinne auch: *Brand*, S. 112; *Krieger*, in: Fluck, KrW- / AbfG, § 57 Rn. 61.

Insoweit ist seine Rechtssetzungsverantwortung beseitigt und damit der Rahmen abgesteckt, außerhalb dessen Art. 80 Abs. 1 Satz 2 GG seinen Zweck nicht erreichen und daher außer Anwendung bleiben kann[1094]. Art. 80 Abs. 1 Satz 2 GG ist auf innerstaatliche Verhältnisse zugeschnitten und wirkt einer demokratie- und rechtsstaatswidrigen Verlagerung von Rechtssetzungsverantwortung vom Parlament auf die Exekutive entgegen[1095]. In dem Maße, in dem Normgebungshoheit auf die europäische Ebene abgewandert ist, büßt Art. 80 Abs. 1 Satz 2 GG seine Disziplinierungskraft ein[1096]. Inhalt, Zweck und Ausmaß einer Regelungsermächtigung kann nämlich der nicht mehr bestimmen, dem zuvor seinerseits Inhalt, Zweck und Ausmaß seiner Regelungsbefugnis hinreichend bestimmt worden sind[1097]. Zudem kann der Bürger anhand des bestimmten europäischen Rechtsaktes erkennen, in welcher Hinsicht von der Verordnungsermächtigung Gebrauch gemacht werden wird[1098]. Der Zweck der Umsetzung von Gemeinschaftsrecht ist auch durch den integrationsoffenen Art. 23 Abs. 1 GG vorausgesetzt[1099].

Dies gilt erst recht, wenn man bedenkt, dass es in der Sache keinen Unterschied macht, ob für die betreffende EG-Richtlinie bereits eine Verordnungsermächtigung besteht oder nicht; denn da die Bundesrepublik Deutschland verpflichtet ist, jede Gemeinschaftsregelung umzusetzen, müsste der Bundestag im zuletzt genannten Fall entweder eine entsprechende Verordnungsermächtigung erlassen oder aber die Richtlinie selbst durch Gesetz umsetzen[1100]. Vor diesem Hintergrund

---

[1093] *Brand*, S. 111.

[1094] *Brand*, S. 111.

[1095] *Frenz*, KrW-/AbfG, § 57 Rn. 17. In diesem Sinne auch: *Cychowski/Reinhardt*, WHG, § 6a Rn. 5; *D. Ehlers*, in: Erichsen/D. Ehlers, § 2 Rn. 48; *Knopp*, in: Sieder/Zeitler/Dahme/Knopp, WHG, § 6a Rn. 6; *Lübbe-Wolff*, in: Ausschuß für Umwelt, Naturschutz und Reaktorsicherheit, A-Drucks. 13/119, Teil I, S. 19 (26); *Nierhaus*, in: Bonner Kommentar, GG, Art. 80 Abs. 1 Rn. 32; *Pache*, in: GK-BImSchG, § 37 Rn. 17; *Rambow*, DVBl. 1968, S. 445 (449); *Scheuing*, EuR 1985, S. 229 (235); *T. Schulte*, S. 175.

[1096] *Nierhaus*, in: Bonner Kommentar, Art. 80 Abs. 1 Rn. 321. In diesem Sinne auch: *Hoffmann-Riem*, DVBl. 1999, S. 125 (131); *Pieroth*, in: Jarass/Pieroth, GG, Art. 80 Rn. 12b; *Tünnesen-Harmes*, in: Jarass, Wirtschaftsverwaltungsrecht, § 7 Rn. 6; *N. Weber*, S. 85 f. in Fn. 375.
Weitergehend verliert das Bestimmtheitsgebot des Art. 80 GG seine innere Berechtigung und ist deshalb großzügig zu handhaben, wenn und soweit die Rechtssetzungsverantwortung materiell auf die Gemeinschaft übergegangen ist, nach: *Pache*, in: GK-BImSchG, § 37 Rn. 17; *Scheuing*, EuR 1985, S. 228 (235); in diesem Sinne auch: *Faßbender*, S. 274; *Rambow*, DVBl. 1968, S. 445 (449); *Streinz*, in: HStR VII, § 182 Rn. 54. Noch weitergehend *Meyer zu Brickwedde*, S. 136: Art. 80 GG hat seine innerstaatliche Bedeutung verloren, wenn durch die Übertragung der gesetzgeberischen Hoheitsgewalt bereits eine Neutralisierung des Parlaments stattgefunden hat.

[1097] *Reinhardt*, JbUTR 1997, S. 337 (350); in diesem Sinne auch: *Frenz*, KrW-/AbfG, § 57 Rn. 17; *Pache*, in: GK-BImSchG, § 37 Rn. 17.

[1098] *Frenz*, KrW-/AbfG, § 57 Rn. 17; *Pache*, in: GK-BImSchG, § 37 Rn. 17.

[1099] *Frenz*, KrW-/AbfG, § 57 Rn. 17.

wäre es reiner Formalismus, wenn man insoweit vom Gesetzgeber verlangen würde, für jeden einzelnen Sachbereich, der durch EG-Recht geregelt werden soll, eine eigenständige Verordnungsermächtigung vorzusehen[1101]. So betrachtet ist die Bedeutung des Art. 80 GG bei der Umsetzung von EG-Rechtsakten eher gering[1102].

Dem kann nicht entgegengehalten werden, dass wesentliche Regelungen, vor allem in grundrechtsrelevanten Bereichen, durch den Gesetzgeber zu treffen sind[1103]. Bei der Umsetzung von EG-Recht sind die grundlegenden politischen Vorgaben bereits aufgrund der verbindlichen Vorgaben festgelegt[1104]. Dem Schutz von Demokratie und Rechtsstaat ist aber genügt, wenn die Rechtsakte auf die Ausführung von EG-Richtlinien bezogen und begrenzt sind[1105].

Belässt die Richtlinie Anpassungsspielräume, ist sie aber noch so detailliert, dass Inhalt, Zweck und Ausmaß der Durchführungsregelung in ihr bestimmt sind, ist der Zweck des Art. 80 GG, die Bindung des Verordnungsgebers an eine nach Inhalt, Zweck und Ausmaß bestimmte Vorgabe, bereits erreicht (keine Blankettvollmacht)[1106]. Hat dieses Mindestmaß bereits der EG-Rechtsakt erbracht, darf der Gesetzgeber in der Durchführungsermächtigung auf die EG-Richtlinie verweisen[1107].

Kritisch ist aber häufig, dass das Gemeinschaftsrecht – als deutsches Gesetz gedacht – nicht den Bestimmtheitsanforderungen des Grundgesetzes genügt[1108].

[1100] *Faßbender*, S. 275.

[1101] *Faßbender*, S. 275.

[1102] In diesem Sinne: *Reinhardt*, JbUTR 1997, S. 337 (350); *T. Schulte*, S. 175.

[1103] *Himmelmann*, DÖV 1996, S. 145 (150 f.), für die Normierung verbindlicher Schutzstandards durch Verwaltungsvorschriften.

[1104] *Himmelmann*, DÖV 1996, S. 145 (151); in diesem Sinne auch *Kadelbach*, S. 233.

[1105] *Scheuing*, EuR 1985, S. 228 (234 f.); in diesem Sinne auch *Himmelmann*, DÖV 1996, S. 145 (151): Damit lässt sich auch die Wesentlichkeitstheorie nicht für das Erfordernis einer gesetzlichen Regelung anführen.

[1106] *Brand*, S. 116.

[1107] In diesem Sinne auch *Brand*, S. 116.

Noch weitergehend: *Meyer zu Brickwedde*, S. 117: „Diese Entscheidungsfreiheit des nationalen Durchführungsorgans wird jedoch wohl kaum für so wichtig gehalten werden können, als daß sie nicht auch durch einen Verordnungsgeber hätte getroffen werden können." *Rambow*, DVBl. 1968, S. 445 (449): Die Bezugnahme auf die Durchführung künftiger Richtlinien ist ausreichend, wenn zugleich das Sachgebiet abgegrenzt ist; *T. Schulte*, S. 180: Die Umsetzung mittels einer Rechtsverordnungsermächtigung, die nur auf eine einzelne Richtlinien verweist, ist aus dem Blickwinkel der Delegationsbestimmtheit zulässig; *Streinz*, in: HStR VII, § 182 Rn. 54: Für den Bereich der Bundeskompetenzen für einzelne Sachbereiche sind generelle gesetzliche Ermächtigungen an die Bundesregierung zur Ausführung von Richtlinien durch Rechtsverordnungen zulässig, sofern keine Gesetze zu ändern sind oder verfassungsrechtliche Gesetzesvorbehalte eingreifen.

[1108] In diesem Sinne auch *T. Schulte*, S. 183.

Soweit den Mitgliedstaaten bei der Umsetzung gemeinschaftlicher Rechtsakte ein solcher Spielraum für die Ausgestaltung des innerstaatlichen Rechts bleibt, mangelt es ohne weitere Konkretisierungen auf EG-Recht verweisenden Verordnungsermächtigungen an der nach Art. 80 Abs. 1 Satz 2 GG erforderlichen Bestimmtheit[1109]. Soweit solche Anpassungsspielräume bestehen, hat der zur Ermächtigung entschlossen Durchführungsgesetzgeber diese Anpassungsspielräume durch Programmierung von Inhalt, Zweck und Ausmaß ausschöpfen, um hierdurch seine Rechtssetzungsverantwortung wahrzunehmen[1110]. Demgemäß erfordern weite Umsetzungsspielräumen der EG-Richtlinien konkrete Vorgaben in der verweisenden deutschen Ermächtigungsnorm[1111]. Dabei haben die einschlägigen Ermächtigungsnormen mit dem Gemeinschaftsrecht zwar einen gemeinsamen Bezugspunkt, sie können sonst aber sehr unterschiedliche Ausgestaltungen mit abgestufter Regelungsintensität aufweisen[1112]. Das zeigt schon das Lesen der Texte der bereits oben[1113] angeführten Durchführungsermächtigungen. Diese Beispiele belegen, dass sich in den Fachgesetzen bislang (noch) kein homogen strukturierter Regelungstyp für gemeinschaftsrechtsspezifische Verordnungsermächtigungen herausgebildet hat[1114]. Ob eine Ermächtigung zum Erlass von Verordnungen nach Inhalt, Zweck und Ausmaß hinreichend begrenzt ist, lässt sich nur von Fall zu Fall entscheiden[1115].

3. Überprüfung einiger Durchführungsermächtigungen

Nach den soeben erörterten Maßstäben genügen die Durchführungsermächtigung in § 6a WHG[1116], § 57 KrW-/AbfG[1117] und einige Vorschriften im BImSchG[1118] zusammen mit EG-Recht, welches den nationalen Mitgliedstaaten

---

[1109] In diesem Sinne auch *Brand*, S. 111. Enger *Rehbinder/Kayser/Helmut Klein*, ChemG, § 25 Rn. 3, die für eine konkrete Ermächtigung keinen Spielraum aufgrund der Verweisung zulassen.

[1110] In diesem Sinne auch *Brand*, S. 116.

[1111] In diesem Sinne auch *H. Bauer*, in: Dreier, GG, Art. 80 Rn. 36 in Fn. 158.

[1112] *H. Bauer*, in: FS Steinberger, S. 1061 (1069).

[1113] Siehe dazu oben die Aufzählung im 2. Teil in Fn. 994 auf S. 243.

[1114] In diesem Sinne auch *H. Bauer*, in: FS Steinberger, S. 1061 (1070).

[1115] So bereits allgemein BVerfGE 1, S. 14 (60). In diesem Sinne bspw. auch *H. Bauer*, in: FS Steinberger, S. 1061 (1082 f.).

[1116] § 6a WHG halten zu Recht für mit Art. 80 GG vereinbar (soweit auf EG-Recht verwiesen wird): Begr., BT-Drucks. 13/1207, S. 6 (7); *Cychowski*, ZUR 1997, S. 71 (72); *Faßbender*, S. 278 und These 21 auf S. 317; *Hofmann/Kollmann*, in: v. Lersner/Berendes/Reinhardt, C 10 E, WHG, § 6a Rn. 2; *Klink*, S. 191; *Knopp*, in: Sieder/Zeitler/Dahme/Knopp, WHG, § 6a Rn. 6, 8a; *Lübbe-Wolff*, in: Ausschuß für Umwelt, Naturschutz und Reaktorsicherheit, A-Drucks. 13/119, Teil I, S. 19 (26 f.); *Pape*, in: Landmann/Rohmer, WHG, § 6a Rn. 10; *Riegel*, DVBl. 1977, S. 82 (87 f.), zur Vorgängerregelung; *T. Schulte*, S. 189, zum Entwurf; *Ziekow*, JZ 1999, S. 963 (968); vgl. auch: *Berendes*, ZfW 1996, S. 363 (367).

nur geringe Spielräume überlässt, den Anforderungen des Art. 80 Abs. 1 Satz 2 GG. Die Ermächtigungsnormen werden nämlich durch eine doppelte Zwecksetzung ausreichend konkretisiert:

Zum einen enthalten diese Ermächtigungen einen Bezug auf den Gesetzeszweck der jeweiligen Fachgesetze, auch wenn dies allein keine ausreichende Steuerungswirkung bewirkt[1119]. Die Förderung der Kreislaufwirtschaft zur Schonung der natürlichen Ressourcen und die Sicherung der umweltverträglichen Beseitigung von Abfällen (vgl. § 1 KrW-/AbfG), die Abwehr oder Vorsorge gegen schädliche Umwelteinwirkungen (vgl. § 1 Abs. 1 BImSchG) und der Bewirtschaftungsgrundsatz des WHG (vgl. § 1a WHG) enthalten stark konkretisierungsbedürftige Rechtsbegriffe, die nur eine grobe Orientierungshilfe bieten[1120]. Da insbesondere die in § 1a WHG geregelten Grundsätze Leerformeln nahe kämen, wurde § 6a WHG häufig als verfassungswidrig bewertet[1121]. Bei der Überprüfung der Ermächtigungsnorm ist aber die Rechtsprechung des Bundesverfassungsgerichts zu beachten, dass sich Inhalt, Zweck und Ausmaß gegenseitig ergänzen, durchdringen, erläutern und erst so den vollen Sinngehalt der Norm ergeben und deshalb gemeinsam betrachtet werden müssen[1122]. Insofern haben in § 6a WHG auch die Beispiele für potenzielle

---

Nicht mit Art. 80 GG vereinbar, aber einer verfassungskonformen Auslegung zugänglich nach *Brand*, S. 285.

§ 6a WHG ist mit Art. 80 GG unvereinbar nach: *Breuer*, ZfW 1999, S. 220 (228); *Kotulla*, WHG, § 6a Rn. 20 ff.; *Weihrauch*, NVwZ 2001, S. 265 (269); in diesem Sinne wohl auch *Cychowski/Reinhardt*, WHG, § 6a Rn. 4 ff.: begegnet „verfassungsrechtlichen Bedenken".

[1117] Verfassungsgemäß zu Recht nach: *Calliess*, in: Jarass/Ruchay/Weidemann, KrW-/AbfG, § 57 Rn. 73; *Faßbender*, S. 278 und These 21 auf S. 317; *Frenz*, KrW-/AbfG, § 57 Rn. 16; *Klink*, S. 191; *Kunig*, in: ders./Paetow/Versteyl, KrW-/AbfG, § 57 Rn. 2; *Ziekow*, JZ 1999, S. 963 (968).

Nicht mit Art. 80 GG vereinbar nach: *Krieger*, in: Fluck, KrW-/AbfG, § 57 Rn. 41; *Weihrauch*, NVwZ 2001, S. 265 (269); wohl auch *v. Lersner*, in: ders./Wendenburg, Rn. 4 zu 0157 § 57 KrW-/AbfG: „zweifelhaft" bzgl. Inhalt und Ausmaß.

Nicht mit Art. 80 GG vereinbar, aber einer verfassungskonformen Auslegung zugänglich nach: *Brand*, S. 285; *Lübbe-Wolff*, ZUR 1997, S. 61 (61 f.).

[1118] §§ 37, 48a BImSchG sind verfassungsgemäß nach: *Brand*, S. 202 zu § 37 BImSchG, S. 220 zu § 48a BImSchG; *Klink*, S. 191, zu § 48a BImSchG; *Krieger*, in: Fluck, KrW-/AbfG, § 57 Rn. 70; *Pache*, in: GK-BImSchG, § 37 Rn. 12 und *Scheuing*, in: GK-BImSchG, § 48a Rn. 13. *Ziekow*, JZ 1999, S. 963 (968), bewertet auch § 39 BImSchG als verfassungsgemäß.

[1119] *Klink*, S. 106 ff.

[1120] Dazu ausführlich *Klink*, S. 106 ff.

[1121] In diesem Sinne: *Breuer*, Rn. 47; *Weihrauch*, NVwZ 2001, S. 265 (267).

§ 6a WHG ist mit Art. 80 GG unvereinbar nach: *Breuer*, Rn. 46; *ders.*, ZfW 1999, S. 220 (228); *Kotulla*, WHG, § 6a Rn. 20 ff.; *Weihrauch*, NVwZ 2001, S. 265 (269); in diesem Sinne wohl auch *Cychowski/Reinhardt*, WHG, § 6a Rn. 4 ff.: begegnet „verfassungsrechtlichen Bedenken".

[1122] So auch *Knopp*, in: Sieder/Zeitler/Dahme/Knopp, WHG, § 6a Rn. 8a, unter Hinweis auf BVerfGE 38, S. 348 (357 f.); 35, 179 (183).

Regelungsgegenstände der Verordnung („insbesondere …") ihre Bedeutung[1123]. Durch das Wechselspiel dieser Elemente erfolgt eine gegenseitige Konkretisierung. Damit werden eventuell von der EG-Richtlinie belassene Umsetzungsspielräume vom Gesetzgeber auch nicht unbegrenzt und ungefiltert an den Verordnungsgeber durchgereicht[1124].

Zum anderen dienen die Durchführungsermächtigungen der Erfüllung der Umsetzungsaufgabe, die aus sekundärem Gemeinschaftsrecht folgt[1125]. Wie sehr dies zur Konkretisierung beträgt, kann nur anhand der jeweils umzusetzenden Richtlinie beurteilt werden. Für die besonders kritisierte Ermächtigung in § 6a WHG ist zu beachten, dass im Wasserrecht eine Vielzahl von Richtlinien erlassen wurde[1126]. Zwar kann hier nicht jede einzelne Richtlinie im Detail untersucht werden, doch zeigt bereits ein Blick in die Rechtsprechung des EuGH, dass die Richtlinien im Bereich des Wasserrechts zumeist sehr genaue Vorgaben machen. Die Bundesrepublik Deutschland wurde nämlich mehrfach[1127] wegen mangelhafter Umsetzung entsprechender Richtlinien im Bereich des Wasserrechts verurteilt. Dabei hat der EuGH[1128] beispielsweise zur sog. Grundwasserrichtlinie ausgeführt, dass sie „die Mitgliedstaaten durch *genaue* und *detaillierte* Vorschriften verpflichtet". Entgegen der Ansicht der Bundesrepublik Deutschland[1129] verblieb den Mitgliedstaaten damit bei der Anwendung eines Artikels dieser Richtlinie auch kein Beurteilungsspielraum[1130]. Als Reaktion auf diese Verurteilung wurde die Ermächtigung in § 6a WHG erlassen[1131]. Soweit die in Bezug genommenen EG-Rechtsakte detaillierte Umsetzungspflichten enthalten, genügen die Verordnungsermächtigung in § 57 KrW-/AbfG und in § 6a WHG den Anforderungen des Art. 80 Abs. 1 Satz 2 GG.

VI. Besondere Gesetzesvorbehalte
bei Straf- und Bußgeldnormen

Art. 103 Abs. 2 GG und Art. 104 Abs. 1 Satz 1 GG sind besondere Gesetzesvorbehalte für Verweisungen in Straf- und Bußgeldnormen.

[1123] In diesem Sinne auch *H. Bauer*, in: FS Steinberger, S. 1061 (1070 f); *Knopp*, in: Sieder/Zeitler/Dahme/Knopp, WHG, § 6a Rn. 8a.

[1124] Vgl. zu diesem Kriterium *H. Bauer*, in: FS Steinberger, S. 1061 (1081).

[1125] *Klink*, S. 106.

[1126] So führt *Breuer*, Rn. 58 ff., zehn verschiedene Richtlinien und ihre Folgerichtlinien auf.

[1127] So in: EuGH, Slg. 1991 I, S. 825 (882); Slg. 1991 I, S. 4983 (5029); 1999 I, S. 7837 (7875 f.).

[1128] EuGH, Slg. 1991 I, S. 825 (867, Rn. 7); Hervorhebung hinzugefügt.

[1129] Vgl. EuGH, Slg. 1991 I, S. 825 (868, Rn. 12).

[1130] EuGH, Slg. 1991 I, S. 825 (869, Rn. 17).

[1131] Vgl. Begründung zu § 6a WHG, BT-Drucks. 13/1207, S. 7.

1. Der Gesetzesvorbehalt des Art. 103 Abs. 2 GG

Nach Art. 103 Abs. 2 GG kann eine Tat nur bestraft werden, wenn die Strafbarkeit gesetzlich bestimmt war, bevor die Tat begangen wurde. Art. 103 Abs. 2 GG enthält die Verpflichtung des Gesetzgebers, die Voraussetzungen der Strafbarkeit so konkret zu umschreiben, dass Tragweite und Anwendungsbereich der Straftatbestände zu erkennen sind und sich durch Auslegung ermitteln lassen[1132]. Das besondere Bestimmtheitsgebot des Art. 103 Abs. 2 GG dient einem doppelten Zweck: Es geht einerseits um den rechtsstaatlichen Schutz des Normadressaten; der Einzelne soll von vornherein wissen können, was strafrechtlich verboten ist, damit er in der Lage ist, sein Verhalten danach einzurichten[1133]. Dies ist nur möglich, wenn in erster Linie der für den Adressaten verstehbare *Wortlaut* des gesetzlichen Straftatbestandes maßgebend ist[1134]. Führt erst eine über den erkennbaren Wortsinn der Vorschrift hinausgehende Interpretation zur Strafbarkeit eines Verhaltens, so darf dies nicht zu Lasten des Bürgers gehen[1135]. Art. 103 Abs. 2 GG hat insofern eine freiheitsgewährleistende Funktion[1136]. Andererseits soll sichergestellt werden, dass der *Gesetzgeber* selbst abstrakt-generell über die Strafbarkeit entscheidet[1137]. Insoweit enthält Art. 103 Abs. 2 GG einen strengen Gesetzesvorbehalt[1138].

[1132] BVerfG, NJW 1993, S. 1909 (1910); NVwZ-RR 1992, S. 521, dort als st. Rspr. bezeichnet; in diesem Sinne auch: BVerfG, LRE 47, S. 349; GRUR 2001, S. 266 (270), dort als st. Rspr. bezeichnet; BVerfGE 92, S. 1 (12); 78, S. 374 (381 f.); 75, S. 329 (340 f.); 73, S. 206 (234); 71, S. 108 (114); 55, S. 144 (152); 47, S. 109 (120); 25, S. 269 (285).

[1133] BVerfGE 51, S. 60 (73); 48, S. 48 (56). In diesem Sinne auch: BVerfG, LRE 47, S. 349; GRUR 2001, S. 266 (270); NJW 1997, S. 1910 (1911); NVwZ-RR 1992, S. 521; BVerfGE 92, S. 1 (12); 85, S. 69 (73); 78, S. 374 (382); 75, S. 329 (341); 73, S. 206 (234 f.); 71, S. 108 (114); 64, S. 389 (393 f.); 48, S. 48 (56); 47, S. 109 (120); 45, S. 346 (351); 41, S. 314 (319); 37, S. 201 (207); 28, S. 175 (183); 26, S. 41 (42); 25, S. 269 (285); *Geis*, NVwZ 1992, S. 1025 (1030); *Müller-Magdeburg*, S. 17; *Niehaus*, wistra 2004, S. 206 (208); *Nolte*, in: v. Mangoldt / Friedrich Klein / Starck, GG, Art. 103 Rn. 140.

[1134] BVerfGE 75, S. 329 (341); Hervorhebung vom BVerfG.

[1135] BVerfGE 85, S. 69 (73); 75, S. 329 (341); 47, S. 109 (121); in diesem Sinne auch: BVerfGE 71, S. 108 (116); 64, S. 489 (393); *Geis*, NVwZ 1992, S. 1025 (1030).

[1136] BVerfGE 75, S. 329 (341).

[1137] BVerfGE 75, S. 329 (341); Hervorhebung in BVerfGE 75, S. 329 (341). Ohne Hervorhebung bei: BVerfG, GRUR 2001, S. 266 (270), dort als st. Rspr. bezeichnet; NJW 1993, S. 1909 (1910); BVerfGE 78, S. 374 (382). In diesem Sinne auch: BVerfG, LRE 47, S. 349; NJW 1997, S. 1910 (1911); NVwZ-RR 1992, S. 521; BVerfGE 92, S. 1 (12); 85, S. 69 (73); 73, S. 206 (235); 71, S. 108 (114); 47, S. 109 (120); *Müller-Magdeburg*, S. 17; *Niehaus*, wistra 2004, S. 206 (208); *Nolte*, in: v. Mangoldt / Friedrich Klein / Starck, GG, Art. 103 Rn. 140.

[1138] BVerfGE 75, S. 329 (341); BVerfG, NJW 1993, S. 1909 (1910); in diesem Sinne: BVerfG, NVwZ-RR 1992, S. 521; BVerfGE 92, S. 1 (12); 78, S. 374 (382), dort als st. Rspr. bezeichnet; 73, S. 206 (235); 71, S. 108 (114); *Geis*, NVwZ 1992, S. 1025 (1030); *Niehaus*, wistra 2004, S. 206 (208).

Das Bestimmtheitsgebot darf indes auch nicht übersteigert werden; die Gesetze würden sonst zu starr und kasuistisch und könnten dem Wandel der Verhältnisse oder der Besonderheit des Einzelfalles nicht mehr gerecht werden[1139]. Diese Gefahr läge nahe, wenn der Gesetzgeber stets jeden Straftatbestand bis ins Letzte ausführen müsste[1140]. „Der Gesetzgeber muss die Strafbarkeitsvoraussetzungen umso genauer festlegen und umso präziser bestimmen, je schwerer die angedrohte Strafe ist"[1141].

a) „Strafbarkeit" im Sinne des Art. 103 Abs. 2 GG

Der Begriff der Strafbarkeit im Sinne des Art. 103 Abs. 2 GG erfasst jede Regelung, die eine missbilligende hoheitliche Reaktion auf vorwerfbares Handeln ermöglicht; er bezieht sich damit auch auf die Ahndung von Ordnungswidrigkeiten[1142].

b) „Gesetz" im Sinne des Art. 103 Abs. 2 GG

Nicht nur ein förmliches Gesetz ist ein „Gesetz" im Sinne des Art. 103 Abs. 2 GG[1143]. Auch Rechtsverordnungen können Strafnormen enthalten, wenn sie im Rahmen von Ermächtigungen ergangen sind, die Art. 80 Abs. 1 Satz 2 GG genügen und Art und Maß der Strafe und das strafbare Verhalten selbst hinreichend bestimmt festlegen[1144]. Die Ermächtigung braucht jedoch die Straftatbestände nicht in allen Einzelheiten zu regeln[1145]. Eine Ermächtigung genügt Art. 103 Abs. 2 GG, wenn sich aus ihr die möglichen Straftatbestände einschließlich der Schuld-

---

[1139] BVerfGE 75, S. 329 (342); 14, S. 245 (251). In diesem Sinne auch BVerfGE 48, S. 48 (56).

[1140] BVerfGE 75, S. 329 (342 f.); 48, S. 48 (56); 14, S. 245 (251).

[1141] BVerfG, LRE 47, S. 349 (350). In diesem Sinne auch: BVerfGE 75, S. 329 (342); 42, S. 314 (320); 41, S. 314 (320); 14, S. 245 (251); OLG Köln, NJW 1962, S. 1214 (1216); *Tiedemann*, S. 249 f., der dies jedoch nicht als straf-, sondern staatsrechtliches Problem ansieht.

[1142] BVerfG, GRUR 2001, S. 266 (270). Für eine Anwendbarkeit von Art. 103 Abs. 2 GG auf Ordnungswidrigkeiten auch: BVerfGE 97, S. 157 (167 f.); 87, S. 399 (411); 71, S. 108 (115); 55, S. 144 (152); 41, S. 314 (319); BVerfG, NJW 1993, S. 1909 (1910).

[1143] BVerfG, LRE 47, S. 349. In diesem Sinne auch: BVerfGE 78, S. 374 (382); 75, S. 329 (342); 51, S. 60 (73); BVerfG, NJW 1992, S. 2624; BVerfGE 32, S. 346 (362); 14, S. 174 (185).

[1144] BVerfG, LRE 47, S. 349 (349 f.). In diesem Sinne auch: BVerfG, NJW 1993, S. 1909 (1910); BVerfGE 78, S. 374 (382), 75, S. 329 (342); 51, S. 60 (73); BVerfG, NJW 1992, S. 2624; BVerfGE 37, S. 201 (209); 32, S. 346 (362); 22, S. 21 (25); 14, S. 245 (251); 14, S. 174 (185); *Eser*, in: Schönke/Schröder, StGB, § 1 Rn. 8; *Karpen*, S. 203: jede geschriebene materielle Rechtsnorm; *Veit*, S. 96 f.

[1145] BVerfGE 32, S. 346 (363).

form und der Art und des Höchstmaßes der Strafe nach den anerkannten Regeln juristischer Auslegung hinreichend deutlich bestimmen lassen[1146].

Auch Satzungen von Gemeinden können Gesetze im Sinne des Art. 103 Abs. 2 GG sein[1147], wenn sie auf einer ausreichenden Ermächtigung durch Gesetz beruhen[1148]. Dagegen verbietet Art. 103 Abs. 2 GG, Strafen durch Gewohnheitsrecht zu begründen oder zu verschärfen[1149].

Damit gehen Rechtsprechung und Lehre ganz überwiegend von einem materiellen Gesetzesbegriff aus[1150]. Dabei bedarf das materielle Gesetz einer Ermächtigung in einem formellen Gesetz, worin Art und Maß der Strafe und das strafbare Verhalten selbst hinreichend bestimmt festgelegt sind.

c) Anforderungen an Verweisungen

Da die statische Verweisung nur eine gesetzestechnische Vereinfachung ist, wodurch der Inhalt des Verweisungsobjektes in den Rang des verweisenden Gesetzes gehoben wird, bestehen keine prinzipiellen Bedenken aus Art. 103 Abs. 2 GG[1151]. Nur das Verständnis kann durch die Verweisung erschwert sein[1152], und solche Verständnisprobleme wurden bereits im Rahmen des allgemeinen rechtsstaatlichen Bestimmtheitsgebotes erörtert[1153].

Aus den Bestimmtheitsanforderungen des Art. 103 Abs. 2 GG[1154] wird vereinzelt in Rechtsprechung und Literatur gefolgert, dass dynamische Verweisungen unzulässig seien[1155]. Art. 103 Abs. 2 GG hindert den Gesetzgeber aber nicht, verweisende Gesetze zu schaffen, die der Ausfüllung durch andere Gesetze oder

---

[1146] BVerfGE 32, S. 346 (363).

[1147] BVerfG, NStZ 1990, S. 394 = NVwZ 1990, 751; *Karpen*, S. 219; *Krey*, in: EWR 2/1981, S. 109 (184), m.w.N. in Fn. 284; *Veit*, S. 104, m.w.N. in Fn. 58.

[1148] *Gribbohm*, in: LK-StGB, § 1 Rn. 33. Dem Satzungsgeber kann ein geringfügig größerer Ausformungsraum als dem Verordnungsgeber zuerkannt werden nach: BVerfGE 32, S. 346 (362); *Schmidt-Aßmann*, in: Maunz/Dürig, GG, Art. 103 Abs. II Rn. 211.

[1149] BVerfGE 75, S. 329 (340); 73, S. 206 (235); 71, S. 108 (115); 64, S. 389 (393); 26, S. 41 (42); 25, S. 269 (285); 14, S. 174 (185); *Schmidt-Aßmann*, in: Maunz/Dürig, GG, Art. 103 Abs. II Rn. 222.

[1150] Siehe ausführlich zum materiellen oder formellen Gesetzesbegriff in Art. 103 Abs. 2 und Art. 104 Abs. 1 Satz 1 GG *Weidenbach*, S. 44 ff.

[1151] *Krey*, in: EWR 2/1981, S. 109 (176); *Tiedemann*, S. 242.

[1152] In diesem Sinne auch *Krey*, in: EWR 2/1981, S. 109 (176).

[1153] Vgl. dazu oben im 2. Teil: C.III.4. Überprüfung von Verweisungen (S. 141 ff.).

[1154] Zur Bestimmtheit von dynamischen Verweisungen im Allgemeinen siehe oben im 2. Teil: C.III.4.a)cc) Dynamische Verweisung (S. 144 ff.).

[1155] So die Einschätzung von *Niehaus*, wistra 2004, S. 206 (208), für die Verweisung auf EG-Verordnungen, allerdings sind die von ihm angegebenen Nachweise nicht so eindeutig. Sehr kritisch der dynamischen Verweisung (auf EG-Recht) aber gegenüberstehend bspw.:

untergesetzliche Regelwerke bedürfen[1156]. Diese Normierungstechnik ist bei Anerkennung des Gebots der Einheit der Rechtsordnung kaum zu vermeiden[1157]. Aber auch in diesem Falle müssen die Voraussetzungen der Strafbarkeit im Gesetz hinreichend deutlich umschrieben sein[1158]. Wird dabei der Straftatbestand eines Blankettstrafgesetzes durch ein anderes Gesetz ergänzt, dann kann es der Gesetzgeber des Blankettstrafgesetzes bei der Verweisung auf die ausfüllende Norm bewenden lassen[1159]. Erfolgt die Ergänzung eines Strafgesetzes jedoch durch eine Rechtsverordnung, so genügt eine dynamische Verweisung allein nicht; vielmehr müssen zugleich die Voraussetzungen der Strafbarkeit sowie Art und Maß der Strafe im Blankettstrafgesetz selbst oder in einer anderen gesetzlichen Vorschrift, auf die das Blankettstrafgesetz Bezug nimmt, hinreichend deutlich umschrieben werden[1160]. Andernfalls könnte der Verweisungsobjektgeber, der nur zum Erlass einer Rechtsverordnung, nicht aber zur Änderung der Strafbarkeit befugt ist, unzulässigen Einfluss auf die Strafbarkeitsregelung ausüben. Der Gesetzgeber hat selbst die Voraussetzungen der Strafbarkeit zu bestimmen und darf diese Entscheidung nicht den Organen der vollziehenden Gewalt überlassen[1161]. Dem Verordnungsgeber kann jedoch „die Spezifizierung des Straftatbestandes" überlassen werden[1162].

OLG Stuttgart, NJW 1990, S. 657 f. = NStZ 1990, S. 88 (89); *Bullinger*, Selbstermächtigung, S. 22; *Hüfler*, RIW 1979, S. 133 (134); *Fischer*, StGB, § 1 Rn. 5a.

Differenzierend *Lohberger*, S. 126.

[1156] BVerfG, GRUR 2001, S. 266 (270); in diesem Sinne auch: BVerfG, NVwZ-RR 1992, S. 521; BVerfGE 51, S. 60 (74); 48, S. 48 (55); 22, S. 1 (18); *Schnell*, S. 107.

[1157] *Kloepfer / Vierhaus*, Rn. 30.

[1158] BVerfGE 37, S. 201 (209). In diesem Sinne auch: BVerfG, NJW 1992, S. 35; BVerfGE 23, S. 265 (269); 22, S. 1 (18); 14, S. 245 (252); 14, S. 174 (185 f.); *Müller-Magdeburg*, S. 17; *Schmidt-Aßmann*, in: Maunz / Dürig, GG, Art. 103 Abs. II Rn. 210.

[1159] BVerfGE 14, S. 245 (252); in diesem Sinne auch: *Gribbohm*, in: LK-StGB, § 1 Rn. 35; *H. Hugger*, NStZ 1993, S. 421 (424); *Karpen*, in: Rödig, S. 221 (234).

[1160] BVerfGE 14, S. 245 (252); in diesem Sinne auch: BVerfG, LRE 47, S. 349 (350); BVerfG, GRUR 2001, S. 266 (270); BVerfGE 78, S. 374 (382), dort als st. Rspr. bezeichnet; BVerfGE 75, S. 329 (342); BVerfG, NJW 1992, S. 2624; BVerfGE 14, S. 245 (252); *Gribbohm*, in: LK-StGB, § 1 Rn. 35; *Karpen*, in: Rödig, S. 221 (234).

[1161] BVerfGE 78, S. 374 (382); ähnlich auch BVerfGE 47, S. 109 (120).

[1162] BVerfGE 22, S. 21 (25); in diesem Sinne auch: BVerfG, LRE 47, S. 349 (350); NVwZ-RR 1992, S. 521, BVerfGE 75, S. 329 (342) für Art. 104 GG und *Schmidt-Aßmann*, in: Maunz / Dürig, GG, Art. 103 Abs. II Rn. 210: „Dem Verordnungsgeber dürfen lediglich gewisse Spezifizierungen des Straftatbestands überlassen werden." BVerfGE 37, S. 201 (209): „Der Gesetzgeber darf dem Verordnungsgeber nur die nähere Spezifizierung des Tatbestandes überlassen"; BVerfGE 14, S. 174 (187): „Bestimmt der Gesetzgeber hinreichend deutlich, was strafbar sein soll, und legt er weiterhin Art und Maß der Strafe im förmlichen Gesetz fest, überläßt er hingegen dem Verordnungsgeber nur die Spezifizierung des Straftatbestandes, so wird die Rechtssicherheit und die Freiheit des einzelnen nach Sinn und Zweck des Art. 104 GG gewahrt und dem Gesetzgeber die ihm vom Grundgesetz auferlegte Verantwortung nicht abgenommen." BVerfGE 14, S. 245 (251), zu Art. 104 GG: „Dem Verordnungsgeber kann er aber die Spezifizierung des Straftatbestandes überlassen."

Teils wird relativ weit lediglich auf die „vorrangige Bestimmungsgewalt des förmlichen Gesetzes"[1163] abgestellt. Enger ist nach Dietmar Moll[1164] unter einer „gewissen Spezifizierung" die den Kernbereich der gesetzgeberischen Wertentscheidung nicht tangierende und in formell-gesetzlich vorgezeichneten Bahnen verlaufende Aktualisierung oder Konkretisierung einer Gesamtregelung in ihren Randbereichen zur Gewährleistung oder Aufrechterhaltung der gesetzgeberischen Wertung ohne eigenständiges strafrechtskonstituierendes Potenzial zu verstehen.

Dabei ist auch zu prüfen, ob die zur Ausfüllung herangezogene Vorschrift in den Rahmen des Blankettstrafgesetzes fällt. Die Verweisungsobjekte müssen hinreichend klar erkennbar und mit zumutbarem Aufwand auffindbar sein[1165]. Kritisch werden dabei Verweisungsketten betrachtet[1166]. Allein eine lange Verweisungskette, die eine Mehrzahl von Einzelvorschriften zusammenfasst, führt aber noch nicht zur Unbestimmtheit im Sinne von Art. 103 Abs. 2 GG. Diese Regelungspraxis ist im Nebenstrafrecht üblich und dient der lückenlosen Erfassung komplexer Materien[1167]. Allerdings stellt die Verwendung dynamischer Verweisungen die Auffindbarkeit des anzuwendenden Verweisungsobjektes eher in Frage als statische Verweisungen[1168]. Ist aber bei einer dynamischen Verweisung durch die Veränderung des Verweisungsobjektes keine Verschärfung eingetreten, konnte man die Strafbarkeit also auch aus der Verweisungsnorm in Verbindung mit irgendeiner Fassung des Verweisungsobjektes erkennen, so ist Art. 103 Abs. 2 GG in der Regel nicht verletzt[1169].

BVerfGE 23, S. 265 (270); BVerfG, RIW 1979, S. 132 (133); BGHSt 42, S. 219 (221 f.); *Hecker*, § 7 Rn. 84; *H. Hugger*, NStZ 1993, S. 421 (424); *Moll*, S. 275: Dem bezogenen gemeinschaftlichen Verordnungsgeber darf allein gestattet werden „gewisse Spezifizierungen" in Randbereichen vorzunehmen; *Müller-Magdeburg*, S. 17; für Art. 104 GG auch *Jescheck / Weigend*, S. 111.

[1163] In diesem Sinne: *Karpen*, S. 209 f.; *Schmidt-Aßmann*, in: Maunz / Dürig, GG, Art. 103 Abs. II Rn. 201; *Mansdörfer*, Jura 2004, S. 297 (305), für die Verweisung auf EG-Recht.

[1164] *Moll*, S. 148.

[1165] In diesem Sinne (teils im Zusammenhang mit der Verweisung auf EG-Recht): OLG Koblenz, NStZ 1989, S. 188 (189); *Niehaus*, wistra 2004, S. 206 (208); *F. K. Weber*, S. 91. Enger *Tiedemann*, in: FS Roxin, S. 1401 (1405): Die Verweisung wird dort strafrechtlich unbeachtlich, „wo sie unklar und auslegungsbedürftig zu werden beginnt". Ähnlich *R. Schmitz*, in: MünchKommStGB, § 1 Rn. 51.

[1166] *Mansdörfer*, Jura 2004, S. 297 (305); *R. Schmitz*, in: MünchKommStGB, § 1 Rn. 49.

[1167] BGHSt 42, S. 219 (222) = NJW 1996, S. 3220 (3221); kritisch dagegen (für die Verweisung auf EG-Recht) *Mansdörfer*, Jura 2004, S. 297 (305).

[1168] *Niehaus*, wistra 2004, S. 206 (208 f.); in diesem Sinne auch *R. Schmitz*, in: MünchKommStGB, § 1 Rn. 51.

[1169] In diesem Sinne wohl auch die Ausführungen in BVerfG, NJW 1997, S. 1910 (1911): „Es kann im vorliegenden Fall dahinstehen, ob die Regelung des § 1 II BtMG, derzufolge die Liste der in Anlagen I bis III des Betäubungsmittelgesetzes aufgeführten Stoffe und Zubereitungen durch Rechtsverordnung geändert oder ergänzt werden kann, mit Blick

Ob und inwieweit eine Verweisung auf Verwaltungsvorschriften[1170] oder Regeln Privater[1171] zulässig ist, ist umstritten. Da Art. 103 Abs. 2 GG verlangt, dass in einem Gesetz die Voraussetzungen der Strafbarkeit sowie Art und Maß der Strafe hinreichend deutlich umschrieben werden, darf nur insoweit nicht auf Verwaltungsvorschriften oder Regeln Privater verwiesen werden. Wurden diese Grenzen beachtet, und beschränkt sich damit die Verweisung auf eine Spezifizierung, kommt es auf den Rechtscharakter des Verweisungsobjektes nicht mehr an, denn dem doppelten Zweck des Art. 103 Abs. 2 GG ist genüge getan[1172].

2. Der Gesetzesvorbehalt des Art. 104 Abs. 1 GG

Nach Art. 104 Abs. 1 Satz 1 GG kann die Freiheit der Person nur aufgrund eines förmlichen Gesetzes eingeschränkt werden[1173].

---

auf Art. 104 I 1 GG – und Art. 103 II GG – verfassungsrechtlichen Bedenken begegnet. Schon bei Inkrafttreten des Betäubungsmittelgesetzes am 31.7.1981 war Cannabisharz in der als Teil des Gesetzes erlassenen Anlage I ausdrücklich als Betäubungsmittel genannt (vgl. BGBl I, 681 [694])."

[1170] Für die Zulässigkeit der Verweisung auch auf Verwaltungsvorschriften: BVerfG, GRUR 2001, S. 266 (270); BVerfGE 87, S. 399 (407).

Differenzierend: *Karpen*, in: Rödig, S. 221 (234): Die Blankettausfüllung durch Verwaltungsvorschriften ist verfassungswidrig, wenn die Blankettnorm voll ergänzungsbedürftig ist, also keine konkreten Maßstäbe enthält, wie das Blankett auszufüllen ist. Ist die Blankettnorm jedoch selbst „tatbestandsbestimmt" i. S. d. Art. 103 Abs. 2 GG, überlässt der Verweisung jedoch nur die zusätzliche Konkretisierung, so wird vielfach erwogen, dies als Zugewinn an Rechtssicherheit anzusehen und für verfassungsrechtlich zulässig zu halten; *Nolte*, in: v. Mangoldt/Friedrich Klein/Starck, GG, Art. 103 Rn. 154, will die Grundsätze über die Spezifizierungen von Strafnormen durch Rechtsverordnungen auch auf Verwaltungsvorschriften anwenden. Ähnlich wie *Nolte* auch *Degenhart*, in: Sachs, GG, Art. 103 Rn. 65; *Schmidt-Aßmann*, in: Maunz/Dürig, GG, Art. 103 Abs. II Rn. 212–215, differenziert danach ob auf normkonkretisierende oder sonstige Verwaltungsvorschriften verwiesen wird.

[1171] Für eine Zulässigkeit der Verweisung auch auf Regeln Privater plädiert *Eisele*, JZ 2001, S. 1157 (1164); a. A. *Karpen*, in: Rödig, S. 221 (235).

Differenzierend *Enderle*, S. 272–275.

[1172] In diese Richtung auch *Enderle*, S. 272–275.

[1173] Nach *Tiedemann*, S. 251 ff., ist die Überprüfung anhand von Art. 104 GG für Blankettstrafgesetze überflüssig. Die Verfahrensnorm des Art. 104 GG scheide als Kontrollmaßstab für Strafgesetze aus; in diesem Sinne auch BayObLG, NJW 1962, S. 453 ff., wonach Art. 104 Abs. 1 Satz 1 GG die Verhängung von Freiheitsstrafe überhaupt nicht zum Gegenstand habe.

Dagegen zu Recht BVerfGE 14, S. 174 (186): „Auch die Verurteilung zu einer Freiheitsstrafe ist eine Freiheitsbeschränkung im Sinn des Art. 104 Abs. 1 Satz 1 GG."

a) Restriktive Ansicht

Nach Günter Dürig[1174] kann Rechtsgrundlage für die Entziehung der Bewegungsfreiheit nach Art. 104 GG *nur* ein förmliches Gesetz sein. Zwischen formellem Gesetz und Richterakt dürfe auch keine Rechtsverordnung zwischengeschaltet werden[1175]. Die Ratio sei, dass die Rechtsgrundlage für Freiheitsentziehungen nur aus einer demokratisch legitimierten förmlichen Handlung des Parlamentswillens resultieren dürfe und dass sich das Parlament der ausschließlichen Verantwortung dafür auch nicht begeben dürfe[1176]. Alles, was gemäß Art. 103 Abs. 2 GG vom materiellen Gesetz umfasst sein muss, müsse bei freiheitsbeschränkenden Maßnahmen der Gesetzgeber selbst regeln[1177].

b) Extensive Ansicht

Zwar prüfte das Bundesverfassungsgericht in frühen Entscheidungen[1178] die Anforderungen des Art. 104 Abs. 1 Satz 1 GG separat, ging aber von Anfang an, jedoch vermehrt in neueren Entscheidungen[1179], von einem Gesamtanforderungsprofil der Art. 80 Abs. 1, 103 Abs. 2, 104 Abs. 1 GG an Strafblankette aus[1180]. Der Gesetzgeber muss danach bei Erlass einer Strafvorschrift, die Freiheitsstrafe androht, mit hinreichender Deutlichkeit selbst bestimmen, was strafbar sein soll[1181], und Art und Maß der Freiheitsstrafe im förmlichen Gesetz festlegen[1182]. Insoweit gilt das zum Maßstab des Art. 103 Abs. 2 GG Ausgeführte[1183]. Art. 104

[1174] *Dürig*, NJW 1961, S. 1831, dort mit Hervorhebung.

[1175] *Dürig*, NJW 1961, S. 1831; *ders.*, in: Maunz/Dürig, GG, Art. 104 Rn. 15.

[1176] *Dürig*, NJW 1961, S. 1831.

[1177] So die Folgerung von *Karpen*, S. 216.

[1178] Vgl.: BVerfGE 14, S. 174 (185 ff.); 23, S. 265 (271): „Da der Beschluß schon wegen des Verstoßes gegen Art. 103 Abs. 2 GG aufzuheben war, erübrigt sich die Prüfung, ob auch Art. 104 Abs. 1 Satz 1 GG verletzt ist."

[1179] Vgl.: BVerfG, NJW 1993, S. 1909 (1910); NJW 1992, S. 35; BVerfGE 75, S. 329 (342); 22, S. 1 (18): „Weder nach Art. 103 Abs. 2 noch nach Art. 104 Abs. 1 Satz 1 GG sind Blankettstrafgesetze unzulässig. Diese Bestimmungen des Grundgesetzes fordern …".

[1180] So die zutreffende Einschätzung von *Enderle*, S. 213 f.

[1181] BVerfG, NJW 1997, S. 1910 (1911); BVerfGE 78, S. 374 (383). In diesem Sinne auch: BVerfG, NJW 1993, S. 1909 (1910); BVerfGE 75, S. 329 (342); 14, S. 245 (251).

[1182] BVerfG, NJW 1993, S. 1909 (1910); BVerfGE 75, S. 329 (342); 14, S. 245 (251).

[1183] BVerfGE 78, S. 374 (383). In diesem Sinne sind wohl auch: BVerfG, NJW 1993, S. 1909 (1910), NJW 1992, S. 35; BVerfGE 75, S. 329 (342); 22, S. 1 (18); 14, S. 245 (252), zu verstehen, wo für Art. 103 Abs. 2 und Art. 104 Abs. 1 Satz 1 GG dieselben qualitativen Maßstäbe angewendet wurden. Auch *Lohberger*, S. 150 ff., kommt für Art. 103 und Art. 104 GG zum selben Ergebnis.

Moll, S. 142 ff., weist darauf hin, dass das BVerfG zwar für Art. 103 Abs. 2 GG und Art. 104 Abs. 1 Satz 1 GG unterschiedliche Formulierungen benutze, dieser Unterschied

Abs. 1 Satz 1 GG ist damit nur eine quantitative Verschärfung gegenüber Art. 103 Abs. 2 GG: „Der Gesetzgeber muss die Strafbarkeitsvoraussetzungen umso genauer festlegen und umso präziser bestimmen, je schwerer die angedrohte Strafe ist"[1184].

Auch die Aussagen der meisten Autoren[1185] weisen in diese Richtung.

c) Stellungnahme

Weder Entstehungsgeschichte noch Wortlaut des Art. 104 Abs. 1 GG lassen einen Schluss auf die Richtigkeit der einen oder anderen Ansicht zu[1186]. Einen einheitlichen Sprachgebrauch von „auf Grund eines förmlichen Gesetzes" mit der Bedeutung, dass der Eingriff unmittelbar – das heißt ohne Einschaltung einer Rechtsverordnung – auf dem förmlichen Gesetz beruhen müsse[1187], gibt es nicht[1188].

Zwar ist eine Rechtsverordnung kein förmliches Gesetz im Sinne des Art. 104 Abs. 1 GG, die im förmlichen Gesetz enthaltene Ermächtigung zum Erlass von Rechtsverordnungen kann aber diesem Vorbehalt genügen[1189]. Dazu müssen in

---

sich aber allein als sprachlicher, nicht inhaltlicher Natur entpuppe. *Moll* steht der Gleichstellung kritisch gegenüber.

[1184] BVerfG, LRE 47, S. 349 (350). In diesem Sinne auch: BVerfGE 75, S. 329 (342); 42, S. 314 (320); 41, S. 314 (320); 14, S. 245 (251); OLG Köln, NJW 1962, S. 1214 (1216); *Tiedemann*, S. 249 f., der dies jedoch nicht als straf-, sondern staatsrechtliches Problem ansieht.

[1185] Z. B.: *Eser*, in: Schönke / Schröder, StGB, § 1 Rn. 8: Das Erfordernis eines förmlichen Gesetzes gem. Art. 104 GG schließt allerdings nicht aus, dass die nähere Spezifizierung des Straftatbestandes, wie dies für Strafgesetze typisch ist, durch den Gesetzgeber an den Verordnungsgeber delegiert wird.

Karpen, in: Rödig, S. 221 (235): Es sollte erwogen werden, ob man nicht eine jedenfalls inhaltlich begrenzte Blankettergänzung durch Rechtsverordnungen für mit Art. 104 Abs. 1 GG vereinbar halten kann, während eine Blankettergänzung durch Verwaltungsvorschriften oder private Vorschriften ausscheidet. Der Gesetzgeber könnte – wenn man ihm die Möglichkeit einer Verweisung auf Rechtsverordnungen abschneidet – versucht sein, in Generalklauseln auszuweichen. Eine Blankettergänzung durch Verordnungen dient insofern der Rechtssicherheit. Jede Verordnung beruht unmittelbar auf einem Gesetz, und Art. 80 Abs. 1 Satz 2 GG beugt einer unkontrollierten Verordnungspraxis vor.

[1186] *Kistner*, DRiZ 1962, S. 118 (119); *Lohberger*, S. 147 ff.

[1187] So aber anscheinend: *Dürig*, NJW 1961, S. 1831; *Karpen*, S. 216.

[1188] *Kistner*, DRiZ 1962, S. 118 (119); *Lohberger*, S. 148.

[1189] *Kistner*, DRiZ 1962, S. 118 (121). In diesem Sinne auch OLG Frankfurt, Urt. v. 25. 10. 1961 – 2 Ss 888/61 –, zitiert nach BVerfGE 14, S. 174 (175 f.): „Dem Wortlaut des Art. 104 Abs. 1 Satz 1 GG (,auf Grund eines förmlichen Gesetzes', nicht etwa ,durch ein förmliches Gesetz') werde unnötig Gewalt angetan, wenn man ihn dahin verstehe, daß in jedem Fall die Freiheitsentziehung in Form eines förmlichen Gesetzes angedroht sein müsse."

der Ermächtigung die Voraussetzungen, die Art und das Maß der Freiheitsentziehung mit solcher Klarheit geregelt werden, dass die möglichen Fälle einer Freiheitsentziehung mittels der juristischen Auslegungsmethoden voraussehbar und die Rechtsfolgen messbar sind. Die Ermächtigung des Verordnungsgebers zur weiteren Verdeutlichung, Spezifizierung und Abstufung der gesetzgeberischen Sachregelung ist unbedenklich[1190].

Verweisungen auf Verwaltungsvorschriften oder Regeln Privater sind aber nach Art. 104 Abs. 1 GG unzulässig, weil sich in diesen Fällen eine demokratisch dazu nicht legitimierte Instanz zwischen den Richter und das Gesetz schiebt[1191].

3. Einzelfälle

a) Rückverweisungsklauseln

Ob und inwieweit Rückverweisungsklauseln[1192] bei strafrechtlichen Normen verboten oder erforderlich sind, ist umstritten[1193].

Gegen die Rückverweisungstechnik wird eingewendet, dass sie dem Verweisungsobjektgeber die Macht übertrage, über die Anwendbarkeit einer Strafvorschrift zu entscheiden[1194]. Dabei handelt es sich aber um ein *strukturelles* Problem jeder Verweisung im Strafrecht[1195]. Nach der zutreffenden Rechtsprechung des Bundesverfassungsgerichts[1196] stehen Art. 103 Abs. 2 und Art. 104 Abs. 1 GG einer solchen Normierungstechnik nicht entgegen.

Andererseits ist es aber auch nicht erforderlich, dass das spezifizierende Verweisungsobjekt in einer Verordnungsvorschrift einen Hinweis auf die gesetzliche Strafbestimmung enthält[1197]. Denn die Strafbarkeit eines bestimmten Verhaltens kann durch die geschlossene Verweisungskette in verfassungsrechtlich ausreichender Weise erkannt werden. Dies gilt um so mehr, wenn von dem Adressaten – auch

---

[1190] *Kistner*, DRiZ 1962, S. 118 (121).

[1191] So auch *Karpen*, S. 220.

[1192] Zu diesem Begriff siehe oben im 1. Teil: B.V. Blankettstrafgesetze (mit Rückverweisungsklauseln) (S. 77 f.).

[1193] Siehe dazu einerseits *Enderle*, S. 185–187, und andererseits *Moll*, S. 48 f., 56 ff., 174 ff., 197 f. m. w. N.
Nach *Schmidt-Aßmann*, in: Maunz/Dürig, GG, Art. 103 Abs. II Rn. 207, wird in der derzeitigen Gesetzespraxis eine Rückverweisung von der Ausfüllungs- zur Sanktionsnorm nicht verlangt.

[1194] In diesem Sinne die Bedenken von: *Volkmann*, ZRP 1995, S. 220 ff.; *Freund*, ZLR 1994, S. 261 (286, 290).

[1195] In diesem Sinne auch *Enderle*, S. 187; Hervorhebung von *Enderle*.

[1196] BVerfG, NJW 1993, S. 1909 (1910).

[1197] BVerfG, NJW 1993, S. 1909 (1910).

aufgrund von Spezialwissen – verlangt werden kann, dass er sich über die Vorschriften unterrichtet[1198].

b) Pönalisierung unwirksamer Verweisungsobjekte

Auch im Strafrecht kann nach überzeugender Auffassung des Bundesverfassungsgerichts[1199] die Verweisung auf außer Kraft getretenes Recht zulässig sein[1200]. Dies ist beispielsweise der Fall, wenn dem Gesetz hinreichend deutlich entnommen werden kann, dass die Verweisung des deutschen Gesetzgebers auf europarechtliche Normen auch dann gelten soll, wenn die Mitgliedstaaten sich nur zeitweilig auf gemeinsame Maßnahmen haben verständigen können und die entsprechende europarechtliche Vorschrift deshalb inzwischen außer Kraft getreten ist[1201].

Schwierig ist die Auslegungsfrage, ob eine Strafbarkeit vom Verweisungsnormgeber bezweckt war, wenn sich herausstellt, dass das Verweisungsobjekt verfassungswidrig war. So ist beispielsweise umstritten, ob die Hinterziehung verfassungswidriger Steuern[1202] strafbar ist. Nur vereinzelt wurde die Strafbarkeit der Hinterziehung der verfassungswidrigen Vermögensteuer bejaht[1203]. Zutreffend ist in diesem Fall die Strafbarkeit abzulehnen[1204]. Steuer und Steuerstrafe leiden an demselben – ihrem jeweiligen Zweck widersprechenden – Makel. Das für Steuern geltende Sonderrecht, wonach die Verfassungswidrigkeit in einer Übergangszeit pragmatisch geduldet werden muss, gilt für Strafen nicht[1205]. Die pragmatische Weitergeltung auch im Straf- und Ordnungswidrigkeitenrecht verbietet sich wegen des übergeordneten Grundsatzes des Vorbehalts des Gesetzes, der für diesen Rechtsbereich Ausnahmen von der Nichtigkeit nicht zulässt[1206].

[1198]   In diesem Sinne auch BVerfG, NJW 1993, S. 1909 (1910).

[1199]   BVerfG, NVwZ-RR 1992, S. 521.

Ebenso KG, VRS 54 (1978), S. 231 (233); der Prämisse zustimmend, aber im konkreten Fall die Strafbarkeit ablehnend: BayObLGSt 1992, S. 121 (124); OLG Köln, NJW 1988, S. 657 (658).

Wohl a. A.: OLG Hamburg, StraFo 2007, S. 254 (255), wonach bei Entfallen der starr in Bezug genommenen Normen die Verweisung obsolet wird; *Hecker*, § 7 Rn. 94 ff.

[1200]   Siehe allgemein zu den Anforderungen an ein Verweisungsobjekt im 1. Teil: A.II.2. Verweisungsobjekt (S. 43 ff.).

[1201]   BVerfG, NVwZ-RR 1992, S. 521.

[1202]   Zur Vorfrage, ob § 370 AO überhaupt ein Blankettstrafgesetz ist, siehe oben im 1. Teil in Fn. 72 auf S. 43.

[1203]   Für eine Strafbarkeit im Zeitraum der Geltung der verfassungswidrigen Vermögensteuer bspw. *Rolf Schmidt*, wistra 1999, S. 121 (126).

[1204]   *Salditt*, in: FS Tipke, S. 475 (480); *Ulsamer / Karl Dieter Müller*, wistra 1998, S. 1 (7); *Voß*, BB 1996, S. 1695 (1696 f.).

[1205]   *Salditt*, in: FS Tipke, S. 475 (480).

[1206]   *Voß*, BB 1996, S. 1695 (1696 f.).

c) Fehlerhafte Verweisungen

Wird eine Zitierung eines Verweisungsobjektes „vergessen", ist wegen Verstoßes gegen das Bestimmtheitsprinzip insoweit keine Strafbarkeit gegeben[1207]. Wird das Verweisungsobjekt umnummeriert, so läuft die strafrechtliche Verweisungsnorm leer[1208], auch wenn die Unstimmigkeit auf einem gesetzgeberischen Versehen beruht und das Verweisungsobjekt nur bei einer Novellierung nicht angepasst worden ist. Eine Anwendung dieser Bestimmung auf diejenige Vorschrift, die an Stelle des bisherigen Verweisungsobjektes getreten ist, wäre wegen Art. 103 Abs. 2 GG verfassungswidrig[1209]. Denn führt „erst eine über den erkennbaren Wortsinn der Vorschrift hinausgehende ‚Interpretation' zu dem Ergebnis der Strafbarkeit eines Verhaltens, so darf dies nicht zu Lasten des Bürgers gehen"[1210]. Die Gerichte müssen daher in Fällen, die vom Wortlaut einer Strafnorm nicht mehr erfasst sind, zum Freispruch gelangen[1211]. Dies gilt auch, wenn eine Verweisungsverjüngungsklauseln, die von einem nicht zum Erlass von Strafnormen befugten Verweisungsobjektgeber stammt, eine Anpassung anordnet[1212].

VII. Überprüfung am allgemeinen Gesetzesvorbehalt

1. Statische Verweisungen

Wenn statische Verweisungen in Gesetzen im bereits dargelegten Sinne hinreichend publiziert, bestimmt und klar sind, bestehen nach ganz herrschender Meinung[1213] keine verfassungsrechtlichen Bedenken. Bei einer statischen Verweisung in einem Gesetz wird nämlich der konkrete Inhalt des Verweisungsobjektes Bestandteil des Gesetzes. Damit genügen statische Verweisungen in Gesetzen dem allgemeinen Gesetzesvorbehalt ebenso, wie wenn das Verweisungsobjekt wörtlich in die Verweisungsnorm aufgenommen worden wäre.

[1207] In diesem Sinne *Dieblich*, S. 200.

[1208] In diesem Sinne: BVerfGE 97, S. 157 (167 f.); *Dieblich*, S. 200 f., der dies als „vergessene" Anpassung bezeichnet.

[1209] BVerfGE 97, S. 157 (167 f.).

[1210] BVerfGE 85, S. 69 (73); 75, S. 329 (341); 47, S. 109 (121); in diesem Sinne auch: BVerfGE 71, S. 108 (116); 64, S. 489 (393); *Geis*, NVwZ 1992, S. 1025 (1030).

[1211] BVerfGE 71, S. 108 (116); 64, S. 389 (393); in diesem Sinne auch BVerfGE 47, S. 109 (124).

[1212] In diesem Sinne: BayObLGSt 1992, S. 121 (124); *Mansdörfer*, Jura 2004, S. 297 (306); im Ergebnis ebenso OLG Köln, NJW 1988, S. 657 (658), wo allerdings primär darauf abgestellt wurde, dass nicht erkennbar sei, welche Normen anstelle der alten getreten seien.

[1213] Umfangreiche Nachweise für diese Ansicht in Fn. 474 auf S. 170.

2. Dynamisch-autonome Verweisungen

Nach ganz herrschender Ansicht[1214] sind dynamisch-autonome Verweisungen in Gesetzen verfassungsrechtlich unbedenklich, wenn diese im bereits dargelegten Sinne hinreichend publiziert, bestimmt und klar sind.

Zwar wurde vom OVG Koblenz[1215] eine autonome Bezugnahme als statische Verweisung ausgelegt, weil eine dynamische Verweisung zu einem missliebigen Ergebnis (Rechtswegspaltung) führen würde[1216]. Vor allem sei für den Bereich ausdrücklicher Gesetzesvorbehalte (Art. 13 GG) eine dynamische Verweisung nicht tragbar[1217]. Diese Argumentation überzeugt aber nicht, weil alle Regelungen von demselben Normgeber durch Gesetz getroffen wurden. Bei dynamisch-autonomen Verweisungen in Gesetzen erfüllt der Normgeber mit dem Verweisungsobjekt auch den Gesetzesvorbehalt[1218].

Ferner wurde in einem Sondervotum zu einer Entscheidung des Bundesverfassungsgerichts[1219] problematisiert, dass durch eine dynamisch-autonome Verweisung[1220] bei der Novellierung des Verweisungsobjektes[1221] eine Regelung in einen anderen Bereich übernommen worden sei, ohne dass im gesetzgeberischen Verfahren zur Änderung des Verweisungsobjektes die Besonderheiten des für die Verweisungsnorm geltenden Bereichs erörtert worden seien. Weitergehend wurde vom OVG Lüneburg[1222] eine dynamisch-autonome Verweisung sogar für unzulässig erklärt, weil die für das Verweisungsobjekt maßgeblichen Kriterien

---

[1214] Umfangreiche Nachweise für diese Ansicht in Fn. 473 auf S. 170. Häufig wird nur die verfassungsrechtliche Bedenklichkeit der dynamisch-heteronomen Verweisung betont und dabei implizit von der Zulässigkeit der autonomen Verweisung ausgegangen.

[1215] OVG Koblenz, NJW 1986, S. 1188 f.

[1216] OVG Koblenz, NJW 1986, S. 1188 (1189).

[1217] OVG Koblenz, NJW 1986, S. 1188 (1189) unter Hinweis auf BVerfGE 47, S. 280 (310), wo aber eine heteronome Verweisung ausgelegt wurde.

[1218] So auch *Hofmann*, in: Schmidt-Bleibtreu / Hofmann / Hopfauf, GG, Art. 20 Rn. 88. Noch weitergehend für alle Verweisungen in Gesetzen auf Gesetze *Staats*, in: Rödig, S. 244 (252).

[1219] Abweichende Meinung der Richterin *Hohmann-Dennhardt* und der Richter *Hoffmann-Riem* sowie *Kühling*, in: BVerfGE 103, S. 44 (77 f.).

[1220] § 55 VwGO lautet: „§§ 169, 171a bis 198 des Gerichtsverfassungsgesetzes über die Öffentlichkeit, Sitzungspolizei, Gerichtssprache, Beratung und Abstimmung finden entsprechende Anwendung."

[1221] § 169 Gerichtsverfassungsgesetz (GVG) idF. d. Art. 8 G. v. 21. 12. 2007 (BGBl. I S. 3198) lautet: „Die Verhandlung vor dem erkennenden Gericht einschließlich der Verkündung der Urteile und Beschlüsse ist öffentlich. Ton- und Fernseh-Rundfunkaufnahmen sowie Ton- und Filmaufnahmen zum Zwecke der öffentlichen Vorführung oder Veröffentlichung ihres Inhalts sind unzulässig." Satz 2 ist durch Art. 11 Nr. 5 d. G. v. 19. 12. 1964 (BGBl. I S. 1067) angefügt worden.

[1222] OVG Lüneburg, BRS 48, S. 272 (274).

in keinem Zusammenhang mit den Kriterien stünden, die für die Verweisungsnorm maßgeblich seien. Eine solche dynamische Verweisung möge in besonderen
Ausnahmefällen zulässig sein, wenn sich verlässlich vorhersehen lasse, dass die
Änderungen des Verweisungsobjektes den Gegebenheiten der Verweisungsnorm
entsprächen[1223].

Soweit sich Bedenken daraus ergeben, dass es schwierig ist, bei der Änderung
eines Verweisungsobjektes zu überblicken, ob die geänderte Fassung auch allen
Verweisungsnormen gerecht wird, so ist das bei autonomen Verweisungen nur
eine Frage der Präzision parlamentarischer Gesetzgebungsarbeit[1224] und damit ein
Problem des insoweit schon erörterten Rechtsstaatsprinzips (Verfahrensvorschriften[1225] sowie Bestimmtheit und Rechtsklarheit[1226]). Da auch die Identität des Subjektes der Willensbildung gewahrt ist, hat die dynamisch-autonome Verweisung
nur eine gesetzestechnische Funktion[1227]. Die vereinzelt gegen die dynamisch-
autonome Verweisung geäußerten Bedenken wurden bereits im Rahmen des
Demokratieprinzips ausführlich zurückgewiesen[1228]. Der rechtsstaatlichen Komponente des Gesetzesvorbehaltes wird auch genügt, weil durch die Verweisung
der Inhalt des Verweisungsobjektes Bestandteil des verweisenden Gesetzes wird.
Damit genügen dynamisch-autonome Verweisungen in Gesetzen dem allgemeinen Gesetzesvorbehalt ebenso, wie wenn das Verweisungsobjekt wörtlich in die
Verweisungsnorm aufgenommen worden wäre.

3. Dynamisch-heteronome Verweisungen

a) Unzulässigkeit

Christoph Stumpf[1229] sieht eine Kollision der Verweisung mit dem Gesetzesvorbehalt namentlich in dem Fall, wenn das Verweisungsobjekt in einer Weise
geändert wird, dass durch die Verweisung in Grundrechte eingegriffen wird.
In diesen Fällen könne die dynamische Verweisung nicht gelten. Nach einer
weitergehenden Ansicht[1230] sind im grundrechtsrelevanten Bereich dynamisch-
heteronome Verweisungen immer unzulässig, weil der Gesetzesvorbehalt eine
eigenverantwortliche Prüfung durch den Gesetzgeber fordere.

[1223] OVG Lüneburg, BRS 48, S. 272 (274 f.).

[1224] In diesem Sinne auch *Karpen*, in: Rödig, S. 221 (238).

[1225] Vgl. dazu oben 2. Teil: C.II. Verfahrensvorschriften (S. 128).

[1226] Siehe dazu oben 2. Teil: C.III.4.a)cc)(3) Diskussion der Argumente (S. 147 ff.).

[1227] In diesem Sinne auch *Schenke*, NJW 1980, S. 743 (744).

[1228] Siehe dazu oben im 2. Teil: G.III. Überprüfung von dynamisch-autonomen Verweisungen (S. 201 ff.).

[1229] In diesem Sinne *Stumpf*, NVwZ 2003, S. 1198 (1201), für die Verweisung der
Verwaltungsverfahrensgesetze auf das BGB und die Überleitungsvorschriften in Art. 229
§ 6 EGBGB.

b) Eng begrenzter Spielraum

Mit vorsichtigerer Formulierung wird auch gefordert: Soweit die grundrechtlichen Gesetzesvorbehalte oder die Wesentlichkeitstheorie eine Entscheidung des zuständigen Gesetzgebers verlangen, darf dieser keine dynamisch-heteronome Verweisung aufstellen[1231].

Thomas Clemens[1232] konkretisiert dies folgendermaßen: Im Bereich spezialgrundrechtlicher Gesetzesvorbehalte und der Wesentlichkeitstheorie müsse der Spielraum für den ausfüllenden Rechtssetzer eng begrenzt sein. Diese erforderliche Begrenzung des Verweisungsausmaßes werde man in vielen Fällen schon *aus der verweisenden Rechtsnorm selbst* oder *aus der Struktur des Inhalts der in Bezug genommenen Vorschriften* entnehmen können[1233]. Im Bereich des Verfahrensrechts könne auf eine ausdrückliche Begrenzung verzichtet werden, weil bereits die Verfassung den Spielraum ausreichend eingrenze[1234].

c) Rechtsprechung

Nach ähnlichen Stellungnahmen in der Rechtsprechung[1235] können grundrechtliche Gesetzesvorbehalte den von den Prinzipien der Rechtsstaatlichkeit, der Demokratie und der Bundesstaatlichkeit gezogenen Rahmen für Verweisungen zusätzlich einengen.

Bei einer Verweisung[1236] im Grundgesetz auf Bundesgesetz hat das Bundesverfassungsgericht festgestellt, dass die Verweisung dynamisch ist[1237] und sich auch zulasten des betroffenen Bürgers auswirken dürfe[1238]. Ebenso beanstandete das

---

[1230] *BMJ*, Rechtsförmlichkeit, Rn. 230; *Meder*, Verf. BY, Art. 3 Rn. 5; ähnlich *Blum/Ebeling*, in: Bepler, S. 85 (89). In diese Richtung auch *Jarass*, in: ders./Pieroth, GG, Art. 20 Rn. 65: Regelmäßig unzulässig ist eine dynamisch-heteronome Verweisung im Bereich von Freiheitsbeschränkungen. Insbesondere darf der Gesetzgeber den Bürger nicht ohne dessen Zustimmung der normsetzenden Gewalt nichtstaatlicher Einrichtungen unterwerfen, sondern muss die Beschränkungen im Wesentlichen selbst festlegen.

[1231] *Clemens* AöR 111 (1986), S. 63 (105); *Guckelberger*, ZG 2004, S. 62 (78).

[1232] *Clemens*, AöR 111 (1986), S. 63 (105 i. V. m. 124). In diese Richtung auch *Adolphsen*, RabelsZ 68 (2004), S. 154 (183), unter Hinweis auf *Clemens*: „Im nationalen Verweisungsrecht bilden der Gesetzesvorbehalt bzw. die Wesentlichkeitstheorie enge, aber auch nicht unüberwindbare Grenzen für die Zulässigkeit dynamischer Verweisungen".

[1233] *Clemens*, AöR 111 (1986), S. 63 (108 f.); Hervorhebung von *Clemens*.

[1234] *Clemens*, AöR 111 (1986), S. 63 (124).

[1235] BVerfGE 78, S. 32 (36); ähnlich VGH Kassel, HSGZ 1987, S. 155 (157 f.).

[1236] Die Verweisung in Art. 44 Abs. 2 GG hat das BVerfG zumindest viermal angewendet: BVerfGE 67, S. 100 – Flick; BVerfGE 74, S. 7 – Neue Heimat (Einstweilige Anordnung); BVerfGE 76, S. 363 – Lappas; BVerfGE 77, S. 1 – Neue Heimat.

[1237] BVerfGE 76, S. 363 (385 f.) – Lappas.

Bundesverfassungsgericht[1239] weitere grundrechtseingreifende dynamische Verweisungen im Bundesgesetz auf Landesrecht nicht. Die Norm verweise nämlich auf ein scharf umrissenes Rechtsinstitut, das vom jeweils zuständigen Bundes- oder Landesgesetzgeber im Wesentlichen gleich ausgestaltet worden sei, dessen Regelungen sich nur in minder wichtigen Einzelheiten unterscheiden könnten[1240]. Der Inhalt, auf den der Bundesgesetzgeber verwiesen habe, stehe also im Wesentlichen fest. Deshalb sei dies kein Verzicht auf Befugnisse. Der Bundesgesetzgeber habe die wesentlichen Entscheidungen selbst getroffen und sie nicht „außenstehenden" Stellen überlassen[1241].

Kritischer bewertete das Bundesverfassungsgericht[1242] eine andere dynamische Verweisung im Bundesgesetz auf Landesrecht: § 144 Abs. 3 KostO[1243] sah zwingend eine Minderung der Notargebühren um 80 % vor, wenn nach Landesrecht eine Gebührenbefreiung für Gerichtskosten vorlag. Dabei bewertete das Gericht die Regelung allgemein als eine zu intensive Beschränkung der Berufsausübungsfreiheit[1244]. Weiter solle der mit der Berufsausübungsregelung einhergehende Gesetzesvorbehalt sicherstellen, dass der zuständige Gesetzgeber in dem dafür vorgeschriebenen Verfahren prüfe und entscheide, in welchem Umfang und warum die Berufsausübung eingeschränkt werden solle. Eine solche Prüfung und Entscheidung wäre nicht gesichert, wenn es sich im vorliegenden Fall um eine dynamische Verweisung handelte[1245]. Läge eine dynamische Verweisung vor, würde die Verweisungsnorm durch den Verweisungsobjektgeber automatisch und ohne Mitwirkung des Verweisungsnormgebers geändert[1246]. Im grundrechtsrelevanten Bereich dürfe die Verantwortung für den geänderten Inhalt der Verweisungsnorm nicht durch eine bloße Verweisungsautomatik auf den jeweiligen Verweisungsobjektgeber übergehen, ohne dass der Verweisungsnormgeber dessen Willensbildung in irgendeiner Weise determiniere[1247]. Dazu komme im vorliegenden Fall noch

---

[1238] BVerfGE 67, S. 100 (133) – Flick; BVerfGE 76, S. 363 (387) – Lappas: „Die Verweisung in Art. 44 Abs. 2 Satz 1 GG bezieht sich nicht nur auf *befugnisbegründende*, sondern auch auf *befugnisbegrenzende* Regelungen"; Hervorhebung vom BVerfG.

[1239] BVerfGE 26, S. 338 (366).

[1240] BVerfGE 26, S. 338 (366 f.).

[1241] BVerfGE 26, S. 338 (367).

[1242] BVerfGE 47, S. 285 ff.

[1243] § 144 Abs. 3 Satz 1 Kostenordnung idF. d. § 57 Abs. 16 Nr. 1 Buchst. b des Beurkundungsgesetzes v. 28. 8. 1969 (BGBl. I S. 1513) m. W. v. 1. 1. 1970: „Ist am Ort der Amtshandlung durch Bundes- oder Landesrecht sachliche Gebührenbefreiung gewährt, so ermäßigen sich bei einem Notar, dem die Gebühren für seine Tätigkeit selbst zufließen, die in den §§ 36 bis 59, 71, 133, 145, 148 bestimmten Gebühren um achtzig vom Hundert; …".

[1244] BVerfGE 47, S. 285 (286 f.), wo die Regelung für insoweit nichtig erklärt wurde, als sie die Ermäßigung der notariellen Gebühren um mehr als 50 % vorschrieb.

[1245] BVerfGE 47, S. 285 (313).

[1246] BVerfGE 47, S. 285 (313).

[1247] BVerfGE 47, S. 285 (315 f.).

eine Besonderheit: Nicht nur die Identität der Normgeber von Verweisungsnorm und Verweisungsobjekt sei nicht gewahrt, sondern die jeweils geregelten Materien gehörten auch verschiedenen Rechtsbereichen an[1248]. Hier hätte eine dynamische Verweisung zur Folge, dass eine Regelung entstünde, ohne dass *irgendeine* gesetzgeberische Prüfung dieser Grundrechtsbeschränkung gewährleistet wäre[1249]. Infolge der Verweisungsautomatik entstünde insoweit ein „parlamentsloses Parlamentsgesetz": Als der Gesetzgeber für den Bereich der Verweisungsnorm eine Regelung schuf, konnte er den Umfang künftiger Regelungen für den anders gelagerten Bereich des Verweisungsobjektes nicht vorhersehen. Der Verweisungsobjektgeber seinerseits, der im Rahmen seiner Gesetzgebungskompetenz nur die Befreiung von gerichtlichen Gebühren zu regeln hatte, hätte sich auf die Gründe konzentrieren können, die für den Verzicht auf Gerichtsgebühren sprächen, die aber keineswegs ohne Weiteres auch für die Notargebühren zuträfen[1250]. Ein Verweisungsobjektgeber sei so verfahren; ein anderer Verweisungsobjektgeber habe die Auswirkungen auf die Verweisungsregelung zwar kurz erörtert, aber als unvermeidbare Folge der Verweisungsnorm angesehen[1251]. Derartige Auswirkungen einer dynamischen Verweisung seien zumindest bei grundrechtsrelevanten Regelungen, bei denen der Gesetzesvorbehalt eine eigenverantwortliche Prüfung durch den Gesetzgeber fordere, verfassungsrechtlich nicht tragbar[1252].

Nach Ansicht des OVG Hamburg[1253] entsprach eine dynamische Verweisung im Landesgesetz auf Bundesgesetz dem allgemeinen Gesetzesvorbehalt. Die hamburgerische Bürgerschaft mache sich nämlich den Inhalt des bundesrechtlichen Verweisungsobjektes zu eigen, weil der Rahmen der möglichen Veränderung abgesteckt sei. Ferner bestehe immer die Möglichkeit, die Verweisung aufzuheben. Ob man der dem Art. 80 Abs. 1 GG nachgebildeten landesrechtlichen Regelung entnehmen könne, dass Verweisungen dementsprechend Inhalt, Zweck und Ausmaß des Regelungsgehaltes erkennen lassen müssten, bedürfe keiner Entscheidung. Im konkreten Fall sei dies jedenfalls gegeben.

Ähnlich bewertete der Bayerische Verfassungsgerichtshof[1254] die Verweisung im bayerischen Kommunalabgabengesetz auf die Abgabenordnung als verfassungs-

---

[1248] BVerfGE 47, S. 285 (316).

[1249] BVerfGE 47, S. 285 (316); Hervorhebung vom BVerfG.

[1250] BVerfGE 47, S. 285 (316).

[1251] BVerfGE 47, S. 285 (316 f.).

[1252] BVerfGE 47, S. 285 (317).

[1253] OVG Hamburg, NJW 1980, S. 2830 (2831).

[1254] BayVerfGHE 42 (1989), S. 1 (8) = NVwZ 1989, S. 1053 = BayVBl. 1989, S. 267. Diese Entscheidung für die Zulässigkeit entsprechender Verweisungen übernehmend: *Ecker*, ThürVBl. 1993, S. 49 (51); *Lauenroth / Sauthoff*, in: Driehaus, KAG, § 12 Rn. 60.

In zwei späteren Entscheidungen (BayVerfGHE 46 [1993], S. 14 [16]; BayVBl. 1996, S. 141) zur Regelung von Erziehungsgeld nach Landesgesetz durch Verweisung auf Bun-

gemäß. Zwar könnten dynamisch-heteronome Verweisungen verfassungswidrig sein, wenn es sich um grundrechtsrelevante Regelungen handelte, bei denen der Gesetzesvorbehalt eine eigenverantwortliche Prüfung durch den zuständigen Gesetzgeber erfordere[1255]. Im konkreten Fall bestünden die Bedenken nicht, weil die Verweisung zu einem eng begrenzten und klar überschaubaren Regelungsbereich gehöre. Die grundrechtsrelevante Entscheidung habe der Landesgesetzgeber dem Grunde nach ausdrücklich selbst getroffen. Nur in Bezug auf Einzelheiten verweise er auf das Abgabenrecht des Bundes, das für den Bürger neben dem Landesrecht gelte. Die Verweisung diene der Gesetzesökonomie. Der Normadressat brauche hinsichtlich dieser Nebenverpflichtungen nicht bundes- und landesrechtliche Regelungen nebeneinander zu beachten[1256]. Der Gesetzgeber dürfe im Interesse einer einheitlichen Rechtsanwendung eine umgrenzte Rechtsmaterie durch dynamische Verweisung regeln. Diese sei so hinreichend überschaubar, dass der Inhalt der angefochtenen Regelung trotz der Verweisung demokratisch legitimiert im Willen des Landesgesetzgebers verankert sei[1257].

d) Abwägungslehre

Eine dynamische Verweisung beeinträchtigt nach Christoph Engel[1258] den Gesetzesvorbehalt bzw. die Wesentlichkeitstheorie. *Im Einzelfall* seien die konkurrierenden Verfassungsprinzipien gegeneinander abzuwägen[1259]. Diese Abwägungslehre wurde bereits im Rahmen der Erörterung des Bundesstaatsprinzips abgelehnt[1260].

e) Stellungnahme

Der ursprünglichen Lehre vom Vorbehalt des Gesetzes ging es ausschließlich um die (präventive) Beteiligung des parlamentarischen Gesetzgebers. Dementsprechend interessierte sie sich nicht weiter für die Frage, ob die rein formale und im Extremfall völlig inhaltlose Ermächtigung, die sie forderte, den Anforderungen eines demokratischen Rechtsstaates auf die Dauer gerecht werden könnte. Diese Haltung beherrschte folgerichtig die Verfassungslehre der Weimarer Zeit und

---

desgesetz wird auf die Entscheidung zum Kommunalabgabenrecht Bezug genommen und es werden deren wesentliche Aussagen wiederholt.

Ähnlich auch BayVGH, BayVBl. 2006, S. 639 f. Dabei erwähnte das Gericht den Gesetzesvorbehalt zwar nicht explizit, jedoch regelte die Verweisungsnorm die Erhebung einer Abgabe. In diesem Sinne auch BayVGH, NuR 1997, S. 601.

[1255] BayVerfGHE 42 (1989), S. 1 (9), unter Hinweis auf BVerfGE 47, S. 285 (316).

[1256] BayVerfGHE 42 (1989), S. 1 (9).

[1257] BayVerfGHE 42 (1989), S. 1 (10).

[1258] *Engel*, S. 44 f.

[1259] *Engel*, S. 50; Hervorhebung nicht im Original.

[1260] Siehe dazu oben im 2. Teil ab Fn. 529 auf S. 179.

innerhalb gewisser Grenzen (Art. 80 Abs. 1 Satz 2 GG) auch der ersten Jahre nach dem Inkrafttreten des Grundgesetzes[1261]. Daraus wird auch verständlich, warum im Grundgesetz keine ausdrücklichen Grenzen der Verweisung normiert wurden und – von wenigen Ausnahmen[1262] abgesehen – der Verweisung ursprünglich als „bloß formaler Gesetzgebungstechnik" keine verfassungsrechtliche Bedeutung[1263] zugemessen wurde. Einem rein formell interpretierten Gesetzesvorbehalt genügt eine dynamische Verweisung im Gesetz, unabhängig vom Rechtscharakter und Normgeber des Verweisungsobjektes. So ging Mitte der 1970er Jahre Johann-Friedrich Staats[1264] auch noch davon aus, dass der Grundsatz des Gesetzesvorbehaltes durch eine Verweisung in keinem Fall verletzt sei. Ein so begründetes Unwerturteil über die Verweisung würde auf einer unrichtigen Wertung des Verhältnisses zwischen Verweisungsnorm und Objekt beruhen. Es werde nämlich angenommen, dass beide Regelungen trotz der Verweisung getrennt stehen. Durch die Verweisung wird aber der Inhalt des Verweisungsobjektes Teil der Verweisungsnorm[1265] und erhält alle Rechtswirkungen von der Verweisungsnorm[1266].

Heute ist dagegen so gut wie allgemein anerkannt, dass der Gesetzesvorbehalt nicht nur vorschreibt, dass überhaupt eine gesetzliche Grundlage erforderlich ist (Reichweite des Gesetzesvorbehalts)[1267]. Außerdem verlangt der Vorbehalt des Gesetzes, dass das legitimierende Gesetz ausreichend *bestimmt* den Inhalt festlegt[1268]. Der notwendige Grad der inhaltlichen Begrenzung der dynamischen Verweisung ist nach der Wesentlichkeitstheorie zu ermitteln. Dabei spielt es eine Rolle, inwieweit für einen Bereich bereits verfassungsrechtliche Vorgaben bestehen, die den Spielraum für Änderungen begrenzen[1269]. Bei geringer Grundrechtsrelevanz ist ausreichend, wenn sich erst anhand der konkreten Änderung des Verweisungsobjektes sagen lässt, ob diese Änderung von der Verweisung umfasst ist[1270].

[1261] *Herzog*, in: Maunz/Dürig, GG, Art. 20 VI Rn. 81.

[1262] Unter der Geltung des Grundgesetzes betrachtet wohl zuerst im Jahre 1955 *Bullinger*, Unterermächtigung, S. 19 ff., die verfassungsrechtliche Zulässigkeit der Verweisung kritisch.

[1263] Vgl. BayVerfGHE 17 (1964), S. 61 (66); 27 (1974), S. 93 (96); 29 (1976), S. 173 (176): „nur ein technischer Behelf"; *Nickusch*, NJW 1967, S. 811: „Verweist eine staatliche Norm auf eine ebensolche im selben oder in einem anderen Gesetz, so ist dazu nicht viel zu sagen. Diese Art der Verweisung ist ein gesetzestechnisches Mittel, um umständliche Wiederholungen zu vermeiden. Verweist der Gesetzgeber aber auf Normen nichtstaatlicher Gremien, so begegnet dies verfassungsrechtlichen Bedenken".

[1264] *Staats*, in: Rödig, S. 244 (252).

[1265] *Staats*, in: Rödig, S. 244 (252). Diese Meinung gibt *ders.*, ZRP 1978, S. 59 ff., auf.

[1266] Dies führt nach *Staats*, in: Rödig, S. 244 (252), notwendig zur Überlegung, ob der Gesetzgeber einen in dieser Weise zwiespältig ausgedrückten Text beschließen, beurkunden und verkünden dürfte. Zur Gesetzesbeurkundung und Verkündung siehe bereits oben 2. Teil: C.I. Publikationsanforderungen an das Verweisungsobjekt (S. 112 ff.).

[1267] *Jarass*, in: ders./Pieroth, GG, Art. 20 Rn. 44; *Schnapp*, in v. Münch/Kunig, GG, Art. 20 Rn. 46.

[1268] *Jarass*, in: ders./Pieroth, GG, Art. 20 Rn. 44; Hervorhebung von *Jarass*.

Bei höherer Grundrechtsrelevanz muss der Inhalt des Verweisungsobjektes bereits aufgrund der Verweisungsnorm bestimmbar sein[1271]. Die Verweisungsnorm muss hinreichend konkrete Aussagen dahingehend treffen, welche potenziellen Änderungen des Verweisungsobjektes von der Verweisung mit umfasst sein sollen und welche nicht[1272]. In Bezug auf die speziellen, strafrechtlichen Gesetzesvorbehalte der Art. 103 Abs. 2 und Art. 104 Abs. 1 GG wurde dies bereits herausgearbeitet[1273]. Danach muss sich eine dynamisch-heteronome Verweisung auf die Spezifizierung des Straftatbestandes beschränken.

Allgemein entsprechen dynamisch-heteronome Verweisungen dem Gesetzesvorbehalt, wenn der Verweisungsnormgeber einen inhaltlichen Rahmen für die Verweisungsobjekte vorgegeben hat und mit diesem Rahmen die wesentlichen Entscheidungen getroffen wurden. Ebenso genügt eine Verweisung auf bindendes Gemeinschaftsrecht zur Umsetzung desselben dem allgemeinen Gesetzesvorbehalt[1274]. Andernfalls ist die Verweisung verfassungswidrig.

Einen verbindlichen Rahmen kann der Verweisungsnormgeber dann vorgeben, wenn er den Verweisungsobjektgeber ermächtigt. Allerdings ist nicht in jeder Ermächtigung zugleich schon eine ausreichende Rahmensetzung zu sehen[1275]. Für den Bereich der Verweisungsnorm kann nämlich eine engere Rahmensetzung als für das Verweisungsobjekt erforderlich sein, insbesondere wenn die Verweisungsnorm intensiver in Grundrechte eingreift als die aufgrund der Ermächtigung erlassenen Normen. Gehören aber die durch Verweisungsnorm und Objekt jeweils geregelten Materien vergleichbaren Rechtsbereichen an[1276], dann ist mit der Verweisung im Gesetz auf Rechtsverordnungen, zu denen der Verweisungsgesetzgeber ermächtigt hat, dem Gesetzesvorbehalt genügt.

Ein inhaltlicher Rahmen kann sich auch aus der Auslegung der Verweisungsnorm in Verbindung mit dem ursprünglichen Verweisungsobjekt ergeben. Steht der Inhalt des Verweisungsobjektes im Wesentlichen fest, dann hat auch nach Ansicht

---

[1269] So auch: *Manssen*, S. 258; *Clemens*, AöR 111 (1986), S. 63 (111), für das Verfahrensrecht.

[1270] In diesem Sinne auch *Manssen*, S. 258.

[1271] In diesem Sinne auch *Manssen*, S. 258. Später fordert *ders.*, BauR 1991, S. 697 (703), in allen Fällen, dass der mögliche Inhalt des Verweisungsobjektes auf der Grundlage der Verweisungsnorm bestimmbar sein müsse.

[1272] So auch *Manssen*, S. 256.

[1273] Siehe dazu oben im 2. Teil: H.VI. Besondere Gesetzesvorbehalte bei Straf- und Bußgeldnormen (S. 262 ff.).

[1274] Vgl. ausführlich zum speziellen Gesetzesvorbehalt: H.V. Art. 80 GG und Verweisungen in Ermächtigungen zur Durchführung von EG-Recht (S. 243 ff.).

[1275] Vgl. dazu bereits oben 2. Teil: D.III. Stellungnahme (S. 165 ff.), wonach aus einer Ermächtigung allein nicht auf die Zulässigkeit einer Verweisung geschlossen werden kann.

[1276] Vgl. dazu die Begründung der Unzulässigkeit bei verschiedenen Rechtsbereichen in BVerfGE 47, S. 285 (316).

des Bundesverfassungsgerichts[1277] der Verweisungsnormgeber die wesentlichen Entscheidungen selbst getroffen und sie nicht „außenstehenden" Stellen überlassen. In eine ähnliche Richtung deuten Äußerungen von Winfried Brugger, wonach dann, wenn auf ein „strukturiertes Regelungsfeld" verwiesen werde, von einer ausreichenden Eigenentscheidung des Verweisungsnormgebers ausgegangen werde, hingegen nicht, wenn dem „bezogenen Normautor eine Regelungskompetenz im Sinne von ‚was immer dieser beschließen mag' eingeräumt wird"[1278].

Allerdings steht bei einer dynamischen Verweisung das Verweisungsobjekt nicht „im Wesentlichen fest" und auch das „strukturierte Regelungsfeld" kann sich ändern. Dennoch darf die Bedeutung der Aussagen des Bundesverfassungsgerichts und von Brugger nicht unterschätzt werden. Zwar kann die Einhaltung dieses Kriteriums nicht mit absoluter Sicherheit eine Änderung des ursprünglichen Verweisungsobjektes verhindern, deren Übernahme gegen den Gesetzesvorbehalt verstoßen würde. Jedoch ist in solchen Fällen die Wahrscheinlichkeit einer erheblichen Veränderung des Verweisungsobjektes geringer[1279]. Vor allem lässt sich aus dem „im Wesentlichen feststehenden Verweisungsobjekt" entnehmen, ob und welche Vorstellungen der Verweisungsgesetzgeber vom Inhalt der Verweisung hatte. Ist ein Normbereich „strukturiert" gewesen, so geben diese Strukturen auch einen Hinweis auf den Geltungsbereich der Verweisung[1280]. Damit hat dann der verweisende Gesetzgeber die wesentlichen Entscheidungen selbst getroffen.

Bedenken könnten sich daraus ergeben, dass in der Praxis nur schwer auszumachen sein wird, wann eine inhaltlich weitgehend änderungsfeste Regelung vorliegt und wann nicht[1281]. Weiter besteht die Gefahr, dass die Ausgestaltung eines Verweisungsobjektes als wenig änderungsanfällig eingeschätzt wird, der Verweisungsobjektgeber sich später aber zu einer grundlegenden Umgestaltung seines Normengebildes, wie beispielsweise bei der im Januar 2002 in Kraft getreten Schuldrechtsmodernisierung, entscheidet[1282]. So weist Heinz-Joachim Pabst[1283] zutreffend darauf hin, dass die dynamische Verweisung in den Landesverwaltungsverfahrensgesetzen zur ergänzenden Regelung des Verwaltungsvertrages auf das Bürgerliche Gesetzbuch vor der Schuldrechtsreform verfassungsrechtlich unbedenklich war, weil die Regelungen damals sich durch Beständigkeit

---

[1277] BVerfGE 26, S. 338 (366 f.); 64, S. 208 (215).

[1278] *Manssen*, S. 257, unter Hinweis auf *Brugger*, VerwArch. 78 (1987), S. 1 (25).

[1279] In diesem Sinne auch *Manssen*, S. 257.

[1280] Ähnlich auch *Manssen*, S. 257.

[1281] Vgl. *Guckelberger*, ZG 2004, S. 62 (79).

[1282] *Guckelberger*, ZG 2004, S. 62 (79). In diese Richtung auch *Sommermann*, in: v. Mangoldt/Friedrich Klein/Starck, GG, Art. 20 Rn. 290: Ein Verstoß gegen den Gesetzesvorbehalt kann ferner dann vorliegen, wenn die wesentliche Grundregelung zwar im Gesetz des Verweisungsgesetzgebers getroffen wird, diese aber durch den anderen Verweisungsobjektgeber in ihrer Bedeutung und Tragweite verändert werden kann.

[1283] *Pabst*, NVwZ 2005, S. 1034 (1036).

auszeichneten. Durch die Reform wurde diese Bewertung zweifelhaft. In letzter Konsequenz könnte natürlich auch behauptet werden, allein die Möglichkeit, dass ein Verweisungsobjekt eine derartige Umwälzung erfährt, dass eine zulässige dynamische Verweisung in eine unzulässige umschlägt, zeige, dass die frühere dynamische Verweisung bereits den Keim der Verfassungswidrigkeit in sich getragen habe und die Verweisung deswegen stets verfassungswidrig gewesen sei. Dieser Ansatz ist jedoch überzogen. Reformvorhaben wie die Schuldrechtsreform haben in ihrem Umfang und auch in der Art ihrer Umsetzung einen solchen Ausnahmecharakter, dass dies die grundsätzliche Vereinbarkeit der dynamischen Verweisungen bei im Wesentlichen feststehenden Verweisungsobjekten nicht beeinträchtigt[1284]. Lediglich die Übernahme der grundlegenden Veränderung würde gegen den Gesetzesvorbehalt verstoßen.

VIII. Überprüfung am Parlamentsvorbehalt

Dem Parlamentsvorbehalt kann durch eine Verweisung selbstverständlich nur genügt werden, wenn die verweisende Regelung vom Parlament erlassen wurde.

1. Statische Verweisungen

Wenn statische Verweisungen im bereits dargelegten Sinne hinreichend publiziert, bestimmt und klar sind, bestehen nach ganz herrschender Meinung[1285] keine verfassungsrechtlichen Bedenken. Bei einer statischen Verweisung in einer parlamentarischen Regelung werde nämlich der konkrete Inhalt des Verweisungsobjekts Bestandteil der verweisenden parlamentarischen Regelung, so dass die Regelung genauso durch eine statische Verweisung getroffen werde, wie wenn der Inhalt des Verweisungsobjektes direkt in die Verweisungsnorm aufgenommen worden wäre.

Dem kann für den Bereich des Parlamentsvorbehalts nur eingeschränkt zugestimmt werden. Diese Ansicht berücksichtigt nämlich die verfahrensrechtliche Bedeutung des Parlamentsvorbehalts nicht[1286]. Dem Parlamentsvorbehalt ist daher nur genügt, wenn die Verweisungsobjekte in die Parlamentsvorlage aufgenommen werden.

[1284] In diesem Sinne auch *Pabst*, NVwZ 2005, S. 1034 (1036).

[1285] Umfangreiche Nachweise für diese Ansicht in Fn. 474 auf S. 170.

[1286] Vgl. dazu oben im 2. Teil: C.II.4. Verfahrensvorschriften und Parlamentsvorbehalt (S. 132 ff.).

2. Dynamisch-autonome Verweisungen

Nach ganz überwiegender Ansicht[1287] bestehen keine verfassungsrechtlichen Bedenken gegen dynamisch-autonome Verweisungen, wenn diese im bereits dargelegten Sinne hinreichend publiziert, bestimmt und klar sind.

Dem kann für den Bereich des Parlamentsvorbehalts nur eingeschränkt zugestimmt werden. Diese Ansicht berücksichtigt nämlich die verfahrensrechtliche Bedeutung des Parlamentsvorbehalts nicht[1288]. Daher ist im Bereich eines Parlamentsvorbehalts eine Übernahme der Änderung des Verweisungsobjektes nur zulässig, wenn bei der parlamentarischen Debatte auch die Auswirkungen auf die Verweisungsregelung berücksichtigt wurden.

3. Dynamisch-heteronome Verweisungen

Den Kern des Parlamentsvorbehaltes bilden das Delegationsverbot und das Gebot verstärkter Regelungsdichte. Sie sollen bewirken, dass dem parlamentarischen Gesetzgeber jeder Ausweg versperrt wird, der ihm verfassungsrechtlich zukommenden Gesetzgebungsaufgabe auszuweichen, sei es durch offene, sei es durch verdeckte Delegation in Gestalt von Generalklauseln und unbestimmten Rechtsbegriffen[1289]. Soweit der Parlamentsvorbehalt reicht, ist es ausgeschlossen, dass die Entscheidung *inhaltlich* von einer anderen als der jeweils zuständigen Normsetzungsinstanz getroffen wird[1290]. Unter dem Gesichtspunkt des Parlamentsvorbehalts, den der jeweilige parlamentarische Gesetzgeber auch nicht durch Verweisung auf einen andere parlamentarischen Gesetzgeber umgehen kann, darf sich die dynamische Verweisung nicht auf wesentliche Fragen beziehen[1291]. Soweit der Parlamentsvorbehalt reicht, ist damit jede dynamisch-heteronome Verweisung ausgeschlossen.

I. Grenzen des EG-Rechts

Bei der Verweisung auf EG-Recht liegt kein Verstoß gegen das europarechtliche Prinzip der begrenzten Einzelermächtigung vor, denn durch die Verweisung

---

[1287] Umfangreiche Nachweise für diese Ansicht in Fn. 473 auf S. 170. Häufig wird nur die verfassungsrechtliche Bedenklichkeit der dynamisch-heteronomen Verweisung betont und dabei implizit von der Zulässigkeit der autonomen Verweisung ausgegangen.

[1288] Vgl. dazu oben im 2. Teil: C.II.4. Verfahrensvorschriften und Parlamentsvorbehalt (S. 132 f.).

[1289] *Ossenbühl*, in: HStR III, § 62 Rn. 42.

[1290] *Denninger*, Normsetzung, Rn. 159; Hervorhebung von *Denninger*.

[1291] In diesem Sinne auch *Sommermann*, in: v. Mangoldt/Friedrich Klein/Starck, GG, Art. 20 Rn. 290.

wird die Gemeinschaft nicht tätig und handelt somit auch nicht außerhalb der ihr zugestandenen Kompetenzen[1292]. Unterschiedliche Grenzen statuiert das Gemeinschaftsrecht beim Bezug zu EG-Verordnungen (I) und EG-Richtlinien (II).

I. Bezug zu EG-Verordnungen

Die Verordnungen der Europäischen Gemeinschaft gelten gem. Art. 249 Abs. 2 EGV unmittelbar, das heißt sie bedürfen keiner innerstaatlichen Umsetzungsakte oder besonderen Bekanntgabe[1293]. Diese unmittelbare Geltung der EG-Verordnung darf nicht beeinträchtigt werden[1294]. Daher ist die Wiedergabe der unmittelbar geltenden Bestimmungen in nationalen Normen unzulässig[1295]; denn es darf keine Unklarheit über den Urheber und den Geltungsrang dieser Bestimmungen entstehen[1296]. EG-Verordnungen statuieren damit grundsätzlich eine *Ausführungssperre*[1297]. Die Ausführungssperre greift nicht ein, wenn bei einer ergänzungsbedürftigen Verordnung die nationalen Vorschriften aus Gründen des inneren Zusammenhangs und zum Zweck der besseren Verständlichkeit für die Adressaten bestimmte Punkte wiederholen[1298].

Bei Beachtung dieser Ausführungssperre sind die Verweisungen auf EG-Verordnungen gemeinschaftsrechtlich unproblematisch[1299].

II. Bezug zu EG-Richtlinien

Ende der 60er Jahre des letzten Jahrhunderts hob Gerhard Rambow[1300] noch Bedenken hervor, dass nationale Verweisungen auf EG-Richtlinien zur Verwischung

---

[1292] In diesem Sinne auch: *Ehricke/Blask*, JZ 2003, S. 722 (729).

[1293] *BMJ*, Rechtsförmlichkeit, Rn. 291; ähnlich: *Böse*, S. 437.

[1294] EuGH, Slg. XIX (1973), S. 981 (990, Rn. 10 f.) – „Abladesteuer"; Schlussanträge des Generalanwalts *Mayras*, in: EuGH, Slg. XIX (1973), S. 981 (997) – „Abladesteuer"; Gegenäußerung der Bundesregierung zur Stellungnahme des Bundesrates, Anlage 3 zum Entwurf eines Dritten Gesetzes zur Änderung des Weingesetzes, BT-Drucks. 8/3829, S. 46 (Zu 32.a]); *Krey*, in: EWR 2/81, S. 109 (118); *Jarass/Beljn*, NVwZ 2004, S. 1 (7), m.w.N.

[1295] *BMJ*, Rechtsförmlichkeit, Rn. 291; ähnlich: *Böse*, S. 437; *Jarass/Beljn*, NVwZ 2004, S. 1 (7), m.w.N.

[1296] *BMJ*, Rechtsförmlichkeit, Rn. 291; ähnlich: *Böse*, S. 437; *Kadelbach*, S. 231.

[1297] *Jarass/Beljn*, NVwZ 2004, S. 1 (7); Hervorhebung von *Jarass/Beljn*.

[1298] EuGH, Slg. 1985, S. 1057 (S. 1074, Rn. 27); *Jarass/Beljn*, NVwZ 2004, S. 1 (7); *Ruffert*, in: Calliess/Ruffert, EGV, Art. 249 Rn. 42.

[1299] Vgl. bspw. EuGH, Slg. 2000 I, S. 577 (S. 617, Rn. 45), wo Verweisungen im griechischen Recht auf EG-Verordnungen und innerstaatliches Recht unbeanstandet blieben: Es „ist davon auszugehen, daß ein Mitgliedstaat es als zweckmäßig ansehen kann, sich … auf die Verordnung Nr. 1224/80 zu stützen, und daß die bloße Verweisung auf diese Verordnung … als solche nicht gegen den Vertrag verstößt".

der Unterschiede zwischen den Richtlinien und den Gemeinschaftsnormen mit unmittelbarer Wirkung beitrügen. Bei einer Verweisung auf zukünftige Richtlinien wären die Bedenken besonders stark, da der innerstaatliche Normgeber den Richtlinien dann trotz der nach dem Vertrage bestehenden beschränkten Rechtswirkung mittelbar eine unmittelbare Wirkung beilegen würde. Innerstaatliche Normen sollten deshalb schon aus diesen rechtspolitischen Gründen nur in Ausnahmefällen auf Richtlinien verweisen[1301]. Dagegen besteht heute Einigkeit, dass der nationale Gesetzgeber auch auf Normen und Begriffe des EG-Rechts zur Durchführung einer Richtlinie verweisen kann[1302].

Umstritten ist aber, inwieweit die Umsetzung einer Richtlinie durch die Verweisung auf das EG-Recht erfolgen kann. Bei der Umsetzung ist den innerstaatlichen Stellen die Wahl der Form und der Mittel überlassen (Art. 249 Abs. 3 EGV).

Die Umsetzung mittels Verweisung setzt zunächst die verfassungsrechtliche Zulässigkeit der Verweisung voraus, weil bei einer verfassungsrechtlich unzulässigen Durchführungsmaßnahme keine effektive Verwirklichung des Richtlinienrechts vorliegt[1303].

Die Umsetzung einer Richtlinie in innerstaatliches Recht verlangt nicht notwendig, dass ihre Bestimmungen förmlich und wörtlich in einer ausdrücklichen, besonderen Gesetzesvorschrift wiedergegeben werden[1304]. Je nach dem Inhalt der Richtlinie kann ein rechtlicher Rahmen genügen, wenn er tatsächlich die vollständige Anwendung der Richtlinie in so klarer und bestimmter Weise gewährleistet, dass – soweit die Richtlinie Ansprüche des Einzelnen begründen soll – die Begünstigten in der Lage sind, von allen ihren Rechten Kenntnis zu erlangen und diese gegebenenfalls vor den nationalen Gerichten geltend zu machen[1305].

[1300] *Rambow*, DVBl. 1968, S. 445 (446).

[1301] *Rambow*, DVBl. 1968, S. 445 (446).

[1302] Statt vieler *Lausch*, S. 188.

[1303] In diesem Sinne auch: *Gellermann*, S. 55; *ders. / Szczekalla*, NuR 1993, S. 54 (57); *Guckelberger*, ZG 2004, S. 62 (84).

[1304] EuGH, Slg. 1997 I, S. 1653 (Ls. 2; Rn. 35 f.); in diesem Sinne auch: EuGH, Slg. 1995 I, S. 499 (S. 507, Rn. 9); Slg. 1991 I, S. 4983 (S. 5023 Rn. 13); Slg. 1987, S. 1733 (S. 1742 Rn. 7); Slg. 1985, S. 1661 (1673, Rn. 23); *Breier*, RIW 1994, S. 584 (589); *Hailbronner*, RIW 1992, S. 553 (559 f.); *Jarass / Beljn*, NVwZ 2004, S. 1 (7); *Kadelbach*, S. 144; *Klindt*, DVBl. 1998, S. 373 (379); *Knopp*, in: Sieder / Zeitler / Dahme / Knopp, WHG, § 6a Rn. 4; *Nettesheim*, in: Grabitz / Hilf, EGV, Art. 249 Rn. 140.

[1305] EuGH, Slg., 1997 I, S. 1653 (Ls. 2); *Guckelberger*, ZG 2004, S. 62 (86); *Klindt*, DVBl. 1998, S. 373 (379); in diesem Sinne auch: EuGH, Slg. 2002 I, S. 3129 (S. 3177 Rn. 28); EuGH, Slg. 1995 I, S. 499 (S. 499 f. Leitzsatz und S. 507 Rn. 9); Slg. 1991 I, S. 4983 (S. 5023 Rn. 13); Slg. 1987, S. 1733 (S. 1742 Rn. 7); Slg. 1985, S. 1661 (S. 1673 Rn. 23); *Breier*, RIW 1994, S. 584 (589); *Hailbronner*, RIW 1992, S. 553 (560); *S. Huber*, BayVBl. 1998, S. 584 (587 f.); *Kadelbach*, S. 144; *Knopp*, in: Sieder / Zeitler / Dahme / Knopp, WHG, § 6a Rn. 4; *Nettesheim*, in: Grabitz / Hilf, EGV, Art. 249 Rn. 140.

Eine dynamische Verweisung nationaler Rechtsakte auf Richtlinien kommt als Richtlinienumsetzung in Betracht, wenn sie den beschriebenen Anforderungen an die Verbindlichkeit, den Rang und die Klarheit der nationalen Umsetzungsvorschriften gerecht wird[1306]. „Eine bloße allgemeine Verweisung der Rechtsvorschriften eines Mitgliedstaats auf das Gemeinschaftsrecht stellt dabei keine Umsetzung dar, welche die vollständige Anwendung von Richtlinien, die darauf abzielen, den Angehörigen anderer Mitgliedstaaten Rechte zu verleihen, tatsächlich in hinreichend klarer und bestimmter Weise gewährleistet"[1307]. Dennoch steht aus gemeinschaftsrechtlicher Sicht bei einer dynamischen Verweisung auf eine EG-Richtlinie nicht die Verweisungstechnik, sondern der Umsetzungserfolg im Mittelpunkt der Aufmerksamkeit[1308]. Dementsprechend kann nur im Einzelfall überprüft werden, ob eine Richtlinie mittels einer Verweisung ausreichend umgesetzt wurde.

1. Publizitätsgebot

Wenn bei der Umsetzung Rechte und Pflichten Einzelner begründet werden müssen, ist das strenge Publizitätsgebot zu beachten[1309]. Dabei hat der EuGH die strengen Anforderungen an die Publizität der Umsetzung an die innerstaatlichen Normen und nicht an die Richtlinien geknüpft[1310].

Bei einer Verweisung im nationalen Recht auf EG-Recht ergeben sich die Wirkungen auf die Rechtsstellung der Marktbürger zwar aus der innerstaatlichen Norm. Ihre Inhaltsfeststellung bedarf – durch die Kenntnisnahme von dem Verweisungsobjekt im Amtsblatt der Europäischen Gemeinschaften oder der Europäischen Union – aber eines größeren Aufwands als bei Verzicht auf die Verweisung[1311]. Dementsprechend erscheint es für die korrekte Umsetzung sicherer, den Richtlinientext erneut im Anhang der innerstaatlichen Norm abzudrucken[1312]. Allerdings besteht keine allgemeine Pflicht zum erneuten Abdruck[1313], weil die Erkennbar-

---

[1306] *Schroeder*, in: Streinz, EGV, Art. 249 Rn. 94; Hervorhebung weggelassen.

[1307] EuGH, Slg. 1997 I, S. 1653 (Ls. 2); zust. wörtlich wiedergegeben bei *Guckelberger*, ZG 2004, S. 62 (87); in diesem Sinne auch: *Hetmeier*, in: Lenz/Borchardt, EGV, Art. 249 Rn. 10; *Jarass/Beljn*, NVwZ 2004, S. 1 (8); *Klindt*, DVBl. 1998, S. 373 (380); *Ruffert*, in: Calliess/Ruffert, EGV, Art. 249 Rn. 55; *Schroeder*, in: Streinz, EGV, Art. 249 Rn. 94.

[1308] In diesem Sinne auch: *Klindt*, DVBl. 1998, S. 373 (379).

[1309] *Gellermann*, S. 55; *T. Schulte*, S. 182.

[1310] *Gellermann*, S. 55; *T. Schulte*, S. 182.

[1311] *Gellermann*, S. 55; *T. Schulte*, S. 182.

[1312] In diesem Sinne: *Gellermann*, S. 55 f.; *T. Schulte*, S. 105, 182, 195.

[1313] In Ergebnis ebenso: *Ruffert*, in: Calliess/Ruffert, EGV, Art. 249 Rn. 55; *A. Weber*, S. 15.

Häufig wird darüber einfach hinweggegangen, so dass davon auszugehen ist, dass überwiegend darin kein Problem gesehen wird.

keit bei einer klaren Verweisung ohne Abdruck nur unerheblich gegenüber einer Verweisung mit erneutem Abdruck leidet.

Wenn schon kein erneuter Abdruck erforderlich ist, so fordert eine Ansicht[1314], dass aus dem Text der nationalen Rechtsvorschrift Fundstelle und Richtlinienfassung abzulesen ist. Konsequenz dieser Betrachtung ist, dass eine hinreichend klare Umsetzung bei einer dynamischen Verweisung auf eine EG-Richtlinie nicht möglich ist.

Ähnlich wie bei den Publikationsanforderungen im nationalen Recht, ist diese Frage aber nicht formell-, sondern materiellrechtlicher Natur[1315]. Außerdem leidet die Erkennbarkeit zumeist nur unerheblich. Durch allgemein zugängliche Datenbanken können die Normen meistens mit zumutbarem Aufwand gefunden werden. Bei einer Verweisung auf EG-Recht ohne Fundstellenangabe ist damit das Gebot klarer Richtlinienumsetzung nicht verletzt[1316], außer das Auffinden der bezogenen Normen bereitet einen unzumutbaren Aufwand.

2. Erkennbarkeit trotz Wahlmöglichkeiten

Mit der überwiegenden Anzahl der Autoren[1317] ist davon auszugehen, dass eine dynamische Verweisung im deutschen Recht auf Richtlinien deren Umsetzung

---

[1314] *Himmelmann*, DÖV 1996, S. 145 (146). In diesem Sinne auch: *Breier*, RIW 1994, S. 584 (589): „höchst problematisch"; *Ruffert*, in: Calliess / Ruffert, EGV, Art. 249 Rn. 55: „es reicht ein Verweis auf die genaue Stelle im ABl. EG. Zwar ist die Unterscheidung zwischen statischen und dynamischen Verweisungen für das Gemeinschaftsrecht grundsätzlich nicht von Belang, doch stößt die dynamische Verweisung in der gegenwärtigen Rechtsetzungspraxis an Grenzen, weil es eine Richtlinie ‚in der jeweils geltenden Fassung' nicht gibt, sondern nur einzelne Änderungsrichtlinien." Wohl auch *Schroeder*, in: Streinz, EGV, Art. 249 Rn. 94: „genau bezeichnete Richtlinie", wenn diese den Betroffenen Rechte verleihen.
Mit dieser Argumentationslinie wurde teils begründet, dass § 24 Abs. 2 FlHG in den zum Zeitpunkt der Entscheidungen relevanten Fassungen keine Umsetzung in nationales Recht gewesen sei. So bei: VG Regensburg, Az Rn 15 K 95.2039 – 2046 zit. nach *S. Huber*, BayVBl. 1998, S. 584 (585), der auf S. 587 f. sich der Argumentation anschließt. Vgl. auch OVG TH, ThürVBl. 1998, S. 39 (40 f.), wo eine ordnungsgemäße Umsetzung verneint wurde, weil § 24 Abs. 2 Satz 2 FlHG idF. v. 18. 12. 1993 (BGBl. I S. 2022 [2029]) eine statische Verweisung gewesen sei.

[1315] Vgl. dazu oben im 2. Teil: C.I.2.e)dd) Erfordernis einer Fundstellenangabe (S. 127 f.).

[1316] Im Ergebnis ebenso *Klindt*, DVBl. 1998, S. 373 (379). In diesem Sinne auch *Schmidt am Busch*, DÖV 1999, S. 581, die schreibt, dass eine pauschale Verweisung auf die umzusetzende Richtlinie bislang für ausreichend gehalten werde.

[1317] In diesem Sinne: *BMJ*, Rechtsförmlichkeit, Rn. 298; *Breuer*, WiVerw. 1990, S. 79 (99); *Gellermann / Szczekalla*, NuR 1993, S. 54 (57); *Hailbronner*, RIW 1992, S. 553 (562); *Hilf*, EuR 1993, S. 1 (13); *Klindt*, DVBl. 1998, S. 373 (379); *Schroeder*, in: Streinz, EGV, Art. 249 Rn. 94.

dann sichert, wenn die Richtlinie eine nicht ausfüllungsbedürftige Vollregelung enthält. Mögliche Anwendungsfelder bieten die umwelt- und technikrechtlichen Richtlinien der Gemeinschaft, die vielfach zwingende Gebote und unbedingt einzuhaltende Grenzwerte vorgeben[1318].

Lässt die EG-Richtlinie dagegen größere Umsetzungsspielräume, die zur Anwendung weiterer Konkretisierung durch die Mitgliedstaaten bedürfen, so gewährleistet die Verweisung auf die Richtlinie allein keine hinreichende Erkennbarkeit. Weitergehend hält Annette Guckelberger[1319] dynamische Verweisungen für unzulässig, wenn die in der Richtlinie enthaltenen Rechte nicht hinreichend bestimmt und unbedingt sind, weil zum Beispiel die Person des Verpflichteten nicht feststeht. Daher seien Verweisungen zur Umsetzung von Richtlinien ungeeignet, wenn sie für die Bürger Rechte und Pflichten begründen.

In dieser Allgemeinheit ist diese Aussage aber nicht haltbar. Denn in der Verweisungsnorm kann beispielsweise auch angegeben sein, dass sich Ansprüche des Bürgers immer gegen die Bundesrepublik Deutschland richten, und dann kann die Erkennbarkeit gewährleistet sein. Ebenso wie nach deutschem Verfassungsrecht[1320] hat der Verweisungsnormgeber einen solche EG-Rechtsakt mit Umsetzungsspielraum selbst zu konkretisieren.

Zweifel an einer hinreichenden Umsetzung einer EG-Richtlinie mittels dynamischer (Pauschal-)Verweisung bei *Schröder*, in: FS Feldhaus, S. 299 (308 f.), der aber im konkreten Fall den Umsetzungserfolg für möglich hält, weil nur eine Bindung der Verwaltung erforderlich sei und keinem Bürger Rechte eingeräumt werden sollten.

Vgl. auch *S. Huber*, BayVBl. 1998, S. 584 (587 f.), der eine „antizipierte Überleitung" von Gemeinschaftsrecht in nationales Recht lediglich durch eine Öffnungsklausel im nationalen Recht (dynamische Verweisung) ohne ausdrückliche neuerliche Kundgabe des Willens nicht zulassen will. Vor allem sei § 24 Abs. 2 FlHG keine ausreichende Umsetzung.

[1318] *Gellermann/Szczekalla*, NuR 1993, S. 54 (57); *Klindt*, DVBl. 1998, S. 373 (379).

[1319] *Guckelberger*, ZG 2004, S. 62 (87).

[1320] Siehe dazu bereits oben im 2. Teil: H.V.2.e) Zweck des Art. 80 GG (S. 257 ff.).

3. Teil

Folgen mangelhafter Bezugnahme

Überschreitet eine Verweisung die im 2. Teil herausgearbeiteten Grenzen, dann wirft dies die Fragen nach den daraus erwachsenden Folgen auf. Lässt eine Norm mehrere Auslegungen zu, die teils zu einem verfassungswidrigen, teils zu einem verfassungsgemäßen Ergebnis führen, so ist die Norm verfassungsgemäß und muss verfassungskonform ausgelegt werden[1] (dazu A.). Damit vergleichbar ist die gemeinschaftsrechtskonforme Auslegung (D.II.). Bei Verstoß gegen EG-Recht besteht ein Anwendungsvorrang (D.I.). Im Übrigen kommt eine (Teil-)Nichtigkeit (B.) in Betracht. Die Teilnichtigkeit ist von der verfassungskonformen Auslegung abzugrenzen (C.).

Nach den allgemeinen Ausführungen werden die Folgen der einzelnen Mängel bei bezugnehmenden Normen (E.) untersucht.

A. Grenzen der verfassungskonformen Auslegung

Unstreitige Grenze jeder verfassungskonformen Auslegung ist, dass das Gesetz auch bei dieser Auslegung *sinnvoll bleibt*[2]. Dabei erklärt das Bundesverfassungsgericht[3] es für unerheblich, ob die verfassungs*widrige* Auslegung dem Willen des Gesetzgebers besser entspräche als die verfassungs*konforme* Auslegung[4]. „Hier kommt es nur darauf an, daß von der Absicht des Gesetzgebers das Maximum dessen aufrechterhalten wird, was nach der Verfassung aufrechterhalten werden kann"[5]. Im Übrigen sind die Grenzen lebhaft umstritten[6]. Dabei werden einzelne Kriterien unterschiedlich zusammen oder auch allein als Grenze angesehen.

---

[1] BVerfGE 19, S. 1 (5); 30, S. 129 (148); 64, S. 229 (242); 69, S. 1 (55); 88, S. 203 (331); *Leibholz / Rinck / Hesselberger*, GG, Einf., Rn. 13; *Schlaich / Korioth*, Rn. 442; *Simon*, EuGRZ 1974, S. 85 (86).

[2] BVerfGE 101, S. 312 (329), dort als st. Rspr. bezeichnet; BVerfGE 88, S. 203 (331); 48, S. 40 (45); 9, S. 194 (200); BVerwG, JZ 2001, S. 761 (763); *Spanner*, AöR 91 (1966), S. 503 (510); Hervorhebung verändert.

[3] BVerfGE 9, S. 194 (200); 49, S. 148 (157); 59, S. 360 (387); 69, S. 1 (55).

[4] *Bettermann*, S. 23; Hervorhebung von *Bettermann*.

[5] BVerfGE 33, S. 52 (70); in diesem Sinne auch: BVerfGE 101, S. 312 (330); 49, S. 148 (157); 48, S. 40 (45 f.); 8, S. 28 (34); *Bettermann*, S. 22.

I. Wortlaut

Nach einer Ansicht[7] findet die (verfassungskonforme) Auslegung ihre Grenze am Wortlaut des Normtextes. Häufig wird auch formuliert, dass der „eindeutige"[8] oder „klare"[9] Wortlaut zu beachten sei. Diese Grenze ist überschritten, wenn die Auslegung auf eine Textkorrektur – und nicht bloß auf eine restriktive oder extensive Interpretation der bestehenden Norm – hinausläuft[10].

II. Wille des Gesetzgebers

Teils[11] wird auch der Wille des Gesetzgebers als Grenze der verfassungskonformen Auslegung angenommen. Dieser Wille dürfe nicht durch verfassungskonforme Auslegung verfälscht werden.

In diese Richtungen weisen auch Formulierungen, die das gesetzgeberische Ziel[12] oder die gesetzgeberischen Freiheiten[13] als Grenze betonen.

Kritisch dazu: *Spanner*, AöR 91 (1966), S. 503 (519 f.); *Larenz*, S. 340 f.: In Wahrheit handelt es sich hier nicht mehr um eine Auslegung, sondern um eine teleologische Reduktion, also um eine verfassungskonforme Rechtsfortbildung.

[6] So auch die Einschätzung von *Lüdemann*, JuS 2004, S. 27 (29).

[7] In diesem Sinne: *Brand*, S. 266; *Geis*, NVwZ 1992, S. 1025 (1027), m. w. N. in Fn. 25; *Koch / Rüßmann*, S. 268, wonach in diesen Fällen eventuell eine Rechtsfortbildung zulässig sei; *Lickteig*, S. 31; *Friedrich Müller / Christensen*, Rn. 101; *Zippelius*, S. 47; *Rieger*, NVwZ 2003, S. 17 (20).

Gamber, VBlBW 1983, S. 197 (198), und *Larenz*, S. 322 und 343: Eine (einschränkende) Auslegung die sich nicht mehr im Rahmen des *möglichen* Wortsinns hält, ist aber nicht mehr Auslegung, sondern Gesetzeskorrektur; Hervorhebung von *Larenz*.

[8] In diesem Sinne: BVerfGE 63, S. 131 (147 f.); BVerwGE 105, S. 20 (23); *Guckelberger*, ZG 2004, S. 62 (83); *Spanner*, AöR 91 (1966), S. 503 (512).

[9] In diesem Sinne: BVerfGE 9, S. 194 (200); Minderheitsvotum *Seibert, Henschel*, in: BVerfGE 85, S. 69 (78); *Leibholz / Rinck / Hesselberger*, GG, Einf., Rn. 16.

[10] *Geis*, NVwZ 1992, S. 1025 (1027); *Friedrich Müller / Christensen*, Rn. 101.

[11] *Ulsamer*, in: Maunz / Schmidt-Bleibtreu / Franz Klein / Bethge, BVerfGG, § 80 Rn. 71, für nachkonstitutionelles Recht.

In diese Richtung auch: BVerfGE 69, S. 1 (55); abweichende Meinung *Steinberger*, in: BVerfGE 70, S. 35 (65 f.); *Starck*, in: v. Mangoldt / Friedrich Klein / Starck, GG, Art. 1 Rn. 329; *Wieland*, JZ 2001, S. 763 (761).

A. A.: BVerfGE 9, S. 194 (200); *Lübbe-Wolff*, ZUR 1997, S. 61 (62).

[12] In diesem Sinne: BVerfGE 48, S. 40 (46 f.); 8, S. 28 (34).

[13] In diesem Sinne *Schlaich / Korioth*, Rn. 451.

III. Wortlaut und Wille des Gesetzgebers

Nach einer häufig verwendeten Formulierung findet die verfassungskonforme Auslegung ihre Grenzen dort, wo sie mit „dem Wortlaut und dem klar erkennbaren Willen des Gesetzgebers in Widerspruch treten würde"[14]. Ähnlich[15] wird auch auf den „eindeutigen Wortlaut und den darin zum Ausdruck kommenden gesetzgeberischen Willen" abgestellt.

IV. Wortlaut und / oder Zweck / Sinn

Häufig[16] wird bei der Grenzziehung auch auf „Wortlaut und Sinn" oder „Wortlaut und Gesetzeszweck" abgestellt. Dabei bleibt allerdings zumeist unklar, ob dies nur in Kombination oder auch jeweils allein[17] eine Grenze darstellt.

Ähnlich darf nach Karl Larenz[18] sich die verfassungskonforme Auslegung, „wenn sie Auslegung bleiben will, nicht über die Grenzen hinwegsetzen, die sich aus dem möglichen Wortsinn und dem Bedeutungszusammenhang des Gesetzes ergeben."

V. Stellungnahme

Maßgebend für die Auslegung ist der in der Norm zum Ausdruck kommende objektivierte Wille des Gesetzgebers, so wie er sich aus dem Wortlaut der Vorschrift und dem Sinnzusammenhang ergibt[19]. Bei der Ermittlung desselben helfen alle herkömmlichen Auslegungsmethoden in abgestimmter Berechtigung[20]. Unter den herkömmlichen Methoden hat keine einen unbedingten Vorrang vor

---

[14] BVerfGE 101, S. 312 (329), dort als st. Rspr. bezeichnet; BVerfGE 92, S. 158 (183); 90, S. 263 (275); 71, S. 81 (105); 67, S. 382 (390); BVerwGE 105, S. 20 (23); *Leibholz / Rinck / Hesselberger*, GG, Einf., Rn. 16; *Lüdemann*, JuS 2004, S. 27 (29).

[15] BVerfGE 101, S. 54 (95).

[16] In diesem Sinne: BVerfGE 95, S. 64 (93); 90, S. 263 (275); 72, S. 278 (295); 71, 81 (105); 64, S. 229 (241 f.); 54, S. 277 (299 f.); 35, S. 263 (280); 9, S. 194 (200); 8, S. 28 (Ls. 1); 2, S. 380 (398); abweichende Meinung *Steinberger*, in: BVerfGE 70, S. 35 (63 f.); *Hiller*, S. 87; *Jarass*, in: ders. / Pieroth, GG, Art. 20 Rn. 34; *Leibholz / Rinck / Hesselberger*, GG, Einf., Rn. 16; *Marburger*, Habil., S. 394; *M. Schäfer*, S. 180 f.; *Starck*, in: v. Mangoldt / Friedrich Klein / Starck, GG, Art. 1 Rn. 328; *Taupiz*, S. 753.

[17] So bei: BVerfGE 8, S. 38 (41); *Geis*, NVwZ 1992, S. 1025 (1027); *Leibholz / Rinck / Hesselberger*, GG, Einf., Rn. 13.

[18] *Larenz*, S. 340, zust. *Veit*, S. 50.

[19] BVerfGE 105, S. 135 (157), dort als st. Rspr. bezeichnet; BVerfGE 1, S. 299 (Ls. 2 und S. 312).

[20] BVerfGE 105, S. 135 (157); in diesem Sinne auch *Starck*, in: v. Mangoldt / Friedrich Klein / Starck, GG, Art. 1 Rn. 328.

einer anderen[21]. Wenn die herkömmlichen Auslegungsmethoden verschiedene, prinzipiell gleich mögliche Deutungsalternativen zulassen, lässt sich jedoch die verfassungskonforme Auslegung als eine „Vorzugsregel" charakterisieren[22]. Gegenüber eventuellen verfassungsrechtlich unhaltbaren subjektiven Vorstellungen der am Gesetzgebungsverfahren Beteiligten hat das objektive Prinzip der verfassungskonformen Auslegung Vorrang[23]. Der Respekt vor dem demokratisch legitimierten Gesetzgeber verbietet es aber, im Wege der Auslegung einem nach Wortlaut und Sinn eindeutigen Gesetz einen entgegengesetzten Sinn zu verleihen oder den normativen Gehalt einer Vorschrift grundlegend neu zu bestimmen[24].

Der mögliche Wortsinn einer Vorschrift darf im Strafrecht nach der speziellen Regelung in Art. 103 Abs. 2 GG nicht überschritten werden[25]. Art. 103 GG wäre insoweit entbehrlich, wenn die Wortlautgrenze für jede Auslegung gelten würde. Für andere Rechtsbereiche stellt der Wortlaut daher allein keine unüberwindliche Grenze dar[26].

B. (Teil-)Nichtigkeit

Widerspricht eine Rechtsnorm einer unteren Stufe einer ranghöheren Norm, ist die rangniedere Norm grundsätzlich ungültig (nichtig)[27]. Der Grundsatz der Ipso-iure-Nichtigkeit maßstabsnormwidriger Normen ist für Gesetze nach dem Grundgesetz (Art. 1 Abs. 3, 20 Abs. 3, 79 Abs. 1 Satz 1, 100 Abs. 1, 123 Abs. 1 GG) zwingend[28]. Die Nichtigkeit tritt im Zeitpunkt der Entstehung der Verfassungswidrigkeit ein[29]. Das verfassungswidrige Gesetz ist, wie das Bundesverfassungsgericht formuliert, mit dem Grundgesetz „unvereinbar und daher nichtig"[30]. In der

---

[21] BVerfGE 105, S. 135 (157); in diesem Sinne auch: BVerfGE 88, S. 145 (166 f.); 82, S. 6 (11); *Jarass*, in: ders./Pieroth, GG, Einl. Rn. 6; *Starck*, in: v. Mangoldt/Friedrich Klein/Starck, GG, Art. 1 Rn. 328.

[22] In diesem Sinne: *Geis*, NVwZ 1992, S. 1025 (1026); *Friedrich Müller/Christensen*, Rn. 100.

[23] *Lübbe-Wolff*, ZUR 1997, S. 61 (62).

[24] BVerfGE 90, S. 263 (275); ähnlich bereits BVerfGE 35, S. 263 (280).

[25] Vgl. bspw.: BVerfGE 85, S. 69 (73); 75, S. 329 (341); 71, S. 108 (116); 64, S. 489 (393); 47, S. 109 (121); *Geis*, NVwZ 1992, S. 1025 (1030).

[26] Im Ergebnis ebenso: BVerfGE 97, S. 186 (196); 88, S. 145 (166 f.); 35, S. 263 (278 f.); 30, S. 83 (88); 8, S. 210 (220 f.); BVerwG, JZ 2001, S. 761 (763); *Jarass*, in: ders./Pieroth, GG, Einl. Rn. 7 und Art. 20 Rn. 34; *Seetzen*, NJW 1976, S. 1997 (2001).

[27] Statt vieler *Stern* I, § 4 I 3 a (S. 105).

[28] *Stern*, in: Bonner Kommentar, GG, Art. 93 Rn. 271. Vgl. auch *Schlaich/Korioth*, Rn. 379, wonach dies nicht rechtslogisch zwingend ist, wie die Rechtslehre und Praxis in Österreich zeigt.

[29] BVerfGE 21, S. 292 (305); 14, S. 174 (190); *Stern* II, § 44 V 3 (S. 1041); *ders.* in: Bonner Kommentar, GG, Art. 93 Rn. 276.

verfassungsgerichtlichen Rechtsprechung finden sich freilich Durchbrechungen dieser Prinzipien, die nicht ganz unbedenklich sind[31]. In diesen Ausnahmefällen wird die Norm nur für mit der Verfassung unvereinbar erklärt. Ein Blick auf die bisherigen Fallgruppen[32] zeigt, dass dies nicht verweisungsspezifisch ist. Weiter ist die herkömmliche Ansicht von der von Anfang an bestehenden Nichtigkeit ipso iure rechtswidriger Normen in jüngerer Zeit zunehmenden Angriffen ausgesetzt[33]. Zulässig ist nach mittlerweile herrschender Meinung[34], dass die Rechtsfolgen von Gesetzesverstößen untergesetzlicher Normen durch das Gesetz auch abweichend vom Nichtigkeitsdogma festgelegt werden können. Gegen eine Durchbrechung sprechen die Gesetzesbindung (Art. 20 Abs. 3 GG) und angesichts der Breitenwirkung von Normen auch der wirksame Rechtsschutz (Art. 19 Abs. 4 GG)[35]. Auf der anderen Seite ist die Fehlerfolgenlehre kein Selbstzweck, sondern steht wie die Rechtswerte, denen sie dienen soll, unter dem Vorbehalt eines Ausgleichs mit anderen verfassungsrechtlich anerkannten Rechtsgütern, insbesondere denen der Rechtssicherheit und des Vertrauensschutzes. Die Zuordnung typischer Fehlerfolgen zu typischen Handlungsformen ist folglich kein unwandelbares Junktim, sondern das *Ergebnis einer Abwägung*, gekoppelt mit der Frage der Adäquanz zwischen Regelungstechnik und Fehlerfolgen[36]. Aus dem Verfassungsrecht ist daher nicht zwingend herzuleiten, dass der Gesetzgeber die Nichtigkeit fehlerhafter, untergesetzlicher Rechtsnormen unbeschränkt hinnehmen muss. Der Gesetzgeber kann in Abwägung der betroffenen Belange und der verfassungsrechtlichen Schutzgüter (vor allem Gesetzesbindung, Rechtsschutz, Rechtssicherheit, Vertrauensschutz) und bezogen auf den jeweiligen Regelungsbereich eine ausgewogene und angemessene Regelung treffen[37].

Die Nichtigkeit kann eine Norm als Ganzes, einzelne Normen, aber auch den in einem Satz oder Satzteil, Wort oder Wortteil verkörperten Lebenssachverhalt betreffen[38]. Verstößt eine Norm nur teilweise gegen das Grundgesetz, so fragt sich,

---

[30] So BVerfGE 61, S. 149 (151) – Staatshaftungsgesetz.

[31] *Stern* I, § 4 I 3a (S. 105 f.); *ders.*, in: Bonner Kommentar, GG, Art. 93 Rn. 277 ff.

[32] Feststellung der Unvereinbarkeit erfolgt in den Fallgruppen: Vermeidung eines Regelungsdefizits, Gestaltungsfreiheit des Gesetzgebers, teilweises Unterlassen des Gesetzgebers, gesetzestechnische Unmöglichkeit, bleibende Beschwer und Appellentscheidungen. Siehe dazu insbes.: *Schlaich/Korioth*, Rn. 394–430; *Moench*, S. 37 ff.

[33] Siehe dazu *Stern* II, § 44 V 3 (S. 1039), m. w. N.; *ders.*, in: Bonner Kommentar, GG, Art. 93 Rn. 272 f.

[34] *Schmidt-Aßmann*, in: Maunz/Dürig, GG, Art. 19 Abs. 4 Rn. 240, m. w. N.; *Stock*, in: Ernst/Zinkahn/Bielenberg/Krautzberger, BauGB, § 214 Rn. 146, m. w. N.

[35] *Schmidt-Aßmann*, in: Maunz/Dürig, GG, Art. 19 Abs. 4 Rn. 240.

[36] *Schmidt-Aßmann*, in: Maunz/Dürig, GG, Art. 19 Abs. 4 Rn. 240; Hervorhebung von Schmidt-Aßmann.

[37] *Stock*, in: Ernst/Zinkahn/Bielenberg/Krautzberger, BauGB, § 214 Rn. 147; Hervorhebung weggelassen.

[38] *Skouris*, S. 30.

ob der Gesetzgeber die Norm auch in ihrem auf den verfassungsmäßigen Teil eingeschränkten Inhalt aufrechterhalten hätte[39]. Das Bundesverfassungsgericht prüft dabei auf einer ersten Stufe, ob das Gesetz objektiv einen Sinn behält, wenn man den verfassungswidrigen Teil eliminiert[40], und dann auf einer zweiten Stufe, ob die verbleibende Funktion für sich genommen der gesetzgeberischen Intention entspricht, da andernfalls ein unzulässiger Eingriff in die „Befugnis des Gesetzgebers" vorläge[41].

C. Abgrenzung der verfassungskonformen Auslegung von der Teilnichtigkeit

Strittig ist, ob[42] und wie die verfassungskonforme Auslegung von der Teilnichtigkeit abzugrenzen ist. Das Interesse an einer Abgrenzung erklärt sich aus den unterschiedlichen Kompetenzen der verschiedenen Normanwender: Die Aufrechterhaltung eines Gesetzes mittels verfassungskonformer Auslegung steht nach gefestigter Praxis jedem Rechtsanwender zu[43], während eine partielle Nichtigerklärung eines demokratisch legitimierten Gesetzes nach Art. 100 Abs. 1 GG ausschließlich dem Bundesverfassungsgericht oder dem Verfassungsgericht des Bundeslandes vorbehalten ist[44].

Allerdings kann eine bestimmte Auslegung des Gesetzes unter Umständen stärker in die gesetzgeberische Gestaltungsfreiheit eingreifen als eine Nichtigerklärung[45]. An die Stelle der größtmöglichen Respektierung des gesetzgeberischen

---

[39] BVerfGE 27, S. 391 (399); 88, S. 203 (333); *Leibholz/Rinck/Hesselberger*, GG, Einf., Rn. 81.

[40] Vgl. BVerfGE 26, S. 246 (258); 22, S. 134 (152); 21, S. 117 (125); 20, S. 238 (256 f.); 20, S. 150 (161); 9, S. 250 (254 f.).

[41] Vgl. BVerfGE 4, S. 219 (250); zust. *Moench* S. 37.

[42] Für eine Abgrenzbarkeit zwischen verfassungskonformer Auslegung und Teilnichtigerklärung z. B. *Spanner*, AöR 91 (1966), S. 503 (530–534), m. w. N.
A. A.: *Bettermann*, S. 35; *Seetzen*, NJW 1976, S. 1997 (1999); *Skouris*, S. 108 f., der die verfassungskonforme Interpretation als qualitative Teilnichtigkeit ansieht.

[43] A. A. *Bettermann*, S. 31: Die Kompetenz zur verfassungskonformen Auslegung richte sich nach der Normverwerfungskompetenz, von der die Auslegungsverwerfung eine Erscheinungsform sei. Daher dürfe eine Norm verfassungskonform auslegen nur, wer zu ihrer Kontrolle zuständig sei.
Gegen *Bettermanns* Prämissen wendet *Vosskuhle*, AöR 125 (2000), S. 177 (185), zu Recht ein, dass Art. 100 Abs. 1 GG den Gesetzgeber nur vor einer expliziten Missachtung seiner Äußerungen schützen will. Da der Gesetzgeber im Falle der verfassungskonformen Auslegung keine eindeutige Regelung getroffen hat, kann auch gar nicht gegen seine Autorität entschieden werden (so auch *Koch/Rüßmann*, S. 268; in diesem Sinne auch *Neuner*, S. 128).

[44] *Skouris*, S. 90.

Willens droht dann die Ersetzung des Willens des Gesetzgebers durch den Norm-anwender zu treten[46].

Ein unstreitiger Fall partieller Ungültigkeitsfeststellung liegt vor, wenn die Verletzung höheren Rechts zu einer Wortlautreduzierung des gerügten Gesetzes führt: wenn es im Entscheidungstenor an textlichem Umfang einbüßt[47]. Dies kann mit den Stichworten „quantitative Teilnichtigkeit" oder „Teilnichtigkeit durch Textreduzierung" erfasst werden[48].

Die teilweise Verwerfung von Rechtsnormen ist aber auch als qualitative Teil-nichtigkeit denkbar: der partielle Inhaltsverstoß gegen höherrangiges Recht kann den Anwendungsbereich eines Gesetzes beschränken oder erweitern, ohne dass eine *textliche* Veränderung vorgenommen wird. Diese Art von Teilungültigkeit liegt vor, wenn die Norm eine bestimmte und abgrenzbare rechtswidrige Deutung zulässt und *insoweit* für nichtig erklärt wird[49]. Hier büßt das Kontrollobjekt nicht an Wortlaut, sondern an Inhalt ein[50]. Es liegt eine *teilweise Nichtigerklärung ohne Normtextreduzierung* vor[51].

Bei verfassungskonformer Auslegung und qualitativer Teilnichtigkeit wird keine Textveränderung des gerügten Rechtssatzes vorgenommen, aber der Rechtssatz darf in einer verfassungswidrigen Auslegung nicht angewendet werden[52].

Die verfassungskonforme Auslegung betrifft freilich nicht nur Fälle, in denen ein Bedeutungsganzes um einen als verfassungswidrig angesehenen Teil verkürzt wird[53]. Die verfassungskonforme Auslegung verbindet die Verwerfung einer be-stimmten Auslegung mit der Vornahme[54] einer neuen Auslegung[55]. Dabei kann auch eine mögliche Normbedeutung insgesamt durch eine andere verdrängt wer-den[56] oder ein unbestimmter Inhalt eines Gesetzes kann durch die Vorgaben der Verfassung bestimmt werden[57]. Dies ist nicht ein Rest einer vorgegebenen Ge-

---

[45] *Friedrich Müller / Christensen*, Rn. 101; *Schlaich / Korioth*, Rn. 450; in diesem Sinne auch *Bryde*, S. 392 f.

[46] In diesem Sinne *Schlaich / Korioth*, Rn. 450.

[47] *Skouris*, S. 90 f.

[48] *Skouris*, S. 91.

[49] *Skouris*, S. 92; Hervorhebung von *Skouris*.

[50] *Skouris*, S. 92.

[51] *Schlaich / Korioth*, Rn. 446; Hervorhebung von *Schlaich / Korioth*.

[52] *Skouris*, S. 95.

[53] *Sachs*, Bindung, S. 320.

[54] Zu Recht kritisch zur Vornahme einer bestimmten Auslegung ist *Bryde*, S. 393.

[55] *Bettermann*, S. 30; Hervorhebung weggelassen.

[56] *Sachs*, Bindung, S. 321, unter Hinweis in Fn. 211 auf die Auslegung in BVerwGE 18, S. 247 (249 ff.); dort wurde die gesetzliche Aussage, Vorhaben „können ... zugelassen werden", verfassungskonform dahin ausgelegt, dass diese Vorhaben zugelassen werden müssen.

samtnormbedeutung, sondern eine Alternative zur abgelehnten Interpretation für den vollen Regelungsumfang der Norm[58].

Darüber hinaus sind verfassungskonforme Auslegung und Teilnichtigerklärung einer Norm auch bei der Verfassungswidrigkeit von Teilbedeutungen nicht austauschbar. Denn die verfassungskonforme Auslegung wird unabhängig von ihrem jeweiligen Verständnis bereits auf der Stufe der Normsinnermittlung wirksam, während erst nach Abschluss dieses Vorgangs über die Verfassungsmäßigkeit entschieden werden kann. Wird eine Norm, wenn auch nur teilweise, für nichtig erklärt, war insoweit keine Möglichkeit zur verfassungskonformen Auslegung gegeben. Ist eine verfassungskonforme Auslegung möglich, scheidet dagegen eine Nichtigerklärung aus. Verfassungskonforme Auslegung und Teilnichtigerklärung sind damit nicht austauschbar[59].

D. Besonderheiten bei Bezug zum EG-Recht

I. Anwendungsvorrang

Die Folgen des gemeinschaftsrechtlichen Vorranges vor dem nationalen Recht[60] sind in zweierlei Weise vorstellbar. Nach dem radikalen Ansatz von Eberhard Grabitz[61] in den 1960er Jahren, der die Gemeinschaft „(vor)bundesstaatlich" gedeutet hätte, wäre das „Brechen" (Nichtigkeit) des nationalen Rechtes im bekannten föderalen Sinne (Art. 31 GG) die Konsequenz eines Verstoßes gegen Gemeinschaftsrecht gewesen.

Die Gemeinschaftspraxis, insbesondere die Rechtsprechung des Gerichtshofes[62], ist den behutsameren Weg gegangen, die gemeinschaftsrechtswidrige nationale Norm lediglich für „ohne weiteres unanwendbar" zu erklären. Dem heute gemeinschaftsweit anerkannten[63] Anwendungsvorrang ist zu folgen, weil dieser dem Bedürfnis nach einheitlicher Geltung und Anwendung des Gemeinschaftsrechts hinreichend Rechnung trägt, ohne die nationalen Rechtsordnungen unnötig zu beeinträchtigen[64]. Dies gilt unabhängig davon, ob die kollidierende nationale Bestimmung früher oder später als die EG-Rechtsnorm ergangen ist[65]. Anwen-

---

[57] *Hesse*, Rn. 80.

[58] *Sachs*, Bindung, S. 321.

[59] *Sachs*, Bindung, S. 322.

[60] Siehe zum Vorrang von EG-Recht gegenüber nationalem Recht bereits oben im 2. Teil in Fn. 1000 auf S. 245.

[61] Vgl. die Zusammenfassung bei *Grabitz*, Gemeinschaftsrecht bricht nationales Recht, S. 113.

[62] Besonders deutlich EuGH, Slg. 1978, S. 629 (S. 630, Ls. 3) – Simmenthal.

[63] EuGH, Slg. 1984, S. 1891 (S. 1909, Rn. 28); *Jarass/Beljin*, NVwZ 2004, S. 1 (4); *Oppermann*, § 7 Rn. 12.

dungsvorrang bedeutet: Vorrangiges EG-Recht zwingt (lediglich) dazu, dass die betreffende Norm insoweit keine rechtliche Wirkung entfaltet, als der Konflikt mit EG-Recht auftritt. Die nationale Norm gilt weiter und findet auf Sachverhalte ohne Gemeinschaftsbezug Anwendung[66]. Eine Norm kann auch nur teilweise unanwendbar sein[67].

Der Anwendungsvorrang setzt die unmittelbare Anwendbarkeit des EG-Rechts voraus[68]. Im Mittelpunkt der Voraussetzung des gemeinschaftsrechtlichen Vorrangs steht regelmäßig die Frage, ob eine Kollision zwischen EG-Recht und nationalem Recht vorliegt. Die Anwendung des nationalen Rechts muss in Widerspruch zur Anwendung des EG-Rechts treten. Die Frage des Vorrangs stellt sich immer dann, wenn EG-Recht und mitgliedstaatliches Recht denselben Sachverhalt regeln[69].

II. Gemeinschaftsrechtskonforme Auslegung

Über den Anwendungsvorrang hinaus ist das nationale Recht im Lichte des Gemeinschaftsrechts auszulegen[70]. Die gemeinschaftsrechtskonforme Auslegung ist ebenfalls Ausfluss des Vorrangs des EG-Rechts, kommt aber nur soweit zum Einsatz, wie die nationalen Auslegungsregeln das gestatten[71]. Die gemeinschaftsrechtskonforme Auslegung ähnelt damit im Grundsatz der verfassungskonformen Auslegung[72] und hat damit entsprechende Auslegungsgrenzen[73].

E. Anwendung auf bezugnehmende Normen

Bei mangelhafter Bezugnahme[74] ist zu überprüfen, ob diese Normen nur als Verweisungen oder auch als andere Rechtsinstitute interpretiert werden können (I). Im Übrigen betreffen einige Mängel statische und dynamische Verweisungen glei-

---

[64] So auch *Streinz*, Europarecht, Rn. 222.

[65] EuGH, Slg. 1998, I S. 6307 (S. 6332, Rn. 20); *Jarass/Beljn*, NVwZ 2004, S. 1 (4).

[66] *Jarass/Beljn*, NVwZ 2004, S. 1 (4).

[67] *Jarass/Beljn*, NVwZ 2004, S. 1 (4).

[68] *Jarass/Beljn*, NVwZ 2004, S. 1 (2).

[69] *Jarass/Beljn*, NVwZ 2004, S. 1 (3).

[70] *Classen*, in: v. Mangoldt/Friedrich Klein/Starck, GG, Art. 23 Rn. 52; *Wegener*, in: Calliess/Ruffert, EGV, Art. 220 Rn. 32.

[71] *Jarass/Beljn*, NVwZ 2004, S. 1 (2).

[72] *Wegener*, in: Calliess/Ruffert, EGV, Art. 220 Rn. 32.

[73] Siehe dazu oben im 3. Teil: A. Grenzen der verfassungskonformen Auslegung (S. 290 ff.).

[74] Zum Begriff der Bezugnahme siehe im 1. Teil bei Fn. 17 f. (S. 36).

chermaßen (II). Andere Mängel hängen direkt von der Dynamik der Verweisung ab (III).

I. Interpretation als anderes Rechtsinstitut

Wäre eine bezugnehmende Norm als konstitutive Verweisung, interpretiert nach den vorstehenden Maßstäben, rechtswidrig, ist immer auch in Betracht zu ziehen, die Norm anders auszulegen als:

- unbestimmten Rechtsbegriff[75],
- Ermächtigung[76],
- Rechtssetzungsvorbehalt oder Kollisionsnorm[77],
- Ankündigung der späteren Anpassung bei noch nicht vorhandenem Verweisungsobjekt[78] oder
- Aufhebung der strikten Bindung und Annahme einer faktischen Bindung[79], Auslegungshilfe[80], Indizwirkung[81] oder nur deklaratorische Verweisung[82].

II. Mängel ohne Bezug zur Dynamik der Verweisung

1. Verstoß gegen spezielle Grenzen der Verweisung

Verstoßen Verweisungen in untergesetzlichen Normen bei deren Erlass gegen deren spezielle Grenzen[83] ist nach eventuellen Sonderregelungen für diesen Ver-

---

[75] *F. Becker / Fett*, NZG 1999, S. 1189 (1190). Zur Abgrenzung siehe oben 1. Teil: D.I. Unbestimmte Rechtsbegriffe (S. 94 f.).

[76] Vgl. *Fischer*, in: Bonner Kommentar, GG, Art. 71 Rn. 88; *Sachs*, NJW 1981, S. 1651 (1652).
Zur Abgrenzung siehe oben 1. Teil: D.II. Ermächtigung (S. 96).

[77] In diesem Sinne auch: *Baden*, NJW 1979, S. 623 (625 f.); *Karpen*, S. 183 in Fn. 102; *Ossenbühl*, DVBl. 1967, S. 401 (404); *Sachs*, NJW 1981, S. 1651 (1652).
Zur Abgrenzung siehe oben 1. Teil: D.III. Rechtssetzungsvorbehalte und Kollisionsnormen (S. 96 ff.).

[78] Siehe dazu oben im 1. Teil bei Fn. 92 auf S. 46.

[79] In diesem Sinne: *Heinlein*, in: Büdenbender / Rosin, KWK-AusbauG, § 6 Rn. 65 (Vermutungsklausel); *Karpen*, in: Rödig, S. 221 (233) (Hilfsmittel für die Auslegung der Verweisungsnorm oder Beweislastregel); *Kloepfer*, § 19 Rn. 163 („weitgehende faktische, freilich nicht strikte rechtliche Verbindlichkeit"); *Tettinger*, Wirtschaftsverwaltungsrecht, S. 408. A. A. *Veit*, S. 50.

[80] *Ernst*, S. 39 ff.

[81] In diesem Sinne: BVerwGE 101, S. 211 (224); *Lensing*, EHP 31. Jg. (2002) Heft 11, S. 24 (25).

[82] In diesem Sinne: *Schenke*, in: FS Fröhler, S. 87 (106); *Starkowski*, S. 116.

[83] Siehe dazu oben im 2. Teil: B.III. Verweisungen in Rechtsverordnungen (S. 109 ff.).

stoß in den ermächtigenden Gesetzen zu verfahren. Solche Sonderregelungen sind grundsätzlich zulässig[84].

Fehlen spezielle Regelungen, sind die rechtswidrigen Verweisungen nichtig, es sei denn, die Regelung dient lediglich der Sicherstellung der ordnungsgemäßen Publikation. Die ordnungsgemäße Publikation des Verweisungsobjektes kann nämlich auch nach Erlass der Verweisungsnorm erfolgen. Ob und inwieweit dies zulässig ist, wird nachfolgend allgemein erörtert.

2. Mangelhafte Publikation

Solange das Verweisungsobjekt nicht ordnungsgemäß verkündet wurde[85], kann die Verweisungsnorm nicht angewendet werden. Den Betroffenen ist nur die Kenntnisnahme der semantisch unvollständigen Verweisungsnorm, nicht aber der gesamten Verweisungsregelung möglich. Wird das Verweisungsobjekt nachträglich ordnungsgemäß verkündet, dann ist die Kenntnisnahme der vollständigen Verweisungsregelung möglich. Die nachträgliche Verkündung schadet nicht: Eine bestimmte zeitliche Abfolge von Verkündung und Inkrafttreten kann aus dem Rechtsstaatsprinzip nicht hergeleitet werden; ein generelles Gebot, dass die Verkündung einer Rechtsnorm ihrem Inkrafttreten vorausgehen müsse, enthält es nicht. Die Grenzen die sich für die Rückwirkung von Rechtsnormen ergeben, bleiben unberührt[86].

Eine Vorschrift entfaltet dann Rückwirkung, wenn der Beginn ihres zeitlichen Anwendungsbereichs auf einen Zeitpunkt festgelegt ist, der *vor* dem Zeitpunkt liegt, zu dem die Norm rechtlich existent, das heißt gültig geworden ist[87]. Rechtlich existent werden nach deutschem Staatsrecht Normen des geschriebenen Rechts mit ihrer ordnungsgemäßen Verkündung[88]. Das Vertrauensschutzgebot bewahrt den Bürger vor der Enttäuschung schutzwürdigen Vertrauens durch eine belastende Neuregelung[89]. Bei nicht belastenden Verweisungen ist daher eine Rückwirkung unproblematisch möglich, wenn das Verweisungsobjekt nachträglich veröffentlicht wird[90]. Daher überzeugen die Stellungnahmen nicht, wonach

---

[84] Siehe dazu ausführlich oben im 3. Teil: B. (Teil-)Nichtigkeit (S. 293 ff.).

[85] Dazu siehe im 2. Teil: C.I. Publikationsanforderungen an das Verweisungsobjekt (S. 112 ff.).

[86] Allgemein in diesem Sinne BVerfG, NVwZ 1984, S. 430 (431) – Veröffentlichung von Bebauungsplänen.

[87] BVerfGE 109, S. 133 (181); 63, S. 343 (353); Hervorhebung bei BVerfGE 63, S. 343 (353).

[88] BVerfGE 63, S. 343 (353).

[89] BVerfGE 109, S. 133 (180).

[90] In diesem Sinne wohl auch BayVGH, BayVBl. 1960, S. 321 (323), wo bei Beihilferegelungen eine Rückwirkung ohne Begründung angenommen wurde. In BayVerfGHE

immer erst mit der Verkündung des Verweisungsobjektes die Verweisungsnorm in Kraft tritt[91].

Im Strafrecht dagegen kann die Verweisungsnorm wegen des ausdrücklichen Rückwirkungsverbotes in Art. 103 Abs. 2 GG stets erst mit der Veröffentlichung des Verweisungsobjektes in Kraft treten.

Ansonsten setzt die Grenzen für die Rückwirkung der rechtsstaatliche Gedanke der Berechenbarkeit und Vorhersehbarkeit staatlichen Handelns[92]. Dabei ist zu unterscheiden zwischen echter (retroaktiver) Rückwirkung und unechter (retrospektiver) Rückwirkung[93]. Die Anordnung, eine Rechtsfolge solle schon für einen vor dem Zeitpunkt der Verkündung der Norm liegenden Zeitraum eintreten (Rückwirkung der Rechtsfolgen, „echte" Rückwirkung), ist grundsätzlich unzulässig[94]. Der Schutz des Vertrauens in den Bestand der ursprünglich geltenden Rechtsfolgenlage findet seinen verfassungsrechtlichen Grund vorrangig in den allgemeinen rechtsstaatlichen Grundsätzen, insbesondere des Vertrauensschutzes und der Rechtssicherheit[95]. Im Grundsatz des Vertrauensschutzes findet das Rückwirkungsverbot aber nicht nur seinen Grund, sondern auch seine Grenze[96]. Es gilt dort nicht, wo sich ausnahmsweise kein Vertrauen auf den Bestand des geltenden Rechts bilden konnte. Das ist namentlich dann der Fall, wenn die Betroffenen schon im Zeitpunkt, auf den die Rückwirkung bezogen wird, nicht mit dem Fortbestand der Regelung rechnen konnten[97]. Ferner kommt ein Vertrauensschutz nicht in Betracht, wenn die Rechtslage so unklar und verworren[98] oder lückenhaft[99] war, dass eine Klärung erwartet werden musste. Das Vertrauen des Betroffenen auf die geltende Rechtslage bedürfte auch dann nicht des Schutzes gegenüber sachlich begründeten rückwirkenden Gesetzesänderungen, wenn dadurch kein oder nur ein ganz unerheblicher Schaden verursacht wird[100]. Schließlich muss der

---

17, S. 61 (66), wurde für dieselbe Verweisung offengelassen, ob eine Rückwirkung vorlag. Dagegen ist nach *Ossenbühl*, DVBl. 1967, S. 401 (407), und *Karpen*, S. 155, frühestens mit der Verkündung im Bayerischen Gesetz- und Verordnungsblatt die Verweisung in Kraft getreten.

[91] In diesem Sinne aber: *Karpen*, S. 155; *Ossenbühl*, DVBl. 1967, S. 401 (407).

[92] In diesem Sinne auch *Sommermann*, in: v. Mangoldt/Friedrich Klein/Starck, GG, Art. 20 Abs. 3 Rn. 294.

[93] *Sommermann*, in: v. Mangoldt/Friedrich Klein/Starck, GG, Art. 20 Abs. 3 Rn. 294.

[94] BVerfGE 109, S. 133 (181); 97, S. 67 (78 f.); *Jarass*, in: ders./Pieroth, GG, Art. 20 Rn. 71.

[95] BVerfGE 109, S. 133 (181); 97, S. 67 (78 f.); 72, S. 200 (242).

[96] BVerfGE 88, S. 384 (404).

[97] BVerfGE 88, S. 384 (404).

[98] Ohne die Lückenhaftigkeit explizit zu erwähnen BVerfGE 98, S. 17 (39); 95, S. 64 (87); 88, S. 384 (404).

[99] Mit diesem Zusatz: BVerfGE 30, S. 367 (388); 7, S. 129 (152); *Sommermann*, in: v. Mangoldt/Friedrich Klein/Starck, GG, Art. 20 Abs. 3 Rn. 295.

Vertrauensschutz zurücktreten, wenn überragende Belange des Gemeinwohls, die dem Prinzip der Rechtssicherheit vorgehen, eine rückwirkende Beseitigung von Normen erfordern[101].

Zwar lässt sich die Schutzwürdigkeit nur anhand der konkreten Fallgestaltung untersuchen, aber bei der Frage, inwieweit sich bei Verweisungen ohne zunächst ordnungsgemäße Verkündung des Verweisungsobjektes Vertrauensschutz gebildet hat, ist immer zu berücksichtigen, dass angesichts des fehlenden Verweisungsobjektes die Regelung stets lückenhaft ist. Allgemein hat das Bundesverfassungsgericht[102] bislang jedenfalls solche rückwirkend ergänzenden Regelungen nicht beanstandet, die sich ohne Bruch dem ursprünglichen System des Gesetzes, seinem Sinn und Zweck harmonisch einfügen und wenn es sich auch nicht darum handelt, dass der Gesetzgeber unter dem Anschein einer nachträglichen Ergänzung in Wahrheit eine wesensfremde Gesetzesänderung vornehmen will. In diesen Fällen entspricht die Lückenschließung dem, was der Betroffene letztlich erwarten konnte, auch wenn es noch nicht gesetzlich geregelt war. Daher ist dieser Ansicht des Bundesverfassungsgerichts zuzustimmen, so dass eine nachträgliche Veröffentlichung des Verweisungsobjektes in diesen Fällen einer echten Rückwirkung nicht entgegensteht.

Demgegenüber betrifft die tatbestandliche Rückanknüpfung („unechte" Rückwirkung) nicht den zeitlichen, sondern den sachlichen Anwendungsbereich einer Norm. Die Rechtsfolgen eines Gesetzes treten erst nach Verkündung der Norm ein, ihr Tatbestand erfasst aber Sachverhalte, die bereits vor der Verkündung „ins Werk" gesetzt worden sind[103]. Tatbestände, die den Eintritt ihrer Rechtsfolgen von Gegebenheiten aus der Zeit vor ihrer Verkündung abhängig machen, berühren vorrangig die Grundrechte und unterliegen weniger strengen Beschränkungen als die Rückbewirkung von Rechtsfolgen[104]. Damit ist in dieser Konstellation erst recht eine Rückwirkung nach ordnungsgemäßer Verkündung möglich.

3. Mängel bezüglich der Verfahrensvorschriften

Verstoßen Normen gegen Verfahrenvorschriften, die rangniedriger als die zu erlassende Norm ist, dann hat dies keine Auswirkungen auf die Wirksamkeit der fehlerhaft erlassenen Norm[105]. Freilich haben Verstöße gegen ranghöhere Verfahrensvorschriften nach ganz herrschender Ansicht in der Literatur[106] regelmäßig die

---

[100] BVerfGE 30, S. 367 (388).

[101] BVerfGE 88, S. 384 (404).

[102] So in BVerfGE 7, S. 129 (152).

[103] BVerfGE 109, S. 133 (181); 72, S. 200 (242).

[104] BVerfGE 109, S. 133 (181); 97, S. 67 (79); 92, S. 277 (344); 72, S. 200 (242 f).

[105] So für die Verfahrensverstöße gegen die Geschäftsordnung des Bundestages bei Erlass eines Gesetzes bspw. *Pieroth*, in: Jarass/Pieroth, GG, Art. 76 Rn. 1.

Nichtigkeit der fehlerhaften Norm zur Folge. Nichtsdestoweniger führt nach der Rechtsprechung des Bundesverfassungsgerichtes[107] ein Verfahrensfehler nur dann zur Nichtigkeit der Norm, wenn er evident ist. Als Grund dafür wird die Rücksicht auf die Rechtssicherheit angeführt[108]. In den entschiedenen Fällen stellte das Bundesverfassungsgericht[109] fest, dass die jeweiligen Fehler in der Vergangenheit nicht evident gewesen seien, weil die Rechtslage unklar gewesen sei. Mit der Klarstellung der Rechtslage durch die jeweilige Entscheidung sei der konkrete verfassungsrechtliche Mangel für die Zukunft evident[110].

Ungeachtet einer Klarstellungswirkung der obigen Ausführungen[111] für die Zukunft, lässt sich die Evidenz der untersuchten Verfahrensverstöße bereits jetzt bejahen. Maßstab ist dabei die Perspektive des unvoreingenommenen, aber mit den Umständen vertrauten Beobachters; die Evidenz scheitert also nicht daran, dass der Fehler besonders gut versteckt ist[112].

Ein Verstoß gegen Verfahrensvorschriften ohne Bezug zur Dynamik der Verweisung wurde zum einen festgestellt, falls grundlegende Anforderungen aus dem Rechtsstaatsprinzip an die Normierung des Verweisungsobjektes nicht eingehalten wurden[113]. Solche Verstöße sind – angesichts der erheblichen Abweichung vom üblichen Rechtssetzungsverfahren – immer evident.

Zum anderen kommt ein Verfahrensfehler in Betracht, wenn die Verweisung eine Materie regelt, die einem Parlamentsvorbehalt unterliegt, und der Inhalt der Verweisungsobjekte nicht in die Parlamentsvorlage aufgenommen wurde[114]. In solchen Fällen ist offensichtlich, dass die demokratische Funktion des materiellen Parlamentsvorbehalts nur erfüllt wurde, wenn auch der Inhalt des Verweisungsobjektes im Gesetzgebungsverfahrens mitdiskutiert wurde. Eine Ableitung des

---

[106] *Pieroth*, in: Jarass/Pieroth, GG, Art. 76 Rn. 1; *Pestalozza*, Formenmißbrauch, S. 158 ff. In diesem Sinne eine uneingeschränkte Gleichbehandlung von formellen und materiellen Fehlern annehmend *Papier*, S. 28. Ohne Einschränkung bei einem prozeduralen Verfassungsverstoß von der Nichtigkeit ausgehend bspw. *Mengel*, S. 381 f.

[107] BVerfG, Beschl. v. 15. 1. 2008 – 2 BvL 12/07 – Rn. 71, zitiert nach juris; BVerfGE 91, S. 148 (175); 34, S. 9 (25). Vgl. dazu insgesamt bspw. *Sachs*, in: ders., GG, Art. 20 Rn. 95.

[108] BVerfG, Beschl. v. 15. 1. 2008 – 2 BvL 12/07 – Rn. 71, zitiert nach juris; BVerfGE 91, S. 148 (175); 34, S. 9 (25).

[109] Vgl. BVerfG, Beschl. v. 15. 1. 2008 – 2 BvL 12/07 – Rn. 72 f., zitiert nach juris; BVerfGE 91, S. 148 (175); 34, S. 9 (25).

[110] BVerfGE 91, S. 148 (176); 34, S. 9 (26).

[111] Siehe dazu oben im 2. Teil: C.II. Verfahrensvorschriften (S. 128 ff.).

[112] Dazu *Bryde*, JZ 1998, S. 115 (119).

[113] Siehe dazu oben im 2. Teil: C.II.2. Vergleich des Problems mit dem der Publikation (S. 130 f.).

[114] Siehe dazu oben im 2. Teil: C.II.4. Verfahrensvorschriften bei Gesetzes-/Parlamentsvorbehalten (S. 132 f.).

Parlamentsvorbehalts aus dem Demokratieprinzip führt nämlich dazu, dass der demokratische Parlamentsvorbehalt auch nur dann eingehalten ist, wenn das Gesetzgebungsverfahren ein Mindestmaß an Verfahrensrationalität und Öffentlichkeit aufweist[115].

Verstoßen Verweisungen bereits bei deren Erlass gegen rechtsstaatliche Verfahrensvorschriften[116], sind diese Normen somit nichtig, da eine Verletzung dieser Verfahrensgrundsätze immer evident ist.

4. Mängel bezüglich der Bestimmtheit oder Rechtsklarheit

Hat eine Verweisung Mängel hinsichtlich der Bestimmtheit[117], dann ist zunächst zu fragen, ob der Inhalt durch die Vorgaben der Verfassung oder auf sonstige Weise näher bestimmt werden kann[118].

Ist dies nicht möglich, dann ist weiter zu berücksichtigen, dass nach einem Beschluss des Bundesverfassungsgerichts in einem Fall die Nichtigkeit eines landesrechtlichen Verweisungsobjektes nicht die Nichtigkeit der bundesrechtlichen Verweisungsnorm zur Folge hatte[119]. Daher ist bei unbestimmten oder unklaren Verweisungsobjekten zu überprüfen, ob die Verweisung nach Ausscheiden der verfassungswidrigen Objekte noch sinnvoll bleibt. Ist dies der Fall, dann ist insoweit eine verfassungskonforme Auslegung vorzunehmen. Im Übrigen ist die Verweisung nichtig.

5. Verstoß gegen das Zitiergebot

Verstößt eine Verweisung gegen das Zitiergebot[120], so ist diese Verweisung nichtig. Gründe für eine Ausnahme von der grundsätzlichen Nichtigkeit verfassungswidriger Normen sind hier nicht ersichtlich.

6. Bundesstaatswidrige Verweisungen

Verstoßen Verweisungen im Bundesrecht auf Landesrecht bei deren Erlass gegen Art. 72 Abs. 2 GG oder Art. 3 GG in Verbindung mit dem Bundesstaatsprinzip[121], sind diese Verweisungen nichtig. Dasselbe gilt für sonstige Verweisungen,

---

[115] In diesem Sinne auch *Bryde*, JZ 1998, S. 115 (119).
[116] Siehe dazu oben im 2. Teil: C.II. Verfahrensvorschriften (S. 128 ff.).
[117] Siehe dazu oben im 2. Teil: C.III. Bestimmtheit und Rechtsklarheit (S. 133 ff.).
[118] Vgl. dazu allgemein *Hesse*, Rn. 80.
[119] BVerfGE 45, S. 297 (321).
[120] Siehe dazu oben im 2. Teil: C.IV. Zitiergebot (Art. 19 Abs. 1 Satz 2 GG) (S. 156 f.).
[121] Siehe dazu oben im 2. Teil: E.III.1.e) Stellungnahme (S. 179 ff.).

die bei deren Erlass gegen das Bundesstaatsprinzip[122] verstoßen. Gründe für eine Ausnahme von der grundsätzlichen Nichtigkeit verfassungswidriger Normen sind auch insoweit nicht ersichtlich.

7. Verstoß gegen Art. 80 Abs. 1 Satz 2 GG

Verstößt eine statische Verweisung in einer Ermächtigung zur Umsetzung von EG-Recht gegen Art. 80 Abs. 1 Satz 2 GG[123], dann ist diese Norm insoweit nichtig. Gründe für eine Ausnahme von der grundsätzlichen Nichtigkeit verfassungswidriger Normen sind nicht ersichtlich, weil eine später erfolgende Konkretisierung durch eine bezogene Richtlinie – im Gegensatz zur dynamischen Verweisung[124] – bei einer statischen Verweisung nicht möglich ist.

8. Beeinträchtigung der Wirkung einer EG-Verordnung

Würde eine deutsche Verweisung die unmittelbare Wirkung einer EG-Verordnung beeinträchtigen[125], so liegt hierin ein Verstoß des Mitgliedstaates gegen Art. 249 EGV. Insoweit ist ein Vertragsverletzungsverfahren nach Art. 226 ff. EGV gegen die Bundesrepublik Deutschland erfolgreich.

Deutsche Verweisungen, die denselben Lebenssachverhalt wie die EG-Verordnung in derselben Weise regeln (wie z. B. in § 19 Abs. 1 StVZO), dürfen bei Gemeinschaftsrechtsbezug für die Bürger keine Rechtsfolgen bewirken. Einige Autoren[126] stufen solche Verweisungen als deklaratorisch ein. Diese Bewertung entspricht aber nicht den allgemeinen Grundsätzen bei vorrangigem EG-Recht[127]. Die Verweisung ist vielmehr nur insoweit unanwendbar. Die Annahme einer deklaratorischen Verweisung würde die Rechtswirkungen der Verweisung weitergehend als notwendig beeinträchtigen, weil damit auch die Rechtswirkungen in Fällen ohne Gemeinschaftsrechtsbezug entfielen.

---

[122] Siehe dazu oben im 2. Teil: E.III.2.d) Stellungnahme (S. 186 f.) und 3. Verweisungen auf Recht eines anderen Bundeslandes (S. 187 f.).

[123] Siehe dazu oben im 2. Teil: H.V. Art. 80 GG und Verweisungen in Ermächtigungen zur Durchführung von EG-Recht (S. 243 ff.).

[124] Zur Rechtsfolge bei vorläufig, fehlender Bestimmtheit einer dynamischen Verweisung auf EG-Recht siehe unten im 3. Teil: E.III.3. Vorläufige Unanwendbarkeit (S. 310 f.).

[125] Siehe dazu oben im 2. Teil: I.I. Bezug zu EG-Verordnungen (S. 285).

[126] In diesem Sinne: *Ehricke / Blask*, JZ 2003, S. 722 (725); *Klindt*, DVBl. 1998, S. 373 (377).

[127] Siehe dazu oben im 3. Teil: D.I. Anwendungsvorrang (S. 297 f.).

9. Mangelhafte Umsetzung einer EG-Richtlinie

Gewährleistet eine Verweisung zusammen mit eventuellen, sonstigen Maßnahmen eines Mitgliedstaates keine ausreichende Umsetzung einer Richtlinie, so hat der Mitgliedstaaten seine Verpflichtungen aus Art. 249 EGV verletzt. Insoweit ist ein Vertragsverletzungsverfahren nach Art. 226 ff. EGV gegen den Mitgliedsstaat erfolgreich.

Beruht die mangelhafte Umsetzung einer Richtlinie mittels Verweisung auf einer fehlenden Erkennbarkeit der durch die Richtlinien verliehenen Rechte des Einzelnen[128], weil beispielsweise die Verweisungsnorm nicht die Fundstellen eines nur mit unzumutbarem Aufwand auffindbaren Verweisungsobjektes anführt[129], dann bleibt die Verweisung gültig[130]. Andernfalls würde die Stellung des Einzelnen, der seine Rechte dennoch erkannt hat, noch stärker geschwächt. Dadurch würde die wirksame Durchsetzung des Gemeinschaftsrechts stärker beeinträchtigt[131].

III. Mängel mit Bezug zur Dynamik der Verweisung

1. Auslegung als statische Verweisung

Sprechen einzelne der im 1. Teil[132] genannten Auslegungskriterien für die Annahme einer dynamischen Verweisung, wäre aber eine solche wegen Verstoßes gegen das Gewaltenteilungsprinzip[133], den Gesetzes- oder Parlamentsvorbehalt[134] verfassungswidrig, kann aus Gründen einer notwendigen verfassungskonformen Auslegung (seltener synonym[135] als Umdeutung bezeichnet[136]) die Annahme einer

---

[128] Siehe dazu oben im 2. Teil: I.II. Bezug zu EG-Richtlinien (S. 285 ff.).

[129] Siehe dazu oben im 2. Teil: I.II.1. Publizitätsgebot (S. 287 f.).

[130] In diesem Sinne (bei fehlender Umsetzungstauglichkeit von Verwaltungsvorschriften): *Mansdörfer*, Jura 2004, S. 297 (302).

[131] In diesem Sinne (bei fehlender Umsetzungstauglichkeit von Verwaltungsvorschriften): *Mansdörfer*, Jura 2004, S. 297 (302).

[132] Siehe dazu oben 1. Teil: B.IV.4. Abgrenzung der statischen von der dynamischen Verweisung (S. 63 ff.).

[133] Siehe dazu oben im 2. Teil: F.IV.8. Stellungnahme (S. 196 ff.).

[134] Siehe dazu oben 2. Teil: H. Gesetzes- und Parlamentsvorbehalt (S. 237 ff.).

[135] Vgl. BVerfGE 8, S. 71 (78): „Durch ‚verfassungskonforme Auslegung' – also rechtsstaatliche Umdeutung – …".

[136] So bspw. bei: VGH Kassel, ESVGH 43, S. 283 (285); *Engelmann*, GesR 2004, S. 113 (120); *Hömig*, in: HdUR, Sp. 2684 (2686); *M. Schäfer*, S. 181; *Staats*, in: Rödig, S. 244 (252); *Taupitz*, S. 753.
Gegen die Verwendung dieses Begriffes in diesem Zusammenhang *Clemens*, AöR 111 (1986), S. 63 (119): Der Einwand, rechtsmethodisch komme nur eine „Umdeutung" der

statischen Verweisung geboten sein[137]. Ähnlich ist bei Verstoß von Verweisungen in untergesetzlichen Normen gegen speziell normierte Verbote von dynamischen Verweisungen[138] eine Auslegung als statische Verweisung möglich.

Voraussetzung für die Auslegung ist, dass die Anbindung der Verweisungsnorm an das bisherige Verweisungsobjekt weiterhin Sinn macht[139]. Das Verdikt der Rechtswidrigkeit bezieht sich nicht auf die Verweisung insgesamt, sondern nur auf deren dynamische Komponente, die über das in der Verweisung enthaltene statische Element hinausgeht[140]. Die statische Verweisung ist nämlich – außer bei fehlendem Verweisungsobjekt bei Erlass – als Minus zur dynamischen Verweisung anzusehen[141].

In den folgenden 3 Fallgruppen wird allerdings diskutiert, ob eine Auslegung als statische Verweisung unzulässig ist:

a) Verweisung auf „die jeweilige Fassung"

Ordnet die Verweisungsnorm die Anwendung „in der jeweiligen Fassung" an, so ist nach herrschender Meinung eine Auslegung[142] oder Umdeutung[143] als statische Verweisung nicht möglich.

---

dynamischen in eine statische Verweisung in Betracht, geht fehl. Die Methode der Umdeutung ist nachrangig gegenüber derjenigen der Auslegung; die Umdeutung ist zugeschnitten auf ein „Aliud"; im Falle eines Maius-Minus-Verhältnisses aber steht die Methode der einschränkenden Auslegung zur Verfügung.

[137] Von der grundsätzlichen Zulässigkeit einer verfassungskonformen Auslegung/Umdeutung einer dynamischen in eine statische Verweisung gehen aus: BVerfGE 67, S. 348 (364 f.); 47, S. 285 (317); BVerwGE 27, S. 239 (244); *Clemens*, AöR 111 (1986), S. 63 (81, 118); *Engelmann*, GesR 2004, S. 113 (120); *Guckelberger*, ZG 2004, S. 62 (83); *Ossenbühl*, DVBl. 1967, S. 401 (408); *Papier*, in: FS Lukes, S. 159 (164 f.); *Sachs*, NJW 1981, S. 1651 (1652); *Sannwald*, in: Schmidt-Bleibtreu/Hofmann/Hopfauf, GG, Art. 82 Rn. 32; *Schnapp*, in: FS Krasney, S. 437 (444); *Starck*, in: ders./Stern, S. 285 (307); *Strasser*, in: FS Floretta, S. 627 (637); *Taupitz*, S. 753 in Fn. 341.

[138] Siehe dazu oben im 2. Teil: B.III. Verweisungen in Rechtsverordnungen (S. 109 ff.).

[139] In diesem Sinne auch *Guckelberger*, ZG 2004, S. 62 (83).

Vgl. zu den Fällen, in denen eine statische Verweisung keinen Sinn mehr macht, unten im 3. Teil: E.III.5. Vollnichtigkeit (S. 312 ff.).

[140] In diesem Sinne auch: *D. Ehlers*, DVBl. 1977, S. 693 (695); *Rodewoldt*, S. 28; *Staats*, in: Rödig, S. 244 (251).

[141] Siehe dazu bereits oben im 1. Teil: B.II.6. Verhältnis der dynamischen zur statischen Verweisung (S. 72).

[142] *Blum/Ebeling*, in: Bepler, S. 85 (91 f.); *Clemens*, AöR 111 (1986), S. 63 (81); *Guckelberger*, ZG 2004, S. 62 (83); *Krey*, in: EWR 2/1981, S. 109 (155 f.).

Für die Verweisungen im Kommunalabgabenrecht auch: *Gamber*, VBlBW 1983, S. 197 (198); *Lickteig*, S. 31.

[143] VGH Kassel, ESVGH 43, S. 283 (285); *F. Becker*, S. 551; *Taupitz*, S. 753.

Dagegen kann nach Hans-Ulrich Karpen[144] im Einzelfall auch eine ausdrücklich angeordnete dynamisch-heteronome Verweisung verfassungskonform in eine statische Verweisung auslegt werden.

Zutreffend geht Karpen davon, dass eine Aufrechterhaltung der als dynamisch formulierten Verweisung als statische möglich ist. Die Bedenken folgen nämlich allein aus dem dynamischen Element[145]. Allerdings lässt bei einer Verweisung auf „die jeweilige Fassung" oder ähnlichen Formulierungen der Wortlaut keine Interpretation als statische Verweisung zu[146]. Spricht dann auch noch der Zweck der Verweisung für eine dynamische Auslegung[147], dann handelt es sich bei der Aufrechterhaltung der Verweisung als statische methodisch weniger um Auslegung als vielmehr um die Beurteilung nach den Grundsätzen über die Teilnichtigkeit von Normen[148]. Bei so starken Argumenten für eine dynamische Verweisung ist nämlich eine verfassungskonforme Auslegung, zu der jedes Gericht befugt ist, in eine statische Verweisung nicht mehr zulässig.

b) Verweisung ohne Angabe der Fassung

Auch ohne ausdrückliche Anordnung „in der jeweiligen Fassung" kann nach Volker Krey[149] Normtext und ratio legis hinreichend klar ergeben, dass gerade eine dynamische und keine statische Verweisung gemeint gewesen sei. Auch in diesem Fall sei eine verfassungskonforme Interpretation als statische Verweisung ausgeschlossen.

Dem ist nicht zuzustimmen[150]. Ohne ausdrückliche Bezugnahme auf Normen „in der jeweiligen Fassung" oder ähnliche Formulierungen[151] lässt der Wortlaut eine Auslegung als statische Verweisung zu.

---

[144] *Karpen*, S. 137.

[145] Vgl. bereits oben im 3. Teil bei Fn. 140 auf S. 307.

[146] Siehe dazu im 1. Teil: B.IV.4.a)bb) Hinweise auf dynamischen Charakter (S. 65).

[147] Siehe dazu im 1. Teil: B.IV.4.d) Auslegung nach dem Zweck (S. 70).

[148] Von einer Teilnichtigkeit verfassungswidriger, dynamischer Verweisung gehen aus: BayVGH, BayVBl. 2006, S. 639 (640); *Rodewoldt*, S. 28; *D. Ehlers*, DVBl. 1977, S. 693 (695).
Siehe dazu unten im 3. Teil: E.III.4. Teilnichtigkeit (S. 311 f.).

[149] *Krey*, in: EWR 2/1981, S. 109 (155 f.). Gegen seine Interpretation des Wortlauts bereits oben im 1. Teil in und bei Fn. 265 auf S. 68.

[150] In diesem Sinne auch *Guckelberger*, ZG 2004, S. 62 (83). Vgl. weiter die Nachweise oben in Fn. 137 im 3. Teil (S. 307).

[151] Siehe dazu im 1. Teil: B.IV.4.a)bb) Hinweise auf dynamischen Charakter (S. 65).

c) Verdeckt-dynamische Verweisungen

Barbara Veit[152] geht bei der verdeckt-dynamischen Verweisung[153] davon aus, dass dem Verweisungsnormgeber die offene Fassung bekannt gewesen sei und er also auch gewollt habe, dass der Regelgeber des zweiten Verweisungsobjekts den Inhalt der Verweisungsnorm mitbestimmt. Mit einer solchen Fassung der Verweisungsnorm wolle er gerade die von ihm geschaffene Regelung jeweils auf dem neuesten „Stand der Technik" halten[154]. Die verfassungskonforme Auslegung der dynamischen Verweisung bedeute also in diesem Falle eine unzulässige Gesetzeskorrektur, soweit die dynamische Natur der fraglichen Weiterverweisung nach Wortlaut und -sinn klar auf der Hand liege[155].

Demgegenüber geht Peter Marburger[156] davon aus, dass eine verfassungskonforme Auslegung, welche die durch Weiterverweisung bezogenen technischen Regeln auf den durch die statische Verweisung bestimmten Zeitpunkt fixiert, möglich ist.

Letzterer Ansicht ist zuzustimmen, weil der Wortlaut der statischen Verweisungsnorm beide Interpretationen zulässt. Die statische Erstverweisung kann so interpretiert werden, dass der Wortlaut der weiterverweisenden Norm mit der dynamischen Verweisung übernommen wird. Der Wortlaut kann aber auch so interpretiert werden, dass die statisch verweisende Rechtsnorm die weiterverweisende Norm quasi überspringt und den Inhalt des zweiten Verweisungsobjektes direkt statisch übernimmt.

2. Nichtübernahme einer Änderung

Ist eine dynamische Verweisung zwar verfassungskonform, würde die Übernahme einer Änderung des Verweisungsobjektes aber den Verfahrensvorschriften[157], dem Bundesstaatsprinzip[158], dem Demokratieprinzip[159], dem Gesetzesvorbehalt[160] oder dem Parlamentsvorbehalt[161] zuwiderlaufen, dann wird die Änderung nicht

---

[152] *Veit*, S. 52.

[153] Zu diesem Begriff siehe oben im 1. Teil: B.IV.3. Verdeckt-dynamische Verweisung (S. 62).

[154] *Veit*, S. 52. Vgl. dazu unten im 3. Teil: E.III.5. Vollnichtigkeit (S. 312 ff.).

[155] *Veit*, S. 52.

[156] *Marburger*, DIN-Normungskunde 17, S. 27 (33); *ders.*, in: Müller-Graf, S. 27 (40); *ders.*, Habil., S. 395; *ders./M. Klein*, JbUTR 2001, S. 161 (167 f.); in diesem Sinne auch: *Erhard*, S. 9; *Schnapauff*, DIN-Normungskunde 17, S. 40 (51).

[157] Siehe dazu oben im 2. Teil: C.II. Verfahrensvorschriften (S. 128 ff.).

[158] Siehe dazu oben im 2. Teil: E.III.1.e) Stellungnahme (S. 179 ff.), 2.d) Stellungnahme (S. 186 f.) und 3. Verweisungen auf Recht eines anderen Bundeslandes (S. 187 f.).

[159] Siehe dazu oben im 2. Teil: G.IV.6.d) Eigene Ansicht (S. 232 ff.).

[160] Siehe dazu oben im 2. Teil: H.VII.3.e) Stellungnahme (S. 279 ff.).

übernommen. Die Nichtübernahme einer solchen Änderung beseitigt den verfassungsrechtlichen Mangel, erhält aber ein Maximum der mit dem Grundgesetz vereinbaren dynamischen Verweisung aufrecht. Die Möglichkeit einer späteren, das Verweisungsobjekt erheblich umgestaltenden Änderung führt nämlich nicht dazu, dass die Verweisung von Anfang an als verfassungswidrig anzusehen ist[162]. Dabei ist es mit dem Charakter der dynamischen Verweisung vereinbar, auch einzelne Paragrafen, die erheblich umgestaltet wurden, nicht als von der Verweisung in Bezug genommen anzusehen[163].

Voraussetzung für diese verfassungskonforme Auslegung ist, dass die Anbindung der Verweisungsnorm an das bisherige Verweisungsobjekt weiterhin Sinn macht[164]. Ist die Verweisung auch bei Nichtübernahme der Änderung noch sinnvoll, dann gilt die Verweisungsregelung weiter wie bisher. Andernfalls ist die Verweisung nichtig.

3. Vorläufige Unanwendbarkeit

Besondere Probleme können bei der dynamischen Verweisung auf EG-Recht zu dessen Umsetzung bestehen. Lässt eine Verordnungsermächtigung, die dynamisch auf EG-Recht verweist, so große Umsetzungsspielräume offen, dass für den deutschen Verordnungsgeber ein hinreichendes Regelungsprogramm nicht erkennbar ist, so ist die Verordnungsermächtigung insoweit nicht mit Art. 80 Abs. 1 Satz 2 GG vereinbar[165]. Allgemein sind Verweisungen auf EG-Recht zu dessen Umsetzung verfassungswidrig, wenn eine dynamische Verweisungsregelung eine – am Grundgesetz gemessen – zu geringe Regelungsdichte aufweist. Allerdings kann durch eine später erlassene, ausreichend detaillierte Richtlinie dieser Mangel beseitigt werden.

Konsequenz dieser Betrachtung ist, dass eine Verweisung sowohl verfassungsmäßig als auch verfassungswidrig sein kann, je nachdem, wie dicht das Regelungsprogramm des umzusetzenden Gemeinschaftsrechtsaktes ist[166]. Verfassungsrechtliche Folge ist nicht die Ungültigkeit der Verweisungsnorm, sondern nur deren

---

[161] Siehe dazu oben im 2. Teil: C.II.4. Verfahrensvorschriften bei Gesetzes-/Parlamentsvorbehalten (S. 132 f.) und H.VII.2. Dynamisch-autonome Verweisungen (S. 274 f.).

[162] Siehe dazu bereits oben im 2. Teil bei Fn. 1281 ff. auf S. 282.

[163] Siehe dazu bereits ausführlich im 1. Teil: B.IV.7. Einschränkende Auslegung der Dynamik (S. 73 ff.).

[164] Vgl. zu den Fällen, in denen eine statische Verweisung keinen Sinn mehr macht, unten im 3. Teil: E.III.5. Vollnichtigkeit (S. 312 ff.).

[165] In diesem Sinne auch *Ziekow*, JZ 1999, S. 963 (968).
Siehe dazu oben im 2. Teil: H.V.2.e) Zweck des Art. 80 GG (S. 257 ff.).

[166] In diesem Sinne auch *Ziekow*, JZ 1999, S. 963 (968), für eine auf EG-Recht verweisende Verordnungsermächtigung.

Nichtanwendbarkeit im konkreten Fall[167]. Diese Auslegung ist insoweit problematisch, als damit letztlich der Grundsatz der Ipso-iure-Nichtigkeit ab Eintritt des Widerspruches mit der Verfassung[168] durchbrochen wird, weil diese Regelung zunächst verfassungswidrig ist. Dennoch ist diese Auslegung gegenüber der Nichtigkeit vorrangig, weil dadurch die Durchsetzung von Gemeinschaftsrecht wesentlich erleichtert wird. Diese Auslegung erhält nämlich ein Maximum von dem aufrecht, was verfassungsrechtlich gerade noch zulässig ist. Eine zunächst verfassungswidrige Norm wird nicht angewendet, und sobald die Verweisung durch das gemeinschaftsrechtliche Verweisungsobjekt ausreichend konkretisiert wird, ist die Verweisung anwendbar.

4. Teilnichtigkeit

Ist eine dynamische Verweisung verfassungswidrig, lässt der Wortlaut eine Auslegung als statische Verweisung nicht zu und spricht der Zweck für eine dynamische Verweisung[169], dann ist die Norm zumindest in Bezug auf das dynamische Element teilnichtig. Diese Verfassungswidrigkeit bewirkt in der Regel[170] aber nicht die gesamte Nichtigkeit der Norm, sondern die Verweisungsnorm ist insofern aufrechtzuerhalten, als sie auf die im Zeitpunkt[171] ihrer Beschlussfassung geltende Fassung des Verweisungsobjekts verweist[172]. Diese Verfassungswidrigkeit hat ihren Sitz in den Worten „in der jeweils geltenden Fassung". Durch die Herausnahme dieser Worte aus dem Gesetzestext kann die Verfassungswidrigkeit beseitigt werden[173], wenn die Anbindung der Verweisungsnorm an das ursprüngliche Verweisungsobjekt weiterhin Sinn macht[174]. Zwar hatte die Auslegung in

---

[167] In diesem Sinne auch *Ziekow*, JZ 1999, S. 963 (968), für eine auf EG-Recht verweisende Verordnungsermächtigung.
In diese Richtung weist auch BVerfGE 45, S. 297 (321), wonach in einem konkreten Fall einer bundesrechtlichen Verweisungsnorm die Nichtigkeit eines landesrechtlichen Verweisungsobjektes nicht die Nichtigkeit der Verweisungsnorm zur Folge hatte.

[168] Siehe dazu oben im 3. Teil: B. (Teil-)Nichtigkeit (S. 293 ff.).

[169] Siehe dazu gerade im 3. Teil: E.III.1.a) Verweisung auf „die jeweilige Fassung" (S. 307 f.).

[170] Zu Ausnahmen von dieser Regel siehe unten im 3. Teil: E.III.5. Vollnichtigkeit (S. 312 ff.).

[171] Siehe dazu bereits oben im 1. Teil: B.IV.5. Maßgebliche Fassung bei der statischen Verweisung (S. 71 f.).

[172] *Schenke*, NJW 1980, S. 743 (749); in diesem Sinne auch *Blum/Ebeling*, in: Bepler, S. 85 (91 f.); *Schenke*, in: FS Fröhler, S. 87 (114 f.).

[173] In diesem Sinne: BayVGH, BayVBl. 2006, S. 639 (640); VfGH, VfSlg. 6290/1970, S. 701 (706), zust. *Strasser*, in: FS Floretta, S. 627 (637); trotz Bestätigung dieser Entscheidung wurde in VfGH, VfSlg. 7085/1973, S. 461 (465), und 7241/1973, S. 533 (535), die Verweisungsnorm ohne Begründung insgesamt als verfassungswidrig aufgehoben.

[174] In diesem Sinne auch *Guckelberger*, ZG 2004, S. 62 (83).

dieser Konstellation ergeben, dass eine dynamische Verweisung sinnvoller als eine statische Verweisung ist, aber dennoch ist eine zumindest auf den Verabschiedungszeitpunkt bezogene zeitweilige Übernahme des Verweisungsobjektes zumeist[175] sinnvoller als gar keine Regelung.

Demgegenüber wendet neuerdings das OVG Münster[176] ein, dass der Rechtsverstoß einer dynamisch-heteronomen Verweisung in der unzulässigen Übertragung von Rechtssetzungsbefugnissen auf den Verweisungsobjektgeber liege. Dieser Mangel hafte der Verweisungsnorm seit ihrem Inkrafttreten und nicht erst von dem Zeitpunkt an, in dem der Verweisungsobjektgeber eine Änderung vornehme. Dementsprechend sei die dynamisch-heteronome Verweisung nicht nur künftig teilnichtig, sondern insgesamt unwirksam[177]. Dem kann jedoch nicht gefolgt werden, weil die verfassungsrechtlichen Bedenken allein aus dem dynamischen Element folgen[178]. Vor allem ist eine dynamische Verweisung keine unzulässige Übertragung von Rechtssetzungsbefugnissen[179].

5. Vollnichtigkeit

Eine verfassungswidrige dynamische Verweisung ist nichtig, wenn die Anbindung an die ursprüngliche Fassung sinnlos ist. Dies ist der Fall, wenn kein Verweisungsobjekt bei Beschlussfassung über die Verweisungsnorm existiert (a) oder wenn eine statische Verweisung aus sonstigen Gründen sinnlos wäre (b).

a) Kein Verweisungsobjekt bei Beschlussfassung

Axel Hiller[180] hielt in einem Fall eine „Umdeutung" in eine statische Verweisung vor allem deshalb für ausgeschlossen, weil das Verweisungsobjekt bei Erlass der Verweisungsnorm gar nicht beschlossen war. In diesem Fall wäre im Übrigen bei einer nur ins Auge gefassten, aber noch nicht geschaffenen Regelung eine statische Verweisung auf diese Regelung mangels Bestimmtheit unwirksam[181]. Dem ist grundsätzlich zuzustimmen, denn lässt sich eine Norm nur als dynamische

---

Vgl. zu den Fällen, in denen die statische Verweisung keinen Sinn mehr macht, unten im 3. Teil: E.III.5. Vollnichtigkeit (S. 312 ff.).

[175] Zu den Fällen, in denen die statische Verweisung ausnahmsweise keinen Sinn mehr macht, unten im 3. Teil: E.III.5. Vollnichtigkeit (S. 312 ff.).

[176] OVG NW, NVwZ 2005, S. 606 (607).

[177] OVG NW, NVwZ 2005, S. 606 (607). Im konkreten Fall war der Wortlaut der Verweisungsnorm („in der jeweils geltenden Fassung") auf eine dynamische Verweisung gerichtet, das Gericht hat diesen Umstand allerdings in der Begründung nicht erwähnt.

[178] Vgl. bereits oben im 3. Teil bei Fn. 140 auf S. 307.

[179] Siehe dazu bereits oben im 2. Teil: D.III. Stellungnahme (S. 165 ff.).

[180] *Hiller*, S. 87; in diesem Sinne auch *Blum / Ebeling*, in: Bepler, S. 85 (92 in Fn. 27).

[181] *Blum / Ebeling*, in: Bepler, S. 85 (92 in Fn. 27).

Verweisung auslegen[182] und existiert bei Beschlussfassung dieser Bezugnahme noch kein bestimmbarer Inhalt für ein Verweisungsobjekt, dann ist diese Norm grundsätzlich nichtig. Der Verweisungsnormgeber hat nämlich mit dem Erlass der Verweisungsnorm noch keine ausreichende inhaltliche Entscheidung getroffen. Ausnahmen existieren aber bei der Verweisung auf EG-Recht zu dessen Umsetzung[183] oder bei dynamisch-autonomen Verweisungen, bei denen der Verweisungsnormgeber durch den Erlass des Verweisungsobjektes auch den Inhalt der Verweisungsregelung bestimmen kann, wobei insbesondere auf die Einhaltung des Parlamentsvorbehalts zu achten ist[184].

b) Sinnlosigkeit einer statischen Verweisung

Das OVG Berlin[185] hat sich in einem Fall gegen die Umdeutung einer dynamischen Verweisung in eine statische Verweisung ausgesprochen. Das Landesrecht verwies ausdrücklich auf die jeweils geltenden Beihilfevorschriften des Bundes. Der Gesetzgeber wollte mit dieser Regelung ersichtlich nicht nur die im Zeitpunkt des Gesetzesbeschlusses maßgeblichen Beihilfevorschriften des Bundes übernehmen, sondern darüber hinaus die Anwendungseinheit mit dem Bund auch für die Zukunft gewährleisten. Eine Umdeutung in eine statische Verweisung würde daher der Norm einen vom Gesetzgeber nicht gewollten Inhalt geben. Interessanterweise diente die Begründung der Unzulässigkeit der Umdeutung lediglich als Argument dafür, dass die dynamische Verweisung im konkreten Fall zulässig sei[186].

Dem OVG Berlin ist insoweit zuzustimmen, als die Aufrechterhaltung einer verfassungswidrigen, dynamischen Verweisung als statische sinnlos sein kann. Dies wird insbesondere bei der Ankopplung an den Stand der Technik in Betracht kommen. Eine dynamische Verweisung auf technische Normen verfassungskonform in eine statische Verweisung umzudeuten, schlägt in der Regel fehl, weil der Gesetzgeber ganz bewusst den jeweils neuesten Stand der technischen Normung berücksichtigen wollte[187]. Der legislative Zweck der dynamischen Verweisung besteht häufig darin, auch die künftigen Änderungen der bezogenen technischen Regeln in die gesetzliche Regelung einzubeziehen und diese dadurch flexibel zu

---

[182] Zur Auslegungsmöglichkeit von dynamischen Bezugnahmen ohne Bezugsobjekt bei Erlass siehe im 1. Teil bei Fn. 91 auf S. 46.

[183] Siehe dazu bereits oben im 3. Teil: E.III.3. Vorläufige Unanwendbarkeit (S. 310 f.).

[184] Zu den Anforderungen des Parlamentsvorbehalts bei einer dynamisch-autonomen Verweisung siehe oben im 2. Teil: H.VIII.2. Dynamisch-autonome Verweisungen (S. 284).

[185] OVG Berlin, OVGE Berlin 22, S. 114 (120).

[186] Vgl. OVG Berlin, OVGE Berlin 22, S. 114 (120).

[187] *Brunner*, S. 100. In diesem Sinne auch: *Lukes*, BG 1973, S. 429 (438); *Marburger*, DIN-Normungskunde 17, S. 27 (32); *ders.*, in: FS Ritter, S. 901 (912); *ders.*, Habil., S. 394; *ders./M. Klein*, JbUTR 2001, S. 161 (167 f.); *Mohr*, S. 44 in Fn. 94, *Veit*, S. 50 f.; *M. Schäfer*, S. 181.

gestalten. Dieser Gesetzeszweck würde durch die Umdeutung in eine statische Verweisung zunichte gemacht[188]. Die Nichtigkeit der dynamischen Verweisung ist dann auch aus der Sicht des Verweisungsnormgebers eher annehmbar als die nicht beabsichtigte Bindung an einen um Jahrzehnte zurückliegenden technischen Entwicklungsstand[189]. Die Nichtigkeit einer dynamischen Verweisung kommt damit aber nur als ultima ratio in Betracht.

---

[188] *Lukes*, BG 1973, S. 429 (438); *Marburger*, DIN-Normungskunde 17, S. 27 (32 f.), ähnlich *M. Schäfer*, S. 181.

[189] *Marburger*, DIN-Normungskunde 17, S. 27 (32 f.).

Zusammenfassung in Thesen

1. Teil: Grundlagen

A. Begriff der Verweisung

Der Teil der Verweisungsnorm, der die Verweisung anordnet, wird als *Verweisungsformel* bezeichnet.

I. Eine *deklaratorische* Verweisung ist eine Bezugnahme einer Norm (*Verweisungsnorm*) auf eine Regelung (*Verweisungsobjekt*), bei der die Bezugnahme keine Rechtswirkungen erzeugt.

II. 1. Eine *konstitutive* Verweisung ist eine Bezugnahme einer semantisch unvollständigen Norm auf ein Verweisungsobjekt zur Vervollständigung dieser Norm.

Der sich dabei aus dem Zusammenwirken von Verweisungsnorm und Verweisungsobjekt ergebende Gesamtinhalt ist die *Verweisungsregelung*.

2. Verweisungsobjekte können nichtige Rechtsnormen, ungeschriebenes Recht und sogar bloße Gedanken, nicht aber Sachverhaltselemente sein.

B. Unterscheidung verschiedener Arten von Verweisungen

I. Ein Sonderfall der Verweisung ist die *Fiktion*.

Enthält eine Verweisungsformel einen Zusatz wie „entsprechend", „sinngemäß" oder „analog", so wird sie als *Verweisungsanalogie* bezeichnet. Auch ohne einen solchen Zusatz wird das Verweisungsobjekt nicht ungefiltert, sondern „entsprechend" dem Zweck der Verweisungsnorm angewendet.

II. Befindet sich das Verweisungsobjekt innerhalb desselben Normwerkes wie die Verweisungsnorm, so spricht man üblicherweise von einer *Binnenverweisung*, andernfalls liegt eine *Außenverweisung* vor.

III. Eine *autonome* Verweisung liegt vor, wenn der Normgeber der Verweisungsnorm (*Verweisungsnormgeber*) mit dem des Verweisungsobjektes (*Verweisungsobjektgeber*) identisch ist. Bei *heteronomer* Verweisung stammt das Verweisungsobjekt nicht vom Verweisungsnormgeber. Abzustellen ist dabei auf das normgebende Organ.

IV. 1. Eine *statische* Verweisung nimmt auf ein Verweisungsobjekt in einer ganz bestimmten Fassung Bezug.

2. Bei einer *dynamischen* Verweisung wird grundsätzlich[1] mit jeder Änderung des Verweisungsobjektes zugleich die Verweisungsregelung angepasst.

3. Bei einer *verdeckt-dynamischen* Verweisung ist die Bezugnahme der ersten Verweisungsnorm auf das Verweisungsobjekt statisch; Letzteres verweist dynamisch.

4. Es existiert kein allgemein beachteter Sprachgebrauch, der es rechtfertigt, in dem Fehlen eines Zusatzes auf eine bestimmte oder die jeweilige Fassung einen Hinweis auf eine statische oder dynamische Verweisung zu sehen.

Eine dynamische Verweisung ist zumeist zweckmäßiger als eine statische Verweisung.

5. Wenn eine statische Verweisungsnorm keine Fassung bezeichnet, ist bei der seltenen rückwirkenden Inkraftsetzung aus den speziellen Gründen für die Rückwirkung zu ermitteln, welche Fassung zugrunde zu legen ist. Im Übrigen ist bei statischen Verweisungen ohne Angabe der Fassung auf den Zeitpunkt der Verabschiedung der Verweisungsnorm abzustellen.

6. Die dynamische Verweisung formuliert zwei verschiedene Ausprägungen eines Verweisungsbefehls: Es soll erstens – soweit vorhanden – das Verweisungsobjekt in der derzeit wirksamen Fassung und zweitens das Verweisungsobjekt in allen zukünftigen Fassungen gelten.

Durch „Abspaltung" des dynamischen Elements kann die dynamische Verweisung auf eine statische Verweisung „zurückgestutzt" werden.

7. Auch wenn eine Norm auf § x „in der jeweils geltenden Fassung" verweist, wird der Inhalt eines völlig umgestalteten § x nicht übernommen.

Bei autonomen Verweisungen kann in der Änderung des Verweisungsobjektes auch eine konkludente Änderung der Verweisungsnorm liegen.

V. Der heutige, weite Blankettstrafgesetzbegriff verlangt nur die Trennung von Strafgesetz und ausfüllender Norm.

VI. Eine Unterscheidung zwischen *normergänzenden* und *normkonkretisierenden Verweisungen* ist nicht sinnvoll.

---

[1] Zu Ausnahmen siehe 1. Teil: B.IV.7. und 3. Teil: E.III.2.

C. Rechtswirkungen der Verweisung

I. Am Rechtscharakter des Verweisungsobjektes ändert sich durch die Verweisung nichts.

Die Verweisung bewirkt eine Inkorporierung der im Verweisungsobjekt verkörperten Sinnträger.

Ermächtigung ist die Übertragung einer Befugnis durch Veränderung der Zuständigkeitsordnung, wobei der Ermächtigte neben dem Ermächtigenden oder statt seiner die Befugnis ausüben kann.

Verweisung und Ermächtigung sind verschiedene Institute.

II. Die Verweisungsregelung erhält die Ranghöhe und den Rechtscharakter der Verweisungsnorm.

D. Abgrenzung von anderen Rechtsinstituten

I. Unbestimmte Rechtsbegriffe und Verweisungen sind konkretisierungs- und ausfüllungsbedürftig.

Bei unbestimmten Rechtsbegriffen erfolgt die Konkretisierung durch rechtsanwendende Instanzen und bei Verweisungen durch rechtssetzende Instanzen.

Bei unbestimmten Rechtsbegriffen wird – im Gegensatz zu der Verweisung – der Inhalt der bezogenen Regelung nicht Bestandteil der Rechtsnorm.

II. Die Ermächtigung richtet sich an den Ermächtigten, im Gegensatz dazu ist die Verweisung im Normalfall an den Bürger gerichtet.

III. Von der Verweisung unterscheiden sich Rechtssetzungsvorbehalte und Kollisionsnormen dadurch, dass das jeweilige Bezugsobjekt nicht in die Norm inkorporiert, sondern ein Freiraum zugunsten der jeweiligen anderweitigen Regelung offengehalten wird.

E. Gründe für und gegen die Verweisungstechnik

Es bestehen vielfältige Argumente für und gegen die Verwendung der Verweisungstechnik.

Verweisungen können schwerer verständlich sein als eine Wiederholung. Dagegen spricht für die Verweisungstechnik deren Entlastungs-, Systematisierungs- und Kooperationsfunktion, so dass meistens die Gründe für eine Verweisung überwiegen.

2. Teil: Grenzen der Verweisung
in deutschen Rechtsnormen

A. Einleitung und Überblick

Bei der Untersuchung der Zulässigkeit von Verweisungen sind zu berücksichtigen:

– spezielle Verweisungsverbote (B),
– Prinzip der Rechtssicherheit (C),
– Vergleich mit Ermächtigungen (D),
– Bundesstaatsprinzip und die Kompetenzordnung (E),
– Gewaltenteilungsprinzip (F),
– Demokratieprinzip (G) sowie
– vor allem Gesetzes- und Parlamentsvorbehalte (H) und
– in Einzelfällen europarechtliche Grenzen (I).

B. Spezielle Grenzen der Verweisung

I. Art. 79 Abs. 1 Satz 1 GG enthält kein Verweisungsverbot.

II. Das Grundgesetz und die Verfassungen der Bundesländer enthalten keine speziellen Regelungen über die Zulässigkeit der Verweisung.

III. Vorwiegend aus Gründen der Rechtssicherheit existieren in einigen Aufgabenbereichen des Bundes und der Bundesländer spezielle Verweisungsverbote.

IV. Die Zuweisung der ausschließlichen Zuständigkeit zum Satzungserlass an die Gemeindevertretung gem. § 51 Nr. 6 HGO und vergleichbare Vorschriften anderer Länder enthalten keine Regelungen zur dynamischen Verweisung in gemeindlichen Satzungen auf Vorschriften eines anderen Normgebers.

C. Grenze der Rechtssicherheit

I. Publikation

Der Begriff Gesetz in Art. 82 Abs. 1 GG ist als Gesetzestext zu interpretieren.

Das Verweisungsobjekt unterliegt damit nicht den Publikationsanforderungen des Art. 82 GG, die für die Verweisungsnorm gelten.

Das Verweisungsobjekt ist nach aus dem Rechtsstaatsprinzip folgenden Voraussetzungen zu verkünden.

Das Verweisungsobjekt ist ausreichend publiziert, wenn die Identität in deutscher Sprache gesichert und es allgemein (oder – soweit für Satzungen zulässig – den typischerweise Betroffenen) zugänglich ist.

Den rechtsstaatlichen Anforderungen an eine ordnungsgemäße Verkündung ist genügt, wenn das Verweisungsobjekt im EG- oder EU-Amtsblatt verkündet worden ist.

Die Angabe der Fundstelle des Verweisungsobjektes in der Verweisungsnorm ist nicht erforderlich, wenn das Verweisungsobjekt bei juris dokumentiert ist.

II. Verfahrensvorschriften

Die für die Verweisungsnorm geltenden Verfahrensvorschriften sind auf das Verweisungsobjekt nicht anzuwenden.

Vorwiegend aus dem Rechtsstaatsprinzip sind Mindestanforderungen an das Normierungsverfahren des Verweisungsobjektes (Transparenz, Publizität, Repräsentanz und Revisibilität) abzuleiten.

Bezwecken die für die Verweisungsnorm geltenden Verfahrensvorschriften auch den Schutz von solchen Rechtssubjekten, die am Erlass des Verweisungsobjektes nicht beteiligt sind, dann kann diese Schutzfunktion nicht bei der dynamischen Verweisung erreicht werden.

Der verfahrensrechtlichen Komponente des Parlamentsvorbehalts genügt eine statische Verweisung nur, wenn die Verweisungsobjekte in die Parlamentsvorlage aufgenommen werden.

Eine dynamisch-autonome Verweisung genügt der verfahrensrechtlichen Komponente des Parlamentsvorbehalts nur, wenn bei der parlamentarischen Debatte über die Änderung des Verweisungsobjektes auch die Auswirkungen auf die Verweisungsregelung berücksichtigt werden.

Im Bereich eines Parlamentsvorbehalts ist eine dynamisch-heteronome Verweisung verfassungswidrig.

III. Bestimmtheit

1. Das Bestimmtheitsgebot enthält mehrere Elemente, die sich primär der Rechtssicherheit zuordnen lassen.

2. Die Grenze zwischen den Geboten der Rechtsklarheit und der Bestimmtheit ist fließend.

Bei der Rechtsklarheit steht das Moment der Verständlichkeit, bei der Bestimmtheit der Aspekt der inhaltlichen Präzision im Vordergrund.

3. a) Die Bestimmtheitskriterien bleiben nicht nur in Einzelaspekten, sondern auch in ihrer Gesamtheit unübersichtlich. Es kommt also zum paradoxen Ergeb-

nis, dass das für die Rechtssicherheit entwickelte Bestimmtheitsgebot in seiner Anwendung selbst einen Unsicherheitsfaktor produziert.

Die verfassungsrechtlich geforderte Bestimmtheit einer Norm ist keine feststehende Größe, sondern die variierende Resultante der Determinanten Regelbarkeit und Wirkungsschwere.

Der Bestimmtheitsgrundsatz ist kein definitives Gebot, sondern eine Prinzipien-Norm. Prinzipien zeichnet aus, dass sie nicht durch Subsumtion angewendet werden können. Vielmehr enthalten sie bloße Optimierungsgebote, deren normativer Gehalt sich darin erschöpft, festzulegen, dass ein bestimmtes Regelungsziel weitestgehend realisiert werden soll.

Eine Norm genügt dem allgemeinen formalen rechtsstaatlichen Bestimmtheitsgebot, wenn sich der Inhalt der Norm durch die gängigen Auslegungsmethoden ermitteln lässt.

b) Wegen Unklarheit verfassungswidrig ist eine Norm erst, wenn der Sinngehalt unter Ausschöpfung aller Auslegungsmethoden – etwa wegen widersprüchlicher normativer Aussagen – nicht zu ermitteln ist.

4. a) Die Verweisungsnorm muss hinreichend klar und bestimmt erkennen lassen, auf welche Vorschriften (in welchem Umfang) Bezug genommen wird.

aa) Weder das Gebot der Bestimmtheit noch das der Rechtsklarheit setzen immer die Angabe einer Fundstelle des Verweisungsobjektes voraus.

bb) Partielles Bundesrecht ist als solches weder unbestimmt noch unklar.

cc) Eine Verweisungsnorm ist ausreichend bestimmt, wenn im Zeitpunkt der jeweiligen Anwendung der Verweisungsnorm das Verweisungsobjekt bestimmbar ist. Damit bestehen keine grundsätzlichen Bedenken gegen die Bestimmtheit von dynamischen Verweisungen.

dd) Globalverweisungen sind unter dem Gesichtspunkt des Bestimmtheitsgebotes sehr problematisch.

b) Im Hinblick auf die Verweisungsobjekte gelten die allgemeinen Anforderungen bzgl. Bestimmtheit und Rechtsklarheit.

c) Verweisungsanalogien sind nicht prinzipiell unbestimmt oder unklar.

d) Durch zahlreiche Verweisungsstufen kann ein Regelungswerk geschaffen werden, das zwar in seinen einzelnen Elementen und den einzelnen Verknüpfungen untereinander bestimmt und klar, aber im Zusammenspiel aller Teile unbestimmt oder unklar ist.

IV. Zitiergebot (Art. 19 Abs. 1 Satz 2 GG)

Dem Zitiergebot des Art. 19 Abs. 1 Satz 2 GG ist nur genügt, wenn der Verweisungsnormgeber eine eigene Entscheidung über einen Eingriff in Grundrechte trifft. Dies kann auch durch Verweisung auf die Norm, welche die Grundrechtseinschränkungen aufzählt, erfolgen.

D. Vergleich mit Ermächtigungen

Aus Regelungen über Ermächtigungen kann weder auf die Zulässigkeit noch die Unzulässigkeit der Verweisung geschlossen werden.

Art. 80 GG regelt den Erlass von Rechtsverordnungen, aber enthält keine Sperrwirkung in Hinblick auf andere Rechtssetzungsformen.

E. Bundesstaatsstaatsprinzip und Kompetenzordnung

I. Aus dem Bundesstaatsprinzip folgt, dass der Bund die Vielfalt der Länder und die Länder die durch den Bund vermittelte Einheit zu achten haben. Dabei sind der Bund und die Länder zur Kooperation verpflichtet.

II. Eine autonome Verweisung verstößt weder gegen die Kompetenzordnung noch gegen das Bundesstaatsprinzip.

III.1. Eine heteronome Verweisung verstößt nicht gegen die Kompetenzordnung.

In einem Bereich der konkurrierenden Gesetzgebung existiert für Verweisungen des Bundes auf Landesrecht die spezielle Grenze des Art. 72 Abs. 2 GG, wonach eine bundesgesetzliche Regelung erforderlich sein muss. Dies ist nur dann der Fall, wenn die verschiedenen Verweisungsobjekte im Wesentlichen übereinstimmen.

Für sonstiges partielles Bundesrecht gilt die weniger einschränkende Grenze des Art. 3 GG in Verbindung mit dem Bundesstaatsprinzip.

2. Verweisungen im Landes- auf Bundesrecht entsprechen dem kooperativen Bundesstaatsprinzip und beeinträchtigen die ebenfalls vom Bundesstaatsprinzip geforderte Vielfalt der Länder. Solche Verweisungen verstoßen gegen das Bundesstaatsprinzip nur, wenn die Vielfalt der Länder erheblich beeinträchtigt wird. Dies kommt allenfalls bei sehr umfangreichen Pauschalverweisungen in Betracht.

3. Verweisungen im Recht eines Bundeslandes auf das Recht eines anderen Bundeslandes sind lediglich in eng begrenzten Ausnahmefällen zulässig.

4. Die Verweisung auf Regelungen Privater beeinträchtigt das Bundesstaatsprinzip nicht.

5. Die Verweisung auf EG- oder EU-Recht beeinträchtigt das Bundesstaatsprinzip nicht.

F. Gewaltenteilung

I. Das Prinzip der Gewaltenteilung ist im Grundgesetz nicht rein verwirklicht. Es bestehen zahlreiche Gewaltenverschränkungen und -balancierungen.

II. Statische Verweisungen sind in Bezug auf das Gewaltenteilungsprinzip nicht zu beanstanden.

III. Dynamisch-autonome Verweisungen sind mit dem Gewaltenteilungsprinzip vereinbar.

IV. Da das Gewaltenteilungsprinzip sich auf das Verhältnis innerhalb einer Körperschaft beschränkt, können allenfalls Verweisungen in diesem Verhältnis gegen das Gewaltenteilungsgebot verstoßen.

Die dynamische Verweisung in Normen der Exekutive auf Regelungen des Parlaments verstößt nur bei Überschreitung der besonderen Grenzen der parlamentarischen Regelungsbefugnisse (z. B. Einzelfallgesetz, Art. 19 Abs. 1 Satz 1 GG) gegen den Gewaltenteilungsgrundsatz.

Die dynamische Verweisung in Normen der Legislative auf Vorschriften der Exekutive ist mit dem Gewaltenteilungsprinzip vereinbar, soweit die Regelung keinem Gesetzes- oder Parlamentsvorbehalt unterfällt.

G. Demokratieprinzip

I. Ein förmliches Gesetz ist demokratisch, wenn es auf Grund der Willensentschließung des Parlaments erlassen wurde, das von dem Volk gewählt worden war, für welches das Gesetz Geltung beansprucht.

II. Wenn kein Parlamentsvorbehalt besteht, verstoßen statische Verweisungen nicht gegen das Demokratieprinzip.

III. Wenn kein Parlamentsvorbehalt besteht, verstoßen dynamisch-autonome Verweisungen nicht gegen das Demokratieprinzip.

IV. Bei Erlass ist die dynamisch-heteronome Verweisung – soweit ein Verweisungsobjekt existiert – verfassungsrechtlich unproblematisch.

Bei einer dynamisch-heteronomen Verweisung außerhalb des Bereiches eines Gesetzes-/Parlamentsvorbehalts wird eine Änderung des Verweisungsobjektes übernommen, wenn sich die Änderung der in Bezug genommenen Regelung noch als Realisierung des Willens des Verweisungsnormgebers ansehen lässt.

Zur Ermittlung des Vorstellungsbildes des Verweisungsnormgebers ist auch auf den zum Zeitpunkt der Verabschiedung der Verweisungsnorm gegebenen Inhalt des Verweisungsobjektes (und ggf. Vorgängerregelungen) abzustellen.

Bei einer dynamisch-heteronomen Verweisung ist die Übernahme einer Änderung eines Verweisungsobjektes demokratiewidrig, wenn an die Stelle des ursprünglichen Verweisungsobjektes ein Aliud treten würde.

Außerhalb eines Gesetzes-/Parlamentsvorbehalts sind dynamische Verweisungen in Gesetzen auf Regelungen der Exekutive innerhalb desselben Gemeinwesens mit dem Demokratieprinzip vereinbar.

Außerhalb eines Gesetzes-/Parlamentsvorbehalts verstoßen dynamische Verweisungen im Bund-Länder-Verhältnis nicht gegen das Demokratieprinzip, wenn der Bund und die Länder in diesem Bereich zur Kooperation verpflichtet sind.

Bei der Verweisung auf EG-Recht zu dessen Durchführung ist die Übernahme der Änderung des ursprünglichen Verweisungsobjektes mit dem Demokratieprinzip vereinbar.

Bei Verweisungen auf Gemeinschaftsrecht ohne Umsetzungszweck lassen sich Abweichungen vom allgemeinen Standard des Demokratieprinzips nicht begründen.

H. Gesetzes- und Parlamentsvorbehalt

I. Eine synonyme Verwendung der Begriffe „Vorbehalt des Gesetzes" und „Gesetzesvorbehalt" ist vertretbar.

II. Ursprünglicher Sinn des Gesetzesvorbehalts war die Befugnisse des Monarchen und seiner Exekutive zugunsten der Mitwirkung der Volksvertretung zu beschränken.

III. Die Wesentlichkeitstheorie beansprucht nicht nur eine Entscheidung über das Ob des gesetzgeberischen Handelns, sondern auch über das Wie.

IV. Der Gesetzesvorbehalt ist *eingriffsfixiert*; dagegen ist der Parlamentsvorbehalt *eingriffsindifferent*. Beide Kategorien von Vorbehalten decken im Kern unterschiedliche Bedarfslagen ab; sie stehen daher nebeneinander.

V. Verweisungen in gesetzlichen Verordnungsermächtigungen zur Umsetzung von Richtlinien (*Durchführungsermächtigungen*) sind zwar verfassungsrechtlich problematisch, aber generell zulässig.

Eine dynamische Verweisung in einer Durchführungsermächtigung ist mit Art. 80 GG vereinbar, wenn der in Bezug genommene EG-Rechtsakt so detailliert ist, dass Inhalt, Zweck und Ausmaß in ihr bestimmt sind.

Sind die zwingenden EG-Vorgaben nicht so detailliert, dass Inhalt, Zweck und Ausmaß der Durchführungsregelung in ihr bestimmt sind, dann genügt eine Verweisung allein den Anforderungen des Art. 80 Abs. 1 Satz 2 GG nicht. Soweit solche Spielräume bestehen, hat der zur Ermächtigung entschlossene Durchführungsgesetzgeber diese Spielräume durch Programmierung von Inhalt, Zweck und Ausmaß auszuschöpfen, um hierdurch seine Rechtssetzungsverantwortung wahrzunehmen.

§ 57 KrW-/AbfG und § 6a WHG sind mit Art. 80 Abs. 1 Satz 2 GG vereinbar, soweit die in Bezug genommenen EG-Rechtsakte detaillierte Umsetzungspflichten enthalten.

VI.1. Die Voraussetzungen der Strafbarkeit sowie Art und Maß der Strafe müssen gem. Art. 103 Abs. 2 GG im Blankettstrafgesetz selbst oder in einer anderen gesetzlichen Vorschrift, auf die das Blankettstrafgesetz Bezug nimmt, hinreichend deutlich umschrieben werden.

Gegen statische Verweisungen bestehen keine prinzipiellen Bedenken aus Art. 103 Abs. 2 GG.

Bei dynamischen Verweisungen in Straf- oder Bußgeldnormen dürfen untergesetzliche Verweisungsobjekte die Verweisungsregelung nur spezifizieren.

2. Art. 104 Abs. 1 Satz 1 GG ist eine quantitative Verschärfung gegenüber Art. 103 Abs. 2 GG: „Der Gesetzgeber muss die Strafbarkeitsvoraussetzungen umso genauer festlegen und umso präziser bestimmen, je schwerer die angedrohte Strafe ist".

3.a) Rückverweisungsklauseln bei strafrechtlichen Normen sind als solche weder erforderlich noch verboten.

b) Auch im Strafrecht kann die Verweisung auf unwirksame Normen zulässig sein.

c) Fehlerhafte Verweisungen in Strafrechtsnormen dürfen nicht zulasten des Bürgers angewendet werden.

VII.1. Statische Verweisungen in Gesetzen sind mit dem Gesetzesvorbehalt genauso vereinbar, wie wenn der Inhalt des Verweisungsobjektes direkt in die Verweisungsnorm aufgenommen worden wäre.

2. Dynamisch-autonome Verweisungen in Gesetzen genügen dem Gesetzesvorbehalt.

3. Dynamisch-heteronome Verweisungen entsprechen dem Gesetzesvorbehalt, wenn der Verweisungsgesetzgeber einen inhaltlichen Rahmen für die Verweisungsobjekte vorgegeben hat und mit diesem Rahmen die wesentlichen Entscheidungen getroffen werden. Andernfalls ist die Verweisung verfassungswidrig.

Eine ausreichende inhaltliche Rahmensetzung für zu übernehmende Änderungen kann der Verweisungsgesetzgeber durch eine Ermächtigung oder der Verweisungsnormgeber durch Bezugnahme auf einen im Wesentlichen feststehenden Bereich treffen.

Tritt bei einem im Wesentlichen feststehendem Bereich eine grundlegende Umgestaltung ein, dann würde die Übernahme der Veränderung gegen den Gesetzesvorbehalt verstoßen.

VIII. 1. Im Bereich eines Parlamentsvorbehalts sind statische Verweisungen zulässig, wenn die Verweisungsobjekte in die Parlamentsvorlage aufgenommen werden.

2. Bei einer dynamisch-autonomen Verweisung im Bereich eines Parlamentsvorbehalts ist eine Übernahme der Änderung des Verweisungsobjektes nur zulässig, wenn bei der parlamentarischen Debatte über die Änderung des Verweisungsobjektes auch die Auswirkungen auf die Verweisungsregelung berücksichtigt wurden.

3. Einem Parlamentsvorbehalt kann durch eine dynamisch-heteronome Verweisung nicht genügt werden.

I. Grenzen des EG-Rechts

I. Bezug zu EG-Verordnungen

Verweisungen auf EG-Verordnungen sind gemeinschaftsrechtlich unzulässig, wenn dadurch die unmittelbare Geltung der EG-Verordnung gem. Art. 249 Abs. 2 EGV beeinträchtigt wird. Bei Beachtung dieser Ausführungssperre sind die Verweisungen auf EG-Verordnungen gemeinschaftsrechtlich unproblematisch.

II. Bezug zu EG-Richtlinien

Die Umsetzung einer EG-Richtlinie mittels nationaler Verweisung setzt die verfassungsrechtliche Zulässigkeit der Verweisung voraus.

Aus europarechtlicher Sicht ist bei der Umsetzung einer EG-Richtlinie nicht die Verweisungstechnik, sondern der Umsetzungserfolg von Bedeutung. Dieser Umsetzungserfolg kann nur im Einzelfall überprüft werden.

1. Bei einer Verweisung auf EG-Recht ohne erneuten Abdruck des Verweisungsobjektes oder ohne Angabe der Fundstelle ist dadurch das Gebot klarer Richtlinienumsetzung nicht verletzt, außer das Auffinden der bezogenen Normen bereitet einen unzumutbaren Aufwand.

2. Eine dynamische Verweisung im deutschen Recht auf Richtlinien sichert deren Umsetzung, wenn die Richtlinie eine nicht ausfüllungsbedürftige Vollregelung enthält.

Lässt die EG-Richtlinie größere Umsetzungsspielräume, die zur Anwendung weiterer Konkretisierung durch die Mitgliedstaaten bedürfen, so gewährleistet die Verweisung auf die Richtlinie allein keine hinreichende Erkennbarkeit. Ebenso wie nach deutschem Verfassungsrecht hat der Verweisungsnormgeber eine solche Regelung mit eigenen Regelungsgehalten zu konkretisieren.

3. Teil: Folgen mangelhafter Bezugnahme

A. Grenzen der verfassungskonformen Auslegung

Grenze jeder verfassungskonformen Auslegung ist, dass die Norm auch bei dieser Auslegung sinnvoll bleibt.

Die verfassungskonforme Auslegung lässt sich als eine „Vorzugsregel" charakterisieren, wenn die herkömmlichen Auslegungsmethoden verschiedene, prinzipiell gleich mögliche Deutungsalternativen zulassen.

Im Strafrecht zieht der mögliche Wortsinn einer Vorschrift gerade mit Blick auf Art. 103 Abs. 2 GG der Auslegung eine Grenze, die unübersteigbar ist. Für andere Rechtsbereiche stellt der Wortlaut allein keine unüberwindliche Grenze dar.

B. (Teil-)Nichtigkeit

Widerspricht eine Rechtsnorm einer ranghöheren Norm, ist die rangniedere Norm grundsätzlich nichtig.

Bei einer teilweisen Nichtigerklärung ist auf einer ersten Stufe zu prüfen, ob das Gesetz objektiv einen Sinn behält, wenn man den verfassungswidrigen Teil eliminiert, und dann auf einer zweiten Stufe, ob die verbleibende Funktion für sich genommen der gesetzgeberischen Intention entspricht.

C. Abgrenzung der verfassungskonformen Auslegung von der Teilnichtigkeit

Verfassungskonforme Auslegung und Teilnichtigerklärung einer Norm sind nicht austauschbar. Die verfassungskonforme Auslegung wird bereits auf der Stufe der Normsinnermittlung wirksam, während erst nach Abschluss dieses Vorgangs über die Verfassungsmäßigkeit entschieden werden kann.

D. Besonderheiten bei Bezug zum EG-Recht

I. Vorrangiges EG-Recht führt nicht zur Nichtigkeit entgegenstehender nationaler Bestimmungen, sondern zwingt nur dazu, die nationale Verweisung insoweit nicht anzuwenden, als der Konflikt mit EG-Recht auftritt.

II. Die Grenzen der gemeinschaftsrechtskonformen Auslegung entsprechen denen der verfassungskonformen Auslegung.

E. Anwendung auf bezugnehmende Normen

I. Wäre eine bezugnehmende Norm als konstitutive Verweisung interpretiert rechtswidrig, kommt die Auslegung als ein anderes Rechtsinstitut (unbestimmter Rechtsbegriff, Ermächtigung, Rechtssetzungsvorbehalt, Kollisionsnorm, deklaratorische Verweisung oder Ankündigung der späteren Anpassung bei noch nicht vorhandenen Verweisungsobjekt) in Betracht.

II. 1. Verstoßen untergesetzliche Verweisungen bei deren Erlass gegen spezielle Grenzen, sind diese Verweisungen grundsätzlich nichtig. Ausnahmen kommen nur in Betracht, wenn für die spezielle Grenze eine abweichende Fehlerregelung besteht oder wenn die spezielle Grenze nur die ordnungsgemäße Publikation regelt.

2. Solange das Verweisungsobjekt nicht ordnungsgemäß verkündet wurde, kann die Verweisungsnorm nicht angewendet werden. Wird das Verweisungsobjekt nachträglich ordnungsgemäß verkündet, so tritt mit dieser Verkündung die Verweisungsnorm – unter Berücksichtigung der Grenzen für eine Rückwirkung – in Kraft.

Bei nachträglicher Veröffentlichung des Verweisungsobjektes ist eine belastende, echte Rückwirkung zulässig, wenn das Verweisungsobjekt sich auf eine ergänzende Regelung beschränkt, die sich ohne Bruch dem ursprünglichen System des Gesetzes, seinem Sinn und Zweck harmonisch einfügt und wenn es sich auch nicht darum handelt, dass der Gesetzgeber unter dem Anschein einer nachträglichen Ergänzung in Wahrheit eine wesensfremde Gesetzesänderung vornehmen will.

3. Verstoßen Verweisungen bei deren Erlass gegen die untersuchten grundgesetzlichen Verfahrensprinzipien, sind diese Normen nichtig.

4. Mängel hinsichtlich der Bestimmtheit oder Rechtsklarheit von Verweisungen können häufig durch konkretisierende Auslegung oder durch Ausscheiden der mangelhaften Elemente beseitigt werden. Ist dies nicht möglich, ist die Verweisung nichtig.

5. Eine gegen das Zitiergebot verstoßende Verweisung ist nichtig.

6. Verstoßen Verweisungen bei deren Erlass gegen das Bundesstaatsprinzip, sind diese Normen nichtig.

7. Verstößt eine statische Verweisung in einer Ermächtigung zur Umsetzung von EG-Recht gegen Art. 80 Abs. 1 Satz 2 GG, dann ist diese Norm insoweit nichtig.

8. Würde eine deutsche Verweisung die unmittelbare Wirkung einer EG-Verordnung beinträchtigen, dann ist die Verweisung unanwendbar.

9. Beruht die Mangelhaftigkeit der Umsetzung einer Richtlinie mittels Verweisung auf einer fehlenden Erkennbarkeit der durch die Richtlinien verliehenen Rechte des Einzelnen, dann bleibt die Verweisung gültig.

III. 1. Sprechen einzelne Auslegungskriterien für eine dynamische Verweisung, wäre aber eine solche wegen Verstoßes gegen den Gewaltenteilungsgrundsatz, den Gesetzes- oder Parlamentsvorbehalt verfassungswidrig, kann eine verfassungskonforme Auslegung als statische Verweisung geboten sein. Voraussetzung dafür ist, dass die Anbindung der Verweisungsnorm an das bisherige Verweisungsobjekt weiterhin Sinn macht.

a) Eine Verweisung auf Normen „in der jeweiligen Fassung" kann nicht verfassungskonform als statische Verweisung ausgelegt werden, wenn auch der Zweck der Verweisung für eine dynamische Verweisung spricht. Allerdings ist in diesen Fällen eine Teilnichtigkeit in Betracht zu ziehen.

b) Ohne ausdrückliche Bezugnahme auf „die jeweils geltende Fassung" oder ähnliche Formulierungen lässt der Wortlaut eine Auslegung als statische Verweisung zu.

c) Der Wortlaut der verdeckt-dynamischen Verweisung erlaubt eine verfassungskonforme Auslegung, welche die durch Weiterverweisung bezogenen Inhalte auf den durch die statische Verweisung bestimmten Zeitpunkt fixiert.

2. Ist eine dynamische Verweisung zwar verfassungskonform, würde die Übernahme einer Änderung des Verweisungsobjektes aber den Verfahrensvorschriften, dem Bundesstaatsprinzip, dem Demokratieprinzip, dem Gesetzesvorbehalt oder dem Parlamentsvorbehalt zuwiderlaufen, dann wird die Änderung nicht übernommen.

3. Solange eine dynamische Verweisungsregelung auf EG-Recht zu dessen Umsetzung eine – am Grundgesetz gemessen – zu geringe Regelungsdichte aufweist, ist die Verweisungsnorm vorläufig unanwendbar.

4. Kann eine verfassungswidrige dynamische Verweisung nicht verfassungskonform ausgelegt werden und macht die Anbindung der Verweisungsnorm an das ursprüngliche Verweisungsobjekt weiterhin Sinn, so ist die Verweisung nach den Grundsätzen über die Teilnichtigkeit als statische Verweisung aufrechtzuerhalten.

5. In seltenen Fällen ist eine verfassungswidrige dynamische Verweisung insgesamt nichtig, wenn kein Verweisungsobjekt bei Beschlussfassung über die Verweisungsnorm existiert oder wenn eine statische Verweisung aus sonstigen Gründen sinnlos wäre.

Literaturverzeichnis

Adamovich, Ludwig: Probleme einer modernen Gesetzestechnik, in: Winkler, Günther/ Schilcher, Bernd, Gesetzgebung, Wien/New York, 1981, S. 204–210.

Adolphsen, Jens: Die Grenzen der internationalen Harmonisierung der Rechnungslegung durch Übernahme internationaler privater Standards, RabelsZ 68 (2004), S. 154–190.

Altenmüller, Reinhard: Die Vergabe öffentlicher Aufträge durch Kommunen, DVBl 1982, S. 241–248.

Anzinger, R.: Verknüpfung der Verweisungstechniken, in: DIN-Normungskunde 17, S. 96– 102.

Appel, Rudolf: Landesrechtlicher Ausschluß der Konkursfähigkeit „sonstiger" juristischer Personen des öffentlichen Rechts – Dynamische oder statische Verweisung des Art. IV EGKO-Novelle auf § 15 Nr. 2 EGZPO?, BayVBl. 1980, S. 652–653.

Arndt, Gottfried: Die dynamische Rechtsnormverweisung in verfassungsrechtlicher Sicht – BVerfGE 47, 285, JuS 1979, S. 784–789.

Attlmayr, Martin: Zur verfassungsrechtlichen Zulässigkeit des „Bezugnehmens" auf Normen anderer Rechtsetzungsautoritäten, ÖJZ 2000, S. 96–103.

Auer, Stefan: Inhalt, Reichweite und Grenzen der Verweisung in § 173 Verwaltungsgerichtsordnung, München, 1993 (zugl. Diss., Passau, 1990).

Axer, Peter: Normsetzung der Exekutive in der Sozialversicherung, Tübingen, 2000 (zugl. Habil., Bonn, 1999).

Aymans, Winfried: Das gesetzestechnische Mittel des Verweises, Archiv für katholisches Kirchenrecht 133 (1964), S. 293–324.

Baader, Emil: Parlamentsvorbehalt, Wesentlichkeitsgrundsatz, Delegationsbefugnis, JZ 1992, S. 394–401.

Bachof, Otto: Teilrechtsfähige Verbände des öffentlichen Rechts, AöR 83 (1958), S. 208– 279.

Backherms, Johannes: Das DIN, Deutsches Institut für Normung e. V., als Beliehener, Köln/Berlin/Bonn/München, 1978.

– Unzulässige Verweisungen auf DIN-Normen, ZRP 1978, S. 261–262.

– Zur Einführung: Recht und Technik, JuS 1980, S. 9–14.

Baden, Eberhard: Dynamische Verweisungen und Verweisungen auf Nichtnormen, NJW 1979, S. 623–627.

– Gesetzgebung und Gesetzesanwendung im Kommunikationsprozeß, Baden-Baden, 1977.

Badura, Peter: Gestaltungsfreiheit und Beurteilungsspielraum der Verwaltung, bestehend aufgrund und nach Maßgabe des Gesetzes, in: FS für Otto Bachof zum 70. Geburtstag, hrsg. v. Püttner, Günter/Göldner, Detlef/Kisker, Gunter/Pietzcker, Jost/Rupp, Hans Heinrich/Scheuing, Dieter, München, 1984, S. 169–189.

– Staatsrecht, 3. Aufl., München, 2003.

Bangemann, Martin: Bilder und Fiktionen in Recht und Rechtswissenschaft, Diss., München, 1963.

Barnstedt, Elke Luise: Die Durchführung der Gemeinsamen Marktorganisation in der Bundesrepublik Deutschland, München, 1988 (zugl. Diss., Göttingen, 1988).

Battis, Ulrich/*Gusy*, Christoph: Einführung in das Staatsrecht, 4. Aufl., Heidelberg, 1999 (zit. *Battis/Gusy*, Staatsrecht).

Battis, Ulrich/*Gusy*, Christoph: Technische Normen im Baurecht, Düsseldorf, 1988 (Umweltrechtliche Studie Band 3; zit. *Battis/Gusy*, Technische Normen).

Bauer, Angela/*Jestaedt*, Matthias: Das Grundgesetz im Wortlaut, Heidelberg, 1997.

Bauer, Hartmut: Das Bestimmtheitsgebot für Verordnungsermächtigungen im Europäisierungssog, in: Tradition und Weltoffenheit des Rechts, FS für Helmut Steinberger, hrsg. v. Cremer, Hans-Joachim/Giegerich, Thomas/Richter, Dagmar/Zimmermann, Andrea, Berlin/Heidelberg/New York/Barcelona/Hong Kong/London/Mailand/Paris/Tokio, 2002, S. 1061–1085.

Bauernfeind, Elisabeth/*Zimmermann*, Franz: Kommunalabgabengesetz für das Land Nordrhein-Westfalen, 2. Aufl., Köln/Berlin/Hannover/Kiel/Mainz/München, 1979.

Baumann, Max: Die Amtssprachen des Bundes sind Deutsch, Französisch, Italienisch und Englisch, SJZ 101 (2005) Nr. 2, S. 34–38.

Baumann, Thomas: Anforderungen an den Tarifvertrag als Gesetz, RdA 1987, S. 270–276.

– Die Delegation tariflicher Rechtssetzungsbefugnisse, Berlin, 1992 (zugl. Diss., Köln, 1992).

Bauschke, H.-J: Zur Problematik tariflicher Bezugnahmeklauseln, ZTR 1993, S. 416–418.

Bayer, Walter/*Wirth*, Gernot: Eintragung der Spaltung und Eintragung der neuen Rechtsträger – oder: Pfadsuche im Verweisungsdschungel des neuen Umwandlungsrechts, ZIP 1996, S. 817–825.

Bayreuther, Frank: Anmerkung (BAG, Urt. v. 26. 9. 2001 – 4 AZR 544/00), DB 2002, S. 1008–1010.

Becker, Bernd: Eine besonders bequeme, aber rechtswidrige Umsetzung von Gemeinschaftsrecht, DVBl. 2003, S. 1487–1490.

Becker, Florian: Kooperative und konsensuale Strukturen in der Normsetzung, Tübingen, 2005 (zugl. Habil., Bonn, 2003/4).

Becker, Florian/*Fett*, Torsten: Verantwortlichkeit für Verunreinigungen nach dem neuen Bundes-Bodenschutzgesetz im Spannungsfeld von Umwelt- und Gesellschaftsrecht, NZG 1999, S. 1189–1198.

Beisse, Heinrich: Normqualität und Normstruktur von Bilanzvorschriften und Standards, BB 1999, S. 2180–2186.

Benda, Ernst: Technische Risiken und Grundgesetz, in: Blümel, Willi/Wagner, Hellmut (Hrsg.), Technische Risiken und Recht, Karlsruhe, 1981, S. 5–11.

Berendes, Konrad: 270. Kolloquium des Instituts für das Recht der Wasser- und Entsorgungswirtschaft an der Universität Bonn am 8. September 1995, Rechtsfragen der 6. Novelle zum Wasserhaushaltsgesetz, ZfW 1996, S. 363–371.

Berger, Albrecht: Die Erschließung von Verweisungen bei der Gesetzesdokumentation, München-Pullach, Berlin, 1971 (auch erschienen als Band 3 der Reihe Informationssysteme. Grundlagen und Praxis der Informationswissenschaften, hrsg. v. Kunz, Werner/Meyer-Uhlenried, Karl-Heinrich/Rittel, Horst J.).

Berkemann, Jörg: Juris als öffentlich-rechtlich „beliehener Unternehmer", VerwArch 87 (1996), S. 362–394.

Bethge, Herbert: Der Grundrechtseingriff, VVDStRL 57 (1998), S. 7–56.

Bettermann, Karl August: Die „Kleine Mietpreisreform" und ihre Rechtsgültigkeit, JZ 1952, S. 65–71.

– Die verfassungskonforme Auslegung: Grenzen und Gefahren, Heidelberg, 1986.

Bieback, Karl-Jürgen: Rechtliche Probleme von Mindestlöhnen, insbesondere nach dem Arbeitnehmer-Entsendegesetz, RdA 2000, S. 207–216.

– Staatliches Besoldungsanpassungsrecht und die Arbeitsvertragsfreiheit öffentlich Bediensteter, ZfA 10 Jg. (1979), S. 453–491.

Biener, Herbert: Können die IAS als GoB in das deutsche Recht eingeführt werden?, in: Rechnungslegung, Prüfung und Beratung: Herausforderungen für den Wirtschaftsprüfer, FS zum 70. Geburtstag von Professor Dr. Rainer Ludewig, hrsg. v. Baetge, Jörg/Börner, Dietrich/Forster, Karl-Heinz/Schruff, Lothar, Düsseldorf, 1996, S. 85–115.

Bierling, Ernst Rudolf: Juristische Prinzipienlehre, Erster Band, Freiburg/Leipzig, 1894.

Binding, Karl: Die Normen und ihre Übertretung, Erster Band, Normen und Strafgesetze, 2. Aufl., Leipzig, 1890.

Bleckmann, Albert: Europarecht, 6. Aufl., Köln/Berlin/Bonn/München, 1997.

Blum, Verena/*Ebeling*, Stephan: Dynamische Verweisungen im Arbeits- und Verbandsrecht, in: Bepler, Klaus (Hrsg.), Sportler, Arbeit und Statuten: Herbert Fenn zum 65. Geburtstag, Berlin, 2000, S. 85–120.

BMJ (Hrsg.): Arbeitshilfen zur Gestaltung von Bundesrecht (Empfehlungen nach § 38 Abs. 3 des Besonderen Teiles der Gemeinsamen Geschäftsordnung der Bundesministerien), Arbeitshilfe 2 (AH 2), Rechtsänderungstechnik, Stand November 1980 (zit. *BMJ*, AH 2).

– Handbuch der Rechtsförmlichkeit: Empfehlungen des Bundesministeriums der Justiz zur einheitlichen rechtsförmlichen Gestaltung von Gesetzen und Rechtsverordnungen nach § 38 Abs. 3 GGO II, 2. Aufl., Köln, 1999 (= Bundesanzeiger 1999 [Jahrgang 51], Nummer 123a; zit. *BMJ*, Rechtsförmlichkeit).

– Juristische Informationssystem, Analyse, Planung, Vorschläge, Karlsruhe, 1972 (zit. *BMJ*, Informationssystem).

– Verweisungsregister zum bürgerlichen Gesetzbuch, Stand: Dezember 1980 (zit. *BMJ*, Verweisungsregister BGB).

BMU (Hrsg.): Umweltgesetzbuch (UGB-KomE). Entwurf der Unabhängigen Sachverständigenkommission zum Umweltgesetzbuch beim Bundesministerium für Umwelt, Naturschutz und Reaktorsicherheit, Berlin, 1998.

Böckel, Markus: Instrumente der Einpassung neueren Rechts in die Rechtsordnung, Berlin, 1993 (zugl. Diss., Trier, 1992).

Böckenförde, Ernst-Wolfgang: Gesetz und gesetzgebende Gewalt, 2. Aufl., Berlin, 1981.

Boecken, Winfried: Anmerkung (BAG, Urt. v. 21. 8. 2002 – 4 AZR 263/01), SAE 2003, S. 214–215.

Bonner Kommentar zum Grundgesetz: hrsg. v. Dolzer, Rudolf / Vogel, Klaus, Heidelberg, Loseblatt, Band 7, 8, 9 und 10, Stand d. Gesamtwerks: 131. Lfg. September 2007.

Börgmann, Udo: Die Gefahrstoffverordnung im Spannungsfeld zwischen Verfassungs- und EG-Recht, Frankfurt a. M. / Berlin / Bern / New York / Paris / Wien, 1996 (Europäische Hochschulschriften: Reihe, Rechtswissenschaft; Band 1933, zugl. Diss., Bochum, 1995).

Börner, Bodo: Harmonisierung der Regeln der Technik in der EWG, in: Börner, Bodo (Hrsg.), Studien zum deutschen und europäischen Wirtschaftsrecht, Band 1, KSE Band 17, Köln / Berlin / Bonn / München, 1973, S. 231–248.

Böse, Martin: Strafen und Sanktionen im europäischen Gemeinschaftsrecht, Köln / Berlin / Bonn / München, 1996 (zugl. Diss., Göttingen, 1996).

Bowitz, Hans Hermann: Zur Auslegung des § 284 VII Abgabenordnung, DGVZ 1978, S. 177–183.

Brand, Dominik: Die Vereinbarkeit der Rechtsverordnungsermächtigungen des Bundes zur Durchführung von EG-Rechtsakten und völkerrechtlichen Verträgen auf dem Gebiet des Umweltschutzes mit Art. 80 I S. 2 Grundgesetz, Frankfurt a. M. / Berlin / Bern / Bruxelles / New York / Oxford / Wien, 2000 (zugl. Diss., Bielefeld, 1999).

Brandt, Jürgen / *Sachs*, Michael (Hrsg.): Handbuch Verwaltungsverfahren und Verwaltungsprozeß, Stuttgart / München / Hannover / Berlin / Weimar / Dresden, 1999.

Braun, Wilfried: Offene Kompetenznormen – ein geeignetes und zulässiges Regulativ im Wirtschaftsverwaltungsrecht? – Neues zur Rollenverteilung zwischen Exekutive, Legislative und Judikative im wirtschaftsgestaltenden Sozialstaat – VerwArch. 76 (1985), S. 24–60.

– Verbandstarifliche Normen in Firmentarifverträgen und Betriebsvereinbarungen. Ein Beitrag zur Rechtstechnik von Verweisungsklauseln, BB 1986, S. 1428–1435.

Brauneder, Wilhelm: Frühneuzeitliche Gesetzgebung: Einzelaktionen oder Wahrung einer Gesamtrechtsordnung?, in: Gesetz und Gesetzgebung im Europa der Frühen Neuzeit, hrsg. v. Dölemeyer, Barbara / Klippel, Diethelm, Berlin, 1998, S. 109–129.

Breier, Siegfried: Ausgewählte Probleme des gemeinschaftlichen Umweltrechts, RIW 1994, S. 584–590.

Brennecke, Volker M.: Normsetzung durch private Verbände, Düsseldorf, 1996 (zugl. Diss. [Sozialwissenschaften], Bochum, 1995).

Breuer, Rüdiger: Anmerkung (BVerwG, Urt. v. 17. 2. 1976 – 1 C 102.76), DVBl. 1978, S. 598–601.

– Die rechtliche Bedeutung der Verwaltungsvorschriften nach § 48 BImSchG im Genehmigungsverfahren, DVBl. 1978, S. 28–37.

– Die Umsetzung europäischer Vorgaben in deutsches Recht – § 6a WHG, ZfW 1999, S. 220–235.

– Direkte und indirekte Rezeption technischer Regeln durch die Rechtsordnung, AöR 101 (1976), S. 46–88.

– EG-Richtlinien und deutsches Wasserrecht, WiVerw 1990, S. 79–117.

– Gerichtliche Kontrolle der Technik, NVwZ 1988, S. 104–115.

– Öffentliches und privates Wasserrecht, 3. Aufl., München, 2004.

– Stellungnahme zum Thema Gesetzesentwurf des Bundesrates, Entwurf eines Gesetzes zur Änderung des Wasserhaushaltsgesetzes – Drucksache 13/1207 –, in: Ausschuß für Umwelt, Naturschutz und Reaktorsicherheit, A-Drucksache 13/119, Teil IV, S. 9–14.

– Umsetzung von EG-Richtlinien im neuen Energiewirtschaftsrecht, NVwZ 2004, S. 520–530.

Brinkmann, Werner: Rechtliche Aspekte der Bedeutung von technischen Normen für den Verbraucherschutz (DIN-Normungskunde Band 20), Berlin / Köln, 1984.

Brugger, Winfried: Rechtsprobleme der Verweisung im Hinblick auf Publikation, Demokratie und Rechtsstaat, VerwArch. 78 (1987), S. 1–44.

Brunner, Andreas: Technische Normen in Rechtsetzung und Rechtsanwendung, Basel / Frankfurt a. M., 1991 (zugl. Diss., Basel).

Brych, Friedrich: GrEStEigWoG: Besteuerung der Erbbaurechte verfassungswidrig, BB 1982, S. 184–185.

Bryde, Brun-Otto: Geheimgesetzgebung: Zum Zustandekommen des Justizmitteilungsgesetzes und Gesetzes zur Änderung kostenrechtlicher Vorschriften und anderer Gesetze, JZ 1998, S. 115–120.

– Verfassungsentwicklung: Stabilität und Dynamik im Verfassungsrecht der Bundesrepublik Deutschland, Baden-Baden, 1982 (zugl. Habil., Hamburg, 1980/81).

Bub, H.: Wortbeitrag, in: DIN-Normungskunde 14, S. 75–76.

Buchholtz, Hans: Fortdauer der Bürgenhaftung bei gesetzlicher Verlängerung des Mietvertrages gemäß § 568 BGB. infolge Gebrauchsfortsetzung auch durch die Erben des Mieters. Natur der gesetzlichen Verlängerung von Mietverträgen und die Fassung des § 568 BGB. als Fiktion, Marburg, 1934 (zugl. Diss., Marburg, 1933).

Buchner, Herbert: Inhalt des Tarifvertrags, Arbeitsrecht-Blattei, Systematische Darstellung, hrsg. v. Dietrich, Thomas / Neff, Klaus / Schwab, Bernt, Heidelberg, Loseblatt, Nr. 1550.5, Stand d. Gesamtwerks: 125. Erg.-Lfg. März 2004.

Buckenberger, H.-U.: Gleitende Verweisung aus Sicht der Wirtschaft, in: DIN-Normungskunde 17, S. 52–54.

Budde, Eckart: DIN-Normen und Recht, DIN-Mitt. 59 (1980), S. 12–14.

Budde, Robert: Verweisungen im BGB, Jura 1984, S. 578–585.

Budde, Wolfgang Dieter: Konzernrechnungslegung nach IAS und US-GAAP und ihre Rückwirkungen auf den handelsrechtlichen Einzelabschluß, in: Handelsbilanzen und Steuerbilanzen, FS zum 70. Geburtstag von Heinrich Beisse, hrsg. v. Budde, Wolfgang Dieter / Moxter, Adolf / Offerhaus, Klaus, Düsseldorf, 1997, S. 105–121.

Büdenbender, Ulrich / *Rosin*, Peter: KWK-AusbauG: Kommentar zum Gesetz für die Erhaltung, die Modernisierung und den Ausbau der Kraft-Wärme-Kopplung, Köln, 2003.

Bullinger, Martin: Die Selbstermächtigung zum Erlaß von Rechtsvorschriften, Heidelberg, 1958 (zit. *Bullinger*, Selbstermächtigung).

– Die Unterermächtigung zur Rechtsetzung, Diss., Tübingen, 1955 (zit. *Bullinger*, Unterermächtigung).

Bülow: Civilprozessualische Fiktionen und Wahrheiten, AcP 62 (1879), S. 1–96.

Burghart, Axel: Die Pflicht zum guten Gesetz, Berlin, 1996 (zugl. Diss., Hamburg, 1995).

Burmeister, Günter C.: Der einstweilige Rechtsschutz des Baunachbarn im Dickicht von Baumaßnahmengesetz und VwGO, NdsVBl. 1997, S. 121–127.

Bushart, Christoph: Verfassungsänderung in Bund und Ländern, München, 1989 (zugl. Diss., Hamburg).

Bydlinski, Franz: Juristische Methodenlehre und Rechtsbegriffe, 2. Aufl., Wien / New York, 1991.

Calliess, Christian: Die verfassungsrechtliche Zulässigkeit von fachgesetzlichen Rechtsverordnungsermächtigungen zur Umsetzung von Rechtsakten der EG, NVwZ 1998, S. 8–13.

Calliess, Christian / *Ruffert*, Matthias (Hrsg.): Kommentar des Vertrages über die Europäische Union und des Vertrages zur Gründung der Europäischen Gemeinschaft: EUV / EGV, 3. Aufl., München, 2007.

Canaris, Claus-Wilhelm: Die Feststellung von Lücken im Gesetz, 2. Aufl., Berlin, 1983.

Clemens, Thomas: Die Verweisung von einer Rechtsnorm auf andere Vorschriften, AöR 111 (1986), S. 63–127.

Coelln, Christian v.: Keine Bundeskompetenz für § 143 StGB, NJW 2001, S. 2834–2835.

Conradi, Brigitte: Die Mitwirkung außerstaatlicher Stellen beim Erlaß von Rechtsverordnungen, Diss., Heidelberg, 1962.

Creifelds, Carl (Begr.): Rechtswörterbuch, 19. Aufl., München, 2007.

Cremer, Wolfram: Übungsklausur Öffentliches Recht: Kein Nebenverdienst für den Nachbarn, Jura 2001, S. 330–335.

Czychowski, Manfred: Verordnungsermächtigungen für die Umsetzung von EG-Richtlinien zum Wasserrecht, ZUR 1997, S. 71–75.

Czychowski, Manfred / *Reinhardt*, Michael: Wasserhaushaltsgesetz, 8. Aufl., München, 2003.

Dahmen, Alois: Betriebswirtschaftlicher Kostenbegriff im Kommunalabgabenrecht der Benutzungsgebühren, KStZ 1990, S. 25–28.

Dahmen, Alois / *Driehaus*, Hans-Joachim / *Küffmann*, Gerold / *Wiese*, Rolf: Kommentar zum Kommunalabgabengesetz für das Land Nordrhein-Westfalen, 3. Aufl., Berlin, 1981.

Danco, Armin: Buchbesprechungen: Hans-Ulrich Karpen, Die Verweisung als Mittel der Gesetzgebung, ZRP 1975, S. 294–296.

Däubler, Wolfgang: Anmerkung (BAG, Urt. v. 29. 8. 2001 – 4 AZR 332/00), RdA 2002, S. 303–306.

– Tarifvertragsrecht, 3. Aufl., Baden-Baden, 1993.

Debelius, Jörg: Technische Regeln und Urheberrecht, in: Beiträge zum Schutz der Persönlichkeit und ihrer schöpferischen Leistungen. FS für Heinrich Hubmann zum 70. Geburtstag, hrsg. v. Forkel, Hans / Kraft, Alfons, Frankfurt a. M., 1985, S. 41–55.

Degenhart, Christoph: Staatsrecht, 2. Staatsorganisationsrecht, 23. Aufl., Heidelberg, 2007.

Denninger, Erhard: Arzneimittel-Richtlinien und „Verschreibungsfähigkeit". Eine verfassungsrechtliche Untersuchung, Baden-Baden, 1981 (zit. *Denninger*, Arzneimittelrichtlinien).

– Verfassungsrechtliche Anforderungen an die Normsetzung im Umwelt- und Technikrecht, Baden-Baden, 1990 (zit. *Denninger*, Normsetzung).

Denninger, Erhard / *Hoffmann-Riem,* Wolfgang / *Schneider,* Hans-Peter / *Stein,* Ekkehart (Hrsg.): Kommentar zum Grundgesetz für die Bundesrepublik Deutschland, (Reihe Alternativkommentare), Loseblatt, 3. Aufl., Neuwied, Kriftel, 2001, Stand d. Gesamtwerks: 3. Aktualisierungslieferung August 2002 (zit. AK-GG).

Detterbeck, Steffen: Vorrang und Vorbehalt des Gesetzes, Jura 2004, S. 235–241.

Dhonau, Angelika: Die Verweisungen im BGB auf die Vorschriften über unerlaubte Handlungen und das Eigentümer-Besitzer-Verhältnis, Diss., Mainz, 1984.

Di Fabio, Udo: Produktharmonisierung durch Normung und Selbstüberwachung, Köln / Berlin / Bonn / München, 1996.

Dieblich, Franz: Der strafrechtliche Schutz der Rechtsgüter der Europäischen Gemeinschaften, Diss., Köln, 1985.

Diederichsen, Uwe: Die Rangverhältnisse zwischen den Grundrechten und dem Privatrecht, in: Starck, Christian (Hrsg.), 7. Symposium der Kommission „Die Funktion des Gesetzes in Geschichte und Gegenwart", Göttingen, 1995, S. 39–97.

Dippel, Martin: Die Kommune im Recht des Umweltschutzes, Köln, 1994 (zugl. Diss., Bielefeld, 1993/94).

Doehring, Karl: Die allgemeinen Regeln des völkerrechtlichen Fremdenrechts und das deutsche Verfassungsrecht, Köln / Berlin, 1963 (zugl. Habil., Heidelberg, 1962).

Drath, Martin: Der Verfassungsrang der Bestimmungen über die Gesetzesblätter, in: Forschung und Berichte aus dem Öffentlichen Recht, Gedächtnisschrift für Walter Jellinek, hrsg. v. Bachof, Otto / Drath, Martin / Gönnenwein, Otto / Walz, Ernst, München, 1955, S. 237–257.

Dreier, Horst (Hrsg.): Grundgesetz, Kommentar, Band II, 2. Auflage, Tübingen, 2006.

Driehaus, Hans-Joachim (Hrsg.): Kommunalabgabenrecht, Berlin, Stand d. Gesamtwerks: 37. Erg.-Lfg. September 2007.

Dürig, Günter: Anmerkung (OLG Düsseldorf, Urt. v. 9. 6. 1961 – 2 Ss 291/61), NJW 1961, S. 1831–1832.

Ebel, Friedrich: Beobachtungen zur Gesetzestechnik im 19. Jahrhundert – dargestellt insbesondere an der Frage der Legaldefinitionen, in: Rödig, Jürgen (Hrsg.), Studien zu einer Theorie der Gesetzgebung, Berlin / Heidelberg / New York, 1976, S. 337–352.

Eberstein, Hans Hermann: Technik und Recht, in: FS für Martin Luther zum 70. Geburtstag am 13. Juli 1976, hrsg. v. Glossner, Ottoarndt / Reimers, Walter, München, 1976, S. 47–67.

– Technische Regeln und ihre rechtliche Bedeutung, BB 1969, S. 1291–1296.

Ebsen, Ingwer: Fremdverweisungen in Gesetzen und Publikationsgebot, DÖV 1984, S. 654–662.

Eckardt, Wolf-Dieter: Der Verfassungsgerichtshof des Freistaates Sachsen, SächsVBl. 1994, S. 275–278.

Ecker, Gerhard: Das Thüringer Kommunalabgabengesetz, ThürVBl. 1993, S. 49–55.

Ehlers, Dirk: Die Anpassung der Landesverwaltungsverfahrensgesetze an das Verwaltungs-verfahrensgesetz des Bundes, DVBl. 1977, S. 693–695.

Ehlers, Hans: Die Globalverweisungen in die Finanzgerichtsordnung, BB 1971, S. 429–433.

Ehricke, Ulrich: Dynamische Verweise auf Regelungen privater Normierungsgremien, EHP 31. Jg. (2002), Heft 3, S. 34–40.

– Dynamische Verweise in EG-Richtlinien auf Regelungen privater Normungsgremien, EuZW 2002, S. 746–753.

Ehricke, Ulrich / *Blask*, Holger: Dynamischer Verweis auf Gruppenfreistellungsverordnun-gen im neuen GWB?, JZ 2003, S. 722–730.

Eiberle-Herm, Viggo: Rechtliche Rezeption technischer Bewertungskriterien – am Beispiel des Atomrechts, UPR 1994, S. 241–246.

Eisele, Jörg: Einflussnahme auf nationales Strafrecht durch Richtliniengebung der Europäi-schen Gemeinschaft, JZ 2001, S. 1157–1165.

Eisenberger, Iris / *Urbantschitsch*, Wolfgang: Die Verweisung als Instrument zur Umsetzung von Gemeinschaftsrecht, ÖZW 1999, S. 74–78.

Enderle, Bettina: Blankettstrafgesetze: verfassungs- und strafrechtliche Probleme von Wirt-schaftsstraftatbeständen, Frankfurt a. M. / Berlin / Bern / Bruxelles / New York / Oxford / Wien, 2000 (Europäische Hochschulschriften: Reihe, Rechtswissenschaft; Band 2844, zugl. Diss., Freiburg i. Br., 1999).

Engel, Christoph: Völkerrecht als Tatbestandsmerkmal deutscher Normen, Berlin, 1989 (zugl. Diss., Tübingen, 1987).

Engelhardt, Wolfgang: Das kommunale Abgabenrecht und die Anwendung allgemeinen Steuerverfahrensrechts, Diss., Würzburg, 1982.

Engelmann, Klaus: Zweigpraxen und ausgelagerte Praxisräume in der ambulanten (ver-trags-)ärztlichen Versorgung, GesR 2004, S. 113–120.

Engisch, Karl: Die Einheit der Rechtsordnung, Heidelberg, 1935 (zit. *Engisch*, Einheit).

– Einführung in das juristische Denken, hrsg. und bearb. von Würtenberger, Thomas / Otto, Dirk, 10. Auflage, Stuttgart / Berlin / Köln, 2005 (zit. *Engisch*, Einführung).

Enneccerus, Ludwig (Begr.) / *Nipperdey*, Hans Carl: Allgemeiner Teil des Bürgerlichen Rechts, Erster Band, 15. Aufl., Tübingen, 1959.

Ent, Herbert: Gesetzgebungsökonomie, in: Öhlinger, Theo, Methodik der Gesetzgebung: Legistische Richtlinien in Theorie und Praxis, Wien / New York 1982 (= Forschung aus Staat und Recht, Band 57), S. 50–83.

Erhard, Rita: Verfassungs- und europarechtliche Probleme von Technischen Standards, Saarbrücken, 1987.

Erichsen, Hans-Uwe: Geltung und Reichweite von Gesetzes- und Parlamentsvorbehalt, VerwArch. 67 (1976), S. 93–104.

– Zum staatlich-schulischen Erziehungsauftrag und zur Lehre vom Gesetzes- und Parlamentsvorbehalt, VerwArch. 69 (1978), S. 387–396.

Erichsen, Hans-Uwe / *Ehlers*, Dirk (Hrsg.): Allgemeines Verwaltungsrecht, 13. Aufl., Berlin, 2006.

Ermel, Gudrun: Gesetz über kommunale Abgaben in Hessen, 2. Aufl., Köln / Berlin / Hannover / Kiel / Mainz / München / Wiesbaden, 1978.

Ernst, Werner: Rechtsgutachten zur Gestaltung des Verhältnisses der überbetrieblichen technischen Norm zur Rechtsordnung, hrsg. v. Deutschen Normenausschuß (DIN Normenheft 1), Berlin / Köln / Frankfurt a. M., 1973.

Ernst, Werner / *Zinkahn*, Willy / *Bielenberg*, Walter / *Krautzberger*, Michael: Baugesetzbuch, Band II, IV, München, Loseblatt, Stand d. Gesamtwerks: 85. Lfg., September 2007.

Eschenbach, Jürgen: Nochmals: Rücknahme und Widerruf von steuerlichen Verwaltungsakten, ZKF 1992, S. 10–11.

– Über den Rechtscharakter einer „Selbstberechnungserklärung" nach niedersächsischem Kommunalabgabenrecht, ZKF 1993, S. 9–13.

Esser, Josef: Grundsatz und Norm, Tübingen, 1956 (zit. *Esser*, Grundsatz und Norm).

– Wert und Bedeutung der Rechtsfiktionen, 2. Aufl., Frankfurt a. M., 1969 (zit. *Esser*, Rechtsfiktionen).

Falk, Theodor: Die Anwendung der Zivilprozessordnung und des Gerichtsverfassungsgesetzes nach § 173 Verwaltungsgerichtsordnung. Zugleich ein Beitrag zur Verweisungslehre, Diss., Mainz, 1975.

Falke, Josef: Rechtliche Aspekte der Normung in den EG-Mitgliedstaaten und der EFTA, Band 3: Deutschland, Luxembourg, 2000.

Faßbender, Kurt: Die Umsetzung von Umweltstandards der Europäischen Gemeinschaft, Köln / Berlin / Bonn / München, 2001 (zugl. Diss., Bonn, 1999 / 2000).

Feddersen, Christoph: Rechtseinheit durch Rechtszweiheit – Art. 143 GG als verfassungsrechtliches Fundament des Übergangsrechts, DVBl. 1995, S. 502–511.

Fehn, Bernd Josef: Die Verfassungswidrigkeit der Präventivüberwachung nach §§ 39 ff. AWG (Teil 1), Kriminalistik 2004, S. 252–254.

Feldhaus, Gerhard: Umweltnormung und Deregulierung, in: Rengeling, Hans-Werner (Hrsg.), Umweltnormung: Deutsche, europäische und internationale Rechtsfragen, Köln / Berlin / Bonn / München, 1998, S. 137–157.

– Umweltschutz und technische Normung, in: JbUTR 2000 (UTR 54), S. 169–189.

Filzek, Martin: Rechtsgrund- oder Rechtsfolgenverweisung auf § 144 I 1 in der neuen Notargebühren-Ermäßigungsvorschrift § 144a S. 1 KostO, JurBüro 1994, Sp. 137–139.

Fischer, Gernot / *Schomburg*, Wolfgang: Das neue Weinstrafrecht, NStZ 1983, S. 11–13.

Fischer, Thomas: Strafgesetzbuch und Nebengesetze, Kommentar, 55. Aufl., München, 2008.

Fitting, Karl / *Wlotzke*, Otfried / *Wissmann*, Hellmut: Mitbestimmungsgesetz, 2. Aufl., München, 1978.

Fleiner, Fritz: Institutionen des Deutschen Verwaltungsrechts, 8. Aufl., Tübingen, 1928.

Fluck, Jürgen (Hrsg.): Kreislaufwirtschafts-, Abfall- und Bodenschutzrecht, Kommentar, Loseblatt, Band 2, Stand d. Gesamtwerks: 77. Aktualisierung Januar 2008.

Francke, Robert: – Sozialrechtliche Rezeption ärztlicher Leitlinie –, SGb 2000, S. 159–165.

Frenz, Walter: Kreislaufwirtschafts- und Abfallgesetz, 3. Aufl., Köln / Berlin / Bonn / München, 2002.

Freund, Georg: Täuschungsschutz und Lebensmittelstrafrecht – Grundlagen und Perspektiven, ZLR 1994, S. 261–304.

Fritzsch, Theodor: Die rechtliche Bedeutung der Verweisung auf sogenannte Ausführungsgesetze in der Reichsverfassung, Grimma, 1932 (zugl. Diss., Leipzig, 1932).

Fröhler, Ludwig: Die Genehmigung technischer Anlagen im Kielwasser industrieller Erneuerung, WiVerw 1991, S. 2–20.

Frotscher, Werner / *Kramer*, Urs: Wirtschaftsverfassungs- und Wirtschaftsverwaltungsrecht, 5. Aufl., München, 2008.

Fürst, W.: Der Rechtsschutz bei der Nutzung der Kernenergie, Atomwirtschaft 1981, S. 66–71.

Fuss, Ernst-Werner: Zur Verweisung des deutschen Umsatzsteuergesetzes auf den gemeinsamen Zolltarif der Europäischen Gemeinschaften, in: FS für Heinz Paulick zum 65. Geburtstag 9. Mai 1973, hrsg. v. Kruse, Heinrich Wilhelm, Köln-Marienburg, 1973, S. 293–323.

Gamber, Dieter: Die verfassungsrechtliche Problematik der dynamischen Verweisung von Landesrecht auf Bundesrecht, VBlBW 1983, S. 197–199.

Garstka, Hansjürgen: Generalklauseln, in: Koch, Hans-Joachim (Hrsg.), Juristische Methodenlehre und analytische Philosophie, Kronberg, 1976, S. 96–123.

Gassner, Ulrich M.: Gesetzgebung und Bestimmtheitsgrundsatz, ZG 1996, S. 37–56.

– Kriterienlose Genehmigungsvorbehalte im Wirtschaftsverwaltungsrecht, Berlin, 1994 (zugl. Diss., Tübingen, 1994).

Geis, Max-Emanuel: Die „Eilversammlung" als Bewährungsprobe verfassungskonformer Auslegung, NVwZ 1992, S. 1025–1031.

Geitmann, Roland: Bundesverfassungsgericht und „offene" Normen. Zur Bindung des Gesetzgebers an Bestimmtheitserfordernisse, Berlin, 1971 (zugl. Diss., Freiburg, 1970).

Gellermann, Martin: Beeinflussung des bundesdeutschen Rechts durch Richtlinien der EG, Köln / Berlin / Bonn / München, 1994 (zugl. Diss., Osnabrück, 1993/94).

Gellermann, Martin / *Szczekalla,* Peter: Gemeinschaftskonforme Umsetzung von Umweltrichtlinien der EG, NuR 1993, S. 54–62.

Gerhardt, Michael: Normkonkretisierende Verwaltungsvorschriften, NJW 1989, S. 2233–2240.

Gern, Alfons: Kommunales Abgabenrecht, Band II, Landesrecht Baden-Württemberg, Stuttgart / Berlin / Köln / Mainz, 1982.

Gesellschaft für deutsche Sprache (Hrsg.): Fingerzeige für die Gesetzes- und Amtssprache, 11. Aufl., neu bearb. und aktualisiert von Daum, Ulrich, Wiesbaden, 1998.

Gierke, Otto von: Labands Staatsrecht und die deutsche Rechtswissenschaft, 2. unveränderte Aufl., Darmstadt, 1961.

Giese, Friedrich: Verkündung und Gesetzeskraft. Zur Frage der Verlängerung und Erneuerung befristeter Gesetze, AöR 76 (1950/51), S. 464–482.

Giesen, Dieter: Grundsätze der Konfliktlösung im Besonderen Schuldrecht, Jura 1995, S. 234–245.

Göbel, Ludwig: Gleitendes Verweisen als Rechtsetzungsform, in: Rationalisierung der Gesetzgebung, Jürgen Rödig Gedächtnissymposion, hrsg. v. Schäffer, Heinz / Triffterer, Otto, Baden-Baden, 1984, S. 64–71.

Gottwald, Peter: Grundprobleme der Beweislastverteilung, Jura 1980, S. 225–236.

Grabitz, Eberhard: Die Harmonisierung baurechtlicher Vorschriften durch die Europäischen Gemeinschaften, Baurecht und Bautechnik Band 1, Berlin, 1980 (zit. *Grabitz,* Harmonisierung baurechtlicher Vorschriften).

– Gemeinschaftsrecht bricht nationales Recht, Hamburg, 1966 (zit. *Grabitz,* Gemeinschaftsrecht bricht nationales Recht).

Grabitz, Eberhard / *Hilf,* Meinhard (Hrsg.): Das Recht der Europäischen Union, Band III, EUV / EGV, München, Stand d. Gesamtwerks: 33. Erg.-Lfg., Oktober 2007.

Grams, Hartmut A.: Die Novelle der HOAI aus Sicht der Praxis, BauR 1996, S. 39–44.

– Zur Gesetzgebung der Europäischen Union, Neuwied, Kriftel, 1998 (zugl. Diss., Freie Univ., Berlin, 1998).

Grandjot, René: Die Neuregelung der Umweltkompetenzen nach dem Koalitionsvertrag, UPR 2006, S. 97–100.

Grauer, Dieter: Die Verweisung im Bundesrecht, insbesondere auf technische Verbandsnormen. Untersuchung über eine verbreitete Figur der Gesetzestechnik, Diss., Basel, 1979.

Gröbing, Karl: Zur Rechtswirksamkeit von Verweisungsklauseln in Tarifverträgen, ArbuR 1982, S. 116–119.

Groß, Thomas: Verfassungsrechtliche Möglichkeiten und Begrenzungen für eine Selbstverwaltung der Justiz, ZRP 1999, S. 361–365.

Grund, Matthias: Zum Entwurf eines Gesetzes zur Kapitalaufnahmeerleichterung – Flucht oder Pflicht des Gesetzgebers?, ZIP 1996, S. 1969–1977.

Guckelberger, Annette: Die Gesetzgebungstechnik der Verweisung unter besonderer Berücksichtigung ihrer verfassungs- und gemeinschaftsrechtlichen Probleme, ZG 2004, S. 62–88.

Gumpert, Jobst: Bezugnahme auf Tarifverträge in Arbeitsverträgen und Tarifverträgen, BB 1961, S. 1277–1278.

Gusy, Christoph: Die Bedeutung des verfassungsrechtlichen Bestimmtheitsgebotes im Ausländerrecht, DVBl. 1979, S. 575–579.

Häberle, Peter: Theorieelemente eines allgemeinen juristischen Rezeptionsmodells, JZ 1992, S. 1033–1043.

Hadding, Walther: Die Verweisungen auf die Vorschriften über die Herausgabe einer ungerechtfertigten Bereicherung im BGB, in: FS für Otto Mühl zum 70. Geburtstag 10. Oktober 1981, hrsg. v. Damrau, Jürgen/Kraft, Alfons/Fürst, Walther, Stuttgart/Berlin/Köln/Mainz, 1981, S. 225–266.

Haft, Fritjof: Generalklauseln und unbestimmte Begriffe im Strafrecht, JuS 1975, S. 477–485.

Hailbronner, Kay: Europarechtliche Aspekte der Vergabe öffentlicher Aufträge, RIW 1992, S. 553–564.

Hallier, Hans Joachim: Die Ausfertigung und Verkündung von Gesetzen, AöR 85 (1960), S. 391–422.

Hammer, Wilhelm: Artenschutzrechtliche Eingriffe in die Grundrechte, MDR 1990, S. 369–375.

Hammer, Wilm: Technische Normen in der Rechtsordnung, MDR 1966, S. 977–981.

Hanning, August: Umweltschutz und überbetriebliche technische Normung, Köln/Berlin/Bonn/München, 1976.

Hansen, Udo: Der Indizienbeweis, JuS 1992, S. 327–330.

Hansmann, Klaus: Schwierigkeiten bei der Umsetzung und Durchführung des europäischen Umweltrechts, NVwZ 1995, S. 320–325.

Haratsch, Andreas: Die normative Bezugnahme auf Rechtsnormen, ZG 1999, S. 346–353.

– Verweisungstechnik und gemeinschaftsgerichtete EG-Richtlinie, EuR 2000, S. 42–61.

Hasse, Andreas: Das Verhältnis des Geldwäschegesetzes zur Legitimationsprüfungspflicht nach § 154 AO, WM 1995, S. 1941–1947.

Hassemer, Winfried: Tatbestand und Typus, Köln / Berlin / Bonn / München, 1968.

Hassold, Gerhard: Die Verweisungen in § 682 BGB – Rechtsfolgeverweisung oder Rechtsgrundverweisung?, JR 1989, S. 358–363.

Hatopp, Wilhelm: Nochmals: Zur verfassungsrechtlichen Zulässigkeit der Verweisung im § 12 des kommunalen Abgabengesetzes vom 21. Oktober 1969 (KAG) für das Land Nordrhein-Westfalen auf Bestimmungen der Abgabenordnung, KStZ 1980, S. 92–93.

Heberlein, Horst: Die Verweisung auf § 80 Abs. 6 VwGO – ein Redaktionsversehen?, BayVBl. 1993, S. 743–748.

Heck, Philipp: Begriffsbildung und Interessenjurisprudenz, Tübingen, 1932.

Hecker, Bernd: Europäisches Strafrecht, 2. Aufl., Berlin / Heidelberg / New York, 2007.

Heckmann, Dirk: Geltungskraft und Geltungsverlust von Rechtsnormen, Tübingen, 1997 (zugl. Habil., Freiburg i. Br., 1995/96).

Heide, Isabella Maria von der: Tatbestands- und Vorsatzproblem bei der Steuerhinterziehung nach § 370 AO – zugleich ein Betrag zur Abgrenzung der Blankettstrafgesetze von Strafgesetzen mit normativen Tatbestandsmerkmalen, Berlin, 1986.

Heimburg, Sibylle von: Verwaltungsaufgaben und Private, Berlin, 1982.

Heintzen, Markus: EU-Verordnungsentwurf zur Anwendung von IAS: Kein Verstoß gegen Unionsverfassungsrecht, BB 2001, S. 825–829.

– Zur Verfassungsmäßigkeit von § 292a Abs. 2 Nr. 2 a) HGB, BB 1999, S. 1050–1054.

Hellermann, Johannes: Private Standardsetzung im Bilanzrecht – öffentlich-rechtlich gesehen, NZG 2000, S. 1097–1103.

Hendler, Reinhard: Unitarisierungstendenzen im Bereich der Gesetzgebung, ZG 1987, S. 210–227.

Henkel, Heinrich: Einführung in die Rechtsphilosophie, 2. Aufl., München, 1977.

Hennecke, Frank: Anmerkung, DÖV 1982, S. 696–697.

Henrichs, Wilhelm: Anmerkung, DVBl. 1964, S. 150–151.

Henssler, Martin / *Parpart*, Heike: Anmerkung (BAG, Urt. v. 17. 5. 2000 – 4 AZR 363/99), SAE 2002, S. 210–215.

Henssler, Martin / *Slota*, Christian: Der Befreiungstatbestand des § 292a HGB – Nur eine Zwischenlösung, NZG 1999, S. 1133–1143.

344 Literaturverzeichnis

Henzold: Wortbeitrag, in: DIN-Normungskunde 14, S. 77.

Herb, Armin: Verweisungsfehler im Datenschutz-Strafrecht, Braunschweig, Wiesbaden, 1986.

Herschel, Wilhelm: Gesetzliche Verweisung auf einen jeweiligen Tarifvertrag, ZfA 1985, S. 21–24.

– Rechtsfragen der Technischen Überwachung, 2. Aufl., Heidelberg, 1980.

– Regeln der Technik, NJW 1968, S. 617–623.

– Verweisungen in Tarifverträgen und Betriebsvereinbarungen, BB 1963, S. 1220–1223.

Hertwig, Stefan: Die Verweisung eines Gesetzes auf einen Tarifvertrag und die Folgen für das Verständnis der Tarifautonomie, RdA 1985, S. 282–288.

Herzog, Roman: Hierarchie der Verfassungsnormen und ihre Funktion beim Schutz der Grundrechte, EuGRZ 1990, S. 483–486.

Hesse, Konrad: Grundzüge des Verfassungsrechts der Bundesrepublik Deutschland, 20. Auflage, Heidelberg, 1995.

Heydt, Volker: Buchbesprechungen: Die Verweisung als Mittel der Gesetzgebung von Hans-Ulrich Karpen, NJW 1971, S. 927.

Heyen, Erk Volkmar: Das staatstheoretische und rechtstheoretische Problem des Beliehenen, Berlin, 1973 (zugl. Diss. Konstanz 1973).

Hilf, Meinhard: Die Richtlinie der EG – ohne Richtung, ohne Linie?, EuR 1993, S. 1–22.

Hill, Hermann: Einführung in die Gesetzgebungslehre, Heidelberg, 1982.

– Rechtsdogmatische Probleme der Gesetzgebung, Jura 1986, S. 286–298.

– Zur Verweisung auf Richtlinien im Kassenarztrecht, NJW 1982, S. 2104–2108.

Hiller, Axel: Die Verweisungen in den Satzungen der Kassenärztlichen Vereinigungen und der Verbände der Krankenkassen auf die Richtlinien der Bundesausschüsse der Ärzte und Krankenkasse, Diss., Gießen, 1988.

Himmelmann, Steffen: Gemeinschaftsrechtliche Vorgaben für die Umsetzung von EG-Recht, DÖV 1996, S. 145–151.

– A. 1. Grundlagen des Umweltrechts, in: Himmelmann, Steffen / Pohl, Andreas / Tünnesen-Harmes, Christian / Büge, Dirk, Handbuch des Umweltrechts, Loseblatt, München, Stand d. Gesamtwerks: August 2000.

Hinsen, Wilhelm: Probleme der Kalkulation kommunaler Kanalbenutzungsgebühren in der Rechtsprechung des OVG NW, KStZ 1989, S. 221–226.

Hoffmann-Riem, Wolfgang: Telekommunikationsrecht als europäisches Verwaltungsrecht, DVBl. 1999, S. 125–134.

Hoffmeister, Frank: Besonderheiten des Berliner Verwaltungsrechts, NJ 1999, S. 393–398.

Holzinger, Gerhart: Die Technik der Rechtssetzung, in: Schäfer, Heinz (Hrsg.), Theorie der Rechtssetzung, Wien, 1988, S. 275–302.

Hömig, D.: Verweisung, in: Kimminich, Otto / Lersner, Heinrich Freiherr von / Storm, Peter-Christoph (Hrsg.): Handwörterbuch des Umweltrechts (HdUR), Band 2: Nachbarrecht – Zweitanmeldung, 2. Aufl., Berlin 1994, Sp. 2684–2687.

Hömig, Dieter: Grundgesetz für die Bundesrepublik Deutschland, 8. Auflage, Baden-Baden, 2007.

– Zur Zulässigkeit statischer Verweisung des Bundesrechts auf nichtnormative Regelungen, DVBl. 1979, S. 307–311.

Hommelhoff, Peter: Deutscher Konzernabschluß: International Accountig Standards und das Grundgesetz, in: FS für Walter Odersky zum 65. Geburtstag am 17. Juli 1996, hrsg. v. Böttcher, Reinhard / Hueck, Götz / Jähnke, Burkhard, Berlin / New York, 1996, S. 779–797.

Hoppe, Werner / *Beckmann*, Martin / *Kauch*, Petra: Umweltrecht, 2. Aufl., München, 2000.

Horn, Wieland: Anmerkung (BGH, Urt. v. 14. 2. 1978 – X ZR 19/76 = BGHZ 71, 86), GRUR 1978, S. 496–498.

Hornmann, Gerhard: Hessisches Gesetz über die öffentliche Sicherheit und Ordnung (HSOG), München, 1997.

Hotz, Reinhold: Erschliessung ergänzender Regelungsinhalte durch stillschweigende dynamische Verweisungen, in: Der Verfassungsstaat vor neuen Herausforderungen, FS für Yvo Hangartner, hrsg. v. Ehrenzeller, Bernhard / Mastrondardi, Philippe / Schaffhauser, René / Schweizer, Rainer J. / Vallender, Klaus A., St. Gallen / Lachen SZ, 1998, S. 195–212.

Huber, Ernst Rudolf: Beliehene Verbände, DVBl. 1952, S. 456–460.

– Wirtschaftsverwaltungsrecht, Erster Band, 2. Aufl., Tübingen, 1953.

Huber, Stephan: Kommunale Satzungen und ihre verwaltungsgerichtliche Überprüfung unter dem Einfluß von EG-Richtlinien, BayVBl. 1998, S. 584–590.

Hübschmann, Walter / *Hepp*, Ernst / *Spitaler*, Armin: Abgabenordnung, Finanzgerichtsordnung, Kommentar, Band XII, Loseblatt, Köln, Stand d. Gesamtwerks: 196. Lfg. Dezember 2007.

Hueck, Götz: Anmerkung (BAG, Beschl. v. 9. 12. 1975 – 1 ABR 80/73), SAE 1977, S. 77–81.

Hufeld, Ulrich: Die Verfassungsdurchbrechung, Berlin, 1997 (zugl. Diss., Heidelberg, 1996).

Hüßler, Thomas: Anmerkung (BVerfG, Beschl. v. 17. 3. 1978 – 2 BvR 1086/77), RIW 1979, S. 133–134.

Hugger, Heiner: Zur strafbarkeitserweiternden richtlinienkonformen Auslegung deutscher Strafvorschriften, NStZ 1993, S. 421–424.

Hugger, Werner: Gesetze – Ihre Vorbereitung, Abfassung und Prüfung, Baden-Baden, 1983.

Hunold, Wolf: Ausgewählte Rechtsprechung zum Betriebsübergang – Teil 2, NZA-RR 2003, S. 561–568.

Hunscha, A.: Die starre Verweisung aus Sicht der Wissenschaft, in: DIN-Normungskunde 17, 1982, S. 75–78.

Iffland, Hans: Verweisung in Tarifverträgen und Betriebsvereinbarungen, DB 1964, S. 1737–1741.

Illinger, Ernst Ludwig: Die Verweisung auf Beamtenrecht im Arbeitsverhältnis, Diss., Hamburg, 1941.

Ipsen, Jörn: Die Bewältigung der wissenschaftlichen und technischen Entwicklungen durch das Verwaltungsrecht, VVDStRL 48 (1990), S. 177–206.

– Die Genehmigung technischer Großanlagen, Rechtliche Regelung und neuere Judikatur, AöR 107 (1982), S. 259–296.

– Die Kompetenzverteilung zwischen Bund und Ländern nach der Föderalismusnovelle, NJW 2006, S. 2801–2806.

– Staatsrecht I, Staatsorganisationsrecht, 19. Aufl., Köln/München, 2007 (zit. *Ipsen*, Staatsrecht I).

Irresberger, Karl: Legistische Probleme der Umsetzung von Gemeinschaftsrecht unter besonderer Berücksichtigung der Verweisungs-Problematik, in: Bußjäger, Peter/Kleiser, Christoph (Hrsg.), Legistik und Gemeinschaftsrecht, Wien, 2001.

Jachmann, Monika: Die Bindungswirkung normkonkretisierender Verwaltungsvorschriften, Verw. 28 (1995), S. 17–31.

– Die Fiktion im öffentlichen Recht, Berlin, 1998 (zugl. Habil., Regensburg, 1995/96; zit. *Jachmann*, Habil.).

– Vereinbarungen über Erschließungsbeiträge im Rahmen von Grundstücksverträgen mit Gemeinden, Diss., Regensburg, 1991 (zit. *Jachmann*, Diss.).

– Zur Rechtsnatur der Beihilfevorschriften, ZBR 1997, S. 342–350.

Jacobs, Matthias: Anmerkung (BAG, Urt. v. 24. 11. 1999 – 4 AZR 666/98), AP Nr. 34 zu § 4 TVG Nachwirkung.

Jaeckel, Liv: Enteignung aus energiewirtschaftlichen Zwecken – Einige Anmerkungen zur gesetzlichen Verweisungstechnik, SächsVBl. 2000, S. 205–209.

Jähnke, Burkhard/*Laufhütte*, Heinrich Wilhelm/*Odersky*, Walter (Hrsg.): Strafgesetzbuch, Leipziger Kommentar, Erster Band (Einleitung; §§ 1 bis 32), 11. Aufl., Berlin, 2003 (zit. Bearb., in: LK-StGB).

Jansen, Bernhard: Anmerkung (BVerfGE 47, S. 285), DÖV 1979, S. 332–334.

Jansen, G. J.: Der Ablauf des Preisgesetzes zum 30. 6. 1950 wegen Verfassungswidrigkeit der Verlängerungsgesetze, JR 1953, S. 408–411.

Jarass, Hans D.: BImSchG, 7. Aufl., München, 2007.

– Der rechtliche Stellenwert technischer und wissenschaftlicher Standards, NJW 1987, S. 1225–1231.

– Wirtschaftsverwaltungsrecht: mit Wirtschaftsverfassungsrecht, 3. Aufl., Neuwied, Kriftel, Berlin, 1997.

Jarass, Hans D./*Beljin*, Sasa: Die Bedeutung von Vorrang und Durchführung des EG-Rechts für die nationale Rechtsetzung und Rechtsanwendung, NVwZ 2004, S. 1–11.

Jarass, Hans D./*Pieroth*, Bodo: Grundgesetz für die Bundesrepublik Deutschland, Kommentar, 9. Aufl., München, 2007.

Jarass, Hans D./*Ruchay*, Dietrich/*Weidemann*, Clemens: Kreislaufwirtschafts- und Abfallgesetz (KrW-/AbfG), Kommentar, Loseblatt, Band III, München, Stand d. Gesamtwerks: 17. Erg.-Lfg. August 2005.

Jellinek, Walter: Gesetz, Gesetzesanwendung und Zweckmäßigkeitserwägung, Tübingen, 1913 (zit. *Jellinek*, Gesetz).

– Verwaltungsrecht, 3. Aufl., Heidelberg, 1931, Neudruck, Bad Homburg v. d. H., Berlin/Zürich, 1966 (zit. *Jellinek*, Verwaltungsrecht).

Jesch, Dietrich: Unbestimmter Rechtsbegriff und Ermessen in rechtstheoretischer und verfassungsrechtlicher Sicht, AöR 82 (1957), S. 163–249.

Jescheck, Hans-Heinrich/*Weigend*, Thomas: Lehrbuch des Strafrechts, Allgemeiner Teil, 5. Aufl., Berlin, 1996.

Joecks, Wolfgang/*Miebach*, Klaus (Hrsg.): Münchner Kommentar zum Strafgesetzbuch, Band 1, §§ 1–51 StGB, München 2003 (zit. Bearb., in: MünchKommStGB).

Jörissen, Juliane: Produktbezogener Umweltschutz und technische Normen, Köln/Berlin/Bonn/München, 1997.

Kadelbach, Stefan: Allgemeines Verwaltungsrecht unter europäischem Einfluß, Tübingen, 1999 (zugl. Habil., Frankfurt a. M., 1996).

Kahl, Wolfgang: Die Sanierungsverantwortlichkeit nach dem Bundes-Bodenschutzgesetz, Verw. 2000, S. 29–78.

Kanzler, Hans-Joachim: Kinderbetreuungskosten als außergewöhnliche Belastung, FR 1986, S. 1–9.

Karpen, Hans-Ulrich: Die Verweisung als Mittel der Gesetzgebung, Berlin, 1970 (zugl. Diss., Köln, 1968; zit. *Karpen*).

– Die Verweisungstechnik im System horizontaler und vertikaler Gewaltenteilung, in: Rödig, Jürgen (Hrsg.), Studien zu einer Theorie der Gesetzgebung, Berlin / Heidelberg / New York, 1976, S. 221–243 (zit. *Karpen*, in: *Rödig*).

– Zur Verweisung auf Regelungen privatrechtlicher Verbände, ZRP 1978, S. 151.

Karst, Thomas: Die „Kampfhundesteuer" – Ausfluß kommunalgesetzgeberischer Rechtsetzungshoheit oder Willkür?, NVwZ 1999, S. 244–250.

Kast, Herbert: Die Bezugnahme in nebenstrafrechtlichen Rechtssätzen, in: Rödig, Jürgen (Hrsg.), Studien zu einer Theorie der Gesetzgebung, Berlin / Heidelberg / New York, 1976, S. 261–272.

Kastner, Oswald: Zur Gesetzestechnik des Allgemeinen Bürgerlichen Gesetzbuches, in: FS zur Jahrhundertfeier des Allgemeinen Bürgerlichen Gesetzbuches am 1. Juni 1911, Erster Teil, Wien, 1911, S. 533–556 (zit. *Kastner*, in: FS 100 Jahre ABGB I).

Katzenberger, Paul: Urheberrechtsschutz von DIN-Normen bei Verknüpfung mit Rechts- und Verwaltungsvorschriften, DIN-Mitt. 64 (1985), S. 279–295.

Kaufmann, Arthur: Analogie und „Natur der Sache", 2. Aufl., Heidelberg / Hamburg, 1982.

Kegel, Gerhard / *Schurig*, Klaus: Internationales Privatrecht, 9. Aufl., München, 2004.

Keller, Adolf: Die Kritik, Korrektur und Interpretation des Gesetzeswortlautes, Winterthur, 1960 (zugl. Diss., Zürich, 1960).

Kelsen, Hans: Das Problem der Souveränität und die Theorie des Völkerrechts, Unveränderter Neudruck der 2. Aufl. von 1928, Tübingen, 1960.

Kempen, Otto Ernst / *Zachert*, Ulrich: Tarifvertragsgesetz, Kommentar für die Praxis, 3. Aufl., Köln, 1997.

Kert, Robert: Die Sanktionierung von Verstößen gegen Gemeinschaftsrecht durch nationales Strafrecht am Beispiel des Lebensmittelstrafrechts, JBl. 1999, S. 87–101.

Kesper, Irene: Reform des Föderalismus in der Bundesrepublik Deutschland, NdsVBl. 2006, S. 145–158.

Keymer, Dietrich: Das Nebentätigkeitsrecht der Arbeitnehmer im öffentlichen Dienst, ZTR 1988, S. 193–198.

Kimminich, Otto: Rezension: Hans-Ulrich Karpen, Die Verweisung als Mittel der Gesetzgebungstechnik, DÖV 1971, S. 503–504.

Kindermann, Harald: Entwicklungsstand legistischer Richtlinien des deutschen Sprachraums, in: Öhlinger, Theo, Methodik der Gesetzgebung: Legistische Richtlinien in Theorie und Praxis, Wien / New York 1982 (= Forschung aus Staat und Recht, Band 57) S. 211–231 (zit. *Kindermann*, in: Öhlinger).

– Ministerielle Richtlinien der Gesetzgebungstechnik, Berlin / Heidelberg / New York, 1979 (zit. *Kindermann*, Ministerielle Richtlinien).

Kirchhof, Ferdinand: Private Rechtsetzung, Berlin, 1987 (zugl. Habil., Speyer, 1985).

– Rechtliche Bestimmungen des Wettbewerbsgebiets zwischen Krankenkassen, VSSR 1990, S. 139–151.

Kirchhof, Paul: Das Einkommensteuergesetz – eine mißglückte Ausgestaltung eines zutreffenden Belastungsprinzips, in: Diederichsen, Uwe / Dreier, Ralf (Hrsg.), Das mißglückte Gesetz, 8. Symposium der Kommission „Die Funktion des Gesetzes in Geschichte und Gegenwart", Göttingen, 1997, S. 125–154 (zit. *P. Kirchhof*, in: Diederichsen / Dreier).

– Deutsche Sprache, in: Isensee, Josef / *Kirchhof*, Paul (Hrsg.): Handbuch des Staatsrechts der Bundesrepublik Deutschland, Band II, Verfassungsstaat, 3. Aufl., Heidelberg, 2004, § 20, S. 209–258 (zit. *P. Kirchhof*, in: HStR II).

– Reversibles Verwaltungsrecht, in: System des verwaltungsgerichtlichen Rechtsschutzes, FS für Christian-Friedrich Menger, hrsg. v. Erichsen, Hans-Uwe / Hoppe, Werner / Mutius, Albert v., Köln / Berlin / Bonn / München, 1985, S. 813–830 (zit. *P. Kirchhof*, in: FS Menger).

Kirchhof, Paul / *Söhn*, Hartmut / *Mellinghoff*, Rudolf: Einkommensteuergesetz, Kommentar, Loseblatt, Heidelberg, Stand d. Gesamtwerkes: 181. Aktualisierung (November 2007).

Kistner, Peter: Die Freiheitsentziehung auf Grund von Verordnungsrecht (Zur Verfassungsmäßigkeit des § 71 StVZO), DRiZ 1962, S. 118–121.

Klein, Friedrich: Verordnungsermächtigung nach deutschem Verfassungsrecht, in: Genzer, W. E. / Einbeck, W. (Bearb.), Die Übertragung rechtssetzender Gewalt im Rechtsstaat, Frankfurt a. M., 1952, S. 7–78.

Klein, Hans: Rechtsqualität und Rechtswirkung von Verwaltungsnormen, in: Festgabe für Ernst Forsthoff zum 65. Geburtstag, hrsg. v. Doehring, Karl, München, 1967, S. 163–187.

Klein, Hans Hugo: Stellung und Aufgaben des Bundestages, in: Isensee, Josef / Kirchhof, Paul (Hrsg.): Handbuch des Staatsrechts der Bundesrepublik Deutschland, Band III, Demokratie – Bundesorgane, 3. Aufl., Heidelberg, 2005, § 50, S. 711–740 (zit. *H. H. Klein*, in: HStR III).

Kleist, Norbert: Nochmals: Anwendung der § 144 I 1 und § 144a S. 1 KostO, JurBüro 1994, Sp. 260–262.

Klindt, Thomas: Die Zulässigkeit dynamischer Verweisungen auf EG-Recht aus verfassungs- und europarechtlicher Sicht, DVBl. 1998, S. 373–380.

Klink, Thomas: Pauschale Ermächtigungen zur Umsetzung von Europäischem Umweltrecht mittels Rechtsverordnung, Berlin, 2005 (zugl. Diss., Konstanz, 2004/2005).

Kloepfer, Michael: Der Vorbehalt des Gesetzes im Wandel, JZ 1984, S. 685–695.

– Handel unter Unsicherheit im Umweltstaat, in Gethmann, Carl Friedrich / Kloepfer, Michael (Hrsg.), Handeln unter Risiko im Umweltstaat, Berlin / Heidelberg / New York / London / Paris / Tokyo / Hong Kong / Barcelona / Budapest, 1993, S. 55–98.

– Umweltrecht, 3. Aufl., München, 2004.

Kloepfer, Michael / *Elsner,* Thomas: Selbstregulierung im Umwelt- und Technikrecht, DVBl. 1996, S. 964–975.

Kloepfer, Michael / *Rehbinder,* Eckard / *Schmidt-Aßmann,* Eberhard / *Kunig,* Philip: Umweltgesetzbuch: Allgemeiner Teil; Forschungsbericht, 2. Aufl., Berlin, 1991.

Kloepfer, Michael / *Vierhaus,* Hans-Peter: Umweltstrafrecht, 2. Aufl., München, 2002.

Knaup, Hans (Begr.) / *Stange,* Gustav-Adolf: Kommentar zur Baunutzungsverordnung, 8. Aufl., Düsseldorf, 1997.

Knütel, Rolf: Das Verbraucherkreditgesetz als mißlungenes Gesetz, in: Diederichsen, Uwe / Dreier, Ralf (Hrsg.), Das mißglückte Gesetz, 8. Symposium der Kommission „Die Funktion des Gesetzes in Geschichte und Gegenwart", Göttingen, 1997, S. 62–92.

Köbler, Gerhard: Juristisches Wörterbuch, 13. Aufl., München, 2005.

Koch, Hans-Joachim: Grenzen der Rechtsverbindlichkeit technischer Regeln im öffentlichen Baurecht, Düsseldorf, 1986.

Koch, Hans-Joachim / *Rüßmann,* Helmut: Juristische Begründungslehre, München, 1982.

Koch, Hans-Joachim / *Scheuing,* Dieter H. (Hrsg.): GK-BImSchG. Gemeinschaftskommentar zum Bundes-Immissionsschutzgesetz. Düsseldorf, Loseblatt, Stand d. Gesamtwerks: Aktualisierungslieferung Nr. 24 Dezember 2007.

Koenig, Christian / *Neumann,* Andreas: Zusammenschaltungs-Entgeltregulierung unterhalb der Schwelle „beträchtlicher Marktmacht"?, RTkom 2000, S. 27–34.

Kohler, Josef: Technik der Gesetzgebung, AcP 96 (1905), S. 345–375.

Koja, Friedrich: Das Verfassungsrecht der österreichischen Bundesländer, 2. Aufl., Wien / New York, 1988.

– Zur Frage der verfassungsrechtlichen Zulässigkeit statischer und dynamischer Verweisungen, ÖJZ 1979, S. 29–35.

Kopp, Ferdinand O.: Der Vollzug von Landesrecht in bundesgesetzlich geregelten Verfahren, BayVBl. 1973, S. 85–90.

– Die Verweisung auf § 80 Abs. 6 VwGO – ein Redaktionsversehen?, BayVBl. 1994, S. 524–525.

Kopp, Ferdinand O. (Begr.) / *Ramsauer,* Ulrich: Verwaltungsverfahrensgesetz, 10. Aufl., München, 2008.

Kopp, Ferdinand O. (Begr.) / *Schenke,* Wolf-Rüdiger: Verwaltungsgerichtsordnung, 15. Auflage, München, 2007.

Korbion, Hermann / *Mantscheff,* Jack / *Vygen,* Klaus: HOAI, 6. Aufl., München, 2004.

Kotulla, Michael: Die Umsetzung supra- und internationaler Verpflichtungen in das deutsche Recht mittels § 6a WHG, ZfW 2000, S. 85–99.

– Wasserhaushaltsgesetz, Kommentar, Stuttgart, 2003.

Kraif, Ursula (Bearb.): Duden, Das große Fremdwörterbuch: Herkunft und Bedeutung der Fremdwörter, 4. Aufl., Mannheim/Leipzig/Wien/Zürich, 2007.

Krämer, Clemens: Vorläufiger Rechtsschutz im VwGO-Verfahren, Freiburg i. Br., Berlin/München, 1998.

Krebs, Walter: Zum aktuellen Stand der Lehre vom Vorbehalt des Gesetzes, Jura 1979, S. 304–312.

Kreiner, Sebastian: Parlamentsgesetzlich geändertes Verordnungsrecht und gerichtliche Normenkontrolle, BayVBl. 2005, S. 106–111.

Kremser, Holger: Verfassungsrechtliche Zulässigkeit technischer Regelwerke bei der Genehmigung von Atomanlagen, DÖV 1995, S. 275–283.

Kreppel, Thomas: Persönlichkeitsrecht und Abgabenpflicht. Das Tatbestandsmäßigkeitsprinzip und die Gestaltungsfreiheit des Steuergesetzgebers, in: Grundrechtsschutz im nationalen und internationalen Recht. Werner von Simson zum 75. Geburtstag, Schwarze, Jürgen/Vitzthum, Wolfgang Graf (Hrsg.), Baden-Baden, 1983, S. 119–135.

Krey, Volker: Zur Verweisung auf EWG-Verordnungen in Blankettstrafgesetzen am Beispiel der Entwürfe eines Dritten und Vierten Gesetzes zur Änderung des Weingesetzes, in: EWR 2/1981, S. 109–200.

Krieger, Stephan: Normkonkretisierung im Recht der wassergefährdenden Stoffe, Berlin, 1992 (zugl. Diss., Bonn, 1992).

Kropholler, Jan: Internationales Privatrecht, 6. Aufl., Tübingen, 2006.

Krüger, Herbert: Allgemeine Staatslehre, 2. Aufl., Stuttgart/Berlin/Köln/Mainz, 1966.

Krüger, Hildegard: Verlängerungsgesetz, DÖV 1950, S. 336.

Krüger, Uwe: Der Adressat des Rechtsgesetzes. Ein Beitrag zur Gesetzgebungslehre, Berlin 1969.

Küchler, Kurt: Geltung von Landesbaurecht für Bundesbahnanlagen?, DÖV 1997, S. 187–194.

Kühne, Hans-Heiner: Verstoß gegen Bezeichnungsrecht – Kriminelles Unrecht oder Ordnungsunrecht?, ZLR 1996, S. 369–379.

Kunig, Philip: Das Rechtsstaatsprinzip, Tübingen, 1986 (zugl. Habil., Hamburg, 1985).

– Zur „hinreichenden Bestimmtheit" von Norm und Einzelakt, Jura 1990, S. 495–498.

Kunig, Philip/*Paetow*, Stefan/*Versteyl*, Ludger Anselm: Kreislaufwirtschafts- und Abfallgesetz, Kommentar, 2. Aufl., München, 2003.

Küttner, Wolfdieter/*Zietsch*, Hans-Joachim/*Gravenhorst*, Wulf: Abgrenzung der Gruppe der leitenden Angestellten: Verfassungswidrigkeit des § 5 Abs. 3 BetrVG, DB 1979, S. 546–550.

Laband, Paul: Deutsches Reichsstaatsrecht, 7. Aufl., bearb. v. Mayer, Otto, Neudruck, Aalen, 1969.

Ladeur, Karl-Heinz: Zum planerischen Charakter der technischen Normen im Umweltrecht, UPR 1987, S. 253–260.

Lamb, Irene: Kooperative Gesetzeskonkretisierung, Baden-Baden, 1995 (zugl. Diss., Hamburg, 1994).

Lambrecht, Claus: Generalklauseln und technischer Fortschritt, DÖV 1981, S. 700–706.

Lambrich, Thomas: BB-Kommentar (BAG, Urt. v. 26. 9. 2001 – 4 AZR 544/00), BB 2002, S. 1267–1269.

Landmann, Robert von / *Rohmer*, Gustav: Umweltrecht, Band 1: BImSchG mit Durchführungsvorschriften; Band 3: Sonstiges Umweltrecht. München, Loseblatt, Stand d. Gesamtwerks: 52. Erg.-Lfg., September 2005.

Lange, Klaus: Möglichkeiten und Grenzen gemeindlicher Wirtschaftsförderung, Köln / Hannover / Kiel / Mainz / München, 1981.

Larenz, Karl: Methodenlehre der Rechtswissenschaft, 6. Aufl., Berlin / Heidelberg / New York, 1991.

Lauer, Eva: Der Irrtum über Blankettstrafgesetze am Beispiel des § 106 UrhebG, Bonn, 1997 (zugl. Diss., Bonn, 1996).

Lausch, Hannelore: Europäische Umweltweltpolitik auf dem Gebiet des Gewässerschutzes, Steinbach (Taunus), 1987.

Lecheler, Helmut: Selbstregulative Verantwortung oder staatliche Steuerung?, in: Säcker, Franz Jürgen: Reform des Energierechts – Beiträge zum Energiewirtschaftsrecht, Energiewettbewerbsrecht, Energievertragsrecht und Verwaltungsverfahrensrecht, Heidelberg, 2003, S. 57–64.

Lehner, Moris: Zur Bestimmtheit von Rechtsnormen – am Beispiel einer Entscheidung des Österreichischen VerfGH, NJW 1991, S. 890–893.

Leibholz, Gerhard / *Rinck*, Hans-Justus (Hrsg.) / *Hesselberger*, Dieter: Grundgesetz, Kommentar an Hand der Rechtsprechung des Bundesverfassungsgerichts, Köln, Band I (Art. 1–11) und III (Art. 70–146), Loseblatt, Stand d. Gesamtwerks: 47. Lfg. Dezember 2007.

Leipold, Dieter: Beweislastregeln und gesetzliche Vermutungen, Diss., München, 1965/66.

Lensing, Burkard: Novellierung der FW 308: Trügerische Investitionssicherheit, EHP 31. Jg. (2002), Heft 11, S. 24–25.

Lenz, Carl Otto / *Borchardt*, Klaus-Dieter (Hrsg.): EU- und EG-Vertrag, 4. Aufl., Köln, 2006.

Lerche, Peter: Übermaß und Verfassungsrecht. Zur Bindung des Gesetzgebers an die Grundsätze der Verhältnismäßigkeit und der Erforderlichkeit, 2. Aufl., Goldbach (bei Aschaffenburg), 1999.

– Wortbeitrag, Aussprache zu dem Referat Lerche, in: *Eisenmann*, Peter / *Zieger*, Gottfried (Hrsg.), Zur Rechtslage Deutschlands, S. 104 – 105.

Lersner, Heinrich Freiherr von / *Berendes*, Konrad / *Reinhardt*, Michael (Hrsg.), Handbuch des Deutschen Wasserrechts, Bd. 1, Stand d. Gesamtwerks: Erg.-Lfg. 01/08 Januar 2008.

Lersner, Heinrich Freiherr von / *Wendenburg*, Helge: Recht der Abfallbeseitigung, Loseblatt, Berlin, Band 1, Stand d. Gesamtwerks: Erg.-Lfg. 2/08 August 2008.

Lickteig, Hella: Die Anwendbarkeit der Abgabenordnung und des Verwaltungsverfahrensgesetzes auf Kommunalabgaben in Baden-Württemberg, Diss., Konstanz, 1985.

Link, Christoph / *Wall*, Heinrich de: Verfassungsanforderungen an die Honorarverteilung im Vertragsarztrecht – insbesondere im Blick auf ärztliche Minderheitsgruppen, VSSR 2001, S. 69 – 99.

Lippold, Rainer: Recht und Ordnung, Wien, 2000 (zugl. Habil., Hamburg, 1999).

List, Friedrich: Energierecht, 2. Aufl., Wiesbaden, 1952.

Liu, Yongdong: Fachsprachliche Zeige- und Verweisungsstrukturen in Patentschriften, München, 1992.

Locher, Horst / *Koeble*, Wolfgang: Kommentar zur HOAI, 6. Aufl., Düsseldorf, 1991 (zit. *Locher* / *Koeble*, 6. Aufl., 1991, HOAI).

Locher, Horst / *Koeble*, Wolfgang / *Frik*, Werner: Kommentar zur HOAI, 7. Aufl., Düsseldorf, 1996 (zit. *Locher* / *Koeble* / *Frik*, 7. Aufl., 1996, HOAI).

Lohberger, Ingram Karl: Blankettstrafrecht und Grundgesetz, Diss., München, 1968.

Lohse, Volker: Gesetzgebungsübersicht, Neue Verwaltungsverfahrensgesetze der Länder, JuS 1977, S. 276 – 277.

Lorenz, Egon, Ist das „Gesetz für kleine Aktiengesellschaften und zur Deregulierung des Aktienrechts" nach § 36 VAG auch auf die Versicherungsvereine auf Gegenseitigkeit anzuwenden?, VersR 1995, S. 514 – 516.

Löwisch, Manfred: Blankettverweisung und Überraschungsklauseln, NZA 1985, S. 317.

Lübbe-Wolff, Gertrude: Die sechste Novelle zum Wasserhaushaltsgesetz, ZUR 1997, S. 61 – 71.

– Konfliktmittlung beim Erlaß technischer Regeln, in: Hoffmann-Riem, Wolfgang / Schmidt-Aßmann, Eberhard (Hrsg.), Konfliktbewältigung durch Verhandlung, Band 2: Konfliktmittlung im Verwaltungsverfahren, Baden-Baden, 1999, S. 87 – 108.

– Stellungnahme zum Entwurf eines Gesetzes zur Änderung des Wasserhaushaltsgesetzes (WHG) (BT-Drs. 1371207), in: Ausschuß für Umwelt, Naturschutz und Reaktorsicherheit, Ausschuß-Drucksache 13/119, Teil I, S. 19 – 36.

– Verfassungsrechtliche Fragen der Normsetzung und Normkonkretisierung im Umweltrecht, ZG 6 (1991), S. 219 – 248.

Lüdemann, Jörn: Die verfassungskonforme Auslegung von Gesetzen, JuS 2004, S. 27–30.

Lukes, Rudolf: Das Atomrecht im Spannungsfeld zwischen Technik und Recht, NJW 1978, S. 241–246.

– Regelung technischer Sachverhalte in der Rechtsordnung, in: Lukes, Rudolf / Birkhofer, Adolf (Hrsg.): Rechtliche Ordnung der Technik als Aufgabe der Industriegesellschaft, Köln / Berlin / Bonn / München, 1980, S. 81–96.

– Überbetriebliche technische Normung in den Rechtsordnungen ausgewählter EWG- und EFTA-Staaten: Frankreich, Großbritannien, Italien, Österreich, Schweden, Köln / Berlin / Bonn / München, 1979.

– Untersuchungen der Bestimmtheitsanforderungen an Unfallverhütungsvorschriften unter Berücksichtigung des gesetzlichen Auftrages zum Erlaß von Unfallverhütungsvorschriften, ihrer Durchsetzbarkeit und Praktikabilität, BG 1973, S. 429–449.

Lutz, Peter: Anmerkung (BGH, Urt. v. 26. 4. 1990 – I ZR 79/88), RzU BGHZ Nr. 438.

Mangoldt, Hermann v. / *Klein*, Friedrich: Das Bonner Grundgesetz, Kommentar, Band III, 2. Aufl., München, 1974 (zit. *v. Mangoldt / Friedrich Klein*, 2. Aufl.).

Mangoldt, Hermann v. (Begr.) / *Klein*, Friedrich / *Pestalozza*, Christian: Das Bonner Grundgesetz, Kommentar, Band 8, Artikel 70 bis 75: die Gesetzgebungskompetenzen, 3. Aufl., München, 1996 (zit. *v. Mangoldt / Friedrich Klein / Pestalozza*, 3. Aufl.).

Mangoldt, Hermann v. (Begr.) / *Klein*, Friedrich / *Starck*, Christian (Hrsg.): Das Bonner Grundgesetz, Kommentar, Band 1, Präambel, Artikel 1 bis 19, 5. Aufl., München, 2005, Band 2, Artikel 20 bis 82, 5. Aufl., München, 2005, Band 3, Artikel 83 bis 146, 5. Aufl., München, 2005 (zit. Bearb., in: *v. Mangoldt / Friedrich Klein / Starck*).

Manhardt, Silja: Die Festbetragsregelung des Gesundheits-Reformgesetzes, Baden-Baden, 1990 (zugl. Diss., Erlangen, Nürnberg, 1989).

Mansdörfer, Marco: Einführung in das Europäische Umweltstrafrecht, Jura 2004, S. 297–306.

Manssen, Gerrit: Anmerkung (VGH BW, Urt. v. 17. 10. 1989 – 5 S 3065/88), VBlBW 1991, S. 24–25.

– Die Aufnahme von auf Landesrecht beruhenden Regelungen in den Bebauungsplan (§ 9 Abs. 4 BauGB), BauR 1991, S. 697–703.

– Stadtgestaltung durch örtliche Bauvorschriften, Berlin, 1990 (zugl. Diss., Regensburg, 1990).

Marburger, Peter: Atomrechtliche Schadensvorsorge: Möglichkeiten und Grenzen einer normativen Konkretisierung, Köln / Berlin / Bonn / München, 1983 (zit. *Marburger*, Schadensvorsorge).

– Der Zusammenhang von Rechtsnormen und technischen Normen, in: DIN- Normungskunde 17, S. 27–51 (zit. *Marburger*, in: DIN-Normungskunde 17).

– Die Regeln der Technik im Recht, Köln/Berlin/Bonn/München, 1979 (zugl. Habil. Göttingen, 1977/78; zit. *Marburger*, Habil.).

– Europäische Normung und Umweltrecht, in: Czajka, Dieter/Hansmann, Klaus/Rebentisch, Manfred (Hrsg.), Immissionsschutzrecht in der Bewährung – 25 Jahre Bundes-Immissionsschutzgesetz – FS für Gerhard Feldhaus zum 70. Geburtstag, Heidelberg, 1999, S. 387–405 (zit. *Marburger*, in FS Feldhaus).

– Formen, Verfahren und Rechtsprobleme der Bezugnahme gesetzlicher Regelungen auf industrielle Normen und Standards, in: Müller-Graff, Peter-Christian (Hrsg.), Technische Regeln im Binnenmarkt, Schriften des Arbeitskreises Europäische Integration e. V., Band 28, Baden-Baden, 1991, S. 27–55 (zit. *Marburger*, in: Müller-Graff).

– Technische Begriffe und Rechtsbegriffe, in: Freiheit und Verantwortung im Verfassungsstaat, Festgabe zum 10jährigen Jubiläum der Gesellschaft für Rechtspolitik, hrsg. v. Rüthers, Bernd/Stern, Klaus, München, 1984, S. 275–293 (zit. *Marburger*, in: Festgabe Gesellschaft für Rechtspolitik).

– Technische Normen im Recht der technischen Sicherheit, DIN-Mitt. 64 (1985), S. 570–577 (= Beilage 4 des BB 1985).

– Zur Reform des § 906 BGB, in: FS für Wolfgang Ritter zum 70. Geburtstag, hrsg. v. Kley, Max Dietrich/Sünner, Eckart/Willemsen, Arnold, Köln, 1997, S. 901–921 (zit. *Marburger*, in: FS Ritter).

Marburger, Peter/*Enders*, Rainald: Technische Normen im Europäischen Gemeinschaftsrecht, JbUTR 1994 (UTR 27), S. 333–368 (zit. *Marburger/Enders*).

Marburger, Peter/*Klein*, Mark: Bezugnahme auf technische Normen im deutschen Umwelt- und Technikrecht, JbUTR 2001 (UTR 58), S. 161–175 (zit. *Marburger/M. Klein*).

Martens, Klaus-Peter: Die Gruppenabgrenzung der leitenden Angestellten nach dem Mitbestimmungsgesetz, München, 1979.

– Die leitenden Angestellten – und kein Ende?, NJW 1980, S. 2665–2670.

– Nachgründungskontrolle beim Formwechsel einer GmbH in eine AG, ZGR 1999, S. 548–567.

– Zum Verhältnis von Mitbestimmungs- und Gesellschaftsrecht, ZHR 148 (1984), S. 183–199.

Martina, Dietmar: Die Grundrechte der nordrhein-westfälischen Landesverfassung im Verhältnis zu den Grundrechten des Grundgesetzes, München, 1999 (zugl. Diss., Köln, 1998).

Maties, Martin: Die gesetzlich angeordnete entsprechende Anwendung, JR 2007, S. 265–270.

Mauer, Michael: Volksfeste in Ladengeschäften – Zu Verweisungen der Art des § 60b Abs. 2 GewO, GewArch 1982, S. 13–17.

Maunz, Theodor / *Dürig*, Günter: Grundgesetz, Kommentar, Loseblatt, Band I Art. 1–5, Band III Art. 17–27, Band V Art. 70–99, Band VI Art. 100–146, München, Stand d. Gesamtwerks: 50. Lfg. Juni 2007.

Maunz, Theodor / *Schmidt-Bleibtreu*, Bruno / *Klein*, Franz / *Bethge*, Herbert: Bundesverfassungsgerichtsgesetz, Kommentar, Band 2, Loseblatt, München, Stand d. Gesamtwerks: 27. Erg.-Lfg. Juli 2007.

Maunz, Theodor (Begr.) / *Zippelius*, Reinhold: Deutsches Staatsrecht, 31. Aufl., München, 2005.

Maurer, Hartmut: Der Bereich der Landesgesetzgebung, in: Völkerrecht und deutsches Recht: FS für Walter Rudolf zum 70. Geburtstag, hrsg. v. Arndt, Hans-Wolfgang / Knemeyer, Franz-Ludwig / Kugelmann, Dieter / Meng, Werner / Schweitzer, Michael, München, 2001, S. 337–355.

– Staatsrecht, 5. Aufl., München, 2007.

Maydell, Bernd von: Zur Frage der Dynamisierung der Renten nach dem Verfolgten-Renten-Gesetz (VRG) des Landes Nordrhein-Westfalen vom 5. 3. 1947, ZfS 1973, S. 69–73 und 104–107.

Mayer-Maly, Theo: Das Richterrecht zu Verweisungen in Tarifverträgen, in: Recht und Rechtserkenntnis: FS für Ernst Wolf zum 70. Geburtstag, hrsg. v. Bickel, Dietrich / Hadding, Walter / Jahnke, Volker / Lüke, Gerhard, Köln / Berlin / Bonn / München, 1985, S. 473–481.

Meder, Theodor: Die Verfassung des Freistaats Bayern, 4. Aufl., Stuttgart / München / Hannover / Berlin, 1992.

Meier-Rudolph, Wolfgang / *Wörlen*, Rainer: Rechtsfolge- und Rechtsgrundverweisungen im BGB, JA 1981, S. 450–457.

Meister, Herbert E.: Neues Zeichenrecht und Gesetzgebungstechnik, Markenartikel 1992, S. 70–74.

Mendelsohn, Erich: Die fehlerhaften Verweisungen insbesondere im BGB, Leipzig, 1913 (zugl. Diss., Heidelberg).

Mengel, Hans-Joachim: Gesetzgebung und Verfahren, Berlin, 1997.

Merten, Detlef: Gesetzeswahrheit und Titelklarheit, in: Freiheit und Verantwortung im Verfassungsstaat, Festgabe zum 10jährigen Jubiläum der Gesellschaft für Rechtspolitik, hrsg. v. Rüthers, Bernd / Stern, Klaus, München, 1984, S. 295–314.

Meurer, Dieter: Die Fiktion als Gegenstand der Gesetzgebungslehre, in: Rödig, Jürgen (Hrsg.), Studien zu einer Theorie der Gesetzgebung, Berlin / Heidelberg / New York, 1976, S. 281–295.

Meyer, Peter: Blankettverweisungen in Kollektivverträgen, Diss., Köln, 1970 (zit. *P. Meyer*, Blankettverweisungen).

Meyer, Peter: Fiktionen im Recht, Diss., Saarland, 1975 (zit. *P. Meyer*, Fiktionen).

Meyer, T. R.: Die starre Verweisung aus der Sicht der Wirtschaft, in: DIN-Normungskunde 17, S. 88–95.

– Wortbeitrag, in: DIN-Normungskunde 17, S. 67–68.

Meyer zu Brickwedde, Leonard: Die Ermächtigung zum Erlaß von Rechtsverordnungen nach Art. 80 Abs. I GG zur Ausführung von Gemeinschaftsrecht, Diss., Osnabrück, 1987.

Meyer-Arndt, Lüder: Rechtsfragen der Grundgesetzänderung, AöR 82 (1957), S. 275–300.

Michaelis, Rüdiger: Der Beliehene, Diss., Münster, 1969.

Moench, Christoph: Verfassungswidriges Gesetz und Normenkontrolle, Baden-Baden, 1977.

Mohr, Peter Michael: Technische Normen und freier Warenverkehr in der EWG, Köln / Berlin / Bonn / München (zugl. Diss., Köln 1988/89).

Moll, Dietmar: Europäisches Strafrecht durch nationale Blankettstrafgesetze?: Eine Untersuchung zur strafrechtskonstituierenden Wirkung des EG-Rechts unter besonderer Berücksichtigung der allgemeinen verfassungsrechtlichen Anforderungen an Blankettverweisungen, Göttingen, 1998 (zugl. Diss., Trier, 1998).

Moritz, Norbert: Verweisung im Gesetz auf Tarifverträge, Diss., Köln, 1995.

Morlock, Alfred: Die HOAI in der Praxis, Düsseldorf, 1985.

Motzke, Gerd / *Wolff*, Rainer: Praxis der HOAI, 3. Aufl., München, 2004.

Mühlenbruch, Ferdinand: Außenwirksame Normkonkretisierung durch „Technische Anleitungen", Baden-Baden, 1992 (zugl. Diss., Gießen, 1991/92).

Müller, Friedrich / *Christensen*, Ralph: Juristische Methodik, Band I, Grundlagen, Öffentliches Recht, 9. Aufl., Berlin, 2004 (zit. *Friedrich Müller / Christensen*).

Müller, Fritz Heinz / *Neuffer*, Otto (Begr.) / *Weiß*, Hanns-Reinhard (Bearb.): Die Baunutzungsverordnung, 7. Aufl., Stuttgart / München / Hannover, 1991 (zit. *Fritz Müller / Weiß*, BauNVO).

Müller, Fritz Heinz (Begr.) / *Weiß*, Hanns-Reinhard / *Allgeier*, Erich / *Jasch*, Erich / *Skoruppa*, Gerhard: Das Baurecht in Hessen, Loseblatt, Band 4, Stuttgart / München / Hannover / Berlin / Weimar / Dresden, Stand d. Gesamtwerks: 121. Lfg. Januar 2006 (zit. *Fritz Müller / Weiß / Allgeier / Jasch / Skoruppa*).

Müller, Georg: Elemente einer Rechtssetzungslehre, 2. Aufl., Zürich / Basel / Genf, 2006 (zit. *G. Müller*, Rechtssetzungslehre).

Müller, Hanswerner: Handbuch der Gesetzgebungstechnik, 2. Aufl., Köln / Berlin / Bonn / München, 1968 (zit. *Hw. Müller*, Gesetzgebungstechnik).

Müller, Uwe: Berichte und Hinweise. Auf dem Weg zum Umweltgesetzbuch – Bericht zur wissenschaftlichen Tagung des Forschungszentrums Umweltrecht e. V. an der Humboldt-Universität zu Berlin – UPR 2006, S. 345–347.

Müller-Foell, Martina: Die Bedeutung technischer Normen für die Konkretisierung von Rechtsvorschriften, Heidelberg, 1987 (zugl. Diss., Heidelberg, 1986).

Müller-Franken, Sebastian: Die Befugnis zu Eingriffen in die Rechtsstellung des einzelnen durch Betriebsvereinbarungen, Berlin, 1997 (zugl. Diss., Mainz, 1996).

Müller-Magdeburg, Cornelia: Die Abgrenzung von Tatbestandsirrtum und Verbotsirrtum bei Blankettnormen, Aachen, 1999 (zugl. Diss., Berlin, 1998).

Münch, Christof: Rechtssicherheit als Standortfaktor, NJW 1996, S. 3320–3324.

Münch, Ingo von (Hrsg.): Grundgesetz-Kommentar, Band 3 (Artikel 70 bis 146 und Gesamtregister), 2. Aufl., München, 1983 (zit. *v. Münch*, GG, 2. Aufl.).

– Staatsrecht, Band 1, 6. Aufl., Stuttgart / Berlin / Köln, 2000.

Münch, Ingo von (Begr.) / *Kunig*, Philip (Hrsg.): Grundgesetz-Kommentar, Band 2 (Art. 20 bis 69), 4. / 5. Aufl., München, 2001.

Münch, Ingo von (Begr.) / *Kunig*, Philip (Hrsg.): Grundgesetz-Kommentar, Band 3 (Artikel 70 bis 146 und Gesamtregister), 5. Aufl., München, 2003.

Munzer, Egbert: Über Gesetzesfiktionen mit besonderer Berücksichtigung des Privatrechts, Jena, 1927 (zugl. Diss., Jena, 1927).

Murswiek, Dietrich: Die staatliche Verantwortung für die Risiken der Technik, Berlin, 1985 (zugl. Habil., Saarland, 1983).

– Dynamik der Technik und Anpassung des Rechts: Kreislaufgesetzgebung, in: Staatsphilosophie und Rechtspolitik, FS für Martin Kriele zum 65. Geburtstag, hrsg. v. Ziemske, Burkhardt / Langheid, Theo / Wilms, Heinrich / Haverkate, Görg, München, 1997, S. 651–676.

Nawiasky, Hans (Begr.): Die Verfassung des Freistaats Bayern, 2. Aufl., Loseblatt, München, Stand d. Gesamtwerks: 13. Lfg., 2005.

Neumann, Dirk: Verweisungen, RdA 1976, S. 49–52.

Neumann, Oskar: Das Blankostrafgesetz, (strafrechtliche Abhandlungen, Heft 87, v. Lilienthal [Hrsg.]), Breslau 1908 (Reprint Frankfurt a. M. / Tokyo, 1977).

Neuner, Jörg: Die Rechtsfindung contra legem, München, 1992 (zugl. Diss., München, 1990/1991).

Nicklisch, Fritz: Technische Regelwerke – Sachverständigengutachten im Rechtssinne?, NJW 1983, S. 841–850.

Nickusch, Karl-Otto: § 330 StGB als Beispiel für eine unzulässige Verweisung auf die Regeln der Technik, NJW 1967, S. 811–813.

– Die Normativfunktion technischer Ausschüsse und Verbände als Problem der staatlichen Rechtsquellenlehre, Diss., München, 1964.

Niedobitek, Matthias: Kollisionen zwischen EG-Recht und nationalem Recht, VerwArch 92 (2001), S. 58–80.

Niedziella, Wolfgang: Wie funktioniert Normung? (VDE-Schriftenreihe 107), Berlin/Offenbach, 2000.

Niehaus, Holger: Blankettnormen und Bestimmtheitsgebot vor dem Hintergrund zunehmender europäischer Rechtsetzung, wistra 2004, S. 206–211.

Nierhaus, Michael/*Rademacher*, Sonja: Die große Staatsreform als Ausweg aus der Föderalismusfalle?, LKV 2006, S. 385–395.

Nischik, Heinz: Das Blankett im bürgerlichen Gesetzbuch, Marburg, 1936 (zugl. Diss., Marburg 1934).

Noll, Peter: Gesetzgebungslehre, Reinbek bei Hamburg, 1973.

Nolte, Rüdiger: Rechtliche Anforderungen an die technische Sicherheit von Kernanlagen, Berlin, 1984 (zugl. Diss., Bielefeld, 1983).

Nömeier, Wolfgang: Bezugnahme auf Tarifinhalte im Einzelarbeitsverhältnis, Diss., Regensburg, 1990.

Obermayer, Klaus (Begr.): Kommentar zum Verwaltungsverfahrensgesetz, 3. Aufl., Neuwied, Kriftel, 1999.

Odermatt, Luzian: Gesetzgebungsmethodische Strategien der Übernahme privater Normen, LeGes 2006/3, S. 85–100.

Oetker, Hartmut: Dynamische Verweisungen in Allgemeinen Geschäftsbedingungen als Rechtsproblem, JZ 2002, S. 337–342.

Öhlinger, Theo/*Potacs*, Michael: Gemeinschaftsrecht und staatliches Recht, 2. Aufl., Wien, 2001.

Oppermann, Thomas: Europarecht, 3. Aufl., München, 2005.

Ossenbühl, Fritz: Anmerkung (zu BVerwGE 117, S. 313), JZ 2003, S. 1066–1068.

– Der verfassungsrechtliche Rahmen offener Gesetzgebung und konkretisierender Rechtsetzung, DVBl. 1999, S. 1–7 (auch abgedruckt in: Ministerium für Umwelt, Raumordnung und Landwirtschaft des Landes Nordrhein-Westfalen [Hrsg.], Umweltrechtstage 1998: Konkretisierung von Umweltanforderungen, Tagungsband, S. 15–28).

– Die Bewertung technischer Risiken bei der Rechtsetzung, DÖV 1982, S. 833–842.

– Die verfassungsrechtliche Zulässigkeit der Verweisung als Mittel der Gesetzgebungstechnik, DVBl. 1967, S. 401–408 (auch abgedruckt in: Fritz Ossenbühl, Freiheit – Verantwortung, Kompetenz: ausgewählte Abhandlungen, hrsg. v. Schröder, Meinhard/Löwer, Wolfgang / Di Fabio, Udo / Danwitz, Thomas v., Köln / Berlin / Bonn / München, 1994, S. 33 – 52).

– Gesetz und Recht – Die Rechtsquellen im demokratischen Rechtsstaat, in: Isensee, Josef / Kirchhof, Paul (Hrsg.): Handbuch des Staatsrechts der Bundesrepublik Deutschland, Band III, 2. Aufl., Heidelberg, 1996, § 61, S. 281 – 314 (zit. *Ossenbühl*, in: HStR III, § 61).

– Rechtsverordnung, in: Isensee, Josef / Kirchhof, Paul (Hrsg.): Handbuch des Staatsrechts der Bundesrepublik Deutschland, Band III, 2. Aufl., Heidelberg, 1996, § 64, S. 387 – 424 (zit. *Ossenbühl*, in: HStR III, § 64).

– Richtlinien im Vertragsarztrecht, NZS 1997, S. 497 – 503.

– Vorrang und Vorbehalt des Gesetzes, in: Isensee, Josef / Kirchhof, Paul (Hrsg.): Handbuch des Staatsrechts der Bundesrepublik Deutschland, Band III, 2. Aufl. Heidelberg, 1996, § 62, S. 315 – 349 (zit. *Ossenbühl*, in: HStR III, § 62).

Pabst, Heinz-Joachim: Die Problematik dynamischer Verweisungen von Landesrecht auf Bundesrecht am Beispiel der Schuldrechtsreform, NVwZ 2005, S. 1034 – 1036.

Papier, Hans-Jürgen: Bedeutung der Verwaltungsvorschriften im Recht der Technik, in: FS für Rudolf Lukes zum 65. Geburtstag, hrsg. v. Leßmann, Herbert / Großfeld, Bernhard / Vollmer, Lothar, Köln / Berlin / Bonn / München, 1989, S. 159 – 168.

– Der Bestimmtheitsgrundsatz, in: Friauf, Karl Heinrich (Hrsg.), Steuerrecht und Verfassungsrecht, Köln, 1989, S. 61 – 78.

– Der verfahrensfehlerhafte Staatsakt, Tübingen, 1973.

– Gewaltentrennung im Rechtsstaat, in: Merten, Detlef (Hrsg.), Gewaltentrennung im Rechtsstaat. Zum 300. Geburtstag von Charles de Montesquieu, Berlin, 1989, S. 95 – 114.

Papier, Hans-Jürgen / *Möller*, Johannes: Das Bestimmtheitsgebot und seine Durchsetzung, AöR 122 (1997), S. 177 – 211.

Papier, Hans-Jürgen / *Olschewski*, Bernd-Dietrich: Vollziehung ausländischer Verwaltungsakte, DVBl. 1976, S. 475 – 482.

Pestalozza, Christian: Anmerkung (BAG, Beschl. v. 16. 3. 1982 – 3 AZR 625/80), SAE 1982, S. 193 – 195.

– Berlin – ein deutsches Land, JuS 1983, S. 241 – 254.

– „Formenmißbrauch" des Staates, München, 1973 (zugl. Habil., München, 1973; zit. *Pestalozza*, Formenmißbrauch).

– Verfassungsprozeßrecht, 3. Aufl., München, 1991 (zit. *Pestalozza*, Verfassungsprozeßrecht).

Peters, Hans: Lehrbuch der Verwaltung, Berlin / Göttingen / Heidelberg, 1949.

Peters, Hans / *Ossenbühl*, Fritz: Die Übertragung von öffentlich-rechtlichen Befugnissen auf die Sozialpartner unter besonderer Berücksichtigung des Arbeitsschutzes, Berlin / Frankfurt a. M., 1967.

Peters, Horst / *Sautter*, Theodor / *Wolff*, Richard: Kommentar zur Sozialgerichtsbarkeit, Loseblatt, 4. Aufl., Stuttgart, Stand d. Gesamtwerks: 84. Lfg. April 2007.

Pfeifer, Manfred: Fiktionen im öffentlichen Recht, insbesondere im Beamtenrecht, Berlin, 1980 (zugl. Diss., München, 1979; zit. *M. Pfeifer*).

– Investitionszulagengesetz und Rahmenplan der Gemeinschaftsaufgabe, DVBl. 1975, S. 323–328.

Pfeifer, Wolfgang: Etymologisches Wörterbuch des Deutschen, 6. Aufl., München, 2003 (zit. *W. Pfeifer*).

Pietzcker, Jost: Vorrang und Vorbehalt des Gesetzes, JuS 1979, S. 710–715.

Pietzner, Rainer: Höchstrichterliche Rechtsprechung zum Verwaltungsrecht, VerwArch 73 (1982), S. 231–244.

Plischka, Hans Peter: Technisches Sicherheitsrecht, Schriften zum öffentlichen Recht, Band 109, Berlin, 1969.

Plósz, Alexander: Beiträge zur Theorie des Klagerechts, Leipzig, 1880.

Quaas, Michael / *Zuck*, Rüdiger: Ausgewählte Probleme zum Recht des parlamentarischen Untersuchungsausschusses, NJW 1988, S. 1873–1880.

Quaritsch, Helmut: Das parlamentslose Parlamentsgesetz, 2. Aufl., Hamburg, 1961.

– Der Streit um die Katholische Theologie an der Universität Frankfurt, NVwZ 1990, S. 28–32.

Radbruch, Gustav: Rechtsphilosophie, 4. Aufl., Stuttgart, 1950.

Raiser, Thomas: Mitbestimmungsgesetz, Berlin / New York, 1998.

Rambow, Gerhard: Probleme bei der Durchführung von Richtlinien der EWG, DVBl. 1968, S. 445–454.

Rauscher, Hans Dieter: Die Beitragsfähigkeit nichtbefahrbarer öffentlicher Wege nach § 10b des baden-württembergischen Kommunalabgabengesetzes, VBlBW 1986, S. 330–335.

Real, Gustav K. L.: Legislative Rechtsvergleichung und Gesetzgebungstechnik in der Praxis, RabelsZ 48 (1984), S. 52–89.

– UNCITRAL-Modellgesetz über die internationale Handelsschiedsgerichtsbarkeit, Gesetzgebungstechnische Aspekte, ZVglRWiss 89 (1990), S. 407–440.

Rehbinder, Eckard / *Kayser*, Detlev / *Klein*, Helmut: Chemikaliengesetz, Heidelberg, 1985.

Reichel, Michael E.: Bezugnahmeklausel bei Verbandsaustritt des Arbeitgebers, AuA 2002, S. 445–450.

– Die arbeitsvertragliche Bezugnahme auf den Tarifvertrag, Köln, 2001 (zugl. Diss., Köln, 2000).

– Quasi-Verbandsaustritt – ein Weg zur Lossagung von in Bezug genommenen Tarifverträgen, NZA 2003, S. 832–835.

Reihlen, H.: Begrüßungsworte, in: DIN-Normungskunde 17, S. 9–10.

Reiner, Günter: Ein Ansatz zur Explizierung gesetzlicher Strukturen, in: Rödig, Jürgen (Hrsg.), Studien zu einer Theorie der Gesetzgebung, Berlin/Heidelberg/New York, 1976, S. 273–280.

Reinermann, Andreas: Verweisungen in Tarifverträgen und Betriebsvereinbarungen, Diss., Bonn, 1997.

Reinhardt, Michael: Die Umsetzung von Rechtsakten der Europäischen Gemeinschaften durch die Exekutive, in: JbUTR 1997 (UTR 40), S. 337–362.

Rellermeyer, Klaus: Amtsgerichtsbezirke und Ämtergrenzen in Brandenburg, NJ 1994, S. 305–307.

Rengeling, Hans-Werner: Vorbehalt und Bestimmtheit des Atomgesetzes, NJW 1978, S. 2217–2223.

Reuß, Karl-Friedrich: Anmerkung (BAG, Urt. v. 14. 6. 1972 – 4 AZR 268/71), AP Nr. 1 zu § 26 BBesG, Bl. 782–783.

Ridder, Helmut: Preisrecht ohne Boden, AöR 87 (1962), S. 311–335.

Riedl, Magnus: Die Rechtsfigur des Redaktionsversehens des Gesetzgebers, AöR 119 (1994), S. 642–657.

Riegel, Reinhard: Überlegungen zum Problem EG-Richtlinien und nationale Rahmenkompetenzen, EuR 1976, S. 79–90.

– Umweltschutzaktivitäten der europäischen Gemeinschaften auf dem Gebiete des Wasserrechts und deren Bedeutung für das innerstaatliche Recht, DVBl. 1977, S. 82–89.

Rieger, Reinhard: Grenzen verfassungskonformer Auslegungen, NVwZ 2003, S. 17–22.

Ritthaler, Rigo: Thüringer Kommunalabgabengesetz, Kommentar, Erfurt, 1994.

Rittstieg, Andreas: Die Konkretisierung technischer Standards im Anlagenrecht, Köln/Berlin/Bonn/München, 1982.

Robbers, Gerhard: Parlamentarische Untersuchungsausschüsse und Wahlrecht – BVerfG, NVwZ 1994, 54 und 893, JuS 1996, S. 116–119.

Rodewoldt, Dirk: Das Kommunalabgabenverfahren, Diss., Kiel, 1991.

Rödig, Jürgen: Logische Untersuchungen zur Makrostruktur rechtlicher Kodifikate, in: Rödig, Jürgen (Hrsg.), Studien zu einer Theorie der Gesetzgebung, Berlin/Heidelberg/New York, 1976, S. 592–611.

Rogmann, Achim: Die Bindungswirkung von Verwaltungsvorschriften, Köln/Berlin/Bonn/München, 1998 (zugl. Diss., Hamburg, 1998).

Röhl, Klaus F.: Allgemeine Rechtslehre: Ein Lehrbuch, 2. Aufl., Köln/Berlin/Bonn/München, 2001.

Röhling, Eike: Überbetriebliche technische Normen als nichttarifäre Handelshemmnisse im Gemeinsamen Markt, Köln/Berlin/Bonn/München, 1972 (zugl. Diss., Münster, 1971).

Rönck, Rüdiger: Technische Normen als Gestaltungsmittel des Europäischen Gemeinschaftsrechts, Berlin, 1995 (zugl. Hamburg, Univ., Diss., 1995).

Rösch, Klaus-Dieter: Hessisches Kommunalabgabengesetz, Kommentar, 3. Aufl., Mainz, 1997.

Roßnagel, Alexander: Die rechtliche Fassung technischer Risiken, UPR 1986, S. 46–56.

– Rechtspolitische Anforderungen an die verbandliche Techniksteuerung, in: Kubicek, Herbert/Seeger, Peter (Hrsg.), Perspektive Techniksteuerung, 1993, S. 169–180.

Rottmann, Frank: Der Vorbehalt des Gesetzes und die grundrechtlichen Gesetzesvorbehalte, EuGRZ 1985, S. 277–297.

Roxin, Claus: Strafrecht, Allgemeiner Teil, Band I, 4. Aufl., München, 2006.

Rudolf, Walter: Die Anwendung partikulären Völkergewohnheitsrechts, in: FS für Alfred Verdross zum 80. Geburtstag, hrsg. v. Marcic, René/Mosler, Hermann/Suy, Erik/Zemanek, Karl, München/Salzburg, 1971, S. 435–488.

Rupp, Hans Heinrich: Zur Transparenz der Gesetze, WM 1993, S. 1503.

Rüthers, Bernd/*Brodmann*, Jörg: Anmerkung (BAG, Beschl. v. 29. 1. 1980 – 1 ABR 45/79), SAE 1980, S. 312–316.

Sachs, Michael: Die dynamische Verweisung als Ermächtigungsnorm, NJW 1981, S. 1651–1652.

– Grundgesetz, Kommentar, 4. Auflage, München, 2007.

– Die Bindung des Bundesverfassungsgerichts an seine Entscheidungen, München, 1977.

– Die Gesetzesvorbehalte der Grundrechte des Grundgesetzes, JuS 1995, S. 693–697.

– Die normsetzende Vereinbarung im Verwaltungsrecht, VerwArch. 74 (1983), S. 25–49.

Säcker, Franz Jürgen: Berliner Kommentar zum Energierecht, München, 2004.

Säcker, Franz Jürgen/*Boesche*, Vera: Der Gesetzesbeschluss des Deutschen Bundestages zum Energiewirtschaftsgesetz vom 28. Juni 2002 – ein Beitrag zur „Verhexung des Denkens durch die Mittel unserer Sprache"?, ZNER 2002, S. 183–193.

Salditt, Franz: Die Hinterziehung ungerechter Steuern, in: Die Steuerrechtsordnung in der Diskussion: FS für Klaus Tipke zum 70. Geburtstag, hrsg. v. *Lang*, Joachim, 1995, S. 475–485.

Salzwedel, Jürgen: Das verfassungsrechtliche Bestimmtheitsgebot und umweltrechtliche Verweisungen auf naturwissenschaftliche Begriffe, in: Staat im Wort, FS für Josef Isensee, hrsg. v. Depenheuer, Otto / Heintzen, Markus / Jestaedt, Matthias / Axer, Peter, Heidelberg, 2007, S. 205 – 213.

– Risiko im Umweltrecht – Zuständigkeit, Verfahren und Maßstäbe der Bewertung, NVwZ 1987, S. 276 – 279.

Sander, Karsten: Blankettverweisungen in kirchlichen Arbeitsrechtsregelungen des Dritten Weges, NZA 1986, Beilage Nr. 1, S. 23 – 28.

Sauer, Heiko: Reichweite des Parlamentsvorbehalts für die Entsendung der Bundeswehr ins Ausland, JA 2004, S. 19 – 22.

Schack, Fr.: Rezension: Hans Ulrich Karpen, Die Verweisung als Mittel der Gesetzgebungstechnik, DVBl. 1971, S. 867 – 868

Schäfer, Heinz: Legistische Richtlinien in Österreich, in: Rödig, Jürgen (Hrsg.), Studien zu einer Theorie der Gesetzgebung, Berlin / Heidelberg / New York, 1976, S. 192 – 210.

Schäfer, Karl Wilhelm: Das Recht der Regeln der Technik, Diss., Köln, 1965 (zit. *K. W. Schäfer*).

Schäfer, Michael: Verfassungsrechtliche Rahmenbedingungen für die Konkretisierung unbestimmter Sicherheitsstandards durch die Rezeption von Sachverstand, Baden-Baden, 1998 (zugl. Diss., Hamburg, 1996; zit. *M. Schäfer*).

Schäfer, Rüdiger: Probleme der EWG-Richtlinie, Diss., Freiburg i. Br., 1973 (zit. *R. Schäfer*).

Schapp, Jan: Konkretisierung von Generalklauseln durch den Zivilrichter am Beispiel der Sittenwidrigkeit von Bürgschaften naher Angehöriger, in: Europas universale rechtspolitische Aufgabe im Recht des dritten Jahrtausends, FS für Alfred Söllner zum 70. Geburtstag, hrsg. v. Köbler, Gerhard / Heinze, Meinhard / Hromadka, Wolfgang, München, 2000, S. 973 – 996.

Schätzler, Johann-Georg: Sind schlechte Gesetze nichtig? NJW 1957, S. 121 – 125.

Schaub, Günter: Die arbeitsvertragliche Bezugnahme von Tarifverträgen, ZTR 2000, S. 259 – 263.

Schellhoss: Wie werden technische Regeln in das öffentliche Baurecht einbezogen?, BBauBl. 1985, S. 18 – 22.

Schenke, Wolf-Rüdiger: § 9 Bauordnungsrecht, in: Achterberg, Norbert / Püttner, Georg / Würtenberger, Thomas (Hrsg.), Besonderes Verwaltungsrecht, Band I, 2. Aufl., Heidelberg, 2000, S. 478 – 839.

– Die verfassungsrechtliche Problematik dynamischer Verweisungen, NJW 1980, S. 743 – 749.

– Verfassungsrechtliche Grenzen gesetzlicher Verweisungen, in: Verwaltung im Dienste von Wirtschaft und Gesellschaft, FS für Ludwig Fröhler, hrsg. v. Oberndorfer, Peter / Schambeck, Herbert, Berlin, 1980, S. 87 – 126.

– Verwaltungsprozeßrecht, 11. Aufl., Heidelberg, 2007.

Schepel, Harm / *Falke*, Josef: Legal Aspects of Standardisation in the Member States of the EC and of EFTA, Vol. 1, Comparative Report, Luxembourg, 2000.

Schepel, Harm / *Falke*, Josef: Legal Aspects of Standardisation in the Member States of the EC and of EFTA, Vol. 2, Country Report, Luxembourg, 2000.

Scherer, Joachim / *Ellinghaus*, Ulrich: Unzulässigkeit der Regulierung von Zusammenschaltungsentgelten nicht marktmächtiger Netzbetreiber, MMR 2000, S. 201–206.

Scheuing, Dieter H.: Rechtsprobleme bei der Durchsetzung des Gemeinschaftsrechts in der Bundesrepublik Deutschland, EuR 1985, S. 229–272.

Schier, Wolfgang: Gesetzgebung und Gesetzgebungstechnik, BayVBl. 1979, S. 321–328.

Schilling, Theodor: Rang und Geltung von Normen in gestuften Rechtsordnungen, Berlin, 1994 (zugl. Habil., Humboldt-Univ., Berlin, 1994).

Schilling: Wortbeitrag, in: DIN-Normungskunde 14, S. 159–160.

Schlaich, Klaus / *Korioth*, Stefan: Das Bundesverfassungsgericht, 7. Aufl., München, 2007.

Schliemann, Harald: Arbeitsvertragliche Verweisung auf Tarifverträge, NZA 2003, Sonderbeilage zu Heft 16, S. 3–14.

Schmalz, Dieter: Methodenlehre für das juristische Studium, 4. Aufl., Baden-Baden, 1998.

Schmeder, Winfried: Die Rechtsangleichung als Integrationsmittel der europäischen Gemeinschaft, Köln / Berlin / Bonn / München, 1978.

Schmidt, Karsten: Gesetzliche Gestaltung und dogmatisches Konzept eines neuen Umwandlungsgesetzes, ZGR 1990, S. 580–606.

Schmidt, Reiner: Öffentliches Wirtschaftsrecht, Allgemeiner Teil, Berlin / Heidelberg / New York / London / Paris / Tokyo / Hong Kong, 1990.

Schmidt, Rolf: Ist die Hinterziehung von Vermögenssteuer weiterhin strafbar?, wistra 1999, S. 121–126.

Schmidt am Busch, Birgit: Die besonderen Probleme bei der Umsetzung von EG-Richtlinien mit Regel-Ausnahme-Charakter, DÖV 1999, S. 581–590.

Schmidt-Aßmann, Eberhard: Der Rechtsstaat, in: Isensee, Josef / Kirchhof, Paul (Hrsg.): Handbuch des Staatsrechts der Bundesrepublik Deutschland, Band II, Verfassungsstaat, 3. Aufl., Heidelberg, 2004, § 26, S. 541–612 (zit. *Schmidt-Aßmann*, in: HStR II).

– Rechtsstaatliche Anforderungen an Regionalpläne, DÖV 1981, S. 237–246.

Schmidt-Bleibtreu, Bruno / *Hofmann*, Hans / *Hopfauf*, Axel: Kommentar zum Grundgesetz, 11. Aufl., Köln / München, 2008.

Schmidt-Preuß, Matthias: Normierung und Selbstnormierung aus Sicht des Öffentlichen Rechts, ZLR 1997, S. 249–267.

– Selbstregulative Verantwortung oder staatliche Steuerung, in: Säcker, Franz Jürgen: Reform des Energierechts – Beiträge zum Energiewirtschaftsrecht, Energiewettbewerbsrecht, Energievertragsrecht und Verwaltungsverfahrensrecht, Heidelberg, 2003, S. 45–56 (= ZNER 2002, S. 262–266).

– Soziale Marktwirtschaft und Grundgesetz vor dem Hintergrund des Staatsvertrages zur Währungs-, Wirtschafts- und Sozialunion, DVBl. 1993, 236–247.

– Verwaltung und Verwaltungsrecht zwischen gesellschaftlicher Selbstregulierung und staatlicher Steuerung, VVDStRL 56 (1997), S. 160–234.

Schmitt, Carl: Verfassungslehre, 1928, unveränderter Nachdruck, Berlin, 1970.

Schmitt, Lothar: Die Ablehnung von Beweisanträgen im Verwaltungsprozeß, DVBl. 1964, S. 465–470.

Schmitz, Heribert: 20 Jahre Verwaltungsverfahrensgesetz – Neue Tendenzen im Verfahrensrecht auf dem Weg zum schlanken Staat, NJW 1998, S. 2866–2871.

Schnapauff, K.-D.: Gleitende Verweisung aus Sicht der Verwaltung, in: DIN-Normungskunde 17, S. 40–51.

Schnapp, Friedrich E.: Die Richtlinien im Kassenarztrecht (§ 92 SGB V) auf dem verfassungsrechtlichen Prüfstand, in: FS für Otto Ernst Krasney zum 65. Geburtstag, hrsg. v. Gitter, Wolfgang / Schulin, Betram / Zacher, Hans F., München, 1997, S. 437–462.

Schnapp, Friedrich E. / *Kaltenborn*, Markus: Die gemeinschaftliche Berufsausübung niedergelassener Ärzte aus berufsrechtlicher, vertragsärztlicher und verfassungsrechtlicher Perspektive, SGb 2001, S. 101–109.

Schneider, Hans: Gesetzgebung, 3. Aufl., Heidelberg, 2002.

Schnell, Angelika: Verweisungsbedingte Normkomplexität nebenstrafrechtlicher Tatbestände am Beispiel des Weingesetzes, Diss., Tübingen, 1986.

Schoch, Friedrich / *Schmidt-Aßmann*, Eberhard / *Pietzner*, Rainer: Verwaltungsgerichtsordnung, Band II, Loseblatt, München, Stand d. Gesamtwerks: 15. Erg.-Lfg. September 2007.

Scholz, Rupert: Anmerkung (BVerfG, Beschl. v. 14. 6. 1983 – 2 BvR 488/80), SAE 1984, S. 3–4.

– Das Verhältnis von technischer Norm und Rechtsnorm unter besonderer Berücksichtigung des Baurechts, in: DIN-Normungskunde 14, S. 85–107 (zit. *Scholz*, DIN-Normungskunde 14, S. 85).

– Rechtsfragen zur Verweisung zwischen Gesetz und Tarifvertrag, in: Arbeitsleben und Rechtspflege, FS für Gerhard Müller, hrsg. v. Mayer-Maly, Theo / Richardi, Richard / Schambeck, Herbert / Zöllner, Wolfgang, Berlin, 1981, S. 509–536 (zit. *Scholz*, in: FS Gerhard Müller).

– Technik und Recht, in: FS zum 125jährigen Jubiläum der Juristischen Gesellschaft Berlin, 1984, S. 691–714 (zit. *Scholz*, in: FS zum 125jährigen Jubiläum der Juristischen Gesellschaft Berlin).

Schönfelder, Michael: Neue Rechtslage im Baunachbarstreit?, Zum Vorrang der Behördenentscheidung im Verfahren des einstweiligen Rechtsschutzes, VBlBW 1993, S. 287–294.

Schönke, Adolf (Begr.) / *Schröder*, Horst: Strafgesetzbuch, Kommentar, 27. Aufl., München, 2006.

Schricker, Gerhard: Kurzkommentar zu BVerfG, Urt. v. 29. 7. 1998 – 1 BvR 1143/90, EWiR 1998, S. 997–998.

Schröcker, Sebastian: Die Übernahme von Bundesrecht als Landesrecht, NJW 1967, S. 2285–2291.

Schröder, Meinhard: Einwirkungen des Europäischen Gemeinschaftsrechts auf das Bundes-Immissionsschutzgesetz; Überblick über 25 Jahre, in: Czajka, Dieter / Hansmann, Klaus / Rebentisch, Manfred (Hrsg.), Immissionsschutzrecht in der Bewährung – 25 Jahre Bundes-Immissionsschutzgesetz – FS für Gerhard Feldhaus zum 70. Geburtstag, Heidelberg, 1999, S. 299–311.

Schrömbges, Ulrich: Zollverfahren als Steueraussetzungsverfahren, AW-Prax 2001, S. 215–218.

Schulin, Bertram: Handbuch des Sozialversicherungsrechts, Bd. 4, Pflegeversicherungsrecht, München, 1997.

Schulte, Martin: Materielle Regelungen: Umweltnormung, in: Rengeling, Hans-Werner (Hrsg.), Handbuch zum europäischen und deutschen Umweltrecht (EUDUR), Band 1, Allgemeines Umweltrecht, 2. Aufl., Köln / Berlin / Bonn / München, 2003, § 17 (= S. 497–550).

Schulte, Thomas: EG-Richtlinie Kommunales Abwasser, Berlin, 1996 (zugl. Berlin, Freie Univ., Diss., 1995; zit. *T. Schulte*).

Schulze-Fielitz, Helmuth: Zeitoffene Gesetzgebung, in: Hoffmann-Riem, Wolfgang / Schmidt-Aßmann, Eberhard (Hrsg.), Innovation und Flexibilität des Verwaltungshandelns, Baden-Baden, 1994, S. 139–198.

Schünemann, Bernd: Die Regeln der Technik im Strafrecht, in: FS für Karl Lackner zum 70. Geburtstag am 18. Februar 1987, hrsg. v. Küper, Wilfried / Puppe, Ingeborg / Tenckhoff, Jörg, Berlin / New York, 1987, S. 367–397.

Schuster, Fabian / *Müller*, Ulf: Verbindungsnetzbetreiberauswahl und Entgeltregulierung im Mobilfunk, MMR Beilage 1/2002, S. 35–48.

Schwab, Martin: Rechtsfragen der Politikberatung im Spannungsfeld zwischen Wissenschaftsfreiheit und Unternehmensschutz, Tübingen, 1999.

Schwacke, Peter: Juristische Methodik, 3. Aufl., Köln, 1995.

Schwacke, Peter/*Uhlig*, Rolf: Methoden des Verwaltungshandelns, Köln/Stuttgart/Berlin/ Hannover/Kiel/Mainz/München, 1979.

Schwierz, Matthias: Die Privatisierung des Staates am Beispiel der Verweisungen auf die Regelwerke privater Regelgeber im Technischen Sicherheitsrecht, Frankfurt a. M./Bern/ New York, 1986.

Seetzen, Uwe: Bindungswirkung und Grenzen der verfassungskonformen Gesetzesauslegung, NJW 1976, S. 1997–2001.

Seibel, Mark: Die verfassungsrechtliche Zulässigkeit der Verwendung des unbestimmten Rechtsbegriffs „Stand der Technik", BauR 2004, S. 1718–1724.

Seidel, Martin: Regeln der Technik und europäisches Gemeinschaftsrecht, NJW 1981, S. 1120–1125.

Sellner, Dieter: 10. Umweltrechtliche Fachtage der Gesellschaft für Umweltrecht in Berlin, NVwZ 1987, S. 303–305.

Sendler, Horst: Zur verwaltungsgerichtlichen Normenkontrolle, DVBl. 2005, S. 423–425.

Sester, Martin: Der Parlamentsbeschluß, Hamburg, 2007 (zugl. Diss., Mannheim, 2007).

Sieder, Frank/*Zeitler*, Herbert/*Dahme*, Heinz/*Knopp*, Günther-Michael: Wasserhaushaltsgesetz und Abwasserabgabengesetz, Kommentar, Band 1, Loseblatt, München, Stand d. Gesamtwerks: 34. Erg.-Lfg. 1. 9. 2007.

Siegel, Thorsten: Die Verfahrensbeteiligung von Behörden und anderen Trägern öffentlicher Belange, Berlin, 2001 (zugl. Diss., Speyer, 2000).

Simitis, Spiros: Informationskrise des Rechts und Datenverarbeitung, Karlsruhe, 1970.

Simon, Helmut: Zweite Konferenz der europäischen Verfassungsgerichte und ähnlicher Institutionen vom 14. – 16. Oktober 1974, Karlsruhe/Baden-Baden, Thema 1 – „Die verfassungskonforme Gesetzesauslegung", EuGRZ 1974, S. 85–91.

Skouris, Wassilios: Teilnichtigkeit von Gesetzen, Berlin, 1973 (zugl. Diss., Hamburg, 1972).

Sobczak, Christian: Normung und Umweltschutz im Europäischen Gemeinschaftsrecht, Berlin, 2002 (zugl. UTR 64; Diss., Trier, 2001/2002).

Sobota, Katharina: Das Prinzip Rechtsstaat, Tübingen, 1997 (zugl. Habil., Jena, 1995).

Socha, Heinz: Begriff und Wirkung der Verweisungen, DOK 1972, S. 875–879.

Sodan, Helge/*Ziekow*, Jan (Hrsg.): Verwaltungsgerichtsordnung: Großkommentar, 2. Aufl., Banden-Baden, 2006 (zit. Bearb., in: *Sodan/Ziekow*).

Soergel, Hans Theodor (Begr.): Bürgerliches Gesetzbuch, Band 10, Einführungsgesetz, 12. Aufl., Stuttgart/Berlin/Köln, 1996.

Söhn, Stefan: Allgemeinverbindlicherklärung von Wettbewerbsregeln. Möglichkeiten und Grenzen einer Reformierung der Vorschriften über Wettbewerbsregeln nach den §§ 28ff GWB, München, 1983 (zugl. Diss., Augsburg, 1982).

Somló, Felix: Juristische Grundlehre, 2. Aufl., Leipzig, 1927.

Sonnenberger, Hans Jürgen: Grundfragen des technischen Normwesens, DIN-Mitt. 64 (1985), S. 556–562.

Spanner, Hans: Die verfassungskonforme Auslegung in der Rechtsprechung des Bundesverfassungsgerichts, AöR 91 (1966), S. 503–536.

Spannowsky, Willy: Die Grenzwertkonzeption im Wandel, NVwZ 1995, S. 845–851.

Staats, Johann-Friedrich: Verweisung und Grundgesetz, in: Rödig, Jürgen (Hrsg.), Studien zu einer Theorie der Gesetzgebung, Berlin/Heidelberg/New York, 1976, S. 244–260 (zit. *Staats*, in: *Rödig*).

– Zur Problematik bundesrechtlicher Verweisungen auf Regelungen privatrechtlicher Verbände, ZRP 1978, S. 59–62.

Stahlhacke, Eugen: Bezugnahme auf Tarifverträge in Betriebsvereinbarungen, DB 1960, S. 579–582.

Starck, Christian: Sondervoten überstimmter Richter und Bekanntgabe des Abstimmungsergebnisses – de lege lata, in: Starck, Christian/Stern, Klaus (Hrsg.), Landesverfassungsgerichtsbarkeit, Teilband 1, Baden-Baden, 1983, S. 285–314.

Starkowski, Reinhard: Die Angleichung technischer Rechtsvorschriften und industrieller Normen in der Europäischen Wirtschaftsgemeinschaft, Berlin, 1973 (zugl. Diss., Tübingen, 1971/72).

Staub, Hermann (Begr.): Großkommentar zum Handelsgesetzbuch, Band 3, Teilband 1, §§ 238–289, 4. Aufl., Berlin/New York, 2002.

Staudinger, Julius von (Begr.): J. von Staudingers Kommentar zum Bürgerlichen Gesetzbuch mit Einführungsgesetz und Nebengesetzen, Einführungsgesetz zum Bürgerlichen Gesetzbuche, Art. 1–6, 32–218, 12. Aufl. Berlin, 1985 (zit. Bearb., in: *Staudinger*, 12. Aufl.).

– J. von Staudingers Kommentar zum Bürgerlichen Gesetzbuch mit Einführungsgesetz und Nebengesetzen, Einführungsgesetz zum Bürgerlichen Gesetzbuche, Art. 1, 2, 50–218 EGBGB, Neubearbeitung, Berlin, 2005 (zit. Bearb., in: *Staudinger*, EGBGB).

– J. von Staudingers Kommentar zum Bürgerlichen Gesetzbuch, Buch 2, Recht der Schuldverhältnisse, §§ 812–822, 13. Bearb., Neubearbeitung, Berlin, 1999 (zit. Bearb., in: *Staudinger*, BGB).

Stefener, Wolfgang: DIN Normen: Ihre Zulässigkeit nach dem Gesetz gegen Wettbewerbsbeschränkungen, Diss., Münster, 1970.

Stein, Axel: Die Konkurrenz von Gesetz und Tarifvertrag, ArbuR 1998, S. 1–14.

Stein, Ekkehart / *Götz*, Frank: Staatsrecht, 20. Aufl., Tübingen, 2007.

Steinmann, Gerold: Unbestimmtheit verwaltungsrechtlicher Normen aus Sicht von Vollzug und Rechtssetzung, Bern, 1982.

Stelkens, Paul / *Bonk*, Heinz Joachim / *Sachs*, Michael: Verwaltungsverfahrensgesetz: Kommentar, 6. Aufl., München, 2001.

Stern, Klaus: Das Staatsrecht der Bundesrepublik Deutschland, Band I, 2. Aufl., München, 1984 (zit. *Stern* I).

– Das Staatsrecht der Bundesrepublik Deutschland, Band II, München, 1980 (zit. *Stern* II).

– Das Staatsrecht der Bundesrepublik Deutschland, Band III, 2. Halbband, München, 1994 (zit. *Stern* III / 2).

Strangas, Johannes: Die verweisenden Rechtssätze in der juristischen Methodenlehre, Halbband I, Athen, 1978.

Strasser, Rudolf: Dynamische Verweisungen in Kollektivverträgen, in: Arbeitsrecht und soziale Grundrechte, FS Hans Floretta zum 60. Geburtstag, hrsg. v. Martinek, Oswin / Migsch, Erwin / Ringhofer, Kurt / Schwarz, Walter / Schwimann, Michael, Wien, 1983, S. 627–638.

Stratenwerth, Günter / *Kuhlen*, Lothar: Strafrecht, Allgemeiner Teil I, Die Straftat, 5. Aufl., Köln / Berlin / Bonn / München, 2004.

Strebel, Helmut: Das Völkerrecht als Gegenstand von Verweisungen und Begriffsübernahmen, von Kollisionsregeln und Rezeption im nationalen Recht, ZaöRV 28 (1968), S. 503–522.

Strecker, A.: Die starre Verweisung aus der Sicht der Verwaltung, in: DIN-Normungskunde 17, S. 79–87.

– Rechtsfragen bei der Verknüpfung von Rechtsnormen mit technischen Normen, in: DIN-Normungskunde 14, S. 43–58.

Streinz, Rudolf: Der Vollzug des Europäischen Gemeinschaftsrechts durch deutsche Staatsorgane, in: Isensee, Josef / Kirchhof, Paul (Hrsg.): Handbuch des Staatsrechts der Bundesrepublik Deutschland, Band VII, Normativität und Schutz der Verfassung – internationale Beziehungen, Heidelberg, 1992, § 182, S. 817–854 (zit. *Streinz*, in: HStR VII).

– Europarecht, 7. Aufl., Heidelberg, 2005 (zit. *Streinz*, Europarecht).

– (Hrsg.): EUV / EGV, Kommentar, München, 2003 (zit. Bearb., in: *Streinz*, EUV / EGV).

Studnicki, F. / *Polanoska*, B. / *Fall*, J. M. / *Lachwa*, A. / *Stabrawa*, E.: Automatische Lösung der Verweisungen in Gesetzestexten, in: Kindermann, Harald (Hrsg.), Studien zu einer Theorie der Gesetzgebung 1982, Berlin / Heidelberg / New York, 1982, S. 180–191.

Stumpf, Christoph A.: Die Verjährung öffentlich-rechtlicher Ansprüche nach der Schuldrechtsreform, NVwZ 2003, S. 1198–1202.

TAB: Bericht: Technikfolgenabschätzung, hier: „Möglichkeiten und Probleme bei der Verfolgung und Sicherung nationaler und EG-weiter Umweltschutzziele im Rahmen der europäischen Normung", BT-Drucks. 13/6450.

Taupitz, Jochen: Die Standesordnung der freien Berufe, Berlin/New York, 1991 (zugl. Habil., Göttingen, 1989).

– Produktverkehrsfähigkeit – nationales Haftungsrecht – europäische Normung, in: Lieb, Manfred (Hrsg.), Produktverantwortung und Risikoakzeptanz, München, 1998, S. 119–151.

Tettinger, Peter J.: Rechtsanwendung und gerichtliche Kontrolle im Wirtschaftsverwaltungsrecht, München, 1980 (zit. *Tettinger*, Wirtschaftsverwaltungsrecht).

– Einführung in die juristische Arbeitstechnik, 3. Aufl., München, 2003 (zit. *Tettinger*, jur. Arbeitstechnik).

Thiele, Alexander: Die Neuregelung der Gesetzgebungskompetenzen durch die Föderalismusreform – ein Überblick, JA 2006, S. 714–719.

Thiele, Gereon: Das Recht der Gemeinsamen Agrarpolitik der EG, Berlin, 1997 (zugl. Diss., Passau, 1995/96).

Thienel, Rudolf: Österreichische Staatsbürgerschaft, Band II, Wien, 1990 (zit. *Thienel*, Staatsbürgerschaft II).

– Verweisungen auf Önormen, Wien, 1990 (zit. *Thienel*, Verweisungen).

Tiedemann, Klaus: EG und EU als Rechtsquellen des Strafrechts, in: FS für Claus Roxin zum 70. Geburtstag am 15. Mai 2001, hrsg. v. Schünemann, Bernd/Achenbach, Hans/Bottke, Wilfried/Haffke, Bernhard/Rudolphi, Hans-Joachim, Berlin/New York, 2001, S. 1401–1413.

– Tatbestandsfunktionen im Nebenstrafrecht, Untersuchungen zu einem rechtsstaatlichen Tatbestandsbegriff, entwickelt am Problem des Wirtschaftsstrafrechts, Tübingen, 1969 (zugl. Habil., Tübingen, 1968).

Tipke, Klaus/*Kruse*, Heinrich Wilhelm: Abgabenordnung, Finanzgerichtsordnung, Kommentar, Band III, Loseblatt, Köln, Stand d. Gesamtwerks: 114. Erg.-Lfg. November 2007.

Topp, Adolf: KWKModG schafft Rechtssicherheit für Betreiber komplexer Anlagen, EHP 2003, Heft 1–2, S. 40–41.

Triepel, Heinrich: Delegation und Mandat im öffentlichen Recht, Stuttgart/Berlin, 1942 (zit. *Triepel*, Delegation).

– Völkerrecht und Landesrecht, Leipzig, 1899, unveränderter Nachdruck, Aalen, 1958 (zit. *Triepel*, Völkerrecht).

Tröndle, Herbert / *Fischer*, Thomas: Strafgesetzbuch und Nebengesetze, Kommentar, 51. Aufl., München, 2003 (zit. *Tröndle / Fischer*, 51. Aufl.).

Ule, Carl Hermann / *Laubinger*, Hans-Werner: Verwaltungsverfahrensrecht, 4. Aufl., Köln / Berlin / Bonn / München, 1995.

Ullrich, Hanns: Rechtsschutz gegen überbetriebliche Normen der Technik, Stuttgart, 1971.

Ulsamer, Gerhard / *Müller*, Karl-Dieter: Steuerstrafrechtliche Konsequenzen der Entscheidung des Bundesverfassungsgerichts vom 22. Juni 1995 zum Vermögenssteuergesetz, wistra 1998, S. 1–7.

Umbach, Dieter C. / *Clemens*, Thomas (Hrsg.): Grundgesetz, Band II, Heidelberg, 2002.

Ungern-Sternberg, Joachim v.: Werke privater Urheber als amtliche Werke, GRUR 1977, S. 766–773.

Vahle, Jürgen: Schutz gegen sexuelle Belästigung am Arbeitsplatz per Gesetz?, ZBR 1994, S. 374–377.

VDE: Bekanntmachungen über das VDE-Vorschriftenwerk, Bundesanzeiger vom 30. Juli 1954, Nr. 144, S. 11.

Veh, Michael: Die dynamische Verknüpfung von Landes- und Bundesrecht, Zum Beschluß des Bayer. Obersten Landesgericht vom 3. Juni 1986 (BayVBl. 1987, 27 ff.), BayVBl. 1987, S. 225–232.

Veil, Rüdiger: Die Kündigung der KGaA durch persönlich haftende Gesellschafter und Kommanditaktionäre, NZG 2000, S. 72–77.

Veit, Barbara: Die Rezeption technischer Regeln im Strafrecht und Ordnungswidrigkeitenrecht unter besonderer Berücksichtigung ihrer verfassungsrechtlichen Problematik, Düsseldorf, 1989 (UTR 8; zugl. Diss., Trier, 1988/89).

Vieweg, Klaus: Atomrecht und technische Normung, Berlin, 1982 (zugl. Diss., München, 1981).

– Technische Normen im EG-Binnenmarkt, in: Müller-Graff, Peter-Christian (Hrsg.), Technische Regeln im Binnenmarkt, Schriften des Arbeitskreises Europäische Integration e. V., Band 28, Baden-Baden, 1991, S. 57–78.

Vogel, Joachim: Juristische Methodik, Berlin / New York, 1998.

Volkmann, Uwe: Qualifizierte Blankettnormen, ZRP 1995, S. 220–226.

Voß, Reimer: Unordentlichkeiten des Rechts der Ordnungswidrigkeiten im Bereich des Zoll- und Verbrauchsteuerrechts, BB 1996, S. 1695–1700.

Voss, Reimer: Nationale Vorschriften zur Durchführung des EWG-Rechts im Bereich des Zoll- und Agrarverwaltungsrechts, RIW 1979, S. 657–665.

Vosskuhle, Andreas: Theorie und Praxis der verfassungskonformen Auslegung von Gesetzen durch Fachgerichte, AöR 125 (2000), S. 177–201.

Waechter, Kay: Die Schutzgüter des Polizeirechts, NVwZ 1997, S. 729–737.

Walter, Robert: Die Lehre von der Gesetzestechnik, ÖJZ 1963, S. 85–90.

Warda, Heinz-Günter: Die Abgrenzung von Tatbestands- und Verbotsirrtum bei Blankett-strafgesetzen, Berlin, 1955.

Weber, Albrecht: Rechtsfragen der Durchführung des Gemeinschaftsrechts in der Bundes-republik, Köln/Berlin/Bonn/München, 1988 (zit. *A. Weber*).

Weber, Friedrich Karl: Naturschutz mit den Mitteln des Straf- und Ordnungswidrigkeiten-rechts, Diss., Tübingen, 1991 (zit. *F. K. Weber*).

Weber, Nikolaus: Die Richtlinie im EWG-Vertrag, Hamburg, 1974 (zit. *N. Weber*).

Weber-Fas, Rudolf: Wörterbuch zum Grundgesetz, Stuttgart, 1993.

Weber-Lejeune, Stefanie: Legaldefinitionen unter besonderer Berücksichtigung des Um-weltrechts, Berlin/Baden-Baden, 1997 (zugl. Diss., Berlin, 1996).

Wegge, Georg: Zur normativen Bedeutung des Demokratieprinzips nach Art. 79 Abs. 3 GG, Baden-Baden, 1996 (zugl. Diss., Marburg, 1996).

– Zur verfassungsrechtlichen Abgrenzung unbestimmter Rechtsbegriffe von unzulässigen dynamischen Verweisungen am Beispiel der „betriebswirtschaftlichen Grundsätze" nach § 6 Abs. 2 Satz 1 KAG NW, DVBl. 1997, S. 648–652.

Weidenbach, Peter: Die verfassungsrechtliche Problematik des Blankettstrafgesetzes, Diss., Tübingen, 1965.

Weihrauch, Sebastian: Pauschale Verordnungsermächtigungen zur Umsetzung von EG-Recht, NVwZ 2001, S. 265–270.

Weitzel, Wolfgang: Der Geltungsbereich von Baumschutzverordnungen bzw. -satzungen, NuR 1995, S. 16–18.

Weitzel, Wolfgang/*Baum*, Marius: Rückweichklauseln in LSG-Verordnungen bundesrechts-konform? NuR 2004, S. 511–513.

Werlen, Iwar: Verweisen und Verstehen, Zum Problem des inneren Beziehungsgeflechtes in Gesetzestexten, LeGes 1994/2, S. 49–78.

Werner, Ulrich/*Pastor*, Walter: Der Bauprozess, 12. Aufl., Düsseldorf, 2008.

Wiedemann, Herbert: Anmerkung (BAG, Urt. v. 9. 7. 1980 – 4 AZR 564/78), AP Nr. 7 zu § 1 TVG Form, Bl. 428–431.

– (Hrsg.): Tarifvertragsgesetz, Kommentar, 6. Aufl., München, 1999.

Wiegand, Britta Beate: Die Beleihung mit Normsetzungskompetenzen, Berlin, 2008 (zugl. Diss., Trier, 2006/2007).

Wieland, Joachim: Anmerkung (BVerwG, Urt. v. 2. 3. 2000 – 2 C 1.99), JZ 2001, S. 763–764.

Wielinger, Gerhart: Bedingungen der Vollziehbarkeit von Gesetzen, in: Öhlinger, Theo, Methodik der Gesetzgebung, Wien / New York, 1982.

Wiesner, Georg: Die leitenden Angestellten im Spannungsfeld zwischen Betriebs- und Unternehmensverfassung, BB 1982, S. 949–956.

Wilke, Dieter: Der Zusammenhang von Rechtsnormen und technischen Normen, in: DIN-Normungskunde 17, S. 11–23.

– Wortbeitrag, in: DIN-Normungskunde 17, S. 96.

Wimmer, Raimund: Rechtsstaatliche Defizite im vertragsärztlichen Berufsrecht, NJW 1995, S. 1577–1584

Wißmann, Hellmut: Zum Begriff des leitenden Angestellten im Recht der Betriebsverfassung und der Unternehmensmitbestimmung, NJW 1978, S. 2071–2075.

Wolf, Joachim: Die Kompetenz der Verwaltung zur „Normsetzung" durch Verwaltungsvorschriften, DÖV 1992, S. 849–860.

Wolff, Bernhard: Die Ermächtigung zum Erlaß von Rechtsverordnungen nach dem Grundgesetz, AöR 78 (1952/1953), S. 194–227.

Wolff, Hans J./*Bachof*, Otto/*Stober*, Rolf/*Kluth*, Winfried: Verwaltungsrecht, Band 1, 12. Aufl., München, 2007 (zit. *H. J. Wolff/Bachof/Stober/Kluth*).

Wolff, Karl: Die Gesetzessprache, Wien, 1952 (zit. *K. Wolff*).

Zachert, Ulrich: Auslegungsgrundsätze und Auslegungsschwerpunkte bei der aktuellen Diskussion um die Entgeltfortzahlung, DB 1996, S. 2078–2079.

Zemlin, Hans: Die überbetrieblichen technischen Normen, ihre Wesensmerkmale und ihre Bedeutung im rechtlichen Bereich, Köln / Berlin / Bonn / München, 1973.

Zezschwitz, Friedrich von: Verfassungswidrige Richtlinienkompetenz der Bundesausschüsse für Ärzte und Zahnärzte nach dem SGB V, in: Geschichtliche Rechtswissenschaft: Ars Tradendo Innovandoque Aequitatem Sectandi, Freundesgabe für Alfred Söllner zum 60. Geburtstag am 5. 2. 1990, hrsg. v. Köbler, Gerhard / Heinze, Meinhard / Schapp, Jan, Gießen, 1990, S. 645–655.

Ziekow, Jan: Verordnungsermächtigungen mit supra- und internationalen Bezügen, JZ 1999, S. 963–970.

Zippelius, Reinhold: Juristische Methodenlehre, 10. Aufl., München, 2006.

Zitelmann, Ernst: Die Kunst der Gesetzgebung, Dresden, 1904 (zit. *Zitelmann*, Kunst der Gesetzgebung).

– Internationales Privatrecht, Erster Band, Leipzig, 1897 (zit. *Zitelmann*, IPR).

– Zum Grenzstreit zwischen Reichsrecht und Landesrecht, Bonnae, 1902 (zit. *Zitelmann*, Grenzstreit).

Zubke-von Thünen, Thomas: Technische Normung in Europa: mit einem Ausblick auf grundlegende Reformen der Legislative, Berlin, 1999 (zugl. Diss., Erlangen, Nürnberg, 1997).

Zuleeg, Manfred: EG-Richtlinien auf dem Gebiete des Wasserrechts und ihre innerstaatlichen Auswirkungen, ZfW 1975, S. 133–145.

Sachwortregister